債權法總論

張在賢 著

경북대학교출판부

머리말

1998년 현암사 出刊의 <채권법총론>은 당초 집필 時에 간결하게 기술한다는 데 치중하였다. 그런데 막상 출간된 책을 보니 그 내용이 너무 미흡하여 영 마음에 차지 않아 가까운 시일에 수정·보완하여야 되겠다는 생각을 하고 있었으나 저자의 게으름과 출판사측의 사정으로 차일피일하였다. 그러한 과정에 민사소송법이 민사집행법으로 분리되고, 대부업법, 금융실명법 등이 제정되고, 신원보증법이 전문개정되고, 새로운 판례가 집적됨에 더 이상 미룰 수 없다는 압박감이 엄습함에 지난 봄에 일단 작업에 들어갔다.

그런데, 수정 보완하는 쪽으로 작업을 하는 과정에 현암사版의 저서가 체재나 내용면에서 너무 마음에 차지 않아 아예 기존의 것을 버리고 새롭게 집필하는 것으로 방향을 틀었다. 이에 현암사와 상의한 바 근래의 여러 사정으로 선뜻 응하지 아니하던 차에 내가 재직하고 있는 경북대학교출판사에서 출판을 선뜻 응하기에 현암사의 양해를 얻어 경북대학교출판사 出刊으로 새롭게 출간하는 것으로 합의를 하였다.

본서를 집필함에 있어서 기존의 여타 저서와는 달리 <쉽고, 간결하고 명쾌한> 저서라고 평가를 받을 수 있도록 한다는 데 모토를 두고, 내 나름으로는 세부적으로 아래의 몇 가지 원칙을 세워 작업에 臨하였다.

첫째, 민법 전체를 有機的으로 이해할 수 있도록 한다. 따라서 조문의 순서에 따라 서술하더라도 당해 부분이 채권법 전체에 차지하는 위치와 다른 부분과의 연계점이 무엇인지를 이해할 수 있도록 서술한다.

둘째, 핵심과 쟁점을 부각시켜 간결하게 서술한다.

셋째, 학설과 판례는 그 내용의 핵심만을 설명하고, 판례, 학설간의 이론적인 차이점을 부각시킨다.

넷째, 주된 판례는 본문에서 설명하되, 유형에 따른 상이한 사례들은 판결요지를 그대로 소개하여 독자가 스스로 구별하여 이해하도록 한다.

다섯째, 독자를 학부생으로 하여 불필요한 외국이론 등은 예외적인 경우 외에는 언급하지 않되, 주요한 상이한 조문은 소개한다.

이 책을 당초에는 3월 신학기 전에 출간할 계획이었으나, 학기 중에는 강의하느라 집중하지 못하였을 뿐 아니라, 또한 <채권법각론>의 작업과도 겹친 데다가 지난 11월 초에는 영국에서 직장생활을 하는 딸이 프랑스 청년을 배필로 佳緣을 맺음으로 잠시 출국하는 등으로 작업이 많이 지연되어 결국 3월학기 출간은 포기하고, 겨우 신학기 들어 5월 중순에 탈고하였다.

처음에 작업을 시작할 때는 의욕을 가지고 하였으나, 탈고하여 전체적으로 훑어 보니 현암사 刊의 전번 책보다는 많이 향상되었으나 역시 마음에 흡족하지는 않아 본인의 淺學菲才함을 다시 한탄하였다.

그러나 이번 저서는 기존의 현암사판 보다는 더 쉽게 기술되었으며, 내용도 대폭 풍부해졌고 특히 새로운 판례를 요소요소에 유형별로 소개하여 학생들로서는 많은 도움이 될 줄로 생각한다.

마지막으로 어려운 여건 아래서도 <채권법각론>에 이어 총론까지 출판을 흔쾌히 수락해준 경북대학교출판부에 사의를 표하며, 귀찮은 편집 등을 맡아 애쓴 출판부 담당자분들에게도 진심으로 감사드린다.

2006年
研究室에서
張 在賢

차　례

第1章

債權의 基礎

第1節　債權의 意義와 機能

I. 債權의 意義

1. 債權의 概念

주지하는 바와 같이 사권은 내용과 효력을 기준으로 분류할 수 있는데, 사권을 내용을 기준으로 분류할 때 채권은 물권과 더불어 재산권에 속하는 권리로서, 채권은 특정인이 특정인에게 일정한 행위를 요구할 수 있는 권리이다. 채권의 귀속자가 채권자이며 그 상대방을 채무자라 하고, 채무자가 채권자에게 행하여야 하는 일정한 행위를 강학상 급부라 한다. 채권자는 채무자가 장래에 행하는 급부이행給付履行으로 생활이익을 누린다.

채권자와 채무자는 「사람(人)」, 즉 권리주체로서의 자연인은 물론이며, 법인도 된다. 채무자가 행하여야 하는 일정한 행위는 적극적인 작위 또는 부작위이며, 부작위란 모든 행위를 하지 아니하는 것이 아니라 장래에 일정한 행위를 하지 아니할 것을 말한다.

하나의 채권에서 보통의 경우는 채권자와 채무자가 각각 일인이나 때로는 당사자 쌍방 또는 일방이 복수인 경우(분할채무分割債務, 연대채무連帶債務, 보증채무保證債務 등)가 있다. 이러한 경우에는 당사자가 복수이기 때문에 권리의 행사와 이행방법, 권리자간의 이익분배, 채무자간의 채무분담 등의 특수한 문제가 생기나, 그 역시 채권은 하나의 순수한 양당사자 사이의 관계인 점은 일인의 채권관계와 본질에서는 다르지 않다.

* 채권(Forderung)의 대상은 채무(Schuld)로서 양자는 상대 개념으로 서로 다른 방향에서 본 것이다. 채권·채무관계에서 우리 민법과 일본 민법은 권리 위주로 「채권 또는 채권관계」라는 용어를 많이 사용하나, 로마법 이래 대륙법은 의무 위주의 「채무 또는 채무관계」라는 용어를 사용하고 있다. 그러한 용어로는 Obligation, Forderung, Schuld가 있다. 이들은 다 같이 동일한 법률관계를 표현하나 다음과 같이 보는 관점에 따라 달리 표현하고 있다. Obligation : 제3자의 관점에서, Forderung : 채권자의 관점에서, Schuld : 채무자의 관점에서.

* 채권의 대상은 채권자의 물질적 또는 정신적 이익을 위한 채무자의 구체적 행위인데, 이에 해당하는 용어로 민법에서는 「급여」, 「지급」, 「행위」, 「이행」 등으로 그때그때 사용하고 있다. 그러나 강학상 이를 하나의 용어로 표현하는 것이 보다 편리하기 때문에 독일어의 Leistung을 번역한 「급부」라는 용어를 그대로 사용한다.

2. 債權과 物權

근대 시민법은 재산권을 물권과 채권의 두 가지로 엄격히 구분하여, 각자에게 상호 대조적인 법률상의 지위를 부과하여 각기 물권법物權法과 채권법債權法으로 규율하는 형태를 취하였다(물채권준별론). 이러한 물·채권준별론에 따라 그 개념에 있어서도 물권은 권리자가 특정물을 직접적·배타적으로 지배하는 것을 내용으로 하는 권리로서, 특정물이 가지는 이익을 직접 취득하는 것을 목적으로 하는 권리로 설정하고, 채권은 장래에 이용할 수 있는 재화를 취득하기 위한 매개인 타인의 행위를 현재 요구할 수 있는 권리로 설정하였다. 즉, 물권은 물건을 직접 이용하는 권리로, 채권은 타인의 행위를 요구하는 권리로 설정하였다.

따라서 사람의 재산관계를 사람이 재화를 현재 직접적으로 자기 생활에 이용하는 관계, 즉 <사람과 재화와의 관계>인 물권관계(대물권 ius in re)와 타인의 행위를 매개로 하여 취득되는 장래의 재화를 이용하는 관계, 즉 <사람과 사람과의 관계>인 채권관계(대인권 ius personarum)로 대칭시켰다. 이러한 구도 아래 현재 이익을 누릴 수 있는 물권은 목적이고(물권의 목적적 기능), 채권은 목적인 물권을 가지기 위한 수단(채권의 수단적 기능)에 지나지 않아, 물권은 채권에 우월한 것으로 관념하였다.

이에 실천적으로는 공동체 질서 유지라는 차원에서 현재의 우월한 권리인 물권의 영역은 강력한 규제(물권법정주의物權法定主義)를 하였고, 장래에 그 달성이 불확실한 개인에 국한된 이익의 영역인 채권의 영역은 가능한 한 당사자에게 맡기게 되었다(임의주의任意主義).

* 라드부르흐(Radbruch)는 그의 법학개론에서 물권과 채권의 관계를 다음과 같이 잘 설명하고 있다. 「물권은 물을 직접 지배함으로써 물로서 인간의 욕망을 충족시키는 것이며, 채권은 타인에게 그 물을 급부시키는 것을 청구하는 권리이다. 따라서 물권은 목적이 되며, 채권은 단지 수단일 뿐이다. 법률계에 있어서 물권과 채권과의 관계는 자연계에 있어서 재료와 힘의

관계로 전자는 정적 요소이며, 후자는 동적 요소이다. 전자가 주요한 지위를 가지는 사회는 법률생활이 정체된 사회이며, 후자의 사회는 동적인 형식의 사회이다.」이러한 의미에서 사회의 생산관계가 전부 소유권을 중심으로 행해진 중세의 사회형식은 정체된 것이며, 현재의 자본주의적 법률형식은 동적이라 할 것이다.

3. 債權과 請求權

청구권은 일정한 행위를 요구할 수 있는 권리이다. 이러한 의미에서 채권과 청구권은 같은 것이 아니냐는 의문이 있게 된다. 그러나 채권에는 채무자의 행위를 요구할 수 있는 권능인 청구권(청구력) 외에도 채무자가 이행한 급부를 수령하여 자유롭게 이용할 수 있는 효력(급부보유력給付保有力), 채무불이행의 경우에 소를 제기하여 채권의 목적을 강제적으로 달성시킬 수 있는 효력(소구력訴求力과 강제력强制力), 채권자대위권債權者代位權 · 채권자취소권債權者取消權 · 해제권解除權 등의 권리가 있다.

그리고 권리의 행사측면에서는 청구권은 일정한 행위를 현재 요구하는 권리이나 채권은 이행기가 도래하여야 비로소 청구권을 행사할 수 있다. 따라서 엄격하게 말하면 이행기가 도래하지 않은 채권은 아직은 청구권이 없고 단지 채권에 내재할 뿐이다.

또한 청구권이 채권에서만 발생하는 특유한 권리도 아니다. 청구권은 채권(예 : 채권적 청구권債權的請求權 ; 매매에서의 대금청구권代金請求權)에서도 발생하지만, 그 밖에 물권(예 : 물권적 청구권物權的請求權 ; 소유물반환청구권所有物返還請求權) 및 친족권(예 : 친족권적 청구권親族權的 請求權 ; 유류분청구권遺留分請求權 · 상속회복청구권相續回復請求權) 등에 기하여서도 발생한다. 한편 채권은 보통의 경우에는 청구권의 행사에 의하여 그 내용이 실현되어 목적의 달성으로 소멸한다. 즉, 채권은 청구권의 행사로 목적을 달성하는데, 이러한 점에서 채권은 목적이고 청구권은 수단이라고도 할 수 있다.

상기와 같은 여러 점을 종합할 때 채권과 청구권은 동일하지는 않으나, 채권의 핵심 내지 본질적 요소가 청구권이라 할 수 있다.

4. 債務 · 責任 · 債權(務)關係

(1) 債務(Schuld, Obligation)

채무란 채권의 목적 내지 내용인 급부의 이행을 소구 당할 수 있는 의무로서 채권에 대칭 되는 개념이다. 채무자의 급부의 내용은 작위·부작위·인내 급부로 나타나지만, 때로는 그 내용이 다른 급부와 결합하여 혼합해서 나타나기도 한다.

작위 급부는 일찍이 프랑스 민법학에서 분류하는 바와 같이 결과의 발생을 그 내용으로 하는 결과채무結果債務(obligations de resultat)와 특정한 목적을 실현하는 과정에서 행하여지는 일연의 행위 그 자체가 내용인 수단채무手段債務(obligations de moyens)로 구분할 수 있다.

결과채무는 행위를 통한 특정된 급부의 효과 달성이 채무의 내용이므로 특정된 결과를 달성하였느냐 여부만이 문제된다. 결과채무의 대표적인 것이 도급계약에서 수급인의 채무이다. 즉, 도급계약에서는 수급인의 개별행위가 문제가 되는 것이 아니라 약정한 일정한 일을 완성하였느냐의 결과 달성 여부만이 문제된다.

수단채무는 특정된 효과의 달성이 당사자의 지향하는 본래의 목적이나 채무의 내용은 그 목적 달성 자체가 아니라 목적 달성을 이르게 하는 채무자의 일련의 행위 그 자체이다. 따라서 수단채무에서는 결과의 발생을 위한 의무 적합성의 행위가 있었느냐 여부가 문제되고, 목적의 달성 여부는 수단채무의 이행여부와는 직접적으로 관련되지 아니 한다. 의사의 진료채무가 대표적인 수단채무이다. 즉, 의사는 환자의 완치를 위하여 최선을 다하였느냐 여부만이 문제되고, 완치 여부는 의사의 진료채무의 이행여부와는 직접적으로 견련되지 아니한다.

그리고 채무가 복수의 급부 중에서 선택하여야 할 것인 경우에는 선택에 의하여 그 하나가 이행되는데, 이를 선택채무選擇債務라 한다. 선택채무와 유사한 것으로 임의채무가 있는데, 임의채무任意債務는 채무자에게 본래의 급부(주된 급부)에 갈음하여 다른 급부(대용급부)를 하게 하는 권한을 주고, 이를 이행하면 채무가 소멸하는 채무이다. 임의채무에서는 본래의 급부 그 자체가 채무가 되고, 대용급부는 채무가 아니다.

그 밖에 채무는 한 번의 급부로 채무가 소멸하느냐 여부에 따라 일회적 채무一回的債務와 계속적 채무繼續的債務로, 급부의 내용을 기준으로 특정물채무特定物債務·종류물(불특정물)채무種類物債務·금전채무金錢債務 등으로 구분된다.

한편, 채무는 누구나 부담을 질 수 있는 의무(Obliegenheit)와는 구별된다. 그러나 의무도 채무와 동일하게 특정인의 특정 대상에 대한 일정한 용태인 점에서는 같다. 의무는 채무와의 관계에서는 보다 약한 의무(Pflicht)로 취급되는데, 의무 부담자는 그 의무의 이행이 강제될 수 없으며(의무의 용태는 소의 대상이 되지 않음), 그가 의무를 이행하지 않을지라도 그 자체의 불이행으로 채무불이행책임을 지지는 않는다. 의무의 불이행에 대하여는 의무자에게는 다른 형태의 책임을 부과하거나, 의무를 수반하는 권리를 손실시키거나 또는 축소시키는 효과를 주는데, 이는 그 의무가 자기의 이익을 위하여 부과된 용태이기 때문이다. 이러한 것으로는 채무의 이행시에 채무의 이행이 효력을 가지도록 할 권리자인 상대방의 의무(수령의무受領義務), 채권자에게 부과되는 각종의 통지의무, 민사책임에서 피해자의 손해 최소화의무 또는 과실상계에서의 피해자의 주의의무 등이 이에 속한다. 그런데 법전에서는 채무의 의미로 '의무'라는 용어를 사용하기도 한다.

(2) 責任(Haftung)

책임이란 채무에서 내포하는 강제력을 강조하는 의미로서 사용되나, 그 용어는 다양한 의미를 가진다. 책임을 구별한다면 채무책임과 그 외의 책임으로 구별할 수 있다.

(가) 債務責任(Schuldhaftung)

채무의 이행을 위하여 채무자가 당연히 하여야 할 상태를 의미한다. 구체적으로는 채권자의 강제집행력 아래에 놓여 있는 채무자의 재산으로의 복종상태를 의미한다. 따라서 책임이란 바로 채무이행의 담보로서 채권자가 채무자에게 강제집행을 할 수 있는 대상인 재산을 말한다. 채무책임은 채무자가 마땅히 하여야 할 채무를 이행하지 아니하는 때에 채권자의 행위로 구체화되는데, 채권자가 채무자의 재산에 대하여 강제집행절차에 의하여 압류 또는 강제처분을 함으로써 실현된다. 이 채무책임은 채무자의 인격이 아닌 재산에 대한 책임인 재산책임이며, 채권자의 강제집행력은 책임에 복종하는 재산 그 자체를 양도하는 것이 아니라 이를 매각하여 그 환가액으로 책임을 지는 가액책임價額責任이다. 그리고, 채권자가 다수이고 채무자의 적극 재산이 모든 채권자의 채권을 전부 만족시킬 수 없을 때에는 원칙적으로 채권자 평등의 원칙에 의하여 각 채권자의 채권액에 비례하여 책임을 지게 되는 안분책임安分責任이 된다.

(나) 그 外의 責任

손해배상책임, 담보책임, 보증책임 등이 있는데, 이는 본래의 채무책임에 관련된 책임이다. 이러한 경우에는 책임을 채무의 의미로 사용한 것이다.

(3) 債權(務)關係(Schuldverhältnis)

당사자간의 하나의 통일된 구성요건, 예컨대 체결된 계약에서 나오는 권리와 의무관계를 말한다. 이는 채권·채무·의무·책임 등의 모든 요소를 총체적으로 파악한 일련의 법률관계로서, 하나 또는 복수의 채무와 채무 이외의 가능한 많은 구성분자, 예컨대 형성권·대리권·해제권 등을 모두 포함한다. 따라서 예컨대 매매계약상의 채권(무)관계는 재산권이전청구권移轉請求權·대금지급청구권·명도의무·수령의무·담보책임·손해배상책임·계약해제권 등이 모두 포함된 복합적인 관계이다.

II. 債權의 構造

1. 債務者와의 關係

(1) 請求力과 給付保有力

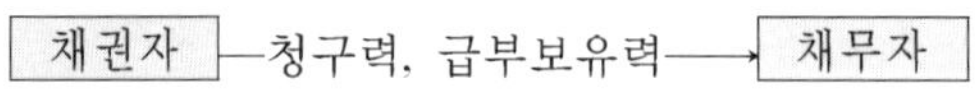

채권자는 이행기가 도래하면 채무자에게 급부의 이행을 요구할 수 있으며(청구력), 채무자가 이행한 급부를 보유할 수 있다(급부보유력). 이행한 급부에 대한 보유력이 없는 것이 부당이득이며, 부당이득은 급부보유력이 없기 때문에 상대방에게 반환하여야 한다. 이러한 청구력과 급부보유력은 모든 채권에 인정되는 가장 기본적인 효력이기 때문에, 이를 채권의 기본적 효력이라 한다.

이러한 청구력과 급부보유력은 채무자의 자발적인 이행에 대한 채권의 수동적 효력으로, 그 외 채권자가 자기의 권리실현을 위한 관계에서 인정되는 능동적 효력인 소구력과 강제집행력과는 그 효력의 실효성이 떨어진다. 채권에서 청구력과 급부보유력은 채권의 수동적이고, 형식적인 효력에 지나지 아니하는 명목상의 효력이다.

(2) 債務의 履行과 不履行

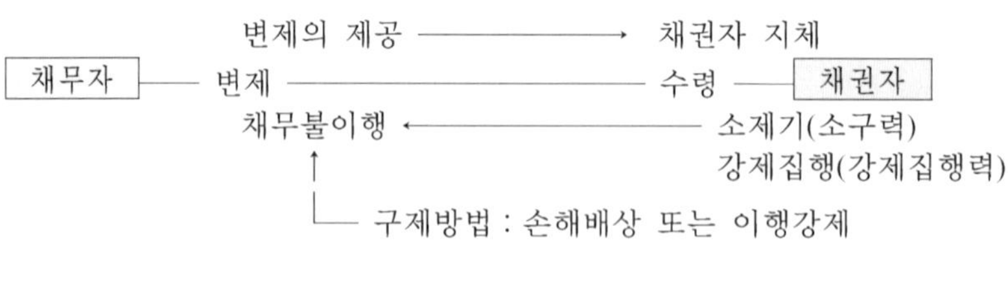

채무자가 채무의 내용에 따라 이행을 하면 이를 수령하여야 하며, 수령하지 않으면 일정한 경우에는 수령지체(채권자지체) 책임이 있게 된다.

채권자의 청구에도 채무자의 자발적인 이행(임의이행)이 없는 상태를 채무불이행이라 하고, 채무불이행의 경우에는 채권자는 채권에 기하여 소를 제기할 수 있으며(소구력), 승소판결 후에는 법원에 판결 내용의 강제적인 실현을 요구할 수 있다(강제집행력). 그러나 채권 중에는 채무불이행이 있더라도 채권자가 소구할 수 없거나(자연채무), 소구할 수는 있으나 강제집행할 수 없는 채권(책임 없는 채무)이 있다. 이러한 채권을 불완전 채권이라 한다.

채무불이행에 대한 구제 방법으로는 본래의 채무의 이행을 공권력에 의하여 강제로 실현시킬 수(현실적 이행강제)도 있고, 본래의 채무에 갈음하여 손해를 배상하게 할 수도 있다. 채무의 내용과 불이행의 형태에 따라 채권자가 적합한 방법을 선택할 수 있다.

2. 第3債務者와의 關係(債權者代位權)

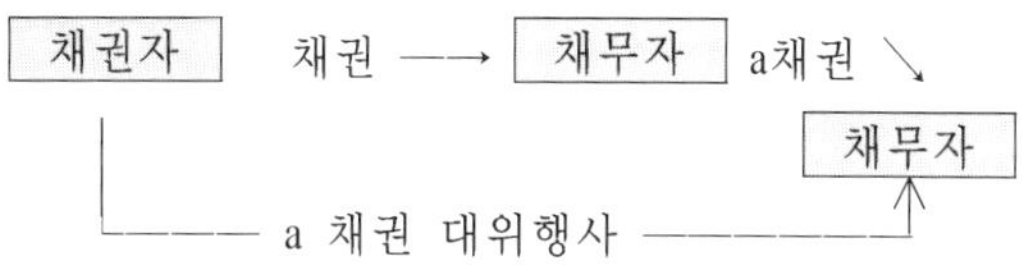

채무자가 채무를 이행하지 않은 경우에는 채권자는 채무자의 일반 재산에 강제집행력을 행사하는데, 이 강제집행력이 실효성을 가지기 위해서는 채무자의 일반 재산이 충분하여야 함은 물론이다. 채무자의 일반 재산이 부족한 경우에(무자력) 채권자가 자기의 강제집행의 실효성을 거두기 위하여, 강제집행 전에 채권자에게 제3채무자(채무자의 채무자)를 상대로 채무자의 권리를 대위하여 행사해서 채무자의 재산을 증가하여 축적시킬 수 있도록 하고 있다. 이것이 채권자대위권債權者代位權이다.

3. 一般 第3者와의 關係

(1) 債權者取消權

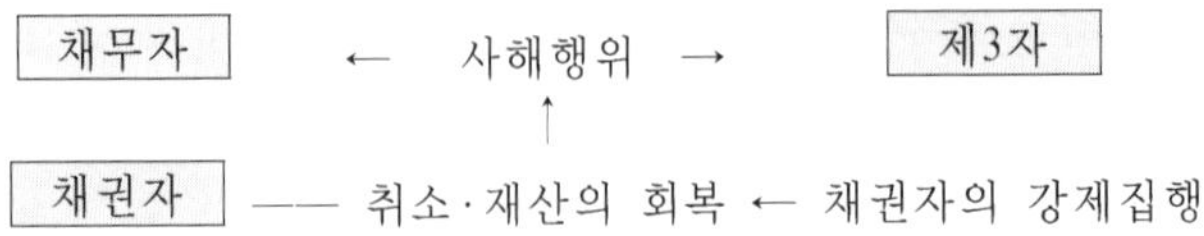

채무자가 자기의 일반 재산이 채권자를 만족시킬 수 없을 정도로 부족하다는 것을 알면서도 자기의 재산을 적극적으로 감소시키는 거래행위(사해행위詐害行爲 : 증여 또는 시가 이하로 매각)를 한 때에는, 채권자는 채무자와 거래한 제3자를 상대로 당해 법률행위를 취소하고 제3자에게 이전되었던 재산을 채무자의 재산으로 회복시켜 채권자의 강제집행력 아래로 환원시킬 수 있다. 이를 채권자취소권債權者取消權이라 하며, 채권자취소권도 채권자대위권과 같이 채권자의 강제집행력의 실효성을 보장하기 위하여 주어진 권리이다.

(2) 第3者에 의한 債權侵害

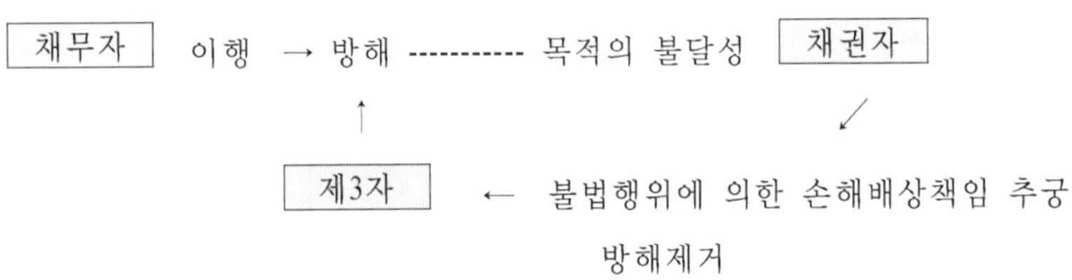

채무자가 채무를 이행하려고 함에도 제3자가 불법하게 방해함으로써 채무가 이행되지 못하는 경우가 있다. 이러한 경우에 채권자가 그 책임을 채무자에게 추궁할 수는 없을 것이다. 그렇다고 그러한 불이익을 채권자가 감수할 수는 더욱이 없을 것이다. 이러한 문제를 해결하기 위한 법률제도가 채권법에서는 별도로 마련되어 있지 아니하다.

따라서 이는 일반 법리에 의하여 해결할 수밖에 없고, 이는 결국 당해 제3자의 침해행위가 채권자의 권리를 침해한 것인가라는 일반 불법행위성립 여부의 문제로 귀착된다. 당해 방해행위가 불법행위를 구성하는 경우에, 채권자는 불법으로 개입하여 채무의 이행을 방해한 제3자에 대하여 불법행위에 의한 손해배상을 청구할 수 있다(채권의 불가침성에 의한 불법행위에 의한 손해배상청구). 또한 침해 유형에 따라서는 사전의 구제로서 채권이 실현될 수 있는 경우에는 현재의 침해 상태인 채무의 이행의 실현에 방해를 제공하는 요소를 제거하는(방해제거 청구권) 것도 제한적으로 가능할 것이다.

4. 債權·債務의 移轉

(1) 債權讓渡

채권자(양도인) ← 통지·승낙 → 채무자
↕
양도계약 ↙ 승낙 ↗
양수인(신채권자) (채권 행사)

채권은 오늘날 재산적 가치를 가지는 독립한 가치물로 거래의 객체가 된다. 이는 경제적 측면에서는 채권자가 채권을 취득하기 위하여 제공한 투하자본의 회수라는 기능을 하고 있다. 채권양도가 이에 따른 제도이다(제449조 이하).

채권양도 제도에 있어서 중심되는 과제는 양도성의 원활과 신채권자인 양수인의 보호로써, 이를 위하여 고안된 제도가 증권적 채권이다.

지명채권도 오늘날 원칙적으로 양도성이 인정되나 지명채권의 개별성 및 특수성에 의하여 양도가 일부 제한되고 있다. 증권적 채권에 관하여는 상법 및 증권거래법 등의 특별법으로 규정하고 있으며, 지명채권 양도에 관하여는 민법에서 양도에 따른 채무자 및 제3자와의 법률관계에 관하여 주로 규정하고 있다.

(2) 債務引受

채권자 ———————— 채무자(구채무자)
(채권행사) (채무)
↘ ↙
인수인(신채무자)

채권의 양도성과 아울러 채무의 이전도 허용하고 있다(제453조 이하). 채무의 이전에는 채권자의 보호가 중심 과제가 된다. 이에 민법은 채무의 이전에는 채권자·채무자·인수인 3자의 합의를 원칙으로 하고, 그 밖에 일정한 요건 하에 채권자·인수인간의 계약, 채무자·인수인간의 계약으로 채무를 이전할 수 있도록 하고 있다.

III. 債權의 性質

1. 多樣性

채권은 여러 가지의 원인에 의하여 발생한다. 채권의 발생 원인은 기본적으로 법률행위에 의한 경우와 법률의 규정에 의한 것으로 구분된다. 전자는 당사자가 특정한 내용을 가진 채권을 발생시키려는 의사표시(재단법인 설립의사, 매매계약 등)를 하여, 합의된 의사에 따른 내용의 채권이 발생한다. 후자의 경우는 일정한 사실 상태가 있게 되면 당사자의 의사와는 관계없이 법률의 규정에 의하여 일정한 내용의 채권이 발생하게 된다. 법률행위에 의한 것 중에서 계약에 의한 것이 대부분을 이루기 때문에, 이를 일반적으로 계약에 의한 채권의 발생이라고 한다.

계약에 의한 채권의 발생은 계약자유의 원칙 아래 일정한 범위 내에서 당사자의 합의로 자유롭게 자기들의 의사에 부합하는 채권을 발생시키는 것이다. 민법은 당사자 간에 맺어 질 수 있는 천차만별한 모양의 계약을 몇 개로 유형화하여 각각 이름을 부여하고 주요한 법률관계를 규정하고 있는데, 이것을 전형典型(유명有名)계약이라 한다. 이러한 전형계약에는 증여를 위시한 14종의 계약(현상광고가 단독행위인가 계약인가에 관하여는 논의가 있다)의 유형이 있다. 한편 후자인 법률의 규정에 의하여 채권이 발생하는 경우로는 사무관리(비용상환청구권), 부당이득(부당이득 반환청구권), 불법행위(손해배상청구권) 등이 있고, 이 경우는 법률에서 그 채권의 내용을 확정하고 있다. 채권이 이와 같이 다양한 원인에서 발생하기 때문에 발생한 채권은 그 내용과 효력 및 소멸사유 등도 당연히 획일적이지 못하고 다양하다.

그러나 이러한 내용 등의 다양성에도 불구하고 일단 발생한 권리가 「채권」이란 점에서는 공통성을 가진다. 따라서 「채권」이라는 공통점이 있기 때문에 발생 원인이 무엇인가는 관계없이 채권의 범위 내에서 공통하는 내용과 효력 및 소멸사유가 있다. 물론 개별 채권에는 발생 원인에 따라 그 내용 등이 특유한 것도 있다. 이러한 것을 규정함에 있어 전자인 모든 채권에 공통적인 내용들을 추출하여 먼저 하나로 규정하고, 그 다음 특유한 것은 개별적으로 별도로 규정하는 것이 경제적이며 편리할 것이다.

이에, 민법은 전자를 채권총칙이라 하여 먼저 규정하고, 후자는 채권각칙이라 하여 계약·사무관리·부당이득·불법행위로 분리·독립시켜 개별적으로 규정하고 있다. 이러한 채권법의 편별 형식은 우리 민법전이 기본적으로 채택하는 Pandecktensystem에 의한 것이며, 이는 독일 민법이 채택하는 방식을 따른 것이다.

2. 相對性

전통적인 채권·물권 준별론에 의하면 물권은 그 성질상 절대권絕對權·대세권對世權이며, 채권은 상대권相對權·대인권對人權에 속한다. 물권은 물건을 직접적·배타적으로 지배하며 제3자로부터의 간섭을 배제할 수 있으나, 채권은 원칙적으로 채권자와 채무자인 특정인간에서만 그 효력이 있다. 채권이 상대권이란 것은 채권의 효력을 원칙적으로 제3자에게 주장할 수 없다는 것을 말한다. 이러한 점에서 물권은 그 성질상 절대성·대세적이나 채권은 상대성·대인적일 뿐이다.

그러나 채권이 본질상 상대적·대인적이라는 것은 채권의 목적 실현의 방법에 관한 것으로 그 목적의 달성이 특정인의 행위가 그 핵심이라는 것이지, 채권은 대세적으로 보호할 필요성이 없다는 의미는 아니다. 채권도 일정한 경우에는 채무자의 의사와는 관계없이 또는 채무자의 의사와는 역행되게 제3자로부터 그 목적의 달성이 불가능 또는 방해받는 경우가 생길 것이며, 이러한 경우는 그 구제가 되어야 할 것이다(제3자에 의한 채권침해로 후술). 이러한 결론의 연장선에서 물권과 채권은 그 성질상 구별되지 않는 것이며, 구별할 필요성이 없는 것이 아니지 않느냐라는 문제를 제기할 수 있게 된다. 그러나 이는 권리의 본질이라는 측면과 권리의 보호라는 측면의 것으로서 상이한 분야에 관한 것으로 이를 동일한 선상에서 논할 일은 아니다.

* 로마법 이래 계약의 효력은 당사자간에서만 있으며, 당사자를 제외한 제3자에게는 손해도 이익도 주지 못한다는 원칙이 있다. 프랑스 민법 제1165조와 이탈리아 민법 제1372조는 이 원칙을 명문으로 규정하고 있다.

* 이탈리아 민법 제1372조 ① 계약은 당사자 사이에서는 법률의 힘을 가지며, 상호의 동의 또는 법률이 인정하는 사유에 의하지 아니하면 이를 해소시키지 못한다. ② 계약은 법률이 정하는 경우를 제외하고는 제3자에 대하여 효력이 생기지 아니한다.

3. 平等性

물권은 성질상 동일한 내용으로 하나의 물건에 복수로 성립하여 존재할 수 없으나, 채권은 동일한 내용으로 동일 채무자에게 복수로 성립하고 병존할 수 있다. 즉, 물권은 배타성이 있으나(일물일권주의一物一權主義) 채권은 배타성이 없다. 예컨대 하나의 물건에 동일한 내용의 소유권이 성립할 수 없으나, 하나의 물건을 목적물로 하여 두 사람과 각기 매매계약(2중매매)을 체결할 수 있다. 이는 물권의 대상은 물건으로 물권은 물건에 대한 직접적이고 배타적인 관계이나, 채권의 대상은 채무자의 장래의 행위인 급부로서 채권은 채무자인 사람과의 관계이기 때문이다.

이와 같이 채권은 배타성이 없으므로 채권이 병존하는 경우에 그 채권간에는 효력에 우열이 없다. 즉, 채권은 채권간에 평등성을 그 속성으로 한다. 따라서 채권이 채무자의 행위에 의하여 이행되지 않아 채권의 강제력을 통하여 채무자의 일반 재산으로 채권에 충당되는 경우에는 채권의 평등성(채권자 평등의 원칙)에 의하여 각 채권자는 자기의 채권 액에 비례하여 변제 받게 된다.

4. 不可侵性

물권은 배타적·지배적 본질(불가침성)이 있기 때문에 물권에 대한 침해는 불법행위를 구성한다. 또한 물권 자체에 기한 각종의 구제 수단이 있어야 하는 것은 필연적이다. 채권도 물권과 같이 이러한 불가침성이 있는가? 즉, 제3자로부터의 채권의 침해가 불법행위가 성립되어 채권이 보호되는가? 채권은 본질상 상대성·대인성적인 권리로서 그 효력 상 대세적 효력이 없고 대인적 효력만 있다는 측면에서 종래는 채권의 불가침성을 인정하지 않았다. 그러나 이는 기술한 바와 같이 채권의 목적 달성과 채권의 보호를 혼동한 것이다. 또한 채권의 재산성 및 양도성을 간과한 것이다.

채권도 기본적으로는 생활 이익을 누릴 수 있는 권리일 뿐만 아니라 오늘날 재산적 역할의 증대와 양도성으로 불가침성적 성질을 부인하는 견해는 사라졌다. 이러한 의미에서 채권과 물권은 모두 불가침성이 있다고 할 것이다. 그러나 본질이 상대성인 채권이 권리의 일반적 속성으로서의 불가침성에 기한 불법행위을 인정하여 그를 통하여 법적 보호를 받기 위하여는 그 요건에 있어서는 배타적인 성질을 가지는 물권과는 차이가 날 수 밖에 없다(제3자에 의한 채권침해에서 후술).

판례 債權의 不可侵性 : ㉮ 채권도 법률이 보호하는 권리인 이상 일반인은 이를 존중하여야 하며 정당한 이유 없이는 이를 침해치 못할 법률상의무가 있다. ㉯ 정당한 이유 없이 타인의 채권을 침해한 자는 채권자에 대한 불법행위가 성립되고 채권자는 그 제3자에 대하여 이로 인하여 받은 손해의 배상을 청구할 수 있다. 또 정당한 이유 없는 제3자의 행위로 인하여 채무의 이행이 방해될 우려가 있을 때에는 그 제3자에 대하여 방해행위의 배제를 청구할 수 있다(대법원 1953.2.21. 52다129).

5. 讓渡性

민법 제449조[채권의 양도성]는 채권도 양도할 수 있음을 규정하여, 채권에 일반적인 양도성이 있음을 선언하고 있다. 채권의 양도성에 관하여는 채권의 본질인 상대성·대인성을 들어 양도성에 의문을 가질 수도 있다. 로마법에서는 법쇄法鎖 관념적 계약관에 의하여 원칙적으로 양도성이 없는 것으로 보았다. 그러나 채권의 상대성·대인성은 채권의 목적 실현 방법의 특수성을 표현한 것이지 이로 인하여 양도성 자체가 배세되는 것은 아니라 할 것이다. 채권도 하나의 독립된 가치물로서 당연히 양도성이 있다고 보아야 한다.

특히 자본주의의 발전과 더불어 채권에 대한 관념이 종래의 <장래에 귀속될 수 있는 이익>에 지나지 않는다는 관념에서 오늘날은 <현재에 가치 있는 이익>으로서의 기능에 대한 인식변화에 따라 그 역할과 재산적 가치에 대한 비중이 높아지고, 그로 인하여 채권의 양도성 및 유통성과 중요성이 증대되고 있다. 다만, 채권은 채권이 가지는 속성에서 나오는 양도성의 일정한 한계는 어쩔 수 없을 것이다.

6. 債權과 物權의 比較

구 분	물 권	채 권
지도원리	물권법정주의	임의법주의
권리의 객체	물건 : 대물권	특정인의 행위(給付) : 대인권
권리의 작용	물건에 대한 직접적 지배	사람에 대한 청구
배타성과 평등성	① 배타성 ② 공시의 필요성	① 배타성이 없다(채권자평등의 원칙) ② 공시의 필요가 없다
의무자의 범위	절대권	상대권
처분성	양도성이 당연히 인정된다.	원칙적으로 인정되나, 법률 또는 의사표시에 의하여 양도성이 제한된다.

IV. 債權의 機能

1. 手段的 機能

채권은 본질적으로 물권에 이르기 위한 매개자로서의 수단적 역할을 하며 또한 오늘날과 같은 분업협동사회에서 협업을 이루기 위한 법적 매개 수단의 역할을 한다.

물권은 사람이 자기의 생활에 필요한 재화를 직접적으로 이용·지배하는 권리이나, 채권은 채무자의 행위를 통하여 장래에 재화를 획득하는 것을 목적으로 하는 권리이다. 인간이 자급자족만으로 그 생활을 영위할 수 있는 사회인 때에는 물권만을 인정하여도 충분할 것이다. 그러나 인류사회가 발전함에 따라 개개인이 자급자족만으로 생활을 할 수 없고 타인의 재화와 노동력이 필요함에 따라 채권관계가 발전하게 되었다. 즉, 채권은 재화이동과 타인의 노동력의 필요성에 의하여 고안된 제도이다.

따라서 채권은 목표인 물권에 이르기 위한 매개자로서 「수단」에 그 본래의 기능이 있다. 채권의 이와 같은 본질상의 수단적 기능과 장래의 행위라는 점은 당사자간의 신뢰를 그 기본적인 전제로 한다. 당사자간의 상호 신뢰의 바탕 위에서만이 채권은 존립할 수 있으며 본래의 역할을 다 하게 된다. 그리고 재화의 신속한 이동과 신용거래를 그 기본적인 내용으로 하는 근대 이래의 자본주의 경제체제 아래에서는 경제의 거대화 및 발전과 더불어 채권은 종래의 가치이동권(Wertbewegungsrecht)적 관념에 의한 소극적인 수단적 기능 이외에 새로운 역할이 요구되어 채권제도의 발달과 채권의 기능이 변화되고 증대되고 있다.

또한 채권의 수단적 기능은 자본주의사회의 기초인 분업 협동을 이루기 위한 법적 매개 수단으로서의 기능을 한다. 특히 오늘날의 사회가 급진적으로 기능화되고, 전문화되어 감에 따라 그러한 분업협동의 요청은 증대되고 있다. 채권은 사회가 요청하는 이러한 분업협동에 의한 목적 달성을 이루는 법적 매개 수단으로서의 자본주의 체제를 유지하는 지주적 기능을 하고 있다.

2. 支配的 機能

봉건체제에서는 토지와 신분(계급)이 그 사회의 기초였으나, 오늘날의 자본주의체제 사회는 사회적 분업 협동과 임금 노동을 그 사회적 기초(계약과 노동력의 상품화)로 한다. 이는 법현상으로는 소유권과 채권이 결합하고, 생산수단(소유권)과 노동이 계약에 의해 결합함으로써, 계약의 효력으로서 나오는 채권의 사회적 기능의 변화와 역할 증대로 나타나고 있다. 이러한 점에서 채권(계약)제도는 사소유私所有제와 더불어 자본주의를 지탱하게 하고 가능하게 하는 법률적 지주로 평가된다. 이러한 현상에 따라 오늘날은 채권의 기능이 증대되고 따라서 권리의 무게 중심이 종래의 물권에서 채권으로 이동하는 것으로 나타나고 있다.

이와 같은 현상은 소유권에서 일찍부터 나타나기 시작하였는데, 종래는 소유권의 주된 가치 내지 기능은 「물物 자체에 대한 지배(이용)」이었으나, 자본주의 경제체제 아래에서는 그 무게의 중심이 물건을 직접 이용하겠다는 것이 아니라 소유권의 객체인 물건을 중간 매개로 하는 이용자에 대한 지배인 「사람에 대한 지배」로 이동하고 있다.

이는 법률적으로는 소유권이 채권과 결합함으로써 구체화 된다. 예컨대, 토지소유자는 소유권의 본래의 내용인 토지 자체를 자기가 스스로 이용하려는 것 보다 오늘날은 오히려 그 토지를 타인에게 임대하여 임료를 받기를 원하는 것으로 되어 가고 있다. 이를 위하여 소유자와 이용자간에 임대차계약이 행하여지고, 토지 소유지는 임료 및 임대기간을 통하여 토지이용이 필요한 임차인을 합법적으로 지배할 수 있게 되고 있다. 이는 결과적으로는 채권(계약)을 통하여 사람을 지배하는 것으로 채권의 지배적 기능이라 할 수 있다.

채권이 소유권(노동을 포함)과 결합함으로써 나타나는 채권의 지배적 작용은 아래와 같은 것으로 구체화 되고 있다.

(1) 土地 · 家屋 등의 不動産 위의 所有權

토지소유자는 자기가 스스로 이를 이용하기 보다는 토지를 필요로 하는 절대 다수인을 상대로 용익물권의 설정계약과 임대차계약을 하여 소유권이 결과적으로 지료 및 임료 채권화 되어 토지 소유자는 사용자를 지료, 임료 및 사용허용기간 등을 통하여 지배한다.

(2) 生産設備 위의 所有權

사회가 발전하고 기능화, 전문화 되어 감에 따라 생산수단과 노동의 결합이 더욱 요청된다. 이로 인한 노동의 상품화로 고용계약에 의하여 생산수단과 노동은 결합되나 생산설비의 소유자(자본가)는 고용계약을 통하여 노동자를 지배하며, 노동자가 생산한 제품을 시장상황에 따라 많이 또는 적게 내어 놓아 소비자를 좌지우지한다. 결국, 자본가는 계약을 통하여 노동자를 지배하고, 공급을 조작하여 일반 소비자를 지배하게 된다.

(3) 商品上의 所有權

자본주의 경제체제에서의 재화는 처음부터 대부분이 교환을 목적으로 하는 상품의 형태로 존재하며, 상품의 소유권은 매매계약과 결합하여 대금채권화 한다. 매매는 단순히 대금을 수취한다는 수준을 넘어서서, 상품의 소유자는 상품의 소유권을 이용한 공급조절을 통하여 일반 소비자에 대한 지배력을 창출한다.

(4) 貨幣上의 所有權

화폐는 저축 후 상품을 구입하는 예비기금적 수단을 넘어서 자본주의 사회에서는 이자와 투자의 수단으로의 역할이 크다. 이로 인해 화폐의 소유자는 개인 및 기업에 대여 및 투자를 통하여 이자 및 이익배당을 받는 채권을 취득함으로써 개인과 기업을 지배할 수 있는 힘을 창출한다. 더욱이 자본주의체제의 발전에 따른 신용제도의 현저한 발전은 금융자본가의 채권을 통한 생산수단의 지배와 이를 통한 노동자의 지배 및 생산품의 지배를 통한 소비자의 지배형태로 연속되어져 금융자본가의 사회전반에 대한 포괄적인 지배현상으로 나타난다.

상기와 같은 채권의 기능증대와 역할 변화에 따라서 앞으로 채권의 지배적 기능에 대한 적절한 규제를 소홀히 하게 될 때 자본주의체제의 폐해인 빈부격차는 더욱 심화될 것이다. 이는 곧 「유산자의 무산자에 대한 수탈」을 제도적으로 보장하는 결과가 된다. 이에 당사자간의 채권관계가 더 이상 당사자간에만 일임되어서는 아니 되겠다는 것을 말하며, 이는 사회정의의 구축이라는 측면에서 채권법에 대한 법률적 규제가 있어야 한다는 것을 말한다. 이는 요컨대 <채권법은 원칙적으로 임의규정>이라는 종래의 기본 관념에서 벗어나야 한다는 것을 의미한다.

* 채권의 지배적 기능 등의 역할의 변화와 증대 및 이에 따른 채권법의 과제에 관하여는 일본의 민법학자 我妻 榮의 「근대 법에 있어서 채권의 우월적 지위」(유비각, 1954년)에 잘 분석되어 있다. 본문에서 채권의 지배적 기능 등에 관하여는 동 논문을 참조, 인용하였음. 동 논문은

제1장 본 논문의 의도, 제2장 소유권의 지배적 작용과 채권(자본주의 발달에 따른 소유권의 지배적 작용의 퇴색화와 이에 따른 채권적 색채의 심화를 내용으로), 제3장 재산의 채권화(채권의 재산권적 작용의 점증과 다양화를 내용으로), 제4장 채권에 의한 경제조직의 유지(자본주의 경제조직의 기초로서의 채권의 역할 증대를 내용으로)로 구성되어 있다.

3. 物權的 機能

자본주의체제의 발전에 따라 물권과 채권은 종래의 물권·채권 준별론에 의한 엄격한 구별이 무너지고 이들 권리는 사회의 필요성에 의하여 상호 보완하고 교착되는 현상을 보이고 있다. 즉, 물권은 채권화 되고 있으며 채권은 물권화 현상을 보이고 있다.

물권의 채권화 현상은 소유권의 중심적 기능이 「물物의 직접적인 사용」에서 「지료·임료의 청구」기능으로 이전되는 것으로 나타나며, 채권의 물권화 현상은 「부동산 임차권」에서 뚜렷이 나타나고 있다. 부동산 임차권은 물권과 같이 등기할 수 있으며, 등기된 임차권은 물권과 차이 없이 물권의 본질인 대세적 효력을 가진다. 이는 대표적인 채권의 물권적 기능이라 할 수 있다.

4. 財産的 機能

로마법 이래 자본주의가 극도로 발전한 오늘날까지 채권은 채권 자체의 독립적인 재산적 기능을 증대하기 위하여 끊임없이 변화하고 있다. 재산적 기능의 수행은 기본적으로 양도성을 전제로 하는데, 당초 채권은 당사자간에서만 발생하는 권리로서 양도성이 없는 것으로(법쇄法鎖 vinculum iuris) 이해되었다가, 후기 로마법에 와서 극히 제한적으로 그 양도성이 인정되기 시작한 이후 유통성의 확대 및 확보를 위한 행진을 지속하고 있다. 이러한 행진은 재산적 기능의 요체인 유통성확보를 위한 양수인 지위의 안정성에 그 목표를 두고 있다.

이를 위하여 채권의 성립 내지 존재, 유통 중의 하자, 채무의 지불능력 등에서 발생될 수 있는 장애를 제거하는 데 중점이 주어졌다. 이러한 결과 채권은 그 본질에 있어서 로마법 학자에 의하여 양도성이 부여됨으로써 인적 색채가 제거되고, 18·9세기 법학자에 의하여 채권의 발생원인으로부터 채권을 분리시킴으로써(채권의 무인성) 계약적 색채가 제거되었으며, 오늘날에는 채무부담 발생 당시의 의사표시의 흠결로부터 채무를 분리시킴으로써 의사적 색채마저 배제하고 있다. 재산적 기능을 극대로 행사하는 채권이 증권적 채권으로 채권의 증권화는 곧 채권의 독립된 재산화라 할 수 있다.

채권의 재산적 기능의 올바른 수행은 기술한 유통성 외에 채권의 변제력의 확보가 뒷받침이 되어야 한다. 이는 곧 특정채권의 배타적·우선적 지위의 확보를 의미한다. 배타적·우선적 효력이 있는 채권으로는 부동산 임차권이 대표적이며, 그 외 동산·부동산에 대한 채권화를 위한 저당증권제도가 있다(주택저당증권, 유통 중 또는 재고상품에 대한 각종 증권).

第2節 債權法의 內容과 基本原則

I. 債權法의 內容

1. 債權法의 意義

채권법은 널리 채권관계를 규율하는 법규 전체를 의미한다. 즉, 채권관계의 발생·변경·소멸에 관한 법규 전체를 말한다. 그러나 협의의 채권법은 민법 제3편에 규정된 법규를 말한다.

채권관계란 채권자와 채무자의 법률관계, 즉 채권자의 권리와 채무자의 의무를 말한다. 재산관계는 채권관계와 물권관계로 구분되는데, 로마법에서는 채권관계를 물권관계에 이르기 위한 단순한 수단관계로만 보았다. 그러나 분업협동사회인 오늘날의 채권관계는 타인의 협력을 제도적으로 확보하는 주요한 법률관계로 이해되고 있다.

이러한 채권관계는 다음과 같은 특질을 가진다. ① 장래의 협력 이행을 본질로 하므로 신뢰관계를 그 특질로 하며, ② 채권의 목적 달성을 위한 특별구속관계에 있으며, ③ 채권의 발생에서부터 소멸까지 모든 기능이 유기적 관계에 있으며, ④ 채권의 만족이라는 공통 목적 달성을 위한 협동체관계에 있다. 따라서 채권법은 이러한 채권관계의 특질이 고려된 법규라고 할 수 있다.

2. 債權法의 範圍

채권의 성질 및 내용은 앞서 설명한 바와 같이 다양하다. 이러한 다양한 채권은 그 발생 원인도 다양하다. 따라서 채권관계를 모두 망라하여 규정하기 위해서는 채권의 발생 원인별로 발생된 채권의 내용·효력 등을 규정하여야 할 것이다. 그러나 민법 제3편의 채권 편도 민법의 다른 영역과 같이 Pandecktensystem에 의하여 채권법의 공통적인 내용은 총칙으로 규정하고, 개별적이며 특유한 관계는 각칙으로 규정하고 있다. 강학상 전자를 총론, 후자를 각론이라 한다.

채권총칙(총론)은 채권의 발생 원인이 무엇인가는 관계없이 일단 발생한 채권 자체에 관한 규정으로 채권의 목적·채권의 효력·수인의 채권자 및 채무자관계·채권양도·채무인수·채권의 소멸 및 증권적 채권에 관하여 규정하고 있다. 그리고 채권각칙은 채권의 발생 원인에 따른 분류로 계약契約·사무관리事務管理·부당이득不當利得·불법행위不法行爲 등 개별적인 법률관계를 규정하고 있다.

이러한 내용으로 구성된 민법의 채권 편의 규정은 모든 채권관계에 관하여 일반법으로서 적용된다. 즉, 채권이 민법의 채권 편에 규정된 이외의 채권 예컨대 물권 편 또는 친족 편에 규정된 채권관계 및 각종의 특별법에 의하여 발생된 채권관계에 관하여도 당연히 그 적용이 있다. 또한 이들 법에 의하여 발생된 청구권 예컨대 친족법상의 부양청구권에 관하여도 성질이 허용하는 한 위 채권법이 일반법으로 적용된다.

3. 債權法의 法源

채권관계를 규정한 법규 중에서 가장 중요한 것은 민법의 채권 편이다. 그 밖에 아래와 같은 주요한 특별법들이 있다.

① 民法의 附屬法規 : 부동산등기법(1960 법 제536호), 부동산등기특별조치법(1990년 법 제4244호), 부동산실권리자명의등기에관한법률(1995년 법 제4944호), 주택임대차보호법(1981년 법 제3379호), 가등기담보등에관한법률(1983년 법 제3681호), 신원보증법(2002년 법 제6592호), 약관의규제에관한법률(1986년 법 제3922호), 할부거래에관한법률(1991년 법 제4480호) 등.

② 商法 및 그 附屬法規 : 상법(1962년 법 제1000호), 어음법(1962년 법 제1001호), 수표법(1962년 법 제1002호), 보험업법(1977년 법 제3043호) 등.

③ 勞動關係法 : 근로기준법(1997년 법 제5309호), 노동조합및노동관계조정법(1997년 법 제5310호), 근로자참여및협력증진에관한법률(1997년 법 제5312호) 등.

④ 經濟關係法 : 독점규제및공정거래에관한법률(1990년 법 제4198호), 소비자보호법(1986년 법 제3921호) 등.

4. 債權法의 特色

우리의 사법적 법률관계는 재산관계와 가족관계로 크게 구별된다. 전자를 규율하는 사법이 재산법이고, 후자를 규율하는 사법이 가족법이다. 근대법은 재산관계를 물권관계와 채권관계로 뚜렷이 구별하여 규율하고 있으며, 또한 물권과 채권은 여러 가지 점에서 그 특질을 달리 하고 있다. 따라서 이들을 규율하는 법규의 내용에도 차이가 있는데, 채권법을 물권법과 비교하면 다음과 같은 특색이 있다.

(1) 任意法規的 性格

상술한 바와 같이 채권법은 계약법을 그 주된 내용으로 하고 사무관리·부당이득·불법행위 등의 제도를 규정하고 있다. 근대법이 확립한 개인의 창의성을 극대화시킬 수 있는 사적 자치의 원칙이 활동하는 주된 영역은 계약 분야이다. 즉, 당사자의 자유로운 합의에 의한 법률관계의 형성은 채권법 분야에서는 원칙적으로 그 사회의 법질서의 근본을 해치지 않는 한도 내에서는 전면적으로 인정된다. 이는 채권법 분야는 공익과 직접적인 관계를 가지지 않고 다만 당사자간의 상대적인 관계에 불과하다는 데서 출발한다. 따라서 채권관계에 관한 법규는 당사자가 자율적인 의사에 의하여 형성한 법률관계보다 열위적인 관계에 둘 수밖에 없게 된다. 이러한 점에서 채권법은 그 대부분이 임의법규任意法規이다.

그러나 실질적 평등의 실현, 경제적·사회적 약자의 보호, 공익적 이유 등으로 단순히 형식적으로 자유의사에 맡겨둘 수 없는 관계는 역시 강행법규强行法規로 규정하고 있다. 특히 오늘날 극도로 발전한 자본주의 사회에서는 채권의 역할 변화에 따라 채권의 지배적 작용이 강하게 나타나고 있다. 이에 사법관계에서 실질적인 정의와 형평을 기하기 위해서는 개별 법규의 해석에 있어서 종래의 도식적인 「채권법규의 원칙적이고 전면적인 임의법규적 성격」이라는 전제에서 사고하여서는 아니 될 것이다. 이러한 점에서 새로이 제정되는 채권관계의 특별법이 대부분 강행법규로 되어 있는 것은 당연하다 할 것이다.

(2) 普遍的 性格

거래법의 성격을 가진 채권법은 물권법이나 가족법과 같이 지방적·민족적 색채는 적다. 특히 국제간 교통의 발달에 따른 국제간 거래가 점차 확대되면서, 자본주의 경제는 그 경제구조를 합리화·능률화하기 위하여 그 법률적 제도를 보다 합리화하기 때문에 각국의 채권법은 균질화 되고 있다. 즉, 거래관계를 규율하는 채권법은 국제화·보편화의 성격이 강하다.

(3) 信義誠實을 要하는 性格

민법 제2조에 신의성실의 원칙이 규정되고, 그 원칙이 민법 전반에 적용되는 원칙으로 선언하고 있으나, 이 원칙은 다른 어떠한 영역보다도 채권법 분야에서 현저하게 작용하고 있다. 채권관계는 주로 장래에 있을 급부의 약속으로 신뢰관계·유기적 관계·협동체 관계를 그 본질로 하며, 이러한 채권관계를 규율하는 채권법은 이해상반 되는 당사자간에 있어서 어떻게 하면 약속된 급부의 실행을 원활히 할 것인가 하는데 그 목표가 있다. 그러나 제정법의 미비 및 현실과의 괴리, 채권행위의 다양성, 당사자 합의의 본질적 한계 등으로 상황에 따른 당사자의 구체적인 권리 및 의무가 모두 망라될 수는 없다. 이와 같은 법 규정 및 합의의 본질적 한계 내지 공백을 구체적인 경우에 보충시키고 구체화시키는 기능을 하는 것이 신의성실의 원칙이다.

그러나 이 신의성실의 원칙은 무소불위無所不爲의 규범 창조적 기능을 하는 것이 아니라 당사자의 개별적인 계약 체결의 목적·주변상황 등을 종합적으로 고려하여 당사자간에 실질적 정의와 형평을 이룰 수 있도록 법률관계의 공백을 보완하며 구체화시키는 기능을 하는 것에 국한되어야 한다.

II. 債權法의 基本原則

1. 契約自由의 原則

자본주의 사회는 사회적 분업 협동과 임금 노동을 기초로 한다. 이를 연결시키는 법률제도인 계약을 통해 이루어지는 상품교환 사회라고도 할 수 있다. 자본주의 경제체제는 개인의 창의성을 통하여 사유재산을 극대화시킬 수 있는 가능성을 부여하는 데서 출발한다. 개인은 계약의 체결과 내용, 방식에 대한 자유를 통하여 창의성을 발휘하고 극대화할 수 있다. 이로써 근대 사법은 사적 자치의 원칙의 실천원칙으로 계약자유의 원칙을 확립하고, 이를 사법질서의 하나로 채택하였다. 이 원칙은 다른 어떠한 영역보다도 채권법 영역에서 가장 잘 나타나고 있다.

계약자유의 원칙은 사소유제와 결합하여 개인의 창의와 자유경쟁을 통하여 자본주의 경제를 현저히 발전시켰다. 그러나 다른 한편 개인 재산의 편재현상이 심화되어 「가진 자」와 「갖지 않은 자」로 새로운 사회적 계급 집단을 창출하여 두 집단간의 극심한 대립을 보이고 있다. 또한 계약자유의 원칙은 「가진 자」가 사회적·경제적 우위를 이용하여 「갖지 않은 자」에 대하여 일방적으로 유리한 계약을 체결케 하는 수단으로 전락되었고, 이로써 결과적으로 실질적인 형평과 실질적인 자유를 제한 당하게 되었다. 구체적인 계약 체결에서는 상거래의 대규모화, 계약 내용의 정형화로 대기업과 개인과의 거래는 사회적 힘을 바탕으로 대기업측이 일방적으로 작성한 계약 내용에 따라 개인은 단지 계약의 체결 여부에 대한 자유만을 가지게 되는 이른바 약관에 의한 계약으로 계약자유의 원칙은 많은 제한을 받게 되었다.

이러한 유산자와 무산자간의 대립과 약관에 의한 계약은 계약자유의 원칙을 악용하거나 형해화形骸化시켜 형식적 자유에 의한 실질적 불평등을 초래케 하는 주요한 요인이 되고 있다. 따라서 이러한 폐해를 시정하기 위하여는 계약자유의 원칙의 수정이 불가피하다. 계약자유의 원칙의 수정은 실질적 정의와 실질적 형평을 이룰 수 있는 방향으로 되어야 할 것이다.

이러한 점에서 오늘날 채권법의 최대 과제는 계약자유의 원칙의 본질을 침해하지 않는 범위 내에서 계약의 자유를 통하여 실질적 정의 및 실질적 형평을 달성할 수 있는 방안을 모색하는 것이다. 즉, 「계약정의 Vertragsgerechtigkeit」를 어떻게 달성할 것인가가 오늘날 채권법에 있어서 최대의 과제이다. 이의 요체는 사회적·경제적 힘을 바탕으로 하여 상대방의 자유로운 의사 결정에 대한 실질적인 제한을 한 상태에서 체결될 수 있는 계약을 규제하는 데 있다. 이러한 규제는 분야별로 아래와 같은 방안으로 이루어지고 있다.

(1) 社會政策的 立法

사회적·경제적 강자와 약자의 대립이 현저한 분야인 노사관계·부동산 임대차관계

·금융관계, 투기억제를 위한 부동산거래관계 등에서 계약의 자유를 규제하는 많은 입법이 이루어지고 있다. 근로기준법등 사회관계법, 주택임대차보호법, 소비자보호에 관련한 각종 법, 부동산 거래관련 법등이 그 예이다.

헌재 國土利用管理法의 違憲 與否 : ㉮ 사유재산제도의 보장은 타인과 더불어 살아가야 하는 공동체생활과의 조화와 균형을 흐트러뜨리지 않는 범위 내에서의 보장이다. ㉯ 토지재산권의 본질적인 내용이라는 것은 토지재산권의 핵이 되는 실질적 요소 내지 근본요소를 뜻한다. ㉰ 국토이용관리법 제21조의3 제1항의 토지거래허가제는 사유재산제도의 부정이 아니라 그 제한의 한 형태이고 토지의 투기적 거래의 억제를 위하여 그 처분을 제한함은 부득이한 것이므로 재산권의 본질적인 침해가 아니며, 헌법상의 경제조항에도 위배되지 아니하고 현재의 상황에서 이러한 제한수단의 선택이 헌법상의 비례의 원칙이나 과잉금지의 원칙에 위배된다고 할 수도 없다(헌법재판소 전원 1989.12.22. 88헌가13).

(2) 行政上의 指導·監督

공익사업 및 생활 필수 분야에 대한 행정상의 감독 및 규제를 들 수 있다. 예컨내 버스요금, 목욕료, 특정 대중 음식료 등의 공공요금에 대한 행정지도 및 감독을 통한 규제가 이루어지고 있다.

(3) 司法審査를 통한 規制

자유로운 의사에 대한 실질적 심사(사적 자치의 철저한 심사)·반사회질서의 법률행위(제103조)·불공정한 법률행위(제104조)·신의성실의 원칙 및 권리남용금지(제2조) 등의 적용을 통한 규제로 실질적 형평을 기하고 있다.

19세기 자유주의 아래에서의 채권(계약)법의 주된 관심은 사적 자치와 계약자유의 실현에 있었다. 이러한 사적 자치와 계약자유가 오늘날에 있어서도 근본적인 원칙으로 당연히 존중되어야 하지만, 자본주의가 발전한 오늘날은 당사자의 사회·경제적 불평등으로 계약 체결의 여부와 그 내용 여하를 결정함에 있어서 오직 강자만이 자유롭고 상대방은 자유롭지 못한 결과를 낳고 있다. 따라서 이러한 자유는 사법의 근본원칙 및 자유주의 사회의 근본 질서를 무너뜨리지 않는 범위 내에서만 인정되고 계약정의의 달성에 주력하여야 할 것이다.

오늘날 우리 사회에서 계약이 기능하는 주된 분야는 물품공급계약物品供給契約과 노무제공계약勞務提供契約으로, 이들은 구체적으로 매매계약賣買契約·도급계약都給契約·고용계약雇傭契約 등으로 나타난다. 이들 계약은 개인간의 법률행위이나 경제정책과 사회정책의 관점에서 중대한 의미를 가지게 되는 사회적·경제적 행위이다. 또한 이들 행위는 자본주의 사회의 폐해인 빈부격차貧富隔差와 사회경제적 강자의 약자에 대한 지배를 낳게 하는 원인행위이기도 하다. 따라서 자본주의 사회의 법률적 폐해 요인의 제거는 형식적인 계약자유로서는 그 한계가 있고 계약정의의 실현을 위한 합리적인 규제가 있어야 할 것이다. 이러한 측면에서 오늘날 채권(계약)법에서의 실질적 기능원리는 「계약자유」보다는 「계약정의」라 하겠다.

2. 過失責任의 原則

손해배상책임으로서의 민사책임인 계약책임과 불법행위책임은 당사자의 고의 또는 과실을 그 요건으로 한다. 즉, 「과실(잘못)없으면 책임 없다」는 과실책임주의를 그 원칙으로 한다. 우리 민법도 전반에 걸쳐 과실책임의 원칙을 채택하고 있으나, 이 원칙은 어느 영역보다도 채권법 영역에서 그 기능을 다하고 있다. 채권법은 이와 같이 과실책임을 그 원칙으로 하고 예외적으로 무과실책임·중간책임을 개별적으로 규정하고 있다.

과실책임의 원칙은 책임귀속의 범위를 명시하여 개인의 자유로운 사회활동을 보장함으로써 자본주의 경제의 발전에 크게 이바지하였다. 그러나 자본주의의 발전과 과학기술의 발달은 민사책임民事責任, 특히 불법행위책임 영역에서 이러한 「과실책임의 원칙」의 타당성에 대한 의문을 낳게 하고 있다. 과실책임주의의 기초로는 자유주의 이념 아래 평등한 시민사회를 전제로 각인의 이익보호의 평등이라는 목적을 실현하기 위한 것이다. 그러나 오늘날의 사회는 가해자는 과학기술을 이용하여 이윤을 추구하는 대규모 기업체이고 피해자는 노동자 또는 일반 대중인 시민으로, 양자간의 현저한 사회·경제적 지위의 격차로 인하여 과실책임만으로는 이익의 평등보호가 구조적으로 이루어지지 않게 되었다. 특히 과학기술의 발달에 따른 대규모 첨단기업체가 생산하는 제품 및 기업활동 과정의 부산물은 종종 개인의 재산 및 신체에 예측할 수 없는 손해를 발생시키며, 시민사회의 복잡화·도시화로 이러한 손해 발생의 위험성은 증대되고 피해자는 물론이고 가해자도 최선을 다하였지만 불가피하게 피해를 발생시키는 경우가 많아졌다. 또한 손해발생의 구조 자체도 복잡하게 되어 과실을 입증하는 것이 매우 어려워지고 있다. 이러한 점에서 민법은 과실책임주의의 원칙을 채택하고 있으나, 개별 특별법에서는 사안에 따라 무과실책임주의를 채택하고 있다.

한편 민법의 과실책임의 영역에서도 개별사안에 따라서는 입증의 완화(표현증명 Prima fasi Beweis, 일응의 추정 res ipsa loquitur) 또는 과실개념의 수정적 해석을 통하여 합리적인 해결을 하려는 주장도 나오고 있다. 그러나 해석론에 의할지라도 실정법적 근거 없이 과실책임의 영역에서 무과실책임을 직접적으로 도출하는 것은 허용되지 않는다고 할 것이다.

* 일본의 石田 穰 교수는 불법행위를 의사책임적 불법행위와 행위책임적 불법행위로 구분하여, 과실에 기초한 책임은 의사책임적 불법행위로서 이것은 일본 민법이 예정을 하고 있으나, 후자인 행위책임적 불법행위는 민법이 예정하고 있지 않은 것으로 무과실책임이며 조리에 의한다고 본다. 또한 행위책임적 불법행위는 다시 객관책임적 불법행위와 결과책임적 불법행위로 구별된다는 해석을 한다(石田 穰, 손해배상법의 재구성, 동경대학출판회, 1980. 참조). -이에 관하여는 졸저, 채권법각론 중 불법행위편 참조.

3. 信義誠實의 原則

신의성실의 원칙은 민법 제2조에 규정하여 민법 전반에 그 적용이 있으나, 어느 영역보다도 채권관계의 특성상 채권법에서 그 적용이 현저하다. 신의성실의 원칙이란 「법률관계의 당사자는 상대방의 이익을 고려하여 형평에 어긋나거나 신의를 저버리는 내용 또는 방법으로 권리를 행사하거나 의무를 이행하여서는 아니 된다」는 추상적 규범으로, 이를 구체적인 법률관계에 적용함에 있어서는 「상대방의 이익의 내용, 행사하거나 이행하려는 권리 또는 의무와 상대방의 이익과의 상관관계 및 상대방의 신뢰의 타당성 등 모든 구체적인 사정을 고려하여 그 적용 여부를 결정하여야」 한다. 그러나, 추상적 일반적 규범인 신의성실의 원칙으로 제정법인 강행법규 위반의 결과나 입법취지를 완전히 몰각시키는 결과를 가져오는 것은 허용되지 않는다(대판 1993.12.24, 93다44319).

위와 같은 시각에서 신의성실의 원칙은 다음과 같은 구체적 기능을 수행한다.

(1) 行爲規範的 機能

채권자와 채무자는 통상인의 신뢰에 따라 성실하게 권리를 행사하고 의무를 이행하도록 하는 기능을 한다. 이에 위반하였을 때는 그와 같은 권리행사 및 의무의 이행은 효력을 발생하지 않는다. 특히 하는 채무에서 채무자의 급부행위의 이행에서 신의칙은 행위규범을 창출한다.

(2) 裁判規範的 機能

행위규범적 기능의 이면裏面이라고도 할 수 있는 것으로 권리행사와 의무의 이행이 있을 때 그와 같은 권리 및 의무의 이행이 효력을 발생하느냐를 판단하는 객관적 기준으로서 기능을 한다. 예컨대 해제의 요건으로서의 최고에서 그 기간이 상당한가 여부는 채무의 내용 및 이행방법 등을 종합하여 신의칙에 따라 판단된다.

(3) 具體化 機能

이는 한 때 제정법의 미비를 보완하고 수정할 수 있는 법창조적 기능으로 인식되어졌던 것이다. 그러나 추상적이고 일반적인 규범이 개별적이고 구체적인 법규를 창조한다는 법창조적 기능이란 관념은 본질적으로 제정법의 불가위배성(Unverbrüchlichkeit)에 어긋나는 것으로 타당하지 않으며 또한 우리나라 판례도 같은 취지이다.

신의성실의 원칙은 추상적 규범으로 개별법규를 창조하는 물적 규범(Sachnorm)이 아니라 개별 사안에서 구체적 상황에 따라 당사자의 권리와 의무를 구체화시키는 개별적 규범(Fallnorm)이고, 이는 장래의 상황에 대한 예측불가성과 의사표시의 불완전성을 보완하는 데 그 본질적 기능이 있다. 따라서 개별사안에 따라 계약의 목적, 당사자의 이익, 계약 체결시의 여건 등을 종합적으로 고려하여 당사자의 의사표시를 보완하고 구체화시키는 기능을 할 수 있을 뿐이다.

신의성실의 원칙의 구체적 적용례로는 다음과 같다. 즉, 채권관계에 따라 주된 채권의 성질 및 내용에 부합하는 각종 부수의무의 발생, 계약 체결상의 과실책임론의 기초법리, 자기행위 상반성의 원칙(venire contra factum proprium), 금반언禁反言의 원칙, 실효失效의 원칙, 사정변경의 원칙 등을 파생시키는 기본 법리로 작용한다.

* 독일의 나치스 사법학에서는 신의성실의 원칙에 법창조적(입법자적) 기능을 부여하여, 이 원칙의 적용으로 법관은 재량으로 법을 제정하고, 개폐할 수 있다고 보았다. 이러한 기능은 동원칙을 「일반적 형평규범 (allgemeine Biligkeitsnorm)」으로 이해한 데서 출발하였다. 따라서 이 조항을 「일반조항 (Generalklauseln)」 또는 「제왕조항(königliche Paragrphen)」으로 지칭하였다.

第2章

債權의 目的과 種類

第1節 債權의 目的

I. 債權의 目的에 따른 要件

채권은 채권자가 채무자에 대하여 일정한 행위를 청구하는 것을 본질로 하는 권리이다. 채권자가 채무자에게 청구하는 대상 내지 객체가 채권의 목적이다. 그런데 채권자가 채무자에게 청구하는 「일정한 행위」가 급부로써 「채권의 목적」은 곧 「급부」가 어떠한 것이냐, 즉 급부의 내용을 말한다.

채권의 목적에 대하여 민법은 제373조에서 금전적 가액 산정 가능 여부가 채권의 목적으로 성립될 수 있느냐를 결정하는 기준이 되느냐에 관하여만 규정하고 있을 뿐, 그 밖에는 별도로 규정을 하지 않고 있다. 그런데, 채권은 법률행위 또는 법률의 규정에 의하여 발생하고 법률의 규정에 의하여 발생하는 채권의 목적 내지 내용은 법률에서 정하고 있고, 법률행위인 계약에 의하여 발생하는 채권의 목적, 즉 급부의 내용은 당사자간의 자유로운 합의에 의하여 임의로 정할 수 있다. 그러나 후자의 경우에도 채권이 계약인 법률행위에 의하여 발생된 것이기 때문에 일반적인 법률행위의 목적에 관한 성립 및 유효요건을 충족하여야 함은 당연하다.

일반적으로 채권이 유효하게 성립되기 위해서는 채권의 목적은 최소한 다음의 요건을 충족하여야 하며, 그 밖에 별도의 요건을 요하는 경우에는 개별적으로 규정하고 있다.

1. 可能性

채권의 목적으로 유효하게 성립하기 위해서는 당연히 급부의 이행이 가능하여야 한다. 그러나 채권의 유효요건으로서의 가능성은 현재 실제로 급부를 할 수 있느냐 여부가 아니라 계약 체결시 또는 채권의 효력발생시에 급부의 가능성이 원칙적으로 문제가 된다. 가능하지 않는 것이 불능不能으로, 불능은 이론상 다음의 여러 기준에 의하여 구분할 수 있다.

① 계약 체결(채권성립)시를 기준으로, 원시적 불능原始的不能과 후발적 불능後發的不能
② 불능의 주체를 기준으로, 주관적 불능主觀的不能과 객관적 불능客觀的不能

③불능의 범위를 기준으로, 전부불능全部不能과 일부불능一部不能.

상기와 같은 이론적인 유형별 불능에 대하여 우리 민법은 다음과 같은 기본적인 원칙 아래 세부적으로 각기의 법률관계를 규정하고 있다.

① 우리 민법은 독일 민법과는 달리 불능을 주관적·객관적 불능으로 구분하지 않고, 이행불능이란 통상인의 거래관념상, 경험법칙과 사회통념을 기준으로 이행을 기대할 수 없는 것을 불능으로 보는 이른바 사회적 불능으로 이해한다(통설). ② 원시적 불능에 관하여는 계약은 무효로 하나(타인의 권리의 매매에 관하여 민법은 권리자가 처음부터 전혀 매도할 의사가 없는 경우(원시적 객관적 불능)와 처음에는 매도할 의사가 있었으나 사후에 번복한 경우(원시적 주관적 불능)를 구별하지 않고 모두 유효로 하고 있다), 그 불능으로 인한 손해가 있는 경우에는 계약 체결상의 과실론(제535조), 후발적 불능에 관하여는 계약은 유효하나 급부를 이행할 수 없기 때문에 채무불이행책임론債務不履行責任論(제390조)과 위험부담론危險負擔論(제537조)에 의하며, ③ 일부불능의 경우에는 일부 무효의 법리(제137조)를 적용하는 등으로 규정되어 있다.

판례 履行不能의 意味 : 채무의 이행이 불능이라는 것은 단순히 절대적·물리적으로 불능인 경우가 아니라 사회생활에 있어서의 경험법칙 또는 거래상의 관념에 비추어 볼 때 채권자가 채무자의 이행의 실현을 기대할 수 없는 경우를 말한다(대법원 2003.1.24. 2000다22850).

2. 確定性

급부의 내용은 계약 체결시에 확정되어 있거나 또는 늦어도 이행기까지는 확정될 수 있어야 한다. 목적이 처음부터 확정되어 있는 것은 문제가 없으나 확정되어 있지 않더라도 계약의 이행과정에서 확정될 수 있으면 유효한데, 이 경우에는 확정하는 방법이 문제된다. 확정하는 방법에 관하여 당사자의 의사가 명백하지 아니하면, 목적은 당사자의 의사, 법률의 규정 또는 거래 관습에 의하여 확정된다. 당사자의 의사에 의하여 목적이 확정되는 경우에는 당사자 중 일방 또는 제3자에게 확정시킬 수 있는 권한을 줄 수도 있다. 후술하는 종류채권種類債權이나 선택채권選擇債權은 채권성립시에는 채권의 목적이 확정되어 있지 않으나 이행기까지는 확정될 수 있어 채권의 성립에는 문제가 없다. 이 경우 확정에 관하여는 제375조 이하 및 제380조 이하에서 규정하고 있다.

3. 適法性

채권의 목적, 즉 내용 자체가 적법하지 않은 경우에는 채권은 무효이다. 계약을 체결하게 된 동기가 적법하지 않은 경우에는 어떻게 되는가? 계약 체결의 동기 내지 원인은 원칙적으로 채권의 성립에 영향을 주지 않는다. 다만 그 동기가 표시된 경우에 계약의 내용으로서의 적법 내지 사회적 타당성 여부가 문제가 된다(곽,이영,이은).

급부, 즉 채권의 내용이 개별적 강행법규에 위반하거나 불공정한 경우(제104조)가 적법하지 않은 경우이다. 주로 문제가 되는 것은 행정법규에 위반한 경우이다. 이는 당해 법규의 입법 목적과 당해 사안에 대하여 무효로 할 때의 그 결과의 타당성 등을 종합적으로 고려하여 적법여부를 결정하여야 한다. 대법원도 당해 법규와 개별적인 사안에 따라 달리 평가하는데, 예컨대 국토이용관리법상의 요허가 지역 내의 토지를 허가 받지 않고 체결한 매매계약에 대하여는 유동적 무효 또는 확정적 무효로 판시하는데, 부동산등기특별법에서 금지하는 등기신청전의 전매계약은 유효한 것으로 하며, 주택임대차보호법상의 최단 2년의 임차기간을 위반한 임대차계약에서는 2년 이하의 기간을 임대인은 주장할 수 없으나 임차인은 주장할 수 있는 것으로 임대인과 임차인을 분리시켜 해석한다.

4. 社會的 妥當性

채권의 목적은 선량한 풍속 기타 사회질서에 위반하지 않는 것(제103조)이어야 한다. 즉, 사회 통상적으로 용인되는 것이어야 한다. 예컨대 인신매매, 불륜의 관계를 맺는 것(첩계약), 부자 또는 배우자간의 동거하지 않겠다는 것 등을 내용으로 하는 계약(채권)은 사회적 타당성이 없어 채권의 목적이 될 수 없다.

반사회질서 내지 반양속적인 행위는 대부분이 개별법에서 그 위법성을 규정하기 때문에 사실상 적법성 여부에서 대부분 걸러진다. 그렇지 아니한 것 중에서 문제가 되는 것이 2중매매인데, 판례는 제2매수인이 2중매매에 적극 가담한 경우에는 그 가담행위를 반사회적 행위로 보아 무효로 한다.

5. 金錢的 價値

민법은 제373조에서 <금전으로 가액을 산정할 수 없는 것이라도> 채권의 목적으로 할 수 있다고 하였다. 통상적인 경우에 채권은 금전으로 그 가액을 산정할 수 있다. 금전적 가액 산정이 문제되는 것은 채무의 내용이 종교적인 의식(예 : 절, 교회의 기도, 굿 등)을 행하는 것이거나, 일정 정도 이상의 소음을 내지 않겠다는 등의 부작위채무不作爲債務 등을 내용으로 하는 경우이다. 이러한 경우에도 그 채무를 이행하지 않은 경우에는 그로 인하여 발생한 손해의 배상을 청구할 수 있으며, 손해배상의 방법은 금전배상金錢賠償(제394조)이다. 다만, 손해의 산정에서 당사자간에 다툼은 있을 수 있다.

따라서 급부 자체가 금전으로 산정할 수 있느냐 여부가 채권의 성립 자체로 직접적으로 문제가 되지는 않는다. 채권의 성립여부가 문제되는 것은 채권자에게 급부이익給付利益이 있느냐 여부이며, 그것이 유형적이든 무형적(정신적)이든 채권자에게 생활상의 이익을 주는 것이어야 된다. 따라서 종교적 의식행위는 정신적 급부이익을 주기 때문에 채권의 목적이 될 수 있으나, 단순한 사교적·의례적 약속과 같은 경우는 급부이익이 없어 채권의 목적이 될 수 없다.

한편 민법과는 달리 상법 제668조는 <금전으로 산정할 수 있는 이익에 한하여> 보험계약의 목적으로 한정하고 있다.

II. 債權의 目的에 따른 分類

채권의 목적인 급부의 내용은 당사자간의 자유로운 합의로 정하여질 수 있어 그 모습은 확일적이 아니하다. 여러 가지 기준에 따라 분류할 수 있겠으나, 강학상 일반적으로 아래와 같이 분류한다.

1. 하는 給付와 주는 給付

채무자가 일정한 행위(노동력의 제공)를 하여야 하는 급부가 「하는 급부」이며, 물건을 인도하여야 하는 급부가 「주는 급부」이다. 하는 급부는 고용·위임 등 노무공급계약의 유형에서 발생되며, 주는 급부는 매매·증여 등의 계약에서 발생되는 급부이다.

하는 급부는 채무자의 직접적인 노무의 제공이 그 내용이기 때문에 당사자간에 인격적 관계와 신뢰관계가 그 기초를 이루며, 주는 급부는 물건의 인도를 그 내용으로 하기 때문에 당해 물건의 재산적 가치가 그 기초가 된다.

이러한 구별은 강제이행의 방법에서 차이가 나는데, 하는 급부는 채무자의 인격의 자유라는 관점에서 강제적인 채권의 실현은 인정되지 않으나(대체집행 또는 간접강제만 가능), 주는 급부는 그 급부 자체를 강제적으로 실현시키는 (직접강제) 것이 가능하여 채권의 실현이 용이하다.

2. 作爲給付·不作爲給付·忍耐給付

<하는 급부>는 채무자가 적극적으로 일정한 행위를 할 의무를 지는 급부인 작위급부와 반대로 일정한 행위를 하지 않을 의무를 지는 부작위급부 및 상대방의 일정한 행위에 대하여 참고 견뎌야 할 인내급부로 분류된다. 작위급부는 고용·위임 등 노무공급계약에서 발생되는 급부이며, 이는 강제이행의 방법으로 대체집행代替執行이 적당하나 경우에 따라 간접강제間接强制의 방법도 사용된다. 부작위급부는 일정한 정도 이상의 소음, 진동을 내지 않는다든지 일정한 기간 동안은 특정 영업행위를 하지 않는다든지 하는 것과 같이 당사자간에 합의된 일정한 행위를 하지 않을 의무를 그 내용으로 하는 급부이다. 인내급부는 일반적으로 독립된 채무를 형성하지 않고 다른 급부와 결합하여 채무의 내용이 된다. 부작위 또는 인내급부에 대한 강제이행으로는 대체집행 또는 간접강제의 방법이 있다.

하나의 채무가 작위·부작위 및 인내의 세 가지 급부의 내용을 다 포함하는 것도 있다. 예컨대 임대인賃貸人은 임대목적물을 임차인賃借人에게 제공(작위)하여야 하고, 임차인의 사용에 대하여 참아야(인내)하며, 본인은 그 목적물을 사용하지 않아야(부작위)한다.

3. 可分給付와 不可分給付

주는 급부는 급부의 목적물에 따라서 가분급부와 불가분급부로 구분할 수 있다. 급부의 본질과 그 가치를 변경하지 아니하고 수개의 급부로 분할할 수 있는 것이 가분급부이고, 그렇지 아니한 것이 불가분급부이다. 성질상 가분할 수 있더라도 법규가 분할을 허용하지 아니하거나 당사자가 특약으로 가분하지 않고 한꺼번에 이행하도록 한 경우에도 불가분급부가 된다.

이러한 구별은 이행여부의 판단, 이행되지 못한 부분에 대한 법률관계(일부 해제 가능여부), 다수당사자의 채권관계(제408조 이하) 등에서 실익이 있다.

4. 特定物給付와 種類物給付

주는 급부는 채권성립시에 인도할 급부의 내용이 개별적으로 특정되어 있는지 여부에 따라서 특정물급부와 종류(불특정물)급부로 구분된다. 예컨대 특정가옥의 인도와 같은 것은 전자에 속하고, 쌀 한 가마 또는 계란 한 꾸러미 등과 같은 것은 후자에 속한다. 종류물급부는 이행시까지 특정되어야 한다.

특정물급부와 종류물급부의 구별은 채무이행의 방법(제374조·제375조)과 채무불이행 여부를 판단하는데 그 실익이 있다.

5. 一時的給付와 繼續的給付

급부이행의 방법에 따른 구별로서, 이행함에 있어서 시간적인 계속성 여부·반복성 여부를 기준으로 일시적 급부, 계속적 급부 또는 반복적(회귀적) 급부로 구별한다. 한 번의 급부이행으로 채무의 이행이 완료되는 것이 일시적 급부(매매,교환)이며, 일정한 기간(임대차, 고용) 또는 주기적(신문배달)으로 급부의 이행이 있어야 하는 것이 계속적 급부 또는 반복적 급부이다.

일시적 급부와 계속적 급부는 이행지체履行遲滯·이행불능履行不能·계약契約의 해제解除 및 해지解止 등의 요건과 효과를 달리하기 때문에 구별의 실익이 있다.

6. 手段給付와 結果給付

작위급부를 프랑스 민법학에서는 일찍이 결과의 발생이 강제되는 급부(결과급부 obligations de resultat)와 그렇지 않는 것(수단급부 obligations de moyens)으로 구분하였다. 노무공급계약 중 도급계약의 유형에서는 결과급부가 그 급부의 내용이나 그 외의 경우는 일반적으로 수단급부가 된다. 예컨대 진료계약 중 일반 진료계약은 수단급부이나 당사자간에 병의 완치를 특약한 경우에는 결과급부가 된다. 대법원도 진료채무는 일반적으로 수단채무로 구분하고 있다.

수단급부와 결과급부의 구별은 급부의 이행여부를 판단하는 데 그 실익이 있다. 결과급부는 약정한 결과가 발생하지 아니하면 급부가 불이행된 것으로 바로 볼 수 있으나, 수단급부는 급부의 이행여부는 결과의 발생과는 관계없이 행위의 과정이 이행의 여부를 판단하는 중요한 판단 기준이 된다.

수단급부는 의사, 변호사, 회계사와 같이 전문직 종사자의 전문능력의 제공을 목적으로 하는 계약에서 발생한다. 수단급부에서는 급부 자체가 이행되었느냐 여부는 쉽게 판단되기 때문에 다툼의 여지가 없고, 다만 그 행위가 완전하였느냐 여부(불완전이행)가 문제된다. 예컨대 의사의 진료채무, 변호사의 변호채무, 회계사의 회계채무 등이 대표적인 수단급부인데, 이들에서 진료행위, 변호행위 그 자체가 완전하게 행하여졌느냐 여부가 문제되는 것이지 병의 완치, 소송에서 승소 등이 문제가 되는 것은 아니다.

판례 手段債務 : 의사가 환자에게 부담하는 진료채무는 질병의 치료와 같은 결과를 반드시 달성해야 할 결과채무가 아니라 환자의 치료를 위하여 선량한 관리자의 주의의무를 가지고 현재의 의학수준에 비추어 필요하고 적절한 진료조치를 다해야 할 채무 이른바 수단채무라고 보아야 하므로, 진료의 결과를 가지고 바로 진료채무 불이행 사실을 추정할 수 없으며, 이러한 이치는 진료를 위한 검사행위에 있어서도 마찬가지이다(대법원 1988.12.13. 85다카1491).

第2節 債權의 種類

채권의 목적은 전술한 바와 같이 여러 가지 기준에 의하여 강학상 분류할 수 있는데, 민법은 계약 성립시에 급부의 내용이 확정되었느냐 여부 및 확정되지 않은 경우의 확정의 방법 등을 기준으로 제374조 이하에서 특정물채권特定物債權 · 종류채권種類債權 · 금전채권金錢債權 · 선택채권選擇債權 등으로 구분하여 규정하고 있다. 이하에서는 민법에서 규정하고 있는 채권의 종류별로 그 법률관계를 본다.

I. 特定物債權

1. 特定物債權의 意義

특정물의 인도를 목적으로 하는 채권이 특정물채권이다. 주는 급부 중에서 주는 대상이 특정된 채권이다. 특정물채권은 예컨대 특정가옥, 특정한 보석 등의 인도를 목적으로 하는 매매·증여·교환 등의 계약에서 주된 급부로 발생하며, 그 밖에 임대차·사용대차·임치 등의 계약에서 계약종료 후의 목적물 반환의무와 같이 다른 급부와 함께 발생하기도 한다. 또한 사무관리(취득물의 반환 제738조), 부당이득(이득물의 반환 제748조)의 경우에는 법률의 규정에 의하여 발생하기도 한다.

특정물은 일반적으로 부대체물不代替物이나, 목적물이 대체물代替物이라도 당사자가 구체적인 거래의 목적물로 한 경우는 그것이 특정물이며, 종류채권이나 선택채권도 특정 또는 선택된 이후에는 특정물채권이 된다.

특정물채권에 있어서는 계약 성립과 동시에 이행이 되면 별다르게 법률문제가 발생할 여지가 없는데, 그렇지 아니한 경우, 즉 계약이 체결되고 상당기간 경과 후에 이행을 하게 되는 경우에는 이행할 때까지 당해 물건이 계약 체결할 때의 형태를 그대로 유지되었느냐 하는 것이 주된 문제로 남는다. 즉, 채무자가 목적물을 보관하여야 하여야 하는 문제가 있게 되며, 민법은 이를 보존의무保存義務 라고 하여 제374조에서 규정하고 있다. 그 밖에 채무자의 인도의무引渡義務와 위험부담과 관련한 문제가 있게 된다.

2. 債務者의 保存義務

「보존」이란 물건의 형상이나 경제적 가치를 떨어뜨리지 않고 그대로 유지시키는 것을 말한다. 보존행위는 물건의 성질·경제적 효용에 따라서 사회적 통념에 따라 하여야 한다. 그러나 그러한 보존행위를 함에 있어서 기울여야 할 주의의 정도·시기 및 주의의무 위반의 효과 등에 관하여는 몇 가지 문제가 있다.

(1) 善管注意義務

제374조는 채무자는 특정물을 <인도하기까지 선량한 관리자의 주의로 보존하여야 한다>고 규정하고 있다. 채무자의 「선량한 관리자의 주의의무(선관의무)」와 관련하여 우선 주의의무를 다 하지 못한 상태, 즉 채무자의 과실 여부를 판단하는 기준이 문제된다.

선관주의의무에서의 과실은 「추상적 과실」을 의미한다(과실의 개념 및 과실의 분류에 관하여는 채무불이행 편을 참조). 따라서 채무자의 직업·지위·나이 등에 비추어 일반적으로 요구되는 정도의 주의를 게을리 하였다면 과실이 있은 것으로 인정된다. 이러한 선관주의의무를 필요로 하는 것은 「주는 채무」에 한정되지 않고, 「하는 채무」

(예 : 제681조[수임인의 선관의무]의 위임)의 경우에도 있다.

선관주의의무와는 달리 행위자의 구체적이고 개인적인 능력에 따른 주의의무를 필요로 하는 구체적 과실을 요구하는 경우에, 민법은 <자기재산과 동일한 주의>(제695조[무상수치인의 주의의무], 제922조[친권자의 주의의무]) 또는 <고유재산에 대하는 것과 동일한 주의>(제1022조[상속재산의 관리])로 표현하고 있다.

그런데 특정물채권에서 채무자의 선관주의의무는 그것만을 개별적으로 검토할 것이 아니라 후술하는 목적물의 현상인도現狀引渡 원칙 및 민법상의 채무자 위험부담 원칙과 관련시켜 검토하여야 한다. 채무자가 선관주의의무를 위반하여 목적물이 훼손·멸실된 경우에는 채무자는 이로 인한 손해배상책임을 부담(제390조[채무불이행과 손해배상])하나, 주의를 다 하였음에도 목적물이 훼손·멸실된 경우는 손해배상책임을 지지 않고, 멸실된 경우는 인도의무를 면하며, 훼손된 경우는 훼손된 상태 그대로 인도하면 족하다(현상인도의 원칙 : 제462조).

따라서 채무자가 선관주의의무를 다 하였음에도 발생한 훼손·멸실로 인한 손해는 채권자가 부담한다는 것인데, 이는 특정물채권의 발생원인인 계약의 유형과 관련시켜 검토하여야 한다. 매매·교환과 같은 소유권이전형所有權移轉型 유상·쌍무계약의 경우는 유상·쌍무계약의 등가성等價性 및 견련성牽聯性에서 나오는 담보책임(제580조)과 채무자위험부담의 원칙(제537조)에 의하여 채권자의 유책사유에 의한 훼손·멸실의 경우 외에는 채권자가 책임을 지지 아니하고 전부 채무자가 책임을 진다. 즉, 채무자가 주의의무를 다 하였을 지라도 훼손된 경우에는 채무자가 훼손된 부분에 책임을 진다. 그러므로 매매·교환과 같은 소유권이전형 계약에서는 위 특정물채권의 채무자의 선관주의의무에 관한 규정은 적용되지 않는다. 다만 임대차·유상임치有償任置와 같은 점유이전형占有移轉型 계약에서만 채무자의 선관주의의무에 관한 제374조가 그 실익이 있다.

(2) 存續時期

보존의무는 <인도하기까지>라고 규정하고 있는데, 이는 인도를 하여야 할 때, 즉 이행기까지를 의미하는지 또는 실제로 인도할 때까지를 의미하는 지가 문제이다. 동시이행의 항변권 또는 유치권의 행사로 이행기와 실제의 이행기가 다른 경우가 있기 때문에 실제로 인도할 때까지로 해석하는데 학설은 일치하고 있다. 그러나 이행기 이후의 이행지체의 경우에는 채무자의 책임이 가중되며(제392조), 수령지체의 경우에는 채무자의 책임이 경감된다(제401조).

(3) 保存義務 違反의 效果

채무자가 보존의무를 위반하면 손해배상책임을 부담한다(제390조). 주의의무를 다한 경우에는 당연히 손해배상책임을 지지 않는다. 이 경우 훼손된 경우는 훼손된 그대로 반환하면 되고(제462조[특정물의 현상인도]), 멸실 되었으면 인도의무를 면한다.

주의의무를 다하였다는 입증책임은 채무자에게 있다.

판례 賃貸借終了後의 賃借人의 保存義務 : 임차인은 임차목적물을 명도할 때까지는 선량한 관리자의 주의로 이를 보존할 의무가 있어, 이러한 주의의무를 위반하여 임대목적물이 멸실, 훼손된 경우에는 그에 대한 손해를 배상할 채무가 발생하며, 임대목적물이 멸실, 훼손된 경우 임차인이 그 책임을 면하려면 그 임차건물의 보존에 관하여 선량한 관리자의 주의의무를 다하였음을 입증하여야 할 것이다(대법원 1991.10.25. 91다22605).

* 프랑스 민법은 이를 명확히 하기 위하여 제1245조에 <특정물채무자는 그 물건을 인도시의 현상대로 인도함으로써 그 책임을 면한다. 다만 그 인도에서 생긴 훼손이 그 행위 또는 과실로 인하여 또는 그 책임 아래에 있는 자의 과실로 발생하거나 또는 그 훼손이 생기기 전에 채무자의 지체가 있는 때에는 그러하지 아니하다>고 규정하고 있다.

3. 現狀引渡義務

특정물채권은 급부의 목적물이 특정되어 있으므로 채무자는 그 목적물을 <이행기의 현상대로 인도>하여야 한다(제462조). 이를 현상인도의 원칙이라 한다. 이 현상인도의 원칙은 위의 선관주의의무와 표리관계에 있다. 즉, 선관주의의무를 다 한 경우에는 현상대로 인도하면 면책되나, 선관주의의무를 다 하지 못한 경우에는 현상대로 인도하더라도 선관주의의무 위반에 의한 손해배상책임은 별도로 져야 된다. 또한 이와 관련하여 담보책임, 위험부담의 문제, 과실果實 등이 생긴 경우 과실의 귀속이 문제된다.

(1) 危險負擔

매매와 같은 쌍무계약의 경우 현상인도의 원칙 및 상기 선관주의의무는 민법의 채무자 위험부담주의(제537조)와 관련하여 검토되어야 한다. 예컨대 계약 체결 후 인도 전에 목적물이 불가항력에 의하여 멸실된 경우에는 채무자 위험부담주의 아래서는 채무자의 반대급부도 소멸하므로 선관주의의무 및 현상인도의 원칙은 적용될 여지가 없다. 즉, 소유권이전형 유상·쌍무계약에서 발생하는 특정물채권에 있어서 채권자 위험부담의 특약이 없는 한은 현상인도의 원칙은 아무런 의미가 없다. 따라서 현상인도의 원칙은 임대차와 같은 점유이전형 계약의 경우에 그 의미가 있다.

(2) 擔保責任

소유권이전형 유상·쌍무계약의 경우에 계약 체결 후 실제로 인도할 때까지 발생한 목적물의 하자에 대하여는 채무자의 주의의무 이행 여부를 묻지 않고 채무자가 담보책임을 진다. 따라서 여기의 현상인도의무는 목적물의 인도 자체에 대한 의무를 부과한 것이며 목적물의 하자에 대한 책임을 면책한다는 의미가 아니다. 즉, 담보책임을 지는지 여부는 또 다른 문제가 된다.

판례 土地收容時의 土地所有者의 現狀引渡義務 : 토지수용법에 의한 수용재결의 효과로서 수용에 의한 기업자의 토지소유권취득은 토지소유자와 수용자와의 법률행위에 의하여 승계취득하는 것이 아니라, 법률의 규정에 의하여 원시취득하는 것이므로, 토지소유자가 토지수용법 제63조의 규정에 의하여 부담하는 토지의 인도의무에는 수용목적물에 숨은 하자가 있는 경우에도 하자담보책임이 포함되지 아니하여 토지소유자는 수용시기까지 수용 대상 토지를 현존 상태 그대로 기업자에게 인도할 의무가 있을 뿐이다(대법원 2001.1.16. 98다58511).

(3) 果實의 歸屬

특정물을 인도할 때까지 생긴 천연과실天然果實은 누구에게 속하는가? 즉, 현상인도의 원칙에 의하여 증식된 천연과실도 함께 채권자에게 인도하여야 하는가?

그런데 과실의 귀속에 관련되는 민법의 규정은 채권총칙 편의 제462조(현상인도의 원칙), 채권각칙 편인 제587조와 민법총칙 편의 제102조(과실의 수취권)가 있다. 따라서 과실의 귀속자를 판단하기 위해서는 이들 세 규정간의 관계가 문제된다.

구체적인 상황(매매)아래서 과실의 귀속에 관하여 직접적으로 규정한 제587조를 중심으로 검토하면, 제587조를 제462조 및 제102조의 내용과 비교하면 부합하는 경우도 있고 모순되는 결과가 되는 경우도 있다. 제587조의 내용은 첫째, 특정물채권은 이행기의 현상대로 이행하여야 한다는 현상인도의 원칙(이행기 이후의 발생한 과실은 매수인에게 속하게 된다)에 의한 결과와는 상충된다. 둘째, 동산은 인도로 소유권이 이전되므로 인도전까지는 여전히 소유권이 매도인에게 있기 때문에 과실이 매도인에게 속하는 것은 제102조와는 부합한다. 셋째, 부동산은 목적물의 인도와는 관계없이 등기에 의하여 소유권이 이전되므로 등기와 인도가 동시에 이루어진 경우는 제102조와 부합하나, 등기만 되어 있고 인도가 되지 않은 경우에는 제102조에 의하여 매수인에게 귀속하는 결과와 상충된다. 이러한 문제에 대하여, 매매에서의 목적물의 과실에 대한 귀속에 관하여는 제587조가 적용된다는 결론에 있어서는 일치하나, 위 세 조문의 관련성에 관하여는 학설이 대립한다.

다수설은 과실은 과실의 수취권에 관한 문제로서, 과실에 관하여는 현상인도의 원칙은 적용이 없고, 제587조의 <인도하지 아니한 과실은 매도인에게 속한다>는 규정은 매매에 관하여는 과실의 귀속에 관한 제102조의 특별규정이라는 것이다. 요컨대, 과실에 관하여는 모든 경우에 제102조가 적용되어 현상인도의 원칙은 적용이 없고, 오로지 매매에 관하여만 제102조가 적용되지 않고 제587조가 적용된다는 것이다. 제587조에서 과실을 매도인에게 속하게 한 것은 인도시까지 매수인이 이자를 지급하지 않는 것과의 형평을 기하기 위하여 제102조에 대한 예외로 규정한 것이라고 이해한다. 이에 대하여 소수설(곽)은 과실에 관하여는 제102조가 적용되며, 제102조와 제587조가 문제가 되는 것은 부동산에서 등기이전 후에 인도하지 않은 경우이고, 그러한 경우는 제587조가 적용되나(결과는 다수설과 같다), 잔금의 완불과 이전등기를 하는 것이 우리의 거래관행으로 제587조가 적용되는 일은 거의 없을 것이라고 하며, 오히려 제587조는 삭제하여 과실의 수취권은 제102조 하나로 하는 것이 충분하다는 것이다. 다른 소수설은 관련된 세 조문 중에서 채권편의 규정은 총칙에 대한 개별·특별규정으로서, 제462조 및 제587조는 제102조에 대한 특별규정이므로 제102조는 먼저 배제되고, 제462조와 제587조의 양 조문에서만 문제가 된다는 견해가 있다(이태). 그런데 매매에서 목적물의 과실에 제462조를 적용하면 매수인은 이행기 이후 아직 지급하지 않은 대금의 이용과 과실의 취득이라는 2중의 이득을 얻는 불공평을 초래하기 때문에 이를 바로잡기 위하여 제462조에 대한 제한규정으로서 제587조를 둔 것이라고 한다.

생각건대, 규정의 성격상 채권편의 규정(제462조와 제587조)이 민법 총칙의 규정(제102조)보다 우선적으로 적용되어야 한다는 것은 법적용에 관한 일반원칙으로서 다른 해석이 있을 수 없다. 또한 개별계약에 관한 규정(제587조)이 채권총칙의 규정(제462조)에 우선 적용되어야 한다는 것도 같은 원리이다. 그러한 측면에서 이해한다면 세 조문 중 제102조가 원칙이고 제587조는 매매에서의 과실에 관한 특별규정이 아니라, 제462조가 원칙적인 규율이나 제587조가 이를 제한하는 규정이라는 소수설이 이론적으로 타당하다. 즉, 매도인의 인도의무는 그것이 원물과 종물은 물론이고 과실도 현상인도의 원칙(제462조)에 의한 인도의무를 부담하나, 매수인의 대금지급과의 균형상 실제로 인도할 때까지 발생한 과실은 매도인에게 귀속하는 것이다.

그 밖에 개별계약에서 과실의 귀속에 관하여 별도로 규정하지 않은 경우, 예컨대 임대차와 같은 경우에는 과실의 수취권을 규정한 제102조와 현상인도의 원칙을 규정한 제462조는 상호 모순되지 아니한다. 제102조를 적용하면 (임대차)계약종료로 인한 목적물 인도기, 즉 이행기까지는 과실의 수취권은 채무자(임차인)에게 있고, 이행기 이후 실제 인도시까지의 과실은 채권자(임대인)에게 귀속된다. 현상인도의 원칙을 적용하더라도 계약종료시에 부착된 과실은 그대로 채권자에게 인도되어야 하니까 결과는 동일하다.

요컨대, 과실의 귀속에 관한 현상인도의 원칙은 별도의 규정이 있는 매매의 경우를 제외하고는 그 적용이 있다. 이는 매매를 제외하고는 이행기를 기준으로 이행기전에는 채무자에게 귀속하고, 이행기 이후 실제로 이행할 때까지의 과실은 채권자에게 귀속한다(현상인도의무)는 결론이다(이른바 이행기기준설).

II. 種類債權

1. 種類債權의 意義

종류와 수량으로 지정된 물건의 인도를 목적으로 하는 채권을 종류채권 또는 불특정물채권이라 한다. 계란 한 꾸러미·맥주 10병·쌀 열 말 등의 인도와 같은 것이 이에 속한다. 종류채권은 주로 매매계약에서 발생하나 그 밖에 교환·소비대차消費貸借·소비임치消費任置 등에서도 발생한다.

종류채권의 목적물은 성질상 대체물일 수밖에 없다. 그러나 대체물이라고 해서 모두 종류채권이 되는 것은 아니며, 대체물일지라도 구체적인 거래의 목적물로 특정되었으면 특정물채권이다. 즉, 물건의 대체성·부대체성은 거래의 일반관념에 의하여 객관적으로 결정되지만, 물건의 특정성·불특정성은 당사자의 의사에 의하여 주관적으로 구체적인 거래의 목적물로 확정하였느냐 여부에 의하여 결정된다. 따라서 특정물 여부는 최종적으로는 당사자의 의사표시의 해석을 통하여 결정된다.

종류채권은 최소한 종류와 수량은 지정되어 있으나 통상적으로는 품질에 관하여 구체적으로 지정하지 않기 때문에, 첫째 어떤 등급의 품질의 물건으로 이행할 것인가, 둘째 같은 품질의 물건 중에서 구체적으로 어느 물건으로 이행할 것인가라는 문제가 남는다. 따라서 민법은 종류채권에 관하여는 품질의 결정방법 및 이행할 물건의 확정방법에 관하여 제375조[종류채권]에서 규정하고 있다.

종류채권은 이와 같이 종류와 수량으로 지정되기 때문에 일반적으로 이 세상에서 그 종류의 물건이 전부 없어진다는 일은 없으므로 이행불능의 경우는 생기지 않는다. 그러나 채권성립 후에 거래 금지되는 경우와 같은 특수한 경우에는 이행불능의 경우가 있게 된다.

한편 종류채권 중에는 종류의 범위를 제한하는 것이 있다. 예컨대 이 창고에 있는 쌀 중에서 세 가마, 이 점포에 있는 노트북 컴퓨터 중에서 석 대 등과 같은 경우인데, 이를 제한종류채권制限種類債權이라 한다. 제한종류채권은 종류채권의 일종이나 그 제한적 성질에 의하여 때로는 특정물채권과 같이 이행불능이 생길 수 있다.

판례 保有株式 引渡債務는 制限種類債務 : 보유주식 일정량을 담보로 제공하기로 한 담보제공약정은 특정한 주권에 대한 약정이 아니라 기명의 주식에 관한 담보약정으로 기명한 주식을 표창하는 주권을 인도할 의무가 있는 것인데, 주식은 동가성이 있고 상법 등의 규정에 따른 소각, 변환, 병합 등 변화가능성이 있으며, 담보약정 후 주권의 이행제공 전에 갖고 있던 주식에 대한 처분이나 새로운 주식의 취득이 있더라도 약정된 수의 기명주식을 표창하는 주권만 인도하면 되고 인도할 주권의 특정은 쌍방 어느 쪽에서도 할 수 있는 것으로서 담보약정에 기한 채권은 일종의 제한종류채권이다(대법원 1994.8.26. 93다20191).

2. 目的物의 品質

소비대차·소비임치의 경우는 차주借主(수치인)가 변제기에 같은 종류, 품질, 수량으로 반환하여야 한다고(제598조[소비대차의 의의], 제702조[소비임치]) 규정되어 있어 품질이 문제가 되지 않으나, 그 밖의 경우에는 품질이 문제가 된다.

이에 관하여는 각국의 입법례가 거의 일치하여 특약이 없는 경우에는 중급 이상의 품질로 이행하도록 하고 있다. 우리 민법도 제375조 제1항에서 법률행위의 성질(소비대차 또는 소비임치의 경우가 이에 해당)이나 당사자의 의사에 의하여 품질을 결정하고, 품질에 관하여 특별히 정한 바가 없는 경우에는 중등품으로 이행하여야 한다고 규정하고 있다. 품질에 관하여 당사자의 의사가 있는 경우에 그 의사는 명시된 의사뿐만 아니라 거래의 관습에 의한 묵시의 의사도 당연히 포함된다.

품질에 관하여 당사자가 특별히 정한 바가 없는 경우에는 중등품이 채무의 목적물이므로 채무자가 중등품 이하의 물건으로 이행한 경우에는 채무불이행 또는 담보책임을 지게 된다.

3. 種類債權의 特定

품질이 결정되어도 채무자가 현실적으로 이행하기 위하여는 구체적인 물건이 확정되어야 한다. 이를 종류채권의 특정 또는 집중이라 한다. 이 특정이 있으면 그 때부터 특정물채권으로 변하여 특정물채권에 관한 법리(보존의무)가 적용된다.

특정의 방법에 관하여는 당연히 당사자간에 계약 내지 특약으로 정할 수 있으며, 그에 의하여 특정된다. 그러나 특정의 방법에 관하여 당사자간에 정한 바가 없는 경우에는 법률의 규정(제375조 2항)에 의하여 특정된다.

(1) 合意에 의한 特定

구체적으로 이행할 물건을 특정하는 방법에 관하여는 당연히 당사자간에 합의를 할 수 있다. 예컨대 "내일 들어오는 물건 중 협의하여 특정한다"든지 또는 지정권指定權을 채무자, 채권자 또는 제3자에게 주기로 합의할 수 있다. 지정권을 특정인에게 준 경우에 지정권자는 그 지정권을 행사함으로써 특정된다. 이 지정권은 형성권으로 상대방에 대한 일방적 의사표시로 한다.

그런데 지정권자가 지정권을 행사하지 않는 경우에 관하여는 민법에 별도로 규정하지 않아 이를 어떻게 처리할 것인가는 문제이다. 이러한 경우는 특정방법에 관한 특약이 없는 때에 해당되어 채무자가 이행에 필요한 행위를 완료한 때에 특정된다는 견해(제375조 2항 전단의 적용)가 있다(곽, 김상, 김형). 생각건대 당사자간에 지정권자에 대한 합의가 없는 것이 아니며 또한 그렇게 합의를 하였을 특별한 연유가 있었을 것으로 법률의 규정에 의하는 것이 분쟁을 최소화 할 수 있을 것이다. 따라서 유사한 경우인 선택채권에 있어서 선택권의 이전에 관한 제381조[선택권의 이전] 및 제384조[제3자의 선택권의 이전]를 유추 적용하는 것이 타당하다고 생각한다(이태). 판례도 동일한 취지이다.

판례 制限種類債權의 特定方法 : 제한종류채권에 있어 급부목적물의 특정은, 원칙적으로 종류채권의 급부목적물의 특정에 관하여 민법 제376조 제2항이 적용되므로, 채무자가 이행에 필요한 행위를 완료하거나 채권자의 동의를 얻어 이행할 물건을 지정한 때에는 그 물건이 채권의 목적물이 되는 것이나, 당사자 사이에 지정권의 부여 및 지정의 방법에 관한 합의가 없고, 채무자가 이행에 필요한 행위를 하지 아니하거나 지정권자로 된 채무자가 이행할 물건을 지정하지 아니하는 경우에는 선택채권의 선택권 이전에 관한 민법 제381조를 준용하여 채권의 기한이 도래한 후 채권자가 상당한 기간을 정하여 지정권이 있는 채무자에게 그 지정을 최고하여도 채무자가 이행할 물건을 지정하지 아니하면 지정권이 채권자에게 이전한다(대법원 2003.3.28. 2000다24856).

(2) 法律에 의한 特定

당사자가 특정의 방법에 관하여 아무런 합의를 하지 않은 경우에는 다음 두 개의 기준에 의하여 특정된다(375조 2항).

(가) 債務者가 履行에 必要한 行爲를 完了한 때

채무자가 현실적으로 이행하기 위한 직전의 상태를 완료한 때, 즉 수령지체 발생요건이 되는 변제의 제공(제460조[변제제공의 방법])을 한 때 물건이 목적물로서 특정된다. 그러나 이는 이행지가 어디냐에 따라서 달라진다.

① 持參債務

민법은 특정물채무 이외의 채무는 채권자의 주소에서 변제하여야 하는 지참채무(제467조[변제의 장소])를 원칙으로 하고 있다. 따라서 종류채무도 원칙적으로 지참채무이다. 지참채무는 채무자가 목적물을 종류에 속하는 것 중에서 분리하여 채권자가 주소에서 현실적으로 수령할 수 있는 상태에 두게 되었을 때 그 제공(현실제공)한 물건이 목적물로서 특정된다. 그러므로 채무자가 이행을 하기 위하여 단순히 분리한 것이나, 운송 도중에 멸실된 경우에는 현실의 제공이 되지 않아 특정되지 않은 것이 된다. 지참채무라도 채권자가 미리 그 수령을 거절한 때에는 다음의 추심채무와 같이 구두의 제공을 하면 특정된다.

② 推尋債務

채무자의 주소에서 이행하여야 하는 추심채무는 채무자가 스스로 물건을 선정하여 분리시켜 놓고 변제할 준비를 완료하였음을 채권자에게 통지하고 그 수령을 최고催告하는 구두의 제공을 한 때에 분리시킨 물건이 목적물로 특정된다(제460조). 분리시키기 전에 먼저 통지, 최고한 경우에는 수령하러 올 때까지 분리시켰으면 그 분리시에 특정된 것으로 보아야 한다.

③ 送付債務

채무자가 채무자 또는 채권자의 주소 이외의 제3의 장소에 목적물을 송부하여야 할 채무가 송부채무이다. 이와 같은 경우는 당사자간의 계약에 의한 경우로 본래는 지참채무 또는 추심채무이나 채권자의 요청으로 제3의 장소에 송부키로 하는 경우도 있다. 계약에 의한 송부채무는 제3의 장소가 변제의 장소로 지참채무와 다르지 않아 현실의 제공시에 특정된다. 채권자의 요청에 의한 경우는 발송한 때에 당해 물건이 목적물로 특정된다. 따라서 발송하면 인도의무를 면하게 된다.

* 스위스 채무법 제74조 제3항은 채무발생 후에 채권자가 이행지를 변경하여 이로 말미암아 채무자에게 현저한 곤란이 생긴 경우에는 원래의 주소지에서 이행할 권리가 있다고 규정하고 있다. 한편 매매에서의 송부채무에 관하여 스위스 채무법 제189조는 매수인이 운송비를 부담하도록 규정하고 있다. 독일 민법 제447조는 운송도중의 위험은 매수인에 이전한다고 규정하고 있다

(나) 債權者의 同意를 얻어 履行할 물건을 指定한 때

채무자가 지정권을 행사하는 데 대하여 채권자의 동의를 받아, 그에 의하여 지정 분리한 때 특정된다.

4. 特定의 效果

(1) 特定物債權으로의 轉換

목적물이 특정되면 그 때부터 종류채권은 특정물채권으로 된다. 그러나 종류채권의

특정은 소급효가 없기 때문에(이 점이 선택채권의 선택과 다름) 특정에 의하여 종류채권이 채권성립시부터 특정물채권이 되는 것은 아니다. 목적물의 특정이 있으면 그 때부터 채무자의 보존의무保存義務, 현상인도現狀引渡의 원칙原則 등 특정물채권의 법리의 적용이 있게 된다. 한편 종류채권은 특정된 후에도 채권의 동일성을 잃지 아니하므로 종래의 보증, 담보물권, 기타의 항변권에는 영향이 없다.

(2) 變更權

특정이 되면 그 때부터 종류물채권이 특정물채권으로 되어 채무자는 그 물건만을 인도할 의무를 지고 채권자도 그 특정된 물건의 인도를 청구할 수 있을 뿐이다. 여기서 종류채권의 특정 후에는 채무자가 임의로 목적물을 변경할 수 없느냐는 것이 문제된다. 종류채권이 특정되면 그 때부터 특정물채권으로 전환된다는 점만을 보면 변경권은 허용될 수 없으나, 종류채권에 있어서 특정 후에 동일한 종류, 동일한 품질의 다른 물건으로 변경되더라도 일반적으로는 채권자에게 불이익을 주지 않기 때문에 채무자 변경권의 행사를 금지할 필요가 없다(통설)(이 점에서 종류채권의 「특정」후의 특정물채권과 「특정물」채권의 차이가 있다).

종류물 매매의 경우 물건에 하자가 있는 경우에는 특정물채권에 있어서와 같이 채무불이행에 의한 손해배상청구·계약의 해제를 할 수 있다. 또한 종류물채권의 성질에 따른 하자 없는 물건의 인도를 청구할 수 있다(제581조 2항).

III. 金錢債權

1. 金錢債權의 意義

금전채권이란 일정액의 금전의 지급을 목적으로 하는 채권을 말한다. 통상의 금전채권은 일정액의 금전의 지급을 목적으로 하는 채권으로, 본질에 있어서는 종류채권에 속하나 금전은 화폐의 일정액이 표상하는 가치만이 문제가 되는 것으로 종류(지폐·동전·수표)와 품질은 문제가 되지 않는다. 따라서 종류채권의 일반원칙인 채무자의 보존의무와 현상인도의 원칙은 의미가 없다. 그러나 특정종류의 금전의 일정량의(예 : 100달러짜리로 100매) 인도채권(특정금전채권)은 여기의 금전채권이 아니라 특정물채권 내지 종류채권에 속한다.

금전채권은 현대 경제체제의 근간이 되는 것으로 매매·고용·소비대차·임대차 등에 있어서 주요한 요소가 된다. 채무불이행 또는 불법행위에 의한 손해배상에서는 금전배상을 원칙으로 하고 있다(제394조).

금전채권은 일반적으로 금액채권이며, 금액채권이란 그 금액이 가지는 가치를 상대방에게 이전한다는 것인데, 이 금전채권의 「가치」가 구체적으로 무엇을 의미하는가가 인플레이션과 관련하여 문제가 된다. 즉, 금전채권의 내용이 되는 가치란 그 금액으로 물건을 구매할 수 있는 「구매력」인가, 아니면 금액이 표상하는 그 자체인 「명목액」인가이다. 이에 대하여는 금전채권에서의 가치란 화폐가 표시하는 명목액이라는 데 일치하고 있다. 따라서 금전채권에서의 채무자는 채권자에게 화폐의 명목액을 지급하면 되고, 그 금액이 가지는 구매력의 등락에 관하여는 영향을 받지 않는다. 그러나 명목액만을 기준으로 할 때 한편으로는 인플레이션에 의하여 화폐의 구매력이 현저히 떨어진 경우에 금전의 본질인 구매기능을 상실시켜 당사자간의 형평상의 문제를 발생시킨다. 이 문제는 일반적으로 금전채권의 가치문제로서가 아니라 계약에서의 사정변경事情變更의 원칙原則에 관한 문제로 논의되고 있다. 그러나 이 논의에서도 대법원은 <현행법의 해석으로는 금전채무의 불이행의 경우에 사정변경의 원칙을 적용할 수는 없다>는 판결을 내린 바 있다. 이러한 대법원의 태도는 통화제도의 목적인 안정된 금전지급거래의 성립과 법적 안정성에 바탕을 둔 것이라 이해된다.

한편 이것과는 달리 국제간의 장기 금전대차의 경우에는 당사국 내의 화폐가치의 변동에 대비하여 계약시의 금화 또는 동일한 가치의 제3국 통화(예 : US $)로 지불할 것을 특약(금가치약관)하는 경우와, 금액은 일정하되 그 명목액에 해당하는 금화 또는 금을 지불할 것을 특약(금화약관)하는 경우가 있다. 이러한 금가치약관金價值約款 또는 금화약관金貨約款은 화폐의 구매력을 고려한 특약이다.

판례 인플레이션과 事情變更의 原則 : 매매계약을 맺은 때와 그 잔대금을 지급할 때와의 사이에 장구한 시일이 지나서 그 동안에 화폐가치의 변동이 극심하였던 탓으로 매수인이 애초에 계약할 당시의 금액표시대로 잔대금을 제공한다면 그 동안에 앙등한 매매목적물의 가격에 비하여 그것이 현저하게 균형을 잃은 이행이 되는 경우라 할지라도 민법상 매도인으로 하여금 사정변경의 원리를 내세워서 그 매매계약을 해제할 수 있는 권리는 생기지 않는다(대법원 1963.9.12. 63다452).

2. 金錢債權의 種類

금전채권은 일반적으로 금액채권을 말하나, 그 밖에 특정금전채권·금종채권·외화채권 등이 있다.

(1) 金額債權

지급될 통화의 종류에 제한 없이 일정액의 금전 지급을 목적으로 하는 채권이다. 예컨대 매매에 의한 매수인의 매매대금 100만 원에 대한 매도인의 대금채권이 이에 해당한다. 금액채권에 대하여 채무자는 자기의 자유로운 선택에 따라서 각종의 통화로써 지급할 수 있다.

(2) 特定金錢債權

일정량의 특정화폐의 인도를 목적으로 하는 채권이다. 이는 화폐의 기능인 지불수단 또는 교환수단으로 금전을 지급하는 것이 아니라 특정된 물건으로서 금전의 인도를 목적으로 하는 채권이다. 예컨대 화폐 구입자가 화폐상貨幣商에 대하여 옛날 화폐 10원 짜리로 10매의 인도채권을 가지는 것 등이 이에 해당한다. 이는 금전채권의 일종이라기보다는 특정물채권 중 특정물이 금전인 것에 지나지 않는다. 따라서 이에는 특정물채권에 관한 법리가 적용된다(제397조 금전채권의 특칙의 적용이 없다).

(3) 金種債權

일정액의 금전을 지불하되 지급방법에 제한을 두어 일정한 종류의 화폐로 지급할 것인 금전채권을 말한다. 예컨대 "만원권 지폐로 1000만 원을 지급하라"등이다. 금종채권의 주목적은 금액이고, 그 종류는 지급방법이기 때문에 금전채권의 특칙의 적용이 있고(제397조), 지정된 종류의 통화가 변제기에 강제통용력을 잃은 경우에는 다른 통화로 지급하여야 한다(제376조).

(4) 外貨債權

외국의 통화를 지급 목적으로 하는 금전채권을 외화채권이라 한다. 외화채권에도 위에서 설명한 외화금종채권·외화금액채권으로 구별할 수 있다. 외화금액채권의 경우 채무자는 그 나라 각종의 통화로 지급할 수 있다(제377조 1항)(예 : US$100 짜리

90매, US＄10 짜리 9매, US＄1 짜리 10매). 또한 외화로 변제하는 것에 갈음하여 지급할 때에 있어서 이행지의 환금시가에 의하여 우리나라 통화로 변제할 수 있다(제378조). 즉, 채무자에게 대용권이 있다.

대용권을 행사하여 우리나라 통화로 변제하는 경우의 환산시기에 관하여는 이행기가 아니라 현실로 이행할 때가 기준이 되며, 채권자가 외화채권을 우리나라 통화로 지급청구를 하는 경우에도 그 환산 시기는 지급할 때에 가장 가까운 사실심 변론종결시가 환산시기가 된다.

외화금종채권으로 약정한 특종의 외화가 강제통용력을 잃은 때에는 그 나라의 다른 종류의 통화로 변제하여야 한다(제377조 2항). 이때에도 이행지의 환금시가에 따라 우리나라 통화로 변제할 수 있다(제378조).

판례 外貨債權에서 우리나라 通貨로의 換算時期 : 외화채권을 우리나라 통화로 변제함에 있어서는 그 환산시기에 관하여 제378조가 제376조, 제377조 제2항의 <변제기>라는 표현과는 다르게 <지급할 때>라고 규정한 취지는 이행기가 아니라 현실로 이행하는 때 즉 현실이행시의 외국환 시세에 의하여 환산한 우리 나라 통화로 변제하여야 한다고 풀이함이 상당하므로 채권자가 위와 같은 외화채권을 대용급부의 권리를 행사하여 우리나라 통화로 환산하여 청구하는 경우에도 법원이 채무자에게 그 이행을 명함에 있어서는 채무자가 현실로 이행할 때에 가장 가까운 사실심 변론종결 당시의 외국환 시세를 우리나라 통화로 환산하는 기준시로 삼아야 한다(대법원 (전원) 1991.3.12. 90다2147).

3. 金錢債務不履行에 관한 特則

금전채권은 추상적인 가치권을 그 본질로 하므로 금전채권의 불이행의 경우에는 아래와 같이 여타의 채권의 불이행과는 달리 취급된다.

금전채권은 성질상 이행불능은 문제가 되지 않고 이행지체만이 있을 뿐이다. 금전채권의 이행지체에 관하여 제397조[금전채무불이행에 대한 특칙]에서 아래의 특칙을 두고 있다.

판례 金錢債務의 確定된 遲延損害金債務에 대하여 遲滯責任이 發生하는지 與否 : 금전채무의 지연손해금채무는 금전채무의 이행지체로 인한 손해배상채무로서 이행기의 정함이 없는 채무에 해당하므로, 채무자는 확정된 지연손해금채무에 대하여 채권자로부터 이행청구를 받은 때로부터 지체책임을 부담하게 된다(대법원 2004.7.9. 2004다11582).

(1) 損害의 證明 不要

일반적으로 손해배상청구권은 여타의 요건을 구비하고 채권자에 의한 손해의 증명이 있어야 하나, 금전은 그 성질상 운용이익을 가지므로 금전채권의 이행지체에 의한 손해배상 청구에는 채권자의 손해에 대한 증명을 요하지 않고(제397조 2항), 당연히 손해가 생기는 것으로 한다.

(2) 債務者의 無過失責任

금전채무는 이행지체에 관하여 과실 없음을 항변하지 못한다(제397조 2항). 즉, 무과실책임을 진다.

여기서 불가항력의 항변은 가능한가? 전쟁·내란·천재지변·지급유예 등의 불가항력으로 항변할 수 있을 것이다(곽, 이은). 한편 판례는 가압류된 채권의 채무자도 변제기 도래 이후에는 지체책임을 인정하고 있는데, 이는 가압류된 것일지라도 채무자는 변제공탁을 할 수 있으므로 가압류는 불가항력 사유가 되지 못하기 때문이다.

판례 假押留된 金錢債務의 不履行時 債務者의 遲滯責任 : 채권의 가압류는 제3채무자에 대하여 채무자에게 지급하는 것을 금지하는 데 그칠 뿐 채무 그 자체를 면하게 하는 것이 아니고, 가압류가 있다 하여도 그 채권의 이행기가 도래한 때에는 제3채무자는 그 지체책임을 면할 수 없다고 보아야 할 것이다. 이러한 경우 가압류에 불구하고 제3채무자가 채무자에게 변제를 한 때에는 나중에 채권자에게 이중으로 변제하여야 할 위험을 부담하게 되므로 제3채무자로서는 민법 제487조의 규정에 의하여 공탁을 함으로써 이중변제의 위험에서 벗어나고 이행지체의 책임도 면할 수 있다고 보아야 할 것이다(대법원(전원) 1994.12.13, 93다951).

(3) 損害賠償額

손해배상액은 법정이율(민사법정이율 년 5%, 상사법정이율 년 6%)에 의하여 정하는 것이 원칙이나, 당사자가 약정한 이율이 있으면 약정이율에 의하여 정한다(제397조 1항).

채권자의 손해에 대한 증명을 요하지 않고 배상액의 산출은 법정이율에 의하는 것을 원칙으로 한 것은 법정이율이 금전의 평균적 운용이익을 전제로 규정되었기 때문이다.

이행지체에 따른 손해는 이율과 지체기간에 따라 정하여 지는데, 이를 「지연이자」 또는 「연체이자」라고 한다. 그러나 이 지연이자는 금전채무불이행의 손해배상액이지 후설하는 원본의 사용대가인 「이자」가 아니다. 따라서 지연이자에 관하여는 이자채권에 관한 법리가 적용되는 것이 아니라 손해배상의 법리가 적용된다.

채권자가 지연이자를 받고도 초과되는 손해가 있는 경우에 그 손해를 청구할 수 있는가에 관하여 외국의 입법례는 대체적으로 긍정적으로 규정하고 있다. 우리 민법은 금전채권 일반에 관하여는 언급하고 있지 않고, 수임인受任人(제685조)·조합원組合員(제705조)·후견인後見人(제958조) 등에 관하여는 지연이자를 초과한 손해에 대한 책임을 규정하고 있어 긍정설과 부정설이 있다. 초과 손해의 증명이 명확하지 않으며, 채권자는 일정한 이자를 지급하면 타인으로부터 동일한 금전을 융통할 수 있다고 보기 때문에 원칙적으로 이자를 초과한 손해는 청구하지 못한다는 부정설(곽, 이은, 일본 통설)이 있다. 그러나 대륙법계의 입법례와 같이 이자상당액은 당연히 발생하는 손해로서 손해의 증명 및 유책사유의 유무를 불문하나, 증명된 초과 손해는 채무불이행의 일반원칙인 채무자의 유책사유 없음을 입증하지 못하면 배상하여야 한다고 해석하는 것이 타당하다고 생각한다.

* 독일 민법(제288조 ②), 프랑스 민법(제1153조 ④), 이탈리아 민법(제1224 ②), 스위스 채무법(제106조 ①)은 채권자의 초과 손해에 관하여 채무자가 유책사유 없음을 증명하지 못하면 초과 손해에 대하여 배상하여야 한다고 규정한다.

IV. 利子債權

1. 利子債權의 意義

이자란 유동자본인 일정한 원본에 대한 사용대가로서 원본액과 사용기간에 비례하여 지급되는 금전 기타 대체물을 말한다. 이자채권이란 바로 이자의 지급을 목적으로 하는 채권이다. 따라서 이자채권은 이자를 생기게 하는 원본을 그 전제로 하는데, 이 원본의 지급을 목적으로 하는 채권을 원본채권이라 한다. 이자는 이와 같이 원본에 대한 사용대가로서 일반적으로 원본과 이자는 동일 종류이나 반드시 같을 필요는 없다. 예컨대 금전에 대한 이자로 곡물이 지급될 수도 있다.

이자채권은 소비대차나 소비임치(은행예금)에 수반하여 생기는 것이 보통이다. 민법은 그 밖에 연대채무자 또는 보증인의 구상권행사(제425조[출재채무자의 구상권], 제441조[수탁보증인의 구상권])·계약해제에 따른 원상회복청구(제548조)·매매대금지불(제587조)·수임인의 금전소비(제685조)·조합원의 출자(제705조)·악의의 수익자의 반환(제748조) 등에서 이자의 지급의무를 규정하고 있다. 그러나 이들은 원본의 사용대가이기 보다는 원본을 상대방에게 사용치 못하게 한 보상 내지 손해배상의 성질을 가진 것으로 법률에 의하여 법정이자로 의제된 것이다. 따라서 이들에 관한 이자의 계산은 특약이 없으면 법정이율에 의한다(제397조).

2. 利子債權의 性質과 種類

이자채권은 원본채권에 부수하여 원본액에 대한 일정비율과 사용기간에 따라 산정되는 이자를 정기적으로 발생시키는 기본적 이자채권과 기본적 이자채권에 의하여 현실로 발생된 개별이자의 지급을 목적으로 하는 지분적 이자채권으로 구별된다. 일반적으로 이자채권이라 하면 기본적 이자채권을 말한다.

기본적 이자채권은 원본채권을 전제로 하기 때문에 원본채권이 소멸하면 이자채권도 함께 소멸한다. 부종성에 의하여 원본채권의 양도·입질·압류가 있게 되면 기본적 이자채권도 그에 따르며, 원본채권에 부착된 보증·담보권도 기본적 이자채권에 효력을 가지는 등 모든 면에서 원본채권과 운명을 같이 한다.

변제기가 도래한 지분적支分的 이자채권은 원본채권과는 기본적으로 독립하여 별개의 법적 취급을 받는다. 따라서 지분적 이자채권만 따로 변제·양도·소송·소멸시효의 목적이 된다. 또한 이자채권은 원본채권보다 우선하여 변제되어야 하므로 채무자가 원본과 이자채무 모두를 소멸시키기에 부족한 금액의 지급을 한 경우에는 이자·원본의 순서로 변제에 충당된다(제479조). 그러나 채권자가 만족을 얻는다는 점에서는 원본채권의 연장으로서의 성질을 가져 원본채권에 대한 담보는 지분적 이자채권에도 담보의 효력이 있다(제334조[피담보채권의 범위], 제360조[피담보채권의 범위], 제429조[보증채무의 범위] 등).

3. 利 率

이자는 원본에 대한 사용기간과 일정비율에 의하여 산출되는데, 이 일정비율을 이율이라 한다. 이율은 1년간 또는 1개월간의 원본액에 대한 백분비로 표시한다. 예컨대 년 20%, 월 2% 등이 그것이다. 이율에는 약정이율, 법정이율, 복리가 있다.

(1) 約定利率

이율은 자금수요의 정도, 당사자의 신용도를 고려하여 당사자간에 자유롭게 약정할 수 있다. 이를 약정이율이라 한다. 그러나 경제적 약자의 생활 안정과 건전한 국민생활의 유지 발전을 도모하고 자본주의 경제 아래 강자의 약자에 대한 수탈의 폐해를 방지하기 위하여 금전소비대차에 관하여 법률로 최고이율을 정하여 규제하기도 한다. 일본에서는 특별법으로 최고이율을 제한하며, 우리나라에서도 1962년부터 1998년까지 시행된 이자제한법과 이후 제정된 대부업의등록및금융이용자보호에관한법률에서 일정한 범위의 영역에서만 제한적으로 최고이율을 규제하고 있다.

(2) 法定利率

이율에 관하여 당사자가 별도로 합의하지 아니한 경우에는 법에 정한 이율이 적용되며, 이를 법정이율이라 한다. 민법은 다른 법률에 정한 바가 없는 경우에는 법정이율을 년 5%로 하고 있다(제379조). 민법상 법정이율에 의하여 산출되는 법정이자에 대해서는 앞에서 설명하였다(이자채권의 의의). 한편 상행위에 관한 법정이율은 년 6%이다(상법 제54조[상사법정이율]). 소송촉진등에관한특례법은 금전채무의 불이행에 의한 손해배상액산정의 기준이 되는 법정이율은 년 40%범위 내에서 시행령에 의하여 현재 년 20%이다.

(3) 複利(重利)

변제기가 도래한 이자를 원본의 일부로 보아 그에 대한 이자를 다시 발생시키는 이자를 복리 또는 중리라 한다. 즉, 이자에 대한 이자이다. 복리에는 당사자의 합의에 의한 약정복리와 법률의 규정에 의한 법정복리가 있다. 복리는 채무자에게 가혹한 부담이 되어 로마법 이래 대부분의 국가에서 이를 금지 또는 제한하고 있다. 우리 민법에는 복리금지에 대한 규정이 없으므로 금전소비대차의 경우 당사자의 합의에 의하여 복리를 약정(복리의 예약)할 수 있다. 그런 경우에도 복리에 의하여 산출된 최종적인 이자가 특별법에 의한 제한이율을 초과한 경우에는 초과한 부분은 무효이다(일치). 법정복리는 상법 제76조[잔액채권의 법정이자]에서 상호계산의 경우에 인정하고 있다.

한편 지연이자의 지급이 지체되면 지연이자에 대하여 다시 이자를 지급하여야 하는가의 문제가 있다. 지연이자는 본질에 있어서 손해배상액이므로 이자채권(금전채권)의 법리의 적용이 없어, 지연이자의 지체에 대하여는 다시 이자를 지급하여야 한다고 한다(일치). 이에 관하여는 프랑스 민법 제1154조와 같이 일정한 제한을 하는 입법이 좋을 것이다.

* 프랑스 민법 제1154조 :지급기한이 지난 자본의 이자는 재판상의 청구 또는 특별한 합의에 의하여 이자를 생기게 할 수 있다. 다만, 청구 또는 합의에 있어서 그 이자는 최장 1년분의 이자로 제한된다.

4. 利子의 制限

(1) 利子制限의 意義

근대자본주의 경제체제가 성립되기 전까지는 금전대차는 주로 소비신용으로서 채무자의 궁핍한 생활을 구조하는 수단의 역할을 하였다. 따라서 이자는 궁핍한 채무자의 재산을 수탈하는 부도덕한 것으로 여겨져 사회적으로도 금지하였다. 그러나 자본주의 경제체제 아래서는 더 이상 금전대차에 대한 이자를 금지할 수 없게 되었다. 그리하여 근대 각국의 민법은 이자 문제도 기본적으로는 계약자유의 원칙의 테두리 아래 두되, 국가경제와 경제적 약자에 대한 착취·폭리행위로 인한 사회적 문제를 염두에 두어 일정한 제한을 할 수 있는 장치를 마련하고 있다.

우리나라는 일본의 예를 참고하여 금전소비대차에 관한 이자를 제한하는 이자제한법을 1962년에 제정하여 년 40%의 범위 내에서 실제의 거래관계를 고려하여 시행령으로 최고이율을 조정하는 것으로 하여 1998년 동 법이 폐지될 때는 년 25%를 최고이율로 제한하였다.

그런데, 1998년 우리나라가 IMF구제금융을 받음으로써 IMF측의 요구에 의하여 동 이자제한법은 1998년 1월 폐지되었다. 그 후 이자제한법의 부활에 대한 요구와 그 반대의 주장의 논의를 거쳐 2002년에 대부업의등록및금융이용자보호에관한법률(법률 제6706호)(대부업법)을 제정하여 종전의 이자제한법에서 규제하고 있던 최고이율을 제한하는 규정을 두었다. 대부업법은 이자부금전소비대차에서 당사자간의 약정이율의 최고한도를 규제하는데, 그 경우에도 대주의 자격과 일정한 금액을 한도로 제한적으로만 적용대상으로 하고 있다. 따라서 대부업법의 적용을 받지 아니하는 경우의 약정이율에 관하여는 민법 제104조의 불공정법률행위에 해당하는지 여부만 문제가 된다.

(2) 貸付業法의 適用範圍

대부업을 등록한 자(동 법 제3조) 및 대부업의 등록을 하지 아니하고 사실상 대부업을 영위하는 자와 3000만 원이하(동 법 제8조)의 대부계약을 체결한 경우에 그 적용이 있다.

(3) 制限利律

(가) 最高利律

년 70%의 범위 내에서 대통령령으로 최고이율을 정하도록 하며(동 법 제8조), 2006년 현재는 년 66%이다.

(나) 看做利子

이자율을 산정함에는 사례금, 할인금, 수수료, 공제금, 연체이자, 선이자 등 그 명칭여하를 불문하고 대부업자가 대부와 관련하여 받는 것을 이자로 본다(동 법 제8조 제2항).

(4) 制限違反의 效果

(가) 超過部分 契約의 無效

제한이율을 초과한 당사자간의 계약은 초과한 부분은 무효이다(동 법 제8조 제3항). 즉, 약정한 이율이 월 10%(년 120%)인 경우에는 초과한 54%의 이율은 무효이고, 년 66%의 이율로 된다. 나머지 다른 계약사항은 유효하다.

(나) 任意支給한 超過利子

동 법 제8조 제3항 후단은 지급한 제한이율 초과이자는 반환을 청구할 수 있다고 규정한다. 즉, 초과부분의 무효로서 임의지급한 초과이자는 비채변제로서 부당이득반환의 대상이 된다. 동 법은 초과지급한 부분은 개별적으로 반환청구가 가능하다고 하였으므로 개별적으로 반환청구를 하지 아니하고, 원금변제시에 해당 금액을 상계하는 것도 가능하다고 할 것이다.

(5) 先利子控除契約

(가) 契約의 有, 無效

대차시에 미리 이자를 원금에서 공제하고 잔여금만 제공하는 이른바 선이자공제계약도 특별히 법률에서 제한하지 않는 한 계약자유의 원칙상 무효라고 볼 이유는 없다.

(나) 制限利律 超過利子 控除의 경우

선이자공제계약도 본법의 최고이율의 적용이 있음은 물론이다. 따라서 제한이율을 초과한 이자의 부분은 무효인데, 선이자공제는 대주가 먼저 이자를 공제하고 차주가 기간 만료 후에 원금을 변제하는 것이므로 제한이율을 초과하여 공제한 나머지 금액을 수령한 차주가 원금 변제시에 얼마를 변제하여야 채무가 변제되느냐라는 문제가 생긴다. 예컨대, 1000만 원을 대차하면서 선이자공제계약으로 월 10%로 3개월 기간으로 하여 700만 원을 수령한 경우에 원금 변제시에 얼마를 변제하여야 할 것인지가 문제된다.

판례는 제한을 초과하는 이자를 선이자로 공제한 경우에 그 제한초과부분은 무효이므로 채무자는 실제로 교부받은 대여금액에다가 이 금액에 대한 변제기까지의 제한이율의 범위내의 이자액을 합산한 금액만을 변제기일에 대여원금으로서 변제할 의무가 있다고 해석한다. 따라서 수령한 금액을 원금으로 하여 적법한 최고이율에 의한 원금을 계산하여야 한다는 것이다. 즉, 위 예의 경우에 상환할 금액은 (700만 원) + (700만 원) × (66%) × (3/12) =(854만 원)이라 한다.

그러나, 이러한 판례의 견해는 선이자공제계약 자체를 인정하지 아니한다는 것을 바탕으로 한 것으로 그 타당성에 의문이 있다. 생각건대 선이자계약 자체의 효력은 문제가 없기 때문에 당사자의 약정에 의한 원금에 법정 최고이율에 의한 이자를 초과한 공제금액, 즉 공제전액에서 적법한 이율에 의한 이자를 공제한 나머지 금액은 원금에 충당된 것(차주가 수령시에 초과금액을 변제)으로 해석하여 계산하는 것이 타당하다고 본다. 즉, 위의 예에서는 적법한 최고이자는 (1000만 원) × (66%) × (3/12)=165만 원이다. 따라서 공제된 300만 원 중 적법한 최고이자 165만 원을 제외한 135만 원은 원금에 충당된 것으로 보아야 하며, 변제하여야 할 금액은 (1000만 원)-(135만 원)= 865만 원이다.

판례 制限利律의 超過의 先利子控除契約時 辨濟하여야 할 貸與元金額 : ㉮ 이자제한법의 제한을 초과하는 이자를 선이자로 공제한 경우에 그 제한초과부분은 무효이므로 채무자는 실지로 교부받은 대여금액에다가 이 금액에 대한 제변기까지의 이자제한법 제한범위내의 이자액을 합산한 금액만을 변제기일에 대여원금으로서 변제할 의무가 있고 이 금액과 약정 대여원금액과의 차액부분에 대한 소비대차는 무효이다.

㈏ 차주가 1983.7.20. 대주로부터 5,000,000원을 변제기일을 같은 해 8.26.로 정하여 대여하기로 하고 위 금액에서 위 변제기일까지의 선이자로 300,000원을 공제한 4,700,000원을 지급받은 사례에서 차주의 상환할 대여금은 차주가 실지로 교부받은 대여금 4,700,000원과 여기에 대여당시 시행되던 이자제한법상 제한이율인 년4할의 이율에 따른 이자액 195,726원(4,700,000원 × 0.4 × 38/365원 미만 버림)을 합산한 4,895,726원이다(대법원 1989.1.17. 87다카2824; 동지 1993.11.23, 93다23459).

★ 舊利子制限法上의 制限利律超過에 관한 法律關係

폐지된 이자제한법의 내용 및 그 법리를 간단히 소개한다.

(1) 利子制限法의 適用範圍

이자제한법 제1조 제1항은 금전을 목적으로 하는 소비대차에 있어서 계약상의 이자에 적용된다고 규정한다. 따라서 금전 이외의 대차물의 소비대차나 대차관계에 의하지 않은 금전채권(예 : 매매대금)에 대한 이자에 관하여는 본법의 적용 또는 유추적용이 되지 않는다는 것이 판례·통설이다. 일반 금전채권金錢債權을 준소비대차나 경개更改에 의하여 소비대차로 한 경우에는 당연히 그 적용이 있다. 한편 금전의 소비대차이나 이자가 금전에 갈음한 대체물인 경우에도 본법의 적용이 있다(일치).

(2) 制限利率

(가) 最高利率 : 이자를 제한하는 방법에는 이자의 총액으로 제한하는 방법(예 : 원본의 5할)과 이율로 제한하는 방법이 있는데, 이자제한법은 이율의 최고한도를 명시하여 제한하고 있다. 한편 거래계의 현실을 능동적으로 반영할 수 있도록 법률에서 최고한도를 고정하지 않고 법률에 명시한 일정한 범위 내에서 대통령령으로 규제하는 방법을 취하고 있다.

(나) 看做利子 : 금전대차에 관하여 채권자가 받는 원금 이외의 금전은 그것이 예금·할인금·수수료·공제금·체당금 기타 어떠한 명칭일지라도 이자로 간주한다(동법 제3조). 따라서 이러한 간주이자가 별도로 있는 경우에는 이 간주이자를 포함하여 제한이율을 초과하였느냐 여부를 검토하여야 한다. 채권자의 탈법행위를 방지하기 위한 규정이다.

(다) 制限利率의 變更 : 금전대차계약 체결 후에 제한이율이 변경된 경우에는 어떻게 되는가?

① 制限利率이 引下된 경우 : 제한이율의 제정은 현실 경제의 변화에 따른 규제이므로 당해 계약의 약정이율은 개정으로 인하된 제한이율의 적용을 받는다고 해석하여야 한

다. 판례도 같이 새기고 있다(대판 1984.4.10, 82다512).

② 制限利率이 引上된 경우 : 당초 제한이율에 의하여 당사자가 약정한 이율의 일부분이 무효된 것이(예 : 제한이율 년 25%시 30% 약정에 의하여 무효된 년 5%), 개정으로 인상된 제한이율에 의하여 되살아나서 유효로 되는가(제한이율이 27%로 인상된 경우 당초 무효인 5% 중 2%가 새로이 유효한가)라는 문제이다. 일단 무효로 된 것이 되살아나서 유효로 된다고 볼 수는 없을 것이다. 또한 경제적 약자인 채무자의 보호를 위하여도 새로이 인상된 제한이율에 의하여 약정이율이 새로이 정해진다고 볼 것은 아니다. 판례도 같이 새긴다(대판 1991.7.26, 90다1548).

(3) 制限違反의 效果

이자제한법상의 제한이율과 관련하여 첫째 당사자가 합의한 금전소비대차 계약의 내용 중 이율이 제한이율을 초과한 경우의 문제, 둘째 제한이율을 초과한 약정이율에 의한 이자를 임의로 지급한 후에 지급한 초과이자에 대하여 개별적으로 반환을 청구할 수 있는가의 문제, 셋째 제한이율을 초과하여 지급한 경우에 원본변제시元本辨濟時에 초과지급한 이자분을 원본에 충당시켜 해당분 만큼 원본에서 공제할 수 있는 가라는 문제가 있다.

(가) 超過部分의 無效 : 동법 제2조는 약정한 이자가 제한 이율을 초과한 경우에는 제한을 초과하는 부분은 무효라고 명시하고 있다. 즉, 초과부분만이 무효이고, 제한이율의 범위 내에서 계약자체는 유효하다는 의미이다. 따라서 채무자는 초과한 이율에 의한 이자를 지급할 의무는 없으며 당연히 채권자도 초과 이율에 의한 이자의 지급을 청구할 수 없다. 또한 초과 이율에 의한 이자에 대하여는 채무가 존재하지 않기 때문에 이를 원금에 포함시키는 계약 또는 준소비대차계약을 하여도 그 초과부분에 관하여는 효력이 생기지 않으며, 제한초과의 이자채권을 자동채권으로 하여 상계의 의사표시를 하여도 효력이 발생하지 않는다. 어떠한 경우든 초과부분은 무효로써 채무가 존재하지 않는다.

(나) 任意支給한 超過利子의 返還請求 : 차주가 초과한 이율에 의한 이자를 스스로 지급한 경우에는 어떻게 되는가? 이와 같은 임의로 지급한 제한이율 초과이자에 관하여는 이자제한법에 별도로 규정하고 있지 않아, 일단 임의로 지급한 초과이자에 대한 사후의 반환청구를 둘러싸고 논란이 되고 있다. 판례는 반환청구를 인정하지 아니하며, 학설은 긍정설과 부정설로 갈리고 있다.

① 判例 : 판례는 임의로 지급한 것에 대하여는 사후의 반환청구를 인정하지 아니한다. 제한이율 초과이율에 의한 소비대차계약에 의한 초과이자는 무효이나, 이를 임의로 지급한 경우에는 쌍방의 이자제한법을 위반한 불법성이 있어 제746조 본문에 해당하는

불법원인급여不法原因給與라는 것이다.

판례 ① 任意支給한 超過利子의 返還 不可 : 이자제한법 소정의 이율을 초과한 이자를 임의로 지급한 경우에 그 이자의 지급을 무효라고 하여 다시 그 반환을 청구할 수 있는 것은 아니다(대법원 1994.8.26, 94다20952).

② 否定說 : 임의로 지급한 경우에는 사후에 개별적으로 반환 청구할 수 없다는 견해이다. 그 근거로는 학자들에 따라서 각기 임의지급의 초과이자를 성질상 악의의 비채변제(제742조), 도의관념에 적합한 비채변제(제744조), 불법원인급여(제746조 본문), 또는 자연채무로 이해하는 견해 등으로 다양하다.

③ 肯定說 : 제한이율 초과이자를 임의로 지급한 경우에도 사후에 개별적으로 그의 반환을 청구할 수 있다는 주장으로 다수설이다. 그 근거로는 우선 반환청구가 인정되어야 고리의 금지에 의한 경제적 약자의 보호를 위한 이자제한법의 실효성을 거둘 수 있다는 점은 공통적으로 거론하나, 이론적인 측면에서는 견해가 달라 임의 지급한 초과이자는 일반적인 부당이득에 해당한다는 견해, 착오에 의한 비채변제(제742조)로 보는 견해, 불법원인급여에 해당하나 채권자만에 불법성이 있다(제746조 단서)는 견해 등이 있다.

(다) 原本에의 充當 : 임의 지급한 제한이율 초과이자에 대한 개별적인 반환 청구와는 별도로, 원본채무가 아직 있는 경우에 임의로 지급된 제한이율 초과이자가 원본에 충당되느냐 여부가 문제된다. 즉 임의로 지급된 초과이자는 모아져서 원금변제시에 지급된 초과이자가 원금에서 공제되고 나머지만을 변제하면 원금채무가 이행된 것인가라는 문제이다. 이에 관하여는 임의지급의 초과이자에 대한 반환 청구를 긍정하는 견해는 논리의 일관성으로 임의 지급한 초과이자는 언제나 민법 제479조의 법정충당에 의하여 원금에 충당된다고 한다(절대적 법정충당설)(곽, 김상, 김형, 이은). 따라서 채무자는 임으로 지급한 초과이자를 원금에서 공제한 잔액에 대하여만 원금변제의무元金辨濟義務를 진다. 이 견해에 같이한다. 한편 판례는 임의로 지급한 제한이율 초과이자는 원칙적으로 먼저 제한이율까지의 이자에 충당되고, 그것을 초과하는 이자는 원본에 충당된다고 한다. 그러나 임의지급의 제한초과이자를 약정이자 지급에 충당하기로 당사자간에 합의가 있거나 또는 합의가 없더라도 채권자가 제한초과의 약정이자지급에 충당하는 데 대하여 채무자가 승낙 또는 묵인하였을 때는 원금에 충당되지 않는다고 한다(상대적 충당설). 다만 제한이율 초과이자가 이자의 지급이라는 증명책임은 채권자에게 있다고 한다. 경제적·사회적 약자인 채무자는 제

한이율 초과이자의 지급에 대한 합의 또는 묵인을 할 수밖에 없으므로 판례에 의하면 결국 실질적으로는 원금충당을 인정하지 않는 결과가 된다. 이는 이자제한법이라는 특별법을 제정한 본래의 목적에 역행하는 것이라 찬성할 수 없다.

(4) 先利子의 問題

선이자란 원본 사용 전에 미리 지급되는 이자를 말한다. 선이자에 관하여는 우선 선이자를 지급한다는 특약이 있는 당사자간의 소비대차계약 자체의 유효 여부와 선이자특약부 소비대차계약상의 약정이율이 이자제한법상의 제한이율을 초과한 경우 법률관계가 문제된다.

(가) 先利子特約附 消費貸借契約 : 이자는 원본에 대한 사용대가이므로 후불임이 원칙이다. 그러나 선불이자특약을 금지하는 법률이 없는 한은 당사자간의 특약에 의한 선불이자계약을 특별히 부정할 필요는 없을 것이다. 또한 특약에 의하여 매기마다 기별로 이자를 선불하는 경우는 보통의 이자부 소비대차계약과 이자의 지급시기가 원본사용 전과 후의 차이가 있을 뿐으로 선 이자율이 이자제한법을 초과한 경우의 법률문제(초과부분의 무효, 임의지급분의 반환청구, 원본충당 등)는 후불이자와 특별히 다를 것이 없다.

(나) 先利子控除 消費貸借契約 : 문제가 되는 것은 선이자 공제계약이다. 즉 이자제한법상의 제한이율을 초과한 이율로 이자를 계산하여 약정 원본액에서 미리 이를 공제하고 잔액만을 채무자에게 인도한 경우 이자제한법과 관련하여 채무자가 원본변제기에 변제하여야 할 금액은 얼마인가라는 문제이다. 예컨대, 년 40%의 이율로 100만 원을 1년 동안 선이자 공제 소비대차계약에 의하여 40만 원을 미리 공제하고 60만 원을 받은 차주의 원본변제기의 변제할 금액은 얼마인가라는 것이다.

이 경우 판례는(아래 판례 참조) 제한이율을 초과한 이자는 무효로 보아, 실제로 교부받은 대여금액(60만 원)에, 이 금액에 대한 이자제한법상의 제한최고이율(년 25%)에 의한 산출금액(15만 원)을 합산한 금액(75만 원)이 변제기에 대여원금으로 변제할 의무가 있다. 이 금액과 약정대여원금과의 차액금액(25만 원)에 대한 소비대차계약은 무효라고 한다.

판례 制限利律 超過로 한 先利子 控除 契約時의 貸與元金 : 이자제한법의 제한을 초과하는 이자를 선이자로 공제한 경우에 그 제한초과부분은 무효이므로 채무자는 실지로 교부받은 대여금액에다가 이 금액에 대한 변제기까지 위 법 제한범위 내의 이자액을 합산한 금액만을 변제기일에 대여원금으로서 변제할 의무가 있고 이 금액과 약정대여원금액과의 차액부분에 대한 소비대차는 무효이다(대법원 1993.11.23, 93다23459).

V. 選擇債權

1. 選擇債權의 意義

(1) 選擇債權의 槪念

선택채권이란 채권의 목적이 되는 급부가 각각 개성을 가진 수 개의 급부 중에서 선택에 의하여 어느 하나의 급부로 정해질 채권을 말한다. 특정 그림·특정 그릇·특정 전자제품 중 어느 하나를 급부의 목적물로 하는 경우이다. 선택채권은 예와 같이 수 개의 특정물 중에서 하나의 물건으로 급부의 목적물이 특정되는 것이 보통이나, 하나의 종류물과 다른 종류물(콜라나 사이다 중에서 한 상자), 특정물과 종류물 또는 주는 급부와 하는 급부간에도 선택채권이 성립한다. 선택채무의 경우 선택되어질 급부가 각각 개성을 가진다는 점에서 종류적 특징에 의하여 급부의 범위가 한정되는 종류채권과 구별된다. 그러나 양자는 그 한계가 그렇게 명확하지는 않다.

(2) 種類債權과의 差異

선택채권과 종류채권은 다음의 점에서 구별된다. ⓐ 선택채권의 개별급부는 각 급부의 개별적 가치에 중점이 있으나, 종류채권은 같은 종류에 속하여 개별가치는 동일한 것이어서 개별급부의 개성이 없다. ⓑ 선택채권은 다른 급부의 이행불능이면 잔존급부로 특정되나 종류채권은 이행불능의 일은 생기지 않는다. ⓒ 선택채권은 개별급부의 개성이 중시되므로 특정할 수 있는 선택권이 중요한 의의를 가지나 종류채권에서의 특정권은 채무이행의 수단에 지나지 않는다. ⓓ 선택채권의 특정(선택)은 소급효가 있으나 종류채권의 특정은 소급효가 없다.

(3) 選擇債權의 發生

선택채권은 당사자의 계약(증여·매매·대차 등)이나 법률의 규정에 의하여 발생한다. 전자의 경우 실제로 그리 흔치 않으며, 후자의 경우에는 다음과 같다. 무권대리인의 상대방은 이행청구 또는 손해배상청구 중에서 하나를 선택할 수 있다(제135조). 점유자가 점유물에 대하여 지출한 금액에 대한 상환청구의 경우에 회복자가 지출금액 또는 증가액 중에서 하나를 선택할 수 있다(제203조). 채무자의 부탁을 받은 보증인이 사전구상권 행사의 경우에 주채무자가 그 보증인에 대하여 면책청구 또는 담보제공청구 중에서 하나를 선택할 수 있다(제443조).

2. 選擇債權의 特定

(1) 特定

선택채권의 경우 실제로 이행하기 위해서는 수 개의 급부 중에서 어느 하나의 급부로 확정되어야 하는데, 이를 선택채권의 특정이라 한다. 선택채권의 특정은 선택권을 가진 자의 선택에 의하여 급부의 목적물로 특정되는 것이 보통이나, 다른 급부의 이행불능에 의하여 잔존급부로 정해지는 경우와 특정에 관하여 별도로 당사자가 합의한 경우가 있다.

(2) 選擇權者

선택권은 당사자간의 합의에 의하여 채무자·채권자 또는 제3자에게 부여할 수 있다. 선택권자에 관하여 당사자간에 합의가 없거나, 법률의 규정 또는 거래관행이 없는 경우에는 선택권자는 채무자가 된다(제380조). 그러나 제3자에게 선택권이 있는 경우에 제3자가 선택할 수 없는 경우와 선택권을 행사하지 않은 경우에 상당기간을 정하여 최고한 후에는 선택권은 채무자에게 귀속한다(제384조[제3자의 선택권의 이전]). 또한 선택권이 당사자 일방에게 있는 경우에 선택기간 내에 선택하지 않을 경우 상당기간을 정한 최고를 하고, 그 기간이 경과한 후에는 선택권은 상대방에게 귀속한다(제381조[선택권의 이전]).

(3) 選擇權의 行使

(가) 行使

선택채권에서의 선택권은 급부를 일방적으로 확정하는 형성권으로, 그 행사는 상대방에 대한 의사표시로 한다(제382조). 제3자가 선택권자인 경우에는 채권자 또는 채무자에 대한 의사표시로 한다(제383조). 선택의 의사표시는 당사자가 한 경우에는 상대방의 동의, 제3자가 한 경우에는 채권자 및 채무자의 동의가 없으면 철회하지 못한다(제382조 2항, 제383조 2항). 그런데, 선택한 급부가 상대방의 귀책사유로 이미 이행불능 된 경우에는 상대방의 동의 없이 다른 급부를 선택할 수 있다고 보아야 한다.

선택의 의사표시에 관한 그 밖의 효력에 관하여는 의사표시에 관한 일반법리가 적용된다. 즉, 효력은 도달(제111조[의사표시의 효력발생시기])에 의하여 발생하며,

행위무능력·착오·사기·강박의 경우에는 당연히 선택의 의사표시를 취소할 수 있다.

고법 相對方의 同意없이 다시 選擇權을 行事할 수 있는 경우 : 채권자가 일단 어떤 위치의 토지를 선택하였다 하더라도 상대방의 타인에의 양도 등 행위로 선택의 목적을 달성할 수 없을 때에는 상대방의 동의없이 다시 다른 위치의 토지를 선택할 수 있다고 보는 것이 민법 제385조, 제386조 규정이나 조리에 비추어 당연하다(서울고법 1970.4.15. 68나588).

(나) 效果

선택이 행하여지면 선택채권은 단순채권으로 변하며, 선택의 효력은 채권의 발생시에 소급한다(제386조). 즉, 채권발생시부터 선택된 급부만을 목적으로 하는 채권이 발생한 것으로 된다. 그러므로 이행불능이 된 급부도 선택할 수 있다(선택권 없는 당사자의 고의 또는 과실에 의한 이행불능의 경우로 한정하여 규정 제385조 2항).

제386조는 선택의 소급효遡及效를 규정하며, 단서에서 선택의 소급효는 <...제3자의 권리를 해하지 못한다>고 규정하고 있다. 소급효가 문제가 되는 때는, 선택할 급부 중에서 어느 하나가 선택채권 성립 후 또는 선택권을 행사하기 전에 제3자와 계약을 체결한 경우 또는 선택권 행사 전에 이미 소유권이 이전된 경우 등이다. 전자인 선택된 급부가 제3자의 채권의 목적인 경우에는 2중매매가 성립되어, 2중매매는 일반적으로는 문제가 되지 않는다. 또한 후자인 선택된 급부가 선택권 행사 전에 제3자에게 이미 소유권이 이전된 경우에는 제3자의 권리는 물권으로 채권이 물권을 해친다는 것은 있을 수 없다. 따라서 어떠한 경우에도 선택의 소급효가 제3자의 권리를 해치는 경우란 생길 수 없으므로 동조의 단서는 무의미한 규정이다(통설).

(4) 不能에 의한 特定

민법은 제385조 제1항에서 급부가 원시적 불능原始的不能 또는 후발적 불능後發的不能의 경우에는 채권은 당해 급부외의 잔존급부에 존재한다고 규정한다. 따라서 잔존급부가 하나이면 단순채권單純債權으로 특정되며, 잔존급부가 2개 이상이면 잔존급부에 대한 선택채권選擇債權이 된다. 그러나 동조 제2항은 선택권 없는 당사자의 과실로 인하여 불능이 된 때에는 그러하지 아니하다고 규정한다. 이는 불능야기자와 선택권자가 각기 누구냐에 따라 법률관계가 다른데, 이를 구체적으로 분설하면 다음과 같다.

(가) 不能原因 提供者가 債務者인 경우

① 選擇權者가 債務者

가능한 잔존급부에 특정된다.

② 選擇權者가 債權者 또는 第3者

채무자가 불능의 원인을 제공한 경우에는 채권자 또는 제3자는 잔존급부는 물론이고, 후발적 불능급부도 선택할 수 있다. 즉, 이행이 가능한 잔존급부를 선택하여 이행시키거나, 후발적 불능급부를 선택하여 채무불이행책임 또는 계약을 해제할 수도 있다.

그런데, 원시적 불능급부를 선택할 수 있는지에 관하여는 다수설은 부정한다(곽, 김상, 이은). 계약을 체결하는 목적이 이행을 목적으로 한다는 점에 있어서는 원시적 불능은 선택할 수 없다고 보아야 할 것이다. 그러나, 채권자가 특별히 당해 채권을 원하였는 경우도 있기 때문에 이를 배제할 수는 없을 것이며, 제385조 1항에서는 원시적, 후발적 불능을 다 규정하며, 그것을 그대로 제2항에서 규정하고 있어 원시적 불능을 제외할 법적 근거도 분명하지 아니하다. 따라서 원시적 불능도 선택할 수 있다고 보아야 한다. 즉, 원시적 불능급부를 선택하여 계약을 무효로 하고 채무자에게 계약체결상의 과실책임(제535조)을 추궁할 수 있다.

(나) 不能原因 提供者가 債權者인 경우

① 選擇權者가 債權者

가능한 잔존급부에 특정되며, 채권자는 불능케 한 급부에 대하여는 (불법행위로 인한) 손해배상책임을 진다.

② 選擇權者가 債務者

불능급부도 선택할 수 있다. 불능급부를 선택하여 채무를 소멸시키거나, 가능급부를 선택하여 이행하고 불능급부에 대하여는 불법행위에 의한 손해배상책임을 추궁한다.

③ 選擇權者가 第3者

불능급부도 선택할 수 있다. 가능급부를 선택하면 그 급부가 채권의 목적이 되며 불능부분은 채권자의 채무자에 대한 손해배상책임이 있다. 불능급부를 선택하면 채무자는 채무를 면한다.

(다) 當事者의 責任 없는 事由로 不能된 경우

불가항력 또는 선택권자인 제3자의 과실에 의한 불능의 경우는 잔존급부에 특정된다. 그런데 관련 없는 제3자에 의한 불능의 경우에 선택권자인 채권자는 불능급부를 선택하여 채무자의 제3자에 대한 손해배상청구권을 행사할 수(대상청구권) 있는가의

문제가 있다. (대상청구권에 관하여는 채권법각론 쌍무계약 편 참조)

긍정하는 견해도 있으나(이태), 계약을 체결한 주된 목적은 급부의 이행에 있으므로 구태여 당사자의 책임 없는 경우까지를 선택할 수 있도록 하여 본래의 급부가 이행되지 않아도 좋게 할 필요까지는 없다고 본다. 잔존급부에 특정된다고 보는 것이 온당할 것이다.

(5) 選擇債權과 種類債權의 區別

구 분	선 택 채 권	종 류 채 권
본 질	목적물의 개성이 중요시된다.	목적물의 개성이 중요시되지 않는다.
	일정범위의 부대체물 중 일정량의 물건을 인도할 것을 목적으로 하는 채권은 당사자의 의사가 목적물의 일정범위에 중점을 두고 있는 때에는 제한종류채권이고, 개개의 물건의 개성을 중시하는 때에는 선택채권으로 보아야 한다.	
특정의 방법	① 선택권의 행사 ② 급부불능 ③ 계약	① 채무자의 이행에 필요한 행위 ② 지정권자의 지정행위 ③ 계약
특정의 효과	① 단순 채권화 ② 철회권 ③ 선택권행사로 인한 특정의 경우에는 소급효가 있으나, 급부불능에 의한 특정의 경우에는 소급효가 없다.	① 특정물 채권화 ② 변경권 ③ 소급효가 있다.
이 행	채무자가 채무의 이행을 게을리 하고 있는 때에도 선택의 절차를 거치지 않으면 강제집행을 할 수 없다.	채무자가 채무의 이행을 게을리 하고 있는 때에는 채권자는 일정량의 인도를 강제집행할 수 있다.

VI. 任意債權

임의채권이란 본래는 하나의 특정한 내용을 가진 급부를 목적으로 하나, 당사자가 본래의 급부에 갈음하여 임의로 선택한 다른 내용의 급부를 이행하거나 또는 청구할 수 있는 권리인 대용권代用權(혹은 대용급부권代用給付權) 또는 보충권補充權이 있는 채권을 말한다. 예컨대 특정물(예 : 특정건물)의 인도가 본래의 급부이나 채무자(채권자)가 이행기에 갈음하여 시가에 의한 금전을 지급(청구)할 수 있도록 하는 경우나, 그 반대의 경우(대물변제예약), 자동차 상사와 자동차 매매계약을 체결하며 특정자동차를 목적물로 하되, 이행기에 단종되면 동급의 다른 차로 인도할 수 있도록 한다는 경우이다. 이러한 임의채권은 당사자의 합의에 의하여 발생하기도 하며 법률의 규정에 의하여 발생하기도 한다(제378조[동전同前], 제443조[주채무자의 면책청구] 후단, 제764조[명예훼손의 경우의 특칙] 등).

대용권자에 관하여 당사자간에 합의 또는 법률의 규정이 없는 경우에는 채무자가 대용권자인 것으로 해석한다. 대용권 없는 채권자는 본래의 급부만을 청구할 수 있으며, 대용권 없는 채무자는 대용급부의 수령을 강요할 수는 없다.

본래의 급부와 대용급부간에는 부종성이 있어, 특정된 급부가 소멸하면 대용급부도 따라서 소멸하며, 특정된 본래의 급부가 채무자의 유책사유 없는 사유로 불능인 경우에는 채권이 소멸한다. 또한 일부불능 또는 계약에 의하여 감축된 때에는 대용급부도 따라서 감축된다. 그러나 본래의 급부가 채무자의 유책사유로 손해배상채무로 변한 때에는 대용급부는 그대로 존속한다. 그리고 대용급부가 이행되면 본래의 급부의무는 소멸한다.

구분	임 의 채 권	선 택 채 권
본질	하나의 특정된 급부가 본래의 채권의 목적이며, 그에 갈음할 수 있는 다른 급부는 보충적 지위를 가질 뿐이므로 특정의 문제가 생기지 않는다.	수개의 급부가 선택적으로 채권의 목적으로 있으며, 구체적으로 채무를 이행하기 위하여서는 특정하여야 한다.
대용권과 선택권	대용권이란 본래적 급부에 갈음하여 채권자 또는 채무자가 다른 급부로써 변제할 수 있는 법률적 지위를 말한다. 채무자의 대용권의 행사는 상대방의 승낙을 요하지 않으므로 형성권의 성질을 가지나, 반드시 현실적인 대용급부를 하여야 한다.	선택권은 수개의 급부 가운데 구체적으로 이행될 하나의 급부를 선정하는 의사표시를 할 수 있는 법률상의 지위를 말한다. 선택권은 일방의 의사표시에 의하여 행사하는 형성권이다.
급부불능	① 본래의 급부가 채무자의 책임 없는 사유로 급부불능이 된 때에는 채권은 소멸한다. ② 본래의 급부가 채무자에게 책임 있는 사유로 인하여 급부불능이 된 경우에는 본래적 급부는 손해배상채무로 전환되고, 대용급부를 할 의무도 계속 존재한다.	하나의 급부가 불능되더라도 잔존급부는 그대로 존속한다.

第3章

債權의 效力

第1節 總 說

I. 序 說

채권은 채권자가 채무자에게 일정한 행위를 청구할 수 있는 권리로서, 채무자가 이에 응하여 임의로 이행하면 채권자는 이를 수령하여 채권은 소멸한다. 이것이 채권의 본래 내용으로 채권에는 당연히 이에 따른 법적 장치로서의 효력이 있다.

한편 채무자가 임의의 이행을 하지 않는다든지 또는 제3자의 방해를 받아 이행을 하지 못하는 경우(이를 채권의 병리현상病理現狀이라고도 한다)가 생긴다. 이러한 경우 채권의 가치보장을 위한 법적 장치로서 채권에 부여하는 효력도 필요하다. 그 밖에 채권이 물권과 더불어 재산권의 하나의 축으로 채권 그 자체가 독립된 가치권으로서 거래의 객체가 될 수 있는 지위도 부여하고 있다.

채권의 본래 내용에 따른 효력은 채권자의 청구력과 급부보유력으로서, 이들은 채권이 가진 최소한의 기본적 효력이다. 채무자가 임의의 이행을 하지 않는 경우(채무불이행)에 근대법은 자력구제를 금지하고 법원을 통한 강제적인 수단에 의한 채권의 경제적 가치를 보장하고 있는데, 이를 위해서는 소구력과 강제집행력인 대내적 효력이 있다. 채권의 실질적 가치는 채무자의 일반재산에 의하여 담보되는 것이기 때문에 이를 위한 법적 장치가 보전적 효력이다. 제3자에 의한 방해로 채권이 만족을 얻지 못하는 경우에 대한 효력이 대외적 효력이다.

민법은 채권의 효력이라 하여 제387조에서 제407조에 걸쳐 위에서 설명한 대내적 효력에 해당하는 채무불이행, 손해배상, 강제이행과 채권자지체 및 채권의 보전적 효력인 채권자대위권債權者代位權과 채권자취소권債權者取消權에 대하여 규정하고 있다. 그 밖에 채권의 효력과 관련하여 문제되는 것은 자연채무, 책임 없는 채무, 제3자에 의한 채권침해이나 이에 관하여는 특별히 규정하고 있지는 않다.

II. 效力 槪觀

여기서는 채권의 효력을 전반적으로 간단히 개관하고, 해당되는 부분에서 자세히 보도록 한다.

1. 基本的 效力

채권자는 채무자에게 재판 외에서 이행을 청구할 수 있고(청구력), 이행한 급부를 수령하여 향유할 수 있다(급부보유력). 이 효력은 채권으로 성립된 이상－자연채무이든, 책임 없는 채무이든 모두－모든 채권에 인정되는 최소한의 효력이다. 따라서 이를 채권의 기본적 효력이라 한다.

채권은 본래 채무자의 규범의식에 의하여 자발적·임의적으로 이행하기를 기대하는 것으로 청구력은 채무자의 이러한 규범의식을 환기시키는 사실상의 행위에 지나지 않는다. 그러나 이 청구력은 경우에 따라서는 법적으로는 최고催告로서의 시효중단(제174조), 이행지체(제387조 2항)의 효과를 발생하기도 한다. 급부보유력은 이행한 급부를 수령하여 그 이익을 향유할 수 있는 것인데, 이 효력으로 채권자가 수령한 급부이익은 후에 부당이득으로 반환을 청구 당하지 않는 법적 효과를 발생한다. 즉, 채권자(자연채무와 책임 없는 채무의 채권자를 포함)가 수령한 급부이익은 부당이득이 아니다.

2. 對內的 效力

채권자와 채무자 사이의 채권의 효력이다. 채무불이행에 대한 효력이 중심이며, 그 밖에 채권자지체도 이 책에서는 양당사자간의 채권의 효력으로 설명한다.

채무불이행에 대하여 채권자는 소를 제기할 수 있으며(소구력), 강제집행을 할 수 있다(강제집행력). 또한 이에 대한 구제 방법으로는 손해배상과 본래의 급부의 현실적 이행강제가 있다.

(1) 現實的 履行의 强制

채무자가 임의의 이행을 하지 않는(불이행) 경우에도 채권자의 자력구제는 허용되지 않고, 법원에 소를 제기하여 채권의 존재와 그에 대한 이행의 판결을 받을 수 있을 뿐이다(소구력). 판결 후에도 채무자가 역시 자발적으로 이행을 하지 않을 경우에 채권의 실현을 보장할 강제력이 필요하며, 이를 위하여 채권자에게 국가공권력에 의한 채권의 강제적 실현의 수단을 부여하고 있다(강제집행력 또는 공취력). 강제집행력의 내용으로 법은 현실적 이행강제를 인정하는데(현실적 이행의 강제 방법에 관하여는 후술), 이러한 현실적 이행의 강제를 통하여 채권의 목적인 본래의 급부가 강제적으로 실현된다.

그러나 모든 채권에 이와 같은 대내적 효력이 있는 것이 아니라 채권 중에는 불이행의 경우에도 소를 제기할 수 없는 채권인 「자연채무」와 판결 후에도 강제집행력이 없는 「책임 없는 채무」가 있다. 이들은 전술한 기본적 효력은 있으나 대내적 효력이 없기 때문에 이들을 불완전채권不完全債權(완전채권完全債權에 대칭)이라고도 한다.

(2) 損害賠償請求

본래의 급부가 불능이거나 또는 급부의 이행이 지체되어서 발생한 손해에 대하여는 배상을 청구할 수 있다(제390조). 손해배상청구권은 본래의 급부가 전환된 것이기 때문에 채무자가 자발적으로 손해배상을 하지 않는 경우에도 손해배상채권은 금전채권으로서의 현실적 이행의 강제의 대상이 된다.

(3) 契約解除

채권자는 현실적 이행의 강제를 원하지 않거나 현실의 이행이 불가능한 경우에는 스스로 계약을 해제하여 상대방의 채무를 면하게 할뿐만 아니라 자기도 계약의 구속으로부터 벗어날 수 있다. 물론 이 경우는 채권이 계약에서 발생한 경우에 한정된다. 계약을 해제하면 상호간에 원상회복의무가 발생하며, 손해가 있으면 손해배상청구권이 발생한다.

(4) 債權者遲滯

일반적으로 채무는 채무자 혼자서는 이행할 수는 없고 채권자가 이를 수령(협력)하여야 그 이행이 가능하다. 이와 같이 채권자의 수령이 있어야 이행할 수 있는 채무의 경우에 채무자가 이행을 하려고 함에도 채권자가 이행을 받을 수 없거나 또는 고의로 받지 않는 경우에는 채무자는 이행을 하지 못하고(경우에 따라서 공탁제도를 이용하여 이행할 수 있기는 하다), 따라서 계속 물건을 보관하여야 한다는 등으로 불리한 상태에 놓이게 된다. 이러한 채무자의 불리한 상태를 구제하기 위하여 채권자에게 채권자지체책임債權者遲滯責任이라는 일정한 책임을 부여하고 있다. 이는 채권자와 채무자 사이의 관계에서 발생하는 법률관계이므로 대내적 효력이라 한다.

3. 保全的 效力

금전의 지급을 목적으로 하는 채권은 물론이고 금전채권이 아닌 일반채권의 경우에도 채무불이행의 경우에는 본래의 채권은 손해배상채권으로 전환되는데, 이때 현실적 이행의 강제는 채무자의 일반재산에 대한 압류, 매각에 의한다. 따라서 급부의 내용을 불문하고 채권의 최종적 가치는 채무자의 일반재산이 많고 적음에 좌우된다. 이에 채권자에게 채무자의 일반재산을 증가시키거나, 감소를 방지시킬 필요성에 의하여 채권자대위권(제404조)과 채권자취소권(제406조)을 부여하고 있다.

이들은 채권에 채권의 실질적 가치를 완전하게 보전하여 채권을 보존시키기 위하여 부여된 권리이므로, 이를 채권의 보전적 또는 보존적 효력이라 한다.

4. 對外的 效力

타인의 방해로 채무자가 채무를 이행하지 못하여 채권이 만족을 얻지 못한 경우에는 채무자에게 불이행에 대한 책임을 추궁할 수도 없으며(과실책임주의), 채권자에게 채무불이행에 대한 불이익을 감수하게 하는 것도 타당하지 않다.

이에 방해한 당사자인 제3자에게 채무자의 채무불이행으로 인한 채권자의 손해를 전보塡補하게 하면 당사자간에 공평하고 합리적이다. 그것은 제3자의 방해행위가 불법행위를 구성한다면 불법행위를 손해배상청구권의 기초로 함으로써 가능하다. 그런데 채권의 상대적 성질에 의한 특성상 제3자의 행위가 모든 경우에 불법행위를 구성하지는 않는다. 이러한 점 때문에 제3자의 행위에 대한 채권자의 구제방법을 채권의 일반적인 제도로서 두고 있지 아니 하다.

이는 결국 일반 불법행위법으로 규율할 수밖에 없다. 이에 채권이 본질상 상대적인 권리이기 때문에 채권에 대한 어떠한 방해행위가 채무자의 이행을 불가능하게 하는 것으로 채권자의 권리를 침해한 불법행위가 되는지가 문제된다. 불법행위가 성립되면 그 채권은 물권과 같이 그 한도 내에서는 대외적 효력이 있는 것이 된다.

또한 채권의 내용에 따라서는 현재의 방해상태를 제거(방해배제청구)하여 채권의 목적을 실현시킬 수도 있을 것이다. 이러한 경우에는 제3자의 행위를 불법행위에 기한 방해배제청구권을 행사하는 것으로 실현된다.

이와 같은 것은 채권관계의 당사자가 아닌 제3자에 대한 효력이므로 이를 대외적 효력이라 한다.

第2節 不完全債權(債務와 責任의 分離)

I. 債務와 責任의 關係

채무와 책임의 개념에 관하여 앞서 설명한 바와(1장 1절의 I. 채권의 의의) 같이 관념상 채무는 당위로서의 이행의무이며 책임은 그 의무에 대한 담보이다. 당위로서의 이행의무에 대한 담보인 책임은 구체적으로는 채무자의 재산이 놓여질 채권자의 법적 강제집행력에 복종하는 상태이다. 즉, 책임이란 강제집행력을 행사할 수 있는 채권에 대한 상대개념이다.

게르만법에서는 채무와 책임은 분리되어 채무가 책임을 당연히 수반하지는 않고, 책임은 별도의 발생원인을 필요로 하였다. 따라서 게르만법에서는 책임을 수반한 채무와 책임 없는 채무가 존재하였다. 그러나 그 후 채무와 책임을 구별하지 않는 로마법이 게르만법에 계수되어 채무는 원칙적으로 당연히 책임을 수반하는 것으로 이해되었다.

그러나 채무와 책임을 구별하지 않는 로마법의 기초에 채무와 책임을 구별하는 게르만법의 잔재가 혼재되어 지속되고, 이러한 상태가 정리되지 않고 이어져 옴에 따라 오늘날 까지도 대륙법계 특히 독법계에서는 채무와 책임의 구별이 명확하지 않게 되어 있다. 우리 민법도 그 구별이 뚜렷하지는 않으나 몇 가지 경우에 채무와 책임을 분리 또는 제한한 「책임 없는 채무」와 「채무 없는 책임」의 특수한 관계(예 : 한정상속限定相續 · 물상보증인物上保證人 · 담보부동산擔保不動産의 제3취득자)를 인정하고 있다.

한편, 게르만 고유법과는 달리 로마법에서는 기본적인 소권법체계 아래 형식을 중요시하는 법체계를 취함으로써, 일정한 요건을 갖춘 권리에는 소권訴權을 인정하나 그러한 요건을 갖추지 못한 권리에는 소권을 인정하지 않음으로써 소권 없는 권리, 즉 국가로부터 권리의 실현을 요구할 수 있는 자격이 없는 권리가 생기게 되었다. 이러한 채권이 소구력 없는 채권으로, 이 채권에 대한 채무가 자연채무인데, 이러한 개념도 근대 대륙법계 국가의 민법에서 일반적으로 인정되고 있다. 우리나라에서도 뒤에 설명하는 것처럼 판례와 학설이 이를 인정하고 있다.

위의 게르만법상의 책임 없는 채무, 로마법상의 소권 없는 채권 모두 앞서 설명한 채권의 채무불이행에 대한 효력 중에서 가장 중요한 어느 하나의 권능을 갖추지 못하였기 때문에 불완전채권이라 하는데, 불완전채권의 채무가 불완전채무이다. 불완전채무 중의 「책임 없는 채무」와 자연채무는 위에서 본 바와 같이 연혁적으로 그 기원을 달리하여, 그 주요한 내용에 있어서도 다소의 차이가 있어 일반적으로는 이들을 구별하여 취급한다. 그러나 자연채무는 소구할 수 없기 때문에 당연히 강제집행할 수도 없고, 책임 없는 채무는 소구할 수는 있으나 강제집행할 수는 없다. 따라서 이들 채권은 이론적으로는 구별되나, 채무불이행에 대한 실효 수단인 강제집행력이 없는 채권이란 점에서 실질적으로는 동일하여 이들을 구별할 실익이 있는지 의심스럽다.

* 자연채무는 로마법에서, 책임 없는 채무는 게르만법에서 유래하였다.

* 일본과 우리 나라 다수의 학자는 자연채무와 책임 없는 채무를 구별한다. 그러나 일부의 학자와 독일 등에서는 양자는 구별할 실익이 없다는(구별 무익설 : 이태재, 이호정, 독일의 통설) 견해로서 양자를 구별하지 않고 불완전채무로 통일하여 이해하기도 한다.

* 스위스 민법학에서도 독일에서와 같이 통설이 불완전채무(Unvollkommene Obligation)로 통일하여 이해하나, 이에는 아래와 같이 내용에 있어서 다소의 차이가 있는 자연채무, 도의적 책무와 항변대유부채권이 있다고 설명한다. (Peter Gauch, a. a. O. Nr.81 ff.) ; ① 자연채무(Die Naturalobligation) : 소구 가능성 없는 채권이나 채권자는 급부의 이행을 청구할 수 있는 권리를 가진다. 그러나 국가는 국민경제적 · 사회정책적인 고려에 의하여 채권자의 권리보호를 거절하는 데, 권리의 보호는 국가의 평가에 의하여 구성요건 일체성이 있어야 하기 때문이다. 혼인중개료(스위스 채무법 제416조) · 도박과 사행행위에 의한 채무(동법 제513조)와 통상적으로 명예채무(Ehrenschuld)로 불리는 것이 이에 속한다. ② 도의적 책무(Die sittlichen Pflichten) : 스위스 민법 제328조에 의한 친족간의 부조의무. ③ 항변대유부채권(Die einredebelastete Forderung) : 소구할 수 있으나 재판상 채무자가 항변권을 행사하여 유효한 판결을 얻을 수 없도록 하거나 강제집행을 할 수 없도록 할 수 있는 채권으로 소멸시효가 완성된 채권이 이에 속한다.

II. 責任 없는 債務(執行不能 債權)

<책임 없는 채무>는 채무는 존재하기 때문에 채무자에 의한 임의의 이행은 부당이득이 되지 않지만, 채무자가 임의로 이행하지 아니 하더라도 채권자에 의하여 그 이행이 강제될 수 없는 채무를 말한다. 즉, 채권자에게 채권의 기본적 효력만 있고, 불이행에 대한 효력이 없는 채권에 대한 채무이다.

책임 없는 채무는 당사자의 합의로 발생시킬 수 있음은 당연하다. 그 밖에 상속에서 한정승인에 의하여 상속재산을 초과하는 부분의 상속채무와 법률의 규정에 의하여 개별적으로 책임이 채무자의 일정한 재산 또는 일정한 금액에 한정되는 경우(유한책임有限責任 : 주식회사의 주주·합자회사合資會社의 유한책임 사원이 지는 책임)에 그 범위를 벗어난 채무는 책임 없는 채무가 된다.

책임 없는 채무도 채무 자체는 존재하기 때문에 그 채무를 임의로 이행한 경우에는 다시 그 반환을 청구하지 못한다. 즉, 집행불능 채권일지라도 채권의 기본적 효력인 급부보유력은 있기 때문에 수령한 급부는 부당이득이 되지 아니한다. 책임 없는 채무가 임의로 이행된 후에는 그 반환을 청구하지 못한다는 점이 후술하는 사연채무와 같다.

III. 債務 없는 責任

「책임 없는 채무」와는 역으로 본인 자신의 채무는 없으나 책임만을 져서 자기의 재산으로 채권자의 강제집행에 복종하여야 하는 관계를 말한다. 물상보증인·담보물을 취득한 자 등이 이에 속한다. 따라서 이들은 채무자가 채무를 이행하지 아니하면, 채권자가 이들의 재산에 채무불이행에 대한 효력을 행사할 수 있다. 즉, 타인의 채무에 대하여 책임만을 진다.

한편 인적 보증으로의 보증인의 책임은 실질적으로는 채무 없는 책임이나 채권자와 보증인간의 보증계약에 의한 보증채무에 의한 책임으로 이론적으로는 책임 없는 채무가 아니다.

IV. 自然債務

1. 自然債務의 意義

(1) 立法例

로마법에서는 단순한 도덕상의 의무와는 달리 채무자가 임의로 이행할 때는 유효한 변제가 되어 이를 부당이득으로 반환을 청구할 수 없고, 채무자가 스스로 이행하지 아니할 때에는 소권이 없어서 사법적 구제(소의 제기·강제집행)가 불가능하나, 상계相計·경개更改·담보설정이 가능한 자연채무라는 법률관계를 인정하였다.

로마법에서 이러한 불완전한 채권이 발생하는 것은 로마법이 형식을 엄격히 요구하여 중시하는 소권법 체계를 취하였기 때문이다. 즉, 완전한 권리(소권 있는 채권)가 유효하게 발생하기 위하여는 정하여 진 일정하고 엄격한 형식을 갖추어야 하는데, 권리가 그러한 소정의 형식을 모두 갖추지 못한 경우에는 완전한 권리로서 취급되지 않았다. 예컨대 그러한 경우인 자연채무에서 보는 바와 같이 채권의 최소한의 효력(기본적 효력)만 부여하고 공권력에 호소할 수 있는 가능성을 배제한다(소권의 박탈)든지 하였다. 이러한 경우에는 당사자 개인간의 사사로운 법률관계는 인정하되, 형식을 구비하지 않아 불완전한 권리에 대하여는 국가가 개입(보호)하지 않는다는 의미이다.

근대법에 들어와서는 로마법에서 인정된 자연채무에 관한 일반규정을 두어 규제하는 입법례는 로마법을 충실히 계수한 프랑스 민법이 유일하여, 동 민법 제1235조 제2항은 <인식 있는 자연채무의 변제는 그 반환을 청구할 수 없다>고 규정하여 자연채무의 변제가 비채변제가 아님을 명시하고 있다. 그러나, 어떠한 채무가 자연채무인가에 관하여는 구체적으로 규정하지 않고 있다. 이에 프랑스 판례와 학설은 자연채무로서 사생자에 대한 부양료지급채무·도박금채무·소멸시효완성의 채무 등을 그 예로 들고 있다.

한편 독일 민법(스위스 채무법도 유사함)은 자연채무에 관한 일반규정을 두지 않고 소멸시효완성의 채무(동법 제222조)·혼인중개수수료지급 합의(동법 제656조)·도박금대여(동법 제762조)·부모가 자녀에 약속한 독립자금을 주는 의무(동법 제1624조) 등에 관하여는 법률상 채무가 존재하지 않는다고 규정하면서, 한편으로는 이를 임의로 변제한 후에는 그 반환의 청구를 할 수 없다고 개별적으로 규정하고 있어 이들을 자연채무로 이해하고 있다.

(2) 自然債務의 概念

우리 민법은 자연채무에 관하여 어디에도 직접적으로 규정하고 있지 않지만 판례와 학설이 자연채무의 개념을 인정하는데 일치하고 있다. 다만 아래의 주요한 몇 가지 경우가 자연채무에 해당하는가에 관하여는 논란이 있다.

아래의 논란은 주로 자연채무를 어떻게 이해하느냐에 따른 것인데, 자연채무의 범위를 좁게 잡아 소로서 채권의 실현을 할 수 없는 것에 한정하는 견해(협의설)와 넓게 채무가 존재하지 않아도 상대방이 수령한 후에는 그 반환을 청구할 수 없는 도의관념에 적합한 채무·소멸시효 완성의 채무·불법의 급여의무도 자연채무로 이해하는 견해(광의설)가 그것이다.

후자인 광의설은 이행 후에는 반환을 청구할 수 없다는 외형적 결과에 중점을 두어 그러한 경우를 모두 자연채무로 포섭하는 견해이다. 이에 대하여 전자인 협의설은 법제사적 기원에 중점을 두고, 반환을 청구할 수 없는 원인을 구별하여 채무가 존재하는 경우만을 자연채무로 보고, 채무가 존재하지 않아 반환하여야 하나 다른 목적(사회적·정책적·도의적)에 의하여 반환청구를 금지하는 것은 자연채무가 아니라는 것이다.

광의설에서 보듯이 논란이 되는 모든 경우가 수령 후에는 반환청구를 할 수 없다는 결과적인 면에서는 동일하나, 그 근거가 수령자의 급부보유력給付保有力에 의하여 반환청구가 부정되는 경우(협의설에서 인정하는 채무의 존재)와 채무가 아예 존재하지 않아 원칙적으로는 반환하여야 하나 다른 (정책적)목적에 의하여 법률이 특별히 반환청구를 인정하지 않아 결과적으로 수령자가 수령한 급부를 보유할 수 있는 것으로 그 기초가 다르다. 따라서 이론적인 면만을 본다면 협의설에서 보듯이 이를 구별하여야 할 것이다.

그러나 협의설에 의하여 상기의 것들을 구별하더라도 그 실익은 의심스럽다. 왜냐하면 자연채무 여부가 논란이 되는 것들 모두가 상대방이 수령한 후에는 그 반환을 청구할 수 없다는 점에서는 동일하며, 또한 열거하는 채무의 주된 관심사는 이행 후에 다시 반환을 청구할 수 있느냐의 문제이기 때문이다. 문제가 될 수 있는 것은 자연채무에 그 밖의 어떠한 효력(상계·경개 등)을 줄 것인가라는 점인데, 기타의 효력에 관하여는 각개의 자연채무에 관하여 개별적으로 결정한다는 것이 통설이기 때문에 이점에서도 문제가 되지 아니한다(자연채무의 효력 부분 참조).

2. 具體的 例

(1) 契約上의 自然債務

당사자의 합의合意로 소를 제기하지 않기로 하는 채무(부제소 합의 채무)를 발생시킬 수 있음은 당연하다. 이러한 경우는 보통의 경우 일방이 무상으로 일방적으로 급부를 이행하겠다는 의사가 있게 된다. 이때 당사자간에 부제소의 명시적인 합의가 있으면 문제가 없으나, 그렇지 아니한 경우가 문제된다. 특히 채무부담의 의사표시가 서면으로 된 경우에 (서면에 의한) 증여계약에 의한 증여채무와 구별하여야 한다. 증여계약상의 채무는 자연채무가 아님은 물론인데, 부제소 합의가 불분명하기 때문에 증여채무인지 자연채무인지가 문제된다. 자연채무로 볼 특별한 사정이 없는 때에는 증여채무로 보아야 한다.

일판 일본의 대심원은 카페의 여급에게 독립할 자금으로서의 금전을 지급하기로 한 약속에 관하여, 이는 일시적으로 여급의 환심을 사기 위한 것으로 여급에게 <재판상의 청구권을 부여하기 위한 취지에서 나온 것으로 속단하기는 상당하지 않다. 통상의 사정으로는 그 약속은 낙약자(손님)가 스스로 이행을 할 때는 채무의 변제로 되어도, 요약자(여급)에 의하여 이행을 강요당하지 않는 특수한 법률관계를 생기게 한다>고 판결하였다(일본 대심원 1935.4.25). 학자들은 이를 자연채무를 인정한 것이라고 이해한다.

(2) 勝訴의 終局 判決 後 訴를 取下한 債務

승소의 종국판결을 받았으나 그 판결이 확정되기 전에 소를 취하한 경우에는 동일한 소를 다시 제기할 수 없으므로(민소법 제267조[소취하의 효과] 제2항) 자연채무가 된다.

(3) 債權은 存在하나 敗訴判決이 確定된 債務

채권은 존재하나 소송수행상의 잘못으로 채권자가 패소의 확정판결을 받은 채무는 자연채무가 된다. 동 채무에 대하여 다시는 소를 제기할 수 없기 때문이다.

(4) 消滅時效 完成된 債務

이는 소멸시효의 효력에 관한 견해에 따라 다르다. 소멸시효 완성의 효력에 관한 절대적 소멸설(다수설과 판례)에 의하면 시효 완성 후에는 채무 자체가 존재하지 않아 이론상 자연채무가 성립하지 않는다. 그러나 상대적 소멸설을 주장하는 학자들은 이 경우가 자연채무에 해당한다는 견해이다.

그런데, 이론적으로 보면 시효완성 후에는 절대적 소멸설에 의하면 채무 그 자체가 존재하지 않아 자연<채무>도 아니며, 상대적 소멸설에 의하면 시효가 완성한 후일지라도 채권은 그대로 존속하기 때문에 채권자는 채권에 기한 이행을 청구할 수 있으나 다만 채무자가 시효완성의 효과를 원용하여 채권자에게 그 이행을 거절할 수 있다는 것이 되기 때문에 자연채무의 본래의 내용과도 다르다. 따라서 소멸시효의 완성의 효과를 어떻게 이해하든 시효완성 이후에는 자연채무는 아니라고 보아야 한다. 그러나 자연채무이든 완전한 채무이든 시효완성 후의 변제(절대적 소멸설에 의하면 완성 후의 변제이며 상대적 소멸설에 의할 때는 원용하지 않고 한 변제)는 제744조[도의관념에 적합한 비채변제]의 도의관념에 적합한 비채변제가 되어 반환을 청구하지 못한다는 점에서는 동일하여, 자연채무이냐 여부는 실익이 없다.

* 스위스 채무법상의 소멸시효 완성의 효과 : 본질을 영구적 항변권으로 본다. 채무자가 소멸시효완성의 항변을 하면 소는 기각된다. 채무자가 시효완성의 항변을 하지 않으면 소는 인락되어야 하며, 법관은 직권으로 소멸시효를 참작할 수 없다(동법 제142조).

(5) 破産免責된 債務, 和議에서 一部 免除된 債務

이들 채무는 파산법 제349조와 화의법 제61조에 의하여 채권자에 대한 책임과 채무가 면제되나 채무는 존재하므로 자연채무라는 견해와 이들 채무는 채권자에게는 채무가 존재하지 않고 보증인 또는 물상보증인에게만 채권의 효력이 있으므로(파산법 제350조, 화의법 제61조) 자연채무라기 보다는 책임 없는 채무로 보아야 한다는 견해가 있다. 어느 것으로 보나 차이는 없다.

판례 회사정리법 제241조는 정리계획의 인가가 있는 때에는 계획의 규정 또는 같은 법의 규정에 의하여 인정된 권리를 제외하고 회사는 모든 정리채권과 정리담보권에 관하여 그 책임을 면한다고 규정하고 있는바, 여기서 말하는 면책이라 함은 채무 자체는 존속하지만 회사에 대하여 이행을 강제할 수 없다는 의미라고 봄이 상당하다(대법원 2001.7.24. 2001다3122).

(6) 不法原因給付를 內容으로 하는 債務

불법원인급여는 제746조[불법원인급여]에 의하여 반환을 청구할 수 없으며, 불법원인 급부의 수익자가 이를 임의로 반환한 경우에는 도의관념道義觀念에 적합한 비채변제非債辨濟(제744조)가 되어 이를 다시 반환 청구할 수는 없다. 이에 불법원인급여와 불법원인급여 반환이 자연채무인지가 논란이 있다. 광의설은 자연채무를 긍정하나, 협의설은 이들은 채무 자체가 존재하지 않아 자연채무가 아니라고 한다.

3. 自然債務의 效力

위에서 열거한 채무들은 소로써 그 이행을 강제할 수는 없으나 임의의 이행을 하여 상대방이 수령한 후에는 이를 다시 반환청구할 수는 없다. 그 밖에 어떠한 효력을 줄 것인가는 문제이나, 그것에 관하여는 각각의 채무에 따라서 개별적으로 결정하여야 한다는 것이 통설이다.

일반적으로 위에서 열거한 것 중에서 협의의 자연채무는 상계의 자동채권으로 하거나, 경개 또는 준소비대차의 기초로 삼을 수 있으며 채권양도도 가능하다고 본다. 물론 그렇게 되더라도 자연채무의 성질은 그대로 가지고 있다. 그 밖에 담보·보증의 설정도 이론상으로는 가능하다. 그러나 그 자체가 불완전하기 때문에 자연채무를 자동채권으로 상계를 하지도 않을 것이며, 소구력 없는 채권을 다른 채권의 담보로 설정받아도 담보로서의 구실을 할 수 없기 때문에 실익이 없다.

第3節　債權의 基本的 效力(債務의 履行)

I. 請求力과 給付保有力

채권의 가장 기본적인 권능은 채권자가 채무자에 대하여 급부를 청구하는 권능(청구력), 급부된 이익을 수령하고(수령), 이를 향유할 수 있는 권능(급부보유력)이다. 이러한 권능은 채권인 이상(자연채무-소구력 없는 채권, 책임 없는 채무-집행불능채권 포함) 모든 채권에 주어지는 최소한의 효력이다. 따라서 이러한 효력을 채권의 기본적 효력이라 한다.

그런데 이러한 소극적인 수령권능은 물론이고, 적극적인 청구권능도 급부의 목적물에 직접적으로 미치는 것이 아니라 채무자의 자유의사에 호소하는 것일 뿐이다. 즉, 청구력도 채무자의 자발적인 임의이행을 기대하여 채무자의 이행의 당위성을 일깨워 주는 것이 본래의 목적이다. 왜냐하면 채무자는 당연히 채무를 이행하여야 하는 것이기 때문에 채권자가 청구를 하든지 또는 하지 않더라도 마땅히 이행하여야 하기 때문이다.

그러나, 기한이 없는 채무의 경우는 청구를 하여 기한을 정하는 의미가 있고, 이로서 채무자에게 이행지체책임을 발생시키며(제400조), 시효의 중단(제168조, 제174조)의 효과를 발생시키고, 해제의 요건을 충족(제544조)시키는 효과는 생긴다.

이와 같은 채권의 기본적 효력의 대상은 결국 채무자의 임의의 이행이다. 이에 채무의 임의이행에 관하여 살펴본다.

판례 契約解除時의 催告의 程度 : 계약해제를 위한 이행최고를 함에 있어서 그 최고되는 채무가 소유권이전등기를 하는 채무와 같이 그 채무의 성질상 채권자에게도 단순한 수령 이상의 행위를 하여야 이행이 완료되는 경우에는 채권자는 이행의 완료를 위하여 필요한 행위를 할 수 있는 일시·장소 등을 채무자에게 알리는 최고를 하여야 할 필요성은 있다 할 것이나, 위와 같은 채무의 이행은 채권자와 채무자의 협력에 의하여 이루어져야 하는 것이므로, 채권자가 위와 같은 내용을 알리는 최고를 하지 아니하고, 단지 언제까지 이행하여야 한다는 최고만 하였다고 하여 곧바로 그 이행최고를 계약해제를 위한 이행최고로서의 효력이 없다고 볼 수는 없는 것이고, 채권자가 위와 같은 최고를 한 경우에는 채무자로서도 채권자에게 문의를 하는 등의 방법으로 확정적인 이행일시 및 장소의 결정에 협력하여야 한다 할 것이며, 채무자가 이와 같이 하지 아니하고 만연히 최고기간을 도과한 때에는, 그에 이르기까지의 채권자와 채무자의 계약 이행을 위한 성의(誠意), 채권자가 채무자에게 구두로 연락을 취하여 이행 일시와 장소를 채무자에게 문의한 적이 있는지 등 기타 사정을 고려하여, 위의 최고도 유효하다고 보아야 할 경우가 있을 수 있다(대법원 2002.4.26. 2000다50497).

II. 債務의 履行(任意履行)

1. 債務履行의 意義

채무자가 채무의 내용에 좇은 급부를 실현하는 행위를 채무의 이행이라 한다. 채무의 이행에는 채무자가 임의로 그 채무의 내용에 좇아 이행하는 임의이행과 채무자의 불이행시에 채권자가 강제력을 행사하여 하는 강제이행이 있으나, 보통의 경우에 채무의 이행이라 함은 임의이행을 가리키며 채권의 기본적 효력의 대상으로서 채무의 이행은 임의이행을 가리킨다. 이행이 있으면 채권은 만족을 얻어 소멸한다.

이행은 또한 변제辨濟라고도 한다. 이행이란 급부의 실현이란 면에서 붙인 용어이며, 변제란 채무의 소멸이란 면에서 붙인 용어이다. 우리 민법은 이행에 관하여는 채권의 소멸 편인 제460조 이하에서 상세하게 규정하고 있다. 채권의 효력 편에서는 이행기와 관련하여 제387조[이행기와 이행지체]와 제388조[기한의 이익의 상실]에서 규정하고 있다. 따라서 변제에 관하여 자세한 것은 채권의 소멸 편에서 보도록 하고 여기서는 임의이행에 관하여 기본적인 내용만 본다(강제이행에 관하여는 채무불이행 편에서 기술).

2. 履行의 方法

채무의 이행은 채무의 내용에 좇은 현실제공으로 하여야 한다(제460조). 채무의 「내용에 좇은」이란 그 채무의 성질·당사자의 의사표시·거래관행·법률의 규정·신의성실의 원칙에 따른 것을 의미한다.

채무의 내용에 좇아 현실적으로 급부의 이행을 실행하지 아니 할 때에는 수령을 거절하더라도 수령지체가 되지 않는다. 또한 일부의 이행은 원칙적으로 이행이 되지 못한다.

3. 履行期

채무자가 채무를 이행하여야 할 시기를 이행기라 한다. 이행기가 도래하면 채권자는 그 이행을 청구할 수 있고, 채무자는 이행을 하여야 하므로 이행기를 지나치면 채무자는 이행지체의 책임을 지게 된다(제387조).

이행기는 ① 당사자의 합의, ② 법률의 규정(제603조[반환시기] 2항, 제613조[차용물의 반환시기] 2항)에 의하여 정하여지나, ③ 이행기가 없는 경우는 채권자가 이행을 청구한 때가 이행기가 된다(제387조 2항). 이행기가 없다는 것은 별도로 이행기를 정하지 않았다는 것을 의미한다.

이행기까지는 채무자가 이행을 하지 않더라도 아무런 책임을 지지 않음은 물론이다. 채무의 이행기와 관련한 기한의 이익은 로마법 이래로 채무자에게 있는 것으로 추정되기(제153조[기한의 이익과 그 포기] 1항) 때문에 채무자는 반대의 특약이 없는 한 기한의 이익을 포기하고 이행기 전에 임의로 이행할 수 있다(제153조 2항, 제468조[변제기전의 변제]). 그러나 기한의 이익이 채권자에게만 있는 경우에는 채권자의 승낙이 없이는 이행기 전에 이행할 수 없다. 예컨대 높은 이율의 이자부 급전소비대차의 경우에는 채권자에게도 기한의 이익이 있어 채무자 단독으로 변제기 전에 이행을 할 수는 없다.

한편 기한의 이익이 채무자에게 있을지라도 다음의 일정한 경우에는 기한의 이익을 상실하므로 채권자의 이행청구가 있으면 이행기가 도래한 것과 같은 법률효과가 발생한다. 즉, 기한의 이익을 상실한다고 하여 바로 이행기가 도래하는 것이 아니라 채권자가 청구하면 채무자가 기한이 남아있다고 항변을 하여 그 이행을 거절할 수 없다.

법률이 규정하는 기한의 이익을 상실하는 경우는 ① 채무자가 담보를 손상, 감소 또는 멸실 하게 한 때, ② 채무자가 담보제공의 의무를 이행하지 아니한 때이다(제388조[기한의 이익의 상실]). 이들의 경우는 채권자가 이행기에 채권의 만족을 얻을 수 없을 우려가 있기 때문에 채무자의 이행의 여유를 상실시켜 채무자의 재산상태가 더 악화되기 전에 이행을 시켜 채권자를 보호하려는 취지이다.

4. 履行 場所

이행 장소는 당사자의 의사표시 · 법률의 규정(제586조, 제700조) · 채무의 성질에 의하여 결정된다. 그래도 결정할 수 없는 경우에는 특정물의 인도는 채권성립 당시에 그 물건이 있던 장소, 특정물 이외의 경우에는 채권자의 현주소가 이행 장소이나, 영업에 관한 채무의 경우에는 채권자의 현영업소가 이행 장소가 된다(제467조). 주소 또는 영업소가 변경된 경우는 비록 수령지체受領遲滯 또는 이행지체履行遲滯 중의 변경일지라도 변경된 곳이 이행 장소이다. 그러나 그 변경으로 인한 이행 비용의 증가액은 채권자가 부담하여야 한다(제473조).

第4章

債權의 對內的 效力

(債務不履行에 대한 效力)

第1節 總 說

I. 訴求力과 强制執行力

채권자가 채권의 청구력에 의하여 이행할 것을 촉구하여 이행의 당위성을 환기시켰음에도 채무자가 스스로 이행을 하지 않는 경우에는 채권의 실현을 보장하기 위한 사실적인 강제력을 필요로 한다. 이러한 강제력은 채권이 재산권인 권리로서의 지위를 가지게 하는 중요한 기초가 됨은 말할 필요도 없다.

그런데 근대 국가에서는 개인이 사실상의 힘(사력私力)을 행사하여 강제하는 자력구제는 원칙적으로 허용되지 않고 국가의 공권력에 의한 사실적인 강제만이 인정된다. 이에 민법(제389조)은 강제이행의 방법으로 현실적 이행강제를 인정하고 있다. 이는 당해 채권이 목적으로 하는 본래의 급부를 국가의 공권력을 행사하여 강제로 실현시키는 것이다. 또한 본래의 급부가 이행이 불능한 경우에는 본래의 급부에 갈음하여 그것이 이행되지 못함으로 인하여 발생한 피해에 대하여 손해배상청구권損害賠償請求權을 부여한다(제390조). 그러나 채무자가 임의로 손해배상을 하지 않을 때에는 강제이행의 수단으로 소를 제기하고, 최후 수단으로 국가의 강제력을 동원하지 않을 수 없다. 이러한 일연의 행위는 채권자에게 우선 법원으로부터 채권 또는 손해배상청구권이 정당하게 존재하며 그것이 이행되어야 한다는 것을 확인 및 명받고(확인 및 이행판결), 그러함에도 이를 이행하지 않을 때에 채무자로부터 강제로 실현시키는(강제집행) 과정이 된다. 전자가 채권의 소구력訴求力이며 후자가 강제집행력强制執行力으로, 이들은 모두 채권의 대내적 효력으로 채무불이행을 그 원인으로 한다.

II. 債務不履行時의 救濟

한편 채무자가 임의이행을 하지 않을 때에는 채권이 계약에 의하여 발생한 경우에는 채권자는 그 계약 자체를 해제할 수 있다(제543조 이하). 이 계약의 해제는 채권의 효력으로서 인정되는 것은 아니나 계약에서 발생한 채권에서 채무불이행이 있을 때 채권자의 구제수단으로 중요한 역할을 하므로 채권의 대내적 효력과 연계하여 이해하는 것이 좋을 것이다(계약의 해제에 관하여는 채권각론 참조).

채권이 만족을 얻지 못한 경우에 대륙법계는 우선 당사자에게 본래의 이행을 청구할 수 있는 권리를 부여하여 이행판결을 받도록 하고, 본래의 급부가 불능인 경우에는 급부에 갈음한 손해배상을 받는다는 기본원칙을 취하고 있다.

이에 민법은 채무불이행 중 이행이 가능한 이행지체와 이의 구제인 강제이행을 먼저 규정하고 그 다음에 이행불능과 손해배상을 규정하고 있다. 그러나 강제이행은 포괄적으로는 채무불이행에 대한 구제수단이므로 여기서는 이행지체를 포함한 채무불이행 전부를 먼저 보고, 이어서 이에 대한 구제수단인 강제이행으로서의 현실적 이행강제와 손해배상을 차례로 보도록 한다.

* 채무불이행시에 대륙법은 원칙적으로 당사자에게 본래의 이행을 소송으로서 청구할 수 있는 권리를 부여한다. 그러나 영미법은 계약에서 정한 급부가 이행되지 아니하면 상대방은 원칙적으로 계약위반(breach of contract)을 이유로 한 소권만을 가진다. 그리고 이 소권은 연혁적으로 불법행위 소권인 불법침해 소권으로부터 발생한 것이기 때문에 항상 금전에 의한 손해배상만을 그 내용으로 한다(Konrad Zweigert / Hein Koetz, Einfuehrung in die Rechtsvergleichchung auf dem Gebiete des Privatsrechts, Band II, 제12장 이행청구권과 이행강제편 참조).

第2節 債務不履行

I. 序說

1. 給付障碍

채무는 급부의 이행을 당위로 하는 의무이다. 즉, 채무는 급부가 이행되는 것이 정상적이며 당연하다. 그러나 여러 가지 요인에 의하여 이행이 되지 않는 경우, 즉 채권의 목적이 달성되지 않는 경우가 있게 된다. 이와 같이 채무가 이행되어야 함에도 이행되지 않은 비정상적인 상태, 즉 채무의 병적 상태를 망라하여 급부장애給付障碍

또는 급부장해給付障害 (Leistungstörung, Leistungshindernis)라고 한다.

이러한 급부장애는 급부장애를 일으킨 주체·장애의 시기·장애의 내용 등을 기준으로 여러 가지로 분류할 수 있다. 그중에서 법률상 주요한 의미를 가지는 것은 주체 내지 원인에 의한 분류로서 그러한 기준에 의하여 급부장애를 분류하고, 각각의 경우에 민법이 취하고 있는 기본적인 법률관계를 개관하면 아래와 같다.

① 債務者가 障碍의 原人을 提供한 경우

債務不履行이라 하고, 이때 채무자의 책임을 채무불이행책임이라 하며, 그 효과로는 채권자에게 이행강제권 및 손해배상청구권, 계약해제권을 부여한다.

② 債權者가 障碍의 原人을 提供한 경우

債權者遲滯(責任)라 하고, 그 효과로는 채무자의 책임을 감경하며, 채무자가 다시 이행을 하기 위해서 소요되는 보관비 및 추가 운송비 등의 추가 손해에 대하여는 채권자에게 그 배상을 청구할 수 있도록 한다. 이때 채무자는 채무를 면하기 위해서 공탁을 할 수도 있다. (학설에 따라서는 채무자에게 별도로 손해배상청구권 또는 계약의 해제권이 있다는 견해도 있다)

③ 第3者가 障碍의 原人을 提供한 경우 : 第3者에 의한 債權侵害

채권자는 채권의 만족을 얻지 못한 손해에 대하여 장애의 원인을 제공한 제3자를 상대로 경우에 따라 불법행위에 의한 손해배상을 청구하거나 그 방해의 제거를 청구할 수 있다.

④ 不可抗力에 의하여 給付障碍가 생긴 경우

급부장애에 대한 채무자의 책임은 면책된다. 급부장애가 불능인 경우에는 채무자의 채무는 소멸하고 면책되나, 쌍무계약에서는 상대방의 채무인 반대급부가 있기 때문에 그 반대급부가 어떻게 되느냐의 문제가 남는다. 이를 위험부담이라 하고, 민법은 반대급부는 원칙적으로 소멸하는 것으로 규정하여 채무자위험부담주의를 채택하고 있다.

이상에서 개관한 바와 같이 채무자에 의하여 발생한 급부장애만이 채무불이행인데, 따라서 채무불이행이란 일반적으로는 채무의 내용에 좇은 이행을 하지 않은 것에 채무자의 유(귀)책사유有責事由(위법성)가 있는 것을 말한다.

채무불이행을 민법은 제390조에서 채무불이행의 모든 모습을 포괄하는 의미로 <채무의 내용에 좇은 이행을 하지 아니한 때>라고 하여 추상적·포괄적으로 규정하고 있다. 이는 모법인 독일 민법이 당초에 채택하였던 개별적 채무불이행을 규정하는 형식을 탈피하고 포괄적으로 규정한 스위스 채무법 제97조를 따른 것이다.

한편, 독일은 2002년에 발효된 개정 민법 제280조에서 채무불이행을 종래의 이행불능과 이행지체라는 두 유형으로 나누어 그 책임을 규정하던 채무불이행책임체계를 버리고, 채권관계로부터 발생한 모든 종류의 급부를 대상으로 그 급부가 채무자의 유책사유에 의하여 장애가 발생한 경우에는 채무자의 책임이 발생하는 것으로 하여 채무불이행을 모든 경우의 의무위반이라 하여 채무자의 포괄적 책임을 인정하는 책임체계로 바꾸었다. 이는 우리 민법이 채택하는 포괄적 책임체계와 다르지 않다.

* 스위스 채무법 제97조 ① 채무를 이행하지 아니하거나 채무내용에 맞는 이행을 하지 아니하는 경우에 채무자가 유책사유 없음을 입증하지 아니하면 채무자는 그로 말미암아 발생한 손해를 배상하여야 한다.

* 독일 민법 제280조(2002년 1월 개정 발효) 의무위반에 따른 손해배상 ① 채무자가 채무관계로부터 발생한 의무를 위반하였을 경우에는 채권자는 이로 인하여 생긴 손해의 배상을 청구할 수 있다. 다만, 채무자가 의무위반에 대하여 유책하지 아니한 경우에는 그러하지 아니하다.

2. 債務不履行에서의 「債務」의 內容

(1) 給付義務와 附隨(的)義務

채무는 채무자가 그 채무의 내용에 적합하게 이행하여야 할 당위성을 본질로 하는 채무자의 의무인데, 이러한 채무자의 의무를 논리적으로 분석하면 채권의 목적 달성을 위한 직접적이고도 필수적인 급부의무와 그 밖의 의무로 구별할 수 있다. 학자들은 일반적으로 전자를 <급부의무> 또는 <주된 급부의무>, 후자를 구체적인 채무의 내용에 따라서 부수(적)의무·종된 의무, 또는 보호의무·안전배려의무·설명의무 등(이하 이 책에서는 이들 의무를 대표하여 부수적 주의의무로서의 「부수의무」라는 용어를 사용한다)으로 지칭한다.

이들 각 용어는 계약의 내용에 따라서 또는 학자들에 따라서 각기 조금씩 달리 사용하여 각 용어가 정확하게 무엇을 의미하는 지가 명확하지는 않다. 그러나 일반적으로 부수의무·종된 의무는 추상적인 채무에 있어서 채무자의 의무를 설명하기 위하여 주된 급부의무에 대칭되는 의미로 사용된다. 주된 급부의무와 부수의무를 구별함에 있어서는 급부의 독립된 가치와는 관계없이 계약을 체결할 때 표명되었거나 그 당시 상황으로 보아 분명하게 객관적으로 나타난 당사자의 합리적 의사에 의하여 결정하되, 계약의 내용·목적·불이행의 결과 등 여러 사정을 고려하여야 한다(대판 1997.4.7, 97마575).

부수의무는 다시 이를 계약의 구체적 내용에 따라서 보호의무(채권자의 기존의 신체·재산에 대한 법익)·설명의무(의사의 진료채무)·안전배려의무(고용·운송·숙박계약에서의 채권자의 신체·재산에 대한 법익) 등의 용어로 불리어진다. 그러나 이들 용어는 주로 특정채무의 경우에 그 계약의 내용에 따라 주된 급부의무와 구별되는 의무를 표현하기 위하여 사용한다.

<부수의무>가 특별히 논의되는 것은 주로 불완전이행 내지 적극적 채권침해 분야이며, 그 밖에 계약의 해제에서도 문제가 된다. 불완전이행에서는 부수의무 특히 보호의무 위반·안전배려의무 위반을 채무불이행의 하나의 유형인 불완전이행으로 처리할 것인가라는 문제이며, 계약의 해제에서는 부수의무 위반의 경우에 채무불이행으로서의 계약의 해제권이 발생하는가라는 점에서 문제가 된다.

그러나 부수의무 위반에 의한 손해는 보통의 경우에는 확대손해의 문제이고, 해제의 효과인 구속력의 해방은 부수의무 위반에 의한 확대손해의 치유로서 양자는 직접적인 관련이 없어 해제권解除權의 행사여부는 크게 문제가 되지는 않는다. 즉, 부수의무 불이행을 이유로 계약을 해제할 수는 없다(물론 그로 인하여 손해가 발생하였을 뿐만 아니라 계약의 목적을 달성할 수 없는 경우에는 계약을 해제할 수도 있을 것이다).

그러나 계약의 해제와는 달리 부수의무 위반에 의한 손해를 불완전이행으로의 채무불이행 중 하나의 유형으로 다룰 것인가, 아니면 담보책임 또는 불법행위책임으로 다룰 것인가는 여러 가지 문제가 있다. 이 부수의무의 문제가 처음 제기된 독일 민법학에서도 민법이 이번에 개정이 되기 전까지는 견해가 대립되었다.

이러한 논의는 부수의무의 본질이 무엇인가라는 데서 출발하였는데, ① 부수의무를 채무의 내용에 포함시켜 부수의무 위반에 의한 손해를 채무불이행(불완전이행)책임으로 처리하려는 견해, ② 채무불이행책임을 급부의무 위반의 경우로 한정하고 부수의무 위반에 의한 일반법익 침해(채권자의 기존의 재산, 신체에 대한 침해)는 불법행위책임으로 처리되어야 한다는 견해, ③ 계약책임(채무불이행책임) 또는 불법행위책임 어느 것이나 적당하지 않아 제3의 별개의 책임을 입론하여 별도로 논하여야 한다는 견해 등이었다. 그러나 2002년에 시행된 채무자의 포괄적 책임체계로 개정한 민법아래서는 상기의 경우가 모두 제280조에 의하여 규율되기 때문에 이러한 논의는 더 이상 지속될 필요가 없어 졌다.

우리나라의 다수설은 기본적으로 부수의무를 채무의 내용으로 포함시켜, 부수의무 위반을 불완전이행으로의 채무불이행으로 구성한다. 한편 이러한 다수설은 채무불이행책임을 지나치게 비대화시켜 채권의 힘을 부당하게 강화시키기 때문에 부당하다고 비판하면서, 부수의무는 원칙적으로 채무의 내용으로 포함시켜서는 아니 되고 채무불이행은 본래의 급부 이행과 관련을 갖는 경우에 한해서 인정되어야 한다는 견해가 있다(이은).

그러나 부수의무가 채무의 내용으로 포함되느냐 여부는 획일적으로 판단할 문제는 아니다. 부수의무는 계약의 내용에 따라서는 본래의 급부의무와 동일하게 그 계약에 따라서는 중요한 의미를 가지는 것도 있고 그렇지 아니한 것도 있다. 따라서 계약의 구체적 내용에 따라서 개별적으로 검토되어야 한다. 이러한 점에서 이하에서 부수의무 중에서 주로 문제가 되는 보호의무와 안전배려의무를 분리하여 검토한다.

판례 附隨的 債務 : 계약상의 의무 가운데 주된 채무와 부수적 채무를 구별함에 있어서는 급부의 독립된 가치와는 관계없이 계약을 체결할 때 표명되었거나 그 당시 상황으로 보아 분명하게 객관적으로 나타난 당사자의 합리적 의사에 의하여 결정하되, 계약의 내용·목적·불이행의 결과 등의 여러 사정을 고려하여야 한다(대법원 1997.4.7. 97마575)

(2) 保護義務

보호의무의 개념에 관하여도 학자들에 따라서 각기 조금씩 다르게 이해한다. 대표적으로 독일의 민법학자 H. Stoll은 채무자에게는 계약 내용의 실현을 목적으로 하는 이행의무가 있고, 이 이행의무의 이행에 의하여 급부결과가 달성된다고 하였다. 또한 채권관계에 있어서는 모든 가해적 개입(신체·재산에 대한)을 막을 억지의무가 있고, 이 억지의무는 채권자의 보호법익에 대한 의무로서 보호의무라고 한다. 그러나 일반적으로는 보호의무라 함은 채무자가 부담하는 계약당사자로서의 신의칙 또는 거래관행에 의하여 본래의 급부의무 외에 채무의 이행에 관련한 범위 내에서 채권자의 신체·재산을 보호하여야 할 주의의무를 의미하는 것으로 이해한다. 또한 이러한 보호의무는 계약의 교섭단계에서부터 계약의 소멸 이후의 단계까지 존속하는 것으로 이해한다.

생각건대 채무불이행에서의 「채무」는 원칙적으로는 채권의 목적 달성을 위한 직접적이고 필수적인 채무자의 주된 급부의무와, 급부의무와 직접적으로 결합되어 그 의무의 불이행이 급부의무의 불이행으로 직결되는 의무만을 의미한다고 보는 것이 논리적이다. 이러한 점에서 예컨대 목적물의 하자(급부의무의 불완전이행)와 채권자의 신체·재산에 대한 보호의무, 의사의 과오(진료채무의 불완전이행)와 환자의 생명·신체에 대한 보호의무, 위험한 일에 종사시키는 고용인의 보호의무, 숙박업자의 손님의 신체·재산에 대한 보호의무, 여객운송인의 손님에 대한 보호의무 등은 급부의무와 불가분적으로 연결되는데, 이들의 보호의무는 내용적으로도 채무의 내용을 구성한다. 따라서 이러한 경우의 보호의무 위반은 (불완전이행으로의) 채무불이행으로 다루어야 한다.

판례 賃貸人의 保護義務 : 통상의 임대차관계에 있어서 임대인의 임차인에 대한 의무는 특별한 사정이 없는 한 단순히 임차인에게 임대목적물을 제공하여 임차인으로 하여금 이를 사용수익하게 함에 그치는 것이고, 더 나아가 임차인의 안전을 배려하여 주거나 도난을 방지하는 등의 보호의무까지 부담한다고 볼 수 없다(대법원 1999.7.9. 99다10004).

판례 宿泊業者의 保護義務 : 숙박업자는 고객에게 위험이 없는 안전하고 편안한 객실 및 관련시설을 제공함으로써 고객의 안전을 배려하여야 할 보호의무를 부담하며 이러한 의무는 숙박계약의 특수성을 고려하여 신의칙상 인정되는 부수적인 의무로서 숙박업자가 이를 위반하여 고객의 생명, 신체를 침해하여 손해를 입힌 경우 불완전이행으로 인한 채무불이행책임을 부담한다(대법원 1994.1.28. 93다43590).

판례 入院契約에 따른 병원의 信義則上 保護義務 및 內容 : 환자가 병원에 입원하여 치료를 받는 경우에 있어서, 병원은 진료뿐만 아니라 환자에 대한 숙식의 제공을 비롯하여 간호, 보호 등 입원에 따른 포괄적 채무를 지는 것인 만큼, 병원은 병실에의 출입자를 통제·감독하든가 그것이 불가능하다면 최소한 입원환자에게 휴대품을 안전하게 보관할 수 있는 시정장치가 있는 사물함을 제공하는 등으로 입원환자의 휴대품 등의 도난을 방지함에 필요한 적절한 조치를 강구하여 줄 신의칙상의 보호의무가 있다고 할 것이고, 이를 소홀히 하여 입원환자와는 아무런 관련이 없는 자가 입원환자의 병실에 무단출입하여 입원환자의 휴대품 등을 절취하였다면 병원은 그로 인한 손해배상책임을 면하지 못한다(대법원2003.4.11. 2002다63275).

(3) 安全配慮義務

안전배려의무란 어떠한 법률관계에 기초하여 특별한 사회적 접촉관계에 들어가는 당사자간에 있어서, 당해 법률관계의 부수의무로서의 일방 또는 쌍방이 상대방에 대하여 신의칙상 부담하는 의무를 말하며(대판 1997.4.25, 96다53086), 이 의무는 계약의 준비단계 또는 계약이 효력을 가지지 않는 경우에도 인정된다.

이 의무의 전형적인 예가 되는 고용계약에서의 노동환경정비의무·운송계약에서의 운송인 또는 운송물에 대한 안전확보의무·병원의 환자환경확보의무 등은 상술한 보호의무 또는 계약의 내용을 형성하는 급부의무로도 볼 수 있어 이를 별도의 안전배려의무로 볼 것인지 여부는 문제가 되지 않는다.

안전배려의무가 특별히 문제되는 것은 이행방법 또는 이행시의 부주의 등과 관련한 물건의 용법설명의무·의사의 설명의무·이행의 안전의무 등이다. 이들의 경우 급부의무 자체는 완전한 이행이 되었으나 안전배려의무위반으로 채권자의 신체·재산에 대한 침해로 손해를 발생시킨 경우이다. 이들의 경우 위와 같은 안전배려의무의 개념을 인정하여, 안전배려의무위반으로서의 불완전이행에 의한 채무불이행으로 다룰 것인가 아니면 일반 불법행위로 다룰 것인지가 문제된다. 이 문제는 결국 채권의 목적달성을 위한 채무자의 일련의 행위에 의하여 발생된 손해를 넓게 채무불이행책임으로 처리할 것인가, 아니면 이를 논리적으로 분해하여 각기 달리 처리하는 것이 타당한가라는 문제이다. 이를 피해자의 측면에서 생각할 때 일련의 행위에서 발생된 손해를 순수 법논리적으로 분리하여 각기 달리 처리(청구권의 행사)한다는 것은 지극히 형식논리적이며 일반인의 사고에도 맞지 않다고 할 수 있다.

따라서 채무의 이행과 관련한 범위 내에서의 채무자의 안전배려의무는 채무자의 채무의 내용이 되어, 이의 위반은 (불완전이행으로의) 채무불이행책임으로 다루는 것이 타당하다.

판례 雇傭에서의 安全配慮義務 : 사용자는 근로계약에 수반되는 신의칙상의 부수적 의무로서 피용자가 노무를 제공하는 과정에서 생명, 신체, 건강을 해치는 일이 없도록 물적 환경을 정비하는 등 필요한 조치를 강구하여야 할 보호의무를 부담하고, 이러한 보호의무를 위반함으로써 피용자가 손해를 입은 경우 이를 배상할 책임이 있다(대법원 1999.2.27. 97다12082).

판례 旅行業者의 安全配慮義務 : 여행업자는 기획여행계약의 상대방인 여행자에 대하여 기획여행계약상의 부수의무로서, 여행자의 생명·신체·재산 등의 안전을 확보하기 위하여, 여행목적지·여행일정·여행행정·여행서비스기관의 선택 등에 관하여 미리 충분히 조사·검토하여 전문업자로서의 합리적인 판단을 하고, 또한 그 계약 내용의 실시에 관하여 조우할지 모르는 위험을 미리 제거할 수단을 강구하거나 또는 여행자에게 그 뜻을 고지하여 여행자 스스로 그 위험을 수용할지 여부에 관하여 선택의 기회를 주는 등의 합리적 조치를 취할 신의칙상의 주의의무를 진다(대법원 1998.11.24. 98다25061).

3. 債務不履行의 類型

채무의 내용에 좇은 이행이 없는 객관적 상태에는 전혀 이행이 되지 않은 경우와 이행은 있었으나 채무의 내용에 따르지 않아 불완전한 경우(불완전이행)가 있다. 전자에는 현재에 이행이 없을 뿐만 아니라 장래에도 이행이 불가능한 경우(이행불능)와 장래에는 이행이 가능하나 단지 현재에 이행이 되지 않은 경우(이행지체)로 구분할 수 있다.

불완전이행의 범위가 먼저 설정되어야 하는데, 이를 완전하지 못한 이행의 모든 경우라는 의미로 보면 목적물의 수량의 부족·목적물의 하자·이행방법의 불완전·이행과정에서 채권자의 재산·신체를 침해한 경우 등이 모두 여기에 포섭된다. 「불완전이행」을 채무불이행의 하나의 유형으로 인정할 것인가, 인정한다면 어떠한 경우인가 등등에 관하여는 후술하며, 일단 여기서는 채무불이행의 하나의 유형으로 보아 설명하기로 한다.

채무불이행의 세 유형은 그 구제방법에 있어서 차이가 있다. 즉, 이행지체는 이행의 지체로 인하여 입은 손해의 배상이며, 이행불능은 본래의 이행에 갈음한 손해의 배상(전보배상)이다. 불완전이행의 경우에는 이행의 불완전으로 인하여 발생한 손해의 배상(지연배상 또는 전보배상) 또는 보완(추완)이행의 청구이다. 그 밖에 경우에 따라서는 계약의 해제 또는 대상청구를 할 수 있다.

4. 債務不履行責任의 要件

채무불이행에 대한 구제로서의 이행강제권과 손해배상청구권이 발생하려면 위에서 본 채무의 내용을 따르지 않은 객관적 상태를 전제로(이행강제의 경우는 불이행사실만으로 족함), 그 밖에 채무불이행의 유형과는 관계없이 공통적으로 유(귀)책사유, 위법성, 손해의 발생, 인과관계가 있어야 한다.

(1) 有(歸)責事由

채무자의 책임 있는 사유, 즉 고의나 과실을 유책사유라 한다. 이행불능의 경우에는 제390조[채무불이행과 손해배상] 단서에 채무불이행책임의 요건으로 채무자의 고의나 과실을 요한다고 명시하여 문제가 없는데, 그 밖의 채무불이행의 유형에서도 채무자의 유책사유가 그 요건인지가 문제될 수 있다.

이에 관하여는 제390조 단서가 이행불능에 한정한 의미로 사용된 것이 아니라 모든 채무불이행에 포괄적으로 적용되는 의미로 규정한 것으로 새겨야 한다. 이행불능과의 균형 및 민법의 과실책임의 기본원칙에 의하여 모든 채무불이행의 유형에 있어서 당연히 유책사유를 필요로 한다고 해석하는데 일치하고 있다. 이러한 해석은 금전채무불이행의 특칙에 관한 제397조 제2항은 금전채무불이행에 있어서는 불가항력으로 항변할 수 없다고 규정하고 있는데, 이 규정을 반대해석하면 금전채무 외의 채무불이행에 있어서는 과실 없음을 항변할 수 있다는 것이 된다. 따라서 금전채무 외의 모든 채무불이행책임에서는 유책성을 그 요건으로 하는 것이 명백하다.

유책사유란 채무자의 고의·과실 또는 신의칙상 이와 동일시할 수 있는 사유를 말한다. <동일시할 수 있는 사유>란 법정대리인 또는 이행보조자의 고의·과실을 말한다.

(가) 債務者의 故意·過失

① 槪念

고의란 일정한 결과의 발생을 인식하거나 의욕하면서 행위를 한 심리상태, 과실이란 일정한 결과의 발생을 예상하여야 함에도 주의를 게을리 하여 이를 예상하지 못하고서 행위를 한 심리상태를 말한다. 이와 같이 고의와 과실은 구별되며, 그 법적 지위에서도 불법행위책임에서는 차이를 두나(제765조[배상액의 경감청구]) 채무불이행책임에서는 원칙적으로 차이를 두지 않는다.

과실은 이와 같이 주의의무를 결한 심리상태를 의미하는데, 과실은 요구되는 주의의무의 기준정도와 관련하여 추상적 과실과 구체적 과실로 분류하며, 주의의무위반인 과실의 정도와 관련하여 경과실과 중과실로 분류한다.

② 抽象的 過失과 具體的 過失

요구되는 주의의무는 그 대상이 무엇인가에 따라 달라진다. 예컨대, 타인의 재산 또는 권리에 대하여 요구되는 주의의무, 자기의 권리 또는 재산에 대하여 요구되는 주의의무의 기준과 정도는 다르다. 즉, 타인에 대하여는 보다 높은 주의의무가 요구되며, 자기의 재산 및 권리에 대하여는 자기 이익에 속하는 것이기 때문에 요구되는 주의의 정도는 약하다. 전자의 경우에 요구되는 주의의무의 위반을 추상적 과실이라 하며, 후자의 경우를 구체적 과실이라 한다. 민법상 일반적 과실은 추상적 과실을 의미하나, 민법에서 규정하고 있는 <자기재산에 대한 주의의무와 동일한 주의의무>의 위반(제695조, 제922조), <고유재산에 대한 주의의무와 동일한 주의의무>의 위반(제1022조[상속재산의 관리]) 등이 구체적 과실에 해당한다.

③ 注意義務의 基準－客觀的 過失說

어떠한 행위가 과실로 인정되기 위해서는 행위자의 구체적 행위가 주의의무를 위반한 것이어야 하는데, 위반 여부를 결정하는 기준은 무엇인지가 문제된다. 그 기준을 행위자가 종사하는 직업 및 그가 속하는 사회적·경제적 지위 등에 있는 통상인에게 거래상 일반적으로 요구되는 정도의 주의의무(선관주의의무)라고 하는 객관적 과실설과 행위자의 개인적 주의능력을 기준으로 하여 과실 여부를 결정하여야 한다는 주관적 과실설이 있다.

과실은 개인적 비난가능성이란 측면에서는 행위자 개인의 주의능력을 기준으로 과실 여부, 즉 비난 여부를 결정하는 주관적 과실설이 타당하다. 그러나 주관적 과실설은 개인의 권익 보호에는 적당하나, 이로 인하여 오늘날 복잡하고 다양화 되어진 자본주의 경제체제에서는 거래에 치명적인 장애를 일으키는 요인이 될 수 있다. 거래의 안전이란 측면에서 상대방의 예측가능성이 있는 객관적 기준이 요청되는 객관적 과실설이 타당하다.

④ 輕過失과 重過失

주의의무를 결한 정도를 기준으로 로마법에서는 levissima culpa(최경과실), levis culpa(경과실), lata culpa(중과실)로 구분되었으나 근대법에 와서는 각국이 후자인 경과실과 중과실만 책임 발생 요건으로 하고 있다. 경과실은 주의를 하지 못한 상태가 보통의 정도인 것을 말하고, 주의를 하지 못한 정도가 매우 심한 것이 중과실이다. 민사책임으로서의 과실은 경과실을 의미하고, 특별히 법률 또는 해석상 중대한 과실이 요구되는 경우에는 중과실로 명시한다. 민법상 특별히 중과실을 요구하는 경우는 제109조[착오로 인한 의사표시] 1항, 제401조[채권자지체와 채무자의 책임] 등이고, 그 외는 경과실을 의미한다.

(나) 違法性

위법성은 고의·과실에 내포되어 있는가, 아니면 고의·과실과는 분리되어 독자적인 지위를 가지는가?

다수설은 고의·과실을 유책성의 요소로 보아 개인적인 비난가능성으로서 개별주체에게 요구되는 책임 발생의 주관적 요건이며, 위법성은 별도로 판별되어야 할 외부적 현상으로서 행위형태가 그 대상이 되는 객관적 요건에 해당된다고 이해한다. 이렇게 볼 때 채무불이행책임으로의 객관적 요건은 위법성이며, 이는 채무자에게 동시이행의 항변권抗辯權 또는 유치권留置權이 없는 상태를 의미한다는 것이다.

이러한 다수설에 대하여 고의·과실을 심리상태라 할지라도, 이론적으로는 그러한 심리상태에서 행하려는 행위 또는 주의의무위반 그 자체는 위법성의 인식이 전제된 행위 또는 주의의무로서 고의는 자신의 행위가 계약상 또는 법률상의 의무를 위반한다는 인식이 선행된 행위(예 : 이행을 지연시킬 정당사유가 없는데도 감히 지연시키겠다)의 의욕이며, 과실에서의 주의의무도 단순한 주의의무가 아니라 계약상 또는 법률상의 결과발생을 회피 또는 방지할 의무가 포함된 주의의무라고 할 수 있어, 위법성을 고의·과실과는 분리시켜 별도로 채무불이행의 객관적 요건으로 할 필요는 없다는 소수설이 있다(김형, 이은).

생각건대, 프랑스법의 faute나 영미법상의 negligence가 별도로 위법성을 문제삼지 않으며, 또한 논리적으로는 주의의무가 위법성을 고려한 주의의무이기 때문에 고의, 과실에 별도로 위법성을 요건으로 할 필요는 없을 것이다. 그런데, 요건을 구체화하고 분명하게 한다는 점과 과실을 비난가능성으로 주관적 판단 요소라는 점에서는 객관적 상태인 위법성을 별개의 요건으로 보는 것이 좋을 것이다. 실제의 측면에서는 어느 쪽으로 이해하나 아무런 차이는 없고 단순한 논리적인 문제이다. 요건을 분명하게 한다는 점에서는 다수설인 위법성을 별개의 요건으로 하는데 찬동한다.

(다) 法定代理人·履行補助者의 故意·過失

채무자의 이행을 보조하는 자로서는 대리인과 채무자에 피용되어 계속적으로 보조하는 자와 당해 행위에 일시적으로 보조하는 자가 있다. 민법은 제391조에서 채무자의 법정대리인이 채무자를 위하여 이행하거나 채무자의 피용자가 이행하는 경우에는 법정대리인 또는 피용자의 고의나 과실은 채무자의 고의나 과실로 본다고 규정하고 있다. 이와 같이 법정대리인이나 피용자의 고의나 과실을 채무자의 고의나 과실로 보는 이유는 채무자인 본인은 이들로부터 활동의 영역을 넓히고 그로 인하여 이익을 얻는 것이므로, 그로 인한 불이익도 채무자 본인이 부담하는 것이 공평하며 그리하여 채권자를 보호할 수 있기 때문이다.

① 法定代理人

법정대리인에는 친권자·후견인·법원에 의하여 선임된 재산관리인이 있는데, 그 밖에 파산관재인破産管財人(파산법 제7조)·가사대리권家事代理權을 가진 부부(제827조)·유언집행자(제1093조) 등의 특별임무를 가지는 대리인도 포함하는 것으로 해석한다.

② 履行補助者

채무자에 피용되어 채무의 이행을 위하여 보조하는 자를 말한다. 이에는 고용·도급·위임 등의 노무공급계약에 의하여 채무자에게 계속적으로 피용되어 채무자의 지휘·감독을 받는 자와 독립한 사업을 하되 당해 행위에 일시적으로 피용되어 이행행위를 보조하는 자가 있다. 후자를 특히 이행대행자라고 한다. 이행보조자에 의하여 선임, 감독되는 이행보조자의 이행보조자도 제391조의 이행보조자에 해당한다.

판례 履行補助者로서의 被傭者의 意味 : 민법 제391조에서의 이행보조자로서의 피용자라 함은 일반적으로 채무자의 의사관여 아래 그 채무의 이행행위에 속하는 활동을 하는 사람이면 족하고, 반드시 채무자의 지시 또는 감독을 받는 관계에 있어야 하는 것은 아니므로 채무자에 대하여 종속적인가 독립적인 지위에 있는가는 문제되지 않는다(대법원 2002.7.12. 2001다44338).

③ 效果

법정대리인이나 이행보조자의 고의·과실은 채무자의 고의·과실로 간주되어 채권자에 대하여는 채무자가 채무불이행책임을 지며, 이행보조자는 채무불이행책임을 지지 않는다. 물론 이 경우 채무자는 자신이 지는 책임과 동일한 범위 안에서만 책임을 진다. 따라서 채무자가 고의·중과실에 대해서만 책임을 지는 경우에는 이행보조자의 고의·중과실의 경우만 책임을 진다.

채무자가 이행보조자의 고의·과실에 의하여 손해배상을 한 경우에 채무자와 이행보조자 사이에는 내부관계에서 법률상 또는 계약상의 배상의무가 있는 경우에만 이행보조자에게 구상권을 행사할 수 있다.

채무자의 이행보조자로서의 행위가 채권자에 대하여 불법행위가 되는 경우에는 이행보조자 본인 스스로도 독자적으로 채권자에 대하여 불법행위책임을 지게 된다(제750조). 이때 채무자가 이행보조자의 사용자로서 사용자책임을 지게 되는 때에는 채무자는 채권자에게 사용자책임을 진다(제756조). 따라서 채무자는 채권자에게 채무불이행책임과 사용자책임을 함께 지게 되어 청구권 경합이 생긴다.

* 이 경우 판례와 다수설인 청구권 경합설에 의하면 두 개의 손해배상청구권이 경합적으로 발생하므로 채권자는 선택하여 행사할 수 있다고 해석한다. 이에 대하여 특별관계인 계약관계에서 생긴 청구권만 행사할 수 있다는 경합부정설과 통합된 하나의 손해배상청구권이 발생한다는 청구권규범경합설 등이 있다.

(2) 損害의 發生

손해란 일반적으로는 법익에 관하여 입은 비자발적 불이익을 말한다. 손해는 일반적으로 손해야기행위(채무불이행)가 없었더라면 있었을 이익상태와 손해야기행위 이후의 이익상태와의 차이(차액설)라고 개념을 정립한다. 손해는 재산적 손해와 정신적 손해 모두를 포함한다. 다만 정신적 손해는 통상적인 채무불이행의 경우에는 특수한 경우로서 특별손해에 해당될 뿐이다.

채무불이행이 있더라도 손해가 발생하지 않으면 당연히 채무불이행책임을 지지 않는다(<손해 없으면 배상 없다>). 채무불이행책임의 성립요건으로서 손해는 불이행으로 인하여 손해가 발생하였다는 단순한 사실 자체로서 족하고, 손해의 구체적인 액수 또는 그 손해가 구체적으로 배상의무 범위 내의 것인가 여부는 이 단계에서는 문제가 되지 않는다.

(3) 因果關係

채무자의 채무불이행행위와 발생된 손해 사이에 인과관계가 있어야 한다. 이 인과관계도 책임의 성립요건의 단계에서는 채무자의 채무불이행 행위로 인하여 손해가 발생하였다는 정도의 추상적인 판단으로 족하다.

(4) 證明(立證)責任

채무불이행책임의 요건인 채무자의 채무불이행·유책사유·인과관계·손해 등이 모두 증명되어야 한다. 각각의 증명책임은 채권자 또는 채무자에게 있다.

(가) 債務不履行 事實

채무불이행 사실은 채권자가 주장, 증명하여야 한다. 이를 위해서는 먼저 채권의 존재사실을 주장, 증명하여야 한다. 계약의 존재와 그로 인한 급부의무의 내용이 증명되면 될 것이다. 보통의 경우는 불이행 사실의 입증은 간단하고 용이하나, 작위

채무 특히 수단채무에서는 채무자의 행위가 불완전하게 이행되었다는 것을 입증하기가 매우 곤란하다. 예컨대, 문외한인 환자나 의뢰인이 의사의 진료행위나 변호사의 변호행위가 완전하게 이루어지지 못하였다는 것을 입증한다는 것은 거의 불가능하다. 이러한 점으로 특수한 분야에서는 입증의 완화나 입증책임의 전환론이 주장된다.

(나) 損害의 發生 및 因果關係

손해가 발생하였다는 것과 그 손해가 채무자의 행위로 인한 것이라는 것을 채권자가 주장, 증명하여야 한다. 그러나 이에 대한 증명은 채무불이행책임의 성립요건으로서의 내용이기 때문에 구체적으로 증명할 필요는 없고 추상적인 정도의 증명만으로 족하다. 그러나 금전채무의 경우에는 제397조에서 채무자의 채무불이행이 있으면 채권자는 그로 인한 손해의 존재를 증명하지 않아도 좋다는 특칙을 두고 있다.

(다) 有責事由

채무자 및 이행보조자의 고의·과실에 대한 증명이 있어야 한다. 유책사유의 증명에 관하여 독일 민법(제282조), 스위스 채무법(제97조), 프랑스 민법(제1147조)은 채무자에게 그 책임이 있다고 명기하나, 우리 민법은 이에 관하여 분명하지 않다.

그러나 제390조를 들어 유책사유에 대한 증명책임이 채무자에게 있다는 것에 관하여는 이설이 없다. 증명책임의 분류에 관한 일반론인 법률요건 분류설이나 제390조의 조문의 문리해석에 의하더라도 채무자에게 증명책임이 있음은 분명하다. 따라서 채무자가 면책을 주장하기 위해서는 유책사유가 존재하지 않음을 증명하여야 한다.

판례 賃借建物이 原人不明의 火災로 燒失되어 賃借物 返還債務가 履行不能된 경우 그 歸責事由의 立證責任: 임차인의 임차물 반환채무가 이행불능이 된 경우 임차인이 그 이행불능으로 인한 손해배상책임을 면하려면 그 이행불능이 임차인의 귀책사유로 말미암은 것이 아님을 입증할 책임이 있으며, 임차건물이 화재로 소훼된 경우에 있어서 그 화재의 발생원인이 불명인 때에도 임차인이 그 책임을 면하려면 그 임차건물의 보존에 관하여 선량한 관리자의 주의의무를 다하였음을 입증하여야 한다(대법원 2001.1.19. 2000다57351).

(라) 違法性

채무자가 면책을 주장하기 위해서는 동시이행의 항변권, 유치권 등의 위법성 조각사유가 있음을 입증하여야 한다.

(5) 免責特約

법률이 특별히 금지하는 경우(상법 제790조[운송인의 책임경감금지])를 제외하고는 채무불이행의 책임을 면한다는 특약은 일반적으로 유효하다. 그러나, 약관의규제에관한법률 제7조[면책조항의 금지]는 고의나 중대한 과실로 인한 책임을 배제하는 면책약관은 무효로 하고 있다. 따라서 당사자간의 면책특약도 고의나 중과실로 인한 책임에 대한 면책특약 또는 전면적인 면책특약은 사회질서에 반하여(제103조) 무효로 해석하여야 한다.

이행보조자의 고의나 중과실에 의한 책임의 면책특약에 관하여는 다수설인 유효설과 소수설인 무효설이 대립하는데 이행보조자는 원칙적으로 채무자와 동일시되므로 무효로 보는 것이 타당하다. 유효한 것으로 이해하더라도 이행보조자의 고의나 중과실에 의한 불법행위책임은 면할 수 없으며, 그로 인하여 채무자는 사용자책임을 지게 되어 실질적으로는 유효설이나 무효설이나 차이가 나지 아니한다.

판례 重過失 免責約款은 無效 : 면책조항이 용역경비업자의 고의·중과실로 인한 경우까지 적용된다고 본다면 약관의 규제에 관한 법률 제7조에 위반되어 무효라고 볼 수밖에 없기 때문에, 그 외의 경우에 한하여 피고의 면책을 정한 규정이라고 해석하는 한도 내에서만 유효하다고 수정 해석하여야 한다(대법원 1996.5.14. 94다2169).

판례 全面的인 免責特約은 無效 : 도급인과 감리인이 공사의 감리계약 체결시 "안전진단 작업 중 감리인의 소속 직원에게 발생한 사고는 감리인의 책임으로 한다."고 약정한 경우, 위 약정의 취지는 문언상 공동불법행위자로서의 도급인의 배상책임을 배제하는 것이 아님이 분명하고, 이와 달리 위 약정을 감리인의 소속 직원에게 발생한 사고가 도급인의 불법행위로 인한 경우라고 하더라도 도급인은 그로 인해 생겨난 손해에 대하여 아무런 책임을 지지 않는다는 취지로 해석하는 한 이는 도급인의 귀책사유로 발생한 손해를 감리인에게 부당하게 전가하는 셈이 되어 사회질서에 반하는 것이거나 신의칙에 반하는 것으로서 무효라고 할 것이므로, 위 약정은 공사의 안전진단 작업 중 감리인의 소속 직원에게 발생한 사고에 대하여 도급인에게 아무런 고의나 과실이 없는 경우에 도급인의 책임이 면책된다는 것으로 제한해서 해석하여야 한다(대법원 2002.6.28. 2000다62254).

판례 免責條項이 無效인 事例 : 업무상 자동차종합보험약관 중 대인배상 Ⅱ에서 "배상책임 있는 피보험자의 피용자로서 산업재해보상보험법(이하 '산재보험법'이라 한다)에 의한 재해보상을 받을 수 있는 사람에 대하여는 보상하지 아니한다."는 면책조항을 규정한 취지는, 사용자와 근로자의 노사관계에서 발생한 업무상 재해로 인한 손해에 대하여는 노사관계를 규율하는 근로기준법에서 사용자의 각종 보상책임을 규정하는 한편, 이러한 보상책임을 담보하기 위하여 산재보험법으로 산재보험제도를 설정하고 있으므로, 산재보험 대상인 업무상 자동차사고에 의한 피해 근로자의 손해에 대하여도 산재보험에 의하여 전보 받도록 하고, 이처럼 산재보험에 의한 전보가 가능한 범위에서는 제3자에 대한 배상책임을 전보하는 것을 목적으로 하는 자동차보험의 대인배상 범위에서 이를 제외하려는 데 있는 것으로 해석함이 상당하며, 그렇지 아니하고 업무상 자동차사고에 의한 피해 근로자의 손해가 산재보험법에 의한 보상범위를 넘어서는 경우에도 면책조항에 의하여 보험자가 면책된다고 한다면 자동차보험의 피보험자인 사업주의 피해 근로자에 대한 자동차손해배상보장법 또는 민법 등에 의한 손해배상책임이 남아 있음에도 불구하고 보험자의 면책을 인정하여 피보험자에게 실질적으로 손해배상책임을 부담하게 하는 것이 되는바, 이는 피보험자동차의 사고로 인하여 피보험자가 타인에 대하여 부담하는 손해배상책임을 담보하기 위한 자동차보험의 취지에 어긋나는 것으로서, 약관의 규제에관한법률 제6조 제1항, 2항, 제7조제2호 소정의 고객인 보험계약자 및 피보험자에게 부당하게 불리할 뿐만 아니라, 사업자인 보험자가 부담하여야 할 위험을 고객에게 이전시키는 것이 되므로, "산재보험법에 의한 보상범위를 넘어서는 손해가 발생한 경우에도 보상하지 아니한다."는 면책조항의 '괄호 안 기재 부분'은 위 같은 법률의 각 조항에 의하여 효력이 없다(대법원 2005.3.17. 2003다2802 전원합의).

* 독일 민법(제276조 2항)은 채무자의 고의로 인한 책임, 스위스 채무법(제100조)은 고의나 중과실로 인한 책임의 면책특약을 무효로 규정하며, 일본의 경우도 고의나 중과실로 인한 책임의 면책특약을 무효로 해석한다.

II. 履行遲滯

1. 履行遲滯의 要件

이행지체란 채무가 이행하여야 할 시점(이행기)에 있고, 이행이 가능함에도 채무자의 유책사유로 이행을 하지 않은 상태를 말한다. 이행지체 중에 이행이 불능하게 된 때에는 일반적으로 이행불능의 문제로 다루어진다.

이하에서 채무불이행책임의 요건으로서 공통적인 사항을 제외한 이행지체에만 관련되는 요건을 본다.

(1) 履行하여야 할 時點(履行期)에 있을 것

채무가 이행되어야 할 시점(이행기)에 있어야 한다. 이행지체가 생기는 시점은 기한의 종류에 따라서 다르다. 또한 기한의 종류에 따라서 이행하여야 할 시점에 있는 것만으로는 충분하지 않고 별도의 일정한 사실이 있어야 하는 것도 있다. 또한 일정한 경우에는 채무자가 기한의 이익을 상실하게 되는데, 이 경우에는 언제부터 이행지체가 되느냐가 문제된다. 이하 개별적으로 검토한다.

판례 債務者가 債務不履行 狀態에서 旣存 債務의 支給으로 어음을 발행한 경우, 旣存 債務의 辨濟期가 어음에 記載된 晩期日로 變更되는지 與否- 否定 : 채권자가 기존 채무의 지급을 위하여 그 채무의 이행기가 도래하기 전에 미리 그 채무의 변제기보다 후의 일자가 만기로 된 어음의 교부를 받은 때에는 묵시적으로 기존 채무의 지급을 유예하는 의사가 있었다고 볼 경우가 있을 수 있고 이때 기존 채무의 변제기는 어음에 기재된 만기일로 변경된다고 볼 것이나, 특별한 사정이 없는 한 채무자가 기존 채무의 이행기에 채무를 변제하지 아니하여 채무불이행 상태에 빠진 다음에 기존 채무의 지급을 위하여 어음이 발행된 경우까지 그와 동일하게 볼 수는 없다(대법원 2000.7.28. 2000다16367).

(가) 確定期限의 債務

채무의 이행에 관하여 확정된 기한이 있는 채무의 경우에는 기한이 도래한 때로부터 지체가 된다(제387조 전단). 확정기한의 채무는 채권자가 이행을 최고할 필요가 없다. 예컨대, 매매계약에서 대금지급시기를 2005년 10월 2일로 합의한 경우에는 그 날짜가 지났는데 지급을 하지 않았다면 그것만으로 지체가 된다.

그러나 기한부채권일지라도 그 채무가 추심채무 기타 이행에 관하여 먼저 채권자의 협력을 필요로 하는 채무이면, 채권자가 먼저 필요한 협력 또는 그 제공을 하여 이행을 최고하지 않으면 이행기의 도래만으로는 지체가 되지 않는다. 또한 지시채권·무기명채권과 같이 증권화 되어진 채권은 기한의 도래 후에 소지인이 채무자에게 증권을 제시하여 이행을 청구한 때부터 지체가 된다(제517조[증서의 지시와 이행지체], 제524조[준용규정]).

(나) 不確定期限의 債務

채무의 이행에 관하여 불확정기한이 있는 경우에는(예 : 졸업하면 인도한다), 채무자가 기한이 도래하였음을 안 때로부터 지체가 된다(제387조 후단). 불확정기한의 채무도 원칙적으로 채권자가 최고할 필요가 없다. 그러나 채무자가 기한의 도래를 모르는 동안에는 채권자는 기한이 도래한 때로부터 이행의 청구를 할 수 있고, 이행의 청구가 있으면 그 때부터 지체가 된다.

(다) 期限이 없는 債務

채무의 이행에 관하여 기한이 정하여 지지 않은 (기한 없는)채무는 채권자는 언제든지 청구할 수 있다. 따라서 기한이 없는 채무는 이행의 청구를 받은 때로부터 지체가 된다(제387조 2항). 그러나 소비대차에서 차주의 반환시기가 정하여지지 않은 경우에는 대주는 상당기간을 정하여 최고하여야 한다(제603조 2항). 또한 불법행위에 의한 손해배상채무는 최고를 기다리지 않고 손해발생과 동시에 지체에 빠진다고 본다. 판례도 같다.

(라) 期限의 利益을 喪失한 債務

기한의 이익을 채무자에게 주는 것은 채무자를 신용하여 그에게 이행의 유예를 주는 것이다. 따라서 채무자에게 신용하지 못할 사유가 발생한 때에는 기한의 이익을 상실케 하는 것이 당연하다. 민법 제388조[기한의 이익과 상실]와 파산법 제16조[기한부채권의 변제기도래]에서 아래와 같은 사유가 있는 경우에는 채무자는 기한의 이익을 주장하지 못하게 하고 있다. 또한 당사자가 특약으로 기한의 이익을 상실하는 사유를 별도로 합의할 수도 있다.

이와 같이 기한의 이익을 상실한 채무는 기한이 없는 채무와 유사하여 채권자는 언제나 이행의 청구를 할 수 있고, 청구를 하면 그 때로부터 지체가 된다.

기한의 이익을 상실하는 경우로 민법 제388조 및 파산법 제16조에서 규정하는 사유는 아래와 같다.

① 債務者가 擔保를 損傷·減少 또는 滅失하게 한 때

물적·인적 담보를 다 포함한다. 담보가 손상 또는 감소된 것에 채무자의 고의·과실을 요하지 않는다고 본다. 즉, 채무자의 고의·과실이 없더라도 담보가 손상 또는 감소되었으면 기한의 이익을 상실한다.

② 債務者가 擔保提供의 義務를 履行하지 아니 한 때

채무자가 담보제공을 약정하였음에도 이를 이행하지 아니 한 때에는 기한의 이익을 상실한다. 그러한 담보제공의무가 특약 또는 법률의 규정 어디에서 발생하였는가를 묻지 않으며, 인적·물적 담보 어느 것이나 관계가 없다.

③ 債務者가 破産宣告를 받은 때(파산법 제16조)

파산선고에 의하여 채무자가 무자력이 확인되었다면 채무자에게 기한의 유예를 줄 필요는 없다.

(마) 期限利益 喪失 特約을 한 경우

당사자간에 법률에 정한 사유 외에 일정한 사유가 발생하면 기한의 이익을 상실한다는 특약을 한 경우에, 그 특약의 법적 성질과 효력이 문제된다.

① 期限利益 喪失 特約의 法的 性質

기한이익 상실의 특약은 그 내용에 의하여 일정한 사유가 발생하면 채권자의 청구 등을 요함이 없이 당연히 기한의 이익이 상실되어 이행기가 도래하는 것으로 하는 정지조건부 기한이익 상실의 특약과 일정한 사유가 발생한 후 채권자의 통지나 청구 등 채권자의 의사행위를 기다려 비로소 이행기가 도래하는 것으로 하는 형성권적 기한이익 상실의 특약의 두 가지로 구별할 수 있다.

기한이익 상실의 특약이 어느 것에 해당하느냐는 당사자의 의사를 해석하여 결정하여야 한다. 당사자의 의사가 분명하지 아니한 때에는 일반적으로 기한이익 상실의 특약이 채권자를 위하여 둔 것인 점을 보아 명백히 정지조건부 기한이익 상실의 특약이라고 볼 만한 특별한 사정이 없는 이상 형성권적 기한이익 상실의 특약으로 추정하는 것이 타당하다. 판례도 같다.

[판례] 期限利益 喪失 特約의 效力 : 기한이익 상실의 특약이 위의 양자 중 어느 것에 해당하느냐는 당사자의 의사해석의 문제이지만 일반적으로 기한이익 상실의 특약이 채권자를 위하여 둔 것인 점에 비추어 명백히 정지조건부 기한이익 상실의 특약이라고 볼 만한 특별한 사정이 없는 이상 형성권적 기한이익 상실의 특약으로 추정하는 것이 타당하다(대법원 2002.9.4. 2002다28340).

② 期限利益 喪失 特約의 效力

정지조건부 기한이익 상실 특약은 당해 사유가 발생하면 채권자의 별도의 의사표시가 없더라도 바로 이행기가 도래한 것과 같은 효과를 발생하여 채무자는 특별한 사정이 없는 한 그 때부터 이행지체의 상태에 놓이게 된다. 그러나 형성권적 상실특약은 당해 사유가 발생하더라도 채권자가 별도로 이행을 청구한다든지 하여야 채무자는 이행기가 도래하고 그때부터 이행지체에 빠진다.

판례 期限利益喪失特約 債務의 消滅時效의 進行 : 형성권적 기한이익 상실의 특약이 있는 경우에는 그 특약은 채권자의 이익을 위한 것으로서 기한이익의 상실 사유가 발생하였다고 하더라도 채권자가 나머지 전액을 일시에 청구할 것인가 또는 종래대로 할부변제를 청구할 것인가를 자유로이 선택할 수 있으므로, 이와 같은 기한이익 상실의 특약이 있는 할부채무에 있어서는 1회의 불이행이 있더라도 각 할부금에 대해 그 각 변제기의 도래시마다 그 때부터 순차로 소멸시효가 진행하고 채권자가 특히 잔존 채무 전액의 변제를 구하는 취지의 의사를 표시한 경우에 한하여 전액에 대하여 그 때부터 소멸시효가 진행한다(대법원 2002. 9.4. 2002다28340).

(바) 假押留된 債權

채권이 가압류되었을지라도 그 채권의 이행기가 도래한 때에는 채무를 이행하지 아니하면 이행지체책임을 면할 수 없다. 즉, 제3자로부터 가압류된 것만으로는 채권자에 대한 불이행이 지체책임을 면하게 하지 아니한다. 다만, 이 경우에 채무자는 채권자에게 변제하더라도 나중에 가압류자에게 변제하여야 할 위험을 부담하므로, 변제공탁하여 지체책임도 면하고 2중변제의 위험도 피할 수는 있다.

판례 假押留된 債權의 遲滯責任 : 채권의 가압류는 제3채무자에 대하여 채무자에게 지급하는 것을 금지하는 데 그칠 뿐 채무 자체를 면하게 하는 것이 아니고, 가압류가 있다 하여도 그 채권의 이행기가 도래한 때에는 제3채무자는 그 지체책임을 면할 수 없다(대법원 (전원) 1994.12.13, 93다951).

판례 假押留된 경우는 供託으로 免責 : 가압류에 불구하고 제3채무자가 채무자에게 변제를 한 때에는 나중에 채권자에게 이중으로 변제하여야 할 위험을 부담하게 되므로 제3채무자로서는 민법 제487조의 규정에 의한 공탁을 함으로써 이중변제의 위험에서 벗어나고 이행지체의 책임도 면할 수 있다(대법원 (전원) 1994.12.13, 93다951).

(2) 履行이 可能할 것

이행하여야 할 시점에 이행이 가능하여야 한다. 이행이 이미 불가능한 경우에는 이행불능의 문제가 된다. 이행지체 동안에 이행이 불가능하게 된 경우에는 그 불능이 채무자에게 책임 없는 사유에 기인한 것이라도 채무자의 책임을 묻게 되므로(제392조), 이행지체로 보든 이행불능으로 보든 관계없으나 일반적으로 이행불능의 문제로 다룬다.

(3) 債務者에게 有責事由가 있을 것

채무불이행에 공통되는 내용으로 이행을 지체한 것에 채무자의 고의·과실이 있어야하고, 이행하지 않은 것이 위법(동시이행의 항변권 등이 없어야)하여야 한다.

2. 履行遲滯의 效果

(1) 現實的 履行强制

이행지체의 경우에는 원칙적으로 이행이 가능하므로 본래의 채무 그 자체의 이행을 청구할 수 있다. 청구가 있음에도 이행하지 않을 때에는 채권자는 소구력과 강제집행력을 행사하여 급부를 강제적으로 실현시킬 수 있다(제389조 : 채무불이행에 대한 구제 편 참조).

또한 담보권이 설정되어 있을 때는 담보권을 실행할 수 있다.

(2) 損害賠償(遲延賠償)請求

채권자는 채무자의 이행이 늦어져서 발생한 손해에 대한 배상을 청구할 수 있고, 이를 일반적으로 지연배상이라 한다.

그런데 민법은 손해배상의 범위에 관하여 제393조에서 ① 통상의 손해와, ② 예견가능한 특별사정으로 인한 손해를 청구할 수 있도록 하고 있다.

이하에서 급부의 종류별 이행지체로 인한 통상손해를 본다.

(가) 金錢債務

이율에 관하여 특약이 있는 경우(연체이율을 합의한 경우)에는 특약에 의한 이율, 특약이 없는 경우에는 법정이율(년 5% : 제379조)에 의한 지연이자가 통상손해이다.

(나) 物件의 引渡債務

계약당사자·목적물·계약의 형태 등과 당해 물건에 대한 채권자의 인수 목적, 예컨대 채권자가 직접 사용할 것을 목적으로 하는지, 수익할 것을 목적으로 하는지 또는 전매할 것을 목적으로 하는지 등을 고려하여 통상손해를 산정하여야 한다.

① 債權者의 直接 使用 目的

채권자가 직접 사용할 목적의 동산과 부동산인 경우에는 지체되어 사용하지 못한 기간 동안의 손해가 통상손해가 된다. 손해액은 동일한 동산과 부동산을 사용하기 위하여 임대한 경우의 임료상당액이 된다. 물건을 사용하지 아니한 것에 의한 손해는 생활상의 불편에 의한 위자료의 형태로 평가된다.

② 消費物

식품·의약품 등의 소비물의 인도지체의 경우에는 보통의 경우 다른 곳으로부터 구입할 수 있기 때문에, 이 경우에는 추가로 구입하는데 들어가는 비용 및 원래의 계약대금과의 차액 등을 배상청구할 수 있다.

문제가 되는 것은 적기를 상실하여 이루어진 이행으로 채권자의 생명·신체에 이상이 생긴 경우(예 : 투약시기의 상실로 병의 악화)인데, 이는 경우에 따라서 특별손해 또는 불완전이행으로 다루어야 한다.

③ 營業用 物件

영업용 건물·원재료 등의 인도채무의 지체는 그로 인하여 영업에 지장을 주어 발생되어야 할 수입이 발생되지 않은 것이 통상손해가 된다.

④ 轉賣目的物

채무자의 이행지체로 채권자가 유리한 전매시기를 상실하여 발생되어야 할 전매이익이 발생하지 아니한 손해가 통상손해가 된다. 따라서 이행기의 전매시가와 실제 이행시의 전매시가의 차액이 통상손해가 된다.

(3) 塡補賠償請求

채권자는 상당한 기간을 정하여 이행을 최고하여도 그 기간 내에 이행하지 아니하거나, 지체 후의 이행이 채권자에게 이익이 없는 경우에는 채권자는 수령을 거절하고 이행에 갈음한 손해배상을 청구할 수 있다(제395조).

이때 전보배상액은 최고 후 상당기간 경과 후의 시가(책임발생시설)를 기준(통상손해)으로 하고, 예외적으로 사실심의 변론종결시를 기준으로 하는 것이 타당하다.

(4) 契約解除

쌍무계약에서 생긴 채무의 이행지체의 경우에는 채권자는 상당한 기간을 정하여 최고하고, 그 기간 내에 이행하지 않을 때에는 계약을 해제할 수 있다(제544조). 이때 일정한 기간은 명시되어야 하며 그 기간의 최종일에는 변제장소辨濟場所에서 변제수령辨濟受領의 준비를 갖추어야 한다.

판례 履行遲滯로 인한 解除의 前提要件 : 이행지체를 이유로 계약을 해제함에 있어 전제요건으로서 일정한 기간을 명시하여 이행을 최고한 경우 최고기간 내에 채무자의 이행 또는 이행의 제공이 없어 해제권이 발생하였다고 하기 위하여는 채권자로서는 채무자로부터의 이행일시에 관한 통지 유무에 불구하고 적어도 그 기간의 최종일에는 변제의 장소에서 변제를 수령할 준비를 갖추어야 한다(대법원 1993.5.25, 92다49430).

또한 채무자가 미리 이행하지 아니할 의사를 표시한 때 또는 정기행위의 경우에는 최고를 할 필요가 없이 해제할 수 있다(제544조 단서, 제545조). 이 경우에 채권자는 해제시까지의 지연배상과 이행에 갈음한 전보배상(반대채무의 공제 후)을 청구할 수 있다(제551조[해지, 해제와 손해배상]).

판례 都給契約에서 工事遲延으로 인한 履行期 前의 解除 : 공사도급계약에서 수급인의 공사중단이나 공사지연으로 약정된 공사기한 내의 공사완공이 불가능한 경우에는 도급인은 공사기한이 도래하기 전이라도 계약을 해제할 수 있지만, 먼저 최고하여야 하고 다만, 예외적으로 수급인이 미리 이행하지 아니할 의사를 표시한 때에는 최고 없이도 해제할 수 있다(대판 1996.10.25. 96다21393).

(5) 責任加重

이행지체 후에는 채무자는 그에게 책임이 없는 사유에 의한 손해에 대하여도 책임을 진다. 다만 이행기에 이행하였을지라도 면할 수 없는 손해는 책임을 지지 않는다(제392조).

이행지체에 의하여 채무자의 주의의무는 가중되며, 경우에 따라 위험도 채무자에게 이전되는 효과가 발생한다.

이 경우에 정상적으로 이행이 되었더라도 발생할 수 있는 불가피한 손해라는 것은 채무자가 입증하여야 한다. 또한 경과실 면책의 특약이 있는 경우에도 지체 후에는 주의의무가 가중되어 경과실에 관하여도 책임을 진다.」

III. 履行不能

1. 履行不能의 要件

이행불능이란 채권성립 후 채무자의 유책사유로, 사회생활에 있어서의 경험법칙 또는 거래상의 관념에 비추어 볼 때 통상인이 채무자의 이행의 실현을 기대할 수 없는 것을 말한다.

이하 이행불능에 대한 요건을 분설한다.

판례 履行不能의 意味 : 채무의 이행이 불능이라는 것은 단순히 절대적·물리적으로 불능인 경우가 아니라 사회생활에 있어서의 경험법칙 또는 거래상의 관념에 비추어 볼 때 채권자가 채무자의 이행의 실현을 기대할 수 없는 경우를 말한다(대법원 2003.1.24. 2000다22850).

(1) 債權成立 後의 履行不能

채권이 일단 성립한 후에 이행이 불가능하게 되어야 한다. 이른바 후발적 불능을 말한다. 채권성립 전에 이미 이행이 불가능한 것(원시적 불능)은 원칙적으로 채권이 성립하지 않아 여기서 이행불능의 문제가 생기지는 않는다.

(가) 後發的 不能

이행불능으로 다루어지는 것은 채권성립 후의 이행불능(후발적 불능)에 한하며, 원시적 불능은 채권 자체가 성립하지 않는다.

원시적 일부불능은 담보책임으로 다루어지며(제574조 참조), 원시적 전부불능의 경우는 계약이 무효 되어 채권 자체가 존재하지 아니한다. 이 경우에 다만 계약이 무효됨으로써 상대방에게 손해가 발생한 때에는 그 손해에 대한 책임은 계약 체결상의 과실의 문제로 다루어진다(제535조).

(나) 不能의 概念

이행의 가능·불능의 판단은 사회통념에 따라 결정된다는 것이 통설이다. 즉, 통상인의 건전한 상식에 의하여 그러한 상태는 우리의 사회·경제 아래에서는 이행이 가능하지 않다고 판단되면 불능이라는 것이다. 이를 사회적 불능이라고도 한다. 따라서 물리적 불능은 당연히 불능이며, 물리적으로 가능하더라도 통상인의 관념상 그 이행이 우리의 사회·경제적인 상황에서는 가능하지 않은 일로 판단되는 경우에는 이행불능이며, 법률에 의하여 목적물의 거래가 금지되는 경우도 당연히 불능에 속한다.

불능여부가 문제가 되는 주요한 것으로는 아래의 경우가 있다.

① 主觀的 不能과 客觀的 不能

불능을 주관적, 객관적으로 구별할 때 글자그대로 본다면, 객관적 불능은 어느 누고도 그 이행이 불가능한 것을 말하고, 일반적으로 불가능하더라도 아주 특수한 소수의 사람에게는 그 이행이 가능하다고 한다면 주관적 불능이 된다. 이에 따라 객관적 불능은 누구에게나 불능이므로 당연히 불능이며, 주관적 불능은 어느 극소수의 사람에게는 가능하기 때문에 불능이 아니라 가능한 것이고, 채무자가 이를 이행하지 않은 것은 이행이 불능하기 때문이 아니라 이행을 지체한 것이 된다.

그러나 불능이란 모든 사람에게 불능, 가능 여부로 판단할 것이 아니라 통상인을 기준으로 사회적 통념에 따라 불능 여부를 판단하여야 한다. 따라서 객관적 불능이란 통상인의 사회통념에 따른 불능을 의미한다. 우리 민법상의 불능은 통상인을 기준으로 하는 사회적 불능개념으로 이해한다는 것에 관하여는 일치되어 있다.

판례 **履行不能 – 社會通念을 基準** : 계약의 이행불능 여부는 사회통념에 의하여 이를 판정하여야 할 것인바, 임대차계약상의 임대인의 의무는 목적물을 사용수익케 할 의무로서, 목적물에 대한 소유권 있음을 성립요건으로 하고 있지 아니하여 임대인이 소유권을 상실하였다는 이유만으로 그 의무가 불능하게 된 것이라고 단정할 수 없다(대법원 1994.5.10. 93다37977).

판례 **社會通念上 不能으로 본 事例** : 마을버스운송사업조합과 광고업자 갑 사이의 마을버스 차체 내부 및 정류소표지판을 이용한 광고계약에 기한 같은 조합의 광고업자 갑에 대한 채무이행은, 같은 조합이 광고업자 을과 광고계약을 새로 체결하고 광고업자 을로 하여금 마을버스 차체 내부 및 정류소표지판을 이용하여 광고를 하게 함으로써 광고업자 갑의 마을버스 차체 내부 및 정류소표지판 이용을 거부하고 채권실현을 불가능하게 만든 것이므로, 사회통념상 이행불능이 되었다고 본 사례(대법원 2002.3.15. 2001다76397).

② 經濟的 不能, 履行困難

급격한 금전가치의 하락과 같은 경제적 요인(경제적 불능)을 법률상의 불능으로 취급할 것인가와 예상치 못한 요인의 발생, 예컨대 기차로 운송하는 것을 예상하여 계약을 체결하였으나 기관사들의 파업으로 기차로 운송할 수 없게 된 경우에 다른 운송 수단을 이용할 수는 있으나 채무자가 이를 이용하여 채무를 이행하기에는 비용이 너무 많이 들어 이를 강제한다면 채무자에게 지극히 곤란한 (이행곤란)경우 등을 이행불능으로 볼 수 있는가의 문제가 있다.

이들은 불능을 엄격하게 주관적·객관적 불능으로 구별하게 되면 주관적 불능에 해당하여 채무자에게 책임 없는 이행불능으로 처리될 수가 없게 되어, 채무자가 면책될 수 없다. 따라서 이들은 불능의 개념을 주·객관적 불능 개념에 의한 기본원칙 아래에 있는 독일 민법, 영미법 등에서는 구조적인 문제가 된다. 이에 이들 국가에서는 이 문제를 이행불능의 문제로 처리하지 못하고 다른 문제, 즉 주로 계약에서의 사정변경의 문제로 해결한다.

이러한 점에서 1,2차 대전 후의 극심한 경제혼란을 겪은 독일에서는 경제적 불능에 관한 문제의 해결을 위해서 행위기초상실론行爲基礎喪失論(Die Lehre vom Wegfall der Geschäftsgrundlage)이 나왔으며, 상기의 예의 운송업체의 파업 등과 같은 경우에 이행을 위하여 예상하지 못한 과다한 비용을 요하는 경우 등의 문제를 해결하기 위해서는 한때 노동조합의 극심한 활동이 개인간의 계약에 중대한 영향을 준 영국에서는 보통법(Common Law)상의 목적좌절론目的挫折論(Frustration)을 수정하여 적용하고, 미국에서는 이행곤란론履行困難論(The Principle of Impracticability)을 입론하여 해결하고자 한다.

이러한 이론들은 궁극적으로는 계약에서의 사정변경의 기초 이론으로 주장된다. 그러나 독일 민법 및 영미법과는 달리 우리 민법은 불능을 사회적 불능으로 이해하기 때문에 이들에게서 문제가 되는 많은 경우가 통상인의 거래통념에 따라 불능으로 판단되어 이행불능으로는 처리될 수 있다. 그러나 이행불능으로 처리하면 채무자의 책임을 면하는 효과만을 가져오나, 위 사정변경론에 의한 해결은 계약의 내용까지 변경시켜 계약을 유지시켜 줄 수 있다는 점에서는 차이가 난다. (자세한 내용은 졸저, 채권법각론, 사정변경의 원칙 참조)

③ 2重賣買 등

채권은 양립이 가능하기 때문에 하나의 목적물에 대하여 2중매매, 2중임대차, 2중

고용계약을 한 것만으로는 문제가 되지 않는다. 다만, 채무자가 목적물을 그중 한 사람에게 재산권을 이전시키거나, 사용시키거나, 노무를 제공한 한 때에는 다른 한 사람에게 이행불능이 된다.

④ 假登記

매매목적물에 대한 소유권이전등기 청구권 보전을 위한 가등기는 소유권 이전등기의 순위 보존적 효력만 있으므로 가등기한 것만으로는 소유권이전등기의무가 이행불능이 되지 않는다. 채무자는 가등기된 채로 채권자에게 이행할 수 있으며, 채권자는 수령을 거절하거나 수령하고 담보책임을 청구할 수 있다.

⑤ 債權擔保를 위한 所有權移轉登記

부동산 소유권이전등기의무자가 그 부동산에 관하여 제3자 앞으로 비록 채무담보를 위하여 소유권이전등기를 경료하였더라도 그 소유권이전등기는 양도담보로서의 담보권적 성질을 가져 그것만으로는 소유권이전등기의무가 이행불능이라고 볼 수는 없다. 그러나 채무자가 채무를 변제할 자력이 없는 경우에는 특단의 사정이 없는 한 그 소유권이전등기의무는 이행불능이 된다는 것이 판례이다(대법원 1991.7.25. 91다8104).

⑥ 處分禁止假處分된 目的物

이전등기 전에 매매의 목적물이 제3자로부터 처분금지가처분 받은 경우도 계약의 이행으로서의 소유권이전등기는 금지되지 않기 때문에 처분금지가처분만으로는 소유권이전등기의무가 이행불능이 되지 아니한다.

판례 處分禁止假處分 : 매매의 목적이 된 부동산에 관하여 이미 제3자의 처분금지가처분등기나 소유권말소예고등기가 기입되었다 할지라도, 가처분등기는 단지 그에 저촉되는 범위 내에서 가처분채권자에게 대항할 수 없는 효과가 있는 것이고, 예고등기는 등기원인의 무효 또는 취소로 인한 등기의 말소 또는 회복의 소가 제기된 경우에 그 등기에 의하여 소의 제기가 있었음을 제3자에게 경고하여 계쟁 부동산에 관하여 법률행위를 하고자 하는 선의의 제3자로 하여금 소송의 결과 발생할 수도 있는 불측의 손해를 방지하려는 목적에서 하는 것이므로, 위 각 등기에 의하여 곧바로 부동산 위에 어떤 지배관계가 생겨서 소유권등기명의자가 그 부동산을 임의로 타에 처분하는 행위 자체를 금지하는 것은 아니라 할 것이어서, 가처분등기 및 예고등기로 인하여 소유권이전등기절차 이행이 불가능하게 되어 바로 계약이 이행불능으로 되는 것은 아니다(대법원 1999.7.9. 98다13754).

⑦ 假押留

가압류된 채무도 기술한 바와 같이 이행불능이 아니다.

⑧ 他人의 物의 賣買

다른 사람의 소유에 속한 물건의 매매는 원시적 불능도 후발적 불능도 아니다(제569조[타인의 권리의 매매]). 이 경우 상대방은 이행기까지 타인의 물을 취득하여 이행할 수 있기 때문이다. 이행하지 못한 경우에는 담보책임擔保責任을 질뿐이다(제570조).

(다) 履行不能과 履行期

이행이 가능한가 아니면 불능인가의 구별은 이행기를 기준으로 하나, 이행기 전에 불능이 되어 이행기에 있어서도 불능이 확실한 경우에는 이행불능이 된다. 그러나 이행기 전에 일시적으로 불능이더라도 이행기에는 이행이 가능하다면 이행불능이 아니다.

이행지체 후의 이행불능은 이행지체나 이행불능 어느 것으로 처리하더라도 문제가 없으나 일반적으로는 이행불능으로 다룬다.

(2) 債務者에게 有責事由있을 것

채무불이행의 공통사유로서, 이행불능에 대한 채무자의 고의 또는 과실이 있어야 한다(전술). 위법성도 당연히 있어야 한다.

2. 履行不能의 效果

(1) 損害賠償

(가) 塡補賠償

이행불능으로 본래의 채무가 이행이 불가능하기 때문에 채권자는 이행에 갈음한 손해(전보배상)를 청구할 수 있다. 그 범위는 이행지체와 같이 통상의 손해와 예견가능한 특별사정에 의한 손해를 다 포함한다(제393조). 그런데 이행불능에 의한 전보배상은 본래의 채무에 갈음한 것이므로 본래의 채무의 목적물과 동일성을 가지므로 당연히 그 목적물의 객관적 가치와 동일하여야 한다.

이행의 일부가 불능인 경우에는 이행이 가능한 잔존급부殘存給付를 청구하고 불능한 부분에 대하여는 전보배상을 청구할 수 있다. 잔존급부만으로는 채권의 본래의 목적을 달성할 수 없는 경우에는 일부가 이행이 가능하더라도 이행 가능한 부분의 수령을 거절하고 전부에 해당하는 전보배상을 청구할 수 있다.

그리고 전보배상이 이루어지는 시점은 보통 본래의 이행기를 넘어서 이루어질 것이므로 이행지체의 문제도 같이 발생한다. 따라서 이행불능에 의한 전보배상액 산정에는 현실적으로 전보배상을 받을 때까지의 지연배상을 합하여 산정하여야 한다. 이에는 아래와 같은 각기 다른 두 가지 관점에서의 산정방법이 있으나 결과는 같으며 결국은 시가의 산정시기가 중요하다.

① 代物 購入을 假定한 算定

채권자가 동일한 가치를 가지는 다른 물건을 구입하는 것으로 가정한 산정이다. 이는 객관적으로 동일한 가치의 물건을 구입한 이후에는 손해가 발생하지 않을 것이기 때문이다. 따라서 동일한 가치물을 다시 구입하는 경우에 구입시가와 추가비용 및 구입시까지의 사용이익이 전보배상의 내용이 된다.

② 適法한 履行을 假定한 算定

채무자가 이행기에 적법하게 이행한 것으로 가정하여 산정하는 방법이다. 이 경우에 채권자는 적법하게 이행 받아 현재 가지고 있기 때문에 현재의 객관적 가치와 현재까지의 사용이익이 전보배상의 내용이 된다.

한편 전매목적의 경우에는 적시에 전매하여 얻을 수 있는 이익, 즉 시가가 전보배상의 내용이 된다.

(나) 算定時點

① 通常損害

판례는 일관되게 이행불능이 된 당시의 시가, 즉 이행불능에 의한 손해배상청구권 발생시(책임원인발생시설)의 시가라는 것이다(대판 1993.5.27, 92다20163). 학설은 사실심의 변론종결시의 시가를 주장하는 견해와 기본적으로 판례를 지지하는 견해가 대립한다.

양자는 책임원인 발생 후 변론종결시 사이의 가격변동을 통상손해로 하느냐 특별손해로 하느냐에서 차이가 있다. 사실심의 변론종결시에 의하면 채권자가 두텁게 보호되나, 손해의 공평분담이라는 측면에서 판례와 같은 책임원인 발생시설에 동의한다(자세한 것은 손해배상의 범위 편을 참조).

판례 履行不能時를 기준으로 하는 通常損害 : 매매계약의 이행불능으로 인한 전보배상책임의 범위는 이행불능 당시의 매매목적물의 시가에 의하여야 하고 그와 같은 시가 상당액이 곧 통상의 손해라 할 것이고, 그 후 시가의 등귀는 채무자가 알거나 알 수 있었을 경우에 한하여 이를 특별사정으로 인한 손해로 보아 그 배상을 청구할 수 있는 것이므로 이행불능 당시의 시가가 계약 당시의 그것보다 현저하게 앙등되었다 할지라도 그 가격을 이른바 특별사정으로 인한 손해라고 볼 수 없다(대법원 1993.5.27, 92다20163).

② 特別損害

특별한 사정에 의한 손해는 이행불능 이후에 가격이 등귀하거나 전매할 목적이 있은 경우에 발생하는 손해이며, 재산권 침해가 된 경우 또는 부당소송으로 인한 경우의 정신적 피해에 대해서 판례는 특별손해로 다룬다.

특별손해는 그러한 손해가 채권자에게 발생할 특별한 사정이 있는 경우인데, 제393조 제2항은 예견 가능한 특별사정으로 인한 손해에 대하여는 배상책임을 부과하고 있다. 이러한 특별한 사정이 있음을 알거나 알 수 있었음을 결정하는 시기에 관하여는 판례·학설이 채무의 이행기를 기준으로 한다(자세한 것은 손해배상의 범위 편을 참조).

(2) 契約解除權

계약에 의하여 발생한 채무가 이행불능이 되면 채권자는 계약을 해제할 수 있다(제546조). 해제를 하면 원상회복의무가 있으며(제548조), 해제 후에도 손해가 남아 있는 경우에는 손해배상을 청구할 수 있다(제551조).

판례 契約解除와 損害賠償請求時 信賴利益의 賠償請求도 可 : 채무불이행을 이유로 계약해제와 아울러 손해배상을 청구하는 경우에 그 계약이행으로 인하여 채권자가 얻을 이익 즉 이행이익의 배상을 구하는 것이 원칙이지만, 그에 갈음하여 그 계약이 이행되리라고 믿고 채권자가 지출한 비용 즉 신뢰이익의 배상을 구할 수도 있다고 할 것이고, 그 신뢰이익 중 계약의 체결과 이행을 위하여 통상적으로 지출되는 비용은 통상의 손해로서 상대방이 알았거나 알 수 있었는지의 여부와는 관계없이 그 배상을 구할 수 있고, 이를 초과하여 지출되는 비용은 특별한 사정으로 인한 손해로서 상대방이 이를 알았거나 알 수 있었던 경우에 한하여 그 배상을 구할 수 있다(대법원 2003.10.23. 2001다75295).

(3) 代償請求權

이행불능을 발생하게 한 것과 동일한 원인에 의하여 채무자가 이행의 목적물의 대상代償이 되는 이익을 취득하는 경우가 있다. 예컨대 목적물이 제3자에 의하여 훼손·멸실이 된 경우에 채무자(소유자)는 침해자인 제3자에 대하여 손해배상청구권 또는 보험회사에 대하여 보험금지급 청구권을 가지는 경우 등이 이에 속한다. 이와 같이 이행불능이 발생한 것과 동일한 원인으로 채무자가 채무의 목적물에 대상이 되는 권리나 이익을 취득한 경우에 채권자가 그 대상이익의 인도를 청구할 수 있는 권리를 대상청구권이라 한다.

민법은 대상청구권에 대하여 별도로 규정을 하고 있지 않다. 대상청구권을 인정하면, 상기 예의 경우에 채권자는 채무자에 대하여 제3자로부터 배상받은 이익의 상환을 청구할 수도 있고, 채무자가 아직 손해배상청구권을 행사하지 않은 경우에는 채무자의 제3자에 대한 손해배상청구권을 양도받아 직접 제3자에게 청구권을 행사할 수도 있다.

이와 같이 민법에 규정이 없는 대상청구권을 인정할 것인가에 관하여는 우리 민법상 두 가지 문제가 있다. 하나는 채무자에게 유책사유 없이 이행불능으로 되면 채무가 소멸하는데(위험부담의 문제만 남는다), 채무자의 채무가 소멸하여도 채권자가 대상청구권(채무의 전제가 되어야 함)을 행사할 수 있느냐는 것이다. 또 하나는 민법 제537조[채무자 위험부담주의]는 쌍무계약에서 채무자 위험부담주의 아래에서 상대방의 채무에 대하여도 그 이행을 청구하지 못한다고 규정하고 있는데, 이는 반대급부의 이행청구를 전제로 하는 대상청구권과 제537조가 모순된다는 점이다.

그러나 학설은 이론적으로는 위에서 기술한 문제점이 있는 것을 시인하면서도 형평의 원칙과 대상청구권을 인정하더라도 채무자에게 불리하지 않는 점 및 외국 입법례(독일 민법 제281조)를 좇아 이를 인정하는 견해가 지배적이다. 또한 판례도 채무자가 받은 손실보상금에 대하여 대상청구권을 인정하면서 민법상 대상청구권은 일반적으로 인정된다고 하였다(대판 1992.5.12, 92다4581).

이 대상청구권은 채무자에게 이행불능에 대한 책임을 추궁할 수 없는 경우와 편무계약에서 그 실익이 있다. 즉, 대상청구권이 없으면 채무자에게 유책사유 없는 이행불능의 경우나 편무계약상의 채무는 채무자에게 채무불이행에 의한 책임을 추궁할 수 없어 불이익을 채권자가 감수하여야 하며, 쌍무계약의 경우에는 위험부담으로 채권자는 반대채무를 면할 뿐이다. 그러나 대상청구권이 인정되면 편무계약의 경우에는 본래의 급부에 대체된 다른 이익으로 이행 받을 수 있으며, 쌍무계약에서는 채권자는 자기의 채무를 이행하고 대상청구권을 행사할 수 있기 때문이다(대상청구권을 행사하면 채무자도 당연히 반대급부를 청구할 수 있으며, 대상청구권을 행사하지 아니하면 위험부담 문제로 되어 채권자의 반대채무도 소멸한다). 따라서 쌍무계약에서 자기의 채무도 이행불능인 경우에는 상대방에 대하여 대상청구권을 행사할 수 없다.

또한 대상청구권을 인정하면 채무자의 유책사유가 있더라도 채권자는 채무자에 대하여 대상청구권과 손해배상청구권을 같이 행사할 수 있다. 채권자가 대상청구권을 행사하여 이익을 얻은 때에는 그 액은 손해배상청구권의 행사시에 당연히 공제된다.(* 대상청구권에 관한 자세한 내용은 졸저 채권법각론 쌍무계약 편 참조)

판례 代償請求權 - 肯定 : 우리 민법에는 이행불능의 효과로서 채권자의 전보배상 청구권과 계약 해제권 외에 별도로 대상청구권을 규정하고 있지는 않으나 해석상 대상청구권을 부정할 이유가 없다(대법원 1995. 12. 22. 95다38080).

판례 雙務契約에서의 代償請求權 行使 : 쌍무계약의 당사자 일방이 상대방의 급부가 이행불능이 된 사정의 결과로 상대방이 취득한 대상에 대하여 급부청구권을 행사할 수 있다고 하더라도, 그 당사자 일방이 대상청구권을 행사하려면 상대방에 대하여 반대급부를 이행할 의무가 있는 바, 이 경우 당사자 일방의 반대급부도 그 전부가 이행불능이 되거나 그 일부가 이행불능이 되고 나머지 전부의 이행만으로는 상대방의 계약목적을 달성할 수 없는 등 상대방에게 아무런 이익이 되지 않는다고 인정되는 때에는, 당사자 일방은 상대방에 대하여 대상청구권을 행사할 수 없다(대법원 1996.6.25, 95다6601).

판례 損害賠償請求權과 代償請求權의 併合 請求: 구건의 채권자가 본래적 급부청구에다가 이에 대신할 전보배상을 부가하여 대상청구를 병합하여 소구한 경우의 대상청구는 본래적 급부청구의 현존함을 전제로 하여 이것이 판결확정 후에 이행불능 또는 집행불능이 된 경우에 대비하여 전보배상을 미리 청구하는 경우로서 양자의 경합은 현재의 급부청구와 장래의 급부청구와의 단순병합에 속한다 할 것이고 이 경우의 대 상금액의 산정 시기는 사실심 변론의 종결당시의 본래적 급부의 가격을 기준으로 산정하여야 한다(대법원 1975.7.22. 75다450)

(4) 損害賠償者의 代位

채무자가 이행불능에 의한 손해배상으로 채권자에게 채권의 목적물의 가액을 전부 배상한 때에는 채무자는 그 물에 대하여 채권자를 대위한다(제399조). 이는 채권자가 손해의 전부를 배상받고도 또 그 물에 대한 잔여 권리 또는 이익을 가지는 것은 공평하지 않기 때문이다. 예컨대 타인의 물건을 보관하는 자가 제3자에 의하여 손괴된 물건에 대하여 손해를 전부 배상한 경우에는 물건의 소유자가 가지는 잔여 물건의 소유권 및 제3자에 대한 손해배상청구권은 배상을 한 보관자가 취득한다.

손해배상자의 대위는 손해배상의무자가 손해를 전부 배상한 때에 인정된다. 따라서 손해배상의무자 아닌 자가 배상을 하였다고 하여도 배상자 대위는 생기지 아니하며, 또한 손해의 일부를 배상한 때에도 배상자대위는 인정되지 않는다(손해배상자 대위에 관하여는 손해배상 편에서 자세하게 후술).

(5) 請求權의 競合問題

이행이 불가능하게 된 하나의 사실이 채무불이행의 요건을 충족하여 손해배상청구권이 발생함과 동시에, 불법행위의 요건을 충족하여 불법행위에 의한 손해배상청구권(제750조)이 발생하는 경우도 있다. 이는 형식적으로 보면 두 개의 청구권이 발생한 것이다. 이를 어떻게 처리할 것인가에 관하여는 견해의 대립이 있다.

판례와 다수설은 채권자는 두 개의 청구권을 임의로 선택하여 행사할 수 있다는 견해(청구권경합설請求權競合說)이다. 이에 대하여 계약규범이 불법행위규범보다 특별규범으로 계약규범이 적용되어 채무불이행에 의한 손해배상청구권만 인정된다는 견해(법조경합설法條競合說), 위의 두 주장과는 달리 소송법상의 소송물을 일정한 급부를 청구할 수 있는 법률상의 지위로 이해하는 신소송물론에 기초를 두어 손해배상청구권은 하나로써 다만 그 손해배상청구권의 기초가 되는 규범이 경합할 뿐이라는 견해(청구권규범경합설請求權規範競合說) 등이 있다.

청구권경합설에 의하면 양 청구권은 서로 독립된 것으로, 그 운명도(내용·시효·증명책임) 각기 다르다. 따라서 예컨대 계약책임에 의한 손해배상청구권이 단기의 제척기간(제617조[손해배상, 비용상환청구권의 기간], 제654조[준용규정])에 걸린 후에도 불법행위에 의한 손해배상청구권은 행사할 수 있는 등 채권자에게 유리하다.

법조경합설은 분쟁의 획일적 해결을 할 수 있다는 점에서는 타당하나, 계약관계를 특별관계로 보아 계약책임만 청구할 수 있다고 함으로써 불법행위법에서 오히려 유리한 지위를 가지는 태아 등은 아주 불리하다는 점이 있다.

청구권규범경합설은 분쟁의 통일적·획일적 해결을 한다는 점은 좋으나, 경합하고 있는 두 규범을 통일하여 하나의 새로운 법규를 만들어야 하는 문제가 있다.

현재로는 판례·다수설인 청구권경합설이 온당하다 할 수 있다.

판례 請求權의 競合 : 선원법상의 재해보상청구권과 민법상의 불법행위로 인한 손해배상청구권은 청구권경합의 관계에 있는 것이므로 법원이 불법행위를 원인으로 한 손해배상청구를 판단한 이상 선원법상의 손해배상청구권과의 관계에 관하여 판단하지 않았다 하더라도 판결에 영향을 미치지 않는다(대법원 1987.6.23. 86다카2228).

IV. 不完全履行

1. 序 說

불완전이행론은 아래의 주요한 몇 가지 문제를 어떻게 이해하느냐에 따라 그 내용에 있어서 많이 달라진다. 첫째 용어의 문제, 둘째 채무불이행의 유형의 하나로 불완전이행을 인정할 것인가의 여부며, 셋째 이를 인정한다면 어디까지를 불완전이행으로 볼 것인가, 즉 불완전이행론의 범위, 넷째 담보책임과의 관계 등의 문제이다.

(1) 用語의 問題

용어에 있어서「불완전이행」또는「적극적 채권침해」중 어느 것이 적절한가라는 문제가 있다. 이에 관하여는 이러한 과제가 논의된 과정을 먼저 보아야 할 것이다.

1902년 독일의 변호사 Hermann Staub는 독일 민법이 이행행위에 관하여 채무자가 <하여야 할 것을 하지 않은> 소극적 행위형태, 즉 아무런 행위를 하지 아니한 이행지체와 이행불능에 관하여는 규정하고 있으나, <하여서는 아니 될 것을 행한> 적극적 행위형태 예컨대 흠 있는 물건을 이행함으로써 채권자의 기존의 재산에 피해를 준 경우와 같은「적극적 계약침해」에 관하여는 규정하지 않았다고 하면서「적극적 계약침해」를 채무불이행의 하나의 유형으로 인정하여야 한다고 주장하였다.

이러한 주장은 이후 논의를 거쳐 학설 및 판례의 지지를 받게 되었는데, 논의 과정에서 그 포섭범위가 다소 확장되면서 용어에 있어서도「적극적 채권침해」(Enneccerus),「불완전이행」(Zitelmann)으로 바뀌어졌다. 오늘날은 독일에서 불완전이행이란 용어를 보편적으로 사용하며, 우리나라에서도 독일의 그 법리를 받아들여 불완전이행을 이행지체, 이행불능 이외의 또 다른 채무불이행의 하나의 유형으로 인정하면서 용어에 있어서도 불완전이행이라는 용어를 많이 사용하고 있다. 따라서 이 책에서도 불완전이행이라는 용어를 사용한다.

한편, 독일은 2002년에 민법을 개정하면서, 채무불이행을 종래 이행지체와 이행불능이라는 두 유형으로 하던 체계를 버리고 가능한 모든 종류의 급부장애를 포괄하는 의무위반(제280조)을 정점으로 단일 체계를 구성하였다. 따라서 개정된 민법에 의하면 불완전이행도 실정법적 근거를 가진 채무불이행의 하나의 유형이 된다.

(2) 不完全履行論의 認定

우리나라에서도 한때 일부의 학자들은 불완전이행론을 부정하였다. 즉, 채무불이행의 제3의 유형으로 「불완전이행」을 인정할 필요가 없고 이행지체, 이행불능만으로 족하다는 견해이었다(이태). 이 견해에 의하면 불완전이행론에서 그에 해당하여 채무불이행으로 해결하여야 한다는 상태는 (일부)이행지체 · (일부)이행불능 · 담보책임 또는 불법행위의 문제로 다루어도 충분하다는 주장이다.

그러나 아래와 같은 이유에서 학자들은 일반적으로 불완전이행론을 인정하고 있다. 첫째, 채무의 불완전한 이행으로 채권자의 기존이익이 침해된 추가 및 확대손해가 발생한 경우(예 : 상한 식품을 먹고 병이 난 경우) 또는 이행방법의 잘못 · 사용방법의 잘못 지시 등으로 목적물 자체에 대한 손해 또는 채권자의 기존이익의 침해 등이 발생한 경우(예 : 사용방법을 잘못 기재한 전자제품을 사용하다가 폭발하여 피해가 발생한 경우)에는 종래의 이행지체 · 이행불능 · 하자담보 또는 불법행위 등으로 해결하는 것이 적당하지 않는 경우가 있다. 둘째, 민법 제390조가 기술한 바와 같이 채무불이행을 추상적 · 포괄적으로 규정하고 있어 이행이 불완전한 경우도 동조가 포함한다고 해석할 여지가 있어 불완전이행론을 굳이 부정할 이유가 없다는 것이다. 또한 이를 피해자(채권자)측에서 볼 때 불완전이행을 채무불이행의 하나의 유형으로 인정하면 채권자는 이행의 불완전이라는 객관적 상태를 주장, 증명하되 채무자의 유책사유를 증명할 필요가 없어 유리하다는 점이 있다.

(3) 不完全履行의 範圍

채무불이행의 하나의 유형으로 불완전이행을 인정하는 경우에는 기존의 담보책임 및 불법행위책임과의 관계가 문제된다. 따라서 이들과의 관계를 검토할 필요가 있다.

주로 문제가 되는 것은 급부의 목적물의 하자, 이행방법의 잘못 또는 이행시의 부주의로 인한 채권자의 신체·재산에 대한 침해인 확대손해로서 이른바 부수의무 내지 보호의무위반으로 손해가 발생한 경우이다.

이에 대하여는 앞서 설명한 바(채무불이행 편의 서두인 <채무>의 불이행)와 같이 채무자에게는 계약당사자로서 신뢰관계에서 본래의 급부의무 외에 이행에 관련한 범위 내에서 채권자의 신체·재산을 보호하여야 할 부수의무(보호의무)가 있다. 특히 안전배려의무는 당사자의 합의가 없더라도 또한 계약이 무효가 되더라도 신의성실칙에서 파생되는 법정의무이다. 이러한 보호의무 내지 안전배려의무인 부수의무를 위반하여 발생한 확대손해는 불완전이행으로의 채무불이행에 해당한다고 보는 것이 타당하다. 즉, 이행과 관련한 범위 내에서 상대방의 신체·재산에 대하여 확대손해를 발생한 경우에는 채무불이행으로의 불완전이행의 범위에 포섭하는 것으로 본다.

* 의료과오에서의 경우에 의사의 진료채무는 수단채무로서 채무불이행책임으로 처리하더라도 채무의 내용을 확정하기 곤란하여 채무자(의사)의 채무의 불완전한 이행 그 자체를 증명하기 어려운 점은 있다. 예컨대 수술이 잘못되었다는 것을 판정하기 위해서는 정상적인 수술행위 즉 의사의 진료채무의 내용을 환자가 확정하여야 하는데, 이를 확정하기가 지극히 곤란하다는 점이 있다.

(4) 擔保責任과의 關係

불완전이행에 의한 채무불이행책임은 담보책임과의 관계가 문제된다. 특히 급부의무 자체가 완전하게 이행되지 못한 경우에 불완전이행책임과 담보책임의 관계가 문제된다. 이는 관련되는 부분에서 개별적으로 검토하도록 한다.

2. 法的 根據

채무불이행 중 하나의 유형인 불완전이행은 민법 제390조에 그 근거를 둔다. 제390조는 채무불이행으로 인한 손해배상청구권을 규정함에 있어서 <채무의 내용에 좇은 이행을 하지 아니한 때>에 손해배상을 청구할 수 있다고 하여 <채무의 내용에 좇은 이행을 아니 한> 상태가 채무불이행임을 표현하고 있다. 그런데 이러한 상태로, 첫째 이행기에 이행을 하지 않은 상태(이행지체), 둘째 이행기에 이행이 불가능한 상태(이행불능), 셋째 이행기에 이행을 하였으나 이행이 불완전한 상태(불완전이행)를 상정할 수 있다. 따라서 제390조는 불완전이행을 포함한 모든 채무불이행의 상태를 통일적으로 규정한다고 이해할 수 있다.

민법 제정자들이 불완전이행을 채무불이행의 제3의 유형으로 생각하고 제390조를 상기와 같이 추상적 표현을 한 것으로 보기는 어려우나, 불완전이행론을 인정한다면 그 법적 근거로는 제390조를 들 수 있다.

3. 成立要件

불완전이행이 성립하기 위해서는 ① 이행의 불완전한 객관적 상태, ② 유책사유(위법성 포함), ③ 손해의 발생, ④ 인과관계를 충족하여야 한다. 그중에서 여타의 채무불이행과는 다른 것이 이행의 불완전인데, 어떠한 상태가 채무불이행책임 발생의 객관적 요건인 불완전이행에 해당하는가에 관하여는 채무의 내용에 따라서 각기 다르다.

(1) 不完全履行

불완전이행이란 글자 그대로 이행이 <불완전>한 것을 말한다. 이는 채무자의 <완전한 채무이행이 되지 않은 상태>를 의미한다. 이러한 구체적인 예로는 다음의 것을 들 수 있다. ① 급부의 목적물 자체의 불완전(권리 또는 물건의 하자와 수량부족), ② 급부의 내용의 하자(수술의 잘못·공사의 잘못·잘못된 보고서의 작성), ③ 이행방법의 불완전 또는 사용방법 설명의 불완전(가구의 운반 잘못·작동방법이 잘못된 설명), ④ 이행시의 주의의무의 결여(물건을 운반하다가 유리창을 파손) 등을 들 수 있다.

(가) 給付의 目的物의 不完全

급부의 목적물이 불완전한 경우로 목적물의 권리의 하자(임차권이 설정된 부동산소유권)·목적물 자체의 하자(병든 소의 인도·상한 음식물의 제공) 또는 수량의 부족 등이 있다. 이러한 불완전한 목적물을 이행한 경우에, 그로 인한 손해가 목적물 자체에 그친 경우(목적물 자체의 손해)도 있고, 그로 인하여 채권자의 기존의 신체·재산에까지 손해(확대손해)를 발생시킨 경우도 있다. 예컨대 제공된 상한 음식을 먹고 심하게 병에 걸린 경우, 인도된 병든 소로 인하여 기존의 건강한 소를 전염시킨 경우 등이 이에 해당한다. 주로 문제되는 경우는 후자인 확대손해가 발생한 경우이다.

① 目的物 自體의 損害

이행된 목적물이 불완전하여 완전한 물건이 아닌 점에서 손해가 있으나, 별도로 확대손해가 발생하지 않은 경우에는 이론적으로는 추완이 가능한 경우는 일부 이행지체, 추완이 불가능한 경우는 일부 이행불능에 해당된다. 또한 불완전이행에도 해당된다. 이들을 불완전이행 또는 경우에 따라서 이행지체, 이행불능 중에서 어느 것으로 처리하느냐라는 것은 중요하지 않으며 어느 것으로 처리하더라도 차이가 없다.

굳이 구별한다면 채무자의 이행행위가 일부의 이행지연 또는 이행불능의 의사를 가지고 한 것으로 볼 수 있는 경우를 제외하고는 불완전이행으로 다루어야 할 것이다. 왜냐하면 그러한 의사가 없는 경우에는 채무자는 완전한 이행으로 채무를 소멸시키기 위한 의도의 이행행위가 있었으나 완전하지 못한 것이기 때문이다.

한편, 이행된 목적물이 불완전한 경우에는 하자의 문제가 되어 하자담보와의 관계가 있게 된다. 이에 관하여 불완전이행과 하자담보와의 관계는 하자담보의 규정이 특칙으로 하자담보책임瑕疵擔保責任만이 발생한다고 해석하는 것이 다수설이다(곽, 이은, 김주). 이에 대하여 하자담보책임은 무과실책임이고 신뢰이익의 배상이므로, 유책사유 있는 경우에는 이행이익의 배상인 불완전이행책임과의 경합을 인정하여야 한다는 주장이 있다(김형, 김상). 생각건대 하자담보의 규정이 특칙으로서 하자담보책임의 규정이 있는 경우에는 하자담보책임만이 발생하고, 하자담보책임의 규정이 없는 경우(무상계약)에는 불완전이행책임으로 처리하는 것이 타당하다.

② 擴大損害

급부의 목적물의 불완전으로 채권자의 기존의 신체·재산에 침해를 주어 목적물 자체에 손해가 있을 뿐만 아니라 확대손해를 발생시킨 경우이다. 예컨대 병든 가축을 인도하여 채권자의 축사에 있던 기존의 가축에 전염된 경우, 상한 음식을 먹고 병이 난 경우, 파티를 위하여 일정량의 음식을 시켰으나 부족하여 파티를 망친 경우 등이다.

불완전이행으로 인한 확대손해는 급부의 목적물이 불완전한 경우 외에 후술하는 급부의 내용이 불완전한 경우 등으로 발생한다. 그 밖에 이행방법·이행시의 부주의로도 발생한다.

이에 관하여 종래 급부의무 위반인 하자담보책임과의 관계에서 ⓐ 하자담보에 의한 손해를 이행이익으로 하여 목적물의 불완전과 상당인과관계相當因果關係가 미치는 손해를 배상하여야 한다는 견해(유책사유를 불문), ⓑ 유책사유의 유무를 구별하여, 유책사유 없는 경우는 상기 ⓐ로, 유책사유 있는 경우는 불완전이행에 의한 채무불이행으로 제393조를 적용하여야 한다는 견해 등이 있었다. 그러나 오늘날에는 전술한 바와 같이 채무자에게는 이행에 관련한 범위 내에서 본래의 급부의무 외에 채권자의 기존 재산을 보호하여야 할 보호의무인 부수의무를 채무자의 채무의 내용으로 보는 견해가 유력하다. 따라서 확대손해가 발생한 경우에는 부수의무(보호의무)위반에 의한 불완전이행이 되어 채무불이행의 일반원칙에 따른 손해배상을 청구할 수 있다(제390조, 제393조)고 새기는 것이 타당하다.

그런데, 문제가 되는 것은 채무자에게 유책사유 없는 경우인데, 하자있는 물의 급부는 불가항력적인 경우를 제외하고는 채무자에게 과실이 있다고 하여야 한다.

(나) 給付의 內容의 不完全

하는 채무에서 이행한 내용이 불완전한 경우로서 예컨대 의사의 진료·수술의 잘못으로 인하여 합병증이 발생한 경우, 잘못된 공사로 인한 손해의 발생, 잘못된 투자·회계·감정·감사 보고서를 기초로 하여 사업 또는 투자를 하였으나 손해가 발생한 경우, 변호사의 변호 잘못으로 인한 피해 등이 이에 속한다.

이들의 경우는 급부의무와 직접적인 관련성을 가져 합의의 내용으로 해석할 수도 있다. 아니면 별도의 보호의무위반으로서의 부수의무위반에 의한 불완전이행에 해당한다고 보아도 좋다.

판례가 숙박업자의 손님에 대한 신체·재산에 대한 보호의무(안전배려의무)를 계약의 신의칙상 발생하는 의무로 보아, 손님의 신체피해에 대하여 불완전이행책임을 인정하였는데(아래 판례 참조), 이때의 보호의무는 계약상 채무자의 주된 급부의무와 직접적인 관련성을 가진 의무로서 채무불이행책임으로 본 것은 타당하다. 판례의 사례 또는 고용계약·공사도급계약 등의 경우에는 주는 채무에서의 보호의무와는 달리 주된 급부의무와 직접적인 관련성을 가져 계약의 내용을 구성하므로 이의 위반은 급부의무위반 또는 부수의무위반에 의한 불완전이행에 해당한다.

판례 保護義務 違反으로 인한 不完全履行 : 숙박업자는 통상의 임대차와 같이 단순히 여관의 객실 및 관련시설을 제공하여 고객으로 하여금 이를 사용수익하게 할 의무를 부담하는 것에서 한 걸음 더 나아가 고객에게 위험이 없는 안전하고 편안한 객실 및 관련시설을 제공함으로써 고객의 안전을 배려하여야 할 보호의무를 부담하며 이러한 의무는 숙박계약의 특수성을 고려하여 신의칙상 인정되는 부수적인 의무로서 숙박업자가 이를 위반하여 고객의 생명, 신체를 침해하여 손해를 입힌 경우 불완전이행으로 인한 채무불이행책임을 부담한다(대법원 1994.1.28, 93다43590).

판례 診療債務의 不完全性 : 의사가 진찰·치료 등의 의료행위를 함에 있어서는 사람의 생명·신체·건강을 관리하는 업무의 성질에 비추어 환자의 구체적인 증상이나 상황에 따라 위험을 방지하기 위하여 요구되는 최선의 조치를 행하여야 할 주의의무가 있고, 의사의 이와 같은 주의의무는 의료행위를 할 당시 의료기관 등 임상의학 분야에서 실천되고 있는 의료행위의 수준을 기준으로 판단하여야 하며,(중약) 그 의사가 전문 직업인으로서 요구되는 의료상의 윤리와 의학지식 및 경험에 터잡아 신중히 환자를 진찰하고 정확히 진단함으로써 위험한 결과 발생을 예견하고 그 결과 발생을 회피하는 데에 필요한 최선의 주의의무를 다하였는지 여부를 따져 보아야 한다(대법원 1998.2.27. 97다38442).

(다) 履行方法 등의 不完全

의사의 설명의무의 불이행·운송시에 난폭하게 운송하여 물건이 파손된 경우, 목적물에 대한 용법을 잘못 표시·설명하여 그대로 따르다가 손해가 발생한 경우, 이행시에 부주의하여 채권자의 신체·재산에 손해가 발생한 경우 등이 이에 속한다.

이들의 경우에 문제가 되는 것은 채권자의 기존의 신체·재산에 대한 손해가 발생한 경우로서 불법행위책임과의 관계이다. 채무불이행의 첫 편에서 검토한 바와 같이 이들은 안전배려의무위반에 의한 침해의 경우에 해당하는데, 안전배려의무는 채무자의 부수의무에 속하므로 이에 의한 손해는 불법행위책임으로 다룰 것이 아니라 불완전이행으로의 채무불이행책임으로 다루는 것이 타당하다.

판례 使用方法 등의 表示 誤謬 : 대추나무 재배농민이 농약을 혼용 살포한 결과 약해로 수확이 감소했다는 이유로 농약판매상을 상대로 손해배상을 청구한 사안에서, 현재까지 대추나무용 농약에 관하여는 농약관리법의 규정에 따라 고시된 농약이 전혀 없고, 또 대추나무에 그 농약을 혼용 살포할 수 있는지의 여부 및 그에 따른 약해 유무 등에 관하여 뚜렷한 기준이 없다 하더라도, 원고를 비롯한 대추나무 재배농민들이 종래 농약판매업자인 피고와 상의하여 사과나 배 등의 일반과수에 고시된 농약을 선택하여 대추나무에 혼용 살포하여 왔다면, 피고로서는 원고에게 농약을 판매할 때에 그 농약의 성능, 사용방법 등에 관하여 정확한 설명을 하여 줄 주의의무가 있고, 그 성능 등에 관하여 알지 못하면서 함부로 그 사용에 관한 지시나 권유를 하여서는 안 될 주의의무가 있다(대법원 1995.3.28. 93다62645).

(2) 有責事由

이행지체·이행불능과 동일하게, 불완전한 이행에 대한 채무자의 고의·과실이 있어야 한다. 법정대리인 또는 이행보조자의 고의·과실도 채무자의 고의·과실로 보는 점도 같다.

(3) 損害의 發生과 因果關係

이행지체·이행불능과 다르지 않다. 즉, 불완전한 이행과 손해 사이에 인과관계가 있어야 한다.

4. 個別 問題

(1) 特定物의 瑕疵

특정물의 인도를 목적으로 하는 채무는 매매와 같은 소유권이전형 유상계약의 경우는 매매의 하자담보책임이 적용되고, 증여의 경우에는 증여에 관한 담보책임의 적용이 있어 불완전이행이 적용될 여지가 없다. 임대차 종료 후의 인도채무와 같은 점유이전형의 경우에도 현상인도의 원칙(제462조)과 채무자의 보존의무(제374조)의 적용으로 불완전이행이 역시 문제되지 않는다.

그러나 하자담보책임의 규정이 없거나, 하자로 인한 확대손해가 발생한 경우(보호의무위반), 이행방법의 잘못 또는 이행시의 부주의로 인한 손해의 경우(안전배려의무위반)에는 불완전이행으로 해결하여야 할 것이다.

(2) 種類物의 瑕疵

담보책임에 관한 개별규정이 있는 경우 예컨대 매매와 같은 경우에는 제581조에 의한 하자담보책임이 적용되어 불완전이행이 적용될 여지가 없다. 물론 하자담보책임의 규정이 없는 경우, 그로 인한 확대손해의 경우에는 불완전이행으로 해결하여야 할 것이다.

그런데, 그 종류물이 제조물인 경우에는 많은 경우에 특별법인 제조물책임법이 적용되기 때문에 민법상의 불완전이행이 적용될 여지는 많지 않을 것이다.

(3) 結果債務의 不完全履行

본질적으로 결과의 발생을 요하는 도급과 같은 채무의 경우에, 채무의 불완전이행은 주된 급부의무 자체의 불완전이행으로 하자담보책임이 적용되어 원칙적으로는 불완전이행론이 적용될 여지가 없다. 그로 인한 확대손해는 보호의무인 부수의무위반에 의한 불완전이행이 된다. 예컨대 교량의 부실 공사로 인하여 통행인이 피해를 입은 경우에는 부실 공사 자체는 공사도급 계약에서의 하자담보책임이 적용되나, 통행인의 피해는 불완전이행론을 적용할 수 있다. 또한 운송인의 난폭운전으로 인한 승객의 피해, 숙박업자의 숙박 및 안전시설의 하자로 인한 손님의 피해, 잘못된 보고서·감정서·감리 등에 의한 피해 등은 보호의무, 안전배려의무인 부수의무위반에 의한 불완전이행이 된다.

(4) 手段債務의 不完全履行

의사의 진료채무와 같은 수단채무의 경우에는 진료 그 자체의 급부의무와 환자의 신체·재산에 대한 보호의무가 불가분으로 밀접하게 결합되어 있다. 이는 변호사, 변리사, 회계사 등의 채무도 동일하다. 따라서 이 경우에는 피해의 내용에 따라서 급부의무 자체의 불완전이행 또는 보호의무인 부수의무위반인 불완전이행이 된다.

불완전이행론은 수단채무에서 그 실익이 크다.

5. 證明責任

불완전이행에서의 증명책임도 이행지체나 이행불능의 경우와 다르지 않아, 불완전이행의 객관적 사실, 손해의 발생 및 인과관계의 증명책임은 채권자에게 있다. 그런데 문제가 되는 것은 불완전이행의 객관적 사실과 부수의무위반에 의한 손해의 발생 사이의 인과관계의 증명이다.

불완전이행의 객관적 사실에 대한 증명과 불완전이행과 손해와의 인과관계에 대한 증명 중에서 특히 어려운 문제가 되는 것은 의료채무·변론채무·회계채무·감정채무 등과 같은 수단채무이다. 이러한 수단채무에서 급부의무의 불완전이행을 증명하기 위해서는 그 전제로서 급부의무 자체를 확정하여야 하는데, 상기의 예와 같은 수단채무는 본질상 급부의무를 확정하기 곤란할 뿐만 아니라 고도의 전문적인 지식을 필요로 하는 분야이기 때문이다.

따라서 이러한 경우에는 채권자에게 여타의 경우와 같이 불완전이행의 객관적 사실(급부의무의 불완전이행)에 대하여 엄격한 증명을 하여야 한다고 볼 것이 아니라, 동일한 종류의 수단채무의 이행의 경우에 당해 손해와 같은 것이 발생하지 않는 것이 일반적이라는 정도의 증명(간접증명 또는 표현증명), 또는 손해발생의 증명으로 충분하고, 채무자가 면책을 주장하는 경우에는 당해 이행행위의 완전성 또는 인과관계가 존재하지 않음을 증명하여야 한다고 새겨야 할 것이다. 판례도 같은 취지이다.

그 밖의 보호의무위반 또는 안전배려의무위반의 경우에는 통상적인 경우 당해 손해가 발생되지 않는 것이 일반적이므로 인과관계의 증명이 특별히 어려울 것이 없을 것이다.

판례 宿泊業者의 保護義務와 立證責任 :숙박업자는 고객의 안전을 배려하여야 할 보호의무를 부담하며 이러한 의무는 숙박계약의 특수성을 고려하여 신의칙상 인정되는 부수적인 의무로서 숙박업자가 이를 위반하여 고객의 생명·신체를 침해하여 투숙객에게 손해를 입힌 경우 불완전이행으로 인한 채무불이행책임을 부담하고, 이 경우 피해자로서는 구체적 보호의무의 존재와 그 위반 사실을 주장·입증하여야 하며 숙박업자로서는 통상의 채무불이행에 있어서와 마찬가지로 그 채무불이행에 관하여 자기에게 과실이 없음을 주장·입증하지 못하는 한 그 책임을 면할 수는 없다(대법원 2000.11.24. 2000다38718,38725).

판례 醫療過誤에서 立證 : 손해 발생의 직접적인 원인이 의료상의 과실로 말미암은 것인지 여부는 전문가인 의사가 아닌 보통인으로서는 도저히 밝혀 낼 수 없는 특수성이 있어서 환자측이 의사의 의료행위상의 주의의무 위반과 손해의 발생과 사이의 인과관계를 의학적으로 완벽하게 입증한다는 것은 극히 어려우므로, 환자가 치료 도중에 사망한 경우에 있어서는 피해자측에서 일련의 의료행위 과정에 있어서 저질러진 일반인의 상식에 바탕을 둔 의료상의 과실 있는 행위를 입증하고 그 결과와 사이에 일련의 의료행위 외에 다른 원인이 개재될 수 없다는 점을 증명한 경우에 있어서는 의료행위를 한 측이 그 결과가 의료상의 과실로 말미암은 것이 아니라 전혀 다른 원인으로 말미암은 것이라는 입증을 하지 아니하는 이상, 의료상 과실과 그 결과 사이의 인과관계를 추정하여 손해배상책임을 지울 수 있도록 입증책임을 완화하는 것이 손해의 공평·타당한 부담을 그 지도원리로 하는 손해배상제도의 이상에 맞는다(대법원 1999.2.12.98다10472).

6. 不完全履行의 效果

(1) 追完·補完이 可能한 경우

채권자는 채무자의 유책사유 존부를 불문하고 불완전이행의 경우 채권의 기본적 효력인 본래의 이행청구로서의 추완청구권追完請求權이 있다. 추완청구권과는 별도로 추완으로 인한 이행지체에 대한 손해배상청구권도 당연히 행사할 수 있다. 한편 확대손해에 대하여도 배상을 청구할 수 있음은 당연하다.

또한 채무자의 유책사유에 의한 불완전이행의 경우에는 채권자는 상당한 기간을 정하여 최고하고, 추완이 되지 않을 때는 계약을 해제할 수 있다. 추완이 된 경우에도 추완될 때까지의 손해에 대하여는 손해배상을 청구할 수 있다.

위와 같은 채권자의 추완청구권·손해배상청구권은 통상 채권의 소멸시효인 10년으로 소멸하는가? 이를 인정한다면 장기간의 경과 후에도 채권자로부터 그러한 청구를 받게 되어 채무자에게 지나치게 불리하다. 이에 대하여 신의칙상 상당한 기간을 경과하면 소멸한다고 보아야 한다는 견해(곽)도 있으나, 불완전이행은 하자담보와 깊은 관련성을 가지기 때문에 하자담보책임에 관한 규정을 유추 적용하는 것이 타당하다고 생각한다.

(2) 追完이 不可能한 경우

추완이 불가능한 경우 또는 새로운 이행이 채권자에게 아무런 이익이 되지 않는 경우에는 일종의 이행불능으로 이행에 갈음한 전보배상과 추가손해의 배상을 청구할 수 있다. 이행에 갈음한 전보배상의 경우 전부이행에 갈음한 전보배상이냐 또는 불완전이행 부분에 대한 전보배상인지 여부가 문제된다. 이는 채권의 목적 달성 여부에 의하여 결정된다.

전보배상이 된 경우에는 채무자는 배상자대위에 의하여 이행한 급부에 대한 권리를 취득한다.

또한 유책사유가 있는 때에는 계약을 해제할 수도 있다.

(3) 擴大損害만 發生한 경우

급부의무는 이행이 되었으나 부수의무로서의 보호의무 또는 안전배려의무 등의 위반에 의한 확대손해만 발생한 경우, 예컨대 이행과정에서 채권자의 기존 재산 또는 신체에 피해를 준 경우에는 당해 손해에 대한 손해배상청구권이 있고 계약해제권契約

解除權이 없음은 당연하다.

[판례] 義務違反에 有責事由 必要 : 매매목적물의 하자로 인한 확대손해에 대하여 매도인에게 배상책임을 지우기 위해서는 하자 없는 목적물을 인도하지 못한 의무위반 사실 외에 그러한 의무위반에 대하여 매도인에게 귀책사유가 있어야 한다(대법원 2003.7.22. 2002다35676).

第3節 强制履行

I. 序 說

1. 强制履行의 意義

채권자가 급부의 이행을 청구함에도 이행하지 않을 때에도 채권자의 자력구제는 허용되지 아니하고, 국가의 공권력에 의한 강제력의 행사를 요청할 수 있을 뿐이다. 채권의 내용을 국가공권력에 의하여 강제적으로 실현시키는 것을 「강제이행」또는 「현실적 이행강제」라 한다. 이 강제이행은 채권의 실현을 위한 국가적 보장인데, 채권자의 청구에 의하여도 채무자가 이행하지 않은 경우에는 채권자는 판결 또는 이에 준하는 것(화해조서和解調書 · 공정증서公正證書 등)에 의하여 채권의 존재를 인정받고 그 이행을 명받으며, 이러한 명(집행권원)에 의하여도 채무자가 이행하지 않을 때에는 법원에 의하여 채권내용을 강제적으로 실현하는 것이다. 이러한 채권내용의 강제적 실현을 위하는 경우에도 채무자의 신체 내지 인격에 대한 강제(인격책임)를 통한 실현은 근대법의 인격존중의 원칙에 의하여 허용되지 아니하고, 채무자의 재산에 대한 강제로서의 재산책임에 한정된다.

2. 强制履行과 損害賠償의 關係

강제이행은 채권의 본래의 내용을 그대로 강제적으로 실현시키는 것이므로 채권자를 위해서는 채권의 목적에 가장 적합하며 또한 채권을 인정한 법의 목적에도 부합된다. 그러나 채권의 종류에 따라서 강제이행이 허용되지 않는 경우도 있고, 경우에 따라서는 채권자는 본래의 급부의 이행을 실현시키는 것 보다 본래의 급부에 갈음한 손해를 배상받는 것이 유리한 경우도 있다.

채권이 그 성질상 강제이행이 가능한 경우에는 강제이행과 손해배상청구의 두 방법 중에서 어느 것을 기본원칙으로 할 것인가라는 문제가 있다. 프랑스 민법은 하는 채무에서는 손해배상을 원칙으로 한다(동법 제1142조)고 규정하고 있다. 우리 민법은 강제이행에 관하여 먼저 규정하고 손해배상에 관하여는 뒤에 규정하고 있는 점과 강제이행이 채권을 인정한 법의 목적에도 부합된다는 점에서 강제이행을 원칙으로 보아야 하나, 양자 중 어느 것을 행사할 것이냐는 것은 채권자의 자유로 보아야 한다. 또한 손해배상은 금전채권으로서 이를 이행하지 아니 한 때에도 결국 강제이행으로 돌아간다. 따라서 강제이행이 가능한 경우에도 강제이행을 청구하지 않고 손해배상을 청구할 수 있다(곽).

그러나 강제이행은 채무불이행에 의한 손해배상청구와는 달리 채무자의 불이행사실만으로 족하며(유치권 또는 동시이행의 항변권 등의 이행하지 않아도 좋을 권리는 당연히 없어야 한다), 채무자의 유책사유를 별도로 요하지 않는다. 따라서 채권자로서는 강제이행을 먼저 청구하는 것이 편리할 수도 있다.

한편 강제이행을 하였더라도 손해가 남아 있는 경우에는 손해배상을 청구할 수 있음은 물론이다(제389조 제4항).

3. 强制履行의 種類

강제이행의 방법으로는 민법 제389조에서 규정하고 있는 직접강제와 대체집행, 민사집행법 제261조에 규정하고 있는 간접강제의 세 가지가 있다. 그 세 가지 방법 중 어느 방법을 선택할 것인가는 채무의 종류에 따라 각기 다르다. 그러나 원칙적으로 직접강제→ 대체집행→ 간접강제의 순서로 가능여부가 검토되어 그 순위에 따라 허용된다는 데 이의가 없다.

II. 直接强制

1. 直接强制의 意義

국가기관이 실질적인 힘을 이용하여 채무자의 의사와는 관계없이 직접적으로 채권의 본래의 내용을 그대로 강제로 실현시키는 것이다. 예컨대 집행관이 직접 거주자를 강제로 퇴거시킨다든지 또는 물건을 강제로 빼앗아 직접 채권자에게 인도한다든지 하는 것이다. 이는 강제이행의 방법상 주로 주는 채무에 허용된다.

직접강제에 관하여는 민법 제389조가 규정하고 있다. 즉, 민법 제389조 제1항에 규정한 <강제이행>이라는 것은 「직접강제」를 의미한다는 데 일치한다.

강제이행의 방법으로서 직접강제는 민사책임으로서의 재산책임의 이념에도 합치되며 또한 채권의 목적을 달성하는데 가장 적합하며 실효성이 크기 때문에, 직접강제가 가능한 경우에는 다른 집행방법은 허용되지 않는다.

이하 채무의 종류에 따른 직접강제의 구체적인 집행방법을 보면 아래와 같다.

2. 金錢債務

금전채무의 집행은 채무자의 재산을 강제로 압류·환가하여 취득한 금전을 채권자에게 배당하는 방식으로 행하여진다. 채무자의 재산이 유체동산 및 채권 기타 재산권인 경우에는 목적물의 압류 → 압류물의 환가 → 환가하여 취득한 금전의 배당으로 행하여진다(민집법 제78조 이하).

집행의 대상이 채무자의 제3채무자에 대한 금전채권인 경우에는 추심명령推尋命令 또는 전부명령轉付命令에 의한다(민집법 제223조 이하). 추심명령은 채권자에게 제3채무자에 대한 채권의 추심권을 주어, 그 추심권의 행사로 자기 채권의 변제에 충당할 수 있게 하는 것이며, 전부명령은 대상인 금전채권을 채권자에게 직접 이전하는 것을 말한다.

집행의 대상이 부동산인 경우에는 당해 부동산을 강제경매强制競賣 또는 강제관리强制管理의 방식으로 환가하여 취득한 금전으로 행하여진다(민집법 제78조 이하).

판례 法人財産에 對한 强制履行 : 채무자인 재단법인에 다른 재산이 없어 기본재산을 처분하지 않고는 채무의 변제가 불가능하다고 하더라도, 재단법인으로부터 기본재산을 양수한 자도 아니고 금전채권자들에 불과한 자에게는 강제이행청구권의 실질적인 실현을 위하여 필요하다는 사유만으로 기본재산의 처분을 희망하지도 않는 재단법인을 상대로 주무관청에 대하여 기본재산에 대한 처분허가신청절차를 이행할 것을 청구할 권한이 없다(대법원 1998.8. 21. 98다19202,19219).

3. 有體物의 引渡債務

(1) 特定動産 또는 代替物에 대한 引渡執行

채무자가 특정 동산을 점유하는 경우의 유체동산에 대한 강제집행은 집행관이 직접 이를 빼앗아 채권자에게 인도하고(민집법 제189조,257조), 제3자가 점유하는 경우에는 채권자의 신청에 의하여 그 물건을 집행관에게 인도하도록 명한 것에 의하여(민집법 193조) 집행관이 수취하여 채권자에게 인도(민집법 제257조)하는 방식으로 한다.

(2) 不動産에 대한 引渡執行

부동산이나 선박이 대상인 경우에는 직접 점유하고 있는 자(거주자)를 강제로 퇴거시키고, 점유자의 가재도구 등의 동산을 철거한 후에 채권자가 그 부동산을 직접 지배토록하는 방식인, 채무자등으로부터 점유를 빼앗아 채권자에게 인도한다 (민집법 제258조). 부동산 등을 제3자가 점유하는 경우에는 채무자의 제3자에 대한 인도청구권에 대하여 집행법원의 압류명령과 전부명령을 받아 직접 제3자에 대해 인도를 청구한다(민집법 제259조 참조).

III. 代替執行

1. 代替執行의 意義

대체집행은 채권자의 신청에 의하여 법원이 결정한 바에 따라 제3자로 하여금 채무의 내용을 이행하게 하고, 그 비용을 채무자에게 부담시키는 강제이행의 방법이다(민집법 제260조[대체집행]). 예컨대 담장을 수선할 채무와 같은 경우, 채권자는 자기가 수선하고 그 비용을 채무자에게 부담시키는 것이다. 그 비용을 채무자가 지급하지 않는 경우에는 금전채무의 강제이행의 방법에 의한다.

이러한 대체집행은 직접강제가 허용되지 않는 경우로서(제389조 1항), 하는 채무(작위·부작위) 중 제3자로 대체할지라도 채권의 목적을 달성할 수 있는 대체적 작위채무作爲債

務와 부작위채무不作爲債務에 위반한 결과를 제거하기 위하여서만 허용된다(제389조 2항).

대체적 작위채무일지라도 간접강제가 불가능한 것은 아니나 대체집행으로써 채권의 목적을 달성할 수 있는 경우에는 간접강제는 허용되지 않는다.

2. 代替的 作爲債務

대체적 작위급부에 대한 집행권원을 가진 채권자는 대체집행을 법원에 청구하여 수권을 받아 그에 따라 채권을 달성시킨다(민집법 제260조 1항). 비용은 대체집행의 신청과 동시에 미리 지급을 명하는 결정을 신청할 수 있다(민집법 제260조 2항). 대체적 작위채무란 채무자 이외의 자도 그 채무를 이행하여 채권자를 만족시킬 수 있는 채무를 말한다.

3. 不作爲債務

부작위채무에는 일정한 작위를 하지 않을 것을 내용으로 하는 채무와 채권자의 일정한 행위에 대하여 참고 견디어야 할 채무(인내 또는 수인의무受忍義務)가 있다. 당해 부작위채무에 대한 강제이행의 방법으로 민법은 위반의 결과에 대한 제거명령과 위반의 재발방지를 위한 적당한 처분을 할 수 있게 한다(제389조 3항).

제거의무의 집행은 대체집행의 방법에 의하며, 위반의 물적 결과가 존재하지 않는 경우에는 손해배상을 청구할 수밖에 없다. 재발방지를 위해서는 적당한 처분을 하여야 하고, 그것이 일정한 시설을 하여야 하는 경우에는 역시 대체집행의 방법에 의할 것이다. 그러나 일정한 무형적 행위인 경우에는 담보를 제공시켜 위반시에 그로부터 배상금을 지급하게 하는 방법도 있다.

수인(인내)의무 위반의 경우에는 집행관의 참여에 의하여 직접 배제하거나(민집법 제5조[집행관의 강제력사용]), 또는 그로 인한 손해배상을 명하는 형식이 된다.

판례 不作爲債務에 대한 間接强制履行請求要件의 緩和 : 부작위채무에 관하여 언제나 위와 같이 먼저 채무명의가 성립하여야만 그 다음 단계에서 비로소 간접강제결정을 할 수 있다고 한다면, 채무명의의 성립과 집행단계 사이의 시간적 간격이 있는 동안에 채무자가 부작위채무를 위반할 경우 손해배상이나 위반 결과의 제거 등 사후적 구제수단만으로는 채권자에게 충분한 손해전보가 되지 아니하여 실질적으로는 집행제도의 공백을 초래할 우려가 있는 것이므로, 부작위채무를 명하는 판결의 실효성 있는 집행을 보장하기 위하여는 부작위채무에 관한 소송절차의 변론종결 당시에서 보아 채무명의가 성립하더라도 채무자가 이를 단기간 내에 위반할 개연성이 있고, 또한 그 판결절차에서 민사소송법 제693조에 의하여 명할 적정한 배상액을 산정할 수 있는 경우에는 위의 부작위채무에 관한 판결절차에서도 위 법조에 의하여 장차 채무자가 그 채무를 불이행할 경우에 일정한 배상을 할 것을 명할 수 있다고 함이 상당하다(대법원 1996.4.12,93다40614).

4. 法律行爲를 目的으로 하는 債務

채무자의 일정한 의사표시를 필요로 하는 채무는 부대체적 작위채무不代替的作爲債務로서 성질상은 간접강제의 대상이 된다. 그러나 의사표시를 목적으로 하는 채무는 채무자의 직접접인 의사표시 그 자체를 목적으로 하는 것이 아니라, 의사표시에 따른 법률효과의 발생이 목적이기 때문에 구태여 간접강제의 방법에 의하여 채무자가 직접 의사를 표시하도록 할 필요는 없겠다. 이에 민법은 법률행위를 목적으로 하는 채무가 직접강제를 할 성질의 것이 아닌 때에는 채무자의 의사표시에 갈음할 재판을 청구하는 방법에 의하여 강제 집행할 수 있다고 규정하고 있다(제389조 2항).

구체적인 방법으로는 법률행위를 위한 동의·승낙 또는 준법률행위가 채권의 목적인 경우에는 먼저 의사표시를 명하는 이행판결(이행의 소)을 받고, 그 판결이 확정되면 민사집행법 제263조[의사표시의무의 집행]에 의하여 채무자가 그 의사표시를 한 것으로 간주한다. 공동신청을 원칙으로 하는 부동산 등기도 판결을 받아 등기권리자의 단독신청이 가능하며(부동산등기법 제29조[판결·상속으로 인한 등기신청인]), 거래허가신청절차이행도 판결을 받아 강제이행이 가능하다.

IV. 間接强制

1. 間接强制의 意義

하는 채무에 있어서 채무자에게 금전의 지급(벌금형) 또는 구금형 등으로 심리적 압박을 함으로써 채무자의 의사에 간접적으로 작용하여 이행하도록 하는 강제이행 방법이다. 간접강제는 채무자의 인격 및 신체에 억압을 주기 때문에 다른 여타의 강제이행이 가능하지 않는 경우에만 최종적으로 허용된다.

간접강제는 부대체적 작위채무에 허용된다. 즉, 채무자 자신만의 이행행위에 의하여서만 채권의 본래의 목적을 달성할 수 있는 채무만이 간접강제가 허용된다. 그러나 그러한 채무 중에도 특수한 설비·기능 또는 제3자의 협력을 필요로 하는 채무, 즉 채무의 이행이 채무자의 의사만으로는 할 수 없는 채무 또는 부부간에 동거를 할 것을 심리적으로 압박하는 것과 같은 인격존중에 반하는 채무 등은 간접강제도 허용되지 않는다.

간접강제가 허용될 수 있는 경우로는 증권에의 서명채무·유아인도채무 등이 될 것이다.

판례 間接强制의 目的 및 間接强制決定 效力의 存續與否 : 간접강제란 채무불이행에 대한 제재를 고지함으로써 그 제재를 면하기 위하여 채무를 이행하도록 동기를 부여하는 것을 목적으로 하는 집행방법이고, 간접강제결정은 가처분결정의 집행방법에 불과하므로, 채권자가 채무자의 의무위반행위로 인하여 간접강제결정에서 정한 배상금채권을 취득하고, 나아가 그 배상금채권의 강제집행절차에 나아갔다 하더라도, 그러한 사정만으로 피보전권리가 점포에 대한 점유권에 기한 방해배제청구권 내지는 방해예방청구권인 가처분신청에 있어서 보전의 필요성이 존재한다거나, 가처분결정이 계속 유지되어야 한다고 볼 수는 없으며, 간접강제결정 효력의 계속존속여부는 보전의 필요성 여부를 판단함에 있어 참작하여야 할 사유가 되지 아니 한다(대법원 2003.10.24. 2003다36331).

2. 間接强制의 方法

간접강제에 관하여 민법에는 규정되지 않고 민사집행법 제263조는 <법원이 채권자의 신청에 의하여 채무의 이행의무 및 상당한 이행기간을 정하고, 그 기간 내에 이행을 하지 아니 하는 때에는 그 늦어진 기간에 따라 일정한 배상을 할 것을 명하거나 즉시 손해의 배상을 할 것을 명할 수 있다>고 규정하고 있다. 기간 및 금액은 구체적 사정을 고려하여 법원이 결정한다. 여기서 채무자에게 지급 명령될 금액의 산정에 있어서는 채무자에게 심리적 압박을 줄 수 있는 관점에 의하여 산정되어야 하고, 이 금액은 손해배상과는 본질적으로 다르다.

금액의 결정에 있어서는 채무자에게 심리적 압박을 하는 데 그 목적이 있기 때문에 실제로 발생한 지연손해액에 부합할 필요는 없고 오히려 강제수단으로 적당한 액이 좋을 것으로 해석된다.

그러나 지연손해는 이행지체로서 당연히 발생하는 것인데, 민법은 그것과는 별도로 금전지급 또는 구금형이 되어 있지 않아 본래의 의미의 간접강제로서의 역할이 미흡하다.

* 간접강제의 경우 금전지급에 관하여 독일은 벌금형으로 하여 금전청구권 집행에 관한 규정에 따라 징수되어 국고에 귀속토록 한다(독일 민사소송법 제888조, 제889조). 프랑스는 독일의 벌금형과는 달리 판례로「지체상금」이라는 강제방식을 발전시켰다. 간접강제로서의 이 지체상금은 손해배상과는 달리 채무자가 그 불이행에 관하여 비난받을 정도에 따라 그리고 채무자의 재산의 정도에 따라 결정된다는 데 학설과 판례가 일치하여, 독일의 벌금형과 유사한 것으로 본다. 즉 지체상금의 성질은 특별한 방식의 손해배상이 아니라 개인적 처벌의 성격으로 본다. 프랑스의 지체상금은 물론 채권자에게 귀속된다.

3. 幼兒引渡

유아인도채무에 관하여 가사소송법은 당사자의 신청에 의하여 유아인도의 이행명령을 할 수 있고(가사소송법 제64조[이행명령] 1항), 이행명령을 이행하지 아니한 때에는 100만 원이하의 과태료에 처할 수 있고(가사소송법 제67조[의무불이행에 대한 제재]), 과태료의 제재 후에도 유아를 인도하지 않은 경우에는 신청에 의하여 30일의 범위 내에서 의무자를 감치할 수 있도록 하고 있다(가사소송법 제68조[특별한 의무불이행에 대한 제재]). 이와 같이 가사소송법은 민법과는 달리 유아인도에 관하여는 벌금형과 구금형을 병합하여 강제이행으로서의 실효성을 부여하기 위하여 규정하고 있다.

第4節　損害賠償

I. 損害賠償의 基礎

1. 損害賠償의 意義

(1) 損害賠償制度의 意義

법에서의 책임추궁은 법의 비난형식으로 나타난다. 즉, 법이 형사책임을 과한다는 것은 개인의 어떤 용태에 대한 비난의 형식으로, 어떤 자가 법에 범죄로 규정되어 있는 행위를 하였음을 인정하고, 이것을 법에서 규정하는 형벌을 과하는 형식의 비난이다. 이에 대하여 민사책임을 과한다는 것은 어떤 자가 타인에게 손해를 준 사실이 발생한 경우, 그 피해자를 구제하기 위하여 가해자·기타 법에 규정되어 있는 특정한 자에게 그 손해를 보전할 의무를 과하는 것이다.

이와 같이 민사책임에서는 형사책임과는 달리 가해자의 용태 그 자체가 아니라 손해를 야기하였다는 사실인 행위의 결과가 비난의 대상이 된다. 그러므로 하나의 위법행위가 있더라도 반드시 형사책임과 민사책임 두 가지가 다 함께 있는 것은 아니다. 형사책임의 근본적인 목적은 인권보호와 사회질서 유지이며, 민사책임의 근본목적은 피해자의 손해의 보전이다. 이와 같이 형사책임과 민사책임이 그 목적 및 그 대상이 다름에도 불구하고 고대법에서는 양 책임이 혼합·교착되어 행하여졌다.

형사책임과 민사책임이 분리되어 현대적 의미에서의 민사책임으로서 손해배상제도가 탄생된 기원에 관하여 법제사학자들은 일반적으로 B.C. 286에 로마의 호민관 Aquilius가 정한 lex Aquilia를 든다. 동법 제1장은 <타인의 노예·4족동물 또는 가축을 위법하게 살해한 경우에는 살해 전 1년 이내의 당해 물건의 최고가격에 상당한 금액을 소유자에게 지불하여야 한다>, 제3장은 <위법하게 물건을 소각·분쇄 또는 파괴하여 타인에게 손해를 입힌 경우에는 그 물건의 최근 30일 내의 최고가격에 상당한 금액을 소유자에게 지불하여야 한다>고 규정하고 있다. 이 규정은 그 내용에 있어서 재산권침해를 재산책임으로 하여 배상의 방법과 배상액 등을 포함하고 있다. 오늘날의 시각에서 보아도 민사책임으로서의 손해배상에 관한 기본 원칙을 망라하고 있음을 알 수 있다.

근대 민법이 채택하고 있는 손해배상제도는 형평 내지 보상의 이념 아래 가해자의 고의·과실이라는 비난을 받아야 할 내심의 의사 형태를 배상책임의 근거(과실책임)로 하여 가해자에게 배상의무를 부과하는 것으로 되어 있다.

(2) 損害賠償의 成立要件

손해배상청구권이 성립하기 위해서는 책임원인사실인 채무불이행 또는 불법행위가 있어야 하며, 손해가 발생하고 책임원인 사실과 손해 사이에 인과관계가 있어야 한다.

(3) 損害賠償請求權의 性質

채무불이행에 의한 손해배상청구권은 본래의 급부청구권이 확장(지연배상遲延賠償) 또는 내용이 변경(전보배상塡補賠償)된 것으로 양자는 동질성이 있다. 이와 같은 동질성에 의하여 양자간에는 다음과 같은 효과(관계)가 있다. ① 본래의 채권에 부착된 담보적 효력(인적·물적 담보)은 손해배상청구권에도 그대로 유지된다. ② 채권이 양도되는 경우에는 이미 발생한 손해배상청구권도 같이 이전된다. ③ 본래의 채권의 소멸시효의 완성 효과는 손해배상청구권에도 그대로 미친다. 그 기산점은 채무불이행에서는 채무를 이행하지 아니한 때이고, 불법행위에서는 불법행위를 한 때다.

* 본래의 청구권과 손해배상청구권 외에, 권리의 동질성 여부가 문제되는 경우에는 해제에 의한 원상회복의무, 준소비대차, 경개 등에서이다. 준소비대차는 기존채무와 소비대차상의 채무가 동질성이 있으며, 원상회복의무는 본래의 급부의무와는 동질성이 없으나 본래의 급부에 부착된 보증 및 담보는 원상회복의무에도 미친다고 본다. 경개에서 기존채무와 새로운 채무는 동질성이 없다.

(4) 損害賠償의 範圍

손해배상의 범위에 관하여는 기본적으로 두 가지 유형의 입법주의가 있다. 하나는 책임원인사실에 의하여 발생한 손해를 전부 배상토록 하는 완전배상주의完全賠償主義와, 또 하나는 발생한 손해 중에서 가해자 또는 피해자의 일정한 형태에 따라서 일정한 범위의 손해만 배상토록 하는 제한배상주의制限賠償主義이다.

독일 민법은 완전배상주의를 채택하고 있다고 평가된다. 프랑스 민법은 가해자의 과실에 의한 손해의 경우 제한배상주의(예견주의)를 채택하여 고의와 과실을 구별하며, 영미법은 제한배상주의(통상손해와 특별손해를 구별하여 배상책임을 달리한다)를 기본 원칙으로 하고 있다.

* 독일 민법 제249조: 손해배상의 의무가 있는 자는 배상의무를 발생하게 한 사정이 없었더라면 존재하였을 상태를 회복하여야 한다.

* 프랑스 민법은 손해배상에 관하여 다음 세 가지 원칙 아래 되어 있다 : ① 채권자가 입은 손해와 일실이익을 배상한다(동법 제1149조), ② 과실에 의한 손해는 계약시 예견된 손해나

예견 가능한 손해만을 배상한다(제1150조), ③ 고의의 채무불이행의 경우에도 불이행 직후에 발생한 직접손해만을 배상한다.

* 영미법의 제한배상주의는 III. 손해배상의 범위 참조

(5) 損害賠償의 方法

손해배상의 원칙적 방법으로는 원상회복주의原狀回復主義와 금전배상주의金錢賠償主義가 있다. 원상회복주의는 피해상태를 피해원인 사실행위가 있기 이전 상태로 회복시키는 것을 말한다. 금전배상주의란 손해를 금전으로 환산하여 환산된 금액을 지급토록 하는 것을 말한다. 각국은 어느 하나를 기본원칙으로 하고 다른 하나를 보충적인 제도로 한다. 독일 민법은 원상회복주의를 원칙으로 하나, 그 밖의 나라에서는 대체로 금전배상주의를 원칙으로 하고 원상회복을 보조적인 방법으로 하고 있다.

민법은 손해를 금전으로 평가하여 배상하는 금전배상주의를 원칙으로 하고 있어(제394조), 채권자는 금전에 의하여 채권의 가치를 확보 받는다. 따라서 손해배상청구권은 금전채권으로 이의 불이행의 경우에는 지연배상이 추가된다. 또한 손해배상채권의 강제이행은 당연히 금전채권에 대한 강제이행의 방법에 의한다.

(6) 損害賠償制度의 一元化

민법은 채무불이행에 의한 손해배상의 내용을 규정하고(제393조 이하), 이를 불법행위에 의한 손해배상에 준용토록 하여(제763조) 손해배상의 법리를 일원화하고 있다. 이러한 손해배상제도의 일원화구조는 법률문제를 단순화 한다는 장점이 있다. 그러나 채무불이행책임의 근본 목적은 손해의 전보이나 불법행위책임의 근본 목적은 손해의 전보와 징벌 및 불법행위의 억제적 목적에 있는 등으로 그 이념과 목적에 차이가 있는 점을 고려할 때 손해배상 일원화제도는 다소의 문제가 있다. 민법에 있어서도 배상의 범위에 관하여 불법행위의 경우에 제763조가 제393조를 그대로 준용하는 것으로 규정되어 있으나, 불법행위에서는 배상의 범위에서 제393조를 그대로 적용할 것이 아니라 완전한 배상으로 해석되어야 한다.

2. 損害의 意義

(1) 損害의 槪念

「손해배상」이라는 용어에서 명백하듯이 손해의 발생은 손해배상의 필수 불가결한 논리적 전제가 된다. 손해가 없다면 불법행위가 성립되지 않으며 또한 손해배상을 위한 채무불이행이 성립되지 않는다.

그러나 손해배상청구권 발생단계에서 필요한 요건으로서의 손해는 구체적이며 정확한 손해의 내용을 필요로 하지는 않는다. 손해가 발생하였느냐 여부에 중점이 있기 때문에 추상적이며 개괄적인 손해의 존재로 족하다. 여기서 「손해란 무엇인가」라는 문제가 있다. 이는 곧 손해는 발생하였는가라는 문제도 된다.

우선 손해의 발생 여부의 판단은 통상인의 사회통념에 따를 것이며, 그 손해는 현실화되어야 하며, 또한 확실하여야 한다.

그 다음, 손해의 개념이 문제된다. 손해란 일반적으로 법익에 입은 불이익을 말하는데, 채무불이행의 경우에는 채무의 내용에 좇은 이행이 있었다면 발생하였을 이익상태와 불이행으로 채무자가 받고 있는 현재의 이익상태의 차이를 의미한다(차액설). 그러나 이러한 손해의 개념은 재산적 손해에는 적당하나 신체상해와 같은 비재산적 손해에는 적당하지가 않다. 따라서 신체에 대한 손해는 차액설(소득상실설)에 의하는 것이 아니라 구체적 손해인 노동능력의 상실 자체를 손해로 본다(규범적 손해설-노동능력 상실설).

「손해 없으면 배상 없다」는 원칙은 민사책임을 형사책임에서 분리하여 피해자의 구제에 근본 목적을 둔다는 점에서는 당연한 귀결이나, 경제적 파악 내지 금전적 평가가 곤란한 불이익에 관하여는 현대에서도 손해가 전제되지 않아 배상이 문제가 되는 경우가 있다.

이와 같은 경우에 영미법에서는 위법성의 확인 내지 선언에 중점이 있는 명목적 손해배상 또는 제재적 수단으로서의 색채가 강한 징벌적 손해배상제도가 큰 역할을 한다. 그러나 우리 민법은 제390조[채무불이행과 손해배상] 및 제750조[불법행위의 내용]를 손해 없는 배상이 가능한 것으로 해석할 수는 없다. 또한 비재산적 손해에 대하여서도 배상을 정면으로 인정하고 있어(제751조[재산이외의 손해의 배상]), 배상에는 모두 손해의 관념을 전제로 법리를 구성할 수밖에 없다.

배상책임의 전제로서의 손해의 개념은 배상책임의 성립 및 배상의 범위를 결정하는 기타 요소 특히 인과관계와 밀접히 관련된다. 또한 「손해란 무엇인가?」와 「무엇이 배상되어야 하는가?」는 분리되어 검토되어야 한다.

판례 損害發生의 判斷基準- 社會通念에 따른 判斷 : 불법행위나 채무불이행으로 인한 손해배상청구권이나 부당이득반환청구권은 비록 현실적으로 손해가 발생한 때에 성립하는 것이라고 할지라도 현실적으로 손해가 발생하였는지 여부는 사회통념에 비추어 객관적이고 합리적으로 판단하여야 한다(대법원 1998.4.24.97다28568).

판례 社會通念에 따른 損害 發生 認定 事例 : 부동산의 매수인이 매매계약을 체결한 후 매도인으로부터 부동산을 인도받아 입주까지 마쳤고, 그 후 매수인이 별도의 약정을 통하여 매도인과 사이에 매도인이 당해 부동산을 담보로 대출받을 금액의 반환채무에 대하여 이행을 인수하기로 하고 그 이행인수금을 제외한 나머지 매매대금 중 일부를 지급한 상태에서, 매도인이 당초 대출받기로 약정한 금액을 초과한 금액을 대출받고 그 초과대출금을 변제하지도 않은 채 매수인에 대하여 매매대금의 잔금 전액에 대한 지급청구권을 행사하는 경우, 매수인으로서는 부동산에 대한 소유권이전등기청구권을 보전하기 위하여 매도인이 약정보다 초과하여 대출받은 금원까지도 변제하지 않을 수 없게 된 손해를 입었다고 할 것이고, 이와 같은 매수인의 손해는 사회통념상 현실적으로 발생한 손해라고 봄이 상당하다(대법원 1998.4.24.97다28568).

판례 損害는 現實的이고, 確實性 있어야 : ㉮ 채무불이행으로 인하여 배상하여야 할 손해는 현실로 입은 확실한 손해에 한하므로 채무불이행으로 인하여 채권자가 제3자에 대하여 채무를 부담하게 된 경우 채권자가 채무자에게 제3자에 대한 채무액과 동일한 금액을 손해배상금으로 청구하기 위하여는 채무의 부담이 현실적, 확정적이어서 실제로 변제하여야 할 성질의 것이어야 하나, 그와 같은 채무의 부담이 현실적, 확정적이어서 손해가 현실적으로 발생하였다고 볼 것인지의 여부는 사회통념에 비추어 객관적이고 합리적으로 판단해야 한다.
㉯ 부동산교환계약의 일방당사자가 상대방의 대출금채무 및 임차보증금반환채무를 인수하여 이행하기로 약정하고서도 이를 위반함에 따라 그 상대방이 은행과 임차인으로부터 대출금 및 임차보증금반환청구소송을 제기 당하여 패소판결을 선고받고 나아가 그들로부터 다른 부동산을 가압류당하기까지 하였다면, 그 상대방의 은행 및 임차인에 대한 채무의 부담은 현실적, 확정적이어서 실제로 변제하여야 할 성질의 것이 되므로 그 채무액 상당의 손해를 현실적으로 입게 되었다(대법원 2001.7.13. 2001다22833).

(2) 損害의 內容과 種類

(가) 財産的 損害와 非財産的 損害

일반적으로 손해는 침해된 법익을 기준으로 재산적 손해와 비재산적 손해로 구별한다. 물권·채권·무체재산권 등의 재산상의 법익에 생긴 손해가 재산적 손해이며, 생명·신체·자유·명예 등의 신체 및 인격에 대한 법익에 생긴 손해가 비재산적 손해에 속한다.

이와 같은 <재산적 손해와 비재산적 손해>의 구별과는 달리 <재산적 손해와 정신적 손해>로 구별하기도 한다. 후자에서 재산적 손해란 <재산상의 불이익>을 말하며, 정신적 손해란 <정신적 고통>을 말한다.

비재산적 침해의 경우 예컨대 생명·신체 등의 침해의 경우에도 치료비,간호비, 장례비 등의 재산상의 불이익인 재산적 손해와 정신적 고통인 정신적 손해가 발생하며, 재산에 대한 침해의 경우에도 재산적 손해뿐만 아니라 정신적 고통(아끼는 물건의 파괴로 애통한 심정)인 정신적 손해도 발생한다.

손해산정의 측면에서 보면 재산적 손해는 경제적 평가가 가능하나, 정신적 손해는 경제적 평가가 곤란하다는 면이 있다. 그러한 측면에서 손해의 개념을 말하는 경우 재산적 손해는 구체적으로 <침해상태 후의 현재의 이익상태와 침해가 없었다면 있었을 이익상태의 차액(차액설)>을 의미한다.

한편 정신적 손해는 고통·비애·불쾌감 등으로 피해자에게 심리적 영향을 주는 것을 의미하므로 그 경제적 산정이 불가능하다. 그러나 정신적 손해도 손해의 개념을 매개로 하여 배상되기 때문에 금전적 평가가 곤란하나 배상의 문제에 한해서는 금전으로 평가된 손해의 개념에 포섭하지 않을 수 없다. 여기서 재산적 손해에 관한 차액설은 적당하지 않고 정신적 손해에서 손해의 개념은 <정신적 고통 그 자체(구체적 손해설 또는 규범적 손해설)>라는 것이 합당하다.

<재산적 손해·비재산적 손해>의 분류는 종래의 <법익＝손해>의 관념에서 출발한 것인데, 이는 동의 반복에 지나지 않는다. 따라서 손해는 <재산적 손해·정신적 손해>로 구별하여 개념 정립하는 것이 실질적이고 타당하다.

채무불이행에 의한 손해는 재산적 손해 외에 정신적 손해가 포함되는지가 명문의 규정이 없어(불법행위의 경우는 제751조) 문제가 되나, 이를 인정하는 데 일치한다. 채무불이행에 의하여 재산적 손해가 발생한 때에는 채권자의 정신적 손해는 보통의 경우에는 재산적 손해의 배상으로 회복된다고 볼 수 있어, 재산으로 배상하는 것만으로는 회복되지 않는 정신적 손해는 결국 특별손해(제393조 2항)이며, 그 손해는 채무자

가 알거나 알 수 있었던 때에 인정된다. 또한 판례는 재산적 손해가 발생하였으나 그 손해의 입증이 곤란하여 손해액을 확정할 수 없어 손해배상을 받을 수가 없는 경우에도 위자료가 보완적 기능을 담당한다고 본다.

판례 財産的 損害時의 慰藉料 認定을 위한 要件 : ㉮ 일반적으로 계약상 채무불이행으로 인하여 재산적 손해가 발생한 경우, 그로 인하여 계약 당사자가 받은 정신적인 고통은 재산적 손해에 대한 배상이 이루어짐으로써 회복된다고 보아야 할 것이므로, 재산적 손해의 배상만으로는 회복될 수 없는 정신적 고통을 입었다는 특별한 사정이 있고, 상대방이 이와 같은 사정을 알았거나 알 수 있었을 경우에 한하여 정신적 고통에 대한 위자료를 인정할 수 있다. ㉯ 재산적 손해의 발생이 인정되는데도 입증곤란 등의 이유로 그 손해액의 확정이 불가능하여 그 배상을 받을 수 없는 경우에 이러한 사정을 위자료의 증액사유로 참작할 수는 있다고 할 것이나, 이러한 위자료의 보완적 기능은 재산적 손해의 발생이 인정되는데도 손해액의 확정이 불가능하여 그 손해 전보를 받을 수 없게 됨으로써 피해회복이 충분히 이루어지지 않는 경우에 이를 참작하여 위자료액을 증액함으로써 손해 전보의 불균형을 어느 정도 보완하고자 하는 것이므로, 그 재산적 손해액의 주장·입증 및 분류·확정이 가능한 계약상 채무불이행으로 인한 손해를 심리·확정함에 있어서까지 함부로 그 보완적 기능을 확장하여 편의한 방법으로 위자료의 명목 아래 다수의 계약 당사자들에 대하여 획일적으로 일정 금액의 지급을 명함으로써 사실상 재산적 손해의 전보를 꾀하는 것과 같은 일은 허용될 수 없다(대법원 2004.11.12. 2002다53865).

판례 事例 : 일반적으로 건물신축도급계약에 있어서 수급인이 신축한 건물에 하자가 있는 경우 이로 인하여 도급인이 받은 정신적 고통은 하자가 보수되거나 하자보수에 갈음한 손해배상이 이루어짐으로써 회복된다고 보아야 할 것이므로 도급인이 하자의 보수나 손해배상만으로는 회복될 수 없는 정신적 고통을 입었다는 특별한 사정이 있고 수급인이 이와 같은 사정을 알거나 알 수 있었을 경우에 한하여 정신적 고통에 대한 위자료를 인정할 수 있다-공사하자로 인한 정신적 손해의 입증자료 부족을 들어 위자료를 부정한 사례 (대법원 1993.11.9. 93다19115).

(나) 積極的 損害와 消極的 損害

적극적 손해란 침해행위에 의하여 물권·채권·무체재산권 등의 상실, 채무의 부담 등에 의하여 재산이 전체로서 감소하는 것을 말한다. 소극적 손해란 증가될 수 있는 재산이 침해행위로 인하여 증가되지 않은 경우를 말한다. 소극적 손해는 장래에 발생할 가능성이 있는 이익이 손해배상의 원인되는 사실에 의하여 현실적으로 발생되지 않은 손해, 즉 일실이익 또는 기대이익의 상실을 말한다. 이러한 소극적 손해는 보통의 경우 특별손해로 된다.

판례 消極的 損害에 대한 立證의 程度-蓋然性 : 장래의 얻을 수 있었을 이익에 관한 입증에 있어서는 그 증명도를 과거사실에 대한 입증에 있어서의 증명도보다 경감하여 채권자가 현실적으로 얻을 수 있을 구체적이고 확실한 이익의 증명이 아니라 합리성과 객관성을 잃지 않는 범위 내에서의 상당한 개연성이 있는 이익의 증명으로 족하다고 보아야 할 것이다(대법원 1992.4.28. 91다29972).

판례 消極的 損害의 事例 : ① 계약의 일방 당사자가 상대방의 이행을 믿고 지출한 비용도 그러한 지출사실을 상대방이 알았거나 알 수 있었고 또 그것이 통상적인 지출비용의 범위 내에 속한다면 그에 대하여도 이행이익의 한도 내에서는 배상을 청구할 수 있으며 다만 이러한 비용 상당의 손해를 일실이익 상당의 손해와 같이 청구하는 경우에는 중복배상을 방시하기 위하여 일실이익은 제반 비용을 공제한 순이익에 한정된다고 보아야 한다(대법원 1992.4.28 91다29972). ② 고속도로 확장공사 및 차량통행에 따른 소음·진동으로 인하여 종전 사업장에서 더 이상 양돈업을 할 수 없게 된 경우, 양돈업자들이 입은 소극적 손해는 그 곳에서의 양돈장을 폐업, 이전함으로 인하여 상실하게 된 수입이라고 할 것인바, 그 손해기간은 차량통행으로 인한 소음·진동으로 양돈장의 정상적인 영업이 불가능하여 이를 폐업한 때부터 위 양돈장과 유사한 정도의 시설물 건설 및 양돈상태 조성에 드는 기간에 정상적인 노력으로 위 양돈장을 위한 대체지와 양돈 영업시설을 확보하는 데 소요되는 통상의 기간을 더한 기간이다(대법원 2003.9.5. 2001다68358).

(다) 其他의 分類

상기의 분류 외에 통상손해와 특별손해, 직접손해와 간접손해, 신뢰이익의 손해와 이행이익의 손해 등으로 분류하는데, 이 같은 분류는 배상책임이 있느냐 여부 및 배상액 산정의 기준을 명백히 하기 위한 것이다.

통상손해와 특별손해는 후술하는 <배상의 범위> 편에서 자세히 본다.

직접손해와 간접손해의 구별은 독일 민법상 배상의 범위 문제에서 논의되는 것으로, 직접손해는 권리 또는 피보호이익의 침해 그 자체를 말한다. 간접손해는 침해사실 후에 다른 법익에 발생한 부가적 손실을 말한다. 이는 독일 민법에서 배상의 범위를 한정하는 기준으로 사용되나, 손해의 직접성과 간접성을 구별하기가 곤란하다는 점이 있다.

이행이익의 손해와 신뢰이익의 손해의 분류는 손해의 일반적인 분류로서는 이용되지 않고, 주로 계약의 유무효와 관련되어 그 실익이 있다. 보통의 경우 이행이익의 손해란 유효한 계약상의 채무가 완전하게 이행되어져 얻는 이익을 말하며, 신뢰이익의 손해란 계약이 무효임에도 그것을 유효로 믿음으로써 입게 된 손해로서, 계약의 체결을 위하여 지출한 비용 또는 계약이 유효하게 체결될 것으로 믿고 그 이행을 위하여 준비한 비용 등이 대표적인 예가 된다. 채무불이행에 의한 손해(제393조)는 이행이익의 손해이며, 계약 체결상의 과실책임에서의 손해(제535조)가 신뢰이익의 손해이다. 한편, 계약의 유·무효와는 관계없이 행위자의 무과실책임(담보책임)을 인정하는 경우에는 신뢰이익의 손해를 부과한다.

신뢰이익도 누구에게나 다 발생할 수 있는 것이냐 여부에 따라 통상손해와 특별손해로 구분된다.

판례 信賴利益의 事例 : 계약의 일방 당사자가 상대방의 이행을 믿고 지출한 비용인 이른바 신뢰이익의 손해도 그러한 지출 사실을 상대방이 알았거나 알 수 있었고 또 그것이 통상적인 지출비용의 범위 내에 속한다면 그에 대하여도 이행이익의 한도 내에서 배상을 청구할 수 있다(대법원 1999.7.27. 99다13621).

판례 信賴利益에서 通常損害와 特別損害의 區分 : 채무불이행을 이유로 계약해제와 아울러 손해배상을 청구하는 경우에 그 계약이행으로 인하여 채권자가 얻을 이익 즉 이행이익의 배상을 구하는 것이 원칙이지만, 그에 갈음하여 그 계약이 이행되리라고 믿고 채권자가 지출한 비용 즉 신뢰이익의 배상을 구할 수도 있다고 할 것이고, 그 신뢰이익 중 계약의 체결과 이행을 위하여 통상적으로 지출되는 비용은 통상의 손해로서 상대방이 알았거나 알 수 있었는지의 여부와는 관계없이 그 배상을 구할 수 있고, 이를 초과하여 지출되는 비용은 특별한 사정으로 인한 손해로서 상대방이 이를 알았거나 알 수 있었던 경우에 한하여 그 배상을 구할 수 있다고 할 것이고, 다만 그 신뢰이익은 과잉배상금지의 원칙에 비추어 이행이익의 범위를 초과할 수 없다(대법원 2002.6.11. 2002다2539).

판례 債務不履行에 의한 契約解除와 損害賠償 請求時, 信賴利益의 賠償 求할 수 있는지 與否

: 채무불이행을 이유로 계약해제와 아울러 손해배상을 청구하는 경우에 그 계약이행으로 인하여 채권자가 얻을 이익 즉 이행이익의 배상을 구하는 것이 원칙이지만, 그에 갈음하여 그 계약이 이행되리라고 믿고 채권자가 지출한 비용 즉 신뢰이익의 배상을 구할 수도 있다고 할 것이고, 그 신뢰이익 중 계약의 체결과 이행을 위하여 통상적으로 지출되는 비용은 통상의 손해로서 상대방이 알았거나 알 수 있었는지의 여부와는 관계없이 그 배상을 구할 수 있고, 이를 초과하여 지출되는 비용은 특별한 사정으로 인한 손해로서 상대방이 이를 알았거나 알 수 있었던 경우에 한하여 그 배상을 구할 수 있다(대법원 2003. 10.23. 2001다75295).

3. 因果關係

책임원인행위와 손해사이에 원인과 결과의 관계가 있어야 손해배상이 성립한다. 그런데 손해배상에서 인과관계는 두 가지 측면에서 문제가 된다. 하나는 손해배상청구권이 성립하기 위한 요건으로서의 <책임원인사실과 손해사이의 인과관계>(책임발생적 인과관계)이며, 다른 하나는 배상되어야 할 손해의 범위를 결정하기 위한 기준 내지 척도로서의 인과관계(책임 충족적 인과관계)이나. 전사는 채무자의 행위와 손해사이에 인과관계가 존재한다는 정도의 추상적 판단으로 족하다. 이는 곧 책임원인사실에 의하여 손해가 발생하였다는 관계를 말한다. 인과관계의 주된 문제는 후자인 책임 충족적 인과관계이다.

한편, 근래에는 인과관계는 책임의 발생단계에서만 작용을 하며, 책임의 범위를 결정하는, 즉 손해의 범위를 결정하는 문제는 인과관계의 문제가 아니라 행위자에게 어디까지 책임을 지울 것인가라는 별도의 「책임귀속」의 문제라는 견해가 있다. 그러나 책임을 추궁하면서 그 원인행위와 인과관계가 없는 부분까지 책임을 귀속시킬 수는 없을 것이다. 이러한 점에서 결국 인과관계는 배상의 범위를 결정하는 초보적이고 필수적이며 기초적인 척도로서 기능함에는 틀림이 없다.

II. 損害賠償의 方法

1. 金錢賠償을 原則

손해배상의 방법에 관하여는 원상회복주의와 금전배상주의가 있다. 각국은 배상의 방법에 관하여 어느 하나를 원칙으로 하고 다른 하나를 보충적으로 하고 있다. 배상의 방법은 배상의 범위에 관한 기본원칙과 밀접한 관련성을 가지는데, 배상의 범위에 관한 완전배상주의는 배상의 방법에 관하여는 원상회복주의로 연결되는 것이 자연스러우며, 제한배상주의는 금전배상주의로 연결된다. 이에 따라 독일 민법은 범위에 관하여 완전배상주의를 취하고, 방법에 관하여는 원상회복을 원칙으로 하여 원상회복이 불가능한 경우에 금전배상을 하도록 하고 있다(독일 민법 제249조[원상회복에 의한 손해배상]).

우리 민법은 배상의 방법으로 금전배상을 원칙으로 하며(제394조, 제763조), 명예훼손의 경우만 원상회복을 허용하고 있다(제764조). 그러나 당사자간에 배상의 방법에 관하여 원상회복 또는 기타의 방법 등으로 다른 특약이 있는 경우에는 그에 의한다. 예컨대 물건을 훼손시킨 경우에 소유자 또는 훼손자가 수리를 강요할 수 없고, 수리비를 산정하여 금전으로 배상하여야 한다.

2. 補則으로 原狀回復

민법은 명예훼손의 경우에 손해배상과는 별도로 명예회복처분을 청구할 수 있게 하며(제764조), 그 밖에 특허법 (제1341조), 상표법(제69조)등에서 원상회복청구권을 인정한다. 타인의 명예를 훼손하거나 타인의 신용을 저하 내지 훼손한 경우 등에서는 가해자가 금전으로 배상한다고 할지라도 훼손된 명예나 신용이 그 자체만으로 회복되지 아니한다. 따라서 추락한 명예, 신용 등을 그 이전의 상태로 회복시키기 위한 별도의 조치가 있어야 한다. 이것이 원상회복으로서 사죄광고 등이 이에 해당한다.

상호 사용 위반 등에서는 사죄광고가 허용되나, 개인에 대한 명예훼손에서 사죄광고는 헌법재판소가 헌법상의 양심의 자유에 대한 위반으로 위헌으로 결정한 바 있다. 사죄광고에 대체하여 외국에서 이용하는 명예훼손에 대한 유죄취지의 판결문을 요약하여 행위자부담으로 언론 등에 광고하는 형식도 생각할 수 있다.

판례 민법 제764조[명예회복에 적당한 처분]에 「사죄광고」를 포함시키는 것은 헌법에 위반된다(헌법재판소 1991.4.1, 89헌마160).

III. 損害賠償의 範圍

손해배상의 범위에 관하여 민법 제393조는 통상손해와 특별한 사정으로 인한 손해(특별손해)를 구별하여, 통상손해는 전부 배상하고 특별손해는 특별한 사정에 대한 예견가능성에 의존하여 배상책임 여부가 있다고 규정하고 있다. 이와 같은 제393조의 규정의 해석에 관하여 근래 여러 가지 의문이 제기되어 많은 논의가 있다.

1. 第393條의 沿革 및 立法背景

채무불이행에 의한 손해배상의 범위에 관하여 민법은 제393조에 명문으로 규정하고, 동조는 제763조[준용규정]에 의하여 불법행위의 경우에도 준용토록 되어 있다. 따라서 손해배상청구권의 기초가 채무불이행이든 불법행위이든 배상의 범위에 관하여는 제393조에 의하여 동일한 규율을 받도록 되어 있다.

배상의 범위를 규정한 민법 제393조는 민법 제정시에 별다른 논의 없이 일본 민법 제416조와 동일하게 규정하는 것으로 합의하고 그대로 통과되었다. 따라서 민법 제393조를 이해하는 데는 동일한 내용인 일본 민법 제416조의 입법취지를 살펴볼 필요가 있다.

일본 민법 제416조는 아래의 원칙 아래 입법되었음을 제안 이유에서 밝히고 있다(일본 민법 의사속기록) : ① 적어도 불이행과 원인결과의 관계가 증명될 수 있는 손해는 그 배상을 청구할 수 있다는(인과관계에 의한 손해배상)원칙, ② 손해배상의 책임에 관하여 불이행이 채무자의 고의에 의한 것인가 과실에 의한 것인가는 구별하지 않는다는(고의·과실 불구별)원칙, ③ 당사자의 예견은 배상액을 정하는 하나의 표준이 된다는(예견주의)원칙.

이러한 동조에 대한 입법태도를 이해하기 위해서는 일본 구민법과 연계하여 보아야 한다. 즉, ①의 원칙은 구민법이 취한 프랑스 민법에 유래하는 직접손해·간접손해라는 구별을 배척하고, 독일 법학에서 유래하는 인과관계론을 채택한다는 것이다. ②의 원칙은 구민법이 고의와 과실의 경중輕重에 따라 손해배상의 범위를 구별하였으나 손해배상의 취지가 손해의 회복이라는 점에서 이를 구별하지 않는다는 것이다. ③의 원칙은 구민법이 과실에 의한 불이행 또는 지체의 경우에 손해배상의 기준으로서 당사자의 예견가능성을 들었으나, 예견가능성은 통상의 손해에는 필요 없고 특별한 사정으로 발생한 손해에 한하여 그 사정을 당사자의 예견가능성에 의존토록 한다는 것을 선언한 것이다.

2. 第393條의 解釋論

(1) 相當因果關係論的 解釋

위와 같은 입법취지를 바탕으로 독일 민법학의 영향을 받아 상당인과관계론을 기초로 제393조를 다음과 같이 이해한다. 이 견해는 종래에는 판례와 통설이었으나 오늘날은 많은 비판을 받고 있다.

제393조는 채무불이행의 경우에 있어서 불이행과 손해 사이의 인과관계, 그중에서도 상당인과관계설에 의한 것이다. 즉, 동조 제1항은 상당인과관계의 원칙을 선언한 것이며, 제2항은 상당인과관계의 존부판단의 기초가 되는 특별사정의 범위를 정한 것이다. 특히 제2항의 경우 객관적으로 안 사정은 그것이 특별한 사정일지라도 상당인과관계설에 의하면 이론상 당연히 참작되어야 하는 것이지, 상당인과관계를 확장 내지 제한하는 것을 의미하는 것은 아니다.

이 견해에 의하면 상당인과관계는 배상되어야 할 손해의 범위를 정하는 일반원칙이 된다. 제393조에 대한 위와 같은 해석론을 이해하기 위해서는 독일 손해배상법상의 상당인과관계론의 내용을 보아야 할 것이다.

(가) 獨逸의 相當因果關係論

독일 민법은 제249조에서 <손해배상의 의무가 있는 자는 배상의무를 발생케 한 사정이 없었더라면 존재하였을 상태를 회복하여야 한다>고 규정하고 있어, 배상의 방법은 원상회복주의, 배상의 범위에 관하여는 완전배상주의를 채택하고 있다. 이러한 규정에 의하여 인과관계는 손해배상책임의 성립과 배상의 범위결정에 있어서 필요하고도 충분한 역할을 하는 것으로 이해되었다. 즉, 인과관계는 책임의 발생 요건과 책임의 충족 요건을 판단하고 그 범위를 결정하는 유일하고도 충분한 척도로서 인식하였다. 이는 책임원인 사실과 인과관계가 있는 손해는 배상되어야 한다는 것을 의미한다고 이해되었다.

여기서 인과관계란 무엇인가, 즉 어디까지를 인과관계가 있다고 인정할 것인가라는 논의가 있게 되고, 처음 주장된 것이 조건설이다. 조건설은 결과발생의 원인된 모든 조건에 관하여 인과관계를 인정하여야 한다는 견해이다. 이 조건설은 자연적 인과관계와 구별되지 않아 책임원인 사실에 의한 손해가 끊임없이 확대된다는 비판이 있다. 그 후 원인에 대한 조건에 제한을 두어야 한다는 점에서 최후조건설, 최유력조건설 등이 주장되기도 하였다. 그러나 조건설에 기초를 둔 이러한 주장들은 근본적으로 자연적 인과관계의 틀을 벗어나지 않아, 인과관계를 법규범적으로 파악하여야 한다는 주장이 제기됨에 따라 주창된 이론이 상당인과관계론이다. 상당인과관계론은 다시 원인과 결과 사이에 상당성이 있다는 결정을 누구를 기준으로 할 것인가에 의하여, 주관설·객관설·절충설로 갈라진다. 그중에서도 Traeger의 이른바 절충적 상당인과관계론이 가장 설득력 있는 주장으로 받아들여져 독일에서 판례와 통설이 되었다.

Traeger의 상당인과관계론은 법적인 인과관계란 연속되는 자연적 인과관계 중에서 법률적 판단에 의하여 상당성 있는 인과관계만이 해당된다는 것이다. 즉, 원인된 조건이 일반적인 경우에 보통 그러한 결과를 발생시키는 경우만이 인과관계가 법적으로 평가되는 인과관계라는 것이다. 또한 결과를 발생시키는 원인(사정)은 행위 당시의 통상인이 알 수 있었던 사정과, 행위자 본인이 알고 있었던 사정을 함께 고려하여야 한다는 것이다.

(나) 獨逸의 規範目的說

상당인과관계론은 근래 독일에서도 비판을 받아, <규범의 보호범위(Schutzbereich der Norm)>에 의하여 배상될 손해의 범위를 확정할 필요성이 제기되었다. 이는 상당인과관계론만으로는 상당인과관계가 있음에도 배상책임을 지우는 것이 타당하지 않는 경우가 있어 불합리하다는 데서 출발하고 있다. 모든 규범은 본래 그 규범이 목적으로 하는 보호의 범위가 있어, 그 범위 내에서의 침해행위에 대하여 행위자는 책임을 지면 된다는 것이다. 이 이론에 의하면 당해 규범이 그 규범의 침해로 인해 배상되어야 할 손해의 최대범위를 결정한다는 것이다.

이는 곧 상당인과관계에 의하여 산정된 손해의 범위를 규범의 목적에 의하여 다시 그 배상의 당부를 판단한다는 것이 된다.

이 이론은 Ernst von Rabel에 의하여 제창되어, von Caemmerer를 거쳐 Fikentscher, Larenz 등의 지지를 받고 있다.

(2) 英美法의 制限賠償論的 解釋

독일의 상당인과관계 개념은 독일 민법이 취하는 완전배상주의 아래 타당한 것이나, 우리 민법 제393조는 제한배상의 원칙을 선언한 것으로서, 그 계보상으로도 영국의 Hadley v. Baxendale(1854)의 판례의 내용을 규정한 것이므로 제393조를 상당인과관계론적으로 해석하는 것은 타당하지 않다는 것이다. 이러한 시각에서 다음과 같은 여러 가지 견해가 주장되고 있다.

* 영국의 Hadley v Baxendale에서 채무불이행에서 발생되는 손해를 아래의 두 가지 유형으로 확립하였다.

① those damages <arising naturally .... (in the) usual course of things,>

② other damages, which could not be recovered unless contemplated by the parties at the formation of the contractual relations

(가) 保護範圍說

배상되어야 할 손해의 범위 문제와 손해의 금전적 평가의 문제는 명확히 구별되어야 한다. 전자는 행위자의 행위와 배상을 구하는 손해사이의 사실적 인과관계의 문제인데, 이는 후자인 그 손해를 행위자에게 배상시키는 것이 타당한가의 문제, 즉 보호범위의 문제와는 구분되어야 한다. 보호범위의 문제는 어디까지 배상시키는 것이 타당한가라는 정책적 가치판단의 문제로서, 제393조는 채무불이행에 의한 손해배상의 경우에 사실적 인과관계에 있는 손해로부터 배상되어야 할 손해를 한정하는 기준을 규정한 것이다. 즉, 보호범위는 제393조에 의하여 예견가능성을 기준으로 결정된다는 것이다(平井宜雄).

(나) 危險性關聯說

제393조는 배상되어야 할 후속손해의 범위의 기준을 정한 것이다. 손해배상의 대상이 되는 후속손해는 채무불이행과 조건관계에 있어야 한다. 채무불이행과 조건관계에 있는 후속손해는 제1차손해와 위험성 관련, 즉 제1차손해가 가지는 후속손해파생의 위험성과 후속손해와의 사이의 평가관계가 있다고 인정되는 경우에는 배상되어야 한다.

제393조 제1항의 통상손해는 어떤 사정에 관한 채무자의 인식가능성을 문제로 하는 것이 아니라 위험성 관련이 인정되는 경우의 손해이고, 제2항의 특별손해는 어떤 사정에 관한 채무자의 인식가능성을 문제로 하여 위험성 관련이 인정되는 손해이다(김형).

3. 相當因果關係論을 基礎(私見)

(1) 民法 第393條의 起源

민법 제393조는 그 기원이 어디인가? 즉, 우리 민법은 배상의 범위에 관하여 기본적으로 완전배상주의를 취한 독일 민법을 계수한 것인가, 아니면 제한배상주의를 취하는 영미법을 계수한 것인가의 문제이다.

독일은 보통법 이래 손해가 직접인지 간접인지, 유책성의 정도, 예견성이 있었는지 등과는 관계없이 이익개념에 의한 책임원인행위를 기준으로 예상되는 이익상태(책임원인사실이 없었으면 달성될 수 있을)와 현재의 이익상태의 차액을 손해로 개념을 정립하였다. 따라서 손해배상이란 이익상태의 차액(손해)을 배상하여 예상되는 상태로 회복시키는 것을 의미하는 것이 된다. 배상의 범위에 관한 독일 민법 제249조는 바로 위에서 본 바와 같은 손해의 개념 정립 및 손해배상의 기능을 이해하는 바탕위에서 규정된 것이다. 이는 곧 손해배상이란 채권자를 책임원인 사실이 발생하지 않은 경우에 예상되는 이익상태로 복귀시키는 것이 되는데, 이러한 독일 민법의 태도를 완전배상주의라 한다.

영미법은 1854년 Hadley v. Baxendale 사건 이후 배상되어야 할 손해는 책임원인과 인과관계가 있어야 하나, 인과관계가 있는 손해가 전부 배상되어야 하는 것이 아니라 손해의 내용에 따라 예견가능성에 의하여 배상되어야 할 범위가 결정된다는 원칙이 확립되었다. 영미법은 이와 같이 예견가능성에 의하여 배상되어야 할 손해의 범위를 제한하기 때문에 이를 제한배상주의라 한다. 한편 프랑스 민법은 같은 제한배상주의를 취하지만 영미법과는 달리 고의에 의한 손해배상은 제외하고 과실에 의한 손해배상의 경우만 예견가능성에 의하여 손해배상책임을 지는지 여부를 결정하는 것으로 규정하고 있다.

그러면 우리 민법 제393조는 어느 나라 법을 계수한 것으로 보아야 하는가? 위의 연혁에서 본 입법자 의사를 기준으로 보면 독일 민법을 그 기원으로 보는 것이 온당하겠으나, 제정 당시에 영미법의 위 사례인 제한배상주의를 인식하고 있었느냐에 관하여는 의심이 가지만 법문상으로는 위 Hadley v. Baxendale에서의 판결문과 아주 흡사하여 영미법의 제한배상주의에 근접한다고 이해하는 것이 온당할 것이다.

(2) 基礎로서의 相當因果關係

배상의 범위에 관하여 완전배상주의를 취하든 제한배상주의를 취하든 그것과는 관계없이, 배상되어야 할 최대범위의 손해는 어떠한 경우에나 책임원인사실과 인과관계가 있는 손해여야 할 것은 당연하다. 바꾸어 말하면 책임원인사실과 인과관계가 없는 손해가 배상될 수는 없을 것이다. 이러한 점에서 인과관계는 손해의 최대범위를 결정하는 제1차적 내지 기본적 척도가 된다.

그 다음의 문제가 <인과관계>란 무엇이냐의 문제가 있다. 이에 대하여는 전술한 바와 같이 여러 논의를 거쳐 독일에서 상당인과관계가 법적 척도로서의 그 합리성과 타당성이 검증되었다. 이 상당인과관계는 일부에서 주장하는 바와 같이 완전배상주의 아래서는 타당하나 제한배상주의 아래서는 적당하지 않다는 주장이 있다. 그러나 제한배상이라고 할지라도 인과관계의 개념을 배제하고 논의될 수는 없다. 완전배상이냐 제한배상이냐는 것은 손해의 귀속문제이지 손해의 구별문제가 아니기 때문이다.

(3) 賠償責任의 歸屬-制限賠償

인과관계가 미치는 손해일지라도 이를 전부 배상책임지울 것인가 아니면 일정한 범위 내에서 이를 제한할 것인가는 인과관계의 문제가 아닌 또 다른 문제이다. 이는 일종의 법정책적 가치판단이라고도 할 수 있어 여러 가지의 판단기준을 세울 수 있다. 이러한 판단기준으로 우리 민법은 손해발생의 원인인자를 기준으로 한 것이라고 필자는 생각한다. 즉, 인과관계에 의하여 원인이 되어 결과로 산출되는 손해를 그 원인된 인자에 따라 구분하여, 통상적인 채권자가 가지는 <공통적인 원인자(통상적인 사정)>에 의하여 발생한 손해와 당해 구체적인 채권자만이 가지는 <특별한 원인자(특별한 사정)>에 의하여 발생된 손해를 구별하고, 그에 따라 책임의 귀속요건을 달리한 것이다. 이에 따라 공통적인 원인자에 의한 손해는 손해배상의 일반적인 요건의 충족으로 배상책임을 부과하고(제393조 1항), 당해 채권자의 특별한 원인자에 의한 손해는 손해배상의 일반적인 요건 외에 별도로 예견가능성을 추가하여 배상책임을 지운 것이다(제393조 2항).

이러한 책임 귀속방식은 처음부터 구체적 채권자가 가지는 모든 인자, 즉 모든 사정을 원인으로 발생된 결과에 대하여 책임을 귀속시키는 완전배상주의와는 다르다는 측면에서 제한배상주의라고도 할 수 있으나, 보다 정확하게는 책임귀속의 측면에서 제한책임주의라고 하는 것이 타당하다할 것이다.

(4) 第393條의 解釋

이상 기술한 것을 종합하면 결국 제393조는 채무자의 책임귀속을 제한한 규정으로서 아래와 같이 정리할 수 있다.

① 배상되어야 할 손해의 최대의 범위는 책임원인사실과 상당인과관계가 미치는 손해이다. 즉, 손해의 범위는 인과관계론적 원칙이 적용된다. ② 손해는 통상적인 채권자(통상인)에게 발생될 수 있는 손해(통상손해)와 구체적인 채권자만에게(개별적으로) 발생될 수 있는 손해(특별손해)로 구분된다. 즉, 손해는 구별되어 귀속된다. ③ 책임의 귀속문제는 정책적 가치판단의 문제로서 제393조는 이를 규정하여, 채무자의 예견가능성을 그 기준으로 하고 있다. ④ 통상손해는 예견가능여부에 관계없이 배상책임이 있으며, 특별손해는 예견가능성에 의하여 책임의 귀속여부가 결정된다.

그러나 이러한 추상적 설명보다도 구체적 사안에서는 무엇보다도 <통상손해>, <특별손해>의 개념이 중요한 역할을 한다. 즉, 어떠한 손해를 통상손해 또는 특별손해라고 볼 것인가라는 점이 중요하다. 이는 계약의 유형·구체적인 계약 당사자간의 관계·계약을 체결한 배경 등을 고려하여 종합적으로 판단하여야 한다.

4. 通常損害와 特別損害

(1) 通常損害

통상의 손해란 책임원인사실(채무불이행)이 있게 되면 누구에게나 발생하는 손해, 즉 보통의 채권자에게 보편적으로 발생할 수 있는 손해를 말한다. 즉, 당해 채무불이행이라는 원인행위가 없다면 발생할 수 없는 손해를 말한다. 그러한 유형의 채무불이행이 있으면 당해 손해가 발생하는 것이 통상적·보편적이라는 일반적 관계에 있는 경우를 말한다. 이는 개별 채권자의 특수한 사정이 전연 고려되지 않은 상태를 기준으로 채무불이행 사실과 상당인과관계가 미치는 범위의 손해를 말한다.

통상손해는 제393조 제1항에 의하여 채무자의 예견가능 여부를 묻지 않고 전부 배상되어야 한다. 통상손해의 예로는 다음의 것을 들 수 있다.

① 賣買의 引渡債務 履行不能의 경우

당해 물건의 이행불능 당시의 시가가 통상손해이다. 따라서 계약 때 보다 이행불능시에 물가가 앙등한 경우에도 이행불능시의 가격인 앙등한 가격이 통상손해로 배상되어야 할 손해이다. 예컨대 동일한 종류의 물건 구입시에는 그 차액과 비용이 통상손해이며, 소비물의 경우는 제3자로부터의 구입차액과 비용이 통상손해이다.

판례 履行不能時에 契約時보다 價格이 騰貴한 경우: 騰貴한 價格이 通常損害 : 매매계약의 이행불능으로 인한 전보배상책임의 범위는 이행불능 당시의 매매목적물의 시가에 의하여야 하고 그와 같은 시가 상당액이 곧 통상의 손해라 할 것이고, 그 후 시가의 등귀는 채무자가 알거나 알 수 있었을 경우에 한하여 이를 특별사정으로 인한 손해로 보아 그 배상을 청구할 수 있는 것이므로 이행불능 당시의 시가가 계약 당시의 그것보다 현저하게 앙등되었다 할지라도 그 가격을 이른바 특별사정으로 인한 손해라고 볼 수 없다(대법원 1993.5.27. 92다20163).

② 賣買의 引渡債務의 履行遲滞

사용목적 물건의 경우는 동일물의 지체기간 동안의 임대를 예상한 임료상당액, 영업용 물건의 경우는 지체기간 중에 손실된 영업이익에 상당한 액이 통상손해이다.

③ 貸借에서 借主의 不履行의 경우

목적물반환의무 불이행 또는 임료채무불이행의 경우 등은 임료에 상당하는 금액이 통상손해이다.

④ 貸借에서 貸主의 不履行의 경우

당해 임차권침해의 배상청구로 대체물의 임차에 따른 임료상당액과 그 비용이 통상손해이다.

⑤ 所有物의 毁損

당해 목적물에 대한 수선보수비 또는 교환가치의 감소이익이 통상손해이다, 수리보수비가 통상손해이나 수리보수비가 교환가치보다 높은 경우에는 수리보수비가 통상손해이다.

판례 修理費가 交換價値를 超過하는 경우-修理費가 通常損害 : 불법행위로 인하여 물건이 훼손·멸실된 경우 그로 인한 손해는 원칙적으로 훼손·멸실 당시의 수리비나 교환가격을 통상의 손해로 보아야 하되, 건물이 훼손되어 수리가 불가능한 경우에는 그 상태로 사용이 가능하다면 그로 인한 교환가치의 감소분이, 사용이 불가능하다면 그 건물의 교환가치가 통상의 손해일 것이고, 수리가 가능한 경우에는 그 수리에 소요되는 수리비가 통상의 손해일 것이나, 훼손된 건물을 원상으로 회복시키는 데 소요되는 수리비가 건물의 교환가치를 초과하는 경우에는 그 손해액은 형평의 원칙상 그 건물의 교환가치 범위 내로 제한되어야 한다 (대법원 1999.1.26. 97다39520).

판례 修理費가 交換價格을 超過하는 경우에 被害者의 修理 要求 : 사고 당시의 피해차량의 교환가격을 현저하게 웃도는 수리비용을 지출했다 하더라도 이런 경우는 경제적인 면에서 수리불능으로 보아 사고 당시의 교환가격으로부터 고물(고철)대금을 뺀 나머지만을 손해배상으로 청구할 수 있을 뿐이라고 할 것이고, 이렇게 보아야만 손해배상제도의 이상인 공평의 관념에 합치되는 것이며, 따라서 교환가격보다 높은 수리비를 요하는 경우에 굳이 수리를 고집하는 피해자가 있는 경우에는 그 소망을 들어 주어야 하는 것이 사회통념에 비추어 시인되어야 할 특별한 사정이 없는 한 그 수리비 가운데 교환가격을 넘는 부분은 그에게 부담시켜야만 한다. 영업을 하지 못한 손실도 통상손해이다(대법원 1990.8.14. 90다카7569).

⑥ 金錢債務의 履行遲滯

지체기간동안의 이자상당액이 통상손해이다.

⑦ 都給의 履行遲滯

목적물에 대체한 물건의 사용비용이 통상손해이다.

⑧ 辯護士 費用

채무자가 소를 제기하여 응소한 경우에 채권자에게 상당성 있는 변호사 비용이 통상손해이다.

(2) 特別損害

(가) 特別損害의 意義

특별손해란 당해 특정 채권자가 가지고 있는 통상인과는 다른 개별적이고도 구체적인 사정에 의하여 발생된 손해이다. 이러한 손해는 당해 채무의 성질 및 내용에 의해서는 일반적으로 발생하지 아니하고, 특별한 사정이 있는 경우에만 발생하는 손해이다. 예컨대 매수인인 채권자가 당해 목적물을 일반적인 용도로 사용하는 것이 아니라 특별히 전매하여 전매이익을 볼 목적이 있었다든지, 소유권을 취득하여 물건을 일반적인 용도로 사용하는 것이 아니라 임대할 목적이 있었다든지, 채권자가 통상인과는 다른 특이한 체질을 가지고 있다든지 등과 같은 보통의 채권자와는 달리 특별한 사정이 있고, 그 특별한 사정으로 채무불이행이 연유하여 발생한 손해를 말한다. 특별사정에 의하여 발생된 손해일지라도 채무자가 책임져야 할 손해는 당연히 특별사정과 상당인과관계가 있는 범위 내에 한정된다.

특별손해의 구체적인 몇 가지 예를 아래에서 본다.

① 賣買의 경우에 履行遲滯 또는 履行不能

당해 물건을 영업용으로 사용할 목적이었다면 지체기간 동안의 영업손실, 일반적인 사용목적의 물건이 이행불능된 이후에 시가가 등귀한때에는 그 차액, 전매 용도의 경우에는 전매가와의 차액이 특별손해이다.

② 金錢債務

특수한 용도에 사용하기 위한 금전이 그 용도에 사용하지 못함으로 인하여 통상적인 이자보다 많은 이득을 얻지 못한 경우의 그 차액, 외국환으로 환전을 할 용도에서 환차손이 특별손해에 해당한다(대법원 1980.11.11. 80다1696)

③ 賃貸의 경우 不履行

영업용 물건인 경우에 그 물건을 이용하지 못하여 입은 영업손실에 상당하는 손해가 특별손해이다.

④ 財産權 侵害時의 慰藉料

당해 물건이 소유자에게 특별한 의미를 가지는 경우에 그 물건이 훼손, 멸실됨으로써 생긴 본인의 애통한 감정이 특별손해이다.

(나) 豫見可能性에 따른 賠償責任

상기의 특별손해는 제393조 제2항에 의하여 그 특별손해를 발생시키는 특별사정이 당해 채권자에게 존재한다는 것을 채무자가 알았거나 알 수 있었을 경우에 배상책임이 있다. 즉, 예견가능성에 의하여 책임귀속여부가 결정된다.

① 豫見可能性

예견가능성이 있었느냐 여부에 관한 판단에 관하여는 채무자의 사회적·경제적 지위에 속한 평균인을 기준으로 하여야 한다는 견해가 통설이다. 그러나 채무불이행이 있은 당해 계약당사자의 직업, 계약의 목적, 거래관행 등을 고려하여 당해 계약당사자간에 어디까지의 범위에 관하여 손해배상의무를 지우는 것이 타당한가라는 종합적인 관점에서 판단하는 것이 공평의 이념에 적합하다.

② 豫見可能性의 判斷時期

영미법과 프랑스 민법(과실에 의한 채무불이행)에서는 계약 체결시를 기준으로 한다. 그러나 우리나라의 통설·판례는 이행기를 기준으로 한다는 것이다. 즉, 계약 체결시에 예견하지 못하였을지라도 이행기까지 예견할 수 있었다면 배상책임이 있다는 것이다. 계약은 이행되어야 한다는 점과 채권자를 두텁게 보호한다는 점에서는 이행기를 기준으로 하는 것이 타당하나 이행기를 기준으로 하면 채무자에게 가혹한 경우도 있다.

따라서 계약 체결시에 예견가능한 사정은 모두 고려되나, 계약 체결 후에 새로이 발생된 예견가능한 사정은 양 당사자의 신의칙을 충분히 고려하여 배상의무를 지울 것인가라는 관점에서 판단하는 것이 타당하다.

판례 豫見可能性은 履行期를 基準 : 매도인이 매수인에게 커피원두를 매도하기로 하는 매매계약을 체결하고 그 이행을 위하여 제3자로부터 커피원두를 매수하였으나 매수인이 커피원두의 국제가격이 하락하자 계약을 일방적으로 파기함으로써 매도인 역시 그 제3자와의 계약을 속행할 수 없게 되어 그 자에 대하여 손해배상금을 지급하게 된 경우에는 매도인이 이로 인해 입은 손해는 이른바 특별한 사정으로 인한 손해로서 매도인이 매수인에게 그 배상을 청구하기 위해서는 매수인이 채무불이행 당시에 매도인과 위 제3자 사이의 커피원두에 대한 매매계약이 체결되어 있고 매도인의 채무불이행으로 인하여 위 제3자에게 손해가 발생하고 매도인이 그 손해를 배상해야 한다는 특별한 사정을 알았거나 알 수 있었어야 한다(대법원 1980.5.13. 80다130).

판례 特別損害가 認定된 事例 : 토지 매도인의 소유권이전등기의무가 이행불능상태에 이른 경우, 매도인 이 매수인에게 배상하여야 할 통상의 손해배상액은 그 토지의 채무불이행 당시의 교환가격이나, 만약 그 매도인이 매매 당시 매수인이 이를 매수하여 그 위에 건물을 신축할 것이라는 사정을 이미 알고 있었고 매도인의 채무불이행으로 인 하여 매수인이 신축한 건물이 철거될 운명에 이르렀다면, 그 손해는 적어도 특별한 사정으로 인한 것이고, 나아가 매도인은 이러한 사정을 알고 있었으므로 위 손해를 배상할 의무가 있다(대법원 1992.8.14. 92다2028).

Ⅳ. 損害賠償額의 算定

1. 算定時期

(1) 算定時期의 意義

채무불이행 또는 불법행위로 인하여 피해를 입은 자는 당사자간에 배상액에 관하여 협의가 되지 않은 경우에는 법원에 소를 제기하여 문제를 해결할 수밖에 없다. 이때 법원은 어느 시점을 기준으로 손해액을 산정할 것인지가 문제된다. 즉, 손해의 원인이 있은 시점부터 소를 제기하여 심리를 거쳐 판결을 하기까지 사회경제사정이나 물가의 변동 등으로 손해가 확대되거나 또는 축소될 수 있기 때문이다.

(2) 算定時期

손해배상의 산정시기에 관하여 명문의 규정이 없어 견해가 대립하고 있다. 판례는 이행불능 및 불법행위와 이행지체를 구별하여, 전자의 경우는 책임원인 발생시(책임원인발생시설)를 그 기준으로 하고, 그 후의 추가 손해(예 : 물가 앙등으로 인한 손해)는 특수한 사정에 의한 손해에 해당한다고 하며, 후자인 이행지체의 경우는 최고 후 상당기간 경과 후의 시가를 기준으로 한다는 것과 사실심의 변론종결시의 시가에 의하여야 한다는 것이 있다.

학설은 다양하게 주장되고 있으나 기본적인 내용에 있어서 손해의 완전한 배상이라는 측면에서 사실심의 변론종결시를 기준으로 하여야 한다는 견해(김용, 김상)와 손해의 공평분담에 중점을 두고, 또한 손해배상청구권이 채권의 내용이 발생한 때 정해지는 금전채권임을 볼 때 법리상 손해배상청구권이 발생한 때(책임원인 발생시)를 기준으로 하여 그 배상액이 정하여지나 그 후의 상당인과관계의 범위 내의 손해를 가산하여야 한다는 견해(곽, 이은)가 대립하고 있다. 학설 중 후자는 판례와 기본적으로는 그 내용이 같다.

양 학설의 주된 차이는 책임원인 발생 후 변론종결시까지의 기간에 가격변동이 있는 경우에 이에 의한 손해인 등귀가격이 통상손해로 취급되느냐 특별손해로 취급되느냐에 있다는 것이다(곽). 이는 손해배상청구권시설에 의하면 특별손해가 되고, 사실심의 변론종결시설에 의하면 통상손해가 된다는 것이다. 그러나 손해배상의 산정시기를 사실심의 변론종결시로 할지라도 등귀가격騰貴價格이 통상손해로 취급되는 것은 부당하다. 왜냐하면 제393조 제2항의 특별사정에 의한 손해는 특별사정에 대한 예견가능성에 의하여 배상 여부가 결정되며, 그 시기는 늦어도 이행시까지인데, 동조가 물론 산정시기에 관한 규정은 아닐지라도 이행기 이후의 특별사정을 통상손해로 취급하는 것은 동조의 근본적인 취지에 비추어 불합리하다고 할 수 있다. 따라서 이행기 이후의 물가변동에 의한 손해는 산정시기와는 관계없이 특별손해로 보아야 한다.

생각건대 이행기, 즉 손해배상청구권 발생시를 기준으로 한다는 것은 사용 목적의 급부에서 당해 물건이 인도 되지 않은 경우에 즉시 다른 물건을 구입하거나 제3자로부터 동일 물건을 구입한다든지, 전매의 경우(예 : 도소매상간의 매매)에는 이행 받은 즉시 전매한다는 것이 전제가 되어 현실과는 다소 부합하지 않는 점이 있다. 그러나 사실심의 변론종결시설도 예컨대 채권자가 청구하는 시점이 일정하지 않다든지 또는 채권자가 제3자로부터 구입할 수 있는 충분한 시간이 있었음에도 그렇지 않아 등귀한 물가에 의하여 손해가 확대된 것까지 배상하여야 한다는 것이 되어 더욱 문제가 있다.

종합하여 볼 때, 손해배상청구권 발생시를 기준으로 하면 손해배상청구권 발생시점부터 채권자가 채무불이행으로 인한 손해를 최소화시켜 이를 회복시킬 수 있는 현실적인 시점이 되므로 이를 기준으로 하는 것이 타당하다고 생각한다. 따라서 산정시기는 손해배상청구권의 발생시, 즉 이행불능의 경우에는 이행불능시, 이행지체의 경우에는 최고 후 상당기간 경과 후를 기준으로 손해를 산정하고, 그 이후의 손해도 상당인과관계가 미치는 손해는 당연히 가산하는 것이 타당하다. 그러나 산정시(손해배상청구권 발생시) 이후의 특별한 사정 예컨대 물가앙등物價仰騰으로 인한 손해 등은 특별손해가 되어 채무자가 이행기 전까지 예견가능하였느냐 여부에 의하여 가산 여부를 결정하여야 할 것이다.

한편 본래의 급부의 이행을 청구하는 것과 동시에 그 이행을 할 수 없는 때에는 배상을 청구한다는 예비적 청구를 법원이 허용하는 경우가 있다. 이 경우에 집행이 불가능하여 손해배상을 하는 경우의 산정 시기는 변론종결시가 그 기준이 된다. 한편 최고 후 계약을 해제한 경우에는 해제에 의한 손해배상청구권이 발생한 때를 기준으로 하여야 할 것이며, 대상청구는 본래의 급부에 갈음한 것이므로 그 표준시기는 사실심의 변론종결시를 기준으로 한 판례가 타당하다.

판례 履行遲滯는 相當期間 經過 後를 基準 : 이행지체에 의한 전보배상 청구에 있어서는 다른 특별한 사정이 없는 한, 채권자는 채무자에게 상당한 기간을 정하여 그 본래의 의무 이행을 최고하고 그 이행이 없는 경우에 그 본래 의무의 이행에 대신하는 전보배상을 청구할 수 있고, 그 전보배상에 있어서의 손해액 산정의 표준시기는 원칙적으로 최고하였던 <상당한 기간>이 경과한 당시의 시가에 의하여야 한다(대법원 1997.12.26. 97다24542).

2. 算定場所

산정장소에 관하여도 특별히 규정한 바가 없다. 채무불이행으로 인한 것인 경우에는 이행지의 가격에 의하고, 불법행위의 경우에는 불법행위지의 가격에 의하는 것이 타당하다.

목적물이 부동산인 때에는 부동산의 소재지 가격에 의할 것임은 물론이다.

3. 算定方式(中間利子의 控除)

장래의 일정한 시기에 일정한 이득을 취득할 관계가 침해된 경우의 손해배상에 있어서 장래 취득예정가액을 그대로 현재 전액으로 지급 받는다면 중간에 발생할 이자상당액 만큼의 부당이득이 발생한다. 이에 장래에 발생할 중간이자를 공제한 현재의 손해액을 계산하는 방법이 문제된다. 이에는 중간이자를 복리로 계산하여 공제하는 방법과 단리로 계산하여 공제하는 방법인 두 가지 방법이 있다. 두 방법에 의한 계산은 아래와 같이 한다.

현재의 배상액을 X, 년수年數를 n, 년 이율을 r, 장래의 취득액을 A라 하면,

(1) Hoffmann 式 計算法

단리식 계산법이라고도 하는데, 일정액에 그 기간동안 생길 이자를 단리로 계산하여 가산한 것이 장래의 취득액이 되게 하는 방식이다. 이 방식은 계산방법이 간단하며 중간이자가 적게 공제되어 채권자에게 유리하다.

$X = A \div (1 + nr)$.

(2) Leibniz 式 計算法

복리식 계산법이라고도 하는데, 일정액에 그 기간동안 생길 이자를 복리로 계산하여 가산한 것이 장래의 취득액이 되게 하는 방식이다. 이는 중간이자를 복리로 계산하여 공제하기 때문에 채권자에게 불리하다.

$X = A \div (1 + r)^n$

(3) 판례

대법원은 당사자의 주장과는 관계없이 법원의 자유로운 판단에 따라 상기 두 가지 방법 중 어느 하나를 선택하여 계산하더라도 적법하여 무방하다는 견해이다.

한편, 국가배상법은 법정이율에 의한 호프만식인 단리에 의한 공제를 하는 것으로 규정하고 있다(국가배상법 제3조의 2에 의한 시행령 제6조 3항).

판례 方法은 法院이 自由 選擇-라이프니쯔식 : 불법행위로 인한 장래 얻을 수 있는 일실수익의 현가를 산정함에 있어 중간이자 공제방법으로서 호프만식 계산법에 의하지 아니하고 라이프니쯔식 계산법에 의하여 그 일실수익의 현가를 산정하였다 하여 이를 판례위반의 위법이라 할 수 없다. ㉯ 불법행위로 인한 일실수익의 현가산정에 있어서 기초사실인 수입, 가동연한, 공제할 생활비 등은 사실상의 주장이지만 현가 산정방식에 관한 주장(호프만식에 의할 것이냐 또는 라이프니쯔식에 의할 것이냐에 관한 주장)은 당사자의 평가에 지나지 않는 것이므로 당사자의 주장에 불구하고 법원은 자유로운 판단에 따라 채용할 수 있고 이를 변론주의에 반한 것이라 할 수 없다(대법원 1983.6.28. 83다191).

판례 호프만식에 의한 것도 適法 : 호프만식 계산법에 의하여 중간이자를 공제하여 장래의 일실이익의 현가를 산정하는 것 자체는 위법이 아니다(대법원 1994.9.30. 93다29365).

V. 損害賠償 範圍의 調整

1. 損害賠償額의 豫定

(1) 損害賠償額 豫定의 意義

채무가 이행되지 아니한 때에 채권자가 채무불이행에 의한 손해배상을 청구하기 위해서는 채무불이행에 관한 여러 가지 요건사실들이 주장·증명되지 않으면 아니 된다. 특히 정확한 손해액을 증명하기는 매우 곤란하기 때문에 손해액 등은 당사자 사이에서 분쟁의 주된 요인이 된다. 이와 같은 요건사실에 대한 증명의 곤란과 이에 따른 분쟁을 염려하여 당사자간에 채무불이행이 있을 경우에 대비하여 미리 손해배상액에 관하여 한 합의를 손해배상액의 예정이라 한다. 민법은 제398조에서 이를 규정하고 있다.

이러한 손해배상액의 예정은 채무불이행이 있는 때에 손해의 발생 여부 및 구체적인 손해액에 대한 증명의 곤란과 그에 따른 법률적 분쟁을 회피하기 위한 법률 간편화의 목적 및 사전 확정적 목적도 있지만, 그 합의가 계약 위반에 대한 위약벌違約罰의 성격을 가질 때에는 채무자에게 채무의 이행을 압박하는 의미도 가진다.

당사자는 법률의 규정이나 양속에 위반하지 않는 한 자유롭게 손해배상액예정의 합의를 할 수 있음은 물론이다. 손해배상액의 예정은 금전으로 하는 것이 보통이나 금전 이외의 물건이나 노무로도 할 수 있다(제398조 5항). 이러한 손해배상액의 예정에 대한 합의(손해배상액의 예정계약)는 채권성립과 동시에 하는 것이 보통이나 그 후에도 할 수 있다. 다만 손해발생 후에 하는 것은 여기서 말하는 손해배상액의 예정이 아니고, 이미 발생한 손해의 가액산정에 관한 독립적인 합의(손해배상에 대한 합의)로서 제731조 이하의 화해계약和解契約의 성질을 가진다.

손해배상액의 예정은 채권에 종된 계약이다. 따라서 본래의 채권이 취소되거나 무효인 경우에는 그 예정도 당연히 취소 또는 무효가 된다.

손해배상액의 예정의 유형으로는 ① 이행지연에 대한 배상액의 예정, ② 본래의 급부에 갈음한 배상액의 예정, ③ 계약청산시의 배상액의 예정 등이 있다.

판례 金錢債務에 대한 遲滯利子의 約定 : 금전채무에 관하여 이행지체에 대비한 지연손해금 비율을 따로 약정한 경우에 이는 일종의 손해배상액의 예정으로서 민법 제398조에 의한 감액의 대상이 된다(대법원 2000. 7.28. 99다38637).

(2) 損害賠償額 豫定의 效果

(가) 損害發生의 豫定

법문상 <배상액>의 예정으로 되어 있으나, 손해의 발생 자체의 예정에 대한 합의이다. 주로 손해<액>이 문제되나 <손해의 발생> 여부에 관하여도 다투어지므로, 이를 포함한 일체의 분쟁을 피하려는 데 그 목적이 있으므로 채무불이행만 있으면 곧 효력을 발생시키기로 한 <손해의 발생 및 그 손해배상액>의 예정이라고 해석하여야 한다.

(나) 豫定 賠償額의 請求

① 不履行事實만으로 請求

채권자는 채무불이행의 사실을 주장·증명하면 예정한 배상액을 청구할 수 있다. 따라서 채무자가 실제로 손해가 발생하지 않았음을 증명하더라도 채무불이행이 있으면 예정액의 배상책임을 면하지 못한다. 한편 채권자는 실제의 손해가 예정액을 초과하더라도 특약이 없는 한 초과하여 청구할 수 없다. 이는 그 손해가 비록 특별손해에 해당하는 경우에도 이를 청구할 수 없다. 즉, 예정배상액은 통상손해를 전제한 것이 아니라 채무불이행이 있는 경우의 모든 손해에 대한 사전확정의 의미를 가진다. 비록 그것이 특별손해인 경우에는 초과손해를 청구할 수 있다고 하면 손해배상액의 예정제도가 가지는 법률 간편화 기능과 사전 확정적 기능의 의미는 퇴색되기 때문이다.

판례 損害賠償額 豫定의 目的 : 제398조의 손해배상액의 예정에 관한 규정의 목적은 손해의 발생사실과 손해액에 대한 입증의 곤란을 덜고 분쟁의 발생을 미리 방지하여 법률관계를 쉽게 해결할 뿐만 아니라 채무자에게 심리적 경고를 함으로써 채무의 이행을 확보하려는 것이고, 한편 제2항에 규정된 손해배상 예정액의 감액제도는 국가가 계약 당사자들 사이의 실질적 불평등을 제거하고 공정을 보장하기 위하여 계약의 내용에 간섭한다는 데에 그 취지가 있다(대법원 1993.4.23. 92다41719).

판례 超過된 實際 損害도 請求 不可 : 계약 당시 손해배상액을 예정한 경우에는 다른 특약이 없는 한 채무불이행으로 인하여 입은 통상손해는 물론 특별손해까지도 예정액에 포함되고 채권자의 손해가 예정액을 초과한다 하더라도 초과부분을 따로 청구할 수 없다(대법원 1993.4.23. 92다41719).

② 過失相計, 損益相計 適用 與否

채무불이행시에 채권자의 과실이 있으면 과실상계를 주장한다든지 또는 손익상계를 주장하여 예정액의 감면을 청구할 수 있는가?

이에 대하여 명문의 규정이 없다. 판례는 과실상계의 적용이 없다고 한다. 이에 대하여 일부의 학설은 과실상계의 적용이 없다는 것은 책임을 타인에게 전가하는 결과가 되며 또한 부당하게 과다한 경우에는 법원이 감액할 수 있는 점에서 과실상계는 적용이 있어야 한다는 것이다. 또한 손익상계의 적용도 있어야 한다는 것이다.

생각건대 배상액의 예정에서 예정된 배상액은 실제로 발생된 손해액이 아닌 점에서 실제의 손해를 전제로 하는 과실상계 및 손익상계의 적용을 부정하는 판례의 견해는 수긍된다. 그리고 과실상계 및 손익상계를 적용한다고 할지라도 예정된 배상액을 기준으로 과실상계 등을 적용할 수는 없기 때문에 결과적으로 배상액예정의 합의는 상대방에게 과실이 있거나, 이득이 생긴 때에는 아무런 의미가 없다는 것이 된다. 따라서 판례의 과실상계와 손익상계를 적용하지 않는다는 견해를 지지한다.

판례 過失相計의 適用 不可 : 지체상금이 손해배상의 예정으로 인정되어 이를 감액함에 있어서는 채무자가 계약을 위반한 경위 등 제반사정이 참작되므로 손해배상액의 감경에 앞서 채권자의 과실 등을 들어 따로 감경할 필요는 없다(대법원 2002.1.25. 99다57126).

(다) 法院의 減額

민법은 손해배상예정액이 부당하게 과다한 경우에는 법원은 적당히 감액할 수 있다(제398조 2항)고 규정하고 있다.

과다 여부에 대한 판단은 계약의 목적과 내용, 당사자의 경제적 상태, 손해배상액의 예정을 한 동기, 채무액에 대한 예정액의 비율 등을 종합적으로 고려하여, 그대로 인정한다면 채무자에게 부당한 압박을 가하여 공정을 잃는 결과를 초래하느냐 여부에 의하여야 한다.

과다 여부는 과다하다고 주장하는 채무자가 입증하여야 한다. 판례는 당사자의 주장이 없더라도 법원이 직권으로 할 수도 있다고 판시한 것도 있다.

배상 예정액의 증감에 관한 각국의 입법정책은 일정하지 아니한데, 독일 민법(제343조), 스위스 채무법(제163조)은 감액할 수 있다고 규정하며, 프랑스 민법과 일본 민법은 모두 증감할 수 없도록 하고 있다.

손해배상 예정액의 증감에 관하여 이를 구별하여 증액할 수는 없고, 감액할 수 있도록 한 규정은 형평성에 문제가 있어 증액도 할 수 있다고 보아야 한다는 견해도 있으나(김형, 김상), 고액배상의 예정은 채무자를 부당하게 압박할 염려가 있어 규정에 충실하게 감액만 할 수 있다는 견해(곽, 김주)도 있다. 한편 고액배상의 예정은 계약파기에 대한 일종의 보험기능과 또한 계약이행의 의지 내지 능력에 대한 의지를 상대방에게 전달하는 효율적인 수단이 되는 등의 사회경제적 이유가 있기 때문에 감액을 허용하는 것은 타당하지 않다는 견해도 있다(박세일, 법경제학).

감액을 인정한 것은 채무자가 사회·경제적 약자라는 선입견에서 비롯된 것이다. 그러나, 오늘날은 획일적으로 채무자가 채권자보다 사회·경제적 약자라고 단정할 수가 없고 또한 고액배상의 예정이 나름대로의 이유를 가지므로 입법론으로는 증감 모두를 허용하지 않는 것이 타당한 것으로 생각되나, 현행 민법의 해석상으로는 감액만 할 수 있고 증액은 할 수 없는 것으로 해석할 수밖에 없다. 그러나 당해 예정이 지나치게 고액 또는 저액으로 양속위반 또는 불공정 법률행위에 해당하는 경우에는 무효가 될 수 있다.

판례 過多與否의 判斷 基準 : 법원이 손해배상의 예정액을 부당히 과다하다 하여 감액하려면 채권자와 채무자의 경제적 지위, 계약의 목적과 내용, 손해배상액을 예정한 경위(동기), 채무액에 대한 예정액의 비율, 예상 손해액의 크기, 당시의 거래 관행과 경제상태 등을 참작한 결과 손해배상 예정액의 지급이 경제적 약자의 지위에 있는 채무자에게 부당한 압박을 가하여 공정을 잃는 결과를 초래한다고 인정되는 경우라야 할 것이다(대법원 1993.4.23. 92다41719).

판례 判斷時期-事實審辯論終結時 : 손해배상의 예정액이 부당하게 과다한지의 여부 내지 그에 대한 적당한 감액의 범위를 판단하는 데 있어서는, 법원이 구체적으로 그 판단을 하는 때, 즉 사실심의 변론종결 당시를 기준으로 하여 그 사이에 발생한 위와 같은 모든 사정을 종합적으로 고려하여야 한다(대법원 2000.12.8. 2000다35771).

판례 判斷對象 : 손해배상 예정액의 과다 여부 판단에 있어 실제의 손해액을 구체적으로 심리·확정할 필요는 없고, 다만 기록상 실제의 손해액 또는 예상 손해액을 알 수 있는 경우 그 예정액과 대비하여 보면 족히다 할 것이며, 실제의 손해액이 예정액에 미치지 못한다는 점은 그 예정액이 부당히 과다하다고 주장하는 채무자가 입증할 필요가 있다(대법원 1995.11.10. 95다33658).

판례 債務者가 主張立證, 職權判斷도 可能: 예정액이 부당히 과다하다고 주장하는 채무자가 입증할 필요가 있다(대법원 1995.11.10. 95다33658).

판례 職權減額 可能 : 손해배상 예정액이 부당하게 과다한 경우에는 법원은 당사자의 주장이 없더라도 직권으로 이를 감액할 수 있고, 지연손해금의 과다 여부는 그 대상 채무를 달리할 경우에는 별도로 판단할 수 있다(대법원 2000.7.28. 99다38637).

(라) 履行請求 또는 契約解除와의 關係

손해배상액의 예정은 이행의 청구나 계약의 해제에 영향을 미치지 않는다(제398조 3항). 손해배상액의 예정이 본래의 급부청구권給付請求權을 포기한다거나 또는 계약 해제권契約解除權을 상실한다는 의미를 가지는 것은 아니므로, 이는 당연한 규정이다. 그러나 손해배상액의 예정은 그 성질 내지 내용이 여러 가지로 달라 이를 획일적으로 볼 수는 없고, 구체적으로는 당해 손해배상액의 예정의 성질 내지 내용에 따라 구분한다.

① 豫定된 賠償額이 遲延賠償의 性質

예정된 손해배상액이 이행지체시의 지연배상의 성질을 가지고 급부의 이행이 가능한 때에는 본래의 급부에 대한 이행청구와 함께 예정액의 이행을 청구할 수 있다. 그러나 이행이 불능한 경우나 채무불이행으로 계약을 해제한 때에는 전보배상 또는 해제로 인한 손해에 관하여는 별도로 산정하여야 한다.

② 豫定된 賠償額이 塡補賠償의 性質

손해배상액의 예정이 채무불이행시의 전보배상의 의미로 합의한 경우에는 채무불이행이 있으면 예정된 배상액을 그대로 청구할 수 있다. 그러나 본래의 급부를 청구하면서 이행의 지체에 대한 배상을 함께 청구하는 때에는 예정된 배상액이 이행지연에 대한 기준이 되지 못한다. 계약을 해제하는 경우에는 배상 예정액에서 채권자가 이행한 급부의 가액價額을 공제한 잔액을 배상액으로 결정하여야 한다.

③ 豫定額이 契約의 淸算 目的

예컨대 매도인이 물건을 인도하지 않으면 대금의 1/2을 지불한다는 등으로 채무불이행시에 쌍무계약관계의 청산을 목적으로 한 경우에는 채무불이행만 있으면 별도로 해제를 할 필요가 없이 배상 예정액의 이행을 청구하여 계약관계를 해소시킬 수 있다.

(마) 一部履行의 경우

채무의 일부만이 이행되고 잔여부분이 불이행된 경우에 배상 예정액을 전부 청구할 수 있는가, 아니면 비례하여 청구할 수 있는가? 프랑스 민법은 제1231조에 법원이 감액할 수 있다고 규정한다. 명문의 규정이 없지만 우리 민법상 이행부분에 비례하여 공제하고 나머지를 청구하여야 한다고 할 것이다. 일부의 이행만으로 채권의 목적을 달성할 수 없는 경우에는 이행한 부분을 반환하고 예정액의 전부를 청구할 수 있음은 당연하다.

(3) 違約金

위약금은 채무자가 채무를 이행하지 아니하는 것을 포함하여 포괄적으로 계약의 내용을 위반한 때에 채무자가 채권자에게 지급하기로 약정된 금전을 말한다. 일반적으로는 금전의 지급을 약정하나, 다른 물건으로도 할 수 있다. 다른 물건으로 약정한 때에도 위약금에 관한 규정이 준용된다(제398조 5항). 위약금을 약정하는 목적은 계약위반에 대한 제재적 목적으로의 위약벌적 성질, 이행의 의지를 표명한 것으로의 이행보증적 성질을 가진다. 이와 같이 위약금은 위약벌 또는 이행보증적 성질을 가지므로 채무불이행이 있으면 채권자는 채무불이행에 따른 계약의 해제 또는 손해배상청구와는 별도로 약정된 위약금을 청구할 수 있다. 이점에서 위약금약정과 손해배상액예정의 합의가 다르다.

당사자간의 약정이 손해배상액예정의 합의인지 위약금약정인지는 구체적 사안에 관하여 약정의 목적과 내용 및 약정의 배경 등을 종합적으로 고려하여 판단하여야 한다. 당사자의 의사가 분명하지 않은 경우에는 배상액의 예정으로 추정한다(제398조 4항). 따라서, 채권자가 어떠한 약정을 위약금의 약정이라고 주장하는 때에는 주장하는 당사자가 증거를 제시하여 추정을 번복시켜야 한다.

위약금이 과다한 경우에 제398조 제2항이 유추적용되는가? 위약금의 약정은 채무의 이행을 확보하기 위하여 정하여 지는 것이고 손해배상액예정은 분쟁에 대한 사전조정적 목적으로 그 목적이 달라 제398조 제2항을 유추적용하여 감액할 수는 없다고 보아야 한다. 판례도 같다. 다만, 위약금의 약정이 과다한 때에는 그 약정이 제103조 위반인지 여부가 문제로 될 뿐이다.

판례 違約金에 제398조 제2항 類推適用 不可 : 위약벌의 약정은 채무의 이행을 확보하기 위하여 정해지는 것으로서 손해배상의 예정과는 그 내용이 다르므로 손해배상의 예정에 관한 민법 제398조 제2항을 유추 적용하여 그 액을 감액할 수는 없고 다만 그 의무의 강제에 의하여 얻어지는 채권자의 이익에 비하여 약정된 벌이 과도하게 무거울 때에는 그 일부 또는 전부가 공서양속에 반하여 무효로 된다(대법원 1993.3.23. 92다46905).

판례 損害賠償額豫定과 違約金約定의 區別基準과 主張, 立證 : 약정한 계약보증금이 손해배상액의 예정인지 위약벌인지는 도급계약서 및 위 약관 등을 종합하여 구체적 사건에서 개별적으로 결정할 의사해석의 문제이고, 위약금은 민법 제398조 제4항에 의하여 손해배상액의 예정으로 추정되므로 위약금이 위약벌로 해석되기 위하여는 특별한 사정이 주장·입증되어야 하는바, 당사자 사이의 도급계약서에 계약보증금 외에 지체상금도 규정되어 있다는 점만을 이유로 하여 계약보증금을 위약벌로 보기는 어렵다(대법원 2000.12.8. 2000다35771).

판례 契約保證金은 損害賠償額의 豫定으로 : 하도급계약에서 하수급인의 귀책사유로 계약이 해제 또는 해지될 경우 그로 인하여 하도급인이 입은 손해 중 계약보증금 범위 내의 손해는 계약보증금의 몰취로써 그 배상에 갈음하고 이를 초과하는 손해가 있으면 하수급인이 손해배상책임을 진다는 약정이 있는 경우, 계약보증금은 손해배상액의 예정으로서의 성질을 가지며,

하도급계약서에 계약보증금 외에 지체상금이 규정되어 있다고 하더라도 그 계약보증금을 위약벌로 보기는 어렵다고 한 사례(대법원 2001.1.19. 2000다42632).

판례 契約金과 中度金의 拋棄約定은 損害賠償額의 豫定: 매수인이 당초 약정된 잔금 지급기일까지 잔금을 지급하지 못하여 그 지급독촉을 받아 오다가, 매도인과의 사이에 그 잔금의 지급기일을 연기 받는 한편 그 기일의 준수를 다짐하면서 만일 그 연기된 날까지 잔금을 지급하지 아니하면 매매계약을 해제하여 무효로 함과 아울러 매도인에게 이미 지급한 계약금 및 중도금에 대한 반환청구권을 포기 내지 상실키로 하는 약정을 한 경우, 그 포기 약정을 손해배상액의 예정으로 보아 그 예정액이 부당히 과다하다는 이유로 이를 감액한 원심판결을 수긍한 사례(대법원 1995.12.12. 95다40076).

판례 遲滯償金約定은 違約金約定 : 도급계약에 있어 계약이행보증금과 지체상금의 약정이 있는 경우에는 특별한 사정이 없는 한 계약이행보증금은 위약벌 또는 제재금의 성질을 가지고, 지체상금은 손해배상의 예정으로 봄이 상당하다(대법원 1997.10.28. 97다21932).

2. 損益相計

(1) 損益相計의 意義

채무불이행 또는 불법행위로 손해를 입은 자가 동일한 원인으로 이득이 생긴 경우에 손해배상의 산정에서 그 이득을 공제하는 것을 손익상계라 한다. 손익상계에 관하여 민법에 명문의 규정은 없으나 로마법 이래 각국에서 일반적으로 인정되어 왔고 또한 공평의 이념에 맞아 통설과 판례가 이를 인정하고 있다. 손익상계의 적용이 없다면 손해는 배상받고 이득은 그대로 유지된다는 것이 되는데, 이것이 불합리하다는 것은 재론할 필요가 없다.

손익상계는 대립된 채권간에 대등액에서 소멸하는 본래의 상계와는 달리, 손해배상액의 산정에 있어서 실손해를 산정하는 방법으로서의 이득공제이다.

(2) 損益相計의 範圍

손익상계에서 문제가 되는 것은 어떠한 범위의 이득을 공제할 것인가이다. 판례와 통설은 손해의 원인된 사실과 상당인과관계에 있는 이득이 공제될 이득이라 한다.

그러나 그 기준이 명확하지 않아 결국 손해배상제도의 기본이념인 손해의 공평분담을 지도원리로 하여 구체적인 사안에 따라 개별적으로 판단할 수밖에 없다.

(가) 國家賠償法上의 損益相計의 對象(施行令 第6條)

① 유족배상액을 산정함에 있어서는 월급액이나 월실수액 또는 평균임금에서 별표 7에 의한 생활비를 공제하여야 한다.

② 물건의 훼손으로 인한 휴업배상액을 산정함에 있어서는 수리기간 중의 수입손실액에서 수리로 인하여 지출이 불필요하게 된 비용 상당의 이익을 공제하여야 한다.

③ 법 제3조의2제3항의 규정에 의한 중간이자 공제방식은 법정이율에 의한 단할인법인 호프만계수에 의한다.

(나) 그 밖의 問題

① 채권자가 면한 자기의 채무와 그 이행비용은 공제할 이득이다.

② 보험금은 손해를 발생시킨 원인행위와 별개의 원인에 의한 이득으로 공제되지 않는다(이 경우는 보험사내위의 문제가 된다).

③ 연금, 재해보상금, 유족급여금, 조위금 등은 공제될 이득이 아니다.

④ 채무를 면하므로 다른 사업장(계약)에서 받은 임금이나 보수 등은 공제될 이득이 아니다.

⑤ 사망한 유아 또는 미성년자의 지출 예상되는 양육비와 교육비는 피해자 본인이 부담하는 것이 아니므로 공제될 이득이 아니다.

판례 保險金은 損益相計의 對象이 아님: 상해보험인 해외여행보험에 의한 급부금은 이미 납입한 보험료의 대가적 성질을 가지는 것으로서 그 부상에 관하여 제3자가 불법행위 또는 채무불이행에 기한 손해배상의무를 부담하는 경우에도, 보험계약의 당사자 사이에 다른 약정이 없는 한, 상법 제729조에 의하여 보험자대위가 금지됨은 물론, 그 배상액의 산정에 있어서 손익상계로서 공제하여야 할 이익에 해당하지 아니하며, 보험자대위가 인정되는 경우에도 피보험자가 보험자로부터 손해의 일부를 전보받았다고 하여 그 나머지 손해에 대한 가해자의 피보험자에 대한 손해배상책임까지 소멸되는 것은 아니다(대법원 1998. 11.24. 98다25061).

판례 殘存物의 處分時의 損益相計의 問題-손익상계가 아니라 처분 상당가액을 공제한 부분이 손해임 : 불법행위로 인하여 물건이 훼손된 경우, 배상을 청구할 수 있는 손해액은 특별한 다른 사정이 없는 한, 수리가 가능한 때에는 그 수리비를, 수리가 불가능한 때에는 그 교환가치(시가)의 감소액을 기준으로 산정하여야 할 것인바, 피해자가 훼손된 물건을 처분하여 잔존물의 가격에 상당하는 금액을 회수하였다고 하더라도 그 물건의 불법행위 당시의 시가에 상당하는 금액에서 그 잔존물의 가격에 상당하는 금액을 공제한 금액만큼의 손해를 입게 되었다고 볼 것이지, 그 물건의 불법행위 당시의 시가에 상당하는 금액만큼의 손해를 입게 된 것이고 다만 불법행위로 인하여 잔존물의 가격에 상당하는 금액만큼의 이익을 얻게 되었다고 볼 것은 아니다(대법원 1991.8.27. 91다17894).

3. 過失相計

(1) 過失相計의 意義

채무불이행에 관하여 채권자에게 과실이 있는 때에는 손해배상책임의 유무 및 배상액을 정함에 있어 이를 참작하는 제도를 과실상계(culpa compensatio)라 한다. 과실상계제도는 로마법 이래 인정되어 왔다. 우리 민법도 제396조[과실상계]에서 채무불이행에 관하여 규정하고 제763조[준용규정]로 불법행위에도 이를 준용토록 하고 있다.

과실상계제도는 배상의무자는 원칙적으로 자기의 유책행위에 의하여 발생한 결과 이상의 손해에 대하여는 책임을 질 이유가 없으며, 배상권리자도 자기의 행위로 인하여 발생된 손해·확대손해에 대하여는 본인이 책임진다는 것을 그 내용으로 한다. 이는 결국 각자의 행위에 대하여는 각자가 책임을 져야 한다는 일반원칙의 표현이나, 손해배상제도의 측면에서는 손해의 공평한 분담을 그 이론적 근거로 한다. 이는 바꾸어 말하면 과실상계제도는 자기책임의 원칙과 손해의 공평분담의 원칙에서 채권관계를 지배하는 신의칙 및 사회공동생활관계에서 나오는 협동정신을 구체적으로 표현한 것이라 할 수 있다.

따라서 과실상계의 운용에 있어서는 사회에 있어서의 공평 타당한 손해액의 산정을 위한 합리적 조정제도로서의 조정적 기능에 중점을 두어 탄력적으로 적용하여야 한다.

(2) 過失相計의 要件

과실상계가 적용되기 위해서는 우선 채무불이행에 의한 손해배상청구권이 성립하기 위하여 필요한 요건이 갖추어져 있어야 한다. 즉, 책임원인사실과 손해의 발생 및 인과관계 등은 이미 갖추어져 있어야 한다. 그 밖에 아래의 요건이 추가로 있어야 과실상계의 적용이 있다.

(가) 債權者의 過失行爲

① 債權者의 寄與過失

채권자의 행위에 과실이 있어야 한다. 그 행위는 작위이든 부작위이든 관계없다. 즉, 손해의 발생에 관여한 적극적 행위·손해를 회피하든지 또는 확대되는 손해를 방지할 수 있었음에도 그러한 행위를 하지 않은 부작위 모두 과실상계가 적용되는 행위에 해당된다. 다만 그러한 작위 또는 부작위의 행위에 대하여 과실이 있어야 한다. 그런데 과실상계에서의 과실행위는 그 자체가 독립적인 손해의 발생요인이 된 것이 아니라, 보통의 경우는 채무자의 행위에 곁들여 손해를 발생시키거나 손해를 확대하는데 보탬을 한 행위이다. 따라서 이러한 의미에서 과실상계에서의 과실을 특별히 기여과실寄與過失이라고도 한다.

② 寄與過失의 本質

이와 같이 기여과실인 채권자의 <과실>은 그 본질이 무엇인가에 관하여 논의가 있다. 이는 민법상 일반적인 <과실>은 본래 채무불이행 또는 불법행위에서 행위자의 법률상 의무인 유책성으로서의 주의의무위반인 법적 의무를 그 본질로 하는데, 과실상계에서의 과실도 그 본질에 있어서 이것과 동일한가라는 논의이다.

이에 관하여 다수설인 동질설은 과실상계에서의 과실도 사회생활상 일반적으로 요구되는 또는 신의칙상 발생하는 주의의무위반으로 일반적인 과실과 그 본질에 있어서는 같다는 것이다(곽, 김증, 김상). 소수설인 이질설은 채권자에게는 채무자에 대하여 손해 피지의무避止義務나 손해 확대방지의무擴大防止義務라는 내용의 의무가 인정될 수 없으므로, 과실상계에서의 과실은 타인(채무자)에 대한 의무를 전제로 하는 것이 아니라 기껏해야 자기 자신에 대한 과책에 지나지 않아, 본질상 다르다는 것이다(김형).

생각건대 과실상계에서 과실의 본질이 무엇이냐를 떠나 과실상계제도의 기능이 손해의 합리적 조정인 점을 볼 때, 과실상계가 적용될 과실로 인정될 범위는 일반 민법상의 과실로 인정될 법률상의 주의의무위반보다도 그 폭이 넓어야 함을 알 수 있다. 이러한 의미에서 판례도 <불법행위에 있어서 가해자의 과실은 의무위반이란 강력한 과실인 데 반하여, 피해자의 과실을 따지는 과실상계에서의 과실이란 전자의 것과는 달리 사회통념상 신의성실의 원칙상 공동생활상 요구되는 약한 부주의를 가리키는 것이다>라고 한다. 학설도 과실로 인정될 범위에 있어서는 그 폭이 일반적인 과실의 경우보다 넓다는 데 대하여는 일치한다. 그런데 그 본질에 있어서 소수설은 주의의무의 대상자가 타인이냐 자기 자신이냐의 차이가 있어 본질상 다르다고 하나, 주의의무위반에 의한 결과의 귀속적인 면에서는 배상의무자의 과실이나 배상권리자의 과실이나 모두 상대방에 대한 주의의무로서 그 본질을 굳이 달리한다고 볼 필요는 없을 것이다. 본질을 어떻게 이해하든 위에서 본 바와 같이 그 범위에 관하여는 차이를 발견할 수 없어 본질에 대한 논의는 실익이 없는 것으로 생각된다.

판례 過失相計에서 過失의 意味 : 그것이 손해배상액 산정에 참작된다는 점에서 적어도 신의칙상 요구되는 결과 발생 회피의무로서 일반적으로 예견가능한 결과 발생을 회피하여 피해자 자신의 불이익을 방지할 주의를 게을리 함을 말한다 할 것인바...(대법원 1999.9.21. 99다31667).

(나) 損害의 發生·損害의 擴大防止·損害의 回避 및 輕減 등에 관련된 行爲

채권자의 행위가 채무자의 행위와 결합되어 채무불이행이 된 경우나 발생될 손해를 방지 내지 회피 또는 확대 내지 경감할 수 있었으나 아무런 행위를 하지 않은 경우를 의미한다. 예컨대 채무자의 과실로 목적물이 손괴되는 과정에 채권자도 가담한 경우, 합병증이 발생할 가능성이 있었음에도 환자 자신이 병원에 간다든지 등의 적극적 행위를 하지 않은 경우, 의사의 잘못으로 출혈이 있었으나 환자도 지혈의 노력을 전혀 하지 않은 경우 등이 이에 해당한다.

판례 單純 不注意도 해당 : 과실상계제도는 채권자가 신의칙상 요구되는 주의를 다하지 아니한 경우 공평의 원칙에 따라 손해의 발생에 관한 채권자의 그와 같은 부주의를 참작하게 하려는 것이므로 단순한 부주의라도 그로 말미암아 손해가 발생하거나 확대된 원인을 이루었다면 피해자에게 과실이 있는 것으로 보아 과실상계를 할 수 있고...,(대법원 1996.10. 25. 96다30113)

판례 被害者의 損害輕減措置義務 不履行으로 因한 擴大損害 : 신의칙 또는 손해부담의 공평이라는 손해배상제도의 이념에 비추어 볼 때, 불법행위의 피해자에게는 그로 인한 손해의 확대를 방지하거나 감경하기 위하여 노력하여야 할 일반적인 의무가 있으며 피해자가 합리적인 이유 없이 손해경감조치의무를 이행하지 않을 경우에는 법원이 그 손해배상액을 정함에 있어 민법 제763조 ,제396조를 유추적용하여 그 손해확대에 기여한 피해자의 의무불이행의 점을 참작할 수 있고, 한편 손해의 확대를 방지하거나 경감하는데 적절한 법적 조치가 존재하는 경우 이는 손해경감조치에 해당될 수 있고, 피해자가 그 법적 조치를 취함에 있어 감당하기 어려운 많은 비용이 소요된다든가, 그 결과가 불확실하다거나, 판단을 받기까지 현저하게 많은 시간이 필요하다는 등의 사정이 없음에도 불구하고 합리적인 이유 없이 그 법적 조치를 취하지 아니한 경우에는 그 손해확대에 기여한 피해자의 의무불이행의 점을 손해배상액을 정함에 있어 참작할 수 있다(대법원 2003.7.25. 2003다22912).

판례 被害者의 適期 喪失한 損害輕減措置 : ㉮ 피해자의 손해경감을 위한 법적 조치가 시기에 늦었다 하여 이를 손해배상액을 정함에 있어 참작할 수 있는 지를 판단함에 있어서는 당해 법적 조치의 종류와 성질, 사전 준비에 소요되는 시간, 사전의 다른 조치의 이행 여부, 피해자의 법률적 지식 등을 감안하여 사회통념에 따라 신중하게 판단하여야 한다. ㉯ 전기공급중단에 의한 영업방해행위에 대하여 단전조치가 있은 지 3개월만에 단전금지등가처분신청을 제기한 것이 피해자의 손해배상액을 정함에 있어 참작할 정도로 시기에 늦었다고 보기는 어렵다고 한 사례(대법원 2003.7.25. 2003다22912).

(다) 過失相計能力의 要否

채권자 또는 피해자는 과실상계능력이 있어야 하는가? 즉, 과실상계 사유로 되는 행위가 있는 경우에 당해 사안에 과실상계를 적용하기 위해서는 채권자 또는 피해자에게 책임을 지울 수 있는 책임능력이 있어야 하는지가 문제된다.

과실상계에서의 과실을 공동생활상 요구되는 약한 부주의로 보기 때문에 책임능력까지는 요하지 아니하나 위험을 판별할 수 있는 최소한의 능력은 필요하다고 하여야 한다. 따라서 사리를 전연 판단할 수 없는 유아와 같은 경우에는 과실상계가 허용되지 아니한다. 이 경우에는 보호감독자의 과실상계가 문제될 것이다.

판례 過失相計能力은 事理를 辨識할 정도 : 미성년자의 과실능력은 그에게 사리를 변식함에 족한 지능을 구유하고 있으면 족하고 책임을 변식함에 족한 지능을 구유함을 요하지 아니한다(대법원 1971.3.23. 70다2986).

(3) 過失相計의 效果

(가) 必要的 參酌事由

채권자의 기여과실이 있는 경우에는 손해배상의 책임 및 그 금액을 정함에 있어 과실을 참작하여야 한다(제396조).

① 職權 調査事項

법원은 직권으로 배상권리자의 과실 유무를 조사하여야 한다. 판례는 상대방이 과실의 존재를 주장하지 않는 경우에도 소송자료에서 과실이 인정되면 과실여부를 심리, 판단하여야 한다고 본다. 심리 후 이를 과실상계할 과실로 인정할 것인지 여부는 법관의 재량에 속한다.

판례 職權調査事項 : 피해자에게 과실이 인정되면 법원은 손해배상의 책임 및 그 금액을 정함에 있어서 이를 참작하여야 하며, 배상의무자가 피해자의 과실에 관하여 주장하지 않는 경우에도 소송자료에 의하여 과실이 인정되는 경우에는 이를 법원이 직권으로 심리·판단하여야 한다(대법원 1996.10.25. 96다30113).

② 必要的 參酌事由

배상권리자의 과실이 있음을 인정한 때에는 그 과실은 배상책임 및 배상액의 산정시에 반드시 참작하여야 할 필요적 참작 사유이다. 따라서 과실행위가 있었음에도 이를 참작하지 않은 경우에는 위법한 판결로써 상고이유가 된다. 배상권리자의 과실이 중대한 때에는 배상의무자의 책임 및 배상액이 전부 면제될 수도 있다.

(나) 過失의 評價方法

피해자의 가해자에 대한 과실의 평가에 관하여 문제가 되는 것은 가해자가 공동행위자인 경우와 피해발생에 주된 역할을 한 자와 이에 수동적으로 함께 한 종된 피해자의 과실의 경우이다.

① 共同行爲者의 경우

공동가해자로부터 피해를 당한 경우 피해자는 각 행위자에 대하여 개별적으로 과실을 평가할 것이 아니라 공동행위자 전원에 대한 피해자의 과실을 전체적으로 평가하여야 한다(판례).

판례 共同不法行爲에서 被害者의 過失의 評價 : 공동불법행위 책임은 가해자 각 개인의 행위에 대하여 개별적으로 그로 인한 손해를 구하는 것이 아니라 그 가해자들이 공동으로 가한 불법행위에 대하여 그 책임을 추궁하는 것으로, 법원이 피해자의 과실을 들어 과실상계를 함에 있어서는 피해자의 공동불법행위자 각인에 대한 과실비율이 서로 다르더라도 피해자의 과실을 공동불법행위자 각인에 대한 과실로 개별적으로 평가할 것이 아니고 그들 전원에 대한 과실로 전체적으로 평가하여야 한다(대법원 1997.4.11. 97다3118).

② 從된 被害者의 過失

예컨대 자동차를 동승한 경우 동승한 자의 과실 평가 방법이 문제된다. 판례는 가장이 운전을 하고 피해가 발생한 경우 그 가족의 과실 평가에 관하여 이른바 가족단체설家族團體說을 적용하여 가장의 과실비율을 그대로 적용한다(판례). 즉, 주된 피해자의 과실비율을 종된 피해자의 과실비율로 보아 종된 피해자의 손해를 산정한다는 것이다.

판례 同乘 家族의 過失 評價 : 아버지와 생계를 같이 하는 미성년의 아들이 아버지가 운전하는 자동차에 동승하여 가다가 제3자가 운전하는 자동차에 충돌되어 상해를 입은 경우 그 손해액을 산정함에 있어서는 특별한 사정이 없는 한 피해자인 아들과 가족관계 및 생활관계에서 일체를 이루고 있는 운전자인 아버지의 과실은 피해자측의 과실로 참작하는 것이 형평의 원칙에 비추어 상당하다(대법원 1989.4.11. 87다카2933).

(다) 過失比率의 決定

과실상계에서의 과실비율의 결정은 법원의 자유재량에 속한다. 그러나 그 재량에도 일정한 한계가 있고, 그 한계를 벗어난 경우에는 상고이유上告理由가 된다.

① 過失比率 決定의 裁量

배상권리자의 과실을 어느 정도로 참작하는가, 즉 배상권리자의 과실이 배상의무자의 과실과의 관계에서 인정되는 비율의 결정은 사실심의 전권사항으로 법관의 자유재량에 속한다. 그러나 이러한 과실비율의 결정에 관한 재량에도 일정한 한계가 있어, 이 한계를 벗어난 경우에는 상고이유가 된다. 왜냐하면 이는 민법 제396조의 적용이라는 법 적용상의 문제에 속하며, 과실비율의 결정은 종국적으로는 판결 결과에 영향을 미치기 때문이다.

판례 過失相計에서 過失比率의 限界-上告理由 : 과실상계에 있어서 피해자의 과실참작의 비율을 정하는 것은 법원의 자유재량에 달린 것이긴 하나, 과실의 정도를 비교교량함에 있어서 지나치게 피해자에게 유리하거나 불리하게 판단하는 것은 재량의 범위를 벗어난 처사로서 위법하다(대법원 1984.7.10. 84다카440).

② 過失比率 決定의 限界

과실비율의 결정에 대한 일정한 한계는 있는가? 이는 구체적인 경우의 각종 사정을 고려하여 신의칙과 공평의 관념에 따라 배상권리자와 배상의무자의 고의나 과실의 정도, 채무불이행 내지 불법행위의 내용, 손해의 발생 및 확대 등에 대하여 어느 정도의 원인을 제공하고 있는지를 고려하여 손해가 공평하게 분담되도록 하여야 한다(대법원 1991.1.25, 90다6491). 결국 손해의 공평한 분담이 되는 합리적 비율이 그 한계라 할 수 있다.

과실비율에 관한 판례 몇 가지를 아래에 소개한다.

㉠ 같이 음주 후에 음주 운전자가 운전하는 자동차에 동승한 피해자의 과실은 20%(대법원 1992.1.21, 91다39306).

㉡ 오토바이 동승자의 과실은 20%(대법원 1989.12.26, 87다카2096).

㉢ 용역회사 직원이 동승한 피용역회사 직원의 감독소홀을 틈타 금전을 가지고 도주한 경우의 과실을 50%로 본 것은 위법(과다)(대법원 1991.1.25, 90다6491).

㉣ 예금자가 중개인을 통해 거액을 예금하고 수기통장을 받고, 선이자 및 저축장려금 등을 받으면서 정식 입금 여부를 확인하지 않은 피해자의 과실을 10%로 본 것은 위법(과소)(대법원 1989.9.26, 88다카32371).

㉤ 고객이 증권회사직원에게 주식의 매수도를 일임한 경우에 고객의 과실은 50%(대법원 2001.4.27. 2000다30943).

(4) 個別的 問題

(가) 本來의 給付의 履行과 過失相計

채무 내용에 따른 본래의 급부의 이행을 구하는 경우에 과실상계가 적용되는지 여부가 문제된다. 과실상계는 채무불이행에서 적용되는 것이므로 본래의 채무의 이행에서는 그 적용이 없다.

판례 本來의 給付履行에는 適用 不可 : 과실상계는 원칙적으로 채무불이행 내지 불법행위로 인한 손해배상책임에 대하여 인정되는 것이지 채무내용에 따른 본래 급부의 이행을 구하는 경우에 적용될 것은 아니므로, 예금주가 인장관리를 다소 소홀히 하였거나 입·출금 내역을 조회하여 보지 않음으로써 금융기관 직원의 불법행위가 용이하게 된 사정이 있다고 할지라도 정기예탁금 계약에 기한 정기예탁금 반환청구사건에 있어서는 그러한 사정을 들어 금융기관의 채무액을 감경하거나 과실상계할 수 없다(대법원 2001.2.9. 99다48801).

(나) 被害者의 特異 體質

가해행위와 피해자의 요인이 경합하여 손해가 발생하거나 확대된 경우에는 그 피해자의 요인이 체질적인 소인 또는 질병의 위험도와 같이 피해자의 귀책사유와 무관한 것이라고 할지라도, 그 질환의 태양·정도 등에 비추어 가해자에게 손해의 전부를 배상하게 하는 것이 공평의 이념에 반하는 경우에는, 법원은 손해배상액을 정하면서 과실상계의 법리를 유추적용하여 그 손해의 발생 또는 확대에 기여한 피해자의 요인을 참작할 수 있다(대법원 2000.1.21. 98다50586).

(다) 自然力이 加害者의 過失行爲에 競合한 경우

피해자가 입은 손해가 자연력이 가해자의 과실행위와 경합하여 발생된 경우 가해자의 배상범위는 손해의 공평한 부담이라는 취지에서 손해발생에 대하여 자연력이 기여하였다고 인정되는 부분을 공제한 나머지 부분으로 제한하여야 한다. 다만 피해자가 입은 손해가 통상의 손해와는 달리 특수한 자연적 조건 아래 발생한 것이라 하더라도 가해자가 그와 같은 자연적 조건이나 그에 따른 위험의 정도를 미리 예상할 수 있었고 또 과도한 노력이나 비용을 들이지 아니하고도 적절한 조치를 취하여 자연적 조건에 따른 위험의 발생을 사전에 예방할 수 있었다면, 그러한 사고방지 조치를 소홀히 하여 발생한 사고로 인한 손해배상의 범위를 정함에 있어서 자연력의 기여분을 인정할 필요는 없다.

판례 自然力과 加害者의 過失行爲에 競合된 경우 自然力의 寄與分을 控除 : 불법행위에 기한 손해배상 사건에 있어서 피해자가 입은 손해가 자연력과 가해자의 과실행위가 경합되어 발생된 경우 가해자의 배상범위는 손해의 공평한 부담이라는 견지에서 손해발생에 대하여 자연력이 기여하였다고 인정되는 부분을 공제한 나머지 부분으로 제한하여야 함이 상당하고, 다만 피해자가 입은 손해가 통상의 손해와는 달리 특수한 자연적 조건 아래 발생한 것이라 하더라도 가해자가 그와 같은 자연적 조건이나 그에 따른 위험의 정도를 미리 예상할 수 있었고 또 과도한 노력이나 비용을 들이지 아니하고도 적절한 조치를 취하여 자연적 조건에 따른 위험의 발생을 사전에 예방할 수 있었다면, 그러한 사고방지 조치를 소홀히 하여 발생한 사고로 인한 손해배상의 범위를 정함에 있어서 자연력의 기여분을 인정하여 가해자의 배상범위를 제한할 것은 아니다(대법원 2003.6.27. 2001다734).

판례 自然力의 寄與分을 控除한 事例 : 원자력발전소의 온배수 배출행위와 해수온도의 상승이라는 자연력이 복합적으로 작용하여 온배수배출구 인근 양식장에서 어류가 집단폐사한 경우, 손해배상 범위 결정시 자연력의 기여도를 고려하는 것이 타당하다. 특수한 이상고온 상태에서 단기간에 폐사한 어류의 폐사 당시의 객관적 교환가치에 기초한 손해배상을 구하는 것이지 어류의 양식으로 인하여 얻을 수 있는 장래의 수익 상실에 관한 손해의 배상을 구하는 것이 아닌 경우, 통상의 자연폐사율, 즉 치어일 때부터 성어가 되어 출하할 때까지의 전 기간을 관찰하여 얻은 자연폐사율은 의미가 없고 오로지 위와 같은 특수상황에서의 자연폐사율이 얼마냐가 문제될 뿐인데 그 특수한 상황에서의 자연폐사율을 인정할 증거가 없는 이상 이러한 사정은 자연력의 기여도를 참작하여 합리적으로 고려하여야 한다(대법원 2003.6.27. 2001다734).

(라) 瑕疵擔保責任과 過失相計

민법 제581조, 제580조에 기한 매도인의 하자담보책임은 법이 특별히 인정한 무과실책임으로서 여기에 민법 제396조의 과실상계 규정이 준용될 수는 없다. 그러나 담보책임이 민법의 지도이념인 공평의 원칙에 입각한 것인 이상 하자 발생 및 그 확대에 기여한 매수인의 잘못이 있는 때에는 과실상계를 적용하여 손해배상의 범위를 정하여야 한다(판례).

판례 瑕疵擔保責任으로서 損害賠償請求에 過失相計 適用 : 하자담보책임으로 인한 손해배상사건에 있어서 배상 권리자에게 그 하자를 발견하지 못한 잘못으로 손해를 확대시킨 과실이 인정된다면 법원은 손해배상의 범위를 정함에 있어서 이를 참작하여야 하며, 이 경우 손해배상의 책임을 다투는 배상 의무자가 배상 권리자의 과실에 따른 상계 항변을 하지 않더라도 소송에 나타난 자료에 의하여 그 과실이 인정되면 법원은 직권으로 이를 심리·판단하여야 한다(대법원 1995.6.30. 94다23920).

(5) 過失相計와 損益相計의 順序

과실상계와 손익상계의 순서에 관하여는, 채무자가 책임질 손해에서 채권자에게 발생한 이익을 공제하는 것이 타당하다. 따라서 산정된 손해액에서 먼저 과실상계를 한 다음에, 즉 채권자(피해자)가 부담하여야 할 손해를 기초로 채권자에게 발생한 이득을 공제(손익상계)하여야 한다. 판례도 동일하게 새긴다.

판례 過失相計後 損益相計 : 불법행위로 인한 손해배상액을 산정함에 있어서 과실상계를 한 다음 손익상계를 하여야 하고, 산업재해보상보험법상의 급여도 마찬가지이다(대법원 1996.1.23. 95다24340).

VI. 損害賠償者의 代位

1. 損害賠償者 代位의 意義

채권자가 손해배상으로 그 채권의 목적물이 되는 물건 또는 권리의 가액의 전부를 배상받은 때에는 채무자는 그 물건 또는 권리에 관하여 당연히 채권자를 대위한다(제399조). 예컨대 수치인受置人이 임치물任置物을 도난 당하여 그 물건의 가액의 전부를 배상한 때에는, 도난품의 소유권은 당연히 수치인에게 이전된다. 또는 제3자가 임치물을 손상시켜 수치인이 전부 배상을 한 때에는, 임치인의 제3자에 대한 임치물의 소유권침해로 인한 손해배상청구권은 당연히 수치인에게 이전된다.

이는 채권자가 손해의 전부를 배상받고도 여전히 채권의 목적인 물건이나 권리를 가진다면, 채권자는 채무불이행에 의하여 2중으로 이득 하는 것으로 부당이득이 되어 손해배상의 목적에 반하기 때문이다. 이러한 손해배상자 대위제도는 로마법 이래로 각국에서 실정법 또는 학설로 일반적으로 인정되고 있다.

2. 損害賠償者 代位의 要件

(1) 損害賠償義務者의 賠償

대위자가 될 수 있는 자는 법률상 손해배상의무자여야 한다. 따라서 채무불이행의 경우에는 채무자여야 하며, 불법행위의 경우에는 가해자여야 한다. 따라서 제3자가 손해배상의무자 대신 배상을 하더라도 경우에 따라서는 변제자 대위에는 해당될 수 있으나 손해배상자대위에는 해당되지 아니한다.

(2) 損害의 全部 賠償

채권자가 채권의 목적인 물건 또는 권리의 가액의 「전부」를 배상받았어야 한다. 즉, 물건 또는 권리의 인도청구권에 관하여 전액으로 배상을 받았어야 한다. 일부배상이 되어지더라도 그에 대응한 일부대위란 없다(상법상 보험자 대위는 일부대위가 가능하다. 상법 제682조[제3자에 대한 보험대위] 참조).

(3) 賠償方法은 不問

손해배상의무자가 손해배상채무에 대하여 배상방법으로 본래의 급부로서의 변제를 하였던 또는 변제와 동일시할 수 있는 공탁供託·대물변제代物辨濟·상계相計 중 어느 방법으로 하였든 손해배상자의 대위에 관한 법률관계에는 아무런 차이가 없다.

3. 代位의 效果

(1) 法律에 의한 權利 移轉

손해를 배상받은 대상인 물건 또는 권리가 법률상 당연히 손해배상자에게 이전한다. 여기서 물건 또는 권리는 그 자체를 의미할 뿐만 아니라 그에 대치되는 권리 예컨대 제3자에 대하여 가지는 손해배상청구권 등도 당연히 포함된다. 또한 여기의 이전은 법률상의 이전으로 물건이나 권리의 이전에 관한 양도행위 예컨대 인도·등기 또는 채권양도의 통지나 승낙 등은 필요하지 않다(판례).

판례 損害賠償者代位에서 權利의 移轉 : 민법상 손해배상자의 대위의 취지는 채권자가 채권의 목적이 되는 물건 또는 권리의 가격 전부를 손해배상으로 받아 그 만족을 얻었을 때에는 그 물건 또는 권리에 관한 권리는 법률상 당연히 채무자에게 이전되는 것이고 그에 관하여 채권자나 채무자의 양도 기타 어떤 특별한 행위를 필요로 하는 것이 아니다(대법원 1977.7.12. 76다408).

(2) 效力 發生時期

대위의 효력은 손해배상의무자가 손해배상을 한 때부터 발생한다.

第5節 債權者遲滯

I. 債權者遲滯의 意義

1. 債權者遲滯制度의 必要性

민법 제400조는 채권자지체라 하여 <채권자가 이행을 받을 수 없거나 받지 아니한 때에는 이행의 제공이 있는 때로부터 지체책임이 있다>고 규정하고, 이하 제403조까지 그 책임의 내용을 규정하고 있다. 부작위채무나 특수한 유형의 채무를 제외하고는 대부분의 경우에 채무자의 채무의 이행에는 채권자의 다소간의 협조가 필요하다. 예컨대 물건의 인도채무에 있어서는 채무자의 제공을 채권자가 받아들인다든지, 노무의 공급에 있어서는 채권자가 적절한 노무의 내용을 지시한다든지 또는 노무를 제공할 장소를 제공한다든지 하는 등의 최소한의 협조가 있어야 채무를 이행할 수 있다. 보통의 경우 채권자는 당연히 이와 같은 협조를 하여 급부를 취득할 것이다.

그러나 어떠한 이유에서든 채권자가 협조를 하지 않아 정상적으로 채무를 이행할 수 없게 되면 채무자는 여전히 채무에 구속되어 목적물을 계속해서 보관하여야 된다든지 또는 노무를 제공하지 못해 보수를 받지 못한다든지 하는 등의 여러 가지의 부담과 불이익이 발생한다. 이러한 부담과 불이익을 채무자가 모두 부담한다는 것은 지극히 불공평하다. 이러한 불공평 및 채무자의 불이익을 해소하여 당사자간의 이해관계를 조절하기 위한 제도가 채권자지체 또는 수령지체제도이다.

2. 債權者遲滯責任의 內容

채권자지체에 관하여 제400조 내지 제403조에서 그 요건 및 효과에 대하여 명문으로 규정하고 있다. 그런데 지체책임의 효과로서 명문으로 규정된 내용 외에 채무자에게 별도로 계약해제권과 손해배상청구권이 발생하는가에 대하여는 견해의 대립이 있다. 이는 채권자지체책임의 본질을 어떻게 이해하느냐에 달려있다. 이는 채권자가 채무자가 제공하는 급부를 수령하여야 할 법적인 의무가 있느냐는 것이 그 요체이다. 즉, 채무자의 채무이행시에 필요한 최소한의 협조행위가 채권자의 법적 의무 내지 법적 책무로서의 수령의무이면, 채권자지체는 채권자의 수령의무 위반으로써 채권자의 채무불이행이 되어 일반적인 채무불이행과 동일하게 상대방(채무자)은 계약을 해제한다든지 또는 손해배상을 청구할 수 있다. 이러한 협조행위가 법적인 의무가 아니라면 채권자지체책임의 내용은 법률에 규정한 것 외에는 발생하지 아니한다는 결론에 도달한다.

II. 債權者遲滯責任의 本質

채권자지체책임의 성질 내지 본질에 관하여는 채권자의 수령의무를 전제로 하여 채무불이행의 일종이라는 견해, 신의칙에 바탕을 둔 법정책임法定責任이라는 견해, 매매·도급·임치의 경우는 채무불이행이 되지만 그 밖의 경우는 법정책임이라는 견해 등이 있다.

1. 債務不履行責任說

다수설(곽, 김증, 이태, 김용)로서 채권관계에 있어서 채권자와 채무자는 공동의 목적달성을 위하여 서로 협력하여야 할 일종의 협동체관계에 있으므로, 채권자에게도 신의칙이 요구하는 정도의 법률상의 협력의무로서 수령의무가 있다. 채권자지체책임이란 채권자가 이 수령의무를 이행하지 않는 것으로 채권자의 채무불이행책임이라는 것이다.

이 견해에 의하면 채권자지체책임의 성립요건으로는 당연히 채권자의 유책사유(고의·과실)를 요한다. 그 효과에 있어서도 제401조 내지 제403조의 법률관계 외에 채무자는 채권자의 채무불이행으로 인한 손해배상을 청구한다든지 또는 계약을 해제할 수 있게 된다.

2. 法定責任說

소수설(이은)로서 채권자에게는 권리만 있어 채무자에 의하여 이행으로 제공된 것을 수령할 권리는 있지만 법적 의무로서의 수령의무는 없다는 것이다. 이 견해는 채권자지체제도의 근본목적은 채무자와 채권자 쌍방의 이익을 평등하게 보호하는 데 있어, 채무자의 변제의 제공으로 채무자를 불이행책임으로부터 해방시키고, 채무자가 채무를 이행하지 못하여 받는 각종의 불이익을 구제하기 위하여 법률이 특별히 규정한 법정책임으로 본다. 따라서 채권자지체의 요건으로 채권자의 유책사유는 요하지 않으며, 그 효과는 법률이 명문으로 규정하는 법률관계만 발생한다고 본다.

아래의 판례에서 보는 바와 같이 채권자(매도인)의 이행기까지 기다려야 되나, 미리 이행하지 않을 의사가 명백하여 기다릴 필요가 없이 해제가 가능하다는 것, 즉 이행거절을 원인으로 계약을 해제할 수 있다는 것이지 수령거절을 원인으로 계약을 해제할 수 있다는 것이 아니다. 이 판례를 볼 때, 대법원은 채권자지체에 관하여 법정책임설을 취하는 것으로 보인다.

판례 不履行意思의 明白한 表示 : 부동산 매도인이 중도금의 수령을 거절하였을 뿐만 아니라 계약을 이행하지 아니할 의사를 명백히 표시한 경우 매수인은 신의성실의 원칙상 소유권이전등기의무 이행기일까지 기다릴 필요 없이 이를 이유로 매매계약을 해제할 수 있다(대법원 1993.6.25. 93다11821).

3. 折衷說

두 가지 견해로 갈라진다. 하나는 채무의 종류에 따라 구분하여 매매·도급·임치 등과 같은 채권자의 수령이 매우 중요한 의미를 갖는 계약에서는 수령의무 내지 인수의무를 인정하여 채무불이행책임으로, 그 외의 경우에는 수령의무를 인정하지 않아 법정책임으로 본다(김형). 또 하나는 채권자의 수령의무를 법적 의무 또는 법적 책무로 보아 유책사유의 유무에 따라 효과를 구별하여, 유책사유 없는 경우에는 제401조 내지 제403조의 법률관계만 인정하나 유책사유가 있는 경우에는 손해배상청구권과 계약해제권을 인정하여야 한다는 견해이다(김상, 이호).

* 일본 민법은 우리 민법 제401조 내지 제403조에 해당하는 구체적인 책임을 명문으로 규정하지 않고 우리 민법 제400조에 해당하는 채권자지체책임의 발생만을 규정하고 있는데, 일본의 경우도 채권자지체책임의 본질에 관하여 위 설명한 것과 동일한 학설의 대립이 있고 법정책임설이 다수설이다. 일본의 판례는 수령의무를 전제한 해제를 일반론으로서는 부정하며(일

본 최고 1965.12.3), 매매계약에 있어서 당해 계약의 특단의 사유를 들어 의사표시(계약)의 해석으로 신의칙에 의한 수령의무를 인정한 것이 있다(일본 최고 1971.12.1).

* 독일 민법은 매매(제433조)와 도급(제640조), 스위스 채무법도 매매(제211조)와 도급(제372조)에 관하여서만 수령의무를 규정하고 있고, 채권자지체책임의 본질에 관하여는 법정책임으로 이해하는 것이 통설이다. 그런데 이러한 독일과 스위스 채무법상의 법정책임설은 매매와 도급에 별도로 수령의무를 규정하였기 때문에 그 외에는 수령의무가 없다는 것이 전제가 되어 법정책임설이 나온 것이라고 이해한다. 그러나 매매와 도급 이외의 경우에는 특별히 수령 여부가 문제되지 않기 때문에, 매매와 도급에 수령의무를 규정하였느냐 여부로 채권자지체책임의 본질을 달리 볼 것은 아니라고 생각한다.

4. 私見 - 法定責任說

채권자지체책임의 본질에 대한 논의는 위에서 보는 바와 같이 채권자의 수령의무를 인정할 것인가 여부에 집중되어 있다. 그러나 이것만으로는 너무 단편적인 것이어서 결론을 내리기가 쉽지 않다. 따라서 여기서는 시각을 달리하여 채권자의 <수령거부 또는 수령불능>으로 인한 불이행으로 인한 채무자의 불이익의 구제라는 측면에서 실정법을 검토하기로 한다.

첫째, <채권자의 수령거부 또는 수령불능>에 대하여 민법은 제400조에서 채권자지체책임의 발생시기(이행의 제공 있는 때로부터)에 관하여 규정하고, 그 이하 제401조와 제402조에서 <채권자지체와 채무자의 책임>, 제403조에서 <채권자지체와 채권자 책임>이라고 하여, 채무자의 권리 또는 채권자의 직접적인 책임을 규정한 것이 아니라(이는 채권자에게는 기본적으로 어떠한 책임도 없다는 전제에서 출발한 것으로 보인다), 채무를 이행하지 못하기 때문에 채무자에게 발생되는 불이익을 제거하며, 제487조에서 <변제공탁辨濟供託>을 인정하여 채무자가 채무를 면할 수 있도록 하고 있다.

이러한 구조는 곧 채무의 불이행에 따른 그 이후의 모든 책임은 채무자에게 있으나, 채권자의 수령거부 또는 수령불능으로 인한 불이행에 따른 불이익까지도 부담하는 것은 사법의 정의인 형평의 이념에 합당하지 않다는 관념에서 불이행으로 채무자에게 발생할 최소한의 불이익은 채권자에게 이전된다는 것을 의미하는 것으로 보인다. 즉, 채권자지체제도는 형평의 이념에 의하여 채무자의 변제의 제공으로 기본적으로 채무자를 불이행책임으로부터 해방시키는 데 있는 것이지, 채권자지체로 인하여 직접적으로 채무자의 권리가 발생하는 것은 아니라는 시각에서 규정한 것이다.

둘째, 채권자의 수령거부 또는 수령불능의 경우 가장 문제가 되는 것은 채무자가 지속적으로 채무의 구속상태에 놓이게 된다는 점이다. 즉, 채무자가 이행하려고 함에도 채권자의 협조 없이는 어떠한 경우에도 채무의 구속상태에 있어야 된다면 이는 불합리하다. 민법은 제400조의 채권자지체의 요건으로 <이행을 받을 수 없거나 받지 아니한 때>로 규정하며, 이와 동일한 요건으로 제487조[변제공탁의 요건, 효과]에서 변제공탁과 제490조[자조매각금의 공탁]의 자조매각금自助賣却金의 공탁을 인정하여 채무를 면할 수 있다고 규정하고 있다. 이는 곧 채권자의 수령거부 또는 수령불능의 경우의 불이행으로 인하여 채무자에게 발생되는 불이익상태 중 채무의 구속상태는 변제공탁으로 해결하며, 그 밖의 문제는 제400조 내지 제403조에서 그 해결책을 규정한 것으로 보인다.

셋째, 법정책임설을 취하더라도 수령지체가 있으면 보통의 경우에는 채권자도 자기 채무를 이행하지 않아 이행지체에 있을 것이므로, 채무자는 채권자의 반대채무의 이행지체로 인한 손해배상의 청구 또는 계약을 해제할 수 있다. 또한 경우에 따라서는 계약의 해석을 통하여 특약에 의한 명시 또는 묵시의 수령의무를 인정할 수 있고, 이의 위반에 의한 손해배상의 청구 또는 계약의 해제를 인정할 수 있다.

넷째, 본질에 관한 견해에 따른 구체적인 차이를 검토하면(절충설 중 하나의 견해는 매매·도급·임치의 경우는 채무불이행책임과 같다);

① 요건에서 채무불이행책임설은 채권자의 유책사유를 요하나, 법정책임설은 이를 요하지 않는다,

② 효과에서 채무불이행책임설은 손해배상의 청구 및 계약의 해제를 할 수 있으나 법정책임설은 그렇지 못하다,

③ 절충설에는 유책사유 유무에 따라 그 효과를 달리 하는 견해와 특수한 계약(매매·도급·임치)의 경우에만 수령의무를 인정하는 견해가 있어 각기 그 요건 및 효과가 달라진다.

그러나 ① 요건면에서의 ㉮ 유책사유 유무는 채권자의 수령거부 또는 수령불능에 대한 유책사유인데, 이때 채권자의 고의·과실은 대부분의 경우에 쉽게 인정되며 또한 유책사유를 필요로 한다고 하더라도 증명책임이 채권자에게 있어 유책사유를 요하느냐 여부가 채무자의 지위에 실질적인 영향을 미치지는 않아 실제로는 차이가 생기지

않는다. ㉯ 다만, 제3자 또는 불가항력에 의한 수령불능의 경우가 문제된다. 이 경우에는 채무불이행책임설에 의하면 유책사유가 없어 책임이 성립하지 않으나, 유책사유를 요하지 않는다는 법정책임설에 의하면 책임이 성립한다는 것이다. 그러나 법정책임설에서도 이 경우처럼 급부의 장애가 채권자의 영역범위에서 발생한 것이라도 채권자가 지배할 수 없는 사유에 의한 수령불능의 경우에는 책임을 묻지 못한다고 본다(영역설). 결국 요건면에서는 본질에 따른 실질적인 차이는 없게 된다.

② 효과부분에서 법정책임설에 의하면 계약의 해제를 할 수 없어 채무자가 채무의 구속상태에 놓이게 된다고 하나, 이는 위에서 보는 바와 같이 변제공탁으로 채무를 면할 수 있다.

③ 매매·도급·임치는 예외로 수령의무 위반에 의한 채무불이행책임으로 보는 절충설은, 이들의 수령의무에 관한 명문의 규정이 없는 우리 민법상 너무 편의적인 해석이란 비판을 면할 수 없다.

이상의 내용을 종합적으로 볼 때, 민법은 채권자의 수령거부 또는 수령불능의 경우에는 변제공탁으로 채무를 면하고, 추가로 발생되는 불이익은 채권자에게 이전되나, 이를 이유로 원칙적으로 채무자가 계약관계를 해소할 수는 없다는 취지인 것으로 보아야 할 것이다. 해석에 의하여 채권자지체에 의한 계약의 해제권 및 손해배상청구권을 인정하는 것은 법률의 규정을 벗어난 지나친 해석이라 생각된다.

III. 債權者遲滯의 要件

1. 性質上 債權者의 行爲를 必要로 하는 債務

채무자 단독으로 급부를 이행할 수 있는 채무이면 채권자지체의 문제가 생길 여지가 없음은 당연하다. 주로 문제가 되는 경우는 매매·도급이며, 특수한 경우에 이자부소비대차利子附消費貸借·고용 등에서 문제가 될 수 있다.

2. 債務의 內容에 좇은 履行의 提供

채무자가 채무의 내용에 좇은 이행이 있어야 한다. 채무의 내용에 좇지 아니한 경우에는 수령을 거절할 수 있고, 채권자지체가 문제되지 아니한다. 이행의 제공은 현실의 제공을 원칙으로 하나 채권자가 미리 변제받기를 거절한 경우나 채무의 이행에 채권자의 행위를 요하는 경우에는 변제준비의 완료를 통지하고 그 수령을 최고하는 구두의 제공으로 족하다.

판례 口頭의 提供 不要한 경우 : 민법 제400조 소정의 채권자지체가 성립하기 위해서는 채무자의 변제 제공이 있어야 하고, 변제 제공은 원칙적으로 현실 제공으로 하여야 하며 다만 채권자가 미리 변제받기를 거절하거나 채무의 이행에 채권자의 행위를 요하는 경우에는 구두의 제공으로 하더라도 무방하고, 채권자가 변제를 받지 아니할 의사가 확고한 경우(이른바, 채권자의 영구적 불수령)에는 구두의 제공을 한다는 것조차 무의미하므로 그러한 경우에는 구두의 제공조차 필요 없다(대법원 2004.3. 12. 2001다79013).

3. 債權者의 受領拒絶 또는 受領不能

(1) 受領拒絶, 受領不能

이행이 가능하였으나(이행제공이 전제) 채권자가 수령을 거절하거나 수령을 할 수 없어야 한다. 여기서의 수령불능 또는 수령거절은 채권자의 명시 또는 묵시적 의사의 표시를 의미하는 것이 아니라 채권자가 제공된 변제를 수령하지 않은 사실 자체만으로 충분하다. 그런데, 이행기 전에 미리 앞으로 수령을 하지 않겠다는 의사가 명백한 경우에는 수령거절이 됨은 당연하다.

(2) 受領不能과 履行不能

한편 앞선 사실이 이행이 불능인 때에는 논리적으로 후행사실인 수령거절 또는 수령불능이란 일어 날 수 없다. 그런데 여기서 이행불능과 수령불능을 구별하기가 쉽지 않다. 이의 구별은 불능의 원인이 채권자 또는 채무자 어느 측의 지배영역 내지 영향범위에 속하느냐에 따라 구별한다는 데(영역설) 일치한다. 즉, 그 원인이 채권자가 지배할 수 있는 영역에서 발생한 때를 수령불능으로 본다.

그런데 채권자의 지배영역 안에서 불가항력에 의한 수령불능상태가 된 경우에는 어떻게 되는가? 본질에 관한 채무불이행책임설에 의하면 채권자의 유책사유가 없기 때문에 당연히 지체책임이 발생하지 않는다. 법정책임설에 의하더라도 영역설 자체가 채권자의 지배영역 안에 있을지라도 불가항력에 의한 경우에는 수령불능에서 제외하므로 문제가 되지 않는다. 그렇지 않더라도 이러한 경우에 채권자에게 책임을 지우는 것은 공평하지 않기 때문에 어떠한 경우에나 책임을 묻지 못한다.

수령불능과 이행불능의 구별문제는 고용계약 또는 도급계약에서의 임금청구권 또는 보수청구권에 관한 위험부담의 문제로 논의되어 온 것이나 채권자지체의 경우에도 중요하다. 독일 민법은 채권자지체에 유책사유를 요하지 않아 이행불능이냐 수령불능이냐는 아주 중요하다. 즉, 이행불능이면 채무자위험부담(독일 민법 제323조 1항), 수령불능이면 채권자위험부담(독일 민법 제615조)으로 되어 이의 구별은 아주 중요하다. 이에 채무자위험부담주의 아래서 노동자의 임금청구권 및 수급인의 보수청구권을 유지시켜 주기 위하여 영역설領域說(Sphärentheorie)이 주장되었다. 영역설에 의하면 채무의 급부장애가 어느 측의 영향범위 또는 영역범위 안에서 원인 내지 결과가 생기게 된 것인지를 구별하여, 그것이 채무자 측에 있으면 이행불능, 채권자 측에 있으면 수령불능으로 된다는 것이다. 그러나 이는 불가항력이 아닌 수령장애에 한정된다는 것이다. 예컨대 고용주의 원료 등의 부족·기타의 공장의 소실·기계의 파손 등의 경우에는 수령불능으로 고용주에게 책임이 있다는 것이다.

우리 민법은 채무자위험부담주의(제537조) 아래서 채권자의 유(귀)책사유가 있는 경우에만 위험이 채권자에게 이전된다(제538조 1항). 이는 예컨대 공장이 소실된 경우 또는 노동자가 병으로 근무를 하지 못한 경우에, 형식적으로는 노동자의 임금청구권은 채권자의 유책사유가 있는 것으로 인정되는 경우에만 채권자에게 위험이 인정된다. 즉, 공장 측의 실화가 인정되거나, 노동자의 병이 공장 측의 노동조건의 열악 등과 같은 공장 측의 책임이 인정되는 경우만이 채권자에게 위험이 이전되고, 그 외의 경우는 모두 임금청구권이 상실되게 된다. 이러한 결과는 대단히 불공평하다. 이 경우에는 위 영역설에 의하여 불가항력에 의한 수령불능을 제외하고는 영역 범위에 의하여 결정하여야 한다(상세한 것은 졸저, 채권법각론 고용계약 편 참조).

4. 受領拒絶 또는 受領不能의 違法, 債權者의 有責事由

채권자지체책임의 본질을 법정책임으로 이해하면 수령거절 또는 수령불능에 채권자의 고의·과실과 위법성은 요건이 되지 않는다. 그러나, 불가항력적인 사유에 의한 수령불능의 경우는 채권자지체가 되지 아니 한다. 채무불이행책임설에 의하면 수령거절 등에 채권자의 고의 등의 요건을 충족하여야 하고, 이에 대한 증명책임은 채권자에게 있다.

IV. 債權者遲滯의 效果

1. 辨濟提供의 效果

채무자는 이행의 제공을 하였기 때문에 채무불이행책임을 지지 아니 한다. 따라서 채권자는 채무불이행을 원인으로 하는 손해배상의 청구 또는 계약의 해제를 할 수 없으며, 채무자는 담보권을 실행 당하지 않는다.

2. 注意義務의 輕減

채권자지체 중에는 채무자의 주의의무가 경감되어 채무자는 고의 또는 중대한 과실이 있을 때만 책임을 진다(제401조). 즉, 채권자지체 중에는 목적물의 보존 또는 이행과정에서 목적물이 훼손·멸실되었더라도 채무자의 경과실에 의한 것일 때에는 책임을 지지 않는다.

판례 受置人의 受領遲滯의 要件 : 수치인이 임치인에게 보관물을 빨리 처분하든지 인도받아가라고 요구하였다면 이는 임치계약을 해지하고 임치물의 회수를 최고한 의사표시라고 볼 여지가 있고 이에 대하여 임치인이 시세가 싸다는 이유로 그 회수를 거절하였다면 이때로부터 수령지체에 빠진 것이라고 하겠다.

판례 受置人의 受領遲滯 中의 滅失, 毁損 : 위 임치물의 회수를 최고하였음에도 불구하고 임치인의 수령지체로 반환하지 못하고 있는 사이에 임치물이 멸실 또는 훼손된 경우에는 수치인에게 고의 또는 중대한 과실이 없는 한 채무불이행으로 인한 손해배상책임이 없다(대법원 1983.11.8, 83다카1476).

3. 利子의 停止

채권자지체 중에는 채무자는 이자 있는 채권일지라도 이자를 지급할 의무가 없다(제402조).

4. 增加費用의 債權者 負擔

채권자지체로 인하여 그 목적물의 보관 또는 변제의 비용이 증가한 때에는 그 증가액은 채권자에게 청구할 수 있다(제403조). 따라서 채권자지체로 채무자가 변제공탁을 한 경우에 공탁비용은 채권자에게 청구할 수 있다.

5. 雙務契約에서의 危險의 移轉

민법은 위험부담에 관하여 채무자위험부담주의를 원칙으로 하나(제537조), 다만 채권자에게 책임 있는 사유로 이행불능으로 된 때에는 채권자가 위험을 부담한다(제538조 1항 전단). 그리고 채권자지체중의 경우에는 채권자가 위험을 부담한다(제538조 1항 후단).

판례 제538조 1항 제2문- 口頭提供 必要 : 채권자가 변제를 받지 아니할 의사가 확고한 경우(이른바, 채권자의 영구적 불수령)에는 구두의 제공을 한다는 것조차 무의미하므로 그러한 경우에는 구두의 제공조차 필요 없다고 할 것이지만, 그러한 구두의 제공조차 필요 없는 경우라고 하더라도, 이는 그로써 채무자가 채무불이행책임을 면한다는 것에 불과하고, 민법 제538조 제1항 제2문 소정의 '채권자의 수령지체 중에 당사자 쌍방의 책임 없는 사유로 이행할 수 없게 된 때'에 해당하기 위해서는 현실 제공이나 구두 제공이 필요하다(다만, 그 제공의 정도는 그 시기와 구체적인 상황에 따라 신의성실의 원칙에 어긋나지 않게 합리적으로 정하여야 한다)(대법원 2004.3. 12. 2001다79013).

판례 雙務契約에서 債權者遲滯동안의 危險負擔 : 수급인이 도급인에게 공사금을 지급하고 기성부분을 인도받아 가라고 최고하였다면 수급인은 이로써 자기 의무의 이행 제공을 하였다고 볼 수 있는데 도급인이 아무런 이유 없이 수령을 거절하던 중 쌍방이 책임질 수 없는 제3자의 행위로 기성부분이 철거되었다면 도급인의 수급인에 대한 공사대금채무는 여전히 남아 있다(대법원 1993.3.26, 91다14116).

6. 供託權 및 自助賣却權 發生

채권자지체의 경우 채무자는 목적물을 변제공탁하여 채무를 면할 수 있다(제487조). 변제의 목적물이 공탁에 적당하지 않은 경우에는 법원의 허가를 얻어 목적물을 경매하거나 시가로 매각하여 그 대금을 법원에 공탁함으로써 채무를 면할 수 있다(제490조).

7. 損害賠償請求權·契約解除權

채무불이행책임설에 의하면 채무자에게 손해배상청구권과 계약의 해제권이 인정되나, 법정책임설에 의하면 채무자가 채무를 면하기 위해서는 변제공탁을 할 수 있고 계약을 해제할 수는 없다.

V. 債權者遲滯의 終了

1. 債權의 消滅

채무의 면제·변제의 수령·공탁 등으로 채권이 소멸하면 채권자지체는 종료한다.

2. 履行不能

채권자지체중에 이행불능이 되면 채권자지체는 종료하고, 경우에 따라 채무불이행 또는 위험부담의 문제로 된다.

3. 債權者의 受領通知

채권자가 채무자에 대하여 마음을 바꾸어 수령의 준비가 되었음을 통지하고 이행을 청구함으로써 채권자지체는 종료한다.

第5章

債權의 保全的 效力

第1節 總 說

I. 債權의 實質的 價値

금전채권의 경우 채무자의 임의의 이행이 없는 경우에는 채권자는 채권의 존재 및 그 이행을 인정받아(이행판결), 집행권원 및 이에 준하는 것(화의조서 또는 공증증서)으로 법원에 강제집행을 신청하고, 이에 의하여 법원은 채무자의 일반재산을 압류, 경매한 환가대금換價代金을 채권자에게 지급한다. 목적물이 금전 이외의 경우에도 채무자의 임의의 이행이 없으면 본래의 급부채권은 손해배상으로서의 금전채권이 되고, 그 이후의 과정은 본래의 금전채권과 다르지 않다. 강제집행을 할지라도 강제집행에 의하여 환가된 금액이 충분하지 아니하면 채권이 만족을 얻지 못하는 것은 물론이다. 따라서 강제집행에 의하여 환가 될 채무자의 일반재산이 충분하여야 비로소 최종적으로 채권은 만족을 얻을 수 있다. 이는 결국 어떠한 채권이든 그 채권의 최종적 만족 가능성 여부는 채무자의 일반재산(책임재산)이 채권액에 충분하느냐에 달려있다는 것이 된다.

한편, 채권은 채권자평등의 원칙에 의하여 채권의 발생원인·발생시기의 선후·금액의 다소에 불구하고 모두 평등하게 다루어져 채무자의 일반재산은 개별채권의 이행을 위한 책임재산일 뿐만 아니라 동시에 모든 채권자를 위한 공동의 책임재산이 된다. 따라서 채무자의 책임재산의 상태는 개별 채권의 실질적 가치에 큰 영향을 미친다. 바꾸어 말하면 채권의 실질적 가치 내지 마지막 보루는 책임재산으로서 채무자 소유의 일반재산이다.

II. 責任財産의 維持·保全

채권자는 채권취득시의 채무자의 책임재산을 염두에 두고 채권을 취득한다. 즉, 채무자가 채무를 이행할 (재산)능력이 전연 없다는 것을 알고 있다면 그 자에 대한 채권을 취득하지 않을 것임은 두 말할 필요가 없다. 그런데 채권자가 채권을 취득한 후에 채무자가 그의 책임재산을 적극적으로 감소시키는 행위를 한다든지 또는 책임재산을 축적시킬 수 있음에도 불구하고 소극적으로 아무런 행위를 하지 않음으로써 결과적으로 책임재산에 부족이 생길 우려가 있을 때에는 채권자에게 채권의 실질적 가치를 확보하기 위하여 채무자의 책임재산을 유지하고 보전시킬 수 있는 권한을 부여할 필요가 있다. 이러한 필요성에서 채권자에게 채무자의 책임재산에 관여하여 간섭할 수 있는 권한을 부여하고 있다. 이러한 채권자의 관여권은 자기의 채권의 실질적 가치를 유지시켜 온전하게 보전하기 위한 권한으로 채권의 보전적 또는 보존적 효력이라 한다. 이를 위하여 민법은 채권자에게 채권자대위권債權者代位權과 채권자취소권債權者取消權을 인정하고 있다.

채권자대위권은 채무자가 자기의 일반재산을 유지·증가시키지 않는 등으로 소극적 행위를 하는 경우에 채권자가 채무자를 대신하여 채무자의 일반 재산을 유지하고 증가시킬 수 있도록 하는 권리이다. 채권자취소권은 채무자가 자기의 일반재산을 감소시키는 등으로 적극적인 일정한 행위를 하는 경우에 채무자의 그러한 재산 감소의 법률행위를 부인하여 채무자의 일반재산으로부터 이탈된 재산을 회복시킬 수 있는 권리이다. 이러한 권리는 본래 채권이 채무자의 재산을 직접적으로 지배하는 권리는 아니지만 채권의 실질적 가치를 유지하고 보전시키기 위한 채권의 효력으로 부득이 하게 인정되는 것이므로, 그 행사의 요건 및 효과에서는 최소한의 범위 내에서 엄격하게 적용하여야 한다.

실제에 있어서 채권자대위권과 채권자취소권은 채무자의 일반재산을 유지, 보전하여 채권의 강제력(강제집행)을 실효성 있게 하는 데 이바지하며, 강제집행에 의한 일반재산의 압류를 하기 위한 사전의 준비단계로서 행하여진다.

第2節 債權者代位權

I. 債權者代位權의 意義와 性質

1. 債權者代位權의 意義

채권자대위권이란 채권자가 자기의 채권을 유지하고 보전하기 위하여 채무자에게 속한 권리를 대위하여 행사하는 권리를 말한다(제404조).

채권자대위권제도는 연혁적으로는 강제집행제도가 완비되어 있지 않은 프랑스 민법(제1166조)에서 유래하였기 때문에 강제집행제도가 완비된 독일법을 계수한 나라에서는 강제집행 절차가 비교적 완비되어 있어 이를 인정할 실익이 적다고 평가되기도 한다. 따라서 우리나라에서도 채권자대위권제도는 그 실익이 적다고도 볼 수 있으나, 실제에 있어서는 다음과 같은 이유에서 실사회에서는 많이 이용되며 또한 그 실익도 크다.

첫째, 강제집행의 준비로서, 강제집행의 실효성을 거두는 데 그 실익이 있다. 예컨대 채권자가 자기의 금전채권의 만족을 얻기 위하여 자기의 채무자가 제3자에 대하여 가지고 있는 금전채권을 직접 취득하려면, 강제집행에 의할 때에는 자기의 채권에 대한 집행권원을 받아서 압류하는 등으로 절차가 복잡하나, 대위권을 행사하면 먼저 채무자의 일반재산으로 보전하고 그 후에 강제집행을 하게 되어, 급속을 요하는 경우에 절차의 번잡성을 피해 신속하게 할 수 있으며 그로 인해 후에 하는 강제집행의 실효를 거둘 수가 있다.

둘째, 위 예의 경우에 채권자의 채권과 피대위채권이 동종인 경우, 예긴대 채무사에 대한 채권이 금전채권이고 채무자의 제3자에 대한 채권이 금전채권인 경우에는 대위채권자가 그 금전을 직접 수령하여 자기의 변제에 충당시킴으로써 실질적으로는 우선변제력이 있는 것과 같은 결과가 되어, 대위채권자에게 아주 유용하다.

셋째, 강제집행은 청구권에 대하여서만 가능하나 채권자대위권에 의한 대위행사는 청구권뿐만 아니라 취소권·해제권·환매권 등의 형성권 등을 포함하여 재산에 관련된 모든 권리가 그 대상이 된다.

넷째, 강제집행으로서는 할 수 없는 특정한 채권 그 자체를 보전하기 위하여도 채권자대위권을 행사할 수 있다.

이들 중 둘째와 넷째 이유에서 채권자대위권은 그 실익이 크다.

2. 債權者代位權의 性質

(1) 本來의 債權에 從된 權利

채권자대위권은 위에서 보는 바와 같이 채무자의 권리를 압류한다든지 또는 강제집행하는 것이 아니라, 사후에 행해질 강제집행의 효과를 거두기 위하여 강제집행과는 관계없이 별도로 채권자가 채무자의 권리를 대위 행사할 수 있는 권능이다. 따라서 채권자대위권은 소송법상의 권리가 아니라 채권의 효력으로서 채권자에게 부여된 채권에서 나오는 실체법상의 권리이다. 즉, 채권자대위권은 채권의 강제력 보전을 위한 본래의 채권의 효력으로서 본래의 채권에 종된 권리이다.

(2) 廣義의 管理權

채권자대위권은 채권자가 자기의 이름으로 채무자의 권리를 행사하는 채권자의 고유한 권리이다. 그러나 채권자가 대위권을 행사하여도 채무자의 권리가 채권자에게 양도되는 것이 아니기 때문에 채무자는 자기의 권리를 상실하는 것은 아니다. 이러한 점에서 대위권의 법적 성질은 채권자에게 부여된 채무자의 재산에 대한 넓은 의미의 관리권, 즉 법정재산관리권으로 이해된다. 이에 대하여 대위권을 관리권으로서의 단순한 소극적 기능에 그치지 않고 적극적으로 채권의 보전을 위한 기능으로서의 포괄적 담보권으로 이해하여야 한다는 견해도 있다(김형).

채권자대위권은 관리권으로서 법률행위뿐만 아니라 사실행위를 할 수 있는 권능도 포함한다. 또한 보존행위만이 아니라 처분행위, 실체법상의 행위만이 아니라 소송법상의 행위도 할 수 있는 권능을 포함한다.

II. 債權者代位權의 要件

1. 債權 保全의 必要性

제404조는 채권자가 대위권을 행사하기 위하여서는 <자기의 채권을 보전하기 위하여>라고 규정하고 있다. 여기서 제404조의 <자기의 채권을 보전하기 위하여(채권보전의 필요성)>라는 요건은 두 가지 의미로 이해된다. ① 하나는 채권이 금전채권 또는 기타의 채권이 손해배상채권으로 금전채권이 되는 경우에 채권자가 대위권을 행사하지 아니하면 총채권자의 공동담보인 채무자의 책임재산이 부족하여 채권자가 채권의 만족을 얻지 못하는 상태인 무자력을 그 요건으로 한다는 의미이며, ② 또 다른 하나는 특정채권 그 자체를 만족시키기 위하여 채무자의 자력과는 관계없이 채무자의 권리를 행사할 필요가 있다는 의미이다.

채권자대위권은 타인의 권리에 대한 간섭권으로서 그 행사에 엄격성을 요하며, 대위제도의 본래의 목적이 채무자의 책임재산을 보전하기 위한 것이며 특정물채권도 손해배상채권으로서 금전채권이 된다는 점에서 <채권 보전의 필요성>이란 원칙적으로 위 ①의 의미만이 된다.

그러나 판례는 아래와 같은 특별한 경우에는 채무자의 무자력을 요건으로 하지 않고 특정채권의 보전을 위하여 채권자대위권의 행사를 인정하며(위 ②의 의미로 보아 특정물채권에 전용), 통설도 이를 지지한다. 실사회에서는 위 ②의 목적을 위하여 채권자대위권을 행사하는 경우가 오히려 더 많고, 이에 채권자대위권이 인정되는 실익이 더 크다.

(1) 無資力(本來의 適用)

금전채권 또는 금전채권이 아니더라도 본래의 급부가 불이행이 된 때에는 본래의 급부의무는 손해배상으로의 금전채무로 변경됨으로, 오로지 채무자의 자력이 채권을 만족시키기에 충분하지 않은 경우, 즉 무자력인 경우에 한하여 채권자대위권의 행사가 인정된다. 즉, 채무자의 무자력이 채권의 보전의 필요성이다. 무자력이란 채무자의 총 채무가 총 재산을 초과하는 것을 말한다.

여기서 채권자의 채권은 확정된 채권이어야 하며, 발생 및 금액 여부가 아직 확정되지 않은 미확정된 채권은 피보전채권이 될 수 없다. 예컨대 이혼할 것을 예정하여 이혼시의 재산분할청구권 또는 미확정된 위자료를 피보전채권으로 대위할 수는 없다.

채무자의 무자력에 의한 채권보전의 필요성은 채권자가 주장, 증명하여야 한다.

판례 未確定된 債權은 被保全債權으로 不可 : 이혼으로 인한 재산분할청구권은 협의 또는 심판에 의하여 그 구체적 내용이 형성되기까지는 그 범위 및 내용이 불명확·불확정하기 때문에 구체적으로 권리가 발생하였다고 할 수 없으므로 이를 보전하기 위하여 채권자대위권을 행사할 수 없다(대법원 1999. 4. 9. 98다58016).

(2) 特定債權의 保全

판례는 채무자가 무자력 상태가 아닐 지라도 특정채권 그 자체의 이행을 확보할 필요성이 있는 경우와 자기의 채권과 채무자의 제3채무자에 대한 채권이 직접적인 관련성이 있는 경우에는 채무자의 무자력을 요건으로 하지 않고 채권자대위권을 행사할 수 있는 것으로 본다. 학설도 이를 지지한다.

전자는 피보전채권이 채권자에게 특별한 의미를 가지는 채권인 주로 부동산의 소유권 또는 사용권에 관련된 채권으로 이를 상실하면 비록 금전으로 배상을 받더라도 채권자에게 중대한 영향을 주는 경우이며, 후자는 피보전채권이 금전채권이며 피대위채권도 금전채권이나 피보전채권과 직접적인 관련성을 가져 채권자가 대위 행사함으로써 자기의 채권을 용이하게 확보할 수 있는 특별한 관계에 있는 경우이다. 그러나 후자의 경우가 남용되면 타인의 권리를 부당하게 간섭하는 결과가 되어 그 허용여부는 신중하고 엄격하게 판단되어야 한다.

판례는 아래와 같은 특정채권의 경우에는 무자력을 요건으로 하지 않고 피보전채권으로 대위권의 행사가 가능한 것으로 인정하고 있다.

(가) 不動産登記節次의 代位行使

판례는 일찍부터 자기의 부동산 이전등기청구권의 보존을 위하여 채무자의 제3채무자에 대한 이전등기청구권·말소등기청구권·보존등기청구권 또는 상속등기청구권의 대위를 인정하고 있다. 예컨대 2중매매에서 제2매매행위가 제2매수인에 대한 이전등기 후에 무효로 된 경우에 제1매수인은 자기의 매도인에 대한 이전등기청구권을 보전하기 위하여 매도인의 제2매수인에 대한 말소등기청구권을 대위 행사, 부동산의 이전등기 전의 전매의 경우에 매수인이 자기의 이전등기청구권을 보전하기 위하여 매도인의 소유권자에 대한 이전등기청구권을 대위 행사, 매매계약 등으로 이전등기를 한 후에 계약이 해제, 취소 또는 무효가 되었으나 말소등기를 하지 않은 상태에서 제3자와 매매계약을 한 경우에 제3자의 말소등기청구권의 대위 행사, 상속인으로부터 상속재산을 양수받은 자가 상속인을 대위하여 하는 상속등기의 대위 행사 등이 이에 속한다.

이와 같이 무자력을 요건으로 하지 않는 대위 가능한 특정채권으로는 채권자의 채무자에 대한 부동산 관련 채권으로, 이는 우리에게 부동산은 단순한 재산 이상의 중요한 의미를 가지는 것으로 관념되기 때문이다.

(나) 物權的 請求權의 代位行使

점유하기 전의 대항력 없는 임차인이 임대물의 불법 점거자에 대하여 임대인의 소유권에 의한 물권적 청구권(명도)을 대위행사하는 경우, 미등기건물의 매수인이 당해 부동산의 불법 점거자에 대하여 매도인의 물권적 청구권을 대위행사하는 경우,

이전등기전의 매수인이 부동산의 불법 점거자에 대하여 매도인의 소유권에 기한 물권적 청구권을 대위행사하는 경우 등이 이에 속한다.

* 부동산 임차권이 등기 등으로 대항력을 가지거나 임차권자가 점유를 하는 경우에는 임차권 자체 또는 점유권에 기하여 불법점거자에 대한 방해배제(명도)를 청구할 수 있다. 그러나, 대항력과 점유를 하지 않는 경우에는 임대인의 물권적 청구권을 대위행사하여 방해를 배제할 수 있다.

판례 未登記建物 買受人의 代位權 行事 : 미등기 건물을 매수하였으나 소유권이전등기를 하지 못한 경우에는 위 건물의 소유권을 원시취득한 매도인을 대위하여 불법점유자에 대하여 명도청구를 할 수 있고 이때 원고는 불법점유자에 대하여 직접 자기에게 명도할 것을 청구할 수도 있다(대법원 1980.7.8. 79다1928).

판례 代位債權者가 直接 自己에게 明渡 請求 : 지하도상가의 운영을 목적으로 한 도로점용허가를 받은 자로서 그 상가의 소유자 겸 관리주체인 시에 대하여 그 상가 내 각 점포의 사용을 청구할 수 있는 권리를 가지는 자는, 시에 대한 위 각 점포사용청구권을 보전하기 위하여 그 점포들의 소유자인 시가 불법점유자들에 대하여 가지는 명도청구권을 대위행사할 수 있고, 이러한 경우 불법점유자들에 대하여 직접 자기에게 그 점포들을 명도할 것을 청구할 수도 있다(대법원 1995.5.12. 93다59502).

(다) 自己의 債權과 直接的으로 關聯이 있는 債權의 代位行事

피보전채권이 금전채권일지라도 채무자의 제3자에 대한 채권이 자기의 채권과 직접적으로 관련이 있는 경우에 채권자가 제3자에 대하여 피대위채권을 대위행사하지 아니하면 자기의 채권이 만족을 얻는 데 어려움이 있다고 보이는 때에는 채무자의 무자력을 요건으로 하지 아니 하고 채권자의 대위행사를 인정한다. 예컨대 유실물법 제10조에 의하면 건물이나 선박의 구내에서 유실물을 습득한 자는 건물 등의 관리자에게 그 물건을 교부하여야 하고 그 건물 등의 점유자가 습득자로 되어 물건의 소유자에게 보상금을 청구할 수 있으며, 실제로 습득한 자는 건물의 점유자가 취득한 보상금의 반을 가지는 것으로 되어 있다. 이러한 경우에 실제로 습득한 자는 물건 소유자인 유실인을 상대로 보상금청구권자인 점유자(습득자)의 보상금청구권을 대위행사 하는 것을 판례는 인정하며, 또한 환자가 불법행위 피해자로서 국가에 가지는 국가배상청구권을 의사가 당해 환자에 대하여 가지는 치료비청구권을 피보전채권으로 하여 국가를 상대로 국가배상청구권을 대위행사 하는 것을 판례가 인정한 사례가 있다.

이러한 것이 인정될지라도 채권의 만족을 얻지 못할 위험성의 정도와 피대위채권과 피보전채권의 밀접성을 종합적으로 검토하여 이를 허용할 것인가를 신중하게 판단하여야 하며, 이를 남발하는 것은 채무자의 권리를 부당하게 간섭하는 것으로 타당하지 않다.

판례 自己의 債權과 被代位債權의 密接性: 密接性과 만족을 얻지 못할 危險性 : 채권자는 채무자에 대한 채권을 보전하기 위하여 채무자를 대위해서 채무자의 권리를 행사할 수 있는바, 채권자가 보전하려는 권리와 대위하여 행사하려는 채무자의 권리가 밀접하게 관련되어 있고 채권자가 채무자의 권리를 대위하여 행사하지 않으면 자기 채권의 완전한 만족을 얻을 수 없게 될 위험이 있어 채무자의 권리를 대위하여 행사하는 것이 자기 채권의 현실적 이행을 유효·적절하게 확보하기 위하여 필요한 경우에는 채권자대위권의 행사가 채무자의 자유로운 재산관리행위에 대한 부당한 간섭이 된다는 등의 특별한 사정이 없는 한 채권자는 채무자의 권리를 대위하여 행사할 수 있어야 하고, 피보전채권이 특정채권이라 하여 반드시 순차매도 또는 임대차에 있어 소유권이전등기청구권이나 명도청구권 등의 보전을 위한 경우에만 한하여 채권자대위권이 인정되는 것은 아니다(대법원 2001.5.8. 99다38699).

판례 事例(認定) : 의사가 자기의 치료비를 쉽게 확보하기 위하여 채무자인 환자가 국가에 대하여 가지는 국가배상청구권(치료비청구권)을 대위 행사한다(대판 1981.6.23, 80다1351).

판례 事例(否定) : 정유업체 甲이 한국도로공사와의 계약에 따라 고속도로상의 특정 주유소에 자사의 상표를 표시하고 자사의 석유제품을 공급할 권리를 취득하였다 하더라도 이는 채권적 권리에 불과하여 대세적인 효력이 없으므로 한국도로공사와 위 주유소에 관한 운영계약을 체결한 제3자가 위 주유소에 정유업체 乙의 상호와 상표를 표시하고 그 석유제품을 공급받음으로써 甲의 권리를 사실상 침해하였다는 사정만으로 甲이 제3자인 주유소 운영권자에게 乙과 관련된 시설의 철거나 상호·상표 등의 말소 및 乙 석유제품의 판매금지 등을 구할 수는 없다고 한 사례(대법원 2001.5.8. 99다38699).

2. 代位債權者의 債權(被保全債權)

피보전채권은 확정된 채권으로 이행기가 도래된 채권이어야 하며, 이행기가 도래하기 전에는 원칙적으로 법원의 허가를 받아 할 수 있으나 이행기 전일지라도 보존행위는 법원의 허가를 받지 않고 대위행사 할 수 있다. 세부적인 것을 아래에서 본다.

(1) 確定된 債權

피보전채권이 되기 위하여는 원칙적으로 채권이 확정된 것이어야 한다. 따라서 발생여부가 확정되지 아니하였거나 그 금액이 확정되지 않은 것을 피보전채권으로 채권자대위권을 행사할 수 없다. 그러나 기존에 확정된 채권이 아닐지라도 현재 그 권리의 특정이 가능하고 가까운 장래에 그 권리가 발생할 것임이 상당한 정도로 기대되는 채권은 피보전채권으로 채권자대위권을 행사할 수 있다.

이때 보전되는 채권은 보전의 필요성이 인정되고 이행기가 도래한 것이면 족하고, 그 채권의 발생원인이 무엇이든 대위권을 행사하는 데는 아무런 문제가 되지 아니하며, 또한 채무자에 대한 채권이 제3채무자에게까지 대항할 수 있는 재권이어야 할 필요도 없다.

그리고 채권자대위권을 재판상 행사하는 경우에 있어서도 채권자인 원고는 그 채권의 존재사실 및 보전의 필요성, 기한의 도래 등을 입증하면 족한 것이지, 채권의 발생원인사실 또는 그 채권이 제3채무자인 피고에게 대항할 수 있는 채권이라는 사실까지 입증할 필요는 없으며, 따라서 채권자가 채무자를 상대로 하여 그 보전되는 청구권에 기한 이행청구의 소를 제기하여 승소판결이 확정되면 제3채무자는 그 청구권의 존재를 다툴 수 없다.

판례 未確定된 債權은 被保全債權으로 不可 : 이혼으로 인한 재산분할청구권은 협의 또는 심판에 의하여 그 구체적 내용이 형성되기까지는 그 범위 및 내용이 불명확·불확정하기 때문에 구체적으로 권리가 발생하였다고 할 수 없으므로 이를 보전하기 위하여 채권자대위권을 행사할 수 없다(대법원 1999. 4. 9. 98다58016).

판례 將來 發生이 確實한 債權은 可能 : 장래발생한 채권이나 조건부 채권을 압류 또는 가압류할 수 있음은 채권과 압류 또는 가압류의 성질상 이론이 있을 수 없으나 다만 현재 그 권리의 특정이 가능하고 그 가까운 장래에 발생할 것임이 상당정도 기대되어야 한다(대법원 1982.10.26. 82다카508).

판례 債務者에 대한 債權이 第3債務者에게 對抗할 수 있어야 하는지 與否 :민법 제404조에서 규정하고 있는 채권자대위권은 채권자가 채무자에 대의 채권을 보전하기 위하여 필요한 경우에 채무자의 제3자에 대한 권리를 대위행사할 수 있는 권리를 말하는 것으로서, 이때 보전되는 채권은 보전의 필요성이 인정되고 이행기가 도래한 것이면 족하고, 그 채권의 발생원인이 어떠하든 대위권을 행사함에는 아무런 방해가 되지 아니하며, 또한 채무자에 대한 채권이 제3채무자에게까지 대항할 수 있는 것임을 요하는 것도 아니다(대법원 2003.4.11. 2003다1250).

판례 被保全債權에 基한 訴가 勝訴判決이 確定된 경우, 第3債務者가 그 請求權의 存在를 다툴 수 있는지 與否: 채권자대위권을 재판상 행사하는 경우에 있어서도 채권자인 원고는 그 채권의 존재사실 및 보전의 필요성, 기한의 도래 등을 입증하면 족한 것이지, 채권의 발생원인사실 또는 그 채권이 제3채무자인 피고에게 대항할 수 있는 채권이라는 사실까지 입증할 필요는 없으며, 따라서 채권자가 채무자를 상대로 하여 그 보전되는 청구권에 기한 이행청구의 소를 제기하여 승소판결이 확정되면 제3채무자는 그 청구권의 존재를 다툴 수 없다(대법원 2003.4.11. 2003다1250).

(2) 履行期에 있어야

대위채권자의 채권이 이행기에 있어야 함을 원칙으로 한다. 이행기 도래 전에 채무자가 권리의 행사를 게을리 하는가 여부를 판단할 필요는 없을 것이다. 그러나 다음의 경우에는 이행기 전에 대위를 할 수 있다.

(3) 法院의 許可에 의한 代位

대위채권자의 채권(피보전채권)의 기한이 도래하기 전에는 법원의 허가를 얻어 대위권을 행사할 수 있다(제404조 2항). 이 절차에 관하여는 비송사건절차법이 규정하고 있다. 기한 도래전의 대위에 대하여 비송사건절차법 제45조에는 채권자가 피보전채권의 기한 전에 채무자의 제3자에 대한 권리를 행사하지 아니하면 그 채권(피대위채권)을 보전할 수 없거나, 피대위채권을 보전함에 곤란이 생길 우려가 있는 때에는 법원의 허가를 얻어 대위권을 행사할 수 있도록 규정하고 있다.

(4) 保存行爲

채권자는 피보전채권이 이행기 도래전일지라도 법원의 허가를 받지 않고 채무자의 권리에 대한 보존행위는 할 수 있다(제404조 제2항 단서). 예컨대, 채무자의 권리가 시효로 소멸하려고 할 때의 시효중단의 행위, 미등기 채무자의 부동산에 대한 보존등기, 제3채무자의 파산시에 채무자의 채권 신고 등과 같이 채무자의 권리 변경 또는 소멸을 방지하는 보존행위는 긴급을 요하며 채무자에게도 이익이 되기 때문에 기한전에도 법원의 허가 없이 대위권을 행사할 수 있다.

3. 債務者의 權利(被代位權)는 代位可能한 것이어야 한다

(1) 代位의 目的이 될 수 없는 權利

민법 제404조는 채권자가 대위할 수 없는 권리를 규정하고 있는데, 민법이 규정하고 있는 외에도 해석상 일신상의 전속권과 압류금지 채권은 대위가 가능하지 아니한 권리로 본다.

(가) 一身上의 專屬權

제404조 단서는 채무자의 일신에 전속한 권리는 대위할 수 없다고 규정하고 있다. 일신전속권一身專屬權에는 행사상의 일신전속권과 귀속상의 일신전속권이 있다. 여기서 말하는 대위가 금지되는 일신전속권은 그 권리의 행사가 순수하게 권리자의 의사에 맡겨져 있는 행사상의 일신전속권을 말한다. 친권·이혼청구권·인지청구권 등의 순수한 신분권은 비재산적 권리로서 대위의 목적이 될 수 없으며, 인격권침해에 의한 위자료청구권은 종국적으로는 재산적 가치를 가지지만 그 권리의 행사가 오로지 본인에게만 맡겨진 권리로서 대위의 목적이 될 수 없다. 또한 부부간의 계약취소권(제828조)·친족간의 부양청구권(제967조 이하)은 재산적 가치를 가지는 권리이지만 권리의 귀속뿐만 아니라 행사상에서도 일신에 전속된 것으로 대위의 목적이 될 수 없다.

판례 被後見人의 後見人의 行爲에 대한 取消權은 一身專屬權 : 후견인이 민법 제950조 제1항 각호의 행위를 하면서 친족회의 동의를 얻지 아니한 경우, 제2항의 규정에 의하여 피후견인 또는 친족회가 그 후견인의 행위를 취소할 수 있는 권리(취소권)는 행사상의 일신전속권이므로 채권자대위권의 목적이 될 수 없다(대법원 1996.5.31. 94다35985).

판례 破産債權者의 破産管財人의 破産財團에 屬한 權利는 代位 不可 : 파산법 제7조는 '파산재단을 관리 및 처분할 권리는 파산관재인에게 속한다'고 규정하고 있어 파산자에게는 그 재단의 관리처분권이 인정되지 않고, 그 관리처분권을 파산관재인에게 속하게 하였으며, 같은 법 제15조는 '파산채권은 파산절차에 의하지 아니하고는 이를 행사할 수 없다'고 규정하고 있는바, 이는 파산자의 자유로운 재산정리를 금지하고 파산재단의 관리처분권을 파산관재인의 공정·타당한 정리에 일임하려는 취지임과 동시에 파산재단에 대한 재산의 정리에 관하여는 파산관재인에게만 이를 부여하여 파산절차에 의해서만 행하여지도록 하기 위해 파산채권자가 파산절차에 의하지 않고 이에 개입하는 것도 금지하려는 취지의 규정이라 할 것이므로, 그 취지에 부응하기 위하여는 파산채권자가 파산자에 대한 채권을 보전하기 위하여 파산재단에 관하여 파산관재인에 속하는 권리를 대위하여 행사하는 것은 법률상 허용되지 않는다고 해석해야 한다(대법원 2000.12.22. 2000다39780).

(나) 押留禁止債權

압류하지 못하는 채권은 궁극적으로는 책임재산을 구성하지 못하므로 대위의 목적이 될 수 없다고 해석된다. 민사집행법 제246조[압류금지채권]의 채권과 근로기준법 제89조의 채권(재해보상채권), 공무원연금법상의 연금채권 등이 이에 속한다.

(2) 代位의 目的이 될 수 있는 權利

위에 든 것 외의 재산에 관련된 권리는 종국적으로는 채무자의 책임재산에 증감을 가져올 수 있기 때문에 대위의 목적이 된다. 대금청구권·손해배상청구권 등 청구권은 물론이고, 취소권·해제권·선택권·환매권·상계권 등의 형성권도 재산에 관련된 권리이면 대위의 목적이 된다. 또한 소멸시효의 원용·채권자대위권·채권자취소권·등기신청권(부동산등기법 제52조)도 대위의 목적이 된다.

결국 대위의 목적이 될 수 있느냐 여부는 대위권의 행사에 의한 결과가 채무자의 책임재산에 증감을 가지고 올 수 있느냐 여부에 의하여 판단된다.

판례 債權者取消權도 代位 可能 : 채권자취소권도 채권자가 채무자를 대위하여 행사하는 것이 가능하다(대법원 2001.12.27. 2000다73049).

판례 本案 提訴命令 申請權도 代位 可能 : 민사소송법 제715조에 의하여 가처분절차에도 준용되는 같은 법 제705조 제1항에 따라 가압류·가처분결정에 대한 본안의 제소명령을 신청할 수 있는 권리나 같은 조 제2항에 따라 제소기간의 도과에 의한 가압류·가처분의 취소를 신청할 수 있는 권리는 가압류·가처분신청에 기한 소송을 수행하기 위한 소송절차상의 개개의 권리가 아니라, 제소기간의 도과에 의한 가압류·가처분의 취소신청권은 가압류·가처분신청에 기한 소송절차와는 별개의 독립된 소송절차를 개시하게 하는 권리이고, 본안제소명령의 신청권은 제소기간의 도과에 의한 가압류·가처분의 취소신청권을 행사하기 위한 전제요건으로 인정된 독립된 권리이므로, 본안제소명령의 신청권이나 제소기간의 도과에 의한 가압류·가처분의 취소신청권은 채권자대위권의 목적이 될 수 있는 권리라고 봄이 상당하다(대법원 1993.12.27. 93마1655).

III. 債權者代位權의 行使

1. 行使方法

(1) 債權者 이름으로 行使

채권자대위권은 채권자에게 인정되는 채무자의 재산을 관리하는 권한에 그 기초를 두고 있다. 따라서 채권자는 자기의 관리 권한을 행사하는 것이므로 대위권은 채권자가 자기의 이름으로 행사한다.

그러나 채무자의 권리가 채권자에게 양도된 것이 아니라 단지 채무자의 권리를 자기의 이름으로 관리할 수 있는 권한을 부여받은 것에 지나지 않은 것이다. 이에 대위채권자와 채무자는 일종의 법정위임관계에 있는 것으로 의제되어 대위채권자는 선량한 관리자의 주의의무로서 채권자대위권을 행사하여야 한다. 따라서 대위채권자가 채권자대위권을 행사하는 과정에서 잘 못하여 목적물을 훼손하였거나, 채권의 변제를 부실하게 받는 등으로 선량한 관리자의 주의의무를 위반한 때에는 피대위자인 채무자에 대하여 책임을 져야 한다.

(2) 裁判上·裁判外 可能

채권자대위권은 채권자취소권과는 달리 반드시 재판에 의하여 행사할 필요는 없고 재판 외에서도 할 수 있다. 또한 앞에서 본 바와 같이 대위채권자의 채권이 이행기

전의 경우에는 법원의 대위허가를 얻어 재판 외에서 할 수 있다. 한편 채권자가 채무자를 대위하여 소를 제기하는, 즉 재판상 대위의 경우에도 채권자가 소송당사자로 되나, 그 판결의 기판력이 채무자에게 미치느냐에 관하여는 문제가 있다(효과에서 본다).

(3) 直接 自己에게 引渡請求도 可能

금전 기타 물건의 이행을 목적으로 하는 채권과 같이 변제의 수령을 요하는 경우에는, 채권자는 채무자에게 인도할 것을 청구할 수 있는 것은 물론이나 채권자 본인에게 직접 인도할 것을 청구할 수도 있다(판례). 만약 이것을 인정하지 않는다면 채무자가 수령하지 않는 경우에는 대위권을 행사하는 목적을 달성할 수 없기 때문이다.

비록 채권자가 직접 수령하였을지라도 그 효과는 채무자에게 귀속하므로 수령한 목적물은 원칙적으로 채무자에게 인도하여야 한다. 그러나 대위채권자가 수령한 목적물이 피대위자에 대한 자기의 채권과 동종인(상계적상) 경우, 즉 자기의 채무자에 대한 채권과 수령물을 채무자에게 반환하여할 인도채무引渡債務가 상계적상에 있으면 상계하여 자기가 취득할 수 있다(반대 견해 있음). 이렇게 보면 경우에 따라서는 결과적으로 대위채권자에게 다른 채권자에 앞서 우선변제력을 부여하는 것이 된다. 이 점이 채권자대위권이 크게 실효성을 가지는 것 중의 하나이다.

판례 代位債權者가 直接 自己에게 明渡 請求 : 지하도상가의 운영을 목적으로 한 도로점용허가를 받은 자로서 그 상가의 소유자 겸 관리주체인 시에 대하여 그 상가 내 각 점포의 사용을 청구할 수 있는 권리를 가지는 자는, 시에 대한 위 각 점포사용청구권을 보전하기 위하여 그 점포들의 소유자인 시가 불법점유자들에 대하여 가지는 명도청구권을 대위행사할 수 있고, 이러한 경우 불법점유자들에 대하여 직접 자기에게 그 점포들을 명도할 것을 청구할 수도 있다(대법원 1995.5.12. 93다59502).

(4) 相對方의 抗辯權 行使

채권자대위권을 행사함에 있어 상대방은 자기의 채무에 붙은 항변으로 대위채권자에게 대항할 수 있는 것은 당연하다. 그러나 채무자가 채권자에 대하여 가지는 항변을 제3자가 원용하여 대위자인 채권자에게 대항할 수 없다. 원용하는 항변이 채권자에 대한 채무자의 소멸시효 완성에 대한 사유일지라도 동일하다. 판례도 같은 취지이다.

판례 被代位者의 代位債權者에 대한 抗辯의 援用은 不可 : 채권자가 채권자대위권을 행사하여 제3자에 대하여 하는 청구에 있어서, 제3채무자는 채무자가 채권자에 대하여 가지는 항변으로 대항할 수 없고, 채권의 소멸시효가 완성된 경우 이를 원용할 수 있는 자는 원칙적으로는 시효이익을 직접 받는 자뿐이고, 채권자대위소송의 제3채무자는 이를 행사할 수 없다(대법원 2004. 2.12. 2001다10151).

2. 行使範圍

채권자대위권은 채권의 보전을 위하여 채무자의 권리를 행사하는 것이므로 그 범위는 당해 채권의 보전에 필요한 범위에 한정되어야 한다. 따라서 재산의 관리행위는 가능하나 원칙적으로 처분행위는 허용되지 않는다. 매매·상계·경개 등의 이익교환행위는 채무자의 재산 전체와의 관계에서 재산보전의 필요가 있는 때에는 그것도 일종의 관리행위로서 대위가 가능하다고 할 수 있다.

구제적인 행사의 범위에 관하여는 논란이 있다. 이에 대하여 채권자대위권이 총채권자를 위한 공동담보의 보전을 위한 것이라는 점에서 대위채권자 본인의 채권액을 넘어서 채무자의 권리를 행사할 수 있다는 견해가 있다(곽). 그러나 금전채권자가 금전채권을 대위행사하는 경우에는 본인이 직접 수령함으로써 사실상 우선변제를 받게 됨으로 자기의 채권액을 넘어서 대위행사할 수 없다고 보아야 한다. 그리고 특정채권 보전의 경우에는 당해 채권의 보전에 필요한 범위에 한정되어야 함은 물론이다.

IV. 債權者代位權의 效果

1. 債務者의 處分權의 制限

채권자가 대위권을 행사한 때에는 채무자에게 통지하여야 하며(제405조 1항), 이행기 전의 대위행사를 법원이 허가한 때에는 법원이 직권으로 채무자에게 고지하여야 한다(비송사건절차법 제49조 1항).

채무자가 통지 또는 고지를 받은 후에는 채무자는 그 권리를 처분하여도 채무자 및 제3채무자는 대위채권자에 대하여 그 처분으로 대항할 수 없다(제405조 2항).

(1) 通知의 意味

채권자가 대위권을 행사한 때에는 행사한다는 사실을 채무자에게 통지하여야 한다. 재판상 행사하는 때에는 법원에서 채무자에게 고지한다.

그런데, 통지를 하지 않더라도 채권자가 대위권을 행사하는 데는 문제가 없으나, 다만 통지를 하면 통지의 효과로서 채무자의 처분권이 제한을 받음으로 채권자가 유리한 법률상 지위를 가진다.

통지를 받지 못하였으나 채무자가 대위의 사실을 안 경우에는 통지를 받은 것과 동일한 효과가 발생한다(판례)

판례 通知받지 않았으나 안 경우-處分權 制限 : 민법 제450조에 의하면 채권자가 채권자대위권에 기하여 채무자의 권리를 행사하고 그 사실을 채무자에게 통지한 경우에는 채무자가 그 권리를 처분하여도 이로써 채권자에게 대항하지 못한다고 규정되어 있는데, 이 경우 채권자가 채무자에게 그 사실을 통지하지 아니하였더라도 채무자가 자기의 채권이 채권자에 의하여 대위행사되고 있는 사실을 알고 있었다면 그 처분을 가지고 채권자에게 대항할 수 없다(대법원 1993.4.27. 92다44350).

(2) 通知의 效果-處分의 制限

통지, 고지 또는 통지를 받지 못하였더라도 대위권을 행사한다는 사실을 안 후에 채무자가 피대위권을 처분하여도, 그 처분으로 채무자와 제3채무자는 대위채권자에게 대항할 수 없다(제405조 2항).

여기서 처분이란 당해 권리인 채무자의 제3채무자에 대한 권리를 타인에게 양도하거나 포기하는 등으로 대위권의 객체를 소멸시키는 것을 말 한다. 구체적으로는 채무자가 제3자에 대한 채권을 타인에게 양도하거나, 포기하거나 하는 등이다. 예컨대, 통지한 후에 채무자가 제3채무자에 대하여 채권을 포기하더라도 대위채권자에 대하여는 제3채무자가 채무 없음을 항변하지 못한다는 것이다.

제한이 되는 처분에 해당되는지 여부가 문제된 구체적인 경우 몇 가지를 아래 판례에서 본다.

판례 合意解除 : 채권자대위권의 행사에 있어서 채무자가 채권자대위권을 행사한 점을 알게 된 이후에는 채무자가 그 권리를 처분하여도 이로써 채권자에게 대항할 수 없으므로, 채권자가 채무자를 대위하여 제3채무자의 부동산에 대한 처분금지가처분을 신청하여 처분금지가처분 결정을 받은 경우, 이는 그 부동산에 관한 소유권이전등기청구권을 보전하기 위한 것이므로 피보전권리인 소유권이전등기청구권을 행사한 것과 같이 볼 수 있어, 채무자가 그러한 채권자대위권의 행사 사실을 알게 된 이후에 그 부동산에 대한 매매계약을 합의해제함으로써 채권자대위권의 객체인 그 부동산의 소유권이전등기청구권을 소멸시켰다 하더라도 이로써 채권자에게 대항할 수 없다(대법원 1996.4.12. 95다54167).

판례 解除供託金의 受領 : 매도인인 제3채무자가 매매계약을 해제하려고 원상회복의 방법으로 지급받은 매매대금을 공탁한 데 대하여, 매수인인 채무자가 아무런 이의 없이 공탁의 취지에 따라 공탁금을 수령함으로써 계약당사자 사이의 합의에 의하여 매매계약이 해제되는 효과를 발생하게 하는 것은 채권자가 채무자를 대위하여 행사하고 있는 채무자의 제3채무자에 대한 매매계약에 따른 소유권이전등기청구권을 처분하는 것에 해당하므로 채권자대위소송의 소장 부본이 채무자에게 송달된 이후 채무자가 제3채무자가 공탁한 매매대금을 이의 없이 수령함으로써 매매계약이 해제되는 효과를 발생하도록 승인하였다고 하더라도 이로써 채권자에게는 대항할 수 없다(대법원 1993.4.27. 92다44350).

판례 債務者의 辨濟受領 : 채무자의 변제수령은 처분행위라 할 수 없고 같은 이치에서 채무자가 그 명의로 소유권이전등기를 경료하는 것 역시 처분행위라고 할 수 없으므로 소유권이전등기청구권의 대위행사후에도 채무자는 그 명의로 소유권이전등기를 경료하는 데 아무런 지장이 없다(대법원 1991.4.12. 90다9407).

판례 最初賣渡人으로부터 轉賣渡人앞으로의 移轉登記 : 동산의 전득자(채권자)가 양수인 겸 전매인(채무자)에 대한 소유권이전등기청구권을 보전하기 위하여 양수인을 대위하여 양도인(제3채무자)을 상대로 처분금지가처분결정을 받아 그 등기를 마친 경우 그 가처분은 전득자가 자신의 양수인에 대한 소유권이전등기청구권을 보전하기 위하여 양도인이 양수인 이외의 자에게 그 소유권의 이전 등 처분행위를 못하게 하는 데에 그 목적이 있는 것으로서 그 피보전권리는 양수인의 양도인에 대한 소유권이전등기청구권이고, 전득자의 양수인에 대한 소유권이전등기청구권까지 포함되는 것은 아닐 뿐만 아니라 그 가처분결정에서 제3자에 대한 처분을 금지하였다고 하여도 그 제3자 중에는 양수인은 포함되지 아니하며 따라서 그 가처분 이후에 양수인이 양도인으로부터 소유권이전등기를 넘겨 받았고 이에 터잡아 다른 등기가 경료되었다고 하여도 그 각 등기는 위 가처분의 효력에 위배되는 것이 아니다(대법원 1994.3.8. 93다42665).

2. 總 債權者의 共同擔保(效果의 債務者에의 歸屬)

채권자대위권의 행사는 채무자의 권리를 행사하는 것이므로, 그 효과는 직접 채무자에게 귀속하여 총 채권자를 위하여 공동담보가 된다. 그런데 본래 대위채권자는 제3자에 대하여 채무자에게 급부를 이행할 것을 청구하여야 하는데, 채무자가 수령을 하지 않는 경우에는 대위권의 실효를 거둘 수 없다. 이에 판례와 통설은 물건의 인도채무의 경우에는 직접 자기에게 인도할 것을 청구할 수 있다고 한다. 이와 같이 채권자가 직접 수령하여도 직접 자기의 채권의 변제에 충당할 수 없고, 임의변제任意辨濟를 받거나 강제집행절차에 의하여 배당을 받아야 한다.

그러나 수령한 목적물이 자기의 채권의 목적물과 금전채권 등으로 동종인 경우에는 채권자는 수령한 금전을 인도하여야 할 채무가 있고, 채무자는 채권자에게 금전을 지급할 채무가 있어 쌍방 채무가 상계적상이 되어 채권자는 상계함으로써 사실상 우선변제를 받는 것과 같은 효과가 생긴다.

3. 代位債權者의 費用償還請求權

대위권의 행사에 있어서 채권자와 채무자 사이는 일종의 법정위임 관계에 있다. 그러므로 대위를 위하여 채권자가 비용을 지출한 경우에는 채무자에 대하여 비용상환청구권을 가진다(제688조). 또한 대위 수령한 물건에 보관비 등이 지출된 경우에는, 그 물건에 유치권留置權이 성립된다(제320조).

판례 一種의 法定委任關係 : 채권자대위권을 행사하는 경우 채권자와 채무자는 일종의 법정위임의 관계에 있으므로 채권자는 민법 제688조를 준용하여 채무자에게 그 비용의 상환을 청구할 수 있고, 그 비용상환청구권은 강제집행을 직접 목적으로 하여 지출된 집행비용이라고는 볼 수 없으므로 지급명령신청에 의하여 지급을 구할 수 있다(대법원 1996. 8. 21. 96그8).

4. 裁判上 代位의 判決의 效力

(1) 參加한 債務者에의 效力

채권자가 채권자대위권을 행사하는 방법으로 제3채무자를 상대로 소송을 제기하고 판결을 받은 경우, 채무자가 당해 소송에 참가하였거나(민소법 제71조) 채무자에게 소송고지訴訟告知가 된 때에는(민소법 제84조) 그 판결의 효력은 채무자에게도 미친다(민소법 제86조).

(2) 參加, 告知받지 못하였으나 안 경우

채무자가 소송에 참가하지도 않고 소송의 고지도 되지 않은 경우에는 그 판결의 효력은 채무자에게 미치느냐가 문제이다. 판례는 <어떠한 사유로 인하였든 적어도 채권자대위권에 의한 소송이 제기된 사실을 채무자가 알았을 경우에는 그 판결의 효력은 채무자에게 미친다>고 하였다(판례).

학설은 판례를 지지하는 견해와 <채무자가 알든 모르든 모든 경우에 그 판결의 효력은 채무자에게 미친다>는 견해가 있다. 판례와 일부 학설의 내용이 외형상 다른 것 같으나 실제에 있어서는 같다. 왜냐하면 채권자가 본래 자기의 권리가 아닌 채무자의 권리를 대위 행사하여 소송을 수행하고 있기 때문에 소송수행의 과정에서 당연히 그 권리의 내용에 대하여 물었을 것이다. 또한 제405조에 의하여 채무자에게 통지하여야 하기 때문에 채무자가 대위소송이 있다는 것을 몰랐을 경우란 실제로는 생기지 않기 때문이다.

판례 代位訴訟의 旣判力 : 채권자가 채권자대위권을 행사하는 방법으로 제3채무자를 상대로 소송을 제기하고 판결을 받은 경우에는, 어떠한 사유로 인하였던 적어도 채권자대위권에 의한 소송이 제기된 사실을 채무자가 알았을 경우에는 그 판결의 효력은 채무자에게 미친다(별개의견 : 채권자가 한 대위소송을 채무자가 알든 모르든 이에 대하여 모든 경우에 그 기판력이 있다)(대법원 (전원) 1975.5.13. 74다1664).

第3節　債權者取消權

I. 債權者取消權의 意義와 性質

1. 債權者取消權의 意義

채권자취소권은 채무자가 적극적으로 책임재산을 감소하는 행위를 한 때에, 이를 취소 및 이탈된 재산의 회복을 법원에 청구할 수 있는 채권자의 권리이다(제406조). 채무자의 책임재산 감소행위는 채권자를 해害하는 행위이므로 이를 사해행위詐害行爲라고도 한다. 따라서 채권자취소권을 사해행위취소권이라고도 한다.

이와 같은 채권자취소권은 채권자대위권과 함께 총 채권자의 공동담보가 되는 채무자의 책임재산을 유지하여 채권의 가치를 보전하려는 데 그 목적이 있다. 그러나 대위권은 채무자의 본래의 권리를 대위행사하는 데 지나지 아니하여 채무자나 제3자에게 미치는 영향이 크지 아니하나, 채권자취소권은 채무자와 제3자간에 유효하게 성립된 법률행위의 효력을 부인하는 것이므로 채무자와 제3자에게 주는 영향이 매우 크다. 따라서 채권자취소권의 적용에서는 채무자의 책임재산의 보전이라는 채권자의 이익, 자기재산처분이라는 채무자의 이익, 수익자 및 전득자의 거래안전의 이익 등이 충분히 고려되어 이들 이익이 조화를 이룰 수 있도록 하여야 한다. 특히 채권자대위권에서와 같은 전용轉用 또는 확대적용擴大適用은 인정되지 않는다.

채권자취소권과 유사한 것으로 파산법상의 부인권否認權(동법 제64조 이하)이 있으며, 부인권도 총 채권자의 공동담보를 위하여 채무자의 책임재산을 보전하기 위한 제도이다. 부인권과 별개로 채권자취소권을 둔 이유는 파산절차는 대단히 번잡하고 신중하여 채무자의 재산 감소행위에 신속히 대응할 수 없기 때문으로, 파산절차를 거치지 않고 부인권과 같은 목적을 달성할 수 있게 하기 위함이다.

이러한 채권자취소권제도는 로마법에서 유래하며 각국이 민법 또는 특별법으로 인정하고 있다. 예컨대 프랑스에서는 민법(제1167조), 독일은 특별법, 스위스는 파산법에서 각각 규정하고 있다.

채무초과 등의 무자력상태가 되면 채무자는 미리 재산을 은닉隱匿한다든지 또는 고의로 재산을 감소시키는 행위를 하게 된다. 이와 같은 행위는 형법상의 범죄행위에 해당하는 것은 별론으로 하고, 민법상의 불법행위를 구성하기도 한다. 또한 상대방과 통정通情한 경우에는 허위표시가 되어 채권자는 허위표시에 의한 무효(제108조)를 주장하여 채권자대위권을 행사하여 등기·등록의 말소 또는 점유를 채무자에게 반환하게 할 수 있으며, 집행권원을 가진 채권자는 가장假裝 양수인의 재산을 채무자의 재산으로 직접 압류할 수 있다. 한편 채권자는 일정한 요건 아래 채무자의 재산을 가압류·가처분한다든지, 집행권원을 가진 경우에는 압류하여, 그 이후의 채무자의 처분행위를 제한할 수 있다. 그러나 이러한 채무자의 처분행위를 제한하는 것만으로는 다른 채권자에 우선권을 갖지 않은 채권자의 보호에는 충분하지 않다. 따라서 채무자의 처분행위를 부인하여 이탈된 책임재산을 적극적으로 회복함으로써 장래의 강제집행이 확실한 실효성을 얻을 수 있도록 하는 데 이 제도의 의의가 있다.

2. 債權者取消權의 性質

채권자취소권에 관하여 제406조는 <……채권자는 그 취소 및 원상회복을 법원에 청구할 수 있다……>라고 규정하고 있다. 이는 채권자취소권이 채무자의 법률행위를 취소할 수 있는 권리, 즉 형성권이며, 또한 원상회복을 청구할 수 있는 권리, 즉 청구권임을 의미한다. 즉, 채권자취소권은 형성권 및 청구권이다. 따라서 취소만으로써 원상회복이 되는 경우에는 형성의 소만을 제기하면 되고, 취소 외에 원상회복을 요하는 경우에는 형성의 소와 원상회복을 위한 급부(이행)의 소를 병합하여 제기하게 된다.

판례 債權者取消權의 法的 性質 및 效力 : 채권자취소권의 본질적 내용은 사해행위의 효력의 취소에 있다고 볼 것인가 또는 사해행위로 일탈한 책임재산의 반환에 있다고 볼 것인가에 관하여는 의론의 여지없지 아니할 것이나, 전자 즉 형성권이 채권자취소권의 본질이라고 본다면 책임재산의 반환을 위하여는 다시 채권자대위권을 빌리지 아니하면 아니 된다는 결론을 보게 되므로, 공동담보를 회복함을 목적으로 하는 제도에 합치된다고 볼 수 없는 것이다(대법원 1961.11.9. 4293 민상263).

II. 債權者取消權의 要件

1. 取消債權者의 債權(被保全債權)

피보전채권이 되기 위해서는 사해행위 전에 발생한 채권이면 족하고 이행기 전이라도 가능하다. 그러나 특정채권 자체는 피보전채권이 되지 못한다. 특정채권의 경우에는 특정채권이 불이행된 때에 그 불이행으로 인한 손해배상채권이 피보전채권이 될 수 있을 뿐이다.

(1) 詐害行爲 前의 債權일 것

취소채권자의 채권은 채무자의 사해행위 이전에 이미 성립하고 있어야 함은 당연하다. 그러나 사해행위 당시에 이미 채권성립의 기초가 되는 법률관계가 발생되어 있고, 가까운 장래에 그 법률관계에 기하여 채권이 성립되리라는 고도의 개연성이 있으며, 실제로 그 개연성이 현실화되어 채권이 성립된 경우에는 그 채권도 피보전채권이 된다(판례).

판례 將來의 債權도 被保全債權으로 可能 : 채권자취소권에 의하여 보호될 수 있는 채권은 원칙적으로 사해행위라고 볼 수 있는 행위가 행하여지기 전에 발생된 것임을 요하지만, 그 사해행위 당시에 이미 채권 성립의 기초가 되는 법률관계가 발생되어 있고, 가까운 장래에 그 법률관계에 터잡아 채권이 성립되리라는 점에 대한 고도의 개연성이 있으며, 실제로 가까운 장래에 그 개연성이 현실화되어 채권이 성립된 경우에는, 그 채권도 채권자취소권의 피보전채권이 될 수 있다(대법원 2002. 11.8. 2002다42957).

판례 詐害行爲 後의 債權이 被保全債權이 되기 위한 要件 : <채권성립의 기초가 되는 법률관계>는 당사자 사이의 약정에 의한 법률관계에 한정되는 것이 아니고, 채권성립의 개연성이 있는 준법률관계나 사실관계 등을 널리 포함하는 것으로 보아야 할 것이며, 따라서 당사자 사이에 채권 발생을 목적으로 하는 계약의 교섭이 상당히 진행되어 그 계약 체결의 개연성이 고도로 높아진 단계도 여기에 포함되는 것으로 보아야 한다(대법원 2002. 11.8. 2002다42957).

판례 詐害行爲 後에 發生된 債權이 被保全債權으로 認定된 事例 : 채권자의 보증채무 이행으로 인한 구상금채권이 채무자의 사해행위 당시 아직 발생하지는 않았으나 그 기초가 되는 신용보증약정은 이미 체결되어 있었고 사해행위 시점이 주채무자의 부도일 불과 한 달 전으로서 이미 주채무자의 재정상태가 악화되어 있었던 경우, 위 구상금채권은 채권자취소권의 피보전채권이 된다고 한 사례(대법원 2000.2. 25. 99다53704).

한편, 피보전채권으로 되느냐 여부에 대한 판정 기준시기, 즉 재산감소행위 시점이 문제가 되는 경우가 있다. 가등기에 의하여 본등기가 된 경우는 본등기 시점이 아니라 가등기의 원인된 법률행위가 그 기준이 되며, 대환시에는 대환 전의 원래의 채무행위 시점이 그 기준시점이 된다.

판례 假登記에 의한 本登記 : 가등기에 기하여 본등기가 경료된 경우 가등기의 원인인 법률행위와 본등기의 원인인 법률행위가 명백히 다른 것이 아닌 한 사해행위 요건의 구비 여부는 가등기의 원인된 법률행위 당시를 기준으로 하여 판단하여야 한다(대법원 2001.7.27. 2000다73377).

판례 代換 : 이른바 대환으로서 이루어진 신규대출의 채무가 종전 대출에 따른 채무와 법적 동일성이 없다고 하더라도, 그 대환 전의 종전 대출채무의 연대보증인이었다가 대환 후의 신규 대출채무에 대하여도 연대보증인이 된 자의 재산처분행위가 사해행위인지 여부를 판단함에 있어서, 신규대출에 따른 연대보증채권이 사해행위취소권의 피보전채권이 될 수 있다(대법원 2002.3.29. 2001다81870).

(2) 履行期 前도 可能

채권자취소권은 채무자의 자력 감소를 방지하는 데 그 목적이 있으므로 취소채권자의 채권이 이행기에 있음을 요하지 않는다. 또한 조건부條件附·기한부채권期限附債權도 피보전채권이 되어 취소권을 행사할 수 있다.

(3) 損害賠償債權으로 變할 수 있으면 可能

금전채권 및 손해배상채권으로 변할 수 있는 채권이면 모두 해당된다. 금전 이외를 목적으로 하는 채권도 궁극적으로는 손해배상채권으로서의 금전채권이 되므로 금전채권에 한하지 않고, 모든 채권이 피보전채권이 될 수 있다.

(4) 特定債權 自體의 保全을 위하여는 不可

채권자취소권은 채권자대위권과는 달리 총 채권자의 공동담보를 해하는 경우, 즉 채무자의 무자력을 초래하는 경우에만 허용된다. 따라서 예컨대 2중매매가 있을 때에 제1매수인이 자기의 등기청구권을 보전하기 위하여 채권자취소권으로 매도인과 제2 매수인과의 매매계약을 취소 및 원상회복을 청구할 수는 없다. 따라서 이 경우에는 매도인의 소유권이전의무 불이행에 의한 손해배상채권으로 변할 때에 그 손해배상채권이 피보전채권으로 된다.

(5) 物的 擔保있는 債權

질권·저당권 등의 물적 담보에 의하여 우선 변제를 받는 한도 내에서의 채권은 채권자취소권을 행사할 필요가 없다. 따라서 담보물의 가액이 부족 되는 한도 내에서만 채권자취소권을 행사할 수 있다.

(6) 人的 擔保있는 債權

보증채무·연대채무와 같은 인적 담보가 있는 채권일지라도 인적 담보만으로는 우선 변제가 보장되는 것이 아니므로, 채권자는 채권 전부에 관하여 취소권을 행사할 수 있다.

2. 債權者를 害하는 法律行爲(詐害行爲)

(1) 無資力

(가) 消極財産이 積極財産을 超過하는 경우

채권자취소권의 대상이 되는 법률행위는 채무자가 채권자를 해하는 재산권을 목적으로 하는 법률행위, 즉 사해행위詐害行爲여야 한다. 이는 채무자의 법률행위에 의하여 채무자의 책임재산이 감소하여 채권자에게 완전한 변제를 할 수 없는 상태, 즉 채무자가 채무초과 또는 지불불능의 무자력상태로 되는 것을 말한다. 적극재산을 산정함에는 실질적으로 재산적 가치가 있는 것만을 그 대상으로 하여야 하고, 채권도 포함되어야 하나 그 채권이 부실채권인 경우에는 포함되어서는 아니 될 것으로 용이하게 변제받을 수 있는 확실한 채권만이 포함되어야 한다(판례).

판례 積極財産의 算定 : 적극재산을 산정함에 있어서는 다른 특별한 사정이 없는 한 실질적으로 재산적 가치가 없어 채권의 공동담보로서의 역할을 할 수 없는 재산은 이를 제외하여야 할 것이고, 그 재산이 채권인 경우에는 그것이 용이하게 변제를 받을 수 있는 확실성이 있는 것인지 여부를 합리적으로 판정하여 그것이 긍정되는 경우에 한하여 적극재산에 포함시켜야 할 것이다(대법원 2001.10.12. 2001다32533).

(나) 無資力의 判斷時期

무자력인지 여부는 실제로 그러한 행위가 이루어진 날이 표준이 되어야 하나, 이는 명백하지 아니함으로 처분문서에 의한 등기원인일자를 기준으로 판정할 수밖에 없다. 또한 채무자가 연속하여 수개의 재산 처분행위를 한 경우에는 일련의 행위를 일괄하여 전체로 판단할 것이 아니라 각 행위마다 무자력이 초래하였는지 여부를 판단하여야 한다.

판례 連續된 處分行爲는 各 行爲別로 判斷 : 채무자가 연속하여 수 개의 재산처분행위를 한 경우에는, 그 행위들을 하나의 행위로 보아야 할 특별한 사정이 없는 한, 일련의 행위를 일괄하여 그 전체의 사해성 여부를 판단할 것이 아니라 각 행위마다 그로 인하여 무자력이 초래되었는지 여부에 따라 사해성 여부를 판단하여야 한다(대법원 2001.4.27. 2000다69026).

(2) 財産權 目的의 法律行爲

(가) 財産權 目的

재산권 목적의 법률행위이면 되고, 그 종류는 묻지 않는다. 증여贈與·매매賣買 등의 계약, 채무면제 등의 단독행위, 회사설립 등의 합동행위, 모두 이에 해당한다. 또한 법률행위에 한하지 않고 채무감소의 효과를 발생하는 채권양도의 통지 등의 준법률행위準法律行爲도 취소의 대상이 된다. 순수한 소송행위는 취소할 수 없으나, 재판상의 화해·상계·청구의 포기·인용 등의 재판상의 법률행위는 취소의 대상이 된다. 그러나 채무자의 단순한 부작위나 사실행위는 취소할 수 없다.

(나) 單純 身分行爲는 除外

신분행위는 일반적으로 채무자의 자유의사에 맡겨진 것으로 재산권이 수반되는 행위일지라도 취소의 목적이 되지 않는다. 예컨대 혼인·입양 등의 신분행위는 성질상 타인의 개입을 허용하지 않는 것으로 비록 재산권이 관련되어 있을지라도 원칙적으로 사해행위취소의 대상이 되지 않는다. 따라서 이혼에 의한 재산분할財産分割, 위자료 및 자녀의 양육비의 지급은 일반적으로 사해행위가 되지 않으나, 이에 의하여 이탈된 재산이 부당하게 과다하여 채무자를 지불불능에 이르게 하면 사해행위詐害行爲가 된다(판례).

그런데, 신분행위 중 상속의 경우는 재산에 관한 행위가 주를 이루어 사행행위취소권의 대상이 되며, 이미 채무초과인 채무자가 상속재산에 대한 분할협의 또는 포기한 결과가 구체적 상속분에 상당하게 미달하는 경우에만 사해행위가 된다.

판례 不當 過多 慰藉料 등의 支給 – 唯一한 不動産의 讓渡 : 채무자가 합의 이혼을 하고 처에 대한 위자료 및 자녀의 양육비조로 그의 유일한 재산인 부동산을 처에게 무상 양도하였다면 그 양도경위에 비추어 채무자는 그 양여행위로써 자신이 무자력에 빠지게 되어 채권자를 해한다는 사실을 알고 있었다고 보여지므로 위 양여행위는 채권자에 대한 사해행위가 된다(대법원 1990.11.23, 90다카24762).

판례 離婚에 따른 財産分割 : 이미 채무초과 상태에 있는 채무자가 이혼을 하면서 배우자에게 재산분할로 일정한 재산을 양도함으로써 결과적으로 일반 채권자에 대한 공동담보를 감소시키는 결과로 되어도, 그 재산분할이 민법 제839조의2 제2항의 규정 취지에 따른 상당한 정도를 벗어나는 과대한 것이라고 인정할 만한 특별한 사정이 없는 한, 사해행위로서 취소되어야 할 것은 아니라고 할 것이고, 다만 상당한 정도를 벗어나는 초과부분에 대하여는 적법한 재산분할이라고 할 수 없기 때문에 이는 사해행위에 해당하여 취소의 대상으로 될 수 있을 것이고, 위와 같이 상당한 정도를 벗어나는 과대한 재산분할이라고 볼 만한 특별한 사정이 있다는 점에 관한 입증책임은 채권자에게 있다고 보아야 할 것이다(대법원 2001.2.9. 2000다63516).

판례 相續財産의 分割協議, 拋棄 : 상속재산의 분할협의는 상속이 개시되어 공동상속인 사이에 잠정적 공유가 된 상속재산에 대하여 그 전부 또는 일부를 각 상속인의 단독소유로 하거나 새로운 공유관계로 이행시킴으로써 상속재산의 귀속을 확정시키는 것으로 그 성질상 재산권을 목적으로 하는 법률행위이므로 사해행위취소권 행사의 대상이 될 수 있다. 채무초과 상태에 있는 채무자가 상속재산의 분할협의를 하면서 상속재산에 관한 권리를 포기함으로써 결과적으로 일반 채권자에 대한 공동담보가 감소되었다 하더라도, 그 재산분할결과가 채무자의 구체적 상속분에 상당하는 정도에 미달하는 과소한 것이라고 인정되지 않는 한 사해행위로서 취소되어야 할 것은 아니고, 구체적 상속분에 상당하는 정도에 미달하는 과소한 경우에도 사해행위로서 취소되는 범위는 그 미달하는 부분에 한정하여야 한다(대법원 2001.2.9. 2000다51797).

(다) 虛僞表示도 取消 可能

가장매매와 같은 허위표시에 의한 재산 은닉의 경우로서, 허위표시는 무효(제108조)로써 유효한 법률행위가 아니라는 점 때문에 취소의 대상이 되느냐 여부가 문제된다. 판례는 가장매매假裝賣買에 관하여 허위표시로서의 무효를 이유로 목적물반환청구권目的物返還請求權 또는 말소등기청구권抹消登記請求權에 대한 채권자대위권의 행사를 인정하는(당연히 인정됨) 한편, 채권자취소권의 대상이 된다고 한다(대판 1975.2.25, 74다2114). 이에 대하여 허위표시는 무효인 법률행위로서 이론적으로 채권자취소권의 대상이 되지 않으나(가장매매에 의한 등기 등은 채권자대위권으로 해결할 수 있다), 허위표시의 무효로 선의의 제3자에게 대항하지 못하므로(제108조 2항) 선의의 전득자轉得者가 생긴 경우에만 채권자취소권을 허용하여야 한다는 견해가 있다.

허위표시도 외형적으로는 유효한 법률행위와 같은 형태를 취하여 당사자간에 다툼의 여지가 있어 채권자취소권을 인정하는 것이 타당하다. 또한 이를 인정하더라도 채무자에게 아무런 불이익이 되지 않아, 취소의 대상이 된다고 보는 것이 타당하다.

판례 虛僞表示도 取消의 對象 : 이미 채무초과의 상태에 빠져 있는 채무자가 허위의 약속어음을 발행하여 가공의 어음채무를 부담함으로써 소극재산을 증가시키는 행위를 한 것은 다른 채권자들에 대한 관계에서 사해행위가 된다(대법원 2002.10.25. 2002다42711).

(3) 債權者를 害하는 法律行爲

채권자를 해한다 함은 채무자가 새로운 재산행위를 함으로써 그의 책임재산이 감소하여 채권의 공동담보에 부족이 생기고, 채권자에 대하여는 완전한 변제를 할 수 없게 되는 것을 말한다. 채무자의 행위에 의하여 무자력, 즉 채무초과가 되면 당해 행위가 취소의 목적이 된다. 채무초과란 소극재산이 적극재산을 넘는 것을 말한다.

사해행위는 그 행위 당시에 채무초과여야 할 뿐만 아니라, 채권자가 취소권을 행사할 때, 즉 사실심의 변론종결시에도 채무초과여야 사해행위에 해당된다.

사해행위에 해당되느냐 여부가 문제되는 것을 아래에서 구체적으로 본다;

(가) 贈與

증여는 무상의 재산의 일방적 감소행위로, 이에 의하여 채무자가 무자력이 되면 증여는 사해행위에 해당된다.

(나) 不動産 기타 財産의 賣却

재산을 부당하게 낮은 가격으로 매각하는 것은 사해행위가 되는 것은 물론이다. 문제는 상당한 대가로 재산 특히 부동산을 매각하는 경우이다. 판례는 부동산을 매각하여 소비 또는 은닉하기 쉬운 금전으로 바꾸는 행위는 그 매각이 일부 채권자에 대한 정당한 변제에 충당한다던가 하는 특별한 사정이 없는 한 원칙적으로 채권자에 대하여 사해행위가 된다고 한다(판례). 특히 유일한 부동산을 매각하는 것은 정당한 가격인가 여부를 떠나서 사해행위에 해당한다는 것이다(판례). 이에 대하여 다수설은 상당한 대가에 의한 매각은 재산의 감소행위가 아니며, 채무자의 의사나 대금의 용도에 따라서 취소권의 성립 또는 불성립을 결정한다는 것은 거래의 안전을 해친다는 측면에서 판례를 반대하고 있다.

생각건대 이는 매각행위 그 자체만으로는 판단할 수 없고, 채무자의 사해의사 및 매각 가격과 당사자의 사정 등이 종합적으로 고려되어 판단되어야 할 것이다. 그러나 원칙적으로 어떻게 볼 것인가가 문제이다. 우선 금전은 은닉·일실하기 쉬워 부동산으로 존재하는 것보다는 채권자를 해할 가능성이 매우 높다는 점이 있어, 다수설의 주장이 합리적이기는 하나, 부동산의 매각행위는 일단 사해행위가 된다. 이를 부정하는 측에서 사해행위가 아님을 증명하여야 한다고 해석하는 것이 현실적인 해석이라고 생각한다. 판례를 지지한다.

한편 유일한 부동산의 경우에는 다수설도 원칙적으로 사해행위가 된다고 보아 이견이 없다.

판례 唯一한 不動産의 賣却 : 채무자가 유일한 재산인 부동산을 매각하여 소비하기 쉬운 금전으로 바꾸는 것은 특별한 사정이 없는 한 사해행위가 되고, 사해행위의 주관적 요건인 채무자의 사해의사는 채권의 공동담보에 부족이 생기는 것을 인식하는 것을 말하는 것으로서, 채권자를 해할 것을 기도하거나 의욕하는 것을 요하지 아니하며, 채무자가 유일한 재산인 부동산을 매각하여 소비하기 쉬운 금전으로 바꾸는 경우에는 채무자의 사해의사는 추정된다(대법원 1999.4.9. 99다2515).

(다) 擔保의 設定

새로운 담보의 설정행위는 당연히 사행행위가 된다. 기존의 일부의 채권자를 위하여 저당권 등의 담보를 설정하는 행위는 다른 채권자의 공동담보를 감소시키는 행위이므로 특별한 사정이 없는 한 원칙적으로 다른 채권자들에 관하여는 사해행위가 된다.

담보에는 전형, 비전형담보를 다 포함하며, 우선변제력 있는 임차권설정행위도 포함한다.

판례 優先辨濟力있는 賃借權設定行爲 : 주택임대차보호법상 제8조의 소액보증금 최우선변제권은 임차목적 주택에 대하여 저당권에 의하여 담보된 채권, 조세 등에 우선하여 변제받을 수 있는 일종의 법정담보물권을 부여한 것이므로, 채무자가 채무초과상태에서 채무자 소유의 유일한 주택에 대하여 위 법조 소정의 임차권을 설정해 준 행위는 채무초과상태에서의 담보제공행위로서 채무자의 총재산의 감소를 초래하는 행위가 되는 것이고, 따라서 그 임차권설정행위는 사해행위취소의 대상이 된다고 할 것이다(대법원 2005.5.13. 2003다50771).

(라) 人的 擔保의 負擔

보증채무·연대채무를 부담하는 경우 등은 소극재산의 증가로 사해행위가 된다.

(마) 辨濟 및 代物辨濟

변제는 적극재산의 감소와 동시에 소극재산의 감소로서 재산상태의 변화가 없고, 다른 채권자가 있더라도 변제를 거절하지 못하므로 사해행위가 되지 않는다. 그러나 일부의 채권자와 통정하여 다른 채권자를 해할 목적으로 하는 변제는 사해행위가 된다(판례). 변제의 이행으로서의 등기 또는 변제의 방법으로서의 제3자에 대한 채권의 양도도 사해행위가 되지 않는다.

대물변제도 상당한 가격 또는 상당한 채권액으로 하여진 때에는 사해행위가 되지 않는다고 보아야 한다. 그러나 대물代物을 현저하게 저가低價로 평가하여 한 대물변제는 사해행위가 된다고 보아야 한다. 또한 유일한 부동산을 특정 채권자에게 대물변제한 경우에는 사해행위가 된다고 보아야 한다(판례).

판례 唯一한 財産인 不動産으로 한 代物辨濟 : 채무초과 상태에서 채무자가 자기의 유일한 재산인 부동산을 어느 특정 채권자에게 대물변제로 제공하여 소유권이전등기를 경료하였다면 그 채권자는 다른 채권자에 우선하여 채권의 만족을 얻는 반면 그 범위 내에서 공동담보가 감소됨에 따라 다른 채권자는 종전보다 더 불리한 지위에 놓이게 되므로 이는 곧 다른 채권자의 이익을 해하는 것이라고 보아야 하여 그러한 대물변제행위는 다른 특별한 사정이 없는 한 다른 채권자들에 대한 관계에서 사해행위가 된다(대법원 1996.10.29. 96다23207).

(바) 債務免除

채무자가 제3채무자에 대한 채무를 면제하면 적극적인 재산이 감소하므로 면제도 당연히 사해행위에 해당한다.

(사) 名義受託者가 受託財産을 處分하는 行爲

부동산에 관하여 부동산실권리자명의등기에관한법률 제4조 제2항 본문이 적용되어 명의수탁자인 채무자 명의의 소유권이전등기가 무효인 경우에는 그 부동산은 채무자의 소유가 아니기 때문에 이를 채무자의 일반 채권자들의 공동담보에 공하여지는 책임재산이라고 볼 수 없다. 따라서 채무자가 무효인 명의수탁 부동산에 관하여 제3자와 근저당권설정계약을 체결하고 나아가 그에게 근저당권설정등기를 마쳐주었다 하더라도 그로써 채무자의 책임재산에 감소를 초래한 것이라고 할 수 없고, 이를 들어 채무자의 일반 채권자들을 해하는 사해행위라고 할 수 없어 채무자에게 사해의 의사가 있다고 볼 수도 없다(대법원 2000.3.10. 99다55069).

(아) 連帶保證人의 詐害行爲 판단요소

연대보증인은 주채무자의 채무를 연대하여 채무를 지는 자이므로 연대보증인의 법률행위가 사해행위에 해당하는지 여부를 판단함에 있어서는 주채무에 관하여 주채무자 또는 제3자 소유의 부동산에 대하여 채권자 앞으로 근저당권이 설정되어 있는 등으로 채권자에게 우선변제권이 확보되어 있는 경우가 아닌 이상, 주채무자의 일반적인 자력은 고려할 요소가 아니고, 채무전액에 대하여 연대보증인 자신의 자력과의 관계를 보아야 한다(대법원 2003. 7. 8. 2003다13246).

3. 債務者의 惡意 - 詐害意思

채무자는 당해행위를 함에 있어서 당해행위가 채권자를 해害한다는 것, 즉 총 채권자에 대하여 변제자력이 부족하다는 것을 알고 있어야 한다(제406조). 이를 일반적으로 사해의사詐害意思라 한다.

이 사해의사는 적극적인 의욕이 아니라 단순한 인식만으로 족하다고 본다. 그러나 채무의 변제에 있어서는 당해 채권자와 통정하여 다른 채권자를 해한다는 적극적 의사를 요한다. 이와 같이 사해의사는 사해행위의 종류에 따라서 단순한 인식으로 족한 때도 있고, 적극적인 의사를 요할 때도 있다.

사해의사는 당해 행위 당시에 있어야 한다. 비록 행위 당시 공동담보에 부족을 초래한다는 것을 과실로 인식하지 못하였거나 또는 행위 후에 인식하였다면 취소하지 못한다.

채무자의 악의의 증명책임은 채권자에게 있다. 그러나 이 증명은 채무자의 자산상태·처분행위의 대가·처분의 상대방 등으로부터 쉽게 추인追認될 수 있다.

판례 詐害意思 – 單純한 認識으로 充分 : 채권자취소권의 주관적 요건인 채무자가 채권자를 해함을 안다는 이른바 채무자의 악의, 즉 사해의사는 채무자의 재산처분 행위에 의하여 그 재산이 감소되어 채권의 공동담보에 부족이 생기거나 이미 부족 상태에 있는 공동담보가 한층 더 부족하게 됨으로써 채권자의 채권을 완전하게 만족시킬 수 없게 된다는 사실을 인식하는 것을 의미하고, 그러한 인식은 일반 채권자에 대한 관계에서 있으면 충분하고 특정의 채권자를 해한다는 인식이 있어야 하는 것은 아니다(대법원 1998.5.12. 97다57320).

판례 唯一한 不動産의 賣却에서는 詐害意思가 推定 : 채무자가 자기의 유일한 재산인 부동산을 매각하여 소비하기 쉬운 금전으로 바꾸는 행위는 특별한 사정이 없는 한 항상 채권자에 대하여 사해행위가 된다고 볼 것이므로 채무자의 사해의 의사는 추정되는 것이고, 이를 매수한 자가 악의가 없었다는 입증책임은 수익자에게 있다(대법원 1998.4.14. 97다54420).

4. 受益者 또는 轉得者의 惡意

채무자의 사해행위로 직접 이익을 받은 수익자 또는 그 수익자로부터 그 이익을 취득한 전득자는, 그 행위 당시에 채권자를 해하게 된다는 것을 알고 있어야 한다(제406조 1항 단서). 수익자 또는 전득자의 악의도 채무자의 악의와 동일하게 단순한 인식으로 족하고, 행위 당시에 그러한 인식이 있어야 한다.

수익자 또는 전득자의 악의는 추정된다. 따라서 수익자 또는 전득자가 취소당하지 않으려면 선의를 입증하여야 한다.

판례 受益者,轉得者의 惡意 推定 : 취소소송에 있어서 채무자의 악의의 점에 대하여는 그 취소를 주장하는 채권자에게 입증책임이 있으나 수익자 또는 전득자가 악의라는 점에 관하여는 입증책임이 채권자에게 있는 것이 아니고 수익자 또는 전득자 자신에게 선의라는 사실을 입증할 책임이 있다(대법원 1997. 5. 23. 95다51908).

5. 詐害行爲와 詐害意思의 相關關係的 判斷

채권자취소권의 요건으로서 사해행위와 사해의사는 서로 밀접하게 관련되어 있다. 그런데, 종래 학설은 이를 분리하여 주관적 요건으로서의 사해의사에 관하여는 단순한 인식으로 족하다고 완화하고, 사해행위에 관하여는 부동산의 매각이나 변제에서와 같이 계수상 감소하지 않은 경우에는 제외한다든지 하는 등으로 엄격하게 해석한다. 그러나 관련 당사자들간의 공평을 위하여는 이를 탄력적으로 해석하여야 한다고 보는데, 이러한 측면에서 판례가 채무자의 행위(사해행위)를 변제, 부동산의 매각, 그 밖의 경우 등으로 구별하고 각개의 경우에 사해의사를 강약强弱으로 구별하여 취급한 것은 타당하다고 생각한다.

즉, 판례는, ① 증여와 같은 사해성이 강한 행위에 관하여는 사해의사는 단순한 인식으로 족하고, ② 변제 등과 같이 사해성이 약한 행위에 관하여는 통정 등과 같이 강한 사해의사를 요하며, ③ 부동산의 매각 등과 같은 사해성이 중간 정도의 행위에 관하여는 행위의 목적, 동기, 대가의 상당성 등을 종합적으로 판단하며, 유일한 부동산의 매각에서는 사해의사를 추정한 것으로 판단하고 있다. 이와 같이 각기 달리 판단한 것은 사해행위의 성질과 사해의사를 관련시켜 이들을 상관관계적으로 판단한 것으로 타당하다.

III. 債權者取消權의 行使

1. 債權者의 이름으로

채권자취소권은 채권자가 자기의 채권에 관하여 가지는 일종의 관리권이다. 따라서 채권자가 채권자라는 자격에서 자기의 권리로서 자기의 이름으로 재판상 행사하여야 한다. 취소의 대상은 채무자의 사해행위, 즉 채무자와 수익자간의 행위이며, 전득자를 상대방으로 하여 취소하는 경우에도 수익자와 전득자간의 행위를 취소하는 것이 아니다. 그런데 취소의 결과 수익자 또는 전득자에 대한 재산의 반환청구권에 관하여도 채무자가 권리를 취득하는 것이 아니라 채권자만이 채권에 고유한 권리로서 반환청구권을 가진다.

2. 裁判上의 行使

채권자취소권은 재판상 행사만 허용된다(제406조 1항). 채권자취소권이 채권자대위권과는 달리 재판으로만 허용되는 것은 제3자에게 미치는 영향이 크기 때문에 법원에 의한 신중한 판단과 공시성이 요구되기 때문이다. 소訴의 성질은 취소만을 구하는 경우에는 형성의 소이며, 취소하고 이탈된 재산을 반환하는 경우에는 형성形成의 소訴와 이행履行의 소訴의 병합이 된다.

3. 取消訴訟의 相對方

채권자취소권 행사의 상대방, 즉 취소소송의 피고는 언제나 이득반환청구의 상대방인 수익자 또는 전득자이다. 목적물을 소지하는 수익자 또는 전득자에 대하여 사해행위를 취소하고 그 목적물의 반환을 구하는 것이다. 목적물을 소지하지 않는 수익자 또는 전득자에 대하여는 취소와 목적물의 가액의 배상을 구하는 것이 된다.

전득자가 있는 경우에는 상대방은 악의여야 되니까 악의인 자를 상대방으로 하여야 될 것이다. 따라서 전득자는 일반적으로 선의인 경우이므로 보통의 경우에는 수익자가 그 상대방이 된다. 전득된 경우에 수익자를 상대방으로 하는 경우에는 가액의 배상을 이행하라는 것이 된다.

수익자와 전득자가 모두 악의인 경우에는 채권자는 상대방을 선택할 수 있다. 그러나, 어떠한 경우에나 채무자를 피고에 가담시키지는 못한다(판례). 따라서 채무면제와 같은 단독행위의 경우에도 채무면제로 이익을 받은 수익자만을 상대방으로 하여야 한다.

판례 相對方 : 受益者 또는 轉得者 : 사해행위의 취소는 상대적으로 밖에는 효력을 발생하는 것이 아니므로 피고적격은 언제나 이익반환청구의 상대방 즉 수익자 또는 전득자에게만 있다고 보아 채무자만을 피고로 하거나 또는 채무자를 동 취소권 행사의 상대방으로 추가하여 공동피고로 할 수 없다고 보는 것이 타당하다(대법원 1961.11.9, 4293민상263).

판례 相對方 : 債務者는 不可 : 채권자가 채권자취소권을 행사하려면 사해행위로 인하여 이익을 받은 자나 전득자를 상대로 그 법률행위의 취소를 청구하는 소송을 제기하여야 되는 것으로서 채무자를 상대로 그 소송을 제기할 수는 없다(대법원 2004.8.30. 2004다21923).

4. 取消訴訟과 債務者의 破産

총 채권자를 위하여 채무자의 파산이 개시되면 개별 채권자를 위한 채권자취소권은 그 존재 의의를 상실한다. 따라서 취소소송이 진행하는 동안 파산절차가 개시되면 취소소송은 중단되고, 파산관재인이 그 소송절차를 이어 갈 수 있다(파산법 제78조). 이러한 취지에서 채무자가 파산선고를 받은 경우에는 개별 채권자는 채권자취소권을 행사할 수 없다고 해석된다.

IV. 取消의 範圍와 效果

1. 取消權 行使의 效果論 - 法的 構成論

채권자취소권 행사의 범위와 그 효과는 채권자취소권의 법적 구성을 어떻게 이해하느냐에 따라 달라진다. 판례와 다수설은 이른바 상대적 무효설이며, 이에 대하여 책임설이 주장되고 있다.

(1) 相對的 無效說

채권자취소권은 채권의 공동담보를 회복할 목적으로 채권자에게 인정된 권리로서 동 권리의 본질은 이탈된 재산을 책임재산으로 회복하는 데 있다. 즉, 책임재산으로부터 이탈된 재산을 채권자의 강제집행 아래 복원시키는 데 있다. 이러한 목적을 위하여 그 운용에 있어서는 형평의 이념에서 채권자의 이익과 제3자의 이익 및 거래의 안전을 종합적으로 고려하여야 한다.

이로써 취소의 효과는 절대적 무효의 효과가 생길 필요는 없고, 채권자가 수익자 또는 전득자에게 책임재산의 반환을 청구할 수 있기 위하여 필요한 충분한 범위 내에서, 그러한(필요한) 자에 대한 관계에서만 효력이 생기면 된다. 따라서 취소의 법률행위는 채권자관계에서만 무효가 되고 채무자관계에서는 유효가 된다. 그러므로 수익자 또는 전득자를 당사자로 취소소송을 제기하여야 하며 채무자를 피고로 하여서는 아니 된다. 한편 취소의 범위는 원칙적으로 취소채권자의 채권액을 기준으로 한다. 따라서 사해행위의 취소는 일부취소가 원칙이다.

(2) 責任說

채권자취소권의 법적 구성을 책임 내지 책임법적 무효의 개념으로 구성하려는 견해이다. 판례와 다수설이 채권자취소권 행사의 효과의 중심을 재산의 실체법상의 귀속의 복원에 두는 데 반하여, 책임설은 효과의 중심을 재산의 강제집행의 대상이 되는 의미로서 책임 자체의 복원으로 이론을 구성하려고 한다. 즉, 책임설은 채권자취소권을 집행가능성을 회복하는 제도로 이해한다. 이로써 취소권의 행사를 수익자 또는 전득자의 실체법상의 권리에 영향을 주지 않고 다만 책임만을 채무자에 복원시키는 것으로 본다. 이 이론에 의하면 채권자는 책임소송(취소소송과 동시에 제기하여 병합하거나 취소소송확정 후 별개로 제기)을 제기하여 집행인용판결執行認容判決(책임판결)을 받아, 채무자로부터 이탈된 재산을 수익자 또는 전득자 수중에(명의로) 그대로 둔 채 당해 재산에 집행하게 된다.

생각건대 책임설에 의하면 법률관계가 명확하고 간편한 점이 있으나, 우리 민사소송법상 강제집행 인용認容의 소訴가 인정되지 않기 때문에 책임설을 취하는 것은 현실적으로 가능하지 않다. 한편 상대적 무효설은 비록 상대적 무효가 채권자취소권 제도라는 독자적인 것에서 나오는 것이라 하지만 그 이론적 근거가 명확하지 않다. 이와 같이 위 두 견해는 각자 나름대로의 문제가 있다. 그러나 상대적 무효설은 당사자간의 형평을 위하고 채권의 공동담보에 필요한 최소의 범위에 그 효력을 한정한다는 측면에서 이해될 수 있다. 따라서 상대적 무효설을 지지한다. 이하에서는 상대적 무효설에서 보기로 한다.

판례 債權者取消權의 效力 : 사해행위의 취소는 상대적으로 밖에는 효력을 발생하는 것이 아니므로 피고적격은 언제나 이익반환청구의 상대방, 즉 수익자 또는 전득자에게만 있다고 보아 채무자만을 피고로 하거나 또는 채무자를 동 취소권 행사의 상대방으로 추가하여 공동피고로 할 수 없다고 보는 것이 타당하다(대법원 1961.11.9. 4293민상263).

2. 取消의 範圍

(1) 取消債權者의 債權額을 基準

상대적 무효설인 판례와 다수설은 취소권이 제3자에게 미치는 영향을 고려하여 취소의 효력을 취소 당사자간에만 상대적으로 인정할 뿐만 아니라, 취소의 범위에 관하여도 원칙적으로 취소채권자의 채권액을 기준으로 취소를 허용한다. 그리고 취소채권자의 채권액은 사해행위 당시의 채권액을 기준으로 하고, 그 사해행위 이후 취소판결이 있을 때까지 발생한 채권액은 가산하지 않는다. 또한 다른 채권자가 많이 있더라도 취소채권자의 채권액을 넘어서 취소하지는 못한다.

그런데 채권자취소권에 의하여 반환되는 재산은 채무자의 일반재산에 귀속되어 다른 채권자가 있는 경우에는 취소채권자는 반환된 재산을 포함한 일반재산으로부터 다른 채권자와 함께 배당변제配當辨濟를 받을 수밖에 없어 취소채권자의 보호에 문제가 있게 된다. 즉, 취소권을 행사한 채권자가 만족을 하지 못하여 다시 채권자취소권을 행사할 수밖에 없게 되는 경우가 있을 수 있다. 이러한 점에서 다른 채권자가 배당참가를 신청할 것이 명백하여 채권자가 자기의 손실을 구제하기 위하여 필요한 경우에는 예외적으로 자기의 채권액을 넘어서 취소권을 행사할 수 있다(판례).

판례 取消債權者의 債權額을 基準 : 채권자가 채권자취소권을 행사할 때에는 원칙적으로 자신의 채권액을 초과하여 취소권을 행사할 수 없고, 이때 채권자의 채권액에는 사해행위 이후 사실심 변론종결시까지 발생한 이자나 지연손해금이 포함된다(대법원 2003.7.11. 2003다19572).

판례 詐害行爲取消의 訴의 相對方은 確定된 債權者의 債權에 대한 다툼은 不可 : 채권자가 채무자를 상대로 그 채무의 이행을 구하는 소를 제기하여 승소판결이 확정되면 채권자취소소송의 상대방인 수익자나 전득자는 그와 같이 확정된 채권자의 채권의 존부나 범위에 관하여 다툴 수 없다(대법원 2003.7.11. 2003다19572).

판례 本人의 債權額을 超過해서 할 수 있는 경우 : 사해행위 취소의 범위는 다른 채권자가 배당요구를 할 것이 명백하거나 목적물이 불가분인 경우와 같이 특별한 사정이 있는 경우에는 취소채권자의 채권액을 넘어서까지도 취소를 구할 수 있다(대법원 1997.9.9. 97다10864).

(2) 原狀回復

(가) 現物返還, 可分目的物은 一部取消

원상회복의 청구로서 현물반환이 원칙이다. 따라서 부동산이 이전된 경우는 소유권이전등기의 말소와 명도가 되며, 가등기의 경우는 가등기의 말소가 된다. 그런데, 소유권이전등기가 된 경우는 말소등기 뿐만 아니라 이전등기의 청구도 가능하다고 본다(판례).

그러나 취소의 범위는 원칙적으로 취소채권자의 채권액을 기준으로 하므로, 목적물이 금전 기타 가분할 수 있는 경우에는 전부 취소할 것이 아니라 취소채권자의 채권액에 상당하는 일부만을 취소하여야 한다.

목적물이 불가분이거나, 가분이더라도 분할취소가 경제적 실제에 맞지 않는 경우에는 전부를 취소할 수 있다. 예컨대, 목적물이 대지와 그 지상건물인 경우에 어느 하나를 취소하여도 채권을 만족시킬 수 있을 지라도 대지와 지상건물이 경제적으로 불가분의 관계가 있기 때문에 이를 분리할 것이 아니라, 대지와 지상건물 전부를 대상으로 하여야 한다(판례).

판례 原狀回復- 移轉登記는 抹消登記 또는 移轉登記 : 자기 앞으로 소유권을 표상하는 등기가 되어 있었거나 법률에 의하여 소유권을 취득한 자가 진정한 등기명의를 회복하기 위한 방법으로는 그 등기의 말소를 구하는 외에 현재의 등기명의인을 상대로 직접 소유권이전등기절차의 이행을 구하는 것도 허용되어야 하는바, 이러한 법리는 사해행위 취소소송에 있어서 취소 목적 부동산의 등기명의를 수익자로부터 채무자 앞으로 복귀시키고자 하는 경우에도 그대로 적용될 수 있다고 할 것이고, 따라서 채권자는 사해행위의 취소로 인한 원상회복 방법으로 수익자 명의의 등기의 말소를 구하는 대신 수익자를 상대로 채무자 앞으로 직접 소유권이전등기절차를 이행할 것을 구할 수도 있다(대법원 2000.2.25. 99다53704).

판례 假登記는 抹消 : 소유권이전등기청구권보전을 위한 가등기가 사해행위로서 이루어진 경우 그 매매예약을 취소하고 원상회복으로서 가등기를 말소하면 족하다 할 것이다(대법원

2003.7.11. 2003다19435).

판례 原狀回復으로 全部取消를 認定한 例 : 동일인의 소유인 토지와 건물의 처분행위를 채권자 취소권에 의하여 취소하는 경우 그중 대지의 가격이 채권자의 채권액보다 다액이라 하더라도 대지와 건물중 일방만을 취소하게 되면 건물의 소유자와 대지의 소유자가 다르게 되어 가격과 효용을 현저히 감소시킬 것이므로 전부를 취소함이 정당하다(대법원 1975.2.25. 74다2114).

(나) 原狀回復이 不能인 경우-價額賠償의 請求

반환청구에 대하여는 사해행위의 목적물 그 자체를 반환하는 것(원상회복의무)이 원칙이기 때문에 가액의 배상을 청구할 수는 없다. 다만 현물의 반환이 불가능하거나 (전매하였고 전득자에게 악의가 없는 경우나 소실된 경우 등), 반환을 하기가 현저히 곤란한 특별한 사정이 있는 경우에는 원상회복의무의 불능에 따른 가액의 배상을 청구할 수 있다.

따라서 취소채권자의 채권액을 초과하는 경우에 목적물이 건물과 같은 불가분인 경우에는 현물반환이 아니라 채권액에 상당한 가액의 배상이 허용된다.

판례 價額賠償이 可能한 경우- 原狀回復이 不能, 顯著히 困難한 경우 : 수익자는 원물반환이 불가능하거나 현저히 곤란한 경우에는 원상회복의무의 이행으로서 사해행위 목적물의 가액 상당을 배상하여야 하는바, 여기에서 원물반환이 불가능하거나 현저히 곤란한 경우라 함은 원물반환이 단순히 절대적, 물리적으로 불능인 경우가 아니라 사회생활상의 경험법칙 또는 거래상의 관념에 비추어 그 이행의 실현을 기대할 수 없는 경우를 말하는 것이므로, 사해행위 후 그 목적물에 관하여 제3자가 저당권이나 지상권 등의 권리를 취득한 경우에는 수익자가 목적물을 저당권 등의 제한이 없는 상태로 회복하여 이전하여 줄 수 있다는 등의 특별한 사정이 없는 한 채권자는 수익자를 상대로 원물반환 대신 그 가액 상당의 배상을 구할 수도 있다고 할 것이다(대법원 2001. 2.9. 2000다57139).

판례 價額賠償請求만 可能한 경우 : 어느 부동산의 매매계약이 사해행위에 해당하는 경우에 그 사해행위가 저당권이 설정되어 있는 부동산에 관하여 당해 저당권자 이외의 자와의 사이에 이루어지고 그 후 변제 등에 의하여 저당권설정등기가 말소된 때에는, 매매계약 전부를 취소하여 그 부동산 자체의 회복을 명하는 것은 당초 담보로 되어 있지 아니하던 부분까지 회복시키는 것이 되어 공평에 반하는 결과가 되므로, 그 부동산의 가액에서 저당권의 피담보채권액을 공제한 잔액의 한도에서 그 매매계약의 일부 취소와 그 가액의 배상을 구할 수 있을 뿐 부동산 자체의 회복을 구할 수는 없다(대법원 1996.10.29. 96다23207).

(3) 直接 自己에게 引渡請求도 可能

부동산이 대상인 경우에는 말소등기 또는 이전등기를 하면 되는데, 동산과 같은 경우에는 수령하여야 한다. 특히 금전과 같은 경우가 문제된다. 직접 자기에게 인도청구도 가능하다(판례). 취소채권자가 직접 수령하였더라도 원칙적으로 수령물을 채무자에게 반환하여 공동담보로 하여야 한다.

판례 直接 自己에게 引渡請求 可能 : 민법 제406조에 의한 사해행위의 취소에 따른 원상회복은 원칙적으로 그 목적물 자체의 반환에 의하여야 하는바, 이때 사해행위의 목적물이 동산이고 그 현물반환이 가능한 경우에는 취소채권자는 직접 자기에게 그 목적물의 인도를 청구할 수 있다(대법원 1999.8.24. 99다23468,23475).

(4) 目的物에 擔保物權이 設定된 경우

사해행위의 목적물에 담보권이 설정되어 그 피담보채권이 취소채권자의 채권에 우선하는 경우, 취소채권자의 손해는 목적물의 가격에서 그 피담보채권액을 공제한 잔액만이 되어 그 한도 내에서 취소 및 반환이 허용된다.

3. 取消의 效果

(1) 共同擔保 構成-原狀回復

(가) 債務者에게 引渡請求- 共同擔保 構成

채권자취소권은 채무자의 책임재산의 회복에 있다. 즉, 채권자의 취소의 효력은 일탈된 재산을 원상태대로 회복시키는 것이다. 따라서 원상회복된 재산은 <모든 채권자의 이익을>위한 공동담보를 구성한다(제407조). 따라서 목적물이 부동산 기타 등기·등록되는 물건의 경우에는 그 등기·등록의 말소를 청구하여 채무자 명의로 회복시킴으로써 모든 채권자를 위한 공동담보가 되며, 금전 기타 동산의 경우에는 채무자에게 인도청구를 하여 채무자의 일반재산으로 구성시켜 모든 채권자를 위한 공동담보가 되게 한다. 채권자는 현물이 인도되는 경우에는 채무자에게로 인도를 청구할 수 있다. 그러나, 채무자가 수령을 거절하는 경우도 있기 때문에 자기에게 직접 인도할 것을 청구할 수도 있다.

채권자가 직접 자기에게 인도청구를 하는 경우에도 수령물로부터 자기의 채권의 변제를 받으려면 자기의 집행권원에 의하여 그 목적물에 대하여 강제집행을 하지 않으면 아니 된다. 이때 다른 채권자도 배당참가를 신청할 수 있음은 물론이다.

(나) 直接 受領한 경우에 辨濟에 充當 可能 與否

채권자가 목적물인 동산 특히 금전을 직접 수령한 경우에는 그 받은 목적물을 직접 자기의 채권의 변제로 충당시킬 수 있는가? 예컨대 피보전채권과 피대위채권이 동일하게 금전채권으로서 채권자가 수익자 또는 전득자로부터 금전을 수령한 경우에 금전으로 자기의 금전채권의 변제로 충당할 수 있느냐이다. 이를 인정한다면 그 범위 내에서는 다른 채권자보다 우선변제를 받는 결과가 된다.

다수설은 상계의 법리가 적용되어 긍정된다는 것이다. 즉, 채권자가 수령한 금전을 채무자에게 반환할 채무와 채권자의 채무자에 대한 금전채권이 상계적상에 있는 경우에는 상계하여 수령한 금전을 채권자가 직접 변제에 충당할 수 있다는 것이다. 이에 대하여 직접 수령하였을지라도 상계할 수는 없고, 채무자가 수령을 하지 않는 경우에는 채무자를 위하여 공탁하여야 한다는 반대의 견해도 있다(이은). 상계적상에 있는 때에는 상계하여 반환할 필요가 없다는 다수설을 지지한다.

(2) 取消效力의 相對性

취소의 효과는 상대적인 것으로, 공동담보의 보전에 필요한 한도 내에서 취소소송의 당사자인 취소채권자와 수익자 또는 전득자와의 상대적인 관계에서만 사해행위를 무효로 한다. 즉, 취소판결의 기판력은 소송에 참가하지 않은 채무자에게는 미치지 않고, 또한 채무자와 수익자 또는 전득자 사이의 법률관계에는 아무런 영향이 없다(대판 1988.2.23, 87다카1989). 예컨대, 악의인 수익자를 상대방으로 한 취소소송이 승소되어 취소되더라도, 채무자와 수익자간의 법률행위는 물론이고 수익자와 전득자간의 법률행위에도 영향이 없다.

따라서 취소의 효과로서 원상회복도 채권자와 수익자 또는 전득자와의 상대적인 관계에서만 발생하며, 채무자는 이에 대하여 아무런 권리도 취득하지 않는다. 그리하여 목적물로부터 채권자가 변제를 받은 나머지는 수익자 또는 전득자의 재산으로 직접 복귀한다.

판례 取消의 效力-相對的 效力 - 相對方이 受益者 : ① 사해행위취소판결의 기판력은 그 취소권을 행사한 채권자와 그 상대방인 수익자 또는 전득자와의 상대적인 관계에서만 미칠뿐 그 소송에 참가하지 아니한 채무자 또는 채무자와 수익자 사이의 법률관계에는 미치지 아니한다(대법원 1988.2.23. 87다카1989).
② 채무자와 수익자만을 상대로 한 사해행위 취소소송에서 채무자와 수익자간의 법률행위를 취소하고 수익자 명의로 된 소유권이전등기의 말소를 명하는 판결이 확정되었다고 하여도 그 판결의 효력은 전득자에게 미칠 수 없다(대법원 1984.11.24. 자 84마610).

판례 相對方이 轉得者 : 채권자가 전득자를 상대로 하여 사해행위의 취소와 함께 책임재산의 회복을 구하는 사해행위취소의 소를 제기한 경우에 그 취소의 효과는 채권자와 전득자 사이의 상대적인 관계에서만 생기는 것이고 채무자 또는 채무자와 수익자 사이의 법률관계에는 미치지 않는 것이므로, 이 경우 취소의 대상이 되는 사해행위는 채무자와 수익자 사이에서 행하여진 법률행위에 국한되고, 수익자와 전득자 사이의 법률행위는 취소의 대상이 되지 않는다(대법원 2004.8.30. 2004다21923).

판례 價額賠償義務者인 受益者의 債務者에 대한 相計 主將 -不可 : 수익자로 하여금 자기의 채무자에 대한 반대채권으로써 상계를 허용하는 것은 사해행위에 의하여 이익을 받은 수익자를 보호하고 다른 채권자의 이익을 무시하는 결과가 되어 위 제도의 취지에 반하므로, 수익자가 채권자취소에 따른 원상회복으로서 가액배상을 할 때에 채무자에 대한 채권자라는 이유로 채무자에 대하여 가지는 자기의 채권과의 상계를 주장할 수는 없다(대법원 2001.6.1. 99다63183).

(3) 債務者와 受益者·轉得者의 關係

취소효과의 상대성으로 취소로 인한 손실은 취소소송의 피고인 수익자 또는 전득자가 감수하여야 한다. 예컨대 사해행위가 매매계약으로서 수익자가 채무자에게 대금을 지불한 경우에, 채권자취소를 하였으나 채무자와 수익자간의 매매계약은 영향을 받지 않아 유효한 것으로 되어 수익자와 채무자간에는 목적물이 채무자에 복귀하지 않은 것이 된다. 이로써 수익자는 채무자로부터 대가(매매대금)를 반환받을 수는 없고 목적물만을 채무자의 책임재산에 복귀시켜 주어 부당한 손실을 입게 된다. 이점은 전득자도 수익자에게 지불한 대가를 반환 받을 수 없어 동일하다.

이 경우에 수익자 또는 전득자는 반환한 목적물에 대하여 채무자에 대하여 대금의 반환을 청구할 수 없고 손해배상도 청구할 수 없다. 다만 수익자 또는 전득자가 반환한 목적물의 대가 상당액이 부당이득이 되어, 이를 부당이득으로 반환 청구할 수 있다고 본다. 그러나 수익자 또는 전득자의 채무자에 대한 부당이득 반환청구권도 사해행위 당시의 채권자에게는 대항하지 못한다고 해석한다. 결국 복귀된 재산에 강제집행을 하여 취소채권자 또는 다른 채권자의 채권이 소멸하였을 때에 비로소 수익자 또는 전득자는 채무자에 대하여 부당이득 반환청구권을 행사할 수 있으나, 이 시점에서는 채무자는 무자력이 되어 반환청구는 사실상 기대하기가 어렵게 된다.

한편 전득자가 반환한 경우에는 선의의 수익자에게는 어떠한 청구도 할 수 없게 되고, 채무자에게만 부당이득으로 반환을 청구할 수밖에 없는데, 이때에도 역시 채무자가 무자력으로 사실상 반환을 기대하기 어렵다.

결국 상대적 무효론에 의하면 채권자취소권은 수익자 또는 전득자의 희생 위에 채권자를 보호하는 제도가 된다. 이점은 수익자 또는 전득자가 채권자를 해한다는 것을 알고서도 행위를 한 자이기 때문에, 이러한 행위에 대한 사법적 제재라는 의미로 이해된다.

상대적 무효설에 의하면 취소된 사해행위는 채무자 자신에게는 유효한 거래가 되는데, 수익자가 반환한 재산 등은 채무자가 취득하는 것이 아니라 채권자의 변제에 충당되는 것이므로, 달리 채무자의 소극재산이 감소되었다고 하여 이를 부당이득으로 보는 것은 이론적으로 문제가 있다. 따라서 이론적으로는 수익자 또는 전득자의 반환을 민법 제469조의 채무자에 갈음한 제3자의 변제로 새기는 것이 옳다. 이렇게 이해하면 수익자 또는 전득자는 채무소멸에 해당한 부분을 제3자의 변제로 채무자에 구상할 수 있는 것이 되고, 채권자에 대하여도 잔액에 대하여는 청산금(경매대금잔액)청구를 인정할 수 있어 논리적인 면에서도 타당하다.

판례 債權者로서 辨濟받은 受益者의 代物辨濟가 取消된 경우 : 채권자취소와 원상회복은 모든 채권자의 이익을 위하여 그 효력이 있는 것인바, 채무자가 다수의 채권자들 중 1인(수익자)에게 담보를 제공하거나 대물변제를 한 것이 다른 채권자들에 대한 사해행위가 되어 채권자들 중 1인의 사해행위 취소소송 제기에 의하여 그 취소와 원상회복이 확정된 경우에, 사해행위의 상대방인 수익자는 그의 채권이 사해행위 당시에 그대로 존재하고 있었거나 또는 사해행위가 취소되면서 그의 채권이 부활하게 되는 결과 본래의 채권자로서의 지위를 회복하게 되는 것이므로, 다른 채권자들과 함께 그 취소 및 원상회복의 효력을 받게 되는 채권자에 포함된다고 할 것이고, 따라서 취소소송을 제기한 채권자 등이 원상회복된 채무자의 재산에 대한 강제집행을 신청하여 그 절차가 개시되면 수익자인 채권자도 그 집행권원을 갖추어 강제집행절차에서 배당을 요구할 권리가 있다(대법원 2003. 6.27. 2003다15907).

(4) 債務免除가 詐害行爲로 取消된 경우

채무면제가 사해행위로 취소되어도 상대적 무효설에 의하면 수익자와 채무자간의 채무면제 자체는 여전히 유효한 것이 된다. 따라서 수익자는 취소채권자에 이행한(변제한) 급부를 다른 경우와 동일하게 부당이득으로 채무자에 대하여 청구할 수 있느냐가 문제된다.

이 경우에도 다른 경우와 동일하게 수익자가 채무자에게 부당이득으로 반환을 청구할 수 있다고 하면, 처음에는 채무자의 제3채무자에 대한 면제 효과 때문에 채권자취소로 면제를 취소시켰으나 실제로는 이행 받지도 못한 채무자가 역으로 제3채무자에게 재산을 급여하여야 한다는 모순이 생긴다. 또한 채무자의 반환을 인정한다면 반환하는 그 자체가 다시 새로운 사해행위가 된다. 따라서 이러한 경우에는 반환청구를 할 수 없다고 해석하여야 한다.

(5) 取消債權者의 債權의 消滅時效中斷 與否

취소소송의 피고는 수익자 또는 전득자이며, 채무자는 피고적격이 없으며, 소송에 참가할 수도 없다. 따라서 채권자가 취소소송에서 자기의 채권을 주장하여도 시효중단사유로서 채무자에 대한 재판상 청구가 되지 않고, 그리하여 시효중단의 효과가 발생하지 않는다.

(6) 賣買契約의 代金債權과 相計된 反對債權의 復活 與否

사해행위인 매매가 취소되는 경우에는 그 취소의 효과로 인하여 당연히 취소채권자로서는 위 매매의 효력이 유효하게 존속함을 전제로 하여 이루어진 상계의 효력, 즉 기존채무 소멸의 효과를 부정할 수 있다. 따라서 별도로 채무자의 상계의 의사표시를 취소할 것도 없이 채무자의 수익자에 대한 기존의 채권이 부활한다(대법원 2003.8.22.

2001다64073).

판례 取消된 詐害行爲 내에 相計된 債權의 復活 與否 : 사해행위인 매매가 취소되는 경우에는 그 취소의 효과로 인하여 당연히 취소채권자로서는 위 매매의 효력이 유효하게 존속함을 전제로 하여 이루어진 상계의 효력, 즉 기존채무 소멸의 효과를 부정할 수 있다고 할 것이므로 별도로 채무자의 상계의 의사표시를 취소할 것도 없이 채무자의 수익자에 대한 기존의 채권이 부활하는 것으로 취급할 수 있다는 것이고, 그로써 취소채권자는 사해행위 취소의 목적을 달성하게 되는 것으로서 달리 수익자에게 반환을 명할 수익이 남아 있는 것도 아니라 할 것이니, 더 나아가 수익자에 대하여 금전채권의 이행을 별도로 직접 또는 대위의 방법에 의하여 구할 것까지는 없다(대법원 2003.8.22. 2001다64073).

V. 債權者取消權의 消滅

채권자취소권은 제3자에게 미치는 영향이 크기 때문에 법률관계를 빨리 안정시킬 필요가 있다. 이에 민법은 제406조 제2항에 채권자취소의 소를 <취소원인을 안 날로부터 1년, 법률행위 있은 날로부터 5년 내에 제기>하여야 한다고 하여 단기의 제척기간除斥期間을 두고 있다.

여기의 <취소원인을 안 날>이라 함은 채권자가 채권자취소권의 요건을 안 날, 즉 채무자가 채권자를 해함을 알면서 사해행위를 하였다는 사실을 알게 된 날을 의미한다. 따라서, 단순히 채무자가 재산의 처분행위를 하였다는 사실을 아는 것만으로는 부족하고, 그 법률행위가 채권자를 해하는 행위라는 것, 즉 그에 의하여 채권의 공동담보에 부족이 생기거나 이미 부족상태에 있는 공동담보가 한층 더 부족하게 되어 채권을 완전하게 만족시킬 수 없게 되었으며 나아가 채무자에게 사해의 의사가 있었다는 사실까지 알 것을 요한다(대법원 2003.7.11. 2003다19435).

판례 提訴期間 : 채권자취소권의 행사기간은 제소기간이므로 법원은 그 기간 준수 여부에 대하여 의심이 있는 경우에는 법원이 필요한 정도에 따라 직권으로 증거조사를 할 수 있으나, 법원에 현출된 모든 소송자료를 통하여 살펴보았을 때 그 기간이 도과되었다고 의심할 만한 사정이 발견되지 않는 경우까지 법원이 직권으로 추가적인 증거조사를 하여 기간 준수 여부를 확인하여야 할 의무는 없다(대법원 2001.2.27. 2000다44348).

판례 안 날의 例 : 채권자가 채무자의 유일한 재산에 대하여 가등기가 경료된 사실을 알고 채무자의 재산상태를 조사한 결과 다른 재산이 없음을 확인한 후 채무자의 재산에 대하여 가압류를 한 경우에는 채권자는 그 가압류 무렵에는 채무자가 채권자를 해함을 알면서 사해행위를 한 사실을 알았다고 봄이 상당하지만, 채권자가 채무자 소유의 부동산에 대한 가압류신청시 첨부한 등기부등본에 수익자 명의의 근저당권설정등기가 경료되어 있었다는 사실만으로는 채권자가 가압류신청 당시 취소원인을 알았다고 인정할 수 없다(대법원 2001.2.27. 2000다44348).

판례 債權者取消權을 債權者代位權으로 行事하는 경우의 안 날의 意味 : 채권자가 채무자의 채권자취소권을 대위행사하는 경우, 제소기간은 대위의 목적으로 되는 권리의 채권자인 채무자를 기준으로 하여 그 준수 여부를 가려야 할 것이고, 따라서 채권자취소권을 대위행사하는 채권자가 취소원인을 안 지 1년이 지났다 하더라도 채무자가 취소원인을 안 날로부터 1년, 법률행위가 있은 날로부터 5년 내라면 채권자취소의 소를 제기할 수 있다(대법원 2001.12.27. 2000다73049).

第6章

債權의 對外的 效力

(第3者에 의한 債權侵害)

第1節 總 說

I. 債權의 對外的 效力

물권은 물건을 직접적·배타적으로 지배하여 그로부터 생활상의 이익을 누릴 수 있는 것을 내용으로 하는 권리이다. 따라서 물권자에게는 논리 필연적으로 모든 사람에게 권리의 효력을 주장할 수 있어야 한다(절대권絶對權). 또한 물권의 실현을 위법하게 방해하는 자에 대하여는 그러한 방해를 금지하거나 제거할 수 있게 하고, 더 나아가서 방해로 인한 손해 배상을 청구할 수 있게 한 것은 당연하다.

그러나 채권은 본질적으로 특정인인 채무자에 대하여서만 그 목적의 실현을 청구하며, 채무자의 행위를 매개로 하여 생활상의 이익을 누릴 수 있는 권리(상대권相對權)이기 때문에 채권자에게는 오히려 채무자에게만 그 권리의 효력을 주장할 수 있게 한 것은 당연하다. 즉, 채무자 이외의 자에 대한 채권의 효력은 채권의 본질적 내용이 되지 못한다. 따라서 채권의 이와 같은 본질적 효력인 상대권적 성질에 의하면 채무자 아닌 제3자에 의하여 채권의 목적의 실현이 방해 또는 불가능하게 되었을지라도 채권자는 채무자 아닌 제3자에게는 어떠한 경우에도 책임을 추궁할 수 없게 된다. 다만 채무자에게도 유책사유가 있을 때에만 제3자의 행위로 인한 불이행에 대한 책임을 채무자에게 추궁할 수 있을 뿐이다.

그렇다면 결국 채권의 상대권적 성질에 의하여 제3자의 행위로 채권의 실현이 이루어지지 않더라도 채무자의 유책사유가 없는 경우에는 그 불이익을 채권자가 감수하여야 한다는 결론이 된다. 이러한 결과는 채권에 부여한 본래의 지위에 부합하며 불가피한 것이라고 할 수도 있다. 그런데 이러한 결과는 공평의 이념에 부합하지 않을 뿐만 아니라 부당하고, 채권의 실효성을 지나치게 해치게 된다.

이에 채권자와 제3자간에 공평을 기하고 또한 채권의 실효성을 위한 채권자의 구제를 위하여 판례와 학설은 채권을 침해한 제3자에 대하여 그 침해 유형에 따라서 채권자에게 ① 불법행위에 의한 손해배상청구권損害賠償請求權과 ② 방해배제청구권妨害排除請求權을 인정한다. 이는 비록 모든 채권에 공통적으로 인정되는 것은 아니나, 상대성이 그 본질인 채권에 채무자 아닌 제3자에 대하여도 그 권리의 효력을 제한적으로 나마 인정한 것이므로, 이를 채권의 대외적 효력對外的效力이라고도 한다.

판례 債權의 不可侵性 :채권도 법률이 보호하는 권리인 이상 일반인은 이를 존중하여야 하며 정당한 이유없이는 이를 침해치 못할 법률상의무가 있다(대법원 1953.2.21. 52다129).

판례 債權侵害 時의 損害賠償請求와 妨害排除請求 可能 : 정당한 이유 없이 타인의 채권을 침해한 자는 채권자에 대한 불법행위가 성립되고 채권자는 그 제3자에 대하여 이로 인하여 받은 손해의 배상을 청구할 수 있다. 또 정당한 이유 없는 제3자의 행위로 인하여 채무의 이행이 방해될 우려가 있을 때에는 그 제3자에 대하여 방해행위의 배제를 청구할 수 있다(대법원 1953.2.21. 52다129).

II. 債權의 不可侵性 - 類型에 따른 個別的 檢討

채권의 대외적 효력으로서 제3자에 의한 채권침해가 불법행위를 구성한다는 것은 기본적으로는 채권의 권리로서의 불가침성을 그 이론적 근거로 한다. 그러나 채권에 본질적으로 상대성만을 부여한 것은 채권의 내용에서 도출된 본질적인 면도 있지만, 채권관계에서 채무자의 자유의사의 존중과 자유경쟁의 보장이라는 정책적 요청에도 그 이유가 있다. 따라서 채권의 대외적 효력을 인정함에는 채권에 부여한 이러한 정책적 요청과 채권의 실효성 보장을 어떻게 잘 조화시킬 것인가라는 문제와 결부시켜 검토하여야 한다.

한편 제3자에 의하여 채권이 침해되는 경우란, 채무자가 침해받아 채권자가 피해를 입는 것으로 채권자는 단지 간접피해자에 지나지 않는다. 이 점도 채권의 대외적 효력을 인정함에는 유의하여야 할 측면이다. 이러한 여러 가지 점에서 채권의 대외적 효력, 즉 제3자에 의한 채권침해가 불법행위를 구성하는가의 문제는 획일적으로 처리될 수는 없고, 채권의 성질 내지 내용과 침해의 유형에 따라 개별적·구체적으로 검토되어야 한다.

한편 채권의 대외적 효력으로서 채권의 행사를 방해하는 경우에 채권자는 채권의 효력으로서 방해의 배제를 직접적으로 청구할 수 있는가의 문제가 있다. 판례와 통설이 채권자의 직접적인 방해배제청구권을 인정하지만, 이도 개별 채권의 내용에 따라 개별적·구체적으로 인정될 뿐이다.

第2節 不法行爲의 成立

I. 不法行爲의 一般 要件 充足

제3자에 의한 채권침해가 불법행위를 구성하기 위하여는 우선 민법 제750조의 일반 불법행위의 성립요건을 충족하여야 한다. 그 다음 요건은 당해 채권의 내용과 침해의 유형에 따라 각기 차이가 있다. 제3자의 채권침해행위가 불법행위를 구성하면 채권자는 침해한 제3자에 대하여 당해 채권에 의한 급부이익 상당을 손해배상으로 청구할 수 있다.

1. 故意·過失

제3자의 채권침해가 불법행위가 되려면 주관적 요건으로 제3자의 고의·과실이 있어야 한다. 즉, 채권이 존재하고 있으며, 이를 침해한다는 데 대하여 고의 또는 과실이 있어야 한다. 그러나 채권은 일반적으로 공시되지 않기 때문에 제3자가 채권의 존재를 부주의로 모른 경우, 즉 과실의 경우를 문제로 할 수는 없을 것이다. 따라서 실제로는 과실에 의한 채권침해는 불법행위를 구성하지 않는다고 하여야 한다.

2. 違法性

채권은 배타성이 없어 채권의 취득은 원칙적으로 자유이다. 즉, 채무자는 동일한 내용의 급부를 각기 다른 채권자와 약정할 수 있다. 따라서 정상적인 거래행위로 기존의 타인의 채권과 동일한 채권을 제3자가 취득(이중매매, 이중고용)하더라도 일반적으로 문제가 되지 않는다. 왜냐하면 채무자가 누구에게 이행할 것인가는 채무자의 자유에 속하며, 이행을 받지 못한 채권자는 채무자에게 채무불이행책임을 추궁하면 되기 때문이다. 다만 동일한 내용의 채권을 취득한 행위 자체가 특별히 사회질서를 위반한다(제103조 [반사회질서의 법률행위] 참조)든지 하는 경우에는 그 취득행위에 위법성이 있게 된다.

한편 당해 채권의 성질 등에 의하여 당사자간에 당해 채권의 취득에 자유경쟁관계가 성립될 수 없는 경우에는 제3자의 채권 취득행위에는 위법성이 쉽게 인정될 것이다. 결국 어떠한 경우에 당해 행위가 채권의 침해행위이며 또한 위법성이 있느냐는 것은 개별적·구체적으로 검토되어야 한다. 따라서 이는 채권의 내용을 기준으로 침해행위를 유형화하여 검토하여야 한다.

판례 債權侵害가 不法行爲를 構成하는 要件 : 독립한 경제주체간의 경쟁적 계약관계에 있어서는 단순히 제3자가 채무자와 채권자간의 계약내용을 알면서 채무자와 채권자간에 체결된 계약에 위반되는 내용의 계약을 체결한 것만으로는 제3자의 고의·과실 및 위법성을 인정하기에 부족하고, 제3자가 채무자와 적극 공모하였다거나 또는 제3자가 기망·협박 등 사회상규에 반하는 수단을 사용하거나 채권자를 해할 의사로 채무자와 계약을 체결하였다는 등의 특별한 사정이 있는 경우에 한하여 제3자의 고의·과실 및 위법성을 인정하여야 한다(대법원 2001.5.8. 99다38699).

판례 違法性이 否認된 事例 : 한국도로공사와 정유업체 甲사이에 고속도로상의 특정 주유소에 대한 甲의 석유제품공급권을 부여하는 계약이 체결되었으나, 한국도로공사로부터 위 주유소의 운영권을 임차한 자가 甲과의 관계가 악화되자 다른 정유업체로부터 석유제품을 공급받아 판매하고 다른 정유업체의 상호와 상표를 사용하여 주유소를 운영하면서, 한국도로공사의 고속도로 주유소에 대한 석유제품 공급업체 지정행위가 불공정거래행위라는 공정거래위원회의 시정권고에 따라 한국도로공사와 석유제품 공급업체 지정조항을 삭제하는 주유소운영계약을 체결한 경우, 주유소 운영자의 위와 같은 주유소 운영행위 및 계약 체결행위가 甲의 석유제품공급권을 침해하기 위해 한국도로공사와 적극적인 공모에 의해 이루어진 것도 아니고 그 수단이나 목적이 사회상규에 반하는 것도 아니어서 위법하지 않다고 한 사례(대법원 2001.5.8. 99다38699).

II. 債權의 侵害 類型

제3자의 어떠한 행위가 위법성이 있어 채권침해(불법행위)에 해당하는가 여부는 당해 채권거래가 기본적으로 당사자간에 자유경쟁관계에 있는 경우와 자유경쟁관계가 없는 경우에 따라 차이가 있다.

1. 自由競爭關係가 있는 경우

채권거래는 자유경쟁을 그 원칙으로 한다. 따라서 자유경쟁관계에 있는 거래행위에 관하여는 기존의 채권과 동일한 채권을 취득하여도 그 행위가 원칙적으로 타인의 채권에 대한 침해(불법행위)가 되지 않는다. 그러나, 거래에 있어서의 자유경쟁의 원칙은 법질서가 허용하는 범위 내에서의 공정하고 건전한 경쟁을 전제로 하는 것이므로, 제3자가 채권자를 해한다는 사정을 알면서도 법규에 위반하거나 선량한 풍속 또는 사회질서에 위반하는 등 위법한 행위를 함으로써 채권자의 이익을 침해하였다면 이로써 위법성이 있어 불법행위가 성립한다.

여기서 가장 문제가 되는 것은 위법성인데, 위법성은 채권의 내용, 침해행위의 태양, 침해자의 고의 등을 구체적으로 검토하되, 거래자유와 당사자의 이익 등을 종합적으로 고려하여 판단하여야 한다.

주로 문제가 되는 것은 2중매매·2중노무계약·사해적 행위 등이다.

판례 綜合的으로 判斷 : 제3자가 채권자를 해한다는 사정을 알면서도 법규에 위반하거나 선량한 풍속 또는 사회질서에 위반하는 등 위법한 행위를 함으로써 채권자의 이익을 침해하였다면 이로써 불법행위가 성립한다고 하지 않을 수 없고, 여기에서 채권침해의 위법성은 침해되는 채권의 내용, 침해행위의 태양, 침해자의 고의 내지 해의의 유무 등을 참작하여 구체적, 개별적으로 판단하되, 거래자유 보장의 필요성, 경제·사회정책적 요인을 포함한 공공의 이익, 당사자 사이의 이익균형 등을 종합적으로 고려하여야 한다(대법원 2003.3.14. 2000다32437).

(1) 2重賣買, 2重賃貸借 등 2重 契約

동일한 물건에 대하여 각각 다른 사람과 매매계약을 하는 2중매매나, 동일한 노무계약을 2중으로 하는 2중노무계약, 동일한 물건을 각기 달리 임대하는 2중 임대차 등은 자유경쟁의 원리에 의하여 허용되어 원칙적으로 아무런 문제가 되지 않는다. 따라서 그러한 경우에 채무자(매도인, 노무제공자, 임대인)가 채무불이행에 의한 손해배상책임을 지는 것은 별론으로 하고, 제2매수인, 제2의 노무수급자 또는 제2의 임차인의 행위는 원칙적으로 아무런 문제가 되지 않는다.

그러나 그러한 행위일지라도 부정한 경쟁을 목적으로 한 경우이거나, 사기·강박과 같은 부정한 수단으로 급부를 이행케 한 경우나, 채무자의 2중계약행위에 적극적으로 가담하여 이루어진 경우에는 제3자의 그러한 행위는 선량한 풍속 또는 사회질서 위반으로 위법성이 있어 채권침해(불법행위不法行爲)에 해당된다.

판례 2重賣買- 積極加擔한 第2買受人 : 2중 매매를 사회질서에 반하는 법률행위로서 무효라고 하기 위하여서는 양수인이 2중 양도 사실을 알았다는 사실만으로서는 부족하고 양도인의 배임행위에 적극 가담하여 그 양도가 이루어져야 한다(대법원 1995.2.10. 94다2534).

(2) 獨占販賣權의 侵害

특정기업으로부터 특정물품의 제작을 주문받아 그 특정물품을 그 특정기업에게만 공급하기로 약정한 자가 그 특정기업이 공급받은 물품에 대하여 제3자에게 독점판매권을 부여함으로써 제3자가 그 물품에 대한 독점판매자의 지위에 있음을 알면서도 위 약정에 위반하여 그 물품을 다른 곳에 유출하여 제3자의 독점판매권을 침해하였다면, 이러한 행위는 특정기업에 대한 계약상의 의무를 위반하는 것임과 동시에 제3자가 특정기업으로부터 부여받은 독점판매인으로서의 지위 내지 이익을 직접 침해하는 결과가 되어, 그 행위가 위법한 것으로 인정되는 한, 그 행위는 그 특정기업에 대하여 채무불이행 또는 불법행위가 됨과는 별도로 그 제3자에 대한 관계에서 불법행위로 된다(대법원 2003.3.14. 2000다32437).

(3) 詐害的 行爲

채무자가 자기의 책임재산을 감소시키는 사해행위에 대하여 채권자는 채권자취소권(제406조)을 행사하여 이탈된 재산을 채무자의 책임재산으로 복원시킨다. 이 경우에 채권자취소권의 행사와는 별개로 사해행위의 상대방에게 제3자에 의한 채권침해를 원인으로 하는 불법행위에 의한 손해배상청구권을 행사할 수 있는지가 문제된다.

정당한 거래행위가 아닌 경우 예컨대 채무자와 공모하여 시가보다 낮은 가격으로 매수하거나 또는 허위의 채권을 만들거나, 가장假裝행위를 하여 책임재산을 은닉한 경우, 허위로 책임재산을 가압류하여 채권자의 집행을 불능케 한 경우에는 고의와 위법성이 인정되어 채권침해(불법행위)에 해당된다. 따라서 그러한 제3자에게 채권자는 불법행위에 의한 손해배상을 청구할 수 있다.

일판 위탁판매한 물건의 대금을 편취한 제3자(다른 채권자)의 사실행위로는 채권이 소멸한 것이 아니라, 책임재산이 감소되어 채권자는 간접적으로 피해를 본데 불과하므로 불법행위가 성립하지 않는다는 판례가 있다(대판 1975.5.13, 73다1244). 제3자가 채무자와 통정하여 채무자의 책임재산을 은닉한 경우에 채권자취소권의 행사 외에, 제3자의 행위가 악질인 경우에는 불법행위를 성립한다는 판례가 있다(일본 대심원 1943.12.14).

(4) 占有取得時效完成 後의 處分과 새로운 所有者

부동산에 관한 취득시효가 완성된 후 취득시효를 주장하거나 이로 인한 소유권이전등기청구를 하기 이전에는 등기명의인인 부동산 소유자로서는 특별한 사정이 없는 한 시효취득 사실을 알 수 없으므로 이를 제3자에게 처분하였다 하더라도 불법행위를 성립하지 아니한다. 그러나 부동산의 소유자가 취득시효의 완성 사실을 알 수 있는 경우에 부동산 소유자가 부동산을 제3자에게 처분하여 소유권이전등기를 넘겨줌으로써 취득시효 완성을 원인으로 한 소유권이전등기의무가 이행불능에 빠지게 되어 취득시효 완성을 주장하는 자가 손해를 입었다면 불법행위를 구성한다 할 것이고, 부동산을 취득한 제3자가 부동산 소유자의 이와 같은 불법행위에 적극 가담하였다면 이는 사회질서에 반하는 행위로서 그 제3자는 시효취득주장에 대하여 불법행위를 구성한다(대법원 1998.4.10. 97다56495).

판례 不法行爲가 成立하기 위한 要件 : 취득시효가 완성된 토지에 관한 소유자의 처분행위가 불법행위가 되기 위하여는 소유자가 시효취득 사실을 알았거나 알 수 있어야 할 것인바, 특별한 사정이 없는 한 부동산에 관한 시효취득이 완성된 후에 그 시효취득을 주장하거나 이로 인한 소유권이전등기청구를 하기 이전에는 부동산 소유자로서는 그 시효취득 사실을 알 수 없는 것이라고 보아야 한다(대법원 1994.4.12. 93다60779).

2. 自由競爭關係가 없는 경우

기본적으로 자유경쟁관계가 없는 경우에 제3자가 채권자로부터 채권을 이탈 또는 소멸시키는 행위를 한 경우와 채권의 만족가능성을 사실상 박탈 또는 곤란케 하는 행위를 한 경우에는 원칙적으로 채권침해(불법행위)가 된다.

(1) 債權의 歸屬을 侵害한 경우

제3자가 타인의 무기명증서無記名證書를 훼멸하거나 횡령하여 선의의 제3자에게 취득시켜 본래의 채권자가 지급을 받지 못하게 된 경우라든지 제3자가 채권의 준점유자準占有者(제470조) 또는 영수증소지자(제471조)로서 채무자로부터 변제를 받아, 제3자에 대한 변제가 채무자에게는 유효하므로 본래의 채권자가 변제를 받지 못하게 된 경우, 제3자가 표현대리인으로서 채권을 처분하거나 제3자에게 귀속시켜 본래의 채권자가 채권을 행사할 수 없도록 한 경우 등으로 채권의 귀속이 본래의 채권자로부터 제3자에게 이전됨으로써 채권이 침해된 경우이다.

이러한 경우에는 채권자에게 귀속될 장래의 재산이 침해된 것으로 불법행위를 성립한다.

이 경우 채권자는 제3자와의 내부적 관계에 따라서 부당이득 반환청구나 채무불이행에 의한 손해배상청구를 할 수도 있으나, 채권침해에 의한 불법행위를 구성한다.

(2) 給付를 侵害한 경우

급부 자체를 침해한 경우로서 주는 채무, 하는 채무, 제3자가 채무자와 공동하여 급부를 침해하는 세 경우로 구분하여 본다.

(가) 주는 債務의 侵害

특정물의 인도를 목적으로 하는 채권에 있어서 제3자가 목적물을 멸실케 한 경우에, 채무자의 선관주의의무 위반이 없는 경우에는(제374조) 채권은 소멸한다. 다만 채무자가 제3자에 대하여 손해배상청구권을 가지는 경우에는 이를 대상청구할 수 있지만, 이것만으로는 채권자의 보호에 부족하다. 이러한 경우 제3자가 특정물이 타인의 채권의 목적물임을 알고, 이를 침해한다는데 대하여 고의·과실이 있는 경우에는 채권침해에 해당하여 채권자는 직접 제3자에 대하여 불법행위에 의한 손해배상청구권을 행사할 수 있다.

(나) 하는 債務의 侵害

제3자가 채무자를 유괴·감금 또는 신체를 침해하여 채무자가 하는 채무를 이행하지 못한 경우에 채무자의 유책사유가 없으면 채무는 소멸한다. 이 경우에는 채무자의 손해와 채권자의 손해는 별개로서 대상청구도 할 수 없다.

이러한 경우 구체적 행위에 따라서 채권자가 불법행위책임을 추궁할 수 있을 것이나, 채권자는 간접피해자에 지나지 않아 그 성립에는 엄격한 요건을 요한다. 즉, 제3자가 채권자를 해害할 강한 의욕이 있고, 채권침해의 예측가능성이 있으며, 그로 인해 채권에 직접적으로 피해를 준 경우에는 채권침해에 해당한다(불법행위책임이 성립한다)고 보아야 할 것이다. 예컨대 제3자가 개인기업체의 대표이사를 유괴·감금 또는 상해를 입히는 경우에, 제3자가 당해자와 기업체의 긴밀성 등을 알고 있었다면 당해유괴 등의 행위는 기업체에 대한 채권침해가 될 수 있다(당해자가 기업체의 기관으로서의 대체성이 없고, 대표이사와 회사와의 경제적 일체 등을 요건으로 대표이사의 상해에 대하여 회사의 채권침해에 의한 손해배상을 인정한 일본 판례가 있다(최고 1968.11.15).

판례 第3者의 履行妨害 : ㉮ 채권도 법률이 보호하는 권리인 이상 일반인은 이를 존중하여야 하며 정당한 이유없이는 이를 침해치 못할 법률상의무가 있다. ㉯ 정당한 이유없이 타인의 채권을 침해한 자는 채권자에 대한 불법행위가 성립되고 채권자는 그 제3자에 대하여 이로 인하여 받은 손해의 배상을 청구할 수 있다. 또 정당한 이유없는 제3자의 행위로 인하여 채무의 이행이 방해될 우려가 있을 때에는 그 제3자에 대하여 방해행위의 배제를 청구할 수 있다. ㉰ 채무이행을 방해하는 행위라 함은 불법히 이행목적물의 억류채무자의 자유구속등 유형무형을 말하는 것이나 단순히 제3자가 채무자에 대하여 지불의 일시보류를 요청함과 같은 행위는 채무자가 당해 제3자의 요청을 거절할 수 없는 지위에 있거나 또 이를 거절하기 심히 곤란한 특별한 사정이 없는 한 채무자의 제3자에 대한 응락여부는 전혀 임의에 속한 것으로 이를 이행의 방해라 할 수 없는 것이다(대법원 1953.2.21. 52다129).

판례 道德的 害惡 등 公益上의 理由로 特定 公演에 反對하는 行爲는 主體側에 대한 不法行爲 成立: 시민단체 등의 공익목적수행을 위한 정당한 활동은 바람직하고 장려되어야 할 것이나 그러한 목적수행을 위한 활동이라 하더라도 법령에 의한 제한이나 그러한 활동의 자유에 내재하는 제한을 벗어나서는 안 될 것이고, 그러한 활동의 자유의 한계는 그들이 반대의 대상으로 삼은 공연 등의 내용 및 성격과 반대활동의 방법 및 정도 사이의 상관관계에서 결정되어야 할 것인바, 시민단체의 간부들이 그들의 공익목적을 관철하기 위하여 일반시민들을 상대로 공연관람을 하지 말도록 하거나 공연협력업체에게 공연협력을 하지 말도록 하기 위하여 그들의 주장을 홍보하고 각종 방법에 의한 호소로 설득활동을 벌이는 것은 관람이나 협력 여부의 결정을 상대방의 자유로운 판단에 맡기는 한 허용된다고 할 것이고, 그로 인하여 공연기획사의 일반적 영업권 등에 대한 제한을 가져온다고 하더라도 이는 시민단체 등의 정당한 목적수행을 위한 활동으로부터 불가피하게 발생하는 현상으로서 그 자체에 내재하는 위험이라 할 것이므로 시민단체의 간부들의 그와 같은 활동이 위법하다고 할 수는 없을 것이나, 공연기획사가 관계당국으로부터 합법적으로 공연개최허가를 받고 은행과 적법하게 입장권판매대행계약을 체결한데 대하여 시민단체의 간부들이 위 은행에게 공연협력의 즉각 중지, 즉 공연기획사와 이미 체결한 입장권판매대행계약의 즉각적인 불이행을 요구하고 이에 응하지 아니할 경우에는 은행의 전 상품에 대한 불매운동을 벌이겠다는 경제적 압박수단을 고지하여 이로 말미암아 은행으로 하여금 불매운동으로 인한 경제적 손실을 우려하여 부득이 본의 아니게 공연기획사와 체결한 입장권판매대행계약을 파기케 하는 결과를 가져왔다면 이는 공연기획사가 은행과 체결한 입장권판매대행계약에 기한 공연기획사의 채권 등을 침해하는 것으로서 위법하다고 하여야 할 것이고, 그 목적에 공익성이 있다 하여 이러한 행위까지 정당화될 수는 없는 것이다(대법원 2001.7.13. 98다51091).

(다) 第3者와 債務者의 共同侵害

제3자가 채무자와 공동으로 또는 채무자의 행위에 가담하여 주는 채무에 있어서 채권의 목적물을 훼손·멸실시키는 경우, 하는 채무에서 공동으로 채무자가 자기의 신체를 손상하여 채무가 이행되지 못하는 등으로 급부를 침해하는 경우이다. 이와 같은 경우에는 채무자의 유책사유가 있어 채권은 소멸하지 않고 손해배상의 형태로 존속한다.

이 경우에 채무자와 제3자가 공동불법행위를 구성하는가는 문제가 있으나, 제3자의 행위 자체는 채권침해(불법행위)가 된다고 보아야 한다.

第3節 侵害에 대한 妨害排除

I. 意義

물권은 물건에 대한 배타적·절대적 성질의 권리로서 물권을 침해한 경우에 물권에 기한 방해배제청구권의 존재는 논리적·필연적 귀결이나, 본질적으로 상대적 성질인 채권은 이의 침해가 있더라도 채권 자체에 기한 방해배제를 기본적으로 인정하기는 어렵다. 이러한 측면에서 채권 자체에 기한 방해배제에 대하여는 소극적인 견해가 지배적이다.

그러나 채권자 보호를 위하여 채권의 내용 및 그 침해의 유형에 따라서 정책적·예외적으로 방해배제를 인정할 필요가 있다. 채권에 기한 방해배제가 문제되는 것은 성질상 주로 용익채권用益債權의 경우이며, 그 외 제3자명의의 담보등기가 말소된 경우와 총회소집권의 침해 등이 문제된다. 그러한 경우에도 당해 침해행위가 고도의 불법성이 있는 경우에 허용된다.

II. 賃借權의 妨害排除

1. 不動産賃借權

채권에 기한 방해배제가 문제되는 것은 주로 부동산임차권이다. 부동산임차권자가 목적물을 점유하는 경우에는 점유권 또는 채권자대위권債權者代位權(제404조)에 의하여 방해배제를 할 수 있어 문제가 되지 않는다. 부동산임차권의 등기가 말소된 경우와 2중임대한 경우에 문제가 된다.

부동산임차권자가 점유하지 않더라도 임차권이 공시방법(대항력)을 갖춘 경우에는 채권에 기한 방해배제를 인정하는 데 학설이 일치하고 있다. 따라서 토지나 건물을 점유하여 방해하는 자에게 등기한 부동산임차권자는 임차권 자체에 기하여 명도청구明渡請求(방해배제)를 할 수 있다. 그런데, 이 경우에 실익이 있는 경우는 아래 사례에서 보는 바와 같이 임차권등기가 제3자에 의하여 원인 없이 말소된 경우가 된다. 그 외는 채권자대위권을 행사할 수 있어 그 임차권 자체에 기한 방해배제청구권은 의미가 없다.

판례 賃借權登記가 原因 없이 抹消된 경우 : 등기된 임차권에는 용익권적 권능 외에 임차보증금반환채권에 대한 담보권적 권능이 있고, 임대차기간이 종료되면 용익권적 권능은 임차권등기의 말소등기 없이도 곧바로 소멸하나 담보권적 권능은 곧바로 소멸하지 않는다고 할 것이어서, 임차권자는 임대차기간이 종료한 후에도 임차보증금을 반환받기까지는 임대인이나 그 승계인에 대하여 임차권등기의 말소를 거부할 수 있다고 할 것이고, 따라서 임차권등기가 원인 없이 말소된 때에는 그 방해를 배제하기 위한 청구를 할 수 있다(대법원 2002.2.26. 99다67079).

2. 動産賃借權

동산의 임차인이 점유하는 경우에는 점유권에 기하여 방해배제를 할 수 있기 때문에 별도로 임차권에 기한 방해배제는 필요하지 않으나, 임차권에 기한 방해배제를 부정할 이유는 없다. 점유하지 않는 경우에는 동산의 임차권이 별도로 공시되지 않기 때문에 임차권에 기한 방해배제는 부정된다고 보아야 한다.

3. 2重賃貸

2중임대의 경우에도 먼저 공시방법(대항력)을 갖춘 임차인이 대항력 없는 임차인의 점유에 대하여 방해배제를 청구할 수 있다고 보아야 한다. 양자 모두 공시방법을 갖추지도 않고 점유도 하지 않은 경우에는 어느 누구도 임차권에 기한 방해배제는 청구할 수 없다고 하여야 한다.

III. 債務者의 監禁 등

하는 채무에 있어서 채무자를 제3자가 유괴誘拐·감금監禁하여 채무자가 채무를 이행하지 못한 경우에 채권자는 제3자에 대하여 채권침해에 대한 방해배제를 청구할 수 있는가?

채무자의 인격권 침해에 대한 방해배제 또는 채권자의 불법행위에 의한 손해배상청구와는 별개로 채무의 존재를 알고 있었으며, 또한 침해에 대한 고의가 있을 때에는 채권자의 채권 자체에 기한 방해배제를 부정할 이유는 없을 것이다. 예컨대, 대표이사가 전권을 행사하여 운영되는 회사임을 알고도 회사업무를 방해하기 위하여 대표이사를 감금하여 회사 업무에 방해를 하였고, 그로 인하여 회사가 영업상 많은 손실을 입은 경우에는 주주의 감금한 제3자에 대한 방해배제청구권과 손해배상청구권이 인정된다(일본에서 인정된 사례).

IV. 其他 債權의 侵害

기타 채권의 침해로서는 단체 구성원의 적법한 총회소집에 대하여 소집권자가 이를 거부하여 구성원의 총회소집권을 침해한 경우에, 그 침해행위의 배제로서 소집권자에 대신하여 구성원에게 총회소집을 인정하여 결과적으로 방해배제가 인정된 사례가 있다.

판례 宗員의 總會召集權의 侵害排除 : 종중원들이 종중 재산의 관리 또는 처분 등에 관하여 대표자를 새로이 선정할 필요가 있어 종중의 규약에 따라 적법한 소집권자에게 종중의 임시총회의 소집을 요구하였으나 그 소집권자가 정당한 이유 없이 이에 응하지 아니하는 경우에는 차석의 임원 또는 발기인(총회의 소집을 요구한 발의자들)이 소집권자를 대신하여 총회를 소집할 수 있다(대법원 1993.3.12. 92다51372).

판례 擔保權名義者의 被擔保債權의 拋棄 : 채권의 담보를 위하여 담보계약을 체결함에 있어서 그 담보권의 명의를 제3자로 한 경우에 그 담보권명의자는 그 피담보채권을 수령하고 그 담보권을 실행하는 등의 권한을 가지는 것이지만 특별한 수권이 없는 한 그 담보계약 자체의 합의해제나 그 피담보채권의 포기와 같은 담보계약상의 권리가 아닌 기존의 채권을 포기할 권리는 갖지 않는다고 해석함이 상당하다(대법원1994.2.8. 93다19153,19160).

第7章

數人의 債權者 및 債務者

(多數當事者의 債權關係)

第1節 總 說

I. 意義 및 機能

1. 多數當事者의 債權關係의 意義

보통의 경우 하나의 급부에 관하여는 채권자와 채무자가 각각 일인一人이다. 그런데 특수한 경우에는 채권자와 채무자 중 일방 또는 쌍방이 복수인 경우가 있다. 즉, 하나의 급부에 관하여 당사자가 복수로 된 복수의 채권자 또는 복수의 채무자가 관계(다수당사자의 채권관계)하는 경우가 있다. 민법은 이러한 채권관계의 유형을 분할채권分割債權·분할채무分割債務, 불가분채권不可分債權·불가분채무不可分債務, 연대채무連帶債務, 보증채무保證債務의 4종으로 구분하여 제408조 이하에서 각각 그 특수성에 따라 법률관계를 규정하며, 그 밖에 학설은 연대채권連帶債權·부진정연대채무不眞正連帶債務·계속적 보증채무繼續的保證債務 등을 인정하고 있다.

이와 같이 당사자인 채권자 또는 채무자가 다수인 경우에는 일인의 경우와는 달리 기본적으로 다음과 같은 문제가 생긴다. 첫째, 채권자는 다수의 채무자 각자에게 이행의 청구를 개별적으로 모두 하여야 하는가, 아니면 채무자 중 일인에게 하면 충분한가, 역으로 채무자가 이행을 함에 있어서 다수의 채권자 모두가 모인데서 함께 하여야 할 것인가, 아니면 채권자 중 일인에게 이행을 하여도 좋을 것인가 등의 복수의 당사자와 상대방과의 관계(대외적 효력)가 있으며, 둘째 다수인 중에서 일인에게 생긴 사유, 예컨대 변제·면제 등의 효과는 그 사유가 발생한 당사자에 한정되는가(상대적 효력) 아니면 다른 당사자에게도 그 효과가 생기는가(절대적 효력)의 문제(일인에 관한 사유의 효력)가 있고, 셋째 변제를 받은 또는 변제를 한 당사자는 다른 당사자에게 어떻게 이를 분배하며 또는 의무를 지울 것인가라는 다수인간의 내부관계(구상관계) 등의 문제가 있게 된다.

2. 多數當事者의 債權關係의 機能

이러한 문제를 당사자가 다수라는 점 때문에 일인의 채권관계와는 본질상 달리 취급되어야 할 경우에 불가분급부(불가분채권·불가분채무)의 경우 등은 급부를 가분할 수 없어 부득이 하나, 그 밖의 경우는 반드시 달리 취급할 필요는 없을 것이다. 그런데 민법은 연대채무連帶債務와 보증채무保證債務 및 약정에 의한 불가분채무에서는 당사자가 일인인 경우와는 구별하여 위의 여러 가지 점에서 특별히 다른 법률관계를 규정하고 있다. 법률이 규정하는 이러한 특별한 관계는 대체로 채권자를 유리한 지위에 있도록 하고 있다. 이는 결국 민법이 수인數人의 채권자와 채무자가 있는 채권관계에서는 채무자보다는 채권자 보호에 그 정책적 목표를 두고 있다는 것을 의미한다고 볼 수 있다. 즉, 민법의 수인의 채권자와 채무자에 관한 규정은 채권자의 지위의 강화를 통하여 실질적으로는 채권의 실현 가능성을 높이는 데 목표를 두고 있다. 따라서 그 관계 중 핵심인 수인의 채무자의 관계(불가분채무, 연대채무, 보증채무)는 당사자간에 있어서 실질적으로는 채권의 인적 담보人的擔保의 기능을 수행케 하는 데 그 목표를 두고 있다.

II. 債權·債務의 共同的 歸屬

1. 數人의 債權者 및 債務者에 관한 規定은 特別規定

하나의 급부에 관하여 당사자가 복수라는 것은 하나의 물건을 복수의 자가 공동소유하는 것과 본질적으로 다르지 않다. 따라서 수인의 채권자와 채무자의 관계는 물건을 공동소유하는 세 모습인 공유共有, 합유合有, 총유總有에 대응한 채권·채무의 공유적 귀속, 합유적 귀속, 총유적 귀속으로의 법률관계가 되고, 따라서 제278조 이하가 적용될 것이다. 그러함에도 민법은 별도로 수인의 채권관계라 하여 제408조 이하에서 별도로 규정하고 있다.

이와 같이 하나의 사실관계에 관하여 민법이 두 가지로 규율하고 있는데, 이들 양자는 어떠한 관계에 있는가? 이들 양자의 관계는 제408조 이하의 규정이 특별규정이며, 준공동소유의 법률관계는 일반규정이라 할 수 있다. 따라서 제408조 이하의 규정은 채권·채무의 공동소유에 관한 제278조 이하의 규정에 우선하여 적용된다.

이하 먼저 채권·채무의 공동적 귀속인 준공유準共有, 준합유準合有, 준총유準總有의 법률관계를 본다.

2. 債權·債務의 共有的 歸屬

채권자가 다수인 법률관계는 채권의 공유적 귀속(준공유)으로 제278조의 적용이 있을 것은 물론이나 구체적으로는 특별규정인 제408조가 우선하여 적용된다. 그러나 제 278조의 내용이 제408조의 규정의 내용과 같아 준공유에 관한 규정이 적용될 여지는 없다. 채무의 공유적 귀속에 관하여도 채권의 경우와 동일하다.

판례 債權의 準共有 : 1인 채무자에 대한 복수채권자의 채권을 담보하기 위하여 그 복수채권자와 채무자가 채무자 소유의 부동산에 관하여 복수채권자를 공동권리자로 하는 매매예약을 체결하고 그에 따른 소유권이전등기청구권보전의 가등기를 한 경우 복수채권자는 매매예약 완결권을 준공유하는 관계에 있다(대법원 1984.6.12. 83다카2282).

판례 債務의 準共有 : 수인이 부동산을 공동으로 매수한 경우, 매수인들 사이의 법률관계는 공유 관계로서 단순한 공동매수인에 불과하여 매도인은 매수인 수인에게 그 지분에 대한 소유권이전등기 의무를 부담하는 경우도 있을 수 있고, 그 수인을 조합원으로 하는 동업체에서 매수한 것으로서 매도인이 소유권 전부의 이전의무를 그 동업체에 대하여 부담하는 경우 등도 있을 수 있다(대법원 1995.9.15. 94다54894).

3. 債權·債務의 合有的 歸屬

조합이 채권·채무를 취득하게 되면 채권·채무의 준합유가 된다.

(1) 債權의 準合有

채권은 모든 조합원에게 공동으로 귀속하나 조합원간에 분할하지는 못한다(제273조[합유지분의 처분과 합유물의 분할금지]). 채권의 추심 또는 처분은 전원이 공동(합수적合手的)으로만 할 수 있고(제272조[합유물의 처분, 변경과 보존]), 추심된 것은 조합의 재산이 된다.

합유채권은 대외적으로는 단일채권관계로서 존재하나 대내관계에서는 합유자(조합원)간에 지분支分이 있다. 그러나 그 지분은 독립된 권리가 아니므로 지분양도도 허용되지 않으며, 또한 지분에 기한 채권의 분할청구도 할 수 없다. 다만 조합원의 지위와 함께 그 지분을 양도할 수 있으나(조합에서 탈퇴), 전원의 동의를 얻어야 한다.

판례 準合有로 본 例 : 3인이 부동산을 공동으로 매수함에 있어 그중 1인이 부동산을 물색하여 다른 이들에게 매수 기회를 제공하였고, 3인의 합의에 따라 계약금은 그중 2인이 부담하고, 나머지 매수대금은 그 부동산을 단기 전매하여 충당하고 그 차익은 먼저 전매한 자가 차지하기로 하였으며, 3인 사이의 공유지분은 정하여지지도 아니하였고 균등하다고도 볼 수 없다고 한다면, 그 3인 사이의 법률관계는 공유관계로서의 단순한 공동매수인에 해당한다고 보기보다는 오히려 매수인들이 상호 출자하여 공동사업을 경영하여 이익을 분배할 것을 목적으로 하는 동업체 관계로 봄이 상당하다(대법원 1995.9.15. 94다54894).

(2) 債務의 準合有

조합의 채무는 합유재산인 조합의 자체 재산으로 책임을 지나, 합유자인 조합원 각자도 자기의 고유재산으로 책임을 진다. 채권자가 조합재산에 강제집행을 하려면 조합원 전원에 대한 집행권원을 얻어야 한다. 조합원 각자는 전부의 급부의무를 공동으로 부담한다. 따라서 개별 조합원은 그 급부의 전부를 이행하여야 하나, 채권자는 임의의 조합원을 선택하여 청구하지는 못하고 조합원 전원에 대하여 공동으로 청구하여야 한다. 개별 조합원이 자기의 고유재산으로 지는 책임의 내용은 조합체의 종류에 따라 다를 수 있다.

4. 債權·債務의 總有的 歸屬

권리능력 없는 사단社團이 채권 또는 채무를 취득하면 채권·채무의 준총유가 된다.

(1) 債權의 準總有

하나의 채권으로서 권리능력 없는 사단 자체에 속한다. 따라서 채권의 추심 및 처분은 사단 자체의 권리에 속하며, 사원은 개인으로서는 그 채권에 관하여 분할적이든 전체적이든 직접적으로는 어떠한 권리도 없다. 즉, 사단의 집행부가 사단의 이름으로 추심하며, 추심한 이익은 사단에 귀속하고, 사원은 권리의 이익을 단지 향유할 수 있을 뿐이다.

(2) 債務의 準總有

채권과 동일하게 채무도 권리능력 없는 사단 자체에 귀속한다. 총유채무에 관하여는 사단 자체의 재산으로 책임을 지고, 사원 개개인은 어떠한 채무 및 책임도 지지 않는다.

第2節 分割債權關係

I. 分割(別)主義

하나의 급부에 관하여 복수의 채권자와 채무자가 관계하는 경우, 즉 다수당사자의 채권관계는 그 유형이 위에서 본 바와 같이 민법이 규정하는 4종과 그 밖에 학설이 몇 가지를 더 인정하고 있다. 그런데 그러한 유형 중에서 어떠한 유형이 기본형대이냐가 문제된다. 여러 형태 중에서 불가분채권·불가분채무는 목적물이 불가분이기 때문에 다른 형태와 구별되며, 보증채무는 주된 채무와 보증채무가 분명히 구별되어 다른 유형의 것과 크게 혼동되지는 않는다.

구체적으로 문제가 되는 것은 급부의 목적물이 가분인 경우에 그것이 분할채무이냐 연대채무이냐의 구별이 쉽지 않으며, 하나의 문서에 2인 이상이 채무자로 연서한 경우에 연서한 자가 보증채무자인지 여부가 문제가 되는 경우가 있다.

이와 같이 어느 하나의 채무가 여러 형태의 채무 중 특히 분할채무와 연대채무가 혼동이 되는 경우에 그 기본을 무엇으로 볼 것이냐의 문제가 있다. 로마법을 위시한 근대 민법은 분할채무를 그 기본으로 하고 있다. 우리 민법도 그 기본 형태를 분할채무로 하고 있다(제408조). 즉, 다수당사자의 채권관계에서 특별히 다른 유형의 형태로 볼 사정이 없는 경우에는 분할채권, 분할채무로 보는 것으로 하여 이른바 분할(별)주의를 채택하고 있다. 따라서 민법상의 채무는 법률의 규정이나(제616조[공동차주共同借主의 연대의무], 제760조[공동불법행위자의 책임], 제832조[가사家事로 인한 채무의 연대책임]), 당사자간에 별도의 약정이 없으면 원칙적으로 분할채무이다. 이에 반하여 상법상의 채무는 원칙적으로 연대채무로 하고 있다(상법 제57조[다수 채무자간 또는 채무자와 보증인의 연대]).

이러한 분할주의는 채권의 실효성을 약화시킨다는 점은 있으나, 오늘날의 개인주의 거래관념에 적합하며 또한 관련 당사자들간에 있어서 법률관계를 간편하고 명료하게 하는 측면이 있다.

II. 分割債權·分割債務의 意義 및 要件

하나의 가분可分급부에 관하여 2인 이상의 채권자가 있는 경우를 분할채권, 2인 이상의 채무자가 있는 경우를 분할채무라 한다. 민법은 이를 제408조에서 다수당사자의 채권관계의 기본 형태로 하고 있다.

분할채권 및 분할채무가 성립하기 위해서는 급부의 목적물이 성질상 가분이며 또한 다른 유형의 채권관계로 한다는 특별한 의사표시가 없어야 한다.

다른 형태의 채권, 채무관계라는 특별한 의사표시가 있으면 그에 따른다. 예컨대 불가분채무 또는 연대채무의 특약이 있으면 불가분채무 또는 연대채무가 된다. 의사표시는 묵시로도 가능하다고 보나, 민법은 분할주의를 취하고 있어 연대채무가 되기 위해서는 명시적인 의사 또는 연대의 묵시적인 의사로 볼 수 있는 특단의 사정이 있어야 한다. 연대의 의사표시가 없는 경우에 연대의 의사를 추정할 수는 없다.

분할채무인지 연대채무인지가 문제가 되는 구체적인 몇 가지를 아래 판례에서 본다.

판례 賣渡人 및 買受人이 數人인 경우의 契約金 返還 請求權 : 4인의 매도인이 4인의 매수인에게 임야를 매도하기로 하는 계약을 체결한 경우 매매계약의 무효를 원인으로 부당이득으로서 계약금의 반환을 구하는 채권은 특별한 사정이 없으면 불가분채권채무관계가 될 수 없고, 분할채권채무관계이다(대법원 1993.9.14, 91다41316).

판례 共同當事者의 辯護士費用 : 변호사에게 공동당사자로서 소송대리를 위임한 소송사건의 결과에 따라 경제적 이익을 불가분적으로 향유하게 되거나 패소할 경우 소송 상대방에 대하여 부진정연대관계의 채무를 부담하게 된다 하더라도, 이러한 사정만으로 곧바로 공동당사자들의 변호사에 대한 소송대리위임에 따른 보수금지급채무가 연대 또는 불가분채무에 해당하는 것으로 단정할 수 없다(대법원 1993.2.12. 92다42941).

판례 共同相續人의 被相續人의 滯納稅金 :상속인이 2인 이상인 경우에 그중의 한사람이 피상속인의 재산을 실질적으로 단독상속하였다 하더라도 그 상속인에게 승계되는 피상속인의 국세등에 관한 납부의무는 민법의 규정에 의한 자기의 상속분에 따라 안분계산한 금액범위에 한정되는 것이다(대법원 1983.6.14. 82누175).

판례 共同不法行爲者에 대한 求償權債權 : 공동불법행위자 중 1인이 자기의 부담 부분 이상을 변제하여 공동의 면책을 얻게 하였을 때에는 다른 공동불법행위자에게 그 부담 부분의 비율에 따라 구상권을 행사할 수 있고, 공동불법행위자 중 1인에 대하여 구상의무를 부담하는 다른 공동불법행위자가 수인인 경우에는 특별한 사정이 없는 이상 그들의 구상권자에 대한 채무는 이를 부진정연대채무로 보아야 할 근거는 없으며, 오히려 다수 당사자 사이의 분할채무의 원칙이 적용되어 각자의 부담 부분에 따른 분할채무로 봄이 상당하다(대법원 2002.9.27. 2002다15917).

III. 分割債權·分割債務의 效力

1. 對外的 效力

분할채권·분할채무에서 각 채권자 또는 각 채무자는 다른 의사표시가 없으면 균등한 비율로 권리 또는 의무를 부담한다(제408조). 각 채권자 또는 각 채무자의 권리 또는 의무는 상대방에 대하여 독립한 권리 또는 의무이다. 즉, 각 채권자와 각 채무자는 다른 채권자 또는 다른 채무자와는 관계없이 개별적으로 권리 및 의무를 부담하므로, 개별적·독립적으로 권리를 행사하고 의무를 이행한다. 따라서 각 채권자 또는 각 채무자는 개별적으로 이행을 청구하고 이행을 받아야 한다. 자기에게 배분된 권리 또는 의무를 초과한 권리의 행사 또는 의무의 이행은 타인의 권리의 행사 또는 의무의 이행이 된다.

그러나 하나의 계약에서 분할채권 또는 분할채무가 발생하더라도 해제권解除權은 해제권의 불가분성에 의하여 채권자 전원이 채무자 전원에 대하여 행사하여야 하며

(제547조), 또한 쌍무계약의 동시이행의 항변권의 행사도 채권의 전부가 만족되거나 또는 채무의 전부가 이행되었느냐 여부를 기준으로 하여야 한다(제536조).

판례 單獨引出 防止를 위한 共同名義의 預金債權-分割債權 : 공동명의 예금채권자가 단독으로 예금을 인출할 수 없도록 방지·감시하고자 하는 목적으로 공동명의로 예금을 개설한 경우라면, 하나의 예금채권이 분량적으로 분할되어 각 공동명의 예금채권자들에게 공동으로 귀속되고, 각 공동명의 예금채권자들이 예금채권에 대하여 갖는 각자의 지분에 대한 관리처분권은 각자에게 귀속되는 것이고, 다만 은행에 대한 지급 청구만을 공동반환의 특약에 의하여 공동명의 예금채권자들 모두가 공동으로 하여야 하는 것이므로, 공동명의 예금채권자 중 1인에 대한 채권자로서는 그 1인의 지분에 상응하는 예금채권에 대한 압류 및 추심명령 등을 얻어 이를 집행할 수 있고, 한편 이러한 압류 등을 송달받은 은행으로서는 압류채권자의 압류 명령 등에 기초한 단독 예금반환청구에 대하여, "공동명의 예금채권자가 공동으로 그 반환을 청구하는 절차를 밟아야만 예금청구에 응할 수 있다."는 공동명의 예금채권자들과 사이의 공동반환특약을 들어 그 지급을 거절할 수는 없다(대법원 2005.9.9. 2003다7319).

2. 一人에 관하여 생긴 事由의 效力 - 相對的 效力

각 채권자의 채권 또는 각 채무자의 채무는 별개·독립된 것이므로 한사람의 채권자 또는 한사람의 채무자에 관하여 생긴 사유는 다른 채권자 또는 채무자에게 아무런 영향이 없다. 예컨대 변제辨濟·이행지체履行遲滯·면제免除 등은 당사자 본인에게만 그 효과가 발생하고, 다른 채권자 또는 채무자에게는 아무런 영향이 없다.

3. 內部關係

각 채권자 또는 각 채무자는 다른 의사표시가 없으면 균등한 비율로 권리 또는 의무를 부담한다(제408조). 그 비율은 당사자간의 합의로 정할 수 있다. 각 채권자는 분할된 권리만을 가지므로 자기의 권리를 넘어서 이행을 청구하지 못한다. 만약 채권자 중의 한 사람이 자기의 지분보다 초과해서 청구하고, 이를 수령한 때에는 수령한 자와 다른 분할채무자간에 위임 또는 사무관리가 되며, 경우에 따라서는 부당이득不當利得 또는 불법행위不法行爲를 구성한다.

역시 각 채무자도 분할된 의무만을 부담하므로 자기의 부담분을 넘어서 변제한 때는 순수한 타인의 채무의 변제가 되며, 이때의 변제는 변제할 정당한 이익 있는 자나 이해관계 있는 제3자의 변제에 해당하지 않는다(제469조 참조).

第3節 不可分債權·不可分債務

I. 不可分債權

1. 意義 및 要件

불가분채권이란 하나의 불가분급부에 관하여 복수의 채권자가 있는 경우를 말한다. 불가분채권은 하나의 급부를 목적으로 하는 채권자의 수만큼의 독립한 복수의 채권이 존재하는 것이다(채권복수설)(제409조 참조).

목적물의 성질이 불가분인 경우에는 당연히 불가분채권이 되나, 목적물을 가분할 수 있더라도 당사자간에 가분하지 않는다는 <불가분 특약>의 의사표시가 있는 경우에는 불가분채권이 된다. 민법은 분할채권 관계를 기본 형태로 하기 때문에 성질상의 불가분채권인 경우에 후일에 그 급부가 가분할 수 있게 성질이 변질되거나 또는 특약에 의한 불가분 채권인 경우에 불가분 특약이 해소되면 불가분채권이 분할채권으로 복원된다(제412조).

판례 性質上 不可分債權-共同 預金債權 : 은행에 공동으로 예금을 하고 은행에 대하여 그 권리를 함께 행사하기 위하여 양인이 통장과 도장을 나누어 갖는 경우에 위 공동명의의 예금채권자들은 공동으로 은행의 청구나 변제의 수령을 하고 채무자의 이행도 예금채권자 전원에 대하여 하여야 하며 채권의 양도 등 처분행위도 예금주들이 공동으로만 하여야 한다(대법원 1989.1.17, 87다카8).

판례 債權者와 擔保權名義者가 다른 경우 : 채무자가 채권자 아닌 제3자 명의로 근저당권설정등기를 경료해 준 사안에서 금전대차거래의 경위 등에 비추어 묵시적 약정에 의하여 채권자와 제3자가 불가분적 채권자의 지위에 있다(대법원 2000.1.14. 99다51265,51272).

2. 效 力

(1) 對外的 效力

각 채권자는 모든 채권자를 위하여 이행을 청구할 수 있다(제409조). 따라서 모든 채권자가 공동으로 채무자에 이행을 청구할 필요가 없으며, 소訴의 제기·강제집행도 채권자 한사람이 개별적으로 할 수 있다.

채무자는 모든 채권자를 위하여 채권자 중 일인에게 전부의 이행을 할 수 있다(제409조). 따라서 한사람의 채권자에 대한 변제가 있게 되면 채권자 전원에 대하여 채무를 이행한 것이 되어 채무는 소멸한다.

(2) 個別 債權者에 관하여 생긴 事由의 效力

이행의 청구나 변제·공탁은 다른 채권자에게도 효력(절대적 효력)이 있으나, 그 밖에는 상대적 효력만 있다.

(가) 絕對的 效力 事由

① 履行請求

개별 채권자의 이행청구는 모든 채권자를 위하여 효력이 있다. 따라서 이행청구에 따른 시효중단의 효과, 이행지체의 효과는 모든 채권자, 즉 이행청구를 별도로 하지 않은 채권자에게도 발생한다.

② 辨濟 등

목적물이 불가분으로서 하나이므로 한사람의 채권자에 대한 변제는 당연히 다른 채권자에게도 그 효력이 있다. 변제와 동일시할 수 있는 공탁 및 이행의 제공의 효과인 수령지체책임受領遲滯責任도 같다.

(나) 相對的 效力 事由

상기 외의 경우는 전부 상대적 효력만 있다. 그러나 법률관계를 간편화하고 채무자를 보호하기 위하여 경개更改·면제免除 등의 경우에는 특별한 법률관계를 인정한다.

채권자 중 한사람과 채무자간에 경개·면제가 있는 경우에도 경개·면제의 상대적 효력과 급부의 불가분성으로 채무자는 다른 채권자에게는 전부의 이행을 하여야 한다. 이 경우에 전부의 변제를 받은 채권자는 경개·면제로 권리를 잃은 채권자가 분급받을 이익을 채무자에게 상환하도록 한다(제410조 2항).

이는 원래 전부 변제받은 채권자가 경개·면제로 권리를 잃은 채권자에게 그 이익을 분급하면, 당해 채권자가 분급받은 이익을 채무자에게 다시 상환할 것이다. 그러나 이러한 과정은 법률관계가 복잡하며 또한 당해 채권자가 무자력 상태로 되어 채무자가 상환받을 수 없는 위험이 있을 수 있다. 이에 채무자를 보호하기 위하여 변제받은 채권자가 분급할 이익을 직접 채무자에게 상환토록 한 것이다.

민법은 경개·면제만 규정하고 있으나, 학설은 대물변제代物辨濟·상계相計·혼동混同·시효時效의 완성의 경우에도 동일한 것으로 해석한다.

(3) 內部關係

내부관계에 관하여는 민법이 규정하고 있지 않으나, 전부 변제받은 채권자는 다른 채권자에게 내부관계에 따라 급부이익을 분급하여야 함은 당연하다. 분급할 비율의 합의가 없으면 균분으로 보아야 한다.

II. 不可分債務

1. 意義 및 要件

불가분채무란 하나의 불가분급부에 관하여 복수의 채무자가 있는 채무관계이다. 불가분채무에서도 하나의 급부를 목적으로 하는 복수의 독립한 채무가 채무자의 수만큼 있는 관계이다.

불가분채무는 급부의 성질이 가분할 수 없어서 불가분채무가 될 수밖에 없는 경우도 있고, 목적물이 가분될 수 있더라도 당사자의 특약으로 불가분채무를 성립시킬 수도 있다. 특약에 의한 불가분채무의 예는 복수의 당사자가 부담하는 금전채무를 특약으로 불가분채무로 하는 경우 등이다. 그런데, 여기서 성질상 불가분이라는 것은 단순히 급부 자체의 성질에 따른 분할 여부를 문제로 하는 것이 아니고 그 이익의 공동귀속 여부를 기준으로 한다(아래 판례 참조).

불가분채무에 있어서의 채권은 모든 채무자의 자력에 의하여 그 채권이 담보되기 때문에 채권의 실효성이 높아진다는 점이 있다. 따라서 급부가 성질상 분할할 수 있으나 특약으로 불가분으로 한다는 것은 당사자간에 채권의 인적 담보로서의 기능에 그 목적을 두고 있다는 것을 의미한다.

민법의 분할주의에 의하여 불가분채무도 사후에 성질이 가분으로 변하거나 특약이 해소되면 불가분채무에서 분할채무로 새로이 복원된다(제412조).

판례 性質上의 不可分債務 例 : ① 法律上 原因 없는 共同利得者 : 여러 사람이 공동으로 법률상 원인 없이 타인의 재산을 사용한 경우의 부당이득 반환채무는 특별한 사정이 없는 한 불가분적 이득의 반환으로서 불가분채무이고, 불가분채무는 각 채무자가 채무 전부를 이행할 의무가 있으며, 1인의 채무이행으로 다른 채무자도 그 의무를 면하게 된다(대법원 2001.12.11. 2000다13948).

② 建物共有者의 賃借人에 대한 保證金返還債務 : 건물의 공유자가 공동으로 건물을 임대하고 보증금을 수령한 경우, 특별한 사정이 없는 한 그 임대는 각자 공유지분을 임대한 것이 아니고 임대목적물을 다수의 당사자로서 공동으로 임대한 것이고 그 보증금 반환채무는 성질상 불가분채무에 해당된다고 보아야 할 것이다(대법원 1998.12.8. 98다43137).

판례 意思表示 解釋上의 不可分債務 : 토지공유자의 한 사람이 공유물의 보존을 위한 소송을 하면서 소송비용은 변호사가 부담하고 그 소송에서 승소확정이 되면 그 소송비용과 보수로서 위 토지중 약 4할을 지급키로 하는 보수약정을 한 경우, 위 변호사보수등 채무는 공유자 상호간의 내부관계에 있어서는 위 부동산 전부의 보전을 위하여 필요한 것으로 공유자들은 위 소송에 의하여 이익을 얻는다고 할 것이므로 성질상 불가분채무에 속하고 그밖에 타공유자가 제소하더라도 달리 별다른 방안이 있을 수 없던 사정 등에 비추어 보면 위 보수약정은 다른 공유자의 의사에도 합치될 뿐만 아니라 승락의 의사가 있었다고 봄이 사회통념상 신의칙에 맞는 해석이다(대법원 1985.4.9. 83다카1775).

2. 效 力

(1) 對外的 效力

(가) 履行請求

연대채무에 관한 규정(제414조)이 준용된다(제411조). 따라서 채권자는 한사람의 채무자에 대하여 채무의 전부나 일부의 이행을 청구할 수 있다. 또한 채무자 전원에 대하여 동시나 순차로 채무의 전부 또는 일부의 이행을 청구할 수 있다(제414조). 채무자 전원에 대하여 각각 채무 전부의 이행을 청구할 수 있다는 점에서 불가분채무는 채권의 담보적 역할을 한다.

(나) 履行方法

불가분채무는 반드시 채무 전부가 한 번에 이루어져야 하며, 성질상 가분할 수 있다고 하여도 여러 차례 분할하여 이행되어서는 아니 된다. 예컨대 채무자가 각각 개별적으로 부담하는 경우에도 채무자들이 모아서 함께 이행하여야 하며, 채권자에게 일부씩 개별적으로 이행하는 것은 허용되지 않는다. 예컨대 금전채무를 특약으로 불가분채무로 한 경우에는 모든 금액을 모아서 한 번에 이행하여야 한다.

(2) 個別 債務者에 생긴 事由의 效力

개별 채무자에 관하여 생긴 사유의 효력에 관하여는 연대채무에 관한 규정 중 일부에 관하여만 준용되어(제411조), 연대채무에 비교하여 절대적 효력의 범위가 좁다. 이에 불가분채무에서는 연대채무보다 채권의 효력이 강화되었다고 평가된다.

(가) 絕對的 效力事由

① 辨濟 등

급부의 목적이 하나이므로 한사람의 채무자로부터 변제·대물변제·공탁·상계 등의 채권의 만족을 주는 사유는 다른 채무자에게도 효력이 있다.

② 債權者遲滯

한사람의 채무자가 이행의 제공을 하여 채권자가 수령지체책임을 지는 경우에는 그 효과는 다른 채무자에게도 생긴다.

(나) 相對的 效力事由

상기 외의 사유는 전부 상대적 효력만 있다. 그중 주의할 것으로는 다음의 것이 있다. 특히 이행의 청구가 상대적 효력만 있는 것은 주의 할 점이다.

① 履行請求

이행청구는 상대적 효력이 있기 때문에, 개별적으로 하여야 하고 따라서 이행청구에 따른 이행지체의 효과는 상대적 효력이 있다(제411조에서 제416조를 제외).

② 更改·免除·混同·消滅時效

제411조에서 제410조를 준용하기 때문에 채권자와 채무자 중 일인과 경개·면제 등이 있는 경우는 법률관계를 간편하게 하기 위하여 채권자가 분급할 이익을 경개·면제로 채무를 면한 채무자에게 직접 상환하여야 한다. 혼동·소멸시효의 경우에도 같다.

(3) 內部關係

내부관계에 관하여는 연대채무에 관한 규정이 그대로 준용된다(제411조). 따라서 각 채무자는 내부적으로는 부담부분負擔部分이 있고, 그 부담부분은 채무자간에 별도의 약정이 없는 경우에는 균분부담均分負擔이다(제424조). 급부가 성질상 불가분인 경우에는 그 부담부분은 환가되어 정하여 진다. 채무를 이행한 채무자는 다른 채무자에 대하여 구상권이 있다. 이에 관하여는 연대채무에 관한 것과 동일하므로 연대채무에서 자세히 본다.

第4節　連帶債務

I. 連帶債務의 意義 및 性質

1. 連帶債務의 意義

연대채무란 복수의 채무자가 동일 내용의 급부에 관하여 각자 전부 이행할 독립한 의무가 있고, 채무자 중 한사람이 이행하면 다른 채무자에게도 그 의무를 면하는 효과가 있는 채무관계이다(제413조).

연대채무는 급부가 가분일지라도 채무자 모두가 개별적으로 채무 전부를 이행할 의무를 지는 것이므로 채권자가 유리한 지위에 있게 되어 채권의 효력이 강화된다. 즉, 연대채무는 채권자 측에서는 채권의 인적담보 역할을 한다는 의미가 있다.

2. 連帶債務의 性質

연대채무는 채무자의 수만큼의 독립한 채무가 병존적으로 결합되어 있다. 즉, 연대채무는 독립한 개별채무가 상호 결합하고 있다. 이와 같은 연대채무의 개별·독립성과 개별채무간의 결합관계에서 아래와 같은 기본적인 법률관계를 형성한다.

(1) 個別·獨立性

(가) 成立의 個別性

연대채무가 하나의 법률행위에 의하여 성립한 경우에도 연대채무자의 일인에 관한 무효·취소의 원인은 다른 채무자의 채무에 영향을 주지 않는다(제415조).

(나) 모습의 個別性

연대채무는 채무자에 따라 개별·독립성이 있으므로, 채무자에 따라서 채무의 모습이 다를 수 있다. 예컨대 채무자에 따라 채무의 조건·기한·변제장소·담보유무 특히 채무액이 다를 수 있다.

(다) 讓渡의 個別性

연대채무는 개별·독립성이 있으므로 채무자 중의 한사람에 대한 채권만을 양도할 수도 있다.

(2) 結合關係

연대채무는 병존적 결합관계에 있기 때문에 채권의 목적을 달성하는 변제뿐만 아니라 그 외의 광범위한 사유에도 절대적 효력을 인정한다. 그런데 이와 같이 광범위한 사유에 절대적 효력이 인정되는 기초가 되는 연대채무에서의 결합관계란 구체적으로 무엇을 의미하는가에 관하여는 학설의 대립이 있다.

(가) 主觀的 共同關係說

다수설로서 연대채무의 결합관계를 기본적으로 채무자를 중심으로 파악한다. 따라서 결합관계란 채무자 사이의 주관적 공동목적 또는 채무 사이의 긴밀한 관계를 의미한다는 것이다. 이 설은 그 관계의 내용이 분명하지 않고 막연하다는 비판을 받고 있다.

(나) 相互保證關係說

연대채무를 기본적으로 채권담보적 기능에 중점을 두어 이해하는 견해이다. 이에 연대채무자 각자가 서로 자기의 부담부분에 관하여는 주채무자로서의 지위에 서고, 다른 자의 부담부분에 관하여는 보증인의 지위에 있게 된다. 이러한 관계는 채권자에 대하여는 채권에 대한 상호보증의 관계가 있음을 의미하고, 결합관계란 곧 이러한 상호보증의 관계라는 것이다.

생각건대, 주관적 공동관계설은 연대채무의 성립과정과 채무자간의 관계에 중점을 두어 결합관계를 이해하며, 상호보증관계설은 채무자측보다 채권자측의 채권의 효력의 측면에서 연대채무의 결합관계를 파악하고 있다. 연대채무가 상기 두 가지 모두의 측면을 가지고 있어 어느 쪽에 무게를 둘 것인가가 문제인데, 연대채무는 그 근본목적이 채권의 담보적 기능을 위한 제도라는 점에서 상호보증관계설을 지지한다. 그러나 상기 두 견해 중 어느 견해에 의하거나 연대채무를 이해하는데 크게 차이가 나는 것은 아니다. 뒤에 설명하는 부진정연대채무와의 구별을 하는 데는 주관적 공동관계설이 보다 적절하나 상호보증관계설에 의할지라도 부진정연대채무에서는 그러한 연대채무에서의 보증관계인 의사에 의한 결합관계가 존재하지 않는 점이 연대채무와 다른 것으로 이해된다. 또한 구상관계에서는 어느 견해에 의하나 그 성립이 문제되지 않는다.

상기의 결합관계(주관적 공동목적 또는 상호보증)에서 기본적으로는 아래의 법률관계가 성립한다.

① 한 사람의 채무자에 관하여 생긴 사유는 일정한 범위에서 다른 채무자에게도 영향을 미친다(제416조 내지 제422조).

② 내부적 관계에서 부담부분의 전제 아래 구상권이 인정된다(제424조 내지 제427조).

II. 連帶債務의 成立要件

연대채무는 법률의 규정에 의하여 성립하는 법정연대채무와 계약에 의하여 성립하는 약정연대채무가 있다.

1. 法定連帶債務

아래의 경우에는 법률의 규정에 의하여 연대채무가 성립한다.

① 法人의 行爲에 의한 損害賠償債務

법인의 목적범위 외의 행위로 인하여 타인에게 손해를 가한 때에 그 사항의 의결에 찬성하거나 그 의결을 집행한 사원, 이사 및 기타 대표자들이 피해자에게 부담하는 손해배상채무(제35조 2항).

② 貸借契約上의 共同借主

공동차주의 사용대차使用貸借상의 채무(제616조)와 임대차상의 채무(제654조).

③ 共同不法行爲者

공동불법행위자의 피해자에 대한 손해배상채무(제760조)(이 경우는 판례와 다수설이 부진정연대채무로 이해한다).

④ 夫婦間의 日常家事債務

부부의 일방이 가사에 관하여 부담한 채무는 부부간에 연대채무가 된다(제832조).

상기와 같이 민법이 규정하는 것과 그 밖에 상법이 익명조합원의 제3자에 대한 책임(제81조)을 비롯하여 제138조[순차順次운송인의 연대책임, 구상권], 제212조[사원의 책임], 제321조[발기인의 인수, 납입담보책임] 등에서 연대채무이 성립을 규정한다.

2. 約定連帶債務

(1) 連帶의 意思

민법은 다수당사자의 채권관계의 원칙형태를 분할채권관계로 하고 있기 때문에(제408조) 연대채무의 성립에는 연대의 의사표시를 필요로 한다. 연대의 의사표시는 묵시적인 의사표시로도 가능할 것이나 묵시적인 의사표시에 의한 연대의 약정을 인정할 때는 당사자의 관계, 거래의 관행 등을 고려하여 엄격히 하여야 한다.

(2) 事後의 連帶 合意도 可

계약에 의하여 연대채무가 생기는 경우에도 반드시 하나의 계약에 의하여 연대채무가 성립할 필요가 없으며 여러 개의 계약으로 되는 경우에도 동시에 행하여질 필요는 없다.

그러나 복수의 계약에 의한 채무가 연대채무가 되기 위해서는 당사자간에 사전 또는 사후에 연대의 합의 또는 동의는 필요하다.

(3) 連帶의 推定 不可

연대의 명시적 의사표시가 없는 경우에도 연대의 의사를 추정하여 연대채무의 성립을 인정할 수 있는가라는 문제가 있다. 다수설은 당사자가 총 채무자의 자력을 종합적으로 고려하였다고 볼 수 있는 특별한 사정이 있는 때에는 연대를 추정하여야 한다고 본다. 그러나 민법은 분할주의에 의한 분할채무를 기본형태로 하기 때문에 연대의 추정은 허용되지 않는다고 하여야 한다. 판례(대판 1987.5.26, 85다카1146)도 연대의 추정을 인정하지 않는다.

판례 連帶債務의 推定은 不可 : 수인의 채권자가 채무자에게 별개로 금전을 차용하여 주고서 2필지의 토지에 대하여 공동으로 담보목적의 소유권이전등기를 경료받았다가 담보권을 실행함에 있어 합의에 의한 공유물분할 방법으로 각 채권자들의 대여금 비율에 따라 각 단독소유로 소유권이전등기를 마친 다음 각각 따로 자기 몫의 담보부동산을 처분하였다면 각기 일정한 돈을 빌려주는 경우에 특별한 의사표시가 없으면 이 채권은 분할채권인 점에 비추어 그 정산금을 채무자에게 반환함에 있어서는 위 각 채권자들이 공동으로 담보목적의 소유권이전등기를 경료받은 사유를 가지고 연체에 관한 특별한 의사표시로 풀이 할 수 없을 뿐만 아니라 그와 같은 사유가 연대채무를 발생시키는 법률상 요인이 된다고도 볼 수 없다(대법원 1987.5.26. 85다카1146).

III. 連帶債務의 效力

1. 對外的 效力

(1) 各人에 全部 履行請求

채권자는 연대채무자 어느 한 사람에게나 또는 전원에 대하여, 동시 또는 순차로 전부 또는 일부의 이행을 청구할 수 있다(제414조). 청구는 재판상 청구와 재판외 청구 모두 포함한다. 재판상 청구의 경우에 채무자 일인에 대한 승소 또는 패소는 다른 채무자에게 영향이 없다. 그러나 소구하기 전에 변제 받은 때에는 잔액에 대하여만 소구할 수 있고, 소 제기 후 사실심변론종결시까지 다른 채무자로부터 변제받은 경우에도 잔액에 대하여만 일부이행판결이 된다.

이행의 청구를 받은 연대채무자는 자기의 인적 관계 또는 연대채무자 전원에게 공통적으로 귀속되는 항변권(예 : 동시이행의 항변권)을 행사할 수 있음은 물론이다(참고 : 스위스 채무법 제145조). 여기서 다른 연대채무자의 항변권을 행사하여 이행을 거절할 수 있는가의 문제가 있다. 구상권의 제한에 관한 제426조의 취지로 보아 당해 채무자의 부담부분의 한도 내에서 항변권을 행사할 수 있다고 본다.

* 스위스 채무법 제145조 ① 연대채무자 1인은 채권자에 대한 자기의 인적 관계 또는 연대채무의 공통한 발생원인으로부터 나타나는 항변권을 채권자에게 대항할 수 있다. ② 연대채무자가 연대채무자 전원에게 공동으로 귀속되는 항변을 주장하지 아니한 경우에는 다른 연대채무자에 대하여 책임이 있다.

(2) 連帶債務者 中 一人의 破産

연대채무자가 파산한 경우에 관하여 파산법 제19조는 전원 또는 수인이나 일인이 파산선고를 받은 때에는 파산선고시에 가진 채권의 전액으로 권리를 행사할 수 있다고 규정한다. 이는 성립 당초의 채권액으로 권리를 행사하는 것이 아니라 임의변제 또는 배당변제 받고 남은 잔여금액만으로 파산재단에 참가할 수 있다는 의미이다. 따라서 적은 금액으로 배당에 참가하게 되는데, 이는 여타의 채권자를 보호하는 면은 있지만 파산시에는 배당변제비율이 낮다는 점을 인식하면 이 규정은 연대채무의 채권담보적 기능을 약화시키고 있음을 알 수 있다. 우리 파산법의 이 규정은 독일 파산법(제68조)과 같으나, 스위스 파산법은 당초의 발생한 채권 전액으로 배당에 참가할 수 있도록 하여 연대채무의 담보적 기능을 중시하고 있다.

2. 一人에 관한 事由의 效力

연대채무는 하나의 급부에 연대채무자의 수만큼의 독립한 복수의 채무가 존재하는 것이다. 따라서 채권을 만족시키는 사유는 그것이 어느 연대채무자에 의하여 이루어지든 절대적 효력이 생기는 것은 당연하나, 그 밖의 사유는 채무의 개별·독립성적인 측면에서 상대적 효력만 생기는 것이 논리적이다. 그러나 연대채무의 결합관계에서 민법은 광범위하게 절대적 효력을 인정하고 있다.

절대적 효력의 범위가 넓으면 당사자간의 법률관계가 간편하게 처리되는 점은 있으나 채권의 담보력은 약화된다. 이러한 점에서 우리 민법은 연대채무의 채권 담보적 기능이 허약하다고 평가된다.

(1) 絶對的 效力事由

아래의 사유는 연대채무자 중의 일인에 관하여 생긴 사유일지라도 다른 연대채무자에게도 효력이 있다.

(가) 履行請求

연대채무자의 한사람에 대한 이행청구는 다른 연대채무자에게도 효력이 있다(제416조). 따라서 이행청구의 효력인 이행지체의 효과와 최고로서의 효과도 절대적 효력이 있다. 이행청구의 절대적 효력은 채권의 담보적 기능을 강화시키는 효과가 있다.

그러나, 소멸시효의 중단은 최고만으로는 되지 않기 때문에 이행청구 후 개별 연대채무자에 대하여 소멸시효가 중단되기 위하여는 개별적으로 재판상 청구를 하여야 한다. 따라서 甲에 대한 이행청구 후 乙을 상대로 6월내에 소를 제기하면, 乙에 대한 시효는 최고시에 중단된다.

판례 1人에 대한 履行請求와 時效中斷 : 채권자의 신청에 의한 경매개시결정에 따라 연대채무자 1인의 소유 부동산이 압류된 경우, 이로써 위 채무자에 대한 채권의 소멸시효는 중단되지만, 압류에 의한 시효중단의 효력은 다른 연대채무자에게 미치지 아니하므로, 경매개시결정에 의한 시효중단의 효력을 다른 연대채무자에 대하여 주장할 수 없다(대법원 2001.8.21. 2001다22840).

판례 1人에 대한 催告와 다른 連帶債務者에 대한 裁判上 請求 : 채권자가 연대채무자 1인의 소유 부동산에 대하여 경매신청을 한 경우, 이는 최고로서의 효력을 가지고 있고, 연대채무자에 대한 이행청구는 다른 연대채무자에게도 효력이 있으므로, 채권자가 6월 내에 다른 연대채무자를 상대로 재판상 청구를 하였다면 그 다른 연대채무자에 대한 채권의 소멸시효가 중단되지만, 이로 인하여 중단된 시효는 위 경매절차가 종료된 때가 아니라 재판이 확정된 때로부터 새로 진행된다(대법원 2001.8.21. 2001다22840).

(나) 辨濟 · 代物辨濟 · 供託

연대채무는 복수의 채무일지라도 채권자는 하나의 급부에 대한 권리를 가지므로 채권자를 만족시키는 사유는 절대적 효력이 있는 것이 당연하다.

(다) 更改

연대채무자 중의 한사람과 채무의 경개가 있는 때에는 다른 연대채무자에게도 채무소멸의 효력이 있다(제417조). 경개는 경개 그 자체가 채권의 목적을 달성하는 것이 아니므로 이 규정은 임의규정으로 해석하여야 한다(일치). 경개하여 채무를 면하게 한 채무자는 다른 연대채무자에 대하여 부담부분에 따라 구상할 수 있음은 물론이다.

(라) 相計

상계는 채권자를 만족시키는 사유로 연대채무에 있어서 절대적 효력을 가지는 것은 타당하나, 반대채권이 있음에도 상계를 하지 않은 경우에 여러 가지 문제가 있다. 이하 이를 분설한다.

① 自己의 反對債權으로 相計

연대채무자의 한 사람이 자기의 반대채권으로 상계한 때에는 상계한 전부가 절대적 효력이 있다(제418조 1항). 이 경우에 절대적 효력을 인정하는 것은 상계도 채권자에게 만족을 주는 사유이기 때문에 법률관계를 간편하게 처리하기 위한 것이다.

② 다른 連帶債務者의 反對債權으로 相計

그런데 상계할 채권이 있는 연대채무자가 상계하지 아니한 때에 관하여 민법 제418조 2항은 그 채무자의 부담부분에 한하여 다른 연대채무자가 상계할 수 있다고 규정하고 있다. 예컨대 200만 원의 부담부분이 있는 연대채무자가 300만 원의 반대채권이 있으나 상계하지 않은 경우에는 다른 연대채무자가 200만 원까지 대위하여 상계할 수 있다는 것이다. 참고로 독일 민법(제422조)과 프랑스 민법(제1294조)은 명문으로 금지하고 스위스 채무법(제147조)은 별도로 언급하지 않는 등 비교법적으로는 대위상계는 허용되지 않는 것으로 이해된다. 우리 민법의 대위상계는 반대채권을 가진 연대채무자를 보호하고 구상관계를 간편하게 처리하기 위한 것으로 이해되나(곽), 그 타당성은 의문이다.

* 독일 민법 제422조 ② 연대채무자의 1인에 속하는 채권은 잔여의 채무자가 이를 상계에 공할 수 없다.

③ 連帶債務者의 破産

연대채무자의 한 사람이 파산시에 채권자에 대하여 반대채권을 이미 가지고 있는 때에는 채권자는 당해 연대채무자의 부담부분의 한도 내에서 파산절차에 의하지 아니하고 상계할 수 있다(파산법 제89조). 만약 이 규정이 없어 파산절차에서 해결한다면 채권자는 자기의 채무는 전부 이행하여야 하고, 자기의 채권은 채권액에 비례하여 받음으로써 일부만 만족을 얻게 되어 불공평하게 된다. 따라서 파산법 제89조가 파산절차에 의하지 아니하고 상계할 수 있도록 한 것은 채권자를 보호하기 위한 규정으로 타당하다.

(마) 免除

제419조는 연대채무자 중의 한 사람에 대한 채무면제는 그 채무자의 부담부분에 한하여 다른 채무자의 이익을 위하여 효력이 있다고 규정하고 있다. 면제의 절대적 효력을 규정한 것이다. 따라서 다른 연대채무자는 채무 전액에서 면제받은 채무자의 부담부분을 제하고 나머지만을 변제하면 채무는 소멸한다. 이 규정은 연대채무자의 일인에 대한 면제를 그 채무자의 부담부분만을 전체 채무에서 면제한 것으로 본다는 것으로 구상관계를 간편하게 처리하며 또한 면제받은 채무자를 보호하기 위한 규정이다.

만약 이 규정이 없다면 전부변제를 한 다른 연대채무자는 면제받은 채무자에게 부담분을 구상하고, 구상에 응한 면제받은 채무자는 채권자에 대하여 부당이득에 기한 반환청구권을 행사하여야 하는 복잡한 과정을 거쳐야 하며 또한 채권자가 무자력의 경우에는 면제받은 채무자가 반환 받지 못할 위험에 빠지게 된다.

그런데 본조와 관련하여 첫째, 본조와 다른 의사표시를 할 수 있는가와, 둘째, 채권자가 일부 면제를 한 경우는 어떻게 되는가의 문제가 있다. 이하 본다.

① 다른 意思表示가 있는 경우

본조는 추정규정으로 채권자의 의사가 본조와 다른 경우에는 본조의 적용은 없게 된다. 예컨대 연대채무자 중의 1인에게만 채무를 면제시킬 수도 있으며(판례), 연대채무자 모두의 채무를 면제한다는 의사로 연대채무자 중 한 사람에게 면제의 의사표시를 한 경우가 있다.

전자의 경우에는 절대적 효력이 아니라 상대적 효력만 생긴다. 후자인 경우에 면제의 의사표시를 받은 채무자는 다른 채무자에 대한 면제의 의사표시의 수령권한이 없어 무권대리의 문제가 생길 수도 있다. 그러나 이를 대리권의 문제로 볼 것이 아니라 모든 연대채무자에게 그 효력이 생긴다고 보는 것이 타당할 것이다(통설). 이러한 의사는 주장자가 증명하여야 하나 부부간의 연대채무와 같은 당사자의 관계가 긴밀한 경우에는 오히려 이렇게 새기는 것이 원칙이며 타당하다.

판례 第419條는 任意規定 : 민법 제419조의 규정은 임의규정이라고 할 것이므로 채권자가 의사표시 등으로 위 규정의 적용을 배제하여 어느 한 연대채무자에 대하여서만 채무면제를 할 수 있다(대법원 1992.9.25. 91다37553).

② 一部免除한 때의 求償

일부면제가 있은 경우에 다른 채무자에게 어떻게 구상할 것인가의 문제가 있다. 예컨대 A, B, C, D 네 사람이 (균등부담으로) 1000만 원의 연대채무를 져서 A가 400만 원을 변제하고 600만 원에 대하여는 면제받은 경우이다. 이의 해결에 관하여는 여러 가지 해석론이 주장되나 아래에서 대표적인 두 가지 견해를 소개한다.

제1설은 구법시대의 판례(현재의 일본판례)로서(곽, 김상), <전부 면제받은 경우에 비례한 비율로 면제받은 채무자의 부담부분에 관하여 절대적 효력이 생기는 것>으로 보는 견해이다. 즉, A의 본래의 부담부분인 250만 원의 전체 채무 1000만 원에 대한 면제받은 600만 원의 비율{250×(600／1000)}인 150만 원이 절대적 효력을 가지며 또한 A의 일부면제로 인한 부담액이 된다. 따라서 A가 일부면제 후 초과지출한 부분은 본래의 부담부뷰에서 면제 후 부담부분을 제한 부분인 150만 원(250－150－100)인데, 실제로 A가 400만 원을 출자하여 변제하였기 때문에 초과된 (400－100 ＝ 300) 300만 원을 B, C, D로부터 구상 받을 수 있다는 것이다. 이에 의하면 당사자간의 법률관계가 공평하게 처리되는 점이 있다. 이러한 해석에 동의한다.

제2설은 일부면제의 경우도 전부면제의 경우와 동일하게 취급하여 일부면제를 받은 연대채무자의 부담부분만이 절대적 효력이 있는 것으로 해석한다. 즉, A의 부담부분은 250만 원인데 600만 원을 면제받았기에 A의 부담부분은 영零이 되며, B, C, D의 채무는 그 부분만큼 감소되어 750만 원에 대하여 본래의 분담비율에 따라 부담하여야 한다. 따라서 A가 실제로 400만 원을 출자하여 채무를 소멸하였기에 이를 B, C, D에 각각 분담비율에 따라 구상하게 된다. 이 경우는 법률관계를 간명하게 하나 면제액이 부담부분보다 적은 경우의 법률관계가 불명확하다.

한편, 채권자가 제419조를 배제하여 어느 한 연대채무자에게만 채무 전부를 면제한 때에 제419조는 판례가 인정하는 바와 같이 임의규정으로 가능하여, 그 연대채무자의 채무는 소멸하나, 이 면제의 효력은 상대적 효력만 있어 다른 연대채무자는 채무 전부를 변제하여야 하나 변제한 연대채무자는 채권자로부터 면제받은 연대채무자에게 구상은 할 수 있다.

(바) 混同

연대채무자의 한 사람과 채권자간에 혼동이 있는 때에는 그 부담부분에 한하여 다른 연대채무자도 의무를 면한다(제420조). 구상관계를 간편하게 하기 위한 규정이다.

(사) 消滅時效

연대채무자의 한사람에 대한 소멸시효가 완성한 때에는 그 채무자의 부담부분에 한하여 다른 채무자도 의무를 면한다(제421조). 연대채무는 연대채무자에 따라 개별·독립성을 가지므로 그 모습을 달리 할 수 있고 이행청구 외의 중단사유는 상대적 효력만 있어 각 연대채무자에 대하여 개별적으로 소멸시효가 완성되는 경우가 생긴다. 시효완성의 효력에 절대적 효력을 인정하는 것은 시효가 완성된 채무자의 시효이익을 다른 연대채무자도 받도록 하고, 또한 법률관계를 간편하게 하기 위한 규정이다.

(아) 債權者遲滯

각 연대채무자는 다른 연대채무자를 위하여 변제를 할 수 있고 변제하면 다른 채무자의 채무도 소멸하므로 이행의 제공은 변제는 아니나 이행의 제공의 효과인 채권자 지체책임은 절대적 효력을 가지는 것이 타당하다(제422조).

(자) 契約의 解止·解除

해지·해제의 불가분성에 의하여 해지·해제는 연대채무자 전원에 대하여 하여야 하는데(제547조), 해제의 전제가 되는 최고(이행청구)에 대하여는 문제가 있다. 일반적인 이행청구는 제416조에 의하여 절대적 효력이 있으나 해제의 전제가 되는 최고는 해제와 일체를 이루기 때문에 전원에 대하여 개별적으로 최고하여야 해제를 할 수 있다고 하는 것이 타당하다.

(2) 相對的 效力事由

상기에 열거한 이외의 사유는 상대적 효력만 있다. 즉, 아래의 사유는 당해 사유가 발생한 본인에게만 그 효력이 있다.

(가) 押留 등

이행청구는 절대적 효력이 있으나, 그 외의 압류·가압류 또는 승인은 상대적 효력만 있다.

(나) 時效利益의 拋棄

소멸시효 완성의 효과는 절대적 효력이 있으나 시효이익의 포기는 상대적 효력만 있다.

(다) 確定判決

연대채무자 개인에 대한 승소 또는 패소판결의 효력도 상대적 효력만 있다. 연대채무의 개별·독립성에서 당연하다.

3. 內部關係(求償關係)

(1) 負擔部分

연대채무는 채권자와의 관계에서는 모든 연대채무자가 각자 전부의무를 부담하지만 내부관계에서는 서로 그 출연을 분담하는 부담부분이 있다. 부담부분에 대한 규정은 불가분채무에도 그대로 준용된다(제411조).

연대채무자간의 부담부분은 당사자의 내부관계로 별도로 정한 것이 있으면 그에 의하며, 별도로 정한 것이 없으면 부담부분은 균등한 것으로 추정된다(제424조). 연대채무자는 채권자에 대하여는 전부의무를 지고, 부담부분은 연대채무자간의 내부관계에 지나지 않아 채권자에게는 원칙적으로 아무런 영향이 없다. 그러나 면제나 소멸시효 완성의 효력은 부담부분에 한하여 절대적 효력이 있으므로 채무자간의 부담부분이 채권자에게 영향을 준다. 따라서 부담부분이 균등하지 않을 때에는, 채권자가 이를 알고 있는 경우에 주장할 수 있다고 보며, 또한 부담부분에 대한 합의의 변경을 채권자에 대항할 수 있기 위해서는 그 변경사실을 채권자에게 통지 또는 승낙을 얻어야 한다고 해석한다(곽, 김증, 김상).

(2) 求償權의 根據

연대채무자의 한 사람이 변제 기타 자기의 출재로 공동 면책된 때에는 다른 연대채무자의 부담부분에 대하여 구상권을 행사할 수 있다(제425조). 이 구상권에 대한 법리도 불가분채무에 그대로 준용된다(제411조).

구상권이 인정되는 이론적 근거에 관하여는 연대채무의 결합관계를 주관적 공동목적 내지 채무자간의 긴밀한 관계로 이해할 때는 그러한 주관적 공동목적에 의하여 연대채무는 공동부담이 본질로서 구상권은 연대채무에서 당연히 발생하며, 이는 공평의 이념에서 인정된다는 것이다. 이에 대하여 그러한 결합관계를 상호보증관계로 이해하면 자기의 고유의무 외의 타인의 고유의무를 일종의 보증관계에서 이행하였기 때문에 구상권이 발생하고, 이는 일종의 타인의 채무에 대한 변제로서의 구상에 해당한다는 것이다. 한편 상호보증관계설에 의하면 논리의 일관성에서 구상권은 부담부분 초과액에 대하여만 구상권이 발생한다고 하여야 할 것이나 부담부분과는 관계없이 공동면책된 경우에는 구상권이 발생한다고 이해한다.

따라서 연대채무에 대한 본질에 관하여 어느 견해에서나 구상권 자체의 인정 여부 및 구상권행사의 요건(부담부분과 관련된)에 관하여는 차이가 없고, 오히려 구상권은 모든 연대채무자를 위한 공동면책이라는 변제 자체의 효력에서 찾는 것이 타당할 것이다(이태).

(3) 求償權의 成立要件

(가) 辨濟 기타 自己의 出財

자기의 출재로 채권자에게 만족을 주었어야 한다. 변제·대물변제·공탁·상계 등과 같이 적극적으로 재산을 내어 채권자를 만족시키거나 또는 경개 등과 같이 소극적으로 새로운 재산적 의무를 부담하여 채권자를 만족시키는 경우이다. 그러나 면제·소멸시효의 완성 등은 채무를 면하였으나 자기의 출재가 없어 구상권이 발생하지 않는다. 다만 혼동은 외형적인 자기의 출재는 없어도 내부적으로는 출재가 있는 것과 같은 상태이므로 구상권이 발생한다(이설 없음).

(나) 共同免責

공동면책이란 모든 채무자의 공동채무의 전부 또는 일부를 소멸시키는 것을 말한다. 즉, 자기의 출재가 절대적 효력이 있는 경우를 말한다. 여기서 부담부분과 관련하여 부담부분을 초과하여야 구상권을 행사할 수 있는가, 아니면 부담부분과는 관계없이 공동면책만 있으면 구상권을 행사할 수 있는가의 문제가 있다. 판례와 통설은 부담부분이란 구체적인 부담채무액이 아니라 전체 채무에 대한 부담비율이므로 구상권은 부담부분과는 관계없이 각자의 부담비율에 따라 행사된다고 본다.

(4) 求償權의 範圍

(가) 求償權의 基準

구상권의 범위는 변제 기타의 출재액과 면책된 날 이후의 법정이자 및 피할 수 없는 비용과 기타의 손해배상액을 포함한다(제425조 2항).

출재액과 공동면책액이 다른 경우에는 어떻게 되는가? 예컨대 대물변제 또는 경개의 경우에 그러한 문제가 생긴다. 적은 출자로 많은 채무액을 공동면책시켜 출재자가 이득을 볼 수도 없으며 역으로 많은 출재로 공동면책시켰더라도 다른 채무자에게는 공동면책된 것만의 이득이 있는 것에 지나지 않아 어느 경우에나 적은 금액이 그 기준이 된다. 따라서 출재액이 공동면책액을 초과하는 경우에는 공동면책액이 기준이 되며 출재액이 공동면책액보다 적은 경우에는 출재액이 기준이 된다.

피할 수 없는 비용과 기타의 손해배상이란 변제비용, 소송비용 등을 말한다. 또한 소송을 제기 당한 경우에는 채권자에게 지급한 소송비용상환액과 본인이 지불한 합리적 범위 내의 변호사보수가 포함된다.

(나) 求償額

상기의 기준에 따른 총액을 연대채무자 각자의 부담부분의 비율에 따라 분할하여 구상권자(출재자)가 구상한다.

(다) 償還無資力者가 있는 경우(求償權者 保護)

① 無資力者의 負擔部分의 分擔

연대채무자 중에 구상에 응할 자력이 없는 자가 있는 경우에는 그에게 구상될 부분은 구상권자를 포함한 다른 연대채무자간의 부담부분에 비례하여 분담한다(제427조 1항). 예컨대 A·B·C가 300만 원의 연대채무를 부담하여 A가 300만 원을 변제하여 채무가 소멸된 경우에 A는 B·C에게 각각 100만 원씩 구상할 수 있는데 C가 40만 원의 자력만 있어 60만 원이 무자력인 경우이다. 이때에 그 무자력으로 구상하지 못한 60만 원은 A·B간의 부담부분 비율인 1 : 1로 부담하여 A는 B에게 30만 원을 구상할 수 있다는 것이다. 그러나 그 무자력에 대하여 구상권자에게 과실이 있는 경우에는 다른 연대채무자에게 분담을 청구하지 못한다(제425조 1항 단서). 예컨대 구상권의 행사를 해태하여 상기의 경우에 C가 무자력이 된 경우 A 등은 B에게 30만 원을 청구하지 못한다.

한편 제425조 제1항은 연대채무자가 무자력인 경우만을 규정하고 있으나 그 밖의 상환불능 예컨대 행방불명과 같은 경우에도 본조를 유추 적용한다는 것이 통설이다.

또한 무자력자를 제외하고는 모두 부담부분이 영零인 경우에는 구상권자를 포함하여 부담부분이 영인 다른 연대채무자가 균분하여 부담하는 것이 공평의 원칙과 연대채무의 공동분담의 사상에 적합하다는 것이 판례·통설이다.

② 連帶의 免除와 無資力者의 負擔部分

구상에 응하는 연대채무자 중에 상환무자력자가 있어, 상환무자력자의 부담부분에 대하여 제427조 제1항에 의하여 분담할 채무자가 연대의 면제를 받은 때에는 그 채무자의 분담할 부분은 채권자의 부담으로 한다(제427조 2항).

연대의 면제란 연대채무자에 대하여 부담부분의 의무만을 부담하고, 다른 채무자와 연대하여 전全 채무를 이행할 의무를 면제하는 것을 말한다. 연대의 면제가 되면 당해 채무는 분할채무가 된다. 따라서 연대채무자 모두에게 연대의 면제(절대적 연대면제)가 되면 전 채무가 분할채무가 되며, 연대채무자 중의 일부의 자에게 연대의 면제(상대적 연대면제)를 하면 당해 채무자의 채무만 분할채무가 된다. 예컨대 600만 원에 대하여 A, B, C, D가 연대채무를 지는 경우에, 네 사람 모두에게 연대의 면제를 하면 600만 원은 네 사람의 분할채무(각자 150만 원의 채무)가 되며, A에게만 연대의 면제를 하면 A는 150만 원의 채무만 지나, 나머지 B, C, D는 여전히 450만 원에 대한 연대채무를 진다. 따라서 이 경우에 B가 전부변제 후에 450만 원을 A, C, D에게 구상할 때 D가 상환 무자력이면, A, C, D는 150만 원씩의 고유한 부담부분을 지나, D가 부담할 150만 원은 제427조 제1항에 의하여 A, B, C 가 50만 원씩 분담하여야 하며, 동조 제2항에 의하여 A가 연대의 면제를 받아 A가 분담할 50만 원은 채권자가 부담한다는 것이다. 따라서 B는 A에게 150만 원, C에게 200만 원, 채권자에게 50만 원을 구상할 수 있다(변제한 B는 200만 원을 부담).

(5) 求償權의 制限

연대채무는 개별 연대채무자에게는 전부의무를 지는 개별·독립된 채무로서 채무자 간에 중복하여 변제할 우려가 있으며 또한 개별 채무자가 가진 항변권을 행사할 기회를 잃을 우려가 있다. 따라서 민법은 이러한 위험을 피하고 다른 채무자를 보호하기 위하여 공동면책행위 전후에 이를 다른 채무자에게 통지토록 하며, 이를 하지 않은 경우에는 구상권의 행사에 일정한 제한을 하고 있다(제426조).

(가) 事前通知

사전통지 없이 공동면책행위를 한 경우에는 다른 채무자가 채권자에게 대항할 수 있는 사유로써 그의 부담부분의 한도 내에서 구상권을 행사하는 자에게 대항할 수 있다. 그 사유가 상계인 때에는 상계로 소멸할 채권은 면책행위를 한 채무자에게 이전된다(제426조 1항).

우선 제426조 후단의 상계의 경우에 상계의 범위는 당해 채무자의 부담부분을 한도로 한다. 예컨대 A, B, C 세 사람의 60만 원의 연대채무를 A가 사전통지없이 변제하고, 20만 원씩의 구상권을 행사할 때에 C가 상계적상에 있는 30만 원의 반대채권을 채권자에게 가지고 있다면, A의 구상권행사에 C는 부담부분 20만 원에 한하여 그 (채권자에 대한) 반대채권을 행사하여 소멸시킬 수 있으며, 그렇게 되면 C의 채권자에 대한 20만 원의 반대채권은 구상권자(A)에게 이전되어 A가 채권자에게 (20만 원)행사할 수 있다. 물론 이 경우에 C는 채권자에게 나머지 10만 원(30만 원−20만 원)의 반대채권을 여전히 가진다.

한편 제426조 제1항의 상계 이외의 대항할 수 있는 사유에는 변제·대물변제·공탁 및 면제·소멸시효의 완성 등의 절대적 효력사유는 포함되지 않는다. 이들은 절대적 효력사유로서, 사전통지 없이 변제할 때 이미 그 부담부분에 관하여는 채무가 소멸되어 변제 자체가 유효하지 않기 때문이다. 즉, 이 경우에는 출재행위 자체가 비채변제非債辨濟로서 채권자에 대한 부당이득이 된다.

결국 제426조 제1항의 상계 외의 대항할 수 있는 사유에는 연대채무가 그 모습을 달리하는 경우에 기한의 미도래, 조건의 불성취, 동시이행의 항변, 개별적인 무효 또는 취소사유 등이 있다.

(나) 事後通知

공동면책행위 후에 이를 다른 채무자에게 통지하지 아니하여 다른 연대채무자가 선의로 유상의 면책행위를 한 때에는 뒤에 한 선의의 면책행위자가 자기의 면책행위의 유효를 주장할 수 있다(제426조 2항). 여기서 제2의 면책행위의 유효는 모든 관계, 즉 채권자와 모든 채무자와의 관계를 의미하는 것인지 또는 면책행위자와의 관계만을 의미하는 것인지가 불분명하다. 이는 선의의 2중면책행위자를 보호하기 위하여 구상권의 제한을 규정한 것으로 면책행위자와의 관계에만 한정된다고 보아야 한다(통설). 이 경우는 채무자간의 구상권의 문제와 대 채권자와의 관계로 구분하여 검토하여야 한다.

① 免責行爲者間의 效力

면책행위자간에서는 제2의 면책행위자가 제1의 면책행위자에 우선한다. 따라서 제2의 면책행위자는 제1의 면책행위자에게 구상권을 행사할 수 있다. 제1 면책행위자가 이미 다른 채무자에게 구상권을 행사한 경우에는 구상액에 대하여 부당이득으로 반환을 청구할 수 있으며, 구상권을 행사하지 않은 경우에는 제1 면책행위자의 구상권을 취득하여 직접 구상권을 행사할 수 있다.

② 免責行爲者와 債權者間의 效力

대 채권자와의 관계에서는 제1의 면책행위로 채권은 소멸하여, 제2의 면책행위는 비채변제로 부당이득이 된다. 따라서 제2의 면책행위자는 채권자에게 부당이득 반환청구를 할 수 있다. 제2의 면책행위자가 채권자에게 자기의 면책행위에 대하여 부당이득으로 반환을 청구하는 경우에, 제1의 면책행위자 또는 다른 채무자로부터 구상 받은 한도 내에서 그 반환청구권은 당연히 제1면책행위자에게 이전된다.

(다) 事後 및 事前通知의 소홀

어떤 채무자가 면책행위 후에 사후통지를 하지 않고 있는 동안 다른 채무자가 사전통지 없이 면책행위를 한 경우이다. 이와 같이 제1면책행위자와 제2면책행위자 모두 과실이 있는 경우에 관하여는 민법에 규정되어 있지 않다. 이 경우에는 일반론에 의하여 제1면책행위를 유효한 것으로 보아야 할 것이다(이견 없음). 따라서 제1면책행위자가 제2면책행위자와 다른 채무자에게 구상권을 행사할 수 있으며, 제2면책행위자는 채권자에 대하여 자기의 변제에 대하여 비채변제에 의한 부당이득으로 반환을 청구하여야 한다.

(6) 求償權者의 代位權

구상권자가 다른 연대채무자에 대하여 구상권을 행사할 때에 채권자를 대위할 수 있는가의 문제가 있다. 예컨대 채권자에게 연대채무자의 한사람이 제공한 담보권이 있는 경우에, 변제한 연대채무자가 구상권을 행사함에 있어서 그 담보권을 행사할 수 있는 가이다.

독일 민법(제426조), 스위스 채무법(제149조), 프랑스 민법(제1251) 등은 명문의 규정으로 이를 인정하나, 우리 민법은 명문의 규정이 없다. 그러나 일반적인 변제자대위를 규정한 제481조의 <변제할 정당한 이익이 있는 자>에 연대채무자가 포함되므로 구상권자는 채권자를 대위할 수 있다고 보아야 한다(이설 없음). 그러므로 상기의 예에서 구상권자는 그 채무자의 부담부분의 범위에서 물적·인적 담보권을 행사할 수 있다.

* 스위스 채무법 제149조 ① 채권자의 권리는 채권자가 만족을 얻은 범위 내에서 구상권 있는 연대채무자에게 이전한다.

IV. 連帶債權

1. 意 義

연대채권이란 복수의 채권자가 일인의 채무자에 대하여 동일한 내용의 급부에 관하여 각각 독립해서 전부의 급부를 청구할 수 있으며, 채무자가 채권자 중 한사람에게 급부를 이행하면 다른 채권자의 권리도 소멸하는 채권관계를 말한다. 이러한 연대채권에 관하여 우리 민법에는 규정이 없으나 로마법 이래 근대 각국의 민법이 규정하고 있다. 그러나 민법의 규정이 없어도 계약자유의 원칙상 이러한 채권관계를 당사자가 약정할 수 있음은 물론이다.

법률의 규정에 의하여 연대채권이 발생하는 것은 없으나, 적법한 전대차轉貸借의 경우에 임대인과 임차인은 전차인轉借人에 대하여 일종의 연대채권자가 된다(630조).

2. 效 力

연대채권의 효력은 당사자간의 계약 및 그 해석에 의하나, 그에 의하여 결정할 수 없는 것은 성질이 유사한 연대채무의 규정을 합리적으로 유추하여 결정하여야 한다. 이를 세분하여 보면 아래와 같다.

① 무효 및 취소사유는 상대적 효력이 인정될 것이다.

② 이행의 청구 및 이행의 제공의 효과는 절대적 효력이 인정될 것이다.

③ 변제·대물변제·공탁·상계 등 채권을 만족시키는 사유는 절대적 효력이 인정될 것이다.

④ 면제·시효의 완성 등은 당해 채권자의 분급이익의 범위 내에서 절대적 효력이 인정되어야 할 것이다.

⑤ 내부관계에서는 수령한 것을 채권자간에 균분하는 것이 원칙이 될 것이다.

V. 不眞正連帶債務

1. 意 義

부진정연대채무란 수인이 각자 독립하여 동일 내용의 급부의무를 지나, 채무자의 일인이 급부를 이행하면 다른 채무자의 채무도 소멸하는 채권관계로서 민법의 연대채무에 속하지 않는 것을 말하며, 민법에 명문의 규정은 없으나 학설·판례가 이러한 개념을 인정한다.

판례와 학설이 일반적으로 인정하는 부진정연대채무의 예로는 임치물任置物을 부주의로 도난당한 수치인受置人의 채무불이행에 의한 배상의무와 절취자의 불법행위에 의한 배상의무, 피보험물에 대한 불법행위에 의한 배상의무와 보험계약상의 보험금지급의무, 피용자의 배상의무(제750조)와 사용자의 배상의무(제756조), 책임무능력자의 법정감독자의 배상의무와 법정감독자에 갈음하는 자의 배상의무(제755조), 동물의 점유자와 보관자의 배상의무(제759조), 공동불법행위자의 배상의무(제760조) 등이 있다. 위에 열거한 이들은 주로 동일한 손해에 대하여 각자 법률상의 다른 원인에 의하여 전부의무를 지는 경우이다.

2. 性 質

판례·학설이 위의 예 등을 부진정연대채무라 하여 연대채무와는 다른 법률관계를 인정하는 이유 및 그 필요성으로는 아래의 것을 든다. 이는 곧 연대채무와의 차이로서 부진정연대채무의 특질이라고도 할 수 있다.

첫째, 부진정연대채무에서 각자의 의무는 자기 고유의 책임원인에 의하여 발생한다,

둘째, 부진정연대채무에서는 연대채무에서와 같은 의사에 의한 결합관계(주관적 공동목적관계 또는 상호보증관계)가 존재하지 않는다,

셋째, 부진정연대채무의 내용은 피해에 대한 배상의무로서 피해자의 피해배상의 확보를 위하여는 광범위한 절대적 효력 사유가 인정되는 연대채무의 법률관계는 타당하지 않다.

3. 效 力

(1) 對外的 效力

수인의 채무자는 채권자에 대하여 개별적·독립적인 채무를 부담한다. 따라서 채권자는 수인의 채무자에게 동시나 순차적으로 전부 또는 일부의 이행을 청구할 수 있다. 일인의 채무자로부터 일부의 변제를 받더라도 전부 변제받기 전까지는 다른 채무자에게 전부를 청구할 수 있다. 이러한 점에서 파산법 제19조는 부진정연대채무에는 적용

이 없다는 것에는 이설이 없다.

(2) 一人에 관한 事由의 效力

(가) 全部 만족

채권을 만족시키는 사유, 즉 변제·대물변제·공탁은 절대적 효력이 있다. 그 밖의 사유는 모두 상대적 효력만 있다. 어느 연대채무자가 전부이행을 하면 채권의 목적이 달성되므로 다른 채무자의 채무도 소멸하나(절대적 효력), 그 밖에는 각자 별개의 법률사실에 의한 책임이므로 다른 채무자에게 영향이 없다. 예컨대 위의 예에서 수치인에 대한 손해배상의 면제는 절취자에게는 아무런 영향이 없다.

(나) 一部 辨濟

부진정연대채무자간에 채무액이 다른 경우에 일부의 변제는 다른 채무자의 부담부분에 함께 소멸하는 것이 아니라 단독으로 부담하는 부분에 먼저 소멸하고, 그것이 소멸한 후에 공동액 부분에서 소멸한다. 예컨대, 갑이 1500만 원의 채무이고, 을이 1000만 원인 경우에 갑이 600만 원을 변제하면 을에게는 100만 원의 변제의 효력만 생긴다(판례).

판례 債務額이 다른 경우 : 금액이 다른 채무가 서로 부진정연대의 관계에 있을 때 금액이 많은 채무의 일부가 변제 등으로 소멸하는 경우 그중 먼저 소멸하는 부분은 당사자의 의사와 채무 전액의 지급을 확실히 확보하려는 부진정연대채무 제도의 취지에 비추어 볼 때 다른 채무자와 공동으로 채무를 부담하는 부분이 아니라 단독으로 채무를 부담하는 부분으로 보아야 한다(대법원 2000.3.14. 99다67376).

(다) 相計의 相對的 效力

상계에 관하여 판례는, 상계한 당해 채무자에게만 채무소멸의 효력을 인정하나, 다수설은, 연대채무에 관한 제418조 제2항의 다른 채무자의 상계권은 적용될 여지가 없으나 상계도 채권의 만족을 주는 사유로써 절대적 효력을 인정하여야 한다는 견해이다. 생각건대 부진정연대채무에서의 채무는 손해배상 채무이며, 채무자는 채권자에 대하여 각자 다른 원인에 의하여 채무를 부담하며, 그러한 손해배상채무는 현실적 이행의 확보의 필요성이 여타의 채무보다 강하다는 점을 볼 때 관념적 이행인 상계는 상대적 효력만을 인정하는 것이 타당하다. 판례를 지지한다.

판례 不眞正連帶債務의 相計의 相對的 效力 : 부진정연대채무자 상호간에 있어서 채권의 목적을 달성시키는 변제와 같은 사유는 채무자 전원에 대하여 절대적 효력을 발생하나, 그 밖의 사유는 상대적 효력을 발생하는 데에 그치는 것으로서 연대채무에 관한 제418조 제1항은 부진정연대채무에는 적용이 없어 부진정연대채무자 중 1인이 반대채권으로 상계하더라도 그 상계로 인한 채무소멸의 효력은 다른 부진정연대채무자에게 미치지 않는다(대법원 1989.3.28, 88다카4994 ; 1996.12.10, 95다24364).

(라) 履行請求, 合意, 免除, 消滅時效의 相對的 效力

이행의 청구나 이행의 제공의 효과(채권자지체 책임), 소멸시효도 상대적 효력만 있는 것은 물론이다.

판례 1人과의 合意나 免除의 相對的 效力 : 피용자의 사무집행에 관한 불법행위로 인한 피해자가 피용자 자신으로부터의 배상에 의하여 일부 또는 전부의 현실적 만족을 얻었을 때에는 그 범위내에서 사용자의 배상책임도 소멸하나 현실적 만족 이외의 채무면제나 합의의 효력 등은 그 피해자가 나아가 다른 손해배상의무자(사용자)에 대하여는 더 이상의 손해배상청구를 하지 아니할 명시적 또는 묵시적 의사표시를 하는 등의 다른 특별한 사정이 없는 한 사용자에 대하여는 그 효력이 미칠 수 없다(대법원 1989.5.9. 88다카16959).

판례 消滅時效의 相對的 效力 : 연대채무에 있어서 소멸시효의 절대적 효력에 관한 민법 제421조의 규정은 공동불법행위자 상호간의 부진정연대채무에 대하여는 그 적용이 없으므로, 공동불법행위자 중 1인의 손해배상채무가 시효로 소멸한 후에 다른 공동불법행위자 1인이 피해자에게 자기의 부담 부분을 넘는 손해를 배상하였을 경우에도, 그 공동불법행위자는 다른 공동불법행위자에게 구상권을 행사할 수 있다(대법원 1997.12.23. 97다42830).

(3) 內部關係

(가) 特別한 경우에 求償關係 發生

부진정연대채무는 각자 다른 책임원인에 의하여 전부급부 의무가 발생하며, 당해 채무에 결합관계가 없어 채무자 사이의 부담부분이 없고, 따라서 구상관계가 당연히 발생하지는 않는다.

그러나 채무자 사이에 특별한 법률관계가 있는 때에는 구상관계가 발생한다. 예컨대 피용자와 사용자의 배상의무에 관하여 제756조가 구상관계를 인정하며, 공동불법행위자간에서도 판례와 학설이 구상관계를 인정한다. 그러한 특별한 법률관계가 없더라도 채무자 각자의 책임의 성질상 어느 채무자의 책임이 최종적인 책임인 경우에도 구상관계가 인정되는 것과 같은 결과가 되나 본래의 구상관계는 아니다. 그러한 예로는 보험회사나 수치인이 배상을 하는 경우에, 채권자가 가지는 불법행위자의 불법행위에 대한 손해배상청구권을 대위함으로써 구상권을 행사하는 것과 동일한 결과가 된다.

판례 同乘者被害에서 保險會社와 運行者 : 자동차 충돌 사고의 경우 가해 자동차의 운행자(소유자) 내지 보험회사와 피해자가 동승한 자동차의 운행자는 공동불법행위자로서 피해자에 대하여 부진정연대채무자의 관계에 있고, 보험회사가 피해자에게 피해를 전부 배상한 금액을 공동면책으로 보아 동 금액에 관하여 피해자가 동승한 자동차의 운행자에게 과실비율에 따른 구상권을 인정한 사례가 있다(대판 1997.4.8, 96다54232).

(나) 求償權 行事의 要件과 範圍

구상권은 부진정연대채무자가 자기의 부담부분을 변제, 대물변제, 공탁에 의하여 채권자를 만족시키고 다른 부진정연대채무자를 공동면책시킨 경우에 발생한다.

그리고, 부진정연채무자간의 구상권의 행사에 관하여는 구상권의 제한에 관한 제426조의 규정이 (유추)적용되는 지 여부가 문제된다. 민법 제426조가 연대채무에 있어서의 변제에 관하여 채무자 상호간에 통지의무를 인정하고 있는 취지는, 연대채무에 있어서는 채무자들 상호간에 공동목적을 위한 주관적인 연관관계가 있고 이와 같은 주관적인 연관관계의 발생 근거가 된 대내적 관계에 터 잡아 채무자 상호간에 출연분담에 관한 관련관계가 있게 되므로, 구상관계에 있어서도 상호 밀접한 주관적인 관련관계를 인정하고 변제에 관하여 상호 통지의무를 인정함으로써 과실 없는 변제자를 보다 보호하려는 데 있다. 이와 같이 출연분담에 관한 주관적인 밀접한 연관관계가 없고 단지 채권만족이라는 목적만을 공통으로 하고 있는 부진정연대채무에 있어서는 그 변제에 관하여 채무자 상호간에 통지의무 관계를 인정할 수 없고, 변제로 인한 공동면책이 있는 경우에 있어서는 채무자 상호간에 어떤 대내적인 특별관계에서 또는 형평의 관점에서 손해를 분담하는 관계가 있게 되는데 불과하다고 할 것이므로, 부진정연대채무에 해당하는 공동불법행위로 인한 손해배상채무에 있어서도 채무자 상호간에 구상요건으로서의 통지에 관한 민법의 위 규정을 유추 적용할 수는 없다(대법원 1998.6.26. 98다5777).

(다) 個別問題

① 消滅時效完成된 者의 求償義務

소멸시효완성된 공동불법행위자의 다른 공동불법행위자에 대한 구상권은 피해자의 다른 공동불법행위자에 대한 손해배상채권과는 그 발생 원인 및 성질을 달리하는 별개의 권리이고, 연대채무에 있어서 소멸시효의 절대적 효력에 관한 민법 제421조의 규정은 공동불법행위자 상호간의 부진정연대채무에 대하여는 그 적용이 없으므로, 공동불법행위자 중 1인의 손해배상채무가 시효로 소멸한 후에 다른 공동불법행위자 1인이 피해자에게 자기의 부담 부분을 넘는 손해를 배상하였을 경우에도, 그 공동불법행위자는 다른 공동불법행위자에게 구상권을 행사할 수 있다(대법원 1997.12.23. 97다42830).

② 被害者의 各 不眞正連帶債務者에 대한 債務 算定이 다른 경우

자동차가 충돌하여 승객이 피해를 입은 경우 각 가해 차량의 운행자들은 피해자에 대하여 부진정연대채무를 부담하나, 그 내부관계에 있어서는 각 운전자의 과실의 정도에 따라 부담 부분이 정하여지고, 운행자 중 일방이 자기의 부담 부분을 초과하여 변제함으로써 공동의 면책을 얻게 하였을 때에는 다른 운행자에 대하여 상대방의 부담 부분에 상당하는 금액을 구상할 수 있다. 이 경우 채권의 목적을 달성시키는 변제와 같은 사유는 채무자 전원에 대하여 절대적 효력이 발생하지만 그 밖의 사유는 상대적 효력을 발생하는 데 그치는 것이므로, 가해 운행자 중 일방이 피해자와 운행지배 및 운행이익을 어느 정도 공유하여 그와의 관계에서 손해배상액이 감액되어야 한다는 사정은 운행자성을 가지는 피해자에 대한 관계에서만 주장할 수 있고, 자신과 부진정연대의 관계에 있는 다른 채무자와의 구상관계에서 감액된 금액을 기준으로 면책 범위를 정하거나 자기의 부담 부분을 산정하여야 하는 것은 아니다(대법원 2000.12.26. 2000다38275).

③ 連帶債務者의 連帶保證人의 求償義務

수인의 불법행위로 인한 손해배상책임은 부진정연대채무이나 그 구상권행사에 있어

서는 성질상 연대채무에 관한 규정이 준용된다. 이때 그 구상권에 관하여 규정한 민법 제425조 제1항의 규정에 의한 구상권 행사의 상대방은 공동면책이 된 다른 연대채무자에 한하는 것이며 다른 연대채무자가 그 채권자에게 부담하는 채무를 연대보증 한 연대보증인은 그 연대채무자와 연대하여 채권자에게 채무를 변제할 책임을 지는데 불과하고 채무를 변제한 연대채무자에게까지 그 연대보증한 연대채무자의 부담부분에 관한 채무를 변제할 책임을 부담하는 것은 아니다(대법원 1991.10.22. 90다20244).

第5節 保證債務

I. 保證債務의 意義와 性質

1. 保證債務의 意義

보증채무는 채권자와 보증인간의 보증계약으로 발생하는 채무로서, 주채무자가 그의 채무를 이행하지 않는 경우에, 이를 이행하여야 할 채무를 말한다(제428조). 이와 같이 보증채무는 채무자 아닌 제3자에게 어떤 채무에 대한 제2차적인 이행의무를 부담시켜 채권의 이행을 보장받기 위하여 발생시키는 채무이다. 따라서 보증채무는 보증계약의 당사자인 채권자와 보증인 외에 주채무자와도 일정한 관계가 있어 법률관계 면에서는 다수당사자의 채권관계이나 기능면에서는 채권의 인적담보를 목적으로 하는 제도이다. 즉, 보증채무는 연대채무, 특약에 의한 불가분채무와 동일하게 채권의 인적담보의 기능을 한다.

보증채무는 발생이란 측면에서는 주된 채무의 발생과는 관계없이 채권자와 보증인 사이의 별도의 합의인 보증계약에 의하여 발생하는 것으로, 보증인은 주된 채무에 관하여 단순히 책임만을 부담하는 것이 아니라 주된 채무와는 별개의 독자적인 채무, 즉 보증채무를 부담한다.

보증채무는 현재의 확정된 채무뿐만 아니라 장래의 채무에 대하여도 성립할 수 있다(제428조 2항). 예컨대 고용계약雇傭契約·임대차계약賃貸借契約·계속적 공급계약繼

續的供給契約·당좌대월계약當座貸越契約·어음할인계약·신용카드거래계약과 같은 계속적 거래관계에서 발생되는 장래의 주된 채무에 대하여도 보증채무는 성립한다.

2. 保證債務의 性質

보증채무는 주된 채무의 담보를 위하여 보증계약으로 발생하는 채무이다. 따라서 보증채무는 발생의 측면에서 주된 채무와는 개별·독립성을 가지나 내용의 측면에서는 주된 채무에 종된 지위에 있다. 이와 같이 보증채무는 독립성과 종된 지위의 두 가지 성질을 함께 가지는데, 특히 종된 성질에서 보증채무의 특수성이 나온다.

(1) 債務의 獨立性

보증채무는 채권자와 보증인간의 보증계약에서 발생하므로 주된 채무와는 별개·독립한 채무이다. 그렇다고 하여 보증계약이 반드시 주채무의 계약과 독립된 계약이어야 하는 것은 아니며, 실제로는 편의에 의하여 주채무의 계약에 부수해서 또는 주된 계약에 연서해서 행하여지는 것이 보통이다. 그러나 그러한 경우에도 보증채무는 주채무와는 독립성을 가진다. 이와 같이 보증채무는 독립성을 갖기 때문에 보증채무를 다시 보증(부보증)하는 것도 가능하며, 기한·조건 등을 달리 할 수도 있다. 그러나 이러한 독립성은 보증채무의 종된 성질에 의하여 많은 제한을 받는다.

(2) 債務內容의 同一性

제428조는 보증인은 <주채무자가 이행하지 아니하는 채무>를 이행할 의무가 있다고 하여, 보증채무의 의무가 주채무자의 급부의무와 동일함을 규정하고 있다. 이는 보증채무가 그 내용면에서 주채무와 동일하다는 것을 의미하는 것으로, 보증인이 종된 지위에 있기 때문에 주채무 그 자체를 이행하여야 한다는 것을 의미하는 것은 아니다. 보증채무는 주채무와 급부내용이 동일하므로 주채무는 당연히 대체적 급부를 그 내용으로 한다.

주채무가 부대체적 급부의 경우에도 보증이 가능하나, 이 경우에는 주채무 본래의 급부를 보증하는 것이 아니라 주채무자의 불이행에 의하여 급부가 손해배상채무로 변하는 것을 정지조건으로 그 손해배상채무를 보증하는 것으로 해석한다. 또한 특정물을 급부하는 채무에 관하여도 다른 사람도 그 특정물을 취득할 수 있다면 그와 같은 채무에 관하여도 보증이 가능하다.

보증인으로 되어 있을지라도 당사자가 부담하는 채무가 주채무의 내용과 같지 아니한 경우에는 당사자의 계약의 내용에 따라 손해담보계약 또는 대물변제예약 등이 되어 보증과는 그 법률관계가 다르다.

(3) 附從性

보증채무는 주채무를 전제로 한다. 이를 보증채무의 부종성이라 하며, 이러한 부종성으로 보증채무의 성립·내용·존속에 관하여 다음과 같은 구체적인 법률관계가 형성된다.

① 주채무가 존재하지 않으면 보증채무도 성립되지 않는다.

② 주채무가 무효 또는 취소되면, 보증채무도 무효로 된다. 그런데 보증인이 주채무에 취소사유가 있음을 알고서도 보증을 하면 주채무가 불이행 또는 취소된 경우에는, 보증채무가 무효로 되는 것이 아니라 보증인이 주채무와 동일한 목적의 독립한 채무를 부담한다(제436조).

③ 보증채무는 그 목적 또는 형태에 있어서 주채무보다 무거울 수 없다(제430조).

④ 주채무의 내용이 변경되더라도 변경된 채무가 종전의 채무와 동일성이 있는 채무인 경우에는 보증채무의 효력은 그대로 유지된다. 예컨대 주된 채무가 불이행에 의하여 손해배상 채무로 변경되더라도 주된 채무와 불이행에 의한 손해배상채무는 동일성이 있기 때문에 보증채무는 손해배상채무에도 그대로 효력이 지속된다.

⑤ 주채무가 소멸하면 보증채무도 더 이상 존속할 필요가 없어 소멸한다.

⑥ 보증인은 주채무자가 가지는 항변권을 원용할 수 있다(제433조).

⑦ 주채무자에 대한 채권과 분리하여 보증채권만의 양도는 보증채무의 부종성에 의하여 그 효력이 없다.

판례 保證債權만의 讓渡는 無效 : 주채권과 보증인에 대한 채권의 귀속주체를 달리하는 것은, 주채무자의 항변권으로 채권자에게 대항할 수 있는 보증인의 권리가 침해되는 등 보증채무의 부종성에 반하고, 주채권을 가지지 않는 자에게 보증채권만을 인정할 실익도 없기 때문에 주채권과 분리하여 보증채권만을 양도하기로 하는 약정은 그 효력이 없다(대법원 2002.9.10. 2002다21509).

판례 獨立的 銀行保證의 법적 성질 : ① 附從性이 없음 : 위 독립적 은행보증에서 보증의무의 성질은 무조건적이고 보증인이 주장할 수 있는 어떠한 면책사유로도 대항하지 않겠다는 것임이 분명하므로, 이는 주채무에 대한 관계에 있어서 부종성을 가지는 통상의 보증이 아니라, 주채무자(보증의뢰인)와 채권자(수익자) 사이의 원인관계와는 독립되어 그 원인관계에 기한 사유로서는 수익자에게 대항하지 못하고 수익자의 청구가 있기만 하면 보증인의 무조건적인 지급의무가 발생한다(대법원 1994.12.9. 93다43873).

② 無因性 : 따라서 이러한 은행보증의 보증인으로서는 보증의뢰인이 수익자에 대한 관계에 있어서 채무불이행책임을 부담하게 되는지의 여부를 불문하고 보증금을 지급할 의무가 있으며, 이 점에서 이 은행보증은 수익자와 보증의뢰인과의 원인관계와는 단절된 추상성 내지 무인성을 가진다(대법원 1994.12.9. 93다43873).

③ 受益者의 保證金請求에 대한 權利濫用 : 보증의뢰인과 보증인 사이는 민법상의 위임계약과 다르지 않아, 보증인은 그 수임인으로서 상대방인 보증의뢰인의 당해 보증서에 관한 이익을 보호하여야 할 의무를 부담하게 되고, 따라서 수익자의 보증금 청구가 권리남용임이 객관적으로 명백할 때에는 보증의뢰인에 대한 관계에 있어서 그 지급을 거절하여야 할 보증의뢰계약상의 의무가 있다(대법원 1994.12.9. 93다43873).

* 獨立的 銀行保證(first demand bank guarantee) : 독립적 은행보증이라 함은 보증의뢰인의 부탁에 의하여 은행이 수익자에게 발행한 지급보증으로, 보증의뢰인이 수익자와의 계약조건 중 어느 것이라도 불이행하였다고 수익자가 그 절대적 판단에 따라 결정한 때에는 보증인이 즉시 수익자에게 약정한 보증금을 지급하는 것을 내용으로 하는 보증계약이다. 이러한 보증은 일반적으로는 공사도급의 경우에 수급인의 의뢰에 따라 은행과 도급인 사이에 체결된다. 주택건설촉진법에서는 아파트 건축공사업자는 건설공제조합으로부터 이행보증서를 발급받아 시공하도록 하여, 일반 분양자들에 대하여 건설공제조합이 독립적 이행보증에 서도록 하고 있다.

(4) 隨伴性

보증채무는 수반성을 가져, 주채무자에 대한 채권이 이전(채권양도)하는 때에는 원칙적으로 보증인에 대한 채권도 함께 이전한다. 그러나 채권자의 변경이 없이 주채무자의 변경이 있는 때에는(예 : 채무인수) 보증채무는 소멸한다. 보증채무는 보증인과 주채무자간의 인적 신뢰관계를 토대로 발생하기 때문이다.

그러나 상속에 의하여 주채무자가 변경된 경우에는 보증채무는 그대로 지속한다. 상속의 경우는 인적 관계가 종료되어도 채무자의 자산 자체에는 변화가 없기 때문이다. 따라서 상속인이 한정승인을 하여 상속인이 면책된 때에도 채권자는 보증인에게 보증채무의 이행을 청구할 수 있다.

(5) 補充性

보증인은 채권자에 대하여 2차적 지위에 있어, 주채무자가 이행하지 아니한 때에 이행할 책임이 있다. 즉, 보증인은 보충적 책임을 진다. 그러나 이는 채권자가 보증인에 대하여 이행청구를 하는 전제요건이 주채무자의 불이행이라는 것이 아니라, 다만, 채권자가 보증인에게 이행청구를 한 경우에 보증인은 최고·검색의 항변권을 행사할 수 있다는 것에 지나지 않는다. 다만, 후술하는 연대보증의 경우에는 보충성이 없어 이러한 항변권이 없다. 또한 상사보증은 연대보증이 원칙이다(상법 제57조).

II. 保證債務의 成立

보증채무가 성립하기 위해서는 보증채무의 독립성에 따른 보증계약이 유효하게 존재하여야 할뿐만 아니라, 다른 한편으로는 보증채무의 부종성에 의하여 주채무가 유효하게 존재하여야 한다.

판례 保證保險도 民法의 保證에 관한 規定 適用 : 보증보험은 형식적으로는 채무자의 채무불이행을 보험사고로 하는 보험계약이나 실질적으로는 보증의 성격을 가지고 보증계약과 같은 효과를 목적으로 하는 것이므로, 보증보험계약은 주계약 등의 법률관계를 전제로 하고 보험계약자가 주계약에 따른 채무를 이행하지 아니함으로써 피보험자가 입게 되는 손해를 약관의 정하는 바에 따라 그리고 그 보험계약금액의 범위 내에서 보상하는 것이고, 그 성질에 반하지 않는 한 민법의 보증에 관한 규정이 보증보험계약에도 적용된다(대법원 2004.12.24. 2004다20265).

1. 保證契約의 存在

(1) 保證契約

보증채무가 성립하기 위해서는 보증계약이 유효하여야 한다. 보증계약은 채권자와 보증인간의 낙성·불요식계약이다.

주채무자는 보증계약과는 직접적인 관계가 없다. 물론 보증인이 되는 것이 주채무자의 부탁을 받아 되는 것이 보통이겠으나, 부탁의 유무나 그와 관련된 보증인과 주채무자간의 약정의 무효·취소 또는 보증인의 주채무자에 대한 인적 관계 등은 보증계약의 효력에 아무런 영향을 미치지 않는 것이 원칙이다.

그 밖에 계약의 일반적인 요건으로서의 행위능력·의사표시의 효력·의사의 합치·대리 등에 관한 내용은 보증계약에도 그대로 적용됨은 물론이다. 특히 주채무자는 보증인을 대리하여 또는 사자로서 보증계약을 할 수 있다.

(2) 主債務者의 資力에 대한 錯誤

보증인이 주채무자의 자력·담보 기타 등에 관하여 기망 당하거나 또는 착오가 있는 경우, 이러한 사유는 보증계약에 영향을 주는가? 주채무자의 자력 등에 관한 착오는 보증계약을 체결하는 연유緣由가 되는 동기의 착오가 될 뿐이라는 것이 통설이다. 따라서 이를 보증계약의 내용으로 하지 아니한 경우에는 보증계약의 취소사유인 내용에 관한 중요한 부분의 착오에 해당되지 않는다. 판례도 동일하게 동기의 착오로 본다.

판례 動機의 錯誤로 取消를 認定한 例 : 금융기관이 신용보증기금에게 연체가 발생하여 신용보증 제한 대상이 되는 기업에 대한 거래상황확인서를 발급함에 있어서 아무런 연체가 없는 것처럼 기재함으로써 위 기금이 신용보증을 하게 된 경우 신용보증행위의 중요부분에 관한 동기의 착오로서 취소할 수 있다(대법원 1992.2.25. 91다38419).

(3) 保證意思의 推定 與否

보증계약은 주채무를 발생시키는 계약과는 별개·독립성이 있어 별도의 계약으로 행하는 것이 원칙이나, 실제로는 주된 계약에 부서副書 또는 연서連書하는 경우가 많다. 이러한 경우에도 보증의 의사표시가 있어야 하며, 그 보증의 의사는 묵시적으로도 표시할 수 있다. 여기서 보증의 의사가 추정되는지, 보증의 의사가 있으나 그것이 보통의 보증인지 또는 연대보증인지가 불분명한 경우가 있다. 우선 보증의 추정에 관하여는 민법은 보증채무를 다수당사자의 채권관계의 하나의 형태로 규정하였고, 다수당사자의 채권관계의 원칙형태는 분할채무이므로 보증의 추정은 허용되지 않는다고 보아야 한다. 또한 보통의 보증인지 연대보증인지가 불분명한 경우에는 특별한 사정이 없는 한 보통의 보증으로 보아야 한다.

2. 保證人의 資格

보증인의 자격에는 원칙적으로 제한이 없다. 다만 보증채무가 보증계약에 의하여 발생하므로, 계약의 체결에 관한 일반적인 권리능력, 행위능력이 필요함은 물론이다.

그러나 민법은 법률상 또는 계약상 채무자가 보증인을 세울 의무가 있는 때에는 보증인에 관하여 아래의 일정한 제한을 하고 있다.

① 행위능력 및 변제자력이 있는 자여야 한다(제431조 1항).

② 이 경우에 보증인이 변제자력이 없게 된 때에는 채권자는 보증인의 변경을 청구할 수 있다(제431조 2항).

③ 그러나 채권자가 보증인을 지명한 때에는 상기 ①·②의 적용이 없다(제431조 3항). 이 경우에는 채권자를 보호할 필요가 없기 때문이다.

④ 채무자는 물적 담보를 제공하여 보증인을 세울 의무를 면할 수 있다(제432조).

채무자가 상기의 조건을 갖춘 보증인을 세우지 아니하는 경우에는, 보증인을 세울 의무를 이행하지 아니한 것이 되어 기한의 이익을 상실한다(제388조). 또한 보증인을 세울 의무와 주채무가 불가분의 관계에 있으면, 채권자는 주채무의 발생원인이 되는 계약을 해제할 수 있는 것으로 해석한다(이설 없음).

3. 主債務의 存在·有效

보증채무의 부종성에 의하여 주채무가 유효하게 존재하여야 보증채무도 성립한다. 주채무는 채권자와 주채무자간의 계약에 의하여 발생되는 채무이다.

(1) 主債務의 存在

보증채무는 주채무의 이행을 담보하는 것이므로 주채무의 존재를 전제로 한다. 주채무가 존재하지 않는 경우에는 보증채무도 성립하지 않는다.

(가) 將來·條件附 債務도 可能

보증계약이 유효하기 위해서는 보증계약시에 주채무가 이미 발생되어야 할 필요는 없고, 장래의 채무 또는 조건부채무의 보증도 유효하다(428조 2항). 이 경우에는 주채무가 발생할 때에 보증채무도 발생한다고 해석한다.

(나) 將來의 不確定 債務도 可能

장래의 채무는 장래의 특정의 채무뿐만 아니라 장래의 증감 변동하는 불확정채무도 포함한다. 후자는 주채무가 계속적 거래관계에서 발생되는 경우로, 이에 대한 보증을 계속적 보증이라고도 한다(후술).

(2) 主債務의 無效·取消

주채무의 발생원인인 계약이 무효 또는 취소되어 주채무가 존재하지 않게 되면, 보증계약도 무효·취소되어 효력을 상실하게 된다.

그런데 민법은 이에 대하여 중대한 예외를 인정하고 있다. 민법 제436조가 그것인데, 보증인이 보증계약 당시에 주채무가 취소원인이 있음을 이미 안 경우에는, 주채무의 불이행 또는 취소가 있는 때에는 주채무와 동일한 목적의 독립채무를 부담한 것으로 본다고 규정하고 있다. 이 조문은 해석상 약간의 문제가 있다.

① 우선 제436조의 규정은 주채무가 취소원인이 있음을 알고도 보증을 한 보증인은 어떠한 경우에도(취소되어 주채무가 부존재하더라도) 보증을 할 의사가 있다고 간주한다. 따라서 취소되지 않는 경우에는 본래의 보증채무를 지며, 취소된 경우에는 독립된 채무를 부담한다. 여기서 취소원인은 행위무능력, 착오의 의사표시, 사기·강박에 의한 의사표시 등으로 어느 것이냐를 묻지 않는다. 취소된 경우에 독립된 채무란 보증인이 소급하여 주채무자와 동일한 채무를 지는 것으로, 주채무가 부대체급부不代替給付인 경우에는 손해담보채무가 된다.

② 제436조는 취소되지 않고 불이행의 경우에도 독립된 채무를 부담한다고 규정되어 있다. 여기서 <불이행>의 해석에 관하여 몇 가지의 문제가 있다.

첫째, 당초 채무가 발생할 때에 그 채무에 취소의 원인이 있었느냐 여부는 채무자의 채무불이행으로 인한 법률효과에서는 아무런 차이가 없다. 비록 취소의 원인이 불이행을 생기게 한 하나의 요인인 경우라도 민법은 이를 특별히 다르게 다루지는 않는다. 다만 채무불이행은 유책사유 유무에 따라 그 효과가 다를 뿐이다. 즉, 착오에 의한 의사표시를 착오로 취소하지 않아 확정적으로 유효한 후에, 이를 불이행하였더라도 일반적인 불이행과는 그 법률효과에서는 아무런 차이가 없다.

둘째, 따라서 주채무자의 유책사유 있는 불이행의 경우에는 손해배상채무로 변하여 보증채무도 손해배상채무로 변하므로 독립된 채무를 부담할 필요가 없다.

셋째, 그렇다면 본조의 불이행은 주채무자의 유책사유 없는 불이행의 경우에(주채무가 면책되는) 보증인이 독립된 채무를 부담하는 것이 되어야 의미가 있게 된다.

결국, 본조의 <불이행>이 의미가 있기 위하여는 주채무자의 유책사유와 관계없는 모든 경우의 불이행으로 해석하여야 하겠다(소수설). 그런데 보증인이 주채무에 취소원인이 있음을 안 것과 주채무자가 채무를 불이행한 것과의 사이에는 어떠한 관련도 없어 이를 특별히 다룰 논리적 근거가 없으며, 또한 주채무자가 유책사유 없이 채무불이행이 되어 주채무자는 손해배상채무도 지지 않는데도 불구하고 보증인은 책임을 진다는 것은 부당하다. 따라서 본조의 불이행은 주채무자의 유책사유 있는 불이행으로 주채무자가 손해배상채무를 지는 경우에 보증인도 그 손해배상채무에 대하여 보증책임을 지는 것이라고 해석하는 것이 타당하다. 그렇게 보면 결국, 본조의 <불이행>에 관한 부분은 다른 특별한 의미를 가지는 것이 아닌 무의미한 표현에 지나지 아니한다(다수설).

III. 保證債務의 內容

1. 同一性과 附從性의 支配

보증채무는 보증계약에 의하여 그 내용이 정하여지나, 보증채무의 성질인 동일성과 부종성에 따라 그 내용이 한정된다. 따라서 보증채무는 성립한 때에 주채무와 동일성을 가지며 주채무가 동일성을 잃지 않는 한, 그 내용이 변경된 때에도 그 변경된 내용을 보증한다. 따라서 주채무가 불이행으로 인한 손해배상 채무로 변경되더라도 본래의 채무와 손해배상채무는 동일성을 유지하기 때문에 보증의 효력은 손해배상 채무에도 그대로 미친다.

또한 부종성에 의하여 보증채무의 내용은 주채무보다 중할 수는 없다.

2. 附從性에 따른 內容의 限定

보증채무의 내용은 보증채무의 부종성과 보증계약에 의하여 결정된다. 보증채무가 성립할 때는 주채무와 동일한 내용을 가지나, 그 후에 주채무가 동일성을 잃고 형태가 변경된 때에는 보증채무도 그에 따라 변경된다.

보증계약으로 보증채무를 주채무의 목적이나 형태보다 경하게 약정할 수 있으나,

중한 때에는 주채무의 한도로 감축된다(제430조). 보증계약 성립 후에 주채무가 확장·가중된 때에는 보증채무는 영향을 받지 아니 하나, 감축된 때에는 보증채무도 따라서 감축된다. 이러한 법리는 보증계약 성립 후에 채무자와 채권자 사이에 손해배상액의 예정이 있는 경우에도 적용된다. 따라서 예컨대 채권자와 채무자간에 손해배상액의 예정이 있는 경우에 그 합의한 손해배상액의 예정이 채무불이행으로 채무자가 부담하여야 할 실제의 손해배상책임의 범위를 초과하지 아니하는 한도 내에서만 보증책임이 있다(판례).

판례 損害賠償額豫定있는 경우의 保證人의 責任範圍 : 보증인은 특별한 사정이 없는 한 채무자가 채무불이행으로 인하여 부담하여야 할 손해배상채무에 관하여도 보증책임을 진다고 할 것이고, 따라서 보증인으로서는 채무자의 채무불이행으로 인한 채권자의 손해를 배상할 책임이 있다고 할 것이나, 원래 보증인의 의무는 보증계약 성립 후 채무자가 한 법률행위로 인하여 확장, 가중되지 아니하는 것이 원칙이므로, 채무자의 채무불이행시의 손해배상의 범위에 관하여 채무자와 채권자 사이의 합의로 보증인의 관여 없이 그 손해배상 예정액이 결정되었다고 하더라도, 보증인으로서는 위 합의로 결정된 손해배상 예정액이 채무불이행으로 인하여 채무자가 부담할 손해배상 책임의 범위를 초과하지 아니한 한도 내에서만 보증책임이 있다(대판 1996.2.9, 94다38250).

3. 保證債務의 範圍

보증채무는 그 성질상 주채무보다 중할 수는 없으며, 중한 때에는 주채무의 한도로 감축된다(제430조).

보증계약에 의하여 주채무의 일부를 보증(일부보증)할 수도 있다. 당사자간에 보증채무의 범위에 관하여 특약이 없는 경우에는 제429조에 의하여 <주채무의 이자, 위약금, 손해배상 기타 주채무에 종속한 채무>를 포함한다.

한편, 보증채무는 주채무와는 별개의 채무이기 때문에 보증채무 자체의 이행지체로 인한 지연손해금은 보증한도액과는 별도로 부담하고, 이 경우 보증채무의 연체이율에 관하여 특별한 약정이 있으면 그에 따르고, 특별한 약정이 없는 경우라면 그 거래행위의 성질에 따라 상법 또는 민법에서 정한 법정이율에 따라야 할 것이고, 주채무에 관하여 약정된 연체이율이 당연히 여기에 적용되는 것은 아니다(판례).

판례 全體의 限度 內이나, 項目別 限度를 超過한 경우 : 규약과 은행규정에 의하여 월간 카드 이용한도액이 정하여져 있는 경우에 일반적으로 보증인은 그 한도액 범위 내에서 보증책임을 부담하나 외상구입, 예금서비스, 할부구입 등 각 항목의 구체적인 한도액을 초과한 경우 각 항목의 초과액에 대하여서까지 보증인의 책임이 없다고 할 수는 없고 보증인은 각 항목별 한도액 전부를 합한 월간 구입 한도액에 대하여 책임을 부담할 의사로 보증한 것이라고 보아야 한다(대법원 1989.5.9. 88다카8330)

판례 保證債務 自體의 履行遲滯로 인한 遲延損害金은 保證限度額과는 별도로 負擔하는 것인지 與否 및 그 延滯利律의 決定 方法 : 보증채무는 주채무와는 별개의 채무이기 때문에 보증채무 자체의 이행지체로 인한 지연손해금은 보증한도액과는 별도로 부담하고, 이 경우 보증채무의 연체이율에 관하여 특별한 약정이 있으면 그에 따르고, 특별한 약정이 없는 경우라면 그 거래행위의 성질에 따라 상법 또는 민법에서 정한 법정이율에 따라야 할 것이고, 주채무에 관하여 약정된 연체이율이 당연히 여기에 적용되는 것은 아니다(대법원 2003.6.13. 2001다29803).

4. 主債務者의 原狀回復義務

보증채무는 주채무자가 이행하지 아니한 채무를 이행할 의무가 있어(제428조), 주채무의 불이행에 의한 손해배상 채무에 보증의 효력이 미치는 것은 당연하다. 그런데, 주채무가 계약의 해지·해제에 의하여 원상회복의무로 되는 경우에 보증채무가 원상회복의무에 효력이 미치느냐에 관하여는 문제가 있다.

주채무와 원상회복의무는 채무의 동일성이 없기 때문에 원상회복의무에는 보증인의 책임이 미치지 않는다는 견해가 있으나, 보통의 경우는 보증인은 주채무자가 부담하는 모든 채무를 보증하는 취지라고 보아 원상회복의무에도 보증인의 책임이 미친다는 것이 판례와 다수설이다. 따라서 예컨대 매도인의 보증인은 매수인이 매매계약으로 대금을 지불하였으나 물건이 인도되지 않아 계약을 해제한 때에는 매도인의 원상회복의무로서의 대금반환의무에 대하여도 여전히 보증책임이 존속한다.

5. 違約金 등의 約定

보증채무는 한편으로는 독립성이 있어 보증채무의 이행을 확실하게 하고, 또한 보증채무 자체의 불이행을 대비하여 미리 그에 대한 위약금 기타의 손해배상액예정의 합의를 할 수 있다(제429조 2항). 그 밖에 보증채무에 다시 보증인(부보증)을 세우거나 보증채무를 피담보채무로 하여 담보물권을 설정하는 것도 가능하다.

Ⅳ. 保證債務의 效果

1. 對外的 效力

(1) 債權者의 權利

(가) 履行請求

보증채무의 이행기가 도래하면 채권자는 보증인에게 보증채무의 이행을 청구할 수 있다. 보통의 경우는 주채무의 이행기와 보증채무의 이행기가 같이 도래하거나 주채무의 이행기가 먼저 도래한다. 보증채무의 이행기가 먼저 도래하는 일은 보증채무의 부종성에서 있을 수 없다(제430조).

채권자는 주채무자에 앞서 또는 동시나 순차적으로 보증인에게 보증채무의 이행을 청구할 수 있다. 다만 이 경우에 보증인은 채권자에 대하여 주채무자에게 먼저 이행의 청구 및 강제집행을 하라는 항변권을 행사하거나 또는 주채무자의 항변권을 원용하여 대항할 수 있다.

(나) 破産·相續 등

보증인이 파산선고를 받은 때에는 채권자는 파산선고시에 이미 받은 금액을 공제한 채권 잔액으로 파산재단에 권리를 행사할 수 있다(파산법 제20조).

또한 주채무가 상속된 경우에도 보증인에게 보증채무의 이행을 청구할 수 있는 것은 물론이며, 한정승인으로 그 책임이 한정된 경우에도 채권자는 보증인에 대하여는 보증채무 전액의 이행을 청구할 수 있다. 이는 상속인이 한정승인함으로써 채무를 지지 아니하는 부분은 주채무의 채무불이행에 해당하기 때문이다.

(2) 保證人의 抗辯權

보증인은 채권자의 이행청구에 대하여 아래의 보증채무의 부종성에 의한 항변권과 보충성에 의한 항변권을 행사할 수 있다.

(가) 附從性에 基한 抗辯權

① 主債務者의 抗辯權의 援用

보증채무는 주채무에 부종성이 있어, 주채무자의 채권자에 대한 항변권을 보증인이 원용할 수 있음은 당연하다(제433조 1항). 즉, 주채무가 불성립·무효·취소로 인하여 부존재함을 주장하여 보증채무의 무효를 주장할 수 있으며, 주채무가 변제·대물변제 등의 채권을 만족시키는 사유 또는 면제·소멸시효의 완성 등으로 소멸하였음을 주장하여 보증채무의 소멸을 주장할 수 있고, 주채무자의 기한의 유예·동시이행의 항변권을 주장하여 보증채무의 이행을 거절할 수 있다.

보증인은 주채무자가 자기의 항변권을 포기하더라도, 이에 관계없이 주채무자의 항변권을 원용할 수 있다(제433조 2항).

② 主債務者의 相計權의 代位行使

보증인은 주채무자의 채권자에 대한 반대채권에 의한 상계로 채권자에게 대항할 수 있다(제434조). 즉, 보증인은 주채무자가 자기의 반대채권으로 상계하지 아니한 때에는 이를 대위행사하여 주채무를 소멸시켜 보증채무를 소멸시킬 수 있다.

③ 主債務者가 取消權 등이 있는 동안의 履行拒絕權

주채무자가 채권자에 대하여 취소권 또는 해제권·해지권이 있는 동안은 보증채무의 이행을 거절할 수 있다(제435조). 취소권 또는 해제권이 있는 경우에는 그러한 권리를 행사하여 주채무가 소멸할 가능성이 있기 때문에 권리가 존속하는 동안에는 보증인은 이행을 거절할 수 있는 것이다.

(나) 補充性에 基한 抗辯權

보증인의 의무는 주채무자가 이행하지 아니한 채무를 이행할 의무로서(제428조), 주채무에 대하여 보충성을 가진다. 이러한 보증채무의 보충성에 기하여 보증인은 최고·검색의 항변권을 가진다(제437조).

이 최고·검색의 항변권에 관하여는 최고의 항변권과 검색의 항변권인 두 개의 별개의 항변권으로 이해하는 것이 다수설이며, 이에 대하여 최고와 검색을 항변할 수 있는 하나의 항변권이라는 주장이 있다(김형, 이은). 하나의 항변권이라는 소수설은 최고의 항변권 그 자체는 실익도 없고, 구민법(일본 민법) 외에는 이를 구별하는 입법례도 없다는 점을 의식한 것 같다. 최고의 항변권이 실익이 없는 제도라는 것에 대하여는 이견이 없으나, 그렇다고 소수설과 같이 하나의 항변권으로 볼 근거도 뚜렷하지 않아 다수설에 찬동한다.

그런데, 제437조는 최고의 항변권과 검색의 항변권의 행사요건에 관하여는 차이를 두지 않고 있다. 다수설에 의할 때 이 점이 더욱 문제인데, 이는 결국 채권자가 보증인에게 먼저 이행의 청구를 할 때는 최고의 항변권을 행사하고, 먼저 강제집행을 할 때는 검색의 항변권을 행사할 수 있는 것으로 단순하게 이해하여야 할 것이다. 즉, 상황에 따라서 선택하여 행사할 수 있다고 보면 된다.

① 催告의 抗辯權

최고의 항변권이란 채권자가 주채무자에 앞서 보증인에게 채무의 이행을 청구할 때에, 보증인이 채권자에게 주채무자에게 먼저 채무의 이행을 청구할 것을 주장하여 자기의 채무의 이행을 거절할 수 있는 연기적 항변권이다.

㉮ 要件

㉠ 保證人에게 먼저 履行請求 : 채권자가 채무자에게 이행을 청구함이 없이 보증인에게 먼저 채무의 이행을 청구하여야 된다. 주채무자와 동시에 이행을 청구한 때에는 최고의 항변권을 행사할 수 없다. 이 점이 최고의 항변권이 별다른 실익이 없는 주된 요인이다.

㉡ 主債務者의 資力 證明 : 주채무자에게 변제자력이 있음을 증명하여야 한다. 예컨대 채무자에게 부동산·동산 등 상당한 자력이 있다는 것을 증명하면 족하다. 채무자의 자력이 채권의 전액에 충분하지 않더라도 관계없다.

㉢ 執行의 容易性 證明 : 집행이 용이함을 증명하여야 한다. <집행의 용이>란 채권자가 집행을 위하여 오랜 시간과 많은 비용을 들지 않더라도 쉽게 그 채권을 실행할 수 있다는 것을 의미한다. 채무자 소재의 명확여부, 채무자가 가진 재산의 형태 및 재산의 소재지 등 구체적인 사정을 고려하여 종합적으로 집행이 용이한가 여부를 가려야 한다.

㉣ 催告의 抗辯權 行使 不可의 경우 : 연대보증의 경우, 주채무자가 파산선고를 받은 때, 주채무자의 행방이 불명인 경우에는 최고의 항변권을 행사할 수 없다.

㉯ 效果

채권자가 주채무자에게 이행의 청구를 하지 않는 한 다시 보증인에게 청구할 수 없으며, 보증인은 처음의 이행의 청구에 의하여는 이행지체에 빠지지 않는다. 또한 최고의 항변권을 행사하였음에도 채권자가 주채무자에게 이행의 청구를 게을리 하여 변제 받지 못한 부분은 그 한도 내에서 보증인은 의무를 면한다(제438조).

그런데 최고의 항변권은 위에서 보는 바와 같이 채권자가 주채무자에게 이행의 청구(재판 외에서도 가능)를 하지 않고 보증인에게 먼저 이행의 청구를 한 경우에만 행사할 수 있고, 주채무자에게 먼저 또는 동시에 이행의 청구를 한 경우에는 행사할 수 없다. 또한 주채무자에 대한 청구는 재판 외에서도 가능하다. 따라서 비록 보증인이 최고의 항변권을 행사하더라도 채권자는 즉시 주채무자에게 이행의 청구를 하고 다시 보증인에게 이행의 청구를 할 수 있다. 이러한 점에서 최고의 항변권은 보증인에게 실질적으로는 별다른 도움이 되지 않는 제도이다.

② 檢索의 抗辯權

검색의 항변권이란 채권자가 주채무자의 재산보다 먼저 보증인의 재산에 강제집행을 하려는 때에 주채무자의 재산에 먼저 강제집행을 할 것을 주장하여 자기의 재산에 대한 강제집행을 연기시킬 수 있는 항변권이다(연기적 항변권).

이러한 검색의 항변권은 근대 각국이 모두 취하는 제도로서 전술한 최고의 항변권과는 달리 그 실효성이 크다. 검색의 항변권의 행사로 채권자는 주채무자의 재산에 먼저 강제집행한 후에만 비로소 보증인의 재산에 강제집행할 수 있기 때문이다.

㉮ 要件

검색의 항변권을 행사할 수 있는 요건은 앞서 말한 최고의 항변권과 동일하다. 단지 최고의 항변권은 채권자가 보증채무의 이행을 청구한 때에 행사하며, 검색의 항변권은 강제집행을 하는 때에 행사한다는 점만 다르다.

㉯ 效果

㉠ 債務者에 대한 執行이 先行 : 채권자는 먼저 채무자의 재산에 집행하지 아니하고는 보증인의 재산에 집행하지 못한다.

㉡ 債務者에 대한 執行의 怠慢 : 보증인이 검색의 항변권을 행사하였음에도 채권자가 채무자의 재산에 대한 집행을 게을리 하여 채무자로부터 변제 받지 못한 부분에 대하여는 보증인은 책임을 면한다(제438조). 예컨대, 즉시 채무자의 재산을 경매 처분하였다면 물건의 가격이 상당하였으나, 경매를 늦추어 함으로써 그 동안 물건이 훼손되었고 물가가 하락하여 환수가 적은 경우에는 그 차익에 해당하는 부분만큼 보증인은 책임을 지지 아니한다.

2. 債務者·保證人에 관한 事由의 效力

(1) 債務者에 관한 事由의 效力

보증채무 성립 후에 주채무자와 채권자간의 합의로 주채무의 내용을 중重하게 하더라도 이는 보증인에게 영향이 없으나, 그 밖의 경우에 주채무자에게 생긴 사유는 모두 보증인에게 효력이 있다. 보증채무는 주채무에 부종하기 때문이다.

(가) 債務의 消滅

주채무가 소멸한 때에는 그 소멸원인이 무엇이든지 보증인에게 효력이 미쳐 보증채무도 소멸한다. 예컨대 변제·대물변제·공탁·상계 등 채권이 목적을 달성하여 소멸하는 경우는 물론이며, 그 밖에 면제·혼동·시효완성 등과 무효·취소로 채무가 부존재하는 경우 어느 것이나 보증인에게 효력이 미친다.

경개는 새로운 채무가 존재하나, 경개에 의한 새로운 채무는 기존의 채무와는 동일성이 없어 기존의 채무에 대한 보증의 효력은 경개로 인하여 소멸한다.

다만, 채무가 소멸하는 것이 아니라 책임이 한정되는 때, 예컨대 한정상속이나 강제화의에 의한 일부면제(파산법 제298조 2항) 등의 경우에는 보증인의 채무는 그대로 유지된다.

(나) 時效中斷

주채무자에 대한 시효중단의 효과는 보증인에게도 보증채무의 시효중단의 효과가 생긴다(제440조). 이는 보증채무가 주채무보다 먼저 시효가 완성되어 소멸하는 것을 방지하여 채권자를 보호하기 위한 규정이다.

(다) 債權讓渡

주채무자에 대한 채권이 양도되고, 이에 관하여 통지나 승낙의 대항력을 갖춘 경우에는 보증인에 대한 채권도 양도된 것으로 새긴다. 채권의 양도, 즉 채권자가 본래의 사람이냐 바뀌어 다른 사람이냐는 것은 보증인의 법률적 지위에는 특별한 사정이 없는 한 아무런 영향을 주지 않기 때문이다.

(라) 債務引受

주채무에 관하여 보증인의 승낙 없이 면책적 채무인수가 된 경우, 즉 주채무자가 변경되는 경우에는 보증채무는 소멸한다. 주채무자가 누구냐는 것은 보증인에게 중대한 영향을 미치기 때문이다.

(마) 債權者와 主債務者間의 判決의 效力

보증인이 소송의 당사자가 아니기 때문에 어떠한 경우에도 판결의 효력이 보증인에게 미치지 않는다. 그러나 주채무자가 승소하여 주채무가 소멸한 경우에는 주채무 소멸의 효과는 보증인에게 미친다. 그러나 이는 판결의 효력이 미치는 것이 아니라 판결에 의한 채무 소멸의 효과가 보증인에게 미치는 것이다.

(바) 主債務의 判決確定과 保證債務의 時效期間

주채무가 단기의 소멸시효에 해당하는 채무이나 판결의 확정으로 10년의 소멸시효에 해당하는 채무로 변한 경우에도 보증채무는 여전히 종전의 소멸시효기간에 따른다. 이는 판결의 효력에 의하여 소멸시효기간이 연장된 것으로 판결의 효력은 당사자간인 채권자와 주채무자 사이에만 미치기 때문이다.

판례 主債務의 判決로 消滅時效가 10년으로 된 경우, 保證債務의 消滅時效 期間 : 민법 제165조가 판결에 의하여 확정된 채권, 판결과 동일한 효력이 있는 것에 의하여 확정된 채권은 단기의 소멸시효에 해당한 것이라도 그 소멸시효는 10년으로 한다고 규정하는 것은 당해 판결 등의 당사자 사이에 한하여 발생하는 효력에 관한 것이고 채권자와 주채무자 사이의 판결 등에 의해 채권이 확정되어 그 소멸시효가 10년으로 되었다 할지라도 위 당사자 이외의 채권자와 연대보증인 사이에 있어서는 위 확정판결 등은 그 시효기간에 대하여는 아무런 영향도 없고 채권자의 연대보증인의 연대보증채권의 소멸시효기간은 여전히 종전의 소멸시효기간에 따른다(대판 1986.11.25, 86다카1569).

(사) 主債務者의 抗辯 抛棄

주채무자가 자기의 항변을 포기하더라도, 보증인은 포기한 주채무자의 항변권을 행사할 수 있다(제433조 2항).

(아) 辨濟期延長

보증계약 체결 후 채권자가 보증인의 승낙 없이 주채무자에 대하여 변제기를 연장하여 준 경우, 그것이 반드시 보증인의 책임을 가중하는 것이라고는 할 수 없으므로 원칙적으로 변제기 연장은 보증채무에 대하여도 그 효력이 미친다(판례).

그러나, 계속적 채권관계에서 발생하는 주계약상의 불확정 채무에 대하여 보증한 경우의 (근)보증에서, 채권자와 주채무자와 사이에서는 주계약상의 거래기간이 연장되었으나 보증인과 사이에서 보증기간이 연장되지 아니한 경우에는 기존의 보증계약

종료시에 보증채무가 확정되므로 보증인은 그 당시의 주계약상의 채무에 대하여는 보증책임을 지나, 거래기간 연장 이후의 채무에 대하여는 보증계약 종료 후의 채무이므로 보증책임을 지지 않는다(판례).

판례 普通의 債務에서 辨濟期 延長 : 보증계약 체결 후 채권자가 보증인의 승낙 없이 주채무자에 대하여 변제기를 연장하여 준 경우, 그것이 반드시 보증인의 책임을 가중하는 것이라고는 할 수 없으므로 원칙적으로 보증채무에 대하여도 그 효력이 미친다(대법원 1996.2.23. 95다49141).

판례 繼續的 債權關係에서 去來期間의 延長 : 계속적 채권관계에서 발생하는 주계약상의 불확정 채무에 대하여 보증한 경우의 보증채무는 통상적으로는 주계약상의 채무가 확정된 때에 이와 함께 확정되는 것이지만, 채권자와 주채무자와 사이에서는 주계약상의 거래기간이 연장되었으나 보증인과 사이에서 보증기간이 연장되지 아니함으로써 보증계약관계가 종료된 때에는, 보증계약 종료시에 보증채무가 확정되므로 보증인은 그 당시의 주계약상의 채무에 대하여는 보증책임을 지나, 그 후의 채무에 대하여는 보증계약 종료 후의 채무이므로 보증책임을 지지 않는다고 보아야 한다(대법원 1999.8.24. 99다26481).

(2) 保證人에 관한 事由의 效力

보증인에게 발생한 사유는 원칙적으로 주채무자에게 영향이 없다. 예컨대 보증인에게 이행청구·면제·혼동·시효완성 등의 사유가 있더라도 주채무자에게는 아무런 영향이 없다.

다만, 변제·대물변제·공탁·상계 등과 같이 채권의 목적을 달성시키는 사유는 주채무자에게도 효력이 있어 주채무를 소멸시킨다.

3. 內部關係(求償關係)

보증은 다수당사자 채권관계의 하나로 규정되어 있으나 실질적으로는 타인이 지고 있는 채무의 이행을 담보하는 것이다. 이로써 보증인은 채권자에 대하여는 보증계약에 의하여 자기의 채무를 이행하는 것이지만, 채무자에 대한 관계에서는 타인의 채무를 이행하는 것이다. 따라서 보증인이 자기의 출재로 공동 면책된 때에는 당연히 주채무자에 대한 구상권이 발생한다. 민법은 보증인의 구상권에 관하여 그 범위 및 법적 근거를, 부탁을 받아 보증인이 된 경우와 그렇지 아니한 경우를 구별하여 별도로 규정하고 있다.

부탁을 받아 보증인이 된 자가 변제한 경우에는 양자의 관계가 일종의 위임에 해당되어 위임사무처리비용의 상환청구(제687조, 제688조)라는 기본적 성격을 가지며, 부탁 없이 보증인이 된 자가 변제한 경우는 사무관리비용의 상환 청구(제739조) 또는 부당이득의 반환청구(제741조)의 기본적 성격을 가진다. 이러한 기본적 성격을 기초로 민법은 구상권에 관하여 특칙으로서 그 요건·범위를 세분하여 유형별로 규정하고 있다(제444조 이하).

(1) 受託保證人의 求償權

(가) 求償의 原則

수탁보증인이 과실 없이 변제 기타의 출재로 주채무를 소멸케 한 때에, 보증인은 주채무자에 대하여 구상권을 행사할 수 있다(제441조). 보증인의 면책행위는 변제·대물변제·공탁·상계·경개 등 유상으로 주채무를 소멸케 한 경우를 말한다.

(나) 事前求償

수탁보증인의 보호를 위하여 민법은 아래의 경우에 변제 전의 구상을 예외적으로 인정한다(제442조).

① 보증인이 과실 없이 채권자에게 변제할 재판을 받은 때,

② 주채무자가 파산선고를 받은 경우에 채권자가 파산재단에 가입하지 아니한 때,

③ 채무의 이행기가 확정되지 아니하고 그 최장기도 확정할 수 없는 경우에 보증계약 후 5년을 경과한 때,

④ 주채무의 이행기가 도래한 때. 그러나 보증계약 후에 채권자가 주채무자에게 별도로 기한을 허여한 경우에도 그 허여한 기한으로 보증인에게 대항하지 못한다(제442조 2항). 예컨대, 본래의 채무의 이행기는 2005년 8월 5일이지만 채권자가 동년 10월 5일로 이행기를 연장시킨 경우에도 보증인은 본래의 이행기가 도래한 동년 8월 5일 이후에는 사전구상을 할 수 있다.

(다) 事前求償에 대한 主債務者의 保護

앞서 말한 보증인의 사전구상에 응하는 주채무자를 보호하기 위하여 아래와 같이 제443조에서 주채무자에게 면책청구권 등을 인정하고 있다.

① 免責·擔保提供 請求

보증인의 사전구상에 대하여 주채무자가 이에 응하는 경우에 주채무자는 보증인에게 자기를 면책케 하거나 또는 자기에게 담보를 제공할 것을 청구할 수 있다,

판례 事前求償權과 債務者의 保證人에 대한 債權과의 例外的인 相計 許容 : 항변권이 붙어 있는 채권을 자동채권으로 상계는 허용될 수 없고, 특히 수탁보증인이 주채무자에 대하여 가지는 민법 제442조의 사전구상권에는 민법 제443조의 주채무자의 담보제공청구권이 항변권으로 부착되어 있는 만큼 이를 자동채권으로 하는 상계는 허용될 수 없으며, 다만 민법 제443조는 임의규정으로서 주채무자가 사전에 담보제공청구권의 항변권을 포기한 경우에는 보증인은 사전구상권을 자동채권으로 하여 주채무자에 대한 채무와 상계할 수 있다(대법원 2004.5.28. 2001다81245).

② 債務者의 供託 등

사전구상에 응하지 않고 보증인에게 지불할 금액을 공탁하거나, 담보를 제공하거나, 보증인을 면책시켜 보증인에 대한 구상의무를 면할 수 있다.

(라) 事前求償權을 行事한 受託保證人의 義務

수탁보증인이 사전구상권을 행사하여 사전구상금을 수령하였다면 이는 결국 사전구상 당시 채권자에 대하여 보증인이 부담할 원본채무와 이미 발생한 이자, 피할 수 없는 비용 및 기타의 손해액을 선급받는 것이어서 이 금원은 주채무자에 대하여 수임인의 지위에 있는 수탁보증인이 위탁사무의 처리를 위하여 선급받은 비용의 성질을 가지는 것이므로 보증인은 이를 선량한 관리자의 주의로서 위탁사무인 주채무자의 면책에 사용하여야 할 의무가 있다(대법원 2002.11.26. 2001다833).

(마) 求償權의 範圍

연대채무에 있어서 출재한 채무자가 가지는 구상권의 범위에 관한 제425조 제2항이 준용된다(제441조 2항). 따라서 면책된 날 이후의 법정이자 및 피할 수 없는 비용 기타의 손해배상을 포함한다.

(바) 求償權의 制限

보증인과 주채무자의 2중변제를 방지하고, 또한 주채무자를 보호하기 위하여 보증인에게 사전 및 사후통지를 하도록 하며, 이를 게을리 한 경우에는 구상권의 행사에

아래와 같이 일정한 제한을 하고 있다(제445조).

① 事前通知 안한 경우

보증인이 면책행위 전에 주채무자에게 통지하지 않고 면책행위를 하여 주채무자가 채권자에 대한 항변권을 상실한 때에는 주채무자가 채권자에게 대항할 수 있는 사유로써 주채무자는 보증인의 구상권 행사시에 보증인에게 대항할 수 있다. 예컨대 동시이행의 항변권이 있는 경우 보증인에게 이를 행사하여 구상권의 행사를 연기시킬 수 있다. 그리고 그 대항사유가 상계인 때에는 상계로 소멸할 채권은 보증인에게 이전한다(제445조 1항). 이때에는 주채무자가 면책된 채무에 상당한 반대채권만이 보증인에게 이전됨은 물론이다.

② 事後通知 안한 경우

보증인이 면책행위 후 이를 주채무자에게 통지하지 않아 주채무자가 선의로 변제 기타 유상의 면책행위를 한 때에는 주채무자는 자기의 면책행위의 유효를 주장할 수 있다(제445조 2항). 따라서 보증인은 주채무자에게 구상권을 행사할 수는 없고, 채권자에게 자기의 변제행위를 비채변제에 의한 부당이득으로 반환청구하여야 한다.

③ 主債務者가 事後通知 안한 경우

주채무자가 면책행위 후 이를 보증인에게 통지하지 아니하여 보증인이 변제 기타 유상의 면책행위를 한 경우에는 보증인이 자기의 면책행위의 유효를 주장할 수 있다(제446조). 즉, 보증인은 주채무자에게 구상권을 행사하며, 주채무자는 채권자에게 비채변제에 의한 부당이득으로 반환청구를 하여야 한다.

④ 主債務者의 事後通知 없었으며 保證人이 事前通知안한 경우

주채무자가 면책행위를 하고도 그 사실을 보증인에게 통지하지 아니하고 있던 중에 보증인도 사전통지를 하지 않은 채 2중의 면책행위를 한 경우에 관하여는 별도로 민법에 규정하지 않아 문제이다. 그러나 이 경우에는 2중변제의 기본원칙으로 돌아가 먼저 이루어진 주채무자의 면책행위가 유효하고 나중에 이루어진 보증인의 면책행위는 무효로 보아야 한다. 따라서 보증인은 채권자에게 비채변제에 의한 부당이득으로 반환을 청구하는 것은 별론으로 하고, 주채무자에게는 구상권을 행사할 수 없다.

(사) 事前求償權과 事後求償權의 關係

수탁보증인의 사전구상권과 사후구상권은 그 종국적 목적과 사회적 효용을 같이하는 공통성을 가지고 있으나, 사후구상권은 보증인이 채무자에 갈음하여 변제 등 자신의 출연으로 채무를 소멸시켰다고 하는 사실에 의하여 발생하는 것이고 이에 대하여

사전구상권은 그 외의 민법 제442조 제1항 소정의 사유나 약정으로 정한 일정한 사실에 의하여 발생하는 등 그 발생원인을 달리하고 그 법적 성질도 달리하는 별개의 독립된 권리라고 할 것이므로, 그 소멸시효는 각각 별도로 진행되는 것이고, 따라서 사후구상권의 소멸시효는 사전구상권이 발생되었는지 여부와는 관계없이 사후구상권 그 자체가 발생되어 이를 행사할 수 있는 때로부터 진행된다(판례).

판례 受託保證人의 事前求償權과 事後求償權의 消滅時效 起算點 : 수탁보증인의 사전구상권과 사후구상권은 그 종국적 목적과 사회적 효용을 같이하는 공통성을 가지고 있으나, 사후구상권은 보증인이 채무자에 갈음하여 변제 등 자신의 출연으로 채무를 소멸시켰다고 하는 사실에 의하여 발생하는 것이고 이에 대하여 사전구상권은 그 외의 민법 제442조 제1항 소정의 사유나 약정으로 정한 일정한 사실에 의하여 발생하는 등 그 발생원인을 달리하고 그 법적 성질도 달리하는 별개의 독립된 권리라고 할 것이므로, 그 소멸시효는 각각 별도로 진행되는 것이고, 따라서 사후구상권의 소멸시효는 사전구상권이 발생되었는지 여부와는 관계없이 사후구상권 그 자체가 발생되어 이를 행사할 수 있는 때로부터 진행된다(대법원 1992.9.25. 91다37553).

(2) 부탁 없는 保證人의 求償權

부탁 없이 스스로 보증인이 된 자에게는 사후구상만이 인정되며, 사전구상은 허용되지 않는다. 한편, 부탁 없이 보증인이 된 경우에도 보증인이 될 당시에 채무자의 의사에 반하여 보증인이 된 자와 그렇지 않은 경우를 구별하여 규정하고 있다(제444조).

(가) 求償의 要件

변제 기타 자기의 출재로 주채무를 소멸시켜야 한다. 사전구상은 허용되지 않는다.

(나) 求償權의 範圍

① 債務者의 意思에 反하지 않고 保證人이 된 경우

주채무자는 면책된 당시에 받은 이익의 한도에서 배상하여야 한다(제444조 1항). 따라서 면책된 날 이후의 이자 또는 손해 등은 배상할 필요가 없다.

② 債務者의 意思에 反하여 保證人이 된 경우

주채무자는 현존이익의 한도에서 배상하면 된다(제444조 2항). 이때 주채무자가 구상한 날 이전에 채권자에 대하여 상계원인이 있었음을 주장한 때에는 상계로 소멸할 채권은 보증인에게 이전한다(제444조 3항). 즉, 보증인은 주채무자에게 구상권을 행사할 수 없고, 주채무자의 채권자에 대한 반대채권을 이전 받아 채권자에 대하여 그 반대채권을 대위행사하여 구상권을 행사한 것과 같은 효과만을 취할 수 있다.

③ 主債務者는 事後通知 義務가 없다

주채무자는 자기의 면책행위에 대하여는 부탁 없는 보증인에게 사후통지를 할 의무가 없다(제446조 참조). 따라서 보증인이 선의로 2중변제하더라도 보증인이 면책행위의 유효를 주장할 수 없다.

(3) 主債務者가 多數인 경우의 求償關係

주채무자가 다수인 경우에 보증인이 변제 기타 자기의 출재로 주채무를 소멸시킨 경우에 보증인과 수인의 주채무자 사이의 구상관계이다.

이 경우는 보증인이 주채무자 모두를 위하여 보증인이 된 경우와 수인의 채무자 중 어느 일인을 위하여 보증인이 된 경우를 구별하여 보아야 한다.

(가) 主債務者 모두를 위하여 保證人이 된 경우

이에 대하여는 민법에 별도의 규정이 없다. 따라서 주채무의 유형에 따라 그 성질에 부합되게 아래와 같이 해석한다.

① 主債務가 分割債務

구상권도 역시 각 채무자에 관하여 분할채무가 된다. 따라서 보증인은 주채무자인 분할채무자에 대하여 각자의 부담비율에 따라 구상권을 행사한다.

② 主債務가 連帶債務 또는 不可分債務

구상권도 역시 각 채무자에 관하여 연대채무 또는 불가분채무가 된다. 따라서 연대채무의 경우에는 각 채무자에 대하여 동시나 순차적으로 구상액 전부 또는 일부의 이행을 청구할 수 있다.

(나) 主債務者 中 어느 一人을 위하여 保證人이 된 경우

① 主債務가 分割債務

피보증인이 부담한 채무만 변제한 경우에는 피보증인에게 구상권이 발생한다. 만약 보증인이 채무 전부를 변제한 경우에는 피보증인 외의 다른 채무자에게는 각자 부담부분에 관하여 이해관계 없는 제3자의 변제가 될 뿐이다.

② 主債務가 連帶債務 또는 不可分債務

보증인은 피보증인에게 변제한 전액에 대하여 구상권을 행사할 수 있음은 물론이다. 그 밖에 민법은 다른 연대채무자 또는 불가분채무자에 대하여 각자의 부담부분에 한하여 구상권을 인정한다(제447조). 이는 원칙적으로는 보증인이 피보증인에게 면책된 채무 전액을 구상하면, 피보증인은 다른 채무자에게 부담부분에 대하여 구상권을 행사할 것이나, 이러한 번잡을 피하기 위하여 보증인이 직접 다른 채무자에게 구상권을 행사할 수 있게 한 것이다.

판례 共同不法行爲者 中 1人의 保證人의 求償權 : 어느 공동불법행위자를 위하여 보증인이 된 자가 피보증인의 손해배상채무를 변제한 경우, 그 보증인은 피보증인이 아닌 다른 공동불법행위자에 대하여는 그 부담부분에 한하여 구상권 내지 부당이득반환청구권을 행사할 수 있는바, 따라서 보증인이 보증한 공동불법행위자의 부담부분이 전부이고 다른 공동불법행위자의 부담부분이 없는 경우에는 보증인은 그 다른 공동불법행위자에 대하여 구상 내지 부당이득반환청구를 할 수 없고, 이는 신원보증의 경우라 하여 다르지 않다(대법원 1996.2.9. 95다47176).

(4) 保證人의 代位權

보증인은 부탁을 받아서 보증인이 되었든 부탁을 받지 않고 보증인이 되었든 일단 보증인이 된 경우에는 <변제할 정당한 이익이 있는 자>이다. 따라서 보증인이 주채무자를 위하여 주채무를 소멸시킨 경우에는 민법에는 명문의 규정은 없지만 당연히 채권자에 대위한다. 이에 관하여는 변제자 대위에 관한 법리가 적용된다. 따라서 채권자가 담보권을 가지는 등의 권리가 있는 경우에는 구상권 행사시에 이들 권리를 행사할 수 있다.

V. 特殊한 類型의 保證

1. 連帶保證

(1) 意義와 性質

연대보증이란 보증인이 주채무자와 연대하여 채무를 부담하는 보증채무이다. 이는 보증채무에 연대채무를 혼합한 형태로서, 채권자에 대한 보증의 효력을 강화시킨 보증채무의 일종이다. 따라서 연대보증채무는 연대채무와 보증채무의 성질인 연대성과 부종성을 같이 가지고 있다. 각 성질에 따른 법률관계를 보면 아래와 같다.

(가) 連帶性

보통의 보증채무와는 달리 연대보증채무는 주채무와 연대성이 있고, 보충성이 없어 최고·검색의 항변권이 없다(제437조). 따라서 채권자는 연대보증인에게 주채무자에 앞서 이행의 청구 및 강제집행을 할 수 있다. 또한 복수의 연대보증인이 있는 경우에는 보증인 사이에 분할의 이익이 없어 연대보증인 중 일인에게 채무 전액의 이행을 청구할 수 있다(이점은 보증연대와 같고, 공동보증과는 다르다).

(나) 附從性

연대보증도 보증의 성격을 가져 주채무에 부종성을 가진다. 부종성에 따른 법률관계를 세분하면 아래와 같다.

① 成立上의 附從性

성립에 관한 부종성에서 주채무가 부존재·무효·취소로 성립하지 않으면 연대보증채무도 성립하지 않는다.

② 內容上의 附從性

내용에 관한 부종성에서 연대보증채무의 목적·형태가 주채무보다 중할 수 없으나, 주채무가 동일성을 가지고 변하면 연대보증은 그대로 효력을 유지한다.

③ 存續上의 附從性

존속에 관한 부종성에서 연대보증인은 주채무자가 가지는 항변권을 원용할 수 있으며, 주채무가 소멸하면 연대보증채무도 소멸한다.

(2) 連帶保證의 成立

연대보증이 성립하기 위해서는 보증계약에 연대의 특약이 있어야 한다. 연대보증계약은 보통의 경우 주채무 계약에 연서하여 행하여진다. 한편, 보통의 보증에서 보증인이 최고·검색의 항변권을 포기하면 연대보증과 같게 된다. 그 밖에 상법상의 보증은 연대보증이 원칙이다(상법 제57조).

(3) 連帶保證의 效力

(가) 對外的 效力

채권자가 가지는 권리는 연대채무에서와 같다. 따라서 채권자는 주채무자와 연대보증인에게 동시 또는 순차적으로 채무의 일부 또는 전부의 이행을 청구할 수 있다.

채권자의 이행의 청구 및 강제집행에 대하여 연대보증인은 최고·검색의 항변권이 없다(제437조). 그러나, 부종성이 있어 주채무자가 가지는 항변권(동시이행의 항변권 등)을 원용할 수 있다.

(나) 主債務者와 連帶保證人에게 관한 事由의 效力

① 主債務者에 관한 事由

부종성이 있어서 주채무자에 대하여 발생한 사유는 연대보증인에게도 절대적 효력이 있는 것이 원칙이다. 따라서 주채무가 채권의 만족을 주는 사유인 변제·대물변제·공탁·상계·경개로 소멸하거나, 혼동·면제 또는 소멸시효의 완성으로 소멸하면 연대보증채무도 소멸한다.

또한 보증채무의 성격도 가져 주채무자에 대한 시효 중단의 효과도 연대보증인에게 미친다고 보아야 한다(제440조).

② 連帶保證人에 관한 事由

채권의 만족을 주는 사유인 변제·대물변제·공탁·상계·경개는 주채무자에게도 절대적 효력이 있다. 그 밖의 사유인 연대보증인에 대한 이행의 청구·시효의 중단·소멸시효의 완성·면제·혼동 등은 주채무자에게 영향이 없다.

판례 連帶保證人에 대한 免除-相對的 效力 : 연대보증인이라고 할지라도 주채무자에 대하여는 보증인에 불과하므로 연대채무에 관한 면제의 절대적 효력을 규정한 민법 제419조 규정은 주채무자와 보증인 사이에는 적용되지 아니하는 것이니, 채권자가 연대보증인에 대하여 그 채무의 일부 또는 전부를 면제하였다 하더라도 그 면제의 효력은 주채무자에 대하여 미치지 아니 한다(대법원 1992.9.25. 91다37553).

판례 第419條는 任意規定 : 민법 제419조의 규정은 임의규정이라고 할 것이므로 채권자가 의사표시 등으로 위 규정의 적용을 배제하여 어느 한 연대채무자에 대하여서만 채무면제를 할 수 있다(대법원 1992.9.25. 91다37553)

(다) 內部關係(求償關係)

연대보증인과 주채무자간의 내부관계, 즉 구상관계는 보통의 보증채무에서와 같다. 따라서 제441조 이하의 규정이 적용된다.

2. 共同保證

(1) 意義

동일한 주채무에 관하여 수인이 보증채무를 부담하는 것을 공동보증이라 한다. 공동보증은 채권자와 다수의 보증인이 함께 하나의 계약으로 성립될 수도 있고, 보증인 각자와 별개의 계약으로 성립될 수도 있다.

이러한 공동보증은 구체적인 계약의 내용에 따라서 주채무자와 보증인간, 보증인 상호간의 법률관계가 달라진다.

그 유형을 보면:

① 모두 보통의 보증인인 경우, 즉 보증인 A, B, C가 주채무자와 전형적인 보증채무를 지는 경우이다. 이 경우는 전형적인 보증인이 단지 1인이 아니라 다수라는 점만 다르다.

② 보증인 각자가 모두 주채무자의 연대보증인으로서 연대보증인이 다수인 경우이다. 이를 공동연대보증이라 한다.

③ 다수의 보증인 상호간에 연대의 특약(보증연대)을 한 경우 등으로 구분된다.

위와 같은 세 유형이 있는데, 세 유형 중에서 다른 유형으로 볼 수 있는 특별한 사유가 없는 경우에는 ①의 유형이다. 즉, 수인의 보증인이 있는 경우에는 원칙적으로 ①의 유형이다(제439조).

(2) 單純 共同保證

(가) 債權者와의 關係

각 보증인은 전형적인 보증채무를 진다. 즉 최고, 검색의 항변권을 가진다.

(나) 保證人間의 效力-分割(別)의 利益

제439조에서 공동보증의 경우는 분할채무의 규정을 적용한다고 규정한다. 따라서 보증인간에 있어서는 분할의 이익이 있어 분할된 액(부담부분)에 관하여만 보증채무를 부담하게 된다. 예컨대, 3000만 원의 주채무에 대하여 3인의 공동보증인이 있는 경우는 각자 1000만 원씩 보통의 보증채무를 진다. 공동보증에서 분할의 이익이 인정되면 채권의 담보력이 약해진다.

이에, 채권자의 보증인 1인에 대한 면제는 상대적 효력만 있다.

판례 免除의 效力-相對的 效力 : 수인의 연대보증인이 있는 경우, 연대보증인들 사이에 연대관계의 특약이 있는 경우가 아니면 채권자가 연대보증인의 1인에 대하여 채무의 전부 또는 일부를 면제하더라도 다른 연대보증인에 대하여는 그 효력이 미치지 아니한다 할 것이다(대법원 1992.9.25. 91다37553).

(다) 共同保證人 사이의 求償關係

공동보증인은 각자의 부담부분에 한하여 보증채무를 부담한다. 즉, 보증인간에서는 분할채무가 되어 분할채무의 법리가 적용된다. 다만, 구상에 관하여는 보증이라는 특수성에 의하여 제448조에서 특별히 부탁 없는 보증인의 구상에 관한 규정을 준용한다. 즉, 공동보증인 중 한사람이 자기의 부담부분을 초과하여 변제한 때에는 민법 제448조는 다른 공동보증인에게도 구상권을 행사할 수 있고, 그 범위는 제444조의 부탁 없는 보증인의 구상권에 관한 법리가 준용된다고 규정한다.

(3) 共同連帶保證

(가) 多數人의 連帶保證의 法律關係

연대보증인이 단순히 복수인 경우이다. 이 경우에는 보증인 각자가 연대보증인이므로 채권자에 대한 최고, 검색의 항변권이 없다.

보증인간에 분별의 이익이 있는지 여부가 문제되는데, 구상에 관하여는 제448조 제2항에 의하여 연대채무에 관한 규정을 준용한다. 즉, 연대보증인은 제448조 제2항에 의하여 자기의 부담부분을 넘어 변제를 한 때에는 제425조 내지 제427조에 의하여 다른 보증인에 대하여 당연히 구상권을 행사할 수 있도록 하고 있다. 이를 보아서는 보증인간에 분별(할)의 이익이 없는 것 같으나 구상과 분별의 이익은 다르고 보증인간에 연대를 인정할 특별한 사정도 없기 때문에 분별의 이익이 있다. 판례도 연대보증인간에는 분할채무라고 한다.

판례 連帶保證人間에는 分割의 利益 : 수인이 연대보증인일 때에는 각자가 별개의 법률행위로 보증인이 되었으므로 보증인 상호간에 연대의 특약(보증연대)이 없었더라도 채권자에 대하여는 분별의 이익을 갖지 못하고 각자의 채무 전액을 변제하여야 하고, 다만 보증인들 상호간의 내부관계에 있어서는 일정한 부담부분이 있고 그 부담부분의 비율에 관하여는 특약이 없는 한 각자 평등한 비율로 부담한다(대법원 1993.5.27. 93다4656).

판례 連帶保證人 1人에 대한 免除-相對的 效力 : 수인의 연대보증인이 있는 경우, 연대보증인들 사이에 연대관계의 특약이 있는 경우가 아니면 채권자가 연대보증인의 1인에 대하여 채무의 전부 또는 일부를 면제하더라도 다른 연대보증인에 대하여는 그 효력이 미치지 아니한다 할 것이다(대법원 1992.9.25. 91다37553).

(나) 一部保證을 한 共同保證人 相互間의 求償權行事의 要件

주채무자를 위하여 수인이 연대보증을 한 경우, 어느 연대보증인이 채무를 변제한 후에 다른 연대보증인에게 구상권을 행사함에 있어서는 그 변제로 인하여 다른 연대보증인도 공동으로 면책되었음을 요건으로 한다. 그런데 각 연대보증인이 주채무자의 채무를 일정한 한도에서 보증하기로 하는 이른바 일부보증을 한 경우에는 달리 특별한 사정이 없는 한, 각 보증인은 보증한 한도 이상의 채무에 대하여는 그 책임이 없음은 물론이지만 주채무의 일부가 변제되었다고 하더라도 그 보증한 한도 내의 주채무가 남아 있다면 그 남아 있는 채무에 대하여는 보증책임을 면할 수 없다. 따라서 이와 같은 경우에 연대보증인 중 1인이 변제로써 주채무를 감소시켰다고 하더라도 주채무의 남은 금액이 다른 연대보증인의 책임한도를 초과하고 있다면 그 다른 연대보증인으로서는 그 한도금액 전부에 대한 보증책임이 그대로 남아 있어 위의 채무변제로써 면책된 부분이 전혀 없다고 볼 수밖에 없고, 따라서 이러한 경우에는 채무를 변제한 위 연대보증인이 그 채무의 변제를 내세워 보증책임이 그대로 남아 있는 다른 연대보증인에게 구상권을 행사할 수는 없다. 예컨대, 주채무 1억원에 대하여 연대보증인 甲이 6천만 원, 연대보증인 乙이 5천만 원의 보증을 한 후에 甲이 4천만 원을 변제하더라도 주채무의 남은 금액이 6천만 원으로 乙의 보증채무 5천만 원을 초과하므로 甲은 乙에 구상권을 행사할 수 없다.

판례 一部保證을 한 共同保證人 相互間의 求償權 行事의 要件인 共同免責 : 각 연대보증인이 주채무자의 채무를 일정한 한도에서 보증하기로 하는 이른바 일부보증을 한 경우에는 달리 특별한 사정이 없는 한, 각 보증인은 보증한 한도 이상의 채무에 대하여는 그 책임이 없음은 물론이지만 주채무의 일부가 변제되었다고 하더라도 그 보증한 한도 내의 주채무가 남아 있다면 그 남아 있는 채무에 대하여는 보증책임을 면할 수 없다고 보아야 하므로, 이와 같은 경우에 연대보증인

중 1인이 변제로써 주채무를 감소시켰다고 하더라도 주채무의 남은 금액이 다른 연대보증인의 책임한도를 초과하고 있다면 그 다른 연대보증인으로서는 그 한도금액 전부에 대한 보증책임이 그대로 남아 있어 위의 채무변제로써 면책된 부분이 전혀 없다고 볼 수밖에 없고, 따라서 이러한 경우에는 채무를 변제한 위 연대보증인이 그 채무의 변제를 내세워 보증책임이 그대로 남아 있는 다른 연대보증인에게 구상권을 행사할 수는 없다(대법원 2002.3.15. 2001다59071)

(4) 保證連帶

주채무가 불가분채무로서 이를 보증한 경우와 보증인간에 상호 연대의 특약을 한 경우에는 보증연대로서 주채무자와의 관계에서는 보통의 보증채무 또는 연대보증을 지나 보증인간에는 분할의 이익이 없다.

보증연대는 주채무자와의 관계는 보통의 보증 또는 불가분채무의 보증 또는 연대의 특약에 의하여 연대보증을 진다.

보증인간에 연대의 특약 또는 불가분채무이기 때문에 보증인 상호간에는 분할의 이익이 없고, 연대채무에 관한 규정(제413조 이하)이 적용된다. 따라서 채권자의 어느 보증인에 대한 면제는 원칙적으로 제419조에 의하여 부담부분에 비례하여 절대적 효력이 있다.

구상에 관하여는 제448조 제2항에 의하여 자기의 부담부분을 초과하여 변제한 때에는 다른 보증인에 대하여 제425조 내지 제427조의 규정에 의하여 구상권을 행사할 수 있다.

판례 第419條는 任意規定 : 민법 제419조의 규정은 임의규정이라고 할 것이므로 채권자가 의사표시 등으로 위 규정의 적용을 배제하여 어느 한 연대채무자에 대하여서만 채무면제를 할 수 있다(대법원 1992.9.25. 91다37553).

3. 繼續的 保證

(1) 序說

(가) 繼續的 保證의 意義

계속적 보증이란 일정한 계속된 기간 중에 채권자와 주채무자 사이의 현재 및 장래에 발생하는 불확정채무에 대한 보증을 말한다. 이와 같은 계속적 보증에는 채권자와 주채무자 사이의 당좌대월계약·어음할인계약·신용카드거래계약·할부판매계약·계속적 공급계약 등에 의하여 일정기간 동안 증감변동하는 불확정의 채무를 보증하는 근보증 또는 신용보증, 고용계약 기간 중에 발생하는 피용인의 사용인에 대한 손해배상의무를 보증하는 신원보증과 임대차계약에 의한 임차인의 임대인에 대한 임료 및 손해배상의무를 보증하는 임차보증이 있다.

계속적 보증은 보증의 대상이 되는 채무의 시간적 계속성과 채무의 불확정(증감변동)이라는 특성을 가지는데, 채무의 불확정이란 보증기간 동안 채무가 증감변동한다는 의미이며, 최종적인 보증책임을 부담할 때(결산기) 채무가 확정됨은 물론이다. 따라서 장래에 발생할 확정채무를 보증할 장래의 채무의 보증과는 다르며, 장래의 채무의 보증은 보통의 보증과 다르지 않다.

(나) 繼續的 保證·根保證 등

계속적 보증 등에 관한 용어가 가끔 혼용되는데, 특히 계속적 보증·근보증·신용보증의 용어가 학자들에 따라서 또는 사용분야에 따라서 다소 그 의미를 달리하여 혼용되고 있다.

근보증은 당좌대월계약·신용카드거래계약·어음할인계약 등에서 일정 기간 동안의 불확정의 채무를 보증하되 그 보증한도액에 대하여 미리 당사자간에 약정이 있는 보증으로, 근저당에 대칭되는 개념으로 사용되는 용어이다.

신용보증이란 용어도 주로 금융계에서 물적 담보에 대칭되는 개념으로 사용하는 포괄적인 용어이다. 따라서 물적 담보가 아닌 경우는 전부 신용보증이며, 근보증도 신용보증에 속하나 근보증은 보증한도액이 정해진 신용보증으로, 신용보증에 근보증이 포함된다 할 수 있다.

문제가 되는 것은 신원보증과 임차보증인데, 신원보증은 신원보증법이 독립된 법률로 있기 때문에 이를 계속적 보증의 개념에 포섭하지 않고 독립된 개념으로 보며, 임차보증도 앞서 설명한 당좌대월계약 등과 같은 금융관계에서 발생하는 것과는 다르기 때문에 이도 별도의 개념으로 보아, 나머지를 하나의 개념으로 포섭하게 되면 계속적 보증·근보증·신용보증이 전부 같은 개념이 된다. 즉, 계속적 보증과 근보증 내지 신용보증을 같은 의미로 혼용하는데, 일부의 학자들과 판례가 취하는 견해이다.

생각건대, 신원보증과 임차보증도 근보증 등과 같이 채무의 시간적 계속성과 채무의 불확정성이란 공통적인 요소를 갖추고 있으나 다만, 신원보증과 임차보증은 보통의 경우에 보증한도액의 약정이 없는 점이 달라, 이들 모두를 포섭하는 개념으로 계속적 보증이란 용어를 사용하는 것이 합리적일 듯하다. 이렇게 이해하여 계속적 보증을 큰 개념으로 하여, 이를 신용보증(근보증)·신원보증·임차보증의 세 유형으로 분류하는 것이 타당하다고 생각한다.

(다) 繼續的 保證의 規律

계속적 보증에 있어서 가장 문제가 되는 것은 계속적 보증은 공통적으로 보증기간이 장기간으로 그 기간동안 당초에 보증인이 예상하지 못한 사정이 생겨 보증인의 책임이 현저하게 가중될 수 있다는 점이다. 이에 보증인의 책임을 합리적으로 조정·완화할 필요가 있고, 특히 사후에 보증인의 책임을 합리적으로 경감한다든지 또는 사전에 이러한 위험을 인지하고 보증인이 책임을 면할 수 있는 기회를 부여할 필요가 있다. 그런데, 계속적 보증에 관하여는 오직 신원보증에 관한 것을 규율하기 위한 단일법으로 신원보증법이 있을 뿐이다.

이에 신원보증 이외의 신용보증 내지 근보증과 임차보증에 관하여 계속적 보증으로서의 공통적인 성질에 착안하여 보증인의 책임을 완화하기 위하여 신원보증법을 유추적용할 수 있느냐는 문제가 있다. 특히 채권자의 통지의무 및 보증계약의 해지권 등이 문제가 된다.

그런데 임대차의 경우는 우리의 관행이 개별적으로 임료를 지불하는 것이 아니라 큰 액수를 보증금으로 미리 임대인에게 예치시켜 놓고, 그 보증금의 이자 상당액이 임차인의 임료의 역할을 하며 또한 보증금이 임차인의 기타 손해배상채무에 대한 담보의 역할을 하기 때문에, 별도의 보증에 대한 필요성이 없어 임차보증은 실제로는 거의 없다. 따라서 여기서는 신원보증과 근보증에 대해서만 보기로 한다.

(2) 身元保證

신원보증에 관하여는 특별법으로서 신원보증법(2002년 법률 제6592호)이 있다. 2002년에 새로 제정된 신원보증법은 구신원보증법에서 문제가 되던 부분 등을 대폭 개정함과 동시에 보증계약기간을 단축하는 등으로 신원보증인의 책임을 제한하여 보호하고 있다.

신원보증은 민법상의 보증채무의 일종이므로 신원보증법에 규정되지 않은 사항은 민법의 보증채무에 관한 규정이 적용된다.

(가) 身元保證法의 適用範圍-雇傭契約(指揮·監督關係)

신원보증법 제2조는 <신원보증계약이라 함은 피용자가 업무를 수행하는 과정에서...> 사용자에게 발생한 손해를 배상할 채무를 부담할 것을 약정한 계약이라고 규정하고 있다. 즉, 신원보증법은 신원보증계약에 관한 규정으로서, 신원보증계약은 <피용자>를 그 피신원인으로 한다는 것이다.

따라서 본법은 피용자를 피신원인으로 하는 계약에서 적용된다. 피용자란 곧 당사자간에 고용관계가 있어야 한다는 것을 의미한다. 이에 판례는 여기의 고용관계를 반드시 전형적인 고용계약이 아니더라도 적어도 지휘·감독관계에 있는 넓은 의미의 사용자·피용자관계는 있어야 하며(판례), 실질적으로 사용종속관계에 있는 공무원도 여기의 피용자에 해당한다고 본다. 학설도 판례를 지지한다.

결국, 신원보증법은 피보증인이 넓은 의미의 고용관계, 즉 지휘·감독관계가 있는 경우에만 그 적용이 있다. 이 점이 신원보증법이 신용보증 등에 적용될 수 없는 주된 이유이다. 따라서 단순히 계속적 거래관계인 것만으로는 신원보증법의 적용이 없다. 예컨대 대리점계약, 어음할인계약 등에서의 보증계약은 신원보증법의 적용이 없다.

판례 身元保證法의 適用 範圍 : 신원보증은 그 명칭 여하를 불문하고 고용관계가 있는 피용자의 행위로 인하여 사용자가 받는 손해를 배상하기로 하는 계약이고, 여기서 말하는 고용관계란 반드시 전형적인 고용계약이 아니더라도 적어도 지휘·감독관계에 있는 넓은 의미의 사용자와 피용자의 관계는 있어야 한다(대법원 1987.4.28. 86다카2023)-*(신원보증법의 적용범위에 관한 규정은 구신원보증법과 동일함)

(나) 身元保證契約의 法的 性質

① 附從性

신원보증계약이 부종계약인지 여부가 문제된다. 즉, 보증인의 채무는 피신원인의 채무가 존재하는 것을 전제하는지에 관한 문제이다.

법 제2조는 피용자(피신원인)의 <책임있는 사유로> 발생시킨 사용자의 손해를 배상할 채무라고 하여 피용자의 손해배상채무를 전제로 하고 있다. 즉, 신원보증채무는 부종성이 있다.

② 補充性

이번 전문개정(제정)된 신원보증법에서도 구신원보증법에서와 같이 신원보증계약이 보충성이 있는 계약인지 여부를 판단할 근거가 되는 명문의 규정은 없다.

구신원보증법에서도 보충성에 관하여는 논란이 있었고, 판례(대법원 1973.2.13, 72다1959)는 보충성이 없는 것으로 보았다. 그러나, 본래의 신원보증은 보통의 보증과 다르지 않으며(곽), 또한 특별히 다르게 해석할 근거가 없으며, 손해발생의 원인행위자가 일차적인 책임을 지는 것은 당연하고 당사자의 의사도 그러한 것으로 추정되기 때문에 보충성이 있다고 보아야 한다.

(다) 身元保證契約의 成立(2조)

고용관계에 있는 피신원인의 사용자와 신원보증인의 보증계약에 의하여 성립한다.

(라) 存續期間-最長 2年(3조)

신원보증계약은 그 기간을 최장 2년으로 한다. 당사자의 의사로 2년을 초과한 때에는 2년으로 단축된다(3조 1항).

갱신할 수 있으나, 그 갱신기간도 2년을 초과하지 못한다(3조 2항).

(마) 當事者의 權利·義務

① 使用者의 權利·義務

㉮ 使用者의 損害賠償請求(6조)

사용자는 피용자의 고의 또는 중과실로 인한 행위로 발생한 손해에 대하여 신원보증인에게 그 손해의 배상을 청구할 수 있다(법 6조).

피용자의 모든 책임 있는 사유로 발생한 손해 중에서 고의와 중과실에 의한 경우로 배상채무의 범위를 한정하여 신원보증인을 보호하고 있다. 따라서 피용자가 경과실에 의한 행위로 발생한 손해에 대하여는 사용자는 그 피용자에게 손해배상을 청구할 수 있을 뿐 신원보증인에게는 배상을 청구할 수 없다.

㉯ 使用者의 通知義務(4조)

사용자는, ⓐ 피용자가 업무상 부적격자이거나 불성실한 행적이 있어 이로 말미암아 신원보증인의 책임을 야기할 염려가 있음을 안 때, ⓑ 피용자의 업무 또는 업무수행의 장소를 변경함으로써 신원보증인의 책임을 가중하거나 또는 그 감독이 곤란하게 될 때에는 지체 없이 신원보증인에게 통지하여야 한다(법 제4조 1항).

주로 문제가 되는 것은 ⓑ의 경우인데, 통상 예견할 수 있는 지위의 변동은 본조에 의한 통지사유가 아니라고 본다. 예컨대 일반사무를 보다가 경리업무를 담당한다든지 하는 경우에는 통지사유가 된다.

㉰ 通知義務 懈台

사용자가 고의 또는 중과실로 통지의무를 게을리 하여 신원보증인이 제5조의 해지

권을 행사하지 못하여 신원보증인이 보증채무를 진 경우에는 보증인은 채무를 면한다 (법 4조 2항)

② 身元保證人의 權利·義務

㉮ 身元保證人의 權利

㉠ 契約解止權(5조) : 신원보증인은 ⓐ 동법 제4조의 통지를 받았거나, 또는 스스로 통지사유가 있음을 안 때와, ⓑ 피용자의 고의·과실행위로 발생한 손해를 신원보증인이 배상한 때에, ⓒ 계약의 기초되는 사정에 중대한 변경이 있는 경우에는, 계약을 해지할 수 있다(법 제5조).

위 사유 중에서 ⓒ의 사유가 문제된다. 신원보증은 계속적 보증의 한 유형이므로 계속적 보증에서 인정되는 사정변경의 원칙에 해당하는 사정의 변경이 이에 해당한다고 보아야 한다. 예컨대, 신원보증계약 체결 후 피용자 또는 신원보증인의 자산이 크게 악화된 때, 피신원인과 신원보증인간의 인적 신뢰 관계에 큰 변화가 발생한 때, 신원보증인이 피신원인을 감독하기가 곤란하게 된 때 등에는 사정변경의 원칙을 적용하여 계약을 해지할 수 있다고 하여야 할 것이다(곽, 김형, 김상).

㉡ 催告·檢索의 抗辯權 : 사용자의 손해배상 청구에 대하여 신원보증인은 최고·검색의 항변권을 행사할 수 있는가?

구법의 판례는 구신원보증법이 피용자를 주채무자로 하고 신원보증인이 부종적 지위에 서는 경우만이 아니고, 보증인이 피용자에 독립하여 배상의무를 지는 경우까지도 적용된다는 것을 근거로 신원보증인을 연대보증인의 지위와 같아 최고·검색의 항변권을 행사할 수 없다고 하였다(아래 판례).

그러나, 본래의 신원보증은 보통의 보증과 다르지 않으며, 또한 특별히 다르게 해석할 근거가 없으며, 또한 새로운 신원보증법은 부종성을 엄격하게 요구하며, 더욱이 손해발생의 원인행위자가 일차적인 책임을 지는 것은 당연하고 당사자의 의사도 그러한 것으로 추정되기 때문에, 신원보증인에게 최고·검색의 항변권이 있다고 해석하여야 한다.

판례 舊身元保證法 −身元保證人의 催告, 檢索의 抗辯權 : 신원보증법 제1조 제2항에서 신원보증계약을 <피용자의 행위로 인하여 사용자가 받은 손해를 배상할 것을 약정> 한 것이라고 명시한 법의는 피용자를 주채무자로 하고 신원보증인이 부종적 지위에 서는 경우만이 아니고 보증인이 피용자에 독립하여 배상채무를 지는 경우까지도 포함시키는 취지이므로, 사용자는 피용자가 이행하지 않으면 신원보증인에 대하여 보증채무의 이행을 청구할 수 있으며, 피용자에 대하여 먼저 최고하거나 강제집행할 것이 보증인에 대한 이행청구의 요건이 아니니 신원보증인은 마치 연대보증인과 같은 지위에 있다(대법원 1973.2.13. 72다1959).

㉢ 數人의 身元保證人 : 신원보증인이 수인이고, 그들간에 연대의 특약이 없는 경우에는 신원보증인간에는 균등한 비율로 책임을 진다(6조 2항) 즉, 보증인간에 분할(별)의 이익이 있다.

㉯ 身元保證人의 責任(6조)

㉠ 被傭者의 故意 또는 重過失로 인한 損害 만 (6조 1항) : 피용자의 과실 없는 행위는 물론이고 경과실로 인하여 발생한 손해에 대하여는 책임을 지지 아니한다(법 6조 1항).

㉡ 過失相計(6조 2항) : 신원보증인의 보증책임과 그 금액을 정함에 있어서, 피용자의 감독에 관한 사용자의 과실의 유무, 신원보증을 하게 된 사유 및 이를 함에 있어서 주의의 정도, 피용자의 임무 또는 신원의 변화 기타의 사정을 참작하여야 한다(제6조). 이는 필요적 참작사유이며, 과실의 존부는 직권조사사항이다.

㉢ 通知義務 解怠에 따른 免責(4조 2항) : 사용자가 통지의무를 해태하여 신원보증인이 신원보증계약을 해지 못한 경우에는 그 한도에서 책임을 지지 아니한다.

(바) 身元保證契約의 效力

① 不利益禁止(8조)

신원보증법은 신원보증인의 보호를 위하여 책임을 합리적인 정도에서 제한하기 위한 법률로서 강행법규이다. 따라서 동법에 위반한 특약으로서 신원보증인에게 불이익한 것은 모두 무효이다(동법 제8조).

② 身元保證契約의 失效

신원보증계약에 특유한 실효사유는 아래와 같다.

㉮ 身元保證人의 死亡

신원보증법 제7조는 신원보증계약은 신원보증인의 사망으로 효력을 상실한다고 규정하는데, 이는 신원보증인의 지위가 상속되지 않는다는 의미이다. 신원본인과 신원보증인은 보통의 경우 강한 인적 신뢰관계가 전제되기 때문에 그 지위가 상속성이 없음은 당연하다. 그러나 신원보증인 사망 전에 이미 발생한 신원보증채무는 보통의 채무와 다르지 않아 상속되는 것은 물론이다.

㈏ 一時退職 後 退職金 受領한 경우

판례는 내부적 합의에 따라 계속근무를 전제한 후에 일시 퇴직하였으나 신규 입사 전에 퇴직금을 수령한 경우에는, 퇴직금이 신원보증인의 신원보증채무에 대한 구상권의 담보적 구실도 하므로 퇴직한 때에 기존의 신원보증계약은 실효된다고 한다(대판 1986.2.11, 85다카2195). 신원보증인을 보호하기 위한 해석으로 타당하다.

(사) 身元保證人의 求償權

신원보증인이 손해를 배상한 때에는 피신원인에 대하여 보통의 보증에서와 같이 구상을 할 수 있다. 이때 구상권의 행사에 관하여는 민법의 보증채무의 구상권에 관한 민법 제444조 이하가 적용된다.

(3) 信用保證(根保證)

(가) 意義

신용보증 내지 근보증이란 당좌대월계약·어음할인계약·신용카드거래계약·계속적 공급계약·대리점계약 등 계속적 거래계약에서 발생하는 불확정채무를 보증하는 것을 말한다. 그런데 이는 물적 담보가 아닌 인적 담보라는 의미에서 신용보증이라 하며, 그중에서 보증한도액이 있는 경우를 근보증이라 한다. 실거래계에서는 예외 없이 보증한도액이 있기 때문에 신용보증과 근보증은 결국 같은 의미로 사용된다.

이러한 신용보증의 법률관계에 관하여는 특별히 규정한 바가 없어 보증인의 보호 특히 계약의 해지권과 보증책임의 범위가 문제된다. 이에 대하여 신용보증이 신원보증과 동일하게 계속적 보증의 일종으로 그 본질에 있어서 같기 때문에, 신원보증법에 관한 많은 내용을 유추 적용하거나 또는 신의성실의 원칙의 적용으로 보증인에게 계약의 해지권이 인정되거나 또는 보증책임은 제한될 수 있다는 일부의 주장도 있다.

그러나 신원보증과 신용보증은 계속적 보증이란 점에서는 공통성이 있으나 피보증인과 채권자와의 관계에서 신원보증의 경우는 지속적인 지휘·감독을 받아 피보증인의 행태를 관리하고 파악할 수 있으나 신용보증의 경우는 그렇지 못하다는 점에서 신용보증에 신원보증의 직접적인 유추 적용은 무리라고 생각한다. 판례는 신원보증법의 적용에 관하여는 엄격히 제한하고 있는데 신용보증에 관하여는 기본적으로 사정변경의 원칙인 신의칙과 거래의 관행을 들어 보증책임을 제한할 수 있다고는 하나, 신의칙의 구체적인 적용에 있어서는 지나치게 제한을 하고 있다.

(나) 被保證債務의 範圍

피보증채무의 범위가 보증계약에서 정하여지는 것은 물론이다. 그러나 피보증채무의 시간적 범위에 관하여는 문제가 있다. 즉, 보증계약 체결 이후에 발생한 채무가 그 대상이 되는 것은 당연한데 보증계약 체결일 현재 이미 발생한 채무가 포함되느냐가 문제이다.

이는 당사자의 의사표시의 해석에 의하여 판단되나, 당사자의 의사가 불분명할 때가 문제된다. 판례는 계약일 이후의 채무만을 보증한다는 특약이 있거나 또는 그렇게 해석할 만한 특별한 사정이 있는 경우에는 장래의 채무만을 보증하는 것으로 보며, 그러한 측면에서 이미 주채무자와 채권자간에 거래가 진행되는 중에 보증계약을 체결한 경우에는 특별한 사정이 없는 한 계약일 현재 이미 발생한 채무도 피보증채무의 범위에 속한다고 새긴다(대판 1976.12.14, 76다2316). 그러나 이러한 해석에는 찬성할 수 없다. 어떠한 경우에나 책임을 중한 것으로 판단하기 위해서는 그렇게 판단할 만한 특별한 사정이 있을 것이 전제되는 것이 원칙이다. 따라서 당사자의 의사가 불분명하며, 특별한 사정이 없는 경우에는 계약일 이후에 발생된 채무만 보증한다고 보아야 할 것이다.

(다) 保證責任의 範圍

① 信義則에 의한 制限

판례와 학설은 보증책임을 신의성실의 원칙 또는 공평의 원칙에 의하여 합리적인 범위 내로 제한할 수 있다고 본다. 그와 같은 예로 판례는 보증인이 부담할 주채무의 액이 보증 당시에 예상하였거나 예상 가능한 액을 훨씬 상회하고, 이러한 주채무의 과다발생원인을 보증인에게 통지함이 없이 고의로 거래규모를 확대한 경우 등을 든다.

② 保證限度額의 約定이 있는 경우

㉮ 原則

보증인의 예상을 초과하였더라도 원칙적으로 보증한도액 내의 모든 채무에 책임이 있다. 그러나 고의로 거래 규모를 확대한 것과 같은 특별한 사정이 있는 경우에는 신의칙의 적용으로 제한될 수 있다.

㉯ 限度 內에서 利子 등 附隨債務도 포함

보증한도액을 원본 총액만으로 한정할 것인가 여부가 문제된다. 의사표시의 해석에 의하여 결정되나, 특약이 없는 한 한도액 내에서는 원본 총액과 이자 등 부수채무도 포함된다.

㉰ 한도 내의 채무이면, 그 채무가 한도액 범위 내의 거래로 인한 채무이든 또는 당초에는 한도액을 초과한 거래에서 발생한 채무였으나 주채무자가 일부변제를 하여 잔존한 것이든 묻지 않고 변제기에 한도액 내의 채무이면 보증책임이 있다.

③ 保證限度額의 約定이 없는 경우

신의칙 또는 공평의 원칙에 의하여 보증책임의 범위는 합리적으로 제한된다(이설 없음). 따라서 주채무자와 보증인간의 관계, 보증계약을 체결하게 된 동기와 사정, 피보증채무의 내용, 거래의 관행 등을 종합적으로 고려하여 합리적인 범위 내로 조정된다. 특히 주채무자의 자산상태가 악화된 것을 알고도 채권자가 고의로 거래규모를 확대한 경우, 이자가 계속 연체됨에도 거래를 계속한 경우, 채권자가 채권의 회수를 태만한 경우 등으로 채권자에게 악의가 있는 경우에는 책임을 면한다고 보아야 한다.

판례 信義則에 의한 保證責任의 制限과 保證債務의 範圍 : 일반적으로 계속적 보증계약(이 책에서 신용보증)에 있어서 보증인의 부담으로 돌아갈 주채무의 액수가 보증인이 보승 당시에 예상하였거나 예상할 수 있었던 범위를 훨씬 상회하고, 그 같은 주채무 과다 발생의 원인이 채권자가 주채무자의 자산 상태가 현저히 악화된 사실을 익히 알거나 중대한 과실로 알지 못한 탓으로 이를 알지 못하는 보증인에게 아무런 통지나 의사타진도 없이 고의로 거래규모를 확대함에 비롯되는 등 신의칙에 반하는 사정이 인정되는 경우에 한하여 보증인의 책임을 합리적인 범위 내로 제한할 수 있다(대법원 1995.6.30. 94다40444).

판례 保證債務에 附隨債務도 포함 : 계속적 보증계약에 보증한도액의 정함이 있는 경우, 그 한도액을 주채무의 원본총액만을 기준으로 할 것인지 그 한도액에 이자, 지연손해금 등의 부수채무까지도 포함될 것으로 할 것인지는 먼저 계약당사자의 의사에 따라야 하나, 특약이 없는 한 한도액 내에는 이자 등 부수채무도 포함되는 것으로 해석되어야 한다(대법원 1995.6.30. 94다40444).

(라) 保證人의 解止權

① 事情變更에 의한 解止權

보증기간의 약정이 있더라도 보증에 이르게 된 경위, 상당기간의 경과, 주채무자에 대한 신뢰의 상실, 주채무자의 자산상태의 변화, 보증인의 지위의 변동 기타 채권자측의 사정 등 여러 사정을 고려하여 사회통념상 그 보증을 계속 존속시키는 것이 상당하지 않다고 볼 수 있는 경우에는 상대방인 채권자에게 신의칙상 묵과할 수 없는 손해를 입게 하는 등의 특별한 사정이 없는 한 보증인에게 그 해지권이 인정된다는 것이 판례이다. 타당하다.

판례 事情變更에 의한 保證契約 解止 : 계속적인 보증(이 책에서의 신용보증에 해당)에 있어서는 보증계약 후 당초 예기치 못한 사정변경이 생겨 보증인에게 계속하여 보증책임을 지우는 것이 당사자의 의사해석 내지 신의칙에 비추어 상당하지 못하다고 인정되는 경우에는, 상대방인 채권자에게 신의칙상 묵과할 수 없는 손해를 입게 하는 등의 특별한 사정이 없는 한 보증인의 일방적인 보증계약해지의 의사표시에 의하여 보증계약을 해지할 수 있다(대법원 1996.12.10, 96다27858).

판례 繼續的 保證에서 解止權-信賴破壞에 의한 解止權 : 기간의 정함이 없는 이른바 계속적 보증계약에 있어서는 보증인의 주채무자에 대한 신뢰가 깨지는 등 보증인으로서 보증계약을 해지할 만한 상당한 이유가 있는 경우에 보증인으로 하여금 그 보증계약을 그대로 유지·존속케 한다는 것은 사회통념상 바람직하지 못하므로 그 계약해지로 인하여 상대방인 채권자에게 신의칙상 묵과할 수 없는 손해를 입게 하는 등 특단의 사정이 있는 경우를 제외하고 보증인은 일방적으로 이를 해지할 수 있다고 할 것이고, 이 경우 보증인은 해지 이후에 발생한 채무에 대해서는 보증책임을 부담하지 않는다(대법원 2002.2.26. 2000다48265).

② 相當期間 經過 後의 解止權

보증기간의 약정이 없는 경우에는 보증계약 체결 후 상당기간 경과 후에는 해지권이 인정된다는 것이 통설이다. 이는 민법이 계속적 계약관계에서 존속기간의 정함이 없는 경우에는 언제든지 계약을 해지할 수 있도록 하고(제635조[기간의 약정없는 임대차의 해지통지], 제660조[기간의 약정이 없는 고용의 해제통지])있는 것이 일반적이기 때문이다(김상). 그러나, 판례는 단순히 상당한 기간이 경과하였다는 사정만으로 바로 그 해지권이 발생한다고 할 수 없다고 한다.

판례 相當期間 經過만으로는 解止 不可 : 기간을 정하지 않은 계속적 보증계약이라고 하여 상당한 기간이 경과하였다는 사정만으로 바로 그 해지권이 발생한다고 할 수 없다(대법원 2001.11.27. 99다8353).

(마) 保證人 地位의 非相續性

피보증인과 보증인은 인적 신뢰관계에 기초한 것으로 보증인의 사망으로 보증인의 지위는 상속되지 않는다고 보는 것이 타당하다. 그러나 보증인의 사망시까지 이미 발생한 보증채무가 상속되는 것은 당연하다.

(바) 保證人의 求償權

민법상의 보통의 보증에서 규정한 구상권의 법리가 그대로 적용된다.

VI. 損害擔保契約

1. 意 義

손해남보계약이란 일방이 타방에 대하여 일정한 자로부터 입을 손해를 전부 배상받을 것을 목적으로 하는 계약이다.

손해담보계약은 담보자가 채권자에 대하여 독립하여 손해의 전보책임을 부담하는 것이므로, 보증채무가 주채무에 부종하여 주채무자의 불이행을 담보하는 것과는 다르다. 즉, 손해담보채무는 부종성과 보충성이 없다. 따라서 최고·검색의 항변권이 없다. 또한 담보되는 손해의 액은 처음부터 확정되어 있을 필요는 없고, 일정한 사항으로부터 발생할 손해로 확정할 수 있는 것이면 족하다.

예컨대 신원보증에서 주채무자가 채무를 부담하느냐 여부를 불문하고 신원본인으로부터 발생한 모든 손해를 이행할 것을 내용으로 하는 계약인 경우에는 손해담보계약이 된다. 손해담보계약은 원칙적으로 편무·무상의 계약이며 쌍무·유상의 손해담보계약은 보험계약이다.

2. 效 力

① 담보되는 채무는 부종성과 보충성이 없다. 따라서 주채무에 해당되는 것이 성립

원인의 무효·취소에 의하여 존재하지 않더라도 손해담보책임은 발생한다.

② 주된 채무의 존재를 전제로 하지 않는다.

③ 최고·검색의 항변권이 없다.

④ 원칙적으로 구상권도 발생하지 않는다.

판례 獨立的 銀行保證은 損害擔保契約 : 이른바 독립적 은행보증(first demand bank guarantee)의 보증인으로서는 수익자의 청구가 있기만 하면 보증의뢰인이 수익자에 대한 관계에 있어서 채무불이행책임을 부담하게 되는지의 여부를 불문하고 그 보증서에 기재된 금액을 지급할 의무가 있다고 할 것이며, 이 점에서 이 은행보증은 수익자와 보증의뢰인과의 원인관계와는 단절된 추상성 내지 무인성을 가진다(대법원 1994.12.9. 93다43873).

第8章

債權·債務의 移轉

第1節 總 說

I. 債權의 財産化 現像

로마법에서 채권·채무는 원래 채권자와 채무자간의 인격적 법쇄로 관념 되어, 이를 주체로부터 분리하여 타인에게 양도 내지 이전한다는 일은 있을 수 없었다. 그러나 채권도 하나의 독립적인 재산권으로서 그 가치가 인정됨과 동시에 경제적 요청에 의하여 채권·채무의 이전의 필요성이 생기게 되었다. 이는 채권 그 자체가 재산화 되었다는 것을 의미하는데, 이에 따라 법률적으로는 채권에 있어서 인격적·윤리적 색채가 배제되고 경제적 색채가 점증되게 되었다.

이와 같이 채권의 재산적 가치성을 높이 평가하여 채권의 이전은 쉽게 이해된다고 할지라도 소극적 의무인 채무의 이전은 간단히 승인하기가 쉽지 않았다. 이러한 측면에서 채권의 이전은 비교적 일찍이 승인되었으나, 채무의 이전에 관하여는 독일 민법에 와서 비로소 인정하는 일반규정을 두었으며 스위스 채무법이 이를 따랐다. 채권을 그 주체로부터 분리하여 이전을 승인한 이상, 채무도 그 주체로부터 분리시켜 이전하는 것을 부정할 이유는 없을 것이다. 다만 채무의 이전은 채권의 이전과는 달리 당사자의 변경이 상대방에 대하여 미치는 영향이 크기 때문에 이 부분에 대한 제도적 보장이 주요한 과제가 된다.

오늘날 모든 국가에서 실정법상의 규정이 있든 없든 불문하고(프랑스 민법은 채무인수에 관한 규정이 없다), 채권의 이전은 물론이고 채무의 이전도 유효한 것으로 인정하고 있다. 채권·채무의 이전은 채권·채무의 동일성을 유지하면서 채권자 또는 채무자가 변경되는 것으로, 채권·채무가 동일성을 상실하면서 채권자 또는 채무자의 변경이 생기는 경개와는 다르다.

채권·채무의 이전에는 개별적으로 채권 또는 채무가 이전되는 채권양도 또는 채무인수가 있으며, 채권·채무의 포괄적 이전으로 당사자의 지위를 이전하는 계약인수가 있다.

II. 債權에서 人格的 色彩의 排除

채권의 재산화 현상과 경제적 요청에 따른 채권·채무의 이전의 필요성이 증대되고 활발하여 지는데, 이를 위하여 채권에 내재하던 인격적 색채는 점점 소멸되고 재산적 성질이 앞면에 나타난다. 이러한 채권·채무의 이전은 후기 로마법에서는 한정된 범위에서 채권의 양도가 허용되다가, 그 후 19세기에 채권의 투자수단적 기능이 인정됨에 따라 이를 제도적으로 보장하는 입법화가 추진되었으며, 현대 자본주의경제체제 아래서는 채권의 양도와 채무의 인수는 자본의 유동화를 위한 필수적인 수단으로 그의 원활화가 필연적으로 요청되어 각국은 이를 전면적으로 승인하게 되었다. 그러나 아직까지도 본래의 채권인 지명채권指名債權에 관하여는 그 양도성이 활발하지 못할 뿐만 아니라 양도의 안전성도 충분하지 못하다.

증권적 채권을 발생시킨 경제적 요청에 의한 채권·채무 이전의 원활화 내지 발달은 법리적으로는 채권에 내재하는 인적 색채의 배제(로마법 학자), 계약적 색채의 배제(18, 19세기 학자), 의사적 색채의 배제(증권적 채권) 등으로 발전되어 왔다.

III. 債權者(讓受人)의 保護

채권·채무 이전의 제도적 보장의 요체는 채권의 양도에서는 양수인의 지위의 안전성을 위한 채권의 성립 내지 존재 문제, 유통 중의 하자 문제, 채무자의 지급능력이 문제가 되어 이들을 해결하기 위한 채권으로 증권적 채권이 발달하게 되었다. 또한 지급능력의 문제를 해결하기 위하여 저당제도와 유가증권의 결합(유통저당권)이 시도되며, 채무인수에 있어서는 채권자의 보호에 초점이 맞추어 지고 있다.

1. 成立 내지 存在 問題

채무부담을 하게 된 의사표시 그 자체의 하자로서 의사표시의 흠결(착오·사기·강박에 의한 채무부담) 또는 행위무능력자의 채무부담 등에 의한 채권의 성립 내지 존재가 문제된다. 이러한 채권의 성립 내지 존재 문제는 채권 자체를 원인으로부터 분리시키는 무인적無因的인 것으로 되게 함으로써 채권 양수인의 지위를 보장한다.

2. 流通 中의 瑕疵

채권이 전전 유통되는 과정에서 발생하는 위조·유실·절취 등으로 무권리자가 개재된 경우와 양도인이 자기의 양도행위의 하자를 이유로 무효·취소를 주장하는 경우의 문제이다. 이는 증권적 채권에서 문제가 되는데, 이는 일단 양도·배서의 형식적 연속성을 그 주요한 판단 요소로 한다. 더 나아가 양수인의 보호를 위하여 선의취득을 광범위하게 인정한다든지 또는 인적 항변의 절단 등으로 양수인을 보호한다.

3. 債務者의 支給能力

채무자의 지급능력 문제는 제도적으로 보장하는 것과 채권 또는 채무를 이전할 때에 개별적으로 보장하는 것이 있을 수 있다. 전자는 채권에 저당제도를 결합하는 것으로 유통저당제도의 필요성이 제기되어, 자산유동화에관한법률에 의하여 주택저당채권증권이 개발되어 아직은 미흡하나마 시행되고 있다. 후자로는 개별 행위시에 양도인 또는 본래의 채무자에게 지급에 대한 담보책임을 부과함으로써 해결한다. 즉, 채권양도가 매매의 목적인 때에는 양도인은 채무자의 지급능력에 대한 매도인의 담보책임을 부담하게 된다.

第2節　債權讓渡

I. 債權讓渡의 意義와 目的

1. 債權讓渡의 意義

채권양도란 계약에 의하여 채권의 동일성을 유지하면서 이전하는 것을 말한다. 채권은 이와 같이 계약에 의하여 이전되는 경우 외에 법률의 규정(예 : 상속·손해배상자대위·변제자대위·회사의 합병 등으로), 유언, 법원의 전부명령轉付命令에 의하여 이전되기도 하나, 계약에 의하여 이전되는 것만을 채권양도라 하며 다른 경우와 구별된다.

오늘날 자본주의 경제조직 아래서 채권은 독립된 재산적 가치로서 투하자본을 회수할 필요성이 있게 되는데, 채권의 유동화는 오늘날의 자본주의 경제체제에서는 필연적인 요청이 되고 있다. 이러한 요청에 의하여 장래의 재화인 채권이 현재의 재화로서 거래의 객체가 되어 채권양도의 목적이 된다. 이는 본래의 채권자에게는 투하자본을 회수하는 수단이 되며, 양수인에게는 자본의 새로운 투자의 수단으로서 기능 한다. 예컨대 乙(채무자)에 대하여 대금채권을 가지는 甲(채권자)은 그 채권을 丙에게 매각함으로써, 甲은 변제기 도래 전에 대금을 취득하여 자금을 회수하게 되며, 한편 丙은 매각대금을 지불하여 甲으로부터 채권을 매수하여 취득함으로써 새로운 투자에 참가하게 되는 것이다.

채권양도가 위와 같은 기능을 하기 위하여는 양도가 원활하고 그 범위가 확대되어야 하며, 특히 양도의 안전성과 회수의 확실성이 보장되어야 한다. 따라서 이에 맞추어 상법 및 어음법·수표법 등의 특별법은 유가증권·주식·화물상환증 등의 상업증권에 관하여 상세한 규정을 두고 있다. 민법은 지명채권 외에 증권적 채권에 관하여 규정하고 있으나 상법 기타 특별법과 비교해서는 많이 뒤떨어져 있다.

2. 債權讓渡의 目的

채권양도가 행하여지는 목적으로는 아래의 세 가지 유형이 있다. 첫째, 채권의 변제기 전에 현금화할 목적으로 채권을 거래의 객체로 하는데, 이때는 매매를 원인행위로 한다. 둘째, 다른 채권을 담보할 목적으로 채권양도가 행하여지는 경우가 있다. 셋째, 채권자가 제3자에게 당해 채권을 추심하여 줄 것을 목적으로 채권양도를 하게 된다.

채권이 거래의 객체로 양도된 경우에는 양수인이 완전한 채권자이나, 채권담보의 목적 또는 추심의 목적으로 채권양도가 행하여진 경우에는 양수인은 양도인과의 관계에서는 담보의 목적 또는 추심의 목적으로만 채권을 행사하여야 할 의무를 부담한다. 따라서 이러한 경우를 신탁적 채권양도라고 한다. 그러나 이러한 경우에도 그러한 목적에 의한 제한은 양도인과 양수인 사이의 문제일 뿐이며, 외부적으로는 다른 채권양도와 다르지 않다. 따라서 예컨대 다른 채권의 담보목적으로 채권양도가 행하여지고 양도인과 양수인간에 피담보로 한 채무가 변제된 때에도, 채무자는 자기의 채무를 양수인에게 변제할 의무를 진다(아래 판례 참조).

한편, 채권자에 대한 채무변제를 위하여 다른 채권을 채권자에게 양도한 경우에는 특단의 사정이 없는 한 그 채권양도는 채무변제를 위한 담보 또는 변제의 방법으로 양도되는 것으로 볼 것이어서 원래의 채권은 소멸되지 않는다.

위의 경제적 목적의 채권양도와는 달리 소송행위를 수행케 할 목적의 채권양도는 무효이다(신탁법 제7조). 판례는 부부 사이의 채권양도는 특별한 사유가 있지 아니하는 한 소송신탁에 해당한다고 하여 채권양도를 무효로 하고 있다(아래 판례).

판례 擔保目的 債權讓渡後 被擔保債權 消滅의 경우의 辨濟의 相對方 : 채권양도가 다른 채무의 담보조로 이루어졌으며, 또한 그 채무가 변제되었다고 하더라도, 이는 채권양도인과 양수인간의 문제이지, 양도채권의 채무자는 위 채권양도·양수인간의 채무 소멸 여하에 관계없이 양도된 채무를 양수인에게 변제하여야 한다(대법원 1979.9.25. 79다709).

판례 夫婦사이의 債權讓渡는 訴訟信託 目的의 讓渡로 간주하여 無效 : 부부사이의 채권양도는 다른 원인이나 목적에 기하여 채권을 양도하였다는 것으로 볼 수 있는 특별한 사정이 없는 한 소송행위를 하게함을 주목적으로 한 것으로 볼 수밖에 없고, 따라서 위 채권양도는 무효이다(대법원 1996.3.26. 95다33917).

II. 債權讓渡의 法律的 性質

1. 債權者와 讓受人間의 契約

채권양도는 채권자(양도인)와 양수인 사이의 낙성·불요식계약으로 채무자는 당사자가 아니다. 채권양도가 효력을 발생하기 위하여는 양도계약 외에 채권의 종류에 따라 별도의 요건을 필요로 한다. 지명채권指名債權은 당사자의 의사표시에 의하여 양도의 효력이 생기나, 채무자에 대한 통지 또는 승낙이 없으면 채무자 또는 제3자에 대항할 수 없다(제450조 1항). 증권적 채권은 당사자 사이의 의사표시만으로는 채권이 이전되지 않으며, 그 밖에 증서의 배서·교부 또는 단순한 교부가 있어야 한다(제508조[지시채권의 양도방식], 제523조[무기명채권의 양도방식]).

2. 債權讓渡는 準物權行爲

채권양도는 채권 그 자체의 이전을 목적으로 하는 계약으로, 처분행위의 성질을 가져 준물권행위가 된다. 그런데 채권양도는 실제로는 채권을 독립적인 가치물로 매매 또는 증여하는 것을 원인행위로 하여 행하여지는 것이 보통이다.

여기서 준물권행위인 채권양도와 그 원인행위인 채권행위(매매계약 또는 증여계약)와의 관계가 문제된다. 이는 물권변동에 있어서 물권행위와 채권행위의 관계에서와 동일한 문제가 된다. 이에 관하여는 지명채권과 증권적 채권을 구분하여 보아야 한다.

(1) 指名債權의 경우

준물권행위의 독자성과 무인성을 부정하는 소수의 견해에 의하면 채권양도와 원인행위는 하나의 행위로 행하여져서 지명채권의 매매·증여 등과 같은 원인행위를 하면 따로 채권양도만을 목적으로 하는 계약을 하지 않더라도 채권이 이전된다는 것이다. 한편 독자성과 무인성을 인정하는 다수의 견해는 채권양도와 원인행위는 이론상으로는 별개의 행위이나 실제상으로는 동일한 행위로 행하여진다는 것이다.

이러한 독자성·무인성의 인정여부는 원인행위(채권의 매매계약)가 부존재·무효·취소·해제 등으로 효력을 상실하게 될 때, 그 결론에 있어서 차이가 생긴다. 독자성·무인성을 부정하면 채권양도는 원인행위의 부존재 등으로 당연히 효력을 상실하나, 이를 인정하면 원인행위는 채권양도에 영향을 미치지 않는 것이 원칙이다. 그러나 독자성·무인성을 인정하는 견해도 실제상으로는 채권양도와 원인행위는 동일한 행위로 행하여지며, 당사자의 의사가 분명하지 아니한 경우에는 채권양도의 효과는 원인행위와 같은 효과가 생긴다고 해석하여 결론에 있어서는 크게 다르지 않다.

(2) 證券的 債權의 경우

독자성·무인성을 인정하는데 일치하고 있다. 따라서 유효한 양도계약과 증서의 배서·교부 또는 교부가 있으면, 그 원인행위가 무효 또는 취소되더라도 증권적 채권의 양도에는 영향이 없다. 예컨대 물건의 매매계약에 의한 대금으로 무기명증권을 양도하여 교부하였다면, 그 후에 원인행위인 매매계약이 무효 되더라도 증권의 양도의 효력에는 영향이 없다. 물론 양도인은 부당이득의 법리에 의하여 반환을 청구할 수는 있다.

3. 債權의 同一性을 維持

채권양도가 효력을 발생하면, 채권은 동일성을 잃지 않고 새로운 채권자에게 이전한다. 따라서 그 채권에 종된 권리인 기본적 이자채권, 위약금채권, 보증채권 등은 당사자 사이에 특별한 의사표시가 없으면 같이 이전한다. 그러나 담보권, 예컨대 저당권 등은 별도의 물권변동에 관한 요건(등기)을 갖추어야 한다.

또한 그 채권에 부착된 동시이행의 항변권 등도 그대로 유지된다(경개는 채권의 동일성을 상실하므로 종된 권리 및 항변권 등이 소멸한다). 그런데 기존의 채권이 제3자에게 이전된 때에 그 법적 성질이 채권의 양도인지 경개인지 불분명한 경우가 있다. 일차적으로는 당사자의 의사에 따라 판단하여야 할 것이나, 당사자의 의사가 불분명할 때는 특별한 사정이 없는 한 채권이 이전되어 그 채권이 동일성을 상실함으로써 채권자는 담보를 잃고 채무자는 항변권을 잃게 되는 등으로 스스로 불이익을 초래하는 의사를 표시하였다고는 볼 수 없어 일반적으로 채권의 양도로 보아야 한다.

판례 既存 債權이 第3者에게 移轉된 경우, 法的 性質이 債權譲渡인지 更改인지 判斷 基準 : 기존의 채권이 제3자에게 이전된 경우 이를 채권의 양도로 볼 것인가 또는 경개로 볼 것인가는 일차적으로 당사자의 의사에 의하여 결정되고, 만약 당사자의 의사가 명백하지 아니할 때에는 특별한 사정이 없는 한 동일성을 상실함으로써 채권자가 담보를 잃고 채무자가 항변권을 잃게 되는 것과 같이 스스로 불이익을 초래하는 의사를 표시하였다고는 볼 수 없으므로 일반적으로 채권의 양도로 볼 것이다(대법원 1996.7.9. 96다16612).

III. 債權의 讓渡性

1. 債權의 讓渡性

(1) 讓渡性의 原則

채권의 재산적 성질에 의하여 채권은 오늘날 널리 그 양도성이 인정된다. 특히 증권적 채권은 채권의 양도성을 증대하기 위하여 고안된 제도로서 양도성이 절대적으로 보장된다. 민법도 채권은 원칙적으로 그 양도성이 있음을 선언하고 있다(제449조 1항).

(2) 將來의 債權

아직 발생하지 않은 장래에 발생될 채권의 경우에도, 그 채권의 발생이 예정되어 있고 특정할 수 있는 경우에는 사전 양도도 가능하다. 이 경우에는 채권 성립과 동시에 양도된다.

(3) 條件附·期限附 債權(149조)

조건부·기한부 채권이라도 그러한 조건 또는 기한이 부착된 채로 양도되는 것은 아무런 문제가 없다.

(4) 債權의 一部讓渡

채권의 일부양도도 가능하다. 급부가 가분할 수 있는 채권의 일부양도는 당사자간에 다른 특약이 없으면 양도로 분할채권(408조)이 되며, 불가분급부가 일부양도가 있으면 기존의 채권자와 일부 양수인간의 채권의 공동적 귀속인 수인의 불가분채권관계(409조)가 성립한다.

채권에 부착된 담보권은 채권이 일부 양도된 때에는 기존의 채권자와 일부양수인의 두 개의 채권을 함께 담보한다.

2. 指名債權의 讓渡制限

채권은 위에서 본 바와 같이 그 종류를 묻지 않고 원칙적으로 양도성이 있으나, 특정의 채무자가 특정의 채권자에게 이행할 것을 전제로 하는 지명채권은 지명채권의 발생원인에 따른 거래관계의 개별성·개인성으로 그 양도성이 광범위하게 제한을 받는다.

(1) 性質에 의한 制限

채권의 성질이 양도를 허용하지 아니하는 때에는 그 채권은 양도하지 못한다(제449조 1항). 채권의 성질이 양도를 허용하지 아니 한다는 것은, 채권자가 변경되면 채권이 동일성을 잃는다든지 또는 본래의 목적을 달성할 수 없는 것을 의미한다. 그러나 오늘날의 거래관계는 많은 경우에 개별성을 상실하고 비인격화되어 가는 경향에 있기 때문에 성질에 의한 양도의 제한은 가능한 한 완화되는 것이 타당하다.

성질에 의하여 양도성이 제한을 받는 구체적 예로는 다음의 것이 있다.

(가) 債權者의 變更으로 給付의 內容이 變更되는 債權

예컨대 특정인을 교수케 하는 채권, 특정인의 초상을 그리게 하는 채권 등은 채권자가 변경되면 급부의 내용이 변경되므로 양도가 허용되지 않는다. 부작위채권도 이에 속한다.

(나) 債權者의 變更으로 權利行使에 顯著한 差異가 생기는 債權

권리행사에 개인별로 현저한 차이가 생기는 채권은 채무자의 보호를 위하여 원칙적으로 양도가 허용되지 않는다. 민법은 사용대차에서의 차주의 채권(제610조), 임차권(제629조), 고용에 있어서 사용자의 채권(제657조) 등에서는 그 양도성을 제한하여, 채무자의 승낙이 있는 경우에만 양도할 수 있다고 규정한다.

이들의 경우에 승낙 받지 않고 양도(무단양도)하는 경우의 효과에 관하여는, 양도자체가 무효가 되는 것이 아니라 양수인이 채무자에 대하여 그 채권의 취득을 가지고 대항하지 못한다고 새긴다.

민법에 규정은 없지만 위임인의 채권, 종신정기금채권 등도 채무자의 승낙이 있는 경우에만 양도가 가능하다고 보아야 한다.

(다) 特定 債權者와의 사이에 決濟되어야 할 特別한 事情이 있는 債權

상호계산(상법 제72조)에 계입計入된 채권, 당좌대월계약상의 채권은 당사자간에 상호계산관계 또는 당좌대월계약관계가 존속 중이기 때문에 양도가 허용되지 않는다.

(라) 賃金債權의 讓渡性 問題

임금채권은 그 양도성에 대하여 법률에 직접적으로 언급하고 있지는 아니하나, 개별법에 의하여 그 지급과 압류에 대하여 규제를 하고 있다. 근로기준법 제42조는 임금은 근로자에게 직접 지급하여야 한다(임금직접지급의 원칙)고 규정하며, 또한 동법 제112조는 그에 위반하는 자는 처벌을 하도록 규정되어 있으며, 민사집행법 제246조에는 급여채권은 그 2분의 1에 대하여는 압류하지 못한다고 규정하고 있다.

임금채권에 대한 이러한 개별법의 규제와 관련하여 양도성과 그에 따른 법률관계가 문제된다.

판례와 다수설은 어떠한 법도 임금채권의 양도성을 직접적으로 제한하지는 않아 양도 자체는 허용되나, 그 임금의 지급에 관하여는 근로기준법상의 직접지급의 원칙이 적용되어, 비록 양도를 받더라도 양수인이 스스로 사용자에 대하여 임금의 지급을 청구할 수는 없다고 한다. 즉, 임금채권의 양도성은 인정하나 양수인의 추심권은 부정한다. 결국 추심권推尋權이 인정되지 않아 양도성을 인정하더라도 그 실익은 없는 결과가 된다. 이에 대하여 소수설은 임금채권이 양도되면 그 때부터는 임금의 성질을 잃어 통상적인 금전채권으로 되고, 따라서 근로기준법은 적용되지 아니하고, 따라서 양수인은 추심할 수 있고 사용자는 지급하여야 한다는 견해도 있고, 압류가 가능한 범위(민집법 제246조)내에서 만 양도성이 있다는 주장 등이 있다.

판례와 다수설이 그 실익 면에서는 문제가 있으나, 다른 견해를 취할 적극적 근거가 박약하여 판례와 다수설에 동조한다.

판례 賃金債權의 讓渡性 : 근로자의 임금채권의 양도를 금지하는 법률의 규정이 없으므로 이를 양도할 수는 있다 할 것이나, 근로기준법 제36조 제1항에서 임금직접지급의 원칙을 규정하는 한편 동법 제109조에서 그에 위반하는 자는 처벌을 하도록 규정을 두어 그 이행을 강제하고 있는 취지가 임금이 확실하게 근로자의 생활을 보호하고자 하는 데 있는 점에 비추어 보면, 근로자가 그 임금채권을 양도한 경우라 할지라도 그 임금의 지급에 관하여는 같은 원칙이 적용되어 사용자는 직접 근로자에게 임금을 지급하지 아니하면 안 되는 것이고, 그 결과 비록 양수인이라고 할지라도 스스로 사용자에 대하여 임금의 지급을 청구할 수는 없다(대법원(전원) 1988.12.13. 87다카2803).

(마) 傳貰權과 分離한 傳貰金返還債權의 讓渡

전세권이 담보물권적 성격도 가지는 이상 부종성과 수반성이 있는 것이므로 전세권을 담보하는 전세금반환채권과 분리하여 양도하는 것은 허용되지 않는다고 할 것이다. 그러나 다른 한편 담보물권의 수반성이란 측면에서는 피담보채권의 처분이 있으면 언제나 담보물권도 함께 처분된다는 것이 아니라, 채권담보라고 하는 담보물권 제도의 존재 목적에 비추어 볼 때 특별한 사정이 없는 한 피담보채권의 처분에는 담보물권의 처분도 포함된다고 보는 것이 합리적이라는 것일 뿐이다. 따라서 전세권이 존속기간의 만료로 소멸한 경우이거나 전세계약의 합의해지 또는 당사자간의 특약에 의하여 전세금반환채권을 제3자에게 양도할 수 있고, 그 전세금반환채권의 양도에 전세권이 당연히 수반하는 것은 아니다. 전세권이 같이 양도되기 위해서는 전세금반환채권의 양도와는 별도로 전세권 양도의 행위가 있어야 한다.

판례 傳貰金返還債權을 傳貰權과 分離하여 讓渡할 수 있는지 與否 : 전세권이 담보물권적 성격도 가지는 이상 부종성과 수반성이 있는 것이므로 전세권을 그 담보하는 전세금반환채권과 분리하여 양도하는 것은 허용되지 않는다고 할 것이나, 한편 담보물권의 수반성이란 피담보채권의 처분이 있으면 언제나 담보물권도 함께 처분된다는 것이 아니라, 채권 담보라고 하는 담보물권 제도의 존재 목적에 비추어 볼 때 특별한 사정이 없는 한 피담보채권의 처분에는 담보물권의 처분도 포함된다고 보는 것이 합리적이라는 것일 뿐이므로, 전세권이 존속기간의 만료로 소멸한 경우이거나 전세계약의 합의해지 또는 당사자간의 특약에 의하여 전세권반환채권의 처분에도 불구하고, 전세권의 처분이 따르지 않는 경우 등의 특별한 사정이 있는 때에는 채권양수인은 담보물권이 없는 무담보의 채권을 양수한 것이 된다(대법원 1997.11.25. 97다29790).

(2) 意思表示에 의한 制限

(가) 讓渡禁止의 意思

채권은 당사자가 반대의 의사표시를 한 경우에는 양도하지 못한다(제449조 2항). 은행예금에 관한 표준약관인 예금거래기본약관 제12조는 <이 약관의 적용을 받는 모든 예금은 법률에서 금지했을 때 말고는 은행이 승낙해야 양도하거나 질권을 설정할 수 있다. ...... >고 규정하여, 은행예금채권은 당사자의 합의에 의해 양도가 금지되는 것으로 하고 있다.

양도금지의 특약은 당사자의 합의로 하여야 한다. 이러한 양도금지의 의사표시는 채권의 성립시에 하는 것이 보통이나 성립한 이후에 별도로 할 수도 있다.

(나) 讓渡禁止의 效果

양도금지의 특약으로써 선의의 제3자에게는 대항하지 못한다(제449조 2항). 따라서 양수인이 악의인 경우에는 채권양도가 무효가 되며, 선의의 양수인은 채권을 유효하게 취득하여 채무자에게 채권자로서의 채무의 이행을 청구할 수 있다(이때 채무자는 양도인에게는 양도금지 특약불이행의 책임을 추궁할 수 있다).

여기에서 선의에 무과실을 요하느냐가 문제된다. 선의만으로 족하다는 견해(이은), 중과실을 요건으로 보아야 한다는 견해(김주) 등이 있으나, 신뢰보호의 일반원칙상 선의에는 무과실을 그 요건으로 한다고 보아야 한다(곽).

판례 讓渡禁止 特約의 效力 : 당사자 사이에 계약의 해석을 둘러싸고 별다른 이견이 없고 임대차계약서에 기재되어 있는 문언의 내용상으로 임대보증금반환채권에 관한 양도금지 특약 규정의 효력을 임대차계약의 종료시나 임대목적물의 명도시까지로 제한하고 있지 아니한 경우, 처분문서의 의사해석 법리에 비추어 그 객관적 문언과 다른 내용의 해석을 할 수는 없는 것이고, 더욱이 임대차계약 체결 당시 임차인은 임대보증금반환채권에 관한 양도금지 특약을 감수하고 이에 동의한 것이므로 양도금지특약이 임대차계약이 종료되고 임대목적물이 명도된 때까지만 유효한 것으로 제한해석을 하지 않는다고 하여 임차인에게 가혹한 것이라고 볼 수 없고, 임대인으로서는 임대차계약이 종료되고 임대목적물이 명도된 이후라도 보증금반환채권만이 양도되어 버림으로써 최초 법률관계의 당사자가 아닌 제3자와의 법률분쟁에 휩싸이거나 복잡한 권리관계가 형성되는 것을 미리 방지하기 위하여 양도금지의 특약을 할 수 있는 것이므로, 임대인에게 양도금지 특약의 실익이 없는 것은 아니라고 할 것이다(대법원 2003.1.24. 2000다5336).

(다) 證明責任

양수인이 채무의 이행을 청구할 때 채무자가 이를 거절하기 위해서는 양도금지 특약의 존재와 양수인의 악의를 채무자가 증명하여야 한다.

판례 第3者의 惡意의 立證責任 : 채무자는 제3자가 채권자로부터 채권을 양수한 경우 채권양도금지 특약의 존재를 알고 있는 양수인이나 그 특약의 존재를 알지 못함에 중대한 과실이 있는 양수인에게 그 특약으로써 대항할 수 있고, 여기서 말하는 중과실이란 통상인에게 요구되는 정도의 상당한 주의를 하지 않더라도 약간의 주의를 한다면 손쉽게 그 특약의 존재를 알 수 있음에도 불구하고 그러한 주의조차 기울이지 아니하여 특약의 존재를 알지 못한 것을 말하며, 제3자의 악의 내지 중과실은 채권양도 금지의 특약으로 양수인에게 대항하려는 자가 이를 주장·입증하여야 한다(대법원 2003.1.24. 2000다5336,5343).

(라) 債務者의 事前承諾·事後承諾

양도금지 특약의 채권일지라도 채무자의 사전승낙 또는 사후승낙으로 채권양도는 유효하게 된다. 사전승낙은 양도금지 의사표시의 철회가 되며, 사후승낙은 무효행위의 추인의 성질을 가진다.

(마) 讓渡禁止 特約附 債權의 押留 可能 與否

양도금지의 특약은 당사자간의 임의의 양도에 대한 금지의 합의이다. 따라서 양도금지 특약부 채권일지라도 압류 또는 전부명령을 하는 것에는 아무런 장애가 없다.

(3) 法律에 의한 讓渡禁止

본래의 채권자에게만 변제하여야 할 필요가 있는 아래의 개별채권에 관해서는 민법 또는 특별법으로 양도를 금지하고 있다. 부양청구권(제979조), 연금청구권(공무원연금법 제12조 등 각종의 연금법), 재해보상청구권(근기법 제89조), 국가배상청구권(국가배상법 제4조), 보험금청구권(군인보험법 제14조) 등이 개별법에 의하여 양도가 금지된다.

양도가 금지되는 채권은 이를 압류하지 못하여 전부명령도 할 수 없다.

IV. 指名債權의 讓渡

1. 指名債權讓渡의 成立要件

지넝재권은 채권자와 양수인간의 채권양도 계약에 의하여 양도된다. 즉, 당사자간에 양도의 의사표시의 합치에 의하여 효력을 발생한다. 채권양도는 주로 매매·증여·대물변제 등을 원인으로 이루어진다. 채권양도 후에 채무자의 자력에 부족이 생겨 채권이 만족을 얻지 못하는 경우에, 채권양도가 매매 등의 유상계약을 원인으로 이루어 진 때에는 양도인은 매도인의 담보책임을 부담한다.

2. 指名債權讓渡의 對抗要件

지명채권의 대항요건(제450조)에는 두 가지 의미가 있다. 하나는 양수인이 채무자에 대하여 채권을 주장하는 전제로서의 채무자에 대한 대항요건과 또 하나는 채권의 2중양수인 상호간, 즉 채권자의 지위를 다투는 자 사이에 그 우열을 결정하는 의미를 가지는 제3자에 대한 대항요건의 의미가 있다.

한편, 채권양도를 목적으로 한 원인행위(매매계약 등)가 무효·취소되거나 또는 채권양도 계약 자체가 무효·취소된 경우에는 그 채권은 당연히 양도인에게 복귀한다. 그러나 채무자 또는 제3자에게 대항하기 위해서는 역시 지명채권양도의 대항요건에 관한 제450조가 적용된다.

(1) 債務者에 대한 對抗要件

지명채권의 양도는 채무자와는 관계없이 양도인과 양수인간의 합의에 의하여 이루어지나, 채무자에게 대항하기 위해서는 양도인이 채무자에 대하여 통지하거나 또는 채무자의 승낙이 있어야 한다(제450조 1항). 보통의 경우에는 먼저 채무자에게 통지하겠으나, 채무자가 양도사실을 알고 통지 전에 승낙하는 경우도 있다. 통지나 승낙은 어느 하나만으로 대항요건을 갖춘다.

통지 또는 승낙이 없는 동안은 양수인은 채권양도의 효력을 주장하지 못한다. 따라서 채무자는 양수인에 대하여 이행을 거절할 수 있으며, 양수인은 담보권의 실행·시효의 중단·강제집행·파산신청 등의 채권자로서의 권리를 행사하지 못한다. 그러나 통지·승낙이 없더라도 채무자 측에서 채권양도의 효력을 인정하여 양수인에게 이행한다면 유효한 변제가 된다.

판례 株券發行 前의 株式讓渡는 指名債權의 讓渡 : 상법 제335조 제3항 소정의 주권발행 전에 한 주식의 양도는 회사성립 후 6월이 경과한 때에는 회사에 대하여 효력이 있는 것으로서, 이 경우 주식의 양도는 지명채권의 양도에 관한 일반원칙에 따라 당사자의 의사표시만으로 효력이 발생하는 것이고, 상법 제337조 제1항에 규정된 주주명부상의 명의개서는 주식의 양수인이 회사에 대한 관계에서 주주의 권리를 행사하기 위한 대항요건에 지나지 아니한다(대법원 2003.10.24. 2003다29661).

(가) 債務者에의 通知

① 通知의 性質

통지란 채권이 양도인으로부터 양수인에게 양도되었다는 사실을 알리는 행위로서, 그 법적 성질은 관념의 통지로서 준법률행위에 속한다. 따라서 의사표시에 관한 규정은 원칙적으로 적용되지 않는다. 그러나 의사표시에 관한 규정이 유추적용되어 도달(채무자의 인식)에 의하여 효력이 발생하며(제111조), 행위능력자여야 하며, 대리인에 의하여도 할 수 있다고 해석한다.

② 通知의 要件

㉮ 通知者와 相對方

통지는 양도인이 채무자에게 하여야 한다. 통지를 양도인, 즉 본래의 채권자가 하도록 한 의미는 채권을 상실하는 기존의 채권자로부터의 통지가 채무자 또는 제3자에게 신뢰성이 있다는 취지이다.

이러한 의미에서 양수인으로부터 또는 양도인을 대위하여 양수인이 하는 통지는 무효라고 본다. 그러나 의사표시에 관한 규정이 유추적용되어, 양도인이 직접 하지 아니하고 사자를 통하여 하거나 나아가서 대리인으로 하여금 하게 하여도 무방하다. 사자나 대리인을 통한 경우에 양수인이 양도인의 사자 또는 대리인으로서 채권양도통지를 하여도 유효하다(판례).

통지의 상대방은 채무자이다.

연대채무의 경우에는 통지는 연대채무자 전원에게 하여야 하며, 파산의 경우에는 파산관재인에게 통지하여야 한다. 보증채무는 보증채무의 부종성에 의하여 주채권의 양도에 대한 주채무자에의 통지로 보증인에게 대항할 수 있다.

채권양도의 통지에 관한 법리는, 추심명령과 전부명령의 경우에는 법원의 명령의 송달에 해당한다.

판례 讓受人이 代理한 讓渡通知의 效力 : 민법 제450조에 의한 채권양도통지는 양도인이 직접 하지 아니하고 사자를 통하여 하거나 대리인으로 하여금 하게 하여도 무방하고, 채권의 양수인도 양도인으로부터 채권양도통지 권한을 위임받아 대리인으로서 그 통지를 할 수 있다(대법원 2004.2.13. 2003다43490).

판례 顯名하지 않은 讓受人의 讓渡通知 代理의 效果 -原則的으로 無效 : 채권양도통지 권한을 위임받은 양수인이 양도인을 대리하여 채권양도통지를 함에 있어서는 민법 제114조 제1항의 규정에 따라 양도인 본인과 대리인을 표시하여야 하는 것이므로, 양수인이 서면으로 채권양도통지를 함에 있어 대리관계의 현명을 하지 아니한 채 양수인 명의로 된 채권양도통지서를 채무자에게 발송하여 도달되었다 하더라도 이는 효력이 없다고 할 것이다(대법원 2004. 2.13. 2003다43490).

판례 顯名없는 것은 民法 第115條 適用 : 대리에 있어 본인을 위한 것임을 표시하는 이른바 현명은 반드시 명시적으로만 할 필요는 없고 묵시적으로도 할 수 있는 것이고, 채권양도통지를 함에 있어 현명을 하지 아니한 경우라도 채권양도통지를 둘러싼 여러 사정에 비추어 양수인이 대리인으로서 통지한 것임을 상대방이 알았거나 알 수 있었을 때에는 민법 제115조 단서의 규정에 의하여 유효하다(대법원 2004. 2.13. 2003다43490).

판례 相對方이 代理로 한다는 것을 알 수 있었느냐는 綜合해서 判斷 : 채권양도통지서 자체에 양수받은 채권의 내용이 기재되어 있고, 채권양도양수계약서가 위 통지서에 첨부되어 있으며, 채무자로서는 양수인에게 채권양도통지 권한이 위임되었는지 여부를 용이하게 알 수 있었다는 사정 등을 종합하여 무현명에 의한 채권양도통지를 민법 제115조 단서에 의해 유효하다(대법원 2004. 2.13. 2003다43490).

㈏ 通知의 時期

통지의 시기에 관하여는 반드시 양도행위와 동시에 할 필요는 없고 사후통지라도 좋다. 사전통지는 양도의 시기를 확정할 수 없기 때문에 통지로서의 효력이 없다. 장래의 채권을 양도하는 경우에는 채권성립 전의 통지도 유효하다. 이 경우에 채권양도의 시기는 채권의 성립과 동시에 양도한 것이 된다.

㈐ 通知의 撤回

통지는 양수인의 동의를 얻어 철회할 수 있다. 양수인과 채무자에게 중대한 영향을 미치게 되므로 양수인의 동의를 얻도록 한 것이다. 한편 유효한 철회 전에 채무자가 양수인에게 한 변제 등 채무자와 양수인 사이에 생긴 사유로써 채무자가 양도인에게 대항할 수 있음은 물론이다.

③ 通知의 效果

채권양도의 사실이 통지되어 채무자에게 도달(인식)되면, 양수인은 채무자에 대하여 채권을 행사할 수 있다. 이때 채무자는 그 통지를 받은 때까지 양도인에 대하여 생긴 사유로써 양수인에게 대항할 수 있다(제451조 2항). 대항할 수 있는 사유로는 채권의 불성립, 무효 또는 취소로 인한 소멸, 변제·면제·상계 기타의 사유로 채권의 전부 또는 일부의 소멸 사유, 동시이행의 항변권 등 모든 사유가 이에 속한다.

문제가 되는 것은 상계이다. 경우를 나누어 아래에서 검토한다.

㈎ 通知된 時點에 이미 相計適狀에 있었으나 債務者가 미처 相計를 하지 못한 경우

채무자는 양수인에게 양도인에 대한 채권으로 상계되었음을 항변할 수 있다. 이는 보통의 경우에는 이미 서로 결제되었다고 생각하기 때문으로 이러한 채무자의 상계기대는 합리적인 것으로 보호되어야 하는 것이 타당하다.

㉯ 通知된 時點에 讓渡된 債權의 辨濟期는 到來하지 않았으나 反對債權(債務者의 讓渡人에 대한 債權)은 辨濟期가 이미 到來한 경우

채무자는 자기 채무의 기한의 이익을 포기할 수 있어, 이 경우에도 양도 전에 기한의 이익을 포기하여 상계적상에 있는 것으로 볼 수 있기 때문에 양수인에게 상계되었음을 항변할 수 있다고 보아야 한다.

㉰ 通知된 時點에 讓渡債權과 反對債權 모두 辨濟期가 到來하지 않은 경우

채권양도에서 대항요건이란 양도의 사실을 모르는 채무자를 보호하기 위한 것이므로, 채권의 양도로 채무자에게 불이익을 주어서는 아니 된다. 따라서 양도의 통지 당시에 이미 상계할 수 있는 원인이 있었던 경우에는 후에 상계적상이 있는 때에 채무자는 양수인에게 양도인에 대한 채권과의 상계로 대항할 수 있다고 보아야 한다. 이는 결국 채무자의 상계기대와 양수인의 이익보호 중 어느 것에 더 가치를 줄 것이냐는 가치판단의 문제이다. 생각건대 채권양도가 채무자가 배제된 채 이루어지며, 또한 통지도 일방적으로 행하여지는 것이므로 채무자를 보호하는 것이 타당하여, 채무자의 양수인에 대한 상계항변권을 인정하는 것이 타당하다. 판례도 이를 긍정한다.

판례 債權讓渡時에는 相計適狀에 없는 경우 -相計로 對抗 可 : 채권양도에 있어서 채무자가 양도인에게 이의를 보류하지 아니하고 승낙을 하였다는 사정이 없거나 또는 이의를 보류하지 아니하고 승낙을 하였더라도 양수인이 악의 또는 중과실의 경우에 해당하는 한, 채무자의 승낙 당시까지 양도인에 대하여 생긴 사유로써 양수인에게 대항할 수 있다고 할 것인데, 승낙 당시 이미 상계를 할 수 있는 원인이 있었던 경우에는 아직 상계적상에 있지 아니하였다 하더라도 그 후에 상계적상이 생기면 채무자는 양수인에 대하여 상계로 대항할 수 있다(대법원 1999.8.20. 99다18039).

④ 債權의 一部讓渡와 債務者의 相計

채권의 일부 양도가 이루어진 경우, 채무자의 양도인에 대한 채권을 자동채권으로 하는 상계의 방법 및 효과가 문제된다. 채권의 일부 양도가 이루어지면 특별한 사정이 없는 한 각 분할된 부분에 대하여 독립한 분할채권으로 된다. 따라서 그 채권에 대하여 양도인에 대한 반대채권으로 상계하고자 하는 채무자로서는 양도인을 비롯한 각 분할채권자 중 어느 누구에 대하여 상계의 상대방으로 지정하여 상계할 수 있다. 이때 채무자의 상계 의사표시를 수령한 분할채권자는 제3자에 대한 대항요건을 갖춘 양수

인이라 하더라도 양도인 또는 다른 양수인에 귀속된 부분에 대하여 먼저 상계되어야 한다거나 각 분할채권액의 채권 총액에 대한 비율에 따라 상계되어야 한다는 이의를 할 수 없다는 것이 판례이다(대법원 2002.2.8. 2000다50596).

⑤ 通知와 禁反言

양도인이 채권양도를 통지하였으나 실제로 양도가 되지 아니하였거나 또는 그 양도가 무효인 경우에도 선의인 채무자는 양수인에게 대항할 수 있는 사유로 양도인에게 대항할 수 있다(제452조 1항). 즉, 채무자가 채권양도의 사실을 통지 받았으나 실제로는 양도되지 않은 경우에도, 양수인으로 통지 받았던 표현양수인에게 변제 등의 행위를 한 경우에는 그 사유로써 양도인(채권자)에게 대항할 수 있다. 이는 채무자의 신뢰를 보호하기 위한 규정이다. 채무자의 선의만 규정하고 있으나 무과실도 요한다고 보아야 한다.

(나) 債務者의 承諾

① 承諾의 要件

승낙이란 채권양도의 사실을 알고 있다는 것을 표시하는 관념의 통지이다. 승낙은 채무자가 양도인 또는 양수인 누구에게 하더라도 관계없다. 승낙은 통지와는 달리 채권 및 양수인이 특정되어 있으면 사전승낙도 유효하다고 본다.

승낙은 이의를 보류하거나 조건을 붙여 할 수도 있으며 또한 단순히 할 수도 있는데, 효력에 있어서는 아래와 같은 차이가 있다.

② 承諾의 效果

㉮ 異議를 保留한 承諾의 效果

이의를 보류한 승낙의 효과는 일방적으로 채권자가 통지한 경우와 동일한 효과가 있다. 따라서 승낙하기까지 발생한 양도인에게 대항할 수 있는 사유로써 양수인에게 대항할 수 있다.

㉯ 異議를 保留하지 않은 承諾의 效果

㉠ 債務者의 單純한 承諾 : 이의를 보류하지 않은 승낙이란 채권양도의 사실을 채무자가 단순히 승낙 또는 승인하는 것을 말한다.

㉡ 讓受人의 善意 無過失 : 채무자가 단순승낙한 경우에 채무자에게 항변권을 상실토록 한 것은 양수인의 신뢰를 보호하기 위한 것이므로 일반적인 신뢰보호원칙의 법리에 따라 양수인은 선의, 무과실이어야 한다. 즉, 채무자가 이의를 유보하지 않고 승낙하였더라도 양수인이 항변사유가 있다는 것을 알고 있었다

던지 또는 몰랐더라도 주의를 하였더라면 충분히 알 수 있었던 경우에는 양수인을 보호할 필요가 없을 것이다.

판례는 양수인이 악의 또는 중과실이 있는 때에는 채무자는 항변권을 상실하지 않는다고 하여, 선의에 중과실이 없을 것을 요하는 것으로 본다.

판례 讓受人의 惡意 重過失인 경우는 抗辯權 存續 : 이의를 보류하지 아니하고 승낙을 하였더라도 양수인이 악의 또는 중과실의 경우에 해당하는 한, 채무자의 승낙 당시까지 양도인에 대하여 생긴 사유로써 양수인에게 대항할 수 있다고 할 것인데, 승낙 당시 이미 상계를 할 수 있는 원인이 있었던 경우에는 아직 상계적상에 있지 아니하였다 하더라도 그 후에 상계적상이 생기면 채무자는 양수인에 대하여 상계로 대항할 수 있다(대법원 1999.8.20. 99다18039).

판례 債權의 質權設定에 單純 承諾한 경우 : 이의를 보류하지 않은 승낙이 이루어진 경우 양수인은 양수한 채권에 아무런 항변권도 부착되지 아니한 것으로 신뢰하는 것이 보통이므로 채무자의 '승낙'이라는 사실에 공신력을 주어 양수인의 신뢰를 보호하고 채권양도나 질권설정과 같은 거래의 안전을 꾀하기 위한 규정이라 할 것이므로, 채권의 양도나 질권의 설정에 대하여 이의를 보류하지 아니하고 승낙을 하였더라도 양수인 또는 질권자가 악의 또는 중과실의 경우에 해당하는 한 채무자의 승낙 당시까지 양도인 또는 질권설정자에 대하여 생긴 사유로써도 양수인 또는 질권자에게 대항할 수 있다(대법원 2002.3.29. 2000다13887).

㉢ 債務者抗辯權의 喪失 : 채권양도에 대하여 이의를 유보하지 않고 단순 승낙한 경우에 양수인은 양도된 채권이 아무런 항변권도 부착되지 않은 완벽한 채권이라고 신뢰하는 것이 보통이다. 따라서 이러한 양수인의 신뢰보호와 채권양도의 안전을 보장하기 위하여 단순승낙의 경우에는 채무자의 항변권을 상실토록 하고 있다. 즉, 제451조 제1항은 채무자가 이의를 보류하지 아니하고 승낙을 한 때에는 양도인에 대항할 수 있는 사유인 채무액뿐만 아니라 채권의 성립, 존속, 행사 등의 모든 항변권을 상실한다.

이러한 단순승낙에 의한 항변상실의 효과는 채무자와 양수인 사이에 한정되며, 제3자에게는 영향이 없다. 예컨대 변제 등으로 이미 채권이 소멸하였으나, 채권양도의 통지를 받고 채무자가 단순승낙함으로써 채무자는 양수인에게 채무소멸의 항변권을 행사할 수 없어 이행하여야 하나(채권이 부활한다), 그 채권에 부착되어 채권의 소멸로 이미 소멸한 담보권·보증채무 등은 다시 부활하지 않는다.

판례 喪失되는 抗辯事由 : 민법 제451조 제1항은 채무자의 승낙이라는 사실에 공신력을 주어 양수인을 보호하고 거래의 안전을 꾀하기 위한 규정으로서, 이 경우 양도인에게 대항할 수 있는 사유로서 양수인에게 대항하지 못하는 사유는 협의의 항변권에 한하지 아니하고 넓게 채권의 성립, 존속, 행사를 저지하거나 배척하는 사유를 포함하고, 이는 지명채권에 대한 질권설정의 경우에도 같다(대법원 1997. 5.30. 96다22648).

㉣ 債務者와 讓渡人의 利益調整 : 채무자의 단순승낙으로 항변권을 상실하여 입게 되는 불이익은 양도인과의 사이에서 사후에 조정된다. 즉, 제451조 제1항 단서는 채무자가 채무의 변제로 양도인에게 급여한 것이 있으면 이를 회수할 수 있고, 양도인에 대하여 부담한 채무가 있으면(예 : 대물변제예약 또는 경개 등으로 인한 새로운 채무의 부담), 이러한 새로운 채무는 성립하지 않는 것으로 주장할 수 있다고 규정한다.

㉰ 承諾 後 讓渡人으로부터 取得한 債權으로 相計는 不可

채무자는 채권양도를 승낙한 후에 취득한 양도인에 대한 채권으로서 양수인에 대하여 상계로서 대항하지 못한다(대법원 1984.9.11. 83다카2288).

(2) 第3者에 대한 對抗要件

(가) 確定日字있는 通知 또는 承諾

제3자에 대한 대항요건이란 채권의 취득에 관하여 수인이 서로 다투는 경우에, 이들간의 우열을 결정하기 위한 요건이다. 예컨대 채권이 2중양도된 경우의 양수인간 또는 채권양수인과 압류채권자·가압류 채권자 등이 서로 채권자의 지위를 다투는 경우에 그들간의 우열을 결정할 필요가 있다.

민법은 통지 또는 승낙에 일정한 형식을 요구하여, 채권양도의 효력을 가지고 제3자에게 대항하기 위해서는 확정일자 있는 증서로써 하여야 한다고 규정한다(제450조 2항).

확정일자란 증서를 작성한 일자에 관한 공신력 있는 증거를 말한다. 사문서에 공증인 또는 법원서기가 확정일자를 찍은 일자 또는 공무소에서 사문서에 어느 사항을 증명하고 기입한 일자는 확정일자가 된다(민법 부칙 제3조).

(나) 第3者의 範圍

여기서 제3자는 채권자의 지위를 다투는 자, 즉 그 채권에 관하여 서로 양립할 수 없는 법률상의 지위를 취득한 자를 의미한다. 따라서 2중양수인·압류채권자 또는 가압류채권자로서 추심명령 또는 전부명령을 받은 자·파산채권자·질권자 등을 말한다.

(다) 第3者 사이의 優劣

① 通知는 證書의 到達, 承諾은 承諾書上의 確定日字를 基準

판례는 상호간의 우열은 통지 또는 승낙에 붙여진 확정일자의 선후에 의하여 결정될 것이 아니라, 통지는 확정일자 있는 증서의 채무자에의 도달을 기준으로 하고, 승낙의 경우에는 승낙서 상에 기재된 확정일자를 기준으로 그 선후에 의하여 결정되어야 한다고 새긴다. 이는 채권양도로 누가 채권자인지를 채무자가 안 날, 즉 채무자가 채권양도 사실을 인식한 것을 기준으로 한다는 것으로 타당한 해석이다.

판례 確定日字 있는 通知는 到達基準, 承諾은 確定日字 基準 : 채권이 이중으로 양도된 경우의 양수인 상호간의 우열은 통지 또는 승낙에 붙여진 확정일자의 선후에 의하여 결정할 것이 아니라, 채권양도에 대한 채무자의 인식, 즉 확정일자 있는 양도통지가 채무자에게 도달한 일시 또는 확정일자 있는 승낙의 일시의 선후에 의하여 결정하여야 할 것이고, 이러한 법리는 채권양수인과 동일 채권에 대하여 가압류명령을 집행한 자 사이의 우열을 결정하는 경우에 있어서도 마찬가지이므로, 확정일자 있는 채권양도 통지와 가압류결정 정본의 제3채무자(채권양도의 경우는 채무자)에 대한 도달의 선후에 의하여 그 우열을 결정하여야 한다(대법원 1994.4.26. 93다24223).

② 確定日字있는 通知·承諾 받은 者와 그렇지 않은 者

예컨대 채권이 2중양도 되어 제1의 양도에 대하여는 단순한 통지 또는 승낙이 행하여지고, 제2의 양도에 대하여는 확정일자 있는 증서에 의하여 통지된 경우의 문제이다. 확정일자 있는 경우가 우선한다. 따라서 제2의 확정일자 있는 통지가 있을 때까지는 제1의 양수인이 정당한 채권자였다 하더라도 제2의 확정일자 있는 통지가 있은 때로부터는 제2의 양수인이 유일한 채권자가 된다. 그러나 제2의 통지가 있기 전에 제1의 양수인에게 채무자가 변제 등으로 채무를 이행하여 채무가 소멸한 때에는 제2의 양수인은 채권을 취득할 수 없다. 이는 제1의 양수인에 대한 변제로 이미 채권이 소멸하여 대항관계가 발생할 여지가 없기 때문이다.

③ 證書의 同時 到達의 경우

㉮ 債務者와 讓受人 등의 관계

채권양도의 확정일자 있는 통지, 추심명령·전부명령서 등이 동시에 도달하고, 같은 날짜에 확정일자로 승낙을 한 경우에는 양수인·압류채권자 등 그들 상호간에는 우열이 없다.

따라서 각자는 채무자에게 채권 전액에 대하여 이행청구를 할 수 있고, 각자가 모두 적법한 채권자이므로 채무자는 이들 중 누구에게나 채무 전액을 변제하면 다른 자에 대하여 면책된다. 한편 이러한 경우에 채무자는 2중지급의 위험을 피하기 위하여 채권자를 알 수 없다는 이유로 변제공탁을 할 수도 있다.

판례 讓渡 通知 등의 同時到達-모두 債權者 : 채권양도 통지, 가압류 또는 압류명령 등이 제3채무자에 동시에 송달되어 그들 상호간에 우열이 없는 경우에도 그 채권양수인 / 가압류 또는 압류채권자는 모두 제3채무자에 대하여 완전한 대항력을 갖추었다고 할 것이므로, 그 전액에 대하여 채권양수금, 압류전부금 또는 추심금의 이행청구를 하고 적법하게 이를 변제받을 수 있고, 제3채무자로서는 이들 중 누구에게라도 그 채무 전액을 변제하면 다른 채권자에 대한 관계에서도 유효하게 면책된다(대법원 1994.4.26. 93다24223).

판례 轉付命令과 債權讓渡(押留)가 競合(同時到達) : 동일한 채권에 대하여 두 개 이상의 채권압류 및 전부명령이 발령되어 제3채무자에게 동시에 송달된 경우 당해 전부명령이 채권압류가 경합된 상태에서 발령된 것으로서 무효인지의 여부는 그 각 채권압류명령의 압류액을 합한 금액이 피압류채권액을 초과하는지를 기준으로 판단하여야 하므로 전자가 후자를 초과하는 경우에는 당해 전부명령은 모두 채권의 압류가 경합된 상태에서 발령된 것으로서 무효로 될 것이지만 그렇지 않은 경우에는 채권의 압류가 경합된 경우에 해당하지 아니하여 당해 전부명령은 모두 유효하게 된다고 할 것이며, 그 때 동일한 채권에 관하여 확정일자 있는 채권양도통지가 그 각 채권압류 및 전부명령 정본과 함께 제3채무자에게 동시에 송달되어 채권양수인과 전부채권자들 상호간에 우열이 없게 되는 경우에도 마찬가지라고 할 것이다(대법원 2002.7.26. 2001다68839).

판례 債權押留와 轉付命令의 同時到達 : 동일한 채권에 관하여 확정일자 있는 채권양도통지와 두 개 이상의 채권압류 및 전부명령 정본이 동시에 송달된 경우 채권의 양도는 채권에 대한 압류명령과는 그 성질이 다르므로 당해 전부명령이 채권의 압류가 경합된 상태에서 발령된 것으로서 무효인지의 여부를 판단함에 있어 압류액에 채권양도의 대상이 된 금액을 합산하여 피압류채권액과 비교하거나 피압류채권액에서 채권양도의 대상이 된 금액 부분을 공제하고 나머지 부분만을 압류액의 합계와 비교할 것은 아니다(대법원 2002.7.26. 2001다68839).

㈏ 讓受人 등 사이의 關係

확정일자 있는 통지가 동시에 도달하거나 승낙서 상의 확정일자가 도달일자와 같은 때에는 그들 상호간에는 우열이 없다. 이 경우에는 각자가 모두 채권자이므로 채무자가 어느 한 사람에게 채무 전액을 변제하면 채무자는 채무를 면한다. 그러나 수령한 자는 그들 상호간에 법률상 지위가 대등하므로 공평의 원칙상 각자의 채권액에 안분安分하여 내부적으로 다시 정산하여야 한다(판례). 즉, 수령하지 못한 자는 수령자에게 안분청구권이 있고 수령한 자는 정산할 의무가 있다.

판례 安分比例 請求 : 양수채권액과 가압류 또는 압류된 채권액의 합계액이 제3채무자에 대한 채권액을 초과할 때에는 그들 상호간에는 법률상의 지위가 대등하므로 공평의 원칙상 각 채권액에 안분하여 이를 내부적으로 다시 정산할 의무가 있다(대법원 1994.4.26. 93다24223).

3. 指名債權 讓渡契約의 解除

지명채권 양도계약이 해제되면 무효·취소된 경우와 마찬가지로 일단 양수인에게 이전되었던 채권이 당연히 양도인(본래의 채권자)에게 복귀한다. 이 경우에도 역시 채권자의 변경이 생기므로 지명채권양도의 대항요건을 규정한 제450조가 준용된다(판례). 따라서 해제되어 원래의 채권자에게 채권이 귀속되었음을 통지하여야 채무자에게 대항할 수 있다. 즉, 양도계약의 해제로 채권이 구 양도인에게 복귀한 경우에는 구 양수인이 채무자에게 통지하거나 채무자가 승낙하지 아니하면 채무자 기타 제3자에게 대항하지 못한다. 또한 확정일자 있는 증서에 의하지 아니하면 제3자에게 대항하지 못한다.

판례 債權讓渡契約 解除의 對抗要件 : 원고가 소외인에게 한 채권양도가 채권추심을 위한 것임을 피고가 알지 못한 경우, 원고가 피고에게 위 채권양도 통지를 한 후에 원고가 위 채권양도를 해제하였다는 사실만으로써는 그 채권양도의 해제를 피고에게 대항할 수 없다(대법원

1979.9.25. 77다1909).

V. 證券的 債權의 讓渡

1. 證券的 債權의 意義

증권적 채권이란 채권이 증권에 화체되어 채권의 성립·존속·양도·행사 모두가 증권에 의하여야 할 채권을 말한다. 자본주의 경제체제는 자유로운 거래를 그 요체로 하며, 이의 하나의 수단이며 목적으로서 채권양도의 빈번화에 맞추어 채권의 원활한 유통의 필요성이 요청된다. 이러한 필요성에 의하여 고안된 것이 증권을 이용하는 것으로, 채권을 증권에 불가분리적으로 화체시킨 것이 증권적 채권이다. 따라서 증권적 채권은 그 유통성이 매우 중요한데, 유통성을 보장하기 위해서는 채권거래의 안전·신속이 요구되며, 특히 양수인이 보호되는 안전장치가 있어야 된다.

이러한 증권적 채권은 급부의 내용이 금전채권인 금전증권(어음, 수표, 공채권, 사채권)이 보통이나, 이에 한정되지 않고 물건의 인도를 목적으로 하는 증권(화물상환증, 선하증권, 상품권), 또는 어떤 일을 목적으로 하는 증권(승차권, 승선권)도 모두 증권적 채권에 속한다.

증권적 채권에 관하여 민법의 채권 편(제508조 이하)과 상법 및 특별법으로 규정하고 있으며, 그 내용 면에서는 민·상법간의 제도적 통일을 기하고 있다. 따라서 각종의 증권적 채권에 관하여 특별법이 있으면 특별법이 우선적으로 적용되며, 특별법이 없는 경우에는 민법의 규정이 적용된다. 즉, 어음법·수표법의 적용을 받는 상사증권채권 및 상법의 적용을 받는 사원권社員權을 표창하는 증권(주권)을 제외한 증권적 채권은 모두 민법의 적용을 받는다.

민법은 증권적 채권에 관하여 채권자의 결정방법을 기준으로, 지시채권·지명소지인출급채권·무기명채권의 세 종으로 나누어 규정하고 있다.

2. 指示債權

(1) 指示債權의 意義

지시채권이란 증서에 기재된 특정되어 있는 채권자 또는 그가 지시하는 자에게 변제하여야 하는 증권적 채권을 말한다. 즉, 증서에 표시된 채무를 특정의 채권자 또는 그가 지시하는 자에게 이행하겠다는 문언이 기재된 증권적 채권이다. 그가 지시하는 자란 채권자가 배서하는 피배서인을 말한다. 이에는 구체적으로 어음·수표·화물상환증·창고증권·선하증권 등이 있으며, 이들은 특별히 배서금지의 기재가 없는 한 당연히 지시채권이 된다. 배서금지된 지시채권은 기명채권이 되며, 기명채권의 양도는 증서를 교부하는 것 외에는 지명채권의 양도방식과 동일하다.

상기에 예를 든 지시채권에 관하여는 상법, 어음법, 수표법의 적용을 받아 실제로 민법이 적용되는 일은 거의 없다.

(2) 指示債權의 讓渡

지시채권은 그 증서에 배서하여 양수인에게 교부하는 방식으로 양도한다(제508조). 배서는 채권양도의 의사표시를 증서에 기재하는 것이며, 교부는 증서의 점유를 이전하는 것을 말한다.

교부는 배서인의 의사에 의하여 정당하게 행하여 져야 한다. 분실·도난의 경우는 교부에 해당되지 않는다(증서의 선의취득자는 보호 된다 ; 제514조). 지시채권의 배서와 교부는 지시채권양도의 효력발생요건이다. 따라서 배서는 되어 있으나 아직 교부가 되지 않았다면 채권양도는 행하여 진 것이 아니다.

(3) 背 書

(가) 背書의 方式

배서는 증서 또는 그 보충지에 채권을 양도한다는 뜻을 기재하고, 배서인이 서명 또는 기명날인하는 방식으로 한다(제510조 1항).

배서에는 채권을 양도하기 위한 배서인 양도배서, 채권에 질권을 설정하기 위한 입질배서, 제3자로 하여금 채권을 추심케 하기 위한 추심위임배서가 있다. 이들 중에서 양도배서가 원칙으로, 단순히 배서라고 하면 양도배서를 의미한다.

배서에는 조건을 붙이지 못하며, 배서에 붙인 조건은 기재하지 아니한 것으로 본다(수표법 제15조). 또한 일부배서도 무효이다(수표법 제15조).

(나) 背書의 모습

① 記名式背書와 略式背書

배서는 피배서인을 지정하느냐 여부에 따라 기명식배서와 약식배서로 구분된다. 배서는 배서문구와 피배서인을 지정하여 배서하는 것이 원칙이나, 배서문구는 기재하나 피배서인을 지정하지 아니하거나, 배서문구도 없이 단순히 배서인이 서명 또는 기명날인만 하는 경우가 있다. 후자 두 경우의 배서를 약식배서라 하는데, 약식배서도 배서의 효력이 인정된다(제510조 2항).

약식 배서한 지시채권의 소지인은 다음의 세 가지 방식의 어느 하나로 처리할 수 있다(제511조).

㉮ 자기 또는 타인의 명칭을 피배서인으로 기재할 수 있다.

㉯ 다시 약식 또는 타인을 피배서인으로 표시하여 배서할 수 있다.

㉰ 받은 그대로 증서를 제3자에게 교부하여 양도할 수 있다.

약식배서가 된 것 중에서 위 ㉰의 경우에 소지인이 권리를 행사할 때는 자기 명칭을 피배서인으로 기입하여 채무자에게 제시한다.

② 所持人出給背書

소지인출급배서란 기명식배서와 같이 피배서인을 지정하지 아니하고, 소지인에게 출급(지급)하라는 뜻이 기재된 배서를 말한다. 이는 피배서인을 지정하지 아니하기 때문에 실질적으로는 약식배서와 같다. 따라서 소지인출급배서는 약식배서의 효력과 동일한 효력을 가진다(제512조). 즉, 소지인출급배서는 약식배서와 동일한 방식(제511조)에 의하여 처리할 수 있다.

③ 環背書

채무자를 피배서인으로 하는 배서를 환배서라 하며, 민법은 이도 인정한다(제509조 1항). 환배서가 되면 지명채권의 경우에는 혼동으로 채권이 소멸하나, 지시채권은 유통성을 높이기 위하여 채권을 소멸시키지 않고, 채무자는 환배서한 지시채권을 다시 배서하여 타인에게 양도할 수 있게 한다(제509조 2항, 어음법 제11조 3항 등).

(다) 背書의 效力

배서에는 권리의 이전효력과 자격수여효력이 있다. 그러나 담보적 효력은 없다.

① 權利 移轉의 效力

지시채권에 배서하여 양수인에게 교부하면 증서에 표시된 모든 권리가 양수인에게 이전한다. 이는 증서에 표시된 권리만 이전하는 것으로, 증서에 표시되지 아니한 양도인의 권리 예컨대 지분적 이자채권·담보권·항변권 등은 이전되지 않는다.

② 資格授與力

증서의 점유자가 자기에 이르기까지 배서가 연속되었음을 들어 그 권리를 증명하는 때에는 적법한 소지인으로 본다(제513조 1항). 이를 배서의 자격수여력이라 한다. 즉, 최초의 채권자가 제1배서인이 되고, 제1의 배서의 피배서인이 제2의 배서인이 되는 식으로 피배서인과 배서인이 단절됨이 없이 연속되어(배서의 연속) 점유자에게 이르게 되었음을 증명하는 경우에는 점유자는 진실한 채권양수인이 된다.

배서의 연속에 있어서, 약식배서 다음에 다른 배서가 있으면 그 배서인은 약식배서로 증권을 취득한 것으로 보며(제513조 2항), 최후의 배서가 약식인 경우에는 증서의 소지인을 채권자로 보며(제513조 1항 후단), 또한 배서가 말소된 경우에는 말소된 배서는 기재가 없는 것으로 본다(제513조 3항).

이와 같이 배서의 연속이 있으면 최후의 피배서인은 진실한 채권자로 되어, 그는 자기가 진실한 채권자임을 별도로 증명할 필요가 없으며 또한 채무자는 이를 조사할 필요 없이 그에게 변제하면 책임을 면한다(제518조 ; 채무자의 형식적 조사의무).

(4) 指示債權의 行使

(가) 辨濟場所

증서에 변제장소를 정한 경우에는 그에 의하며, 변제장소가 정하여지지 아니한 때에는 채무자의 현영업소가 변제장소가 되며, 영업소가 없는 때에는 채무자의 현주소가 변제장소가 된다(제516조).

(나) 履行請求

증서의 적법한 소지인, 즉 연속된 배서에 의한 최종 피배서인은 변제기 도래 후에 증권을 제시提示(제시증권)하여 이행을 청구할 수 있다. 증서를 분실·멸실하여 증서를 소지하지 않은 권리자는 공시최고의 절차에 의한 제권판결除權判決을 받아 이행을 청구할 수 있다.

한편, 지시채권은 전전 유통되므로 채무자가 채권자를 알 수 없는 경우가 보통이다. 따라서 추심채무가 되는데, 채권자는 변제기가 도래한 후에 변제장소에서 채무자에 대하여 증권을 제시하여 이행을 청구하여야 한다. 지시채권은 이와 같이 제시증권이므로 비록 변제기가 도래하였더라도 바로 지체책임이 발생하지 아니하고, 제시하여 이행을 청구한 때로부터 지체책임이 있게 된다(제517조). 급부의 내용은 증서에 표시된 것에 한함은 물론이다.

(다) 人的 抗辯의 制限

증권적 채권의 요체인 유통성을 확보하며, 채권의 취득자를 보호하기 위하여 채무자의 항변을 제한하고 있다. 채무자의 항변에는 물적 항변과 인적 항변이 있는데, 항변이 제한되는 것은 인적 항변이다. 물적 항변이란 증서의 형식상의 결함·변제기·증서의 위조·변조 등과 같이 증서 자체에 관하여 절대적으로 발생하는 항변을 말하는데, 이와 같은 물적 항변은 제한 없이 행사할 수 있다. 그 밖의 특정인에게서 발생한 사유가 인적 항변으로, 예컨대 당초 채권이 채무자의 착오·사기·강박에 의하여 성립된 것과 같은 채권성립의 하자, 매매대금을 위하여 약속어음을 발행하였으나 매매계약이 무효·취소된 경우와 같은 원인관계의 무효·취소와 같은 것이 이에 속한다. 이러한 인적 항변은 당사자에 한하여서만 대항할 수 있다. 즉, 채무자는 소지인의 전자에 대한 인적 항변으로 소지인에게 대항하지 못한다(제515조). 그러나 소지인이 그 채무자를 해함을 알고(채무자가 전자에 대하여 인적 항변을 가진다는 것을 알고) 그 증서를 취득한 때에는, 인적 항변으로서 소지인에게 대항할 수 있다(제515조 단서).

(라) 善意取得

증권적 채권의 유통성을 증대하기 위하여 선의취득의 요건을 동산의 거래에 있어서보다는 완화하여 거래의 안전을 도모하고 있다. 이에 제514조는 누구든지 증서의 적법한 소지인에 대하여는 그 반환을 청구하지 못한다고 규정하여 선의취득자를 두텁게 보호하고 있다. 그러나 소지인이 취득한 때에 양도인이 권리 없음을 알았거나 중대한 과실로 알지 못한 때에는 그러하지 아니하다고 규정한다.

이와 같이 선의취득한 자는 증권의 적법한 소지인이 되어 증서상의 채권자의 권리를 행사할 수 있다. 이하 선의취득의 요건을 분설한다.

① 適法한 所持人

적법한 소지인이란 지시채권 본래의 이전방식인 연속된 배서에 의한 증권의 점유자를 말한다. 연속된 배서란 형식적 연속만으로 족하여, 비록 증권의 유통과정에서 도난·유실 등으로 진실한 권리자가 아닌 자가 개재되었더라도 형식적 연속이 있으면 적법한 소지인이 된다. 한편 여기서 적법한 소지란 배서의 연속에 의한 것을 의미하여 증서의 점유가 상속 또는 지명채권의 양도방식에 의한 경우 등은 여기에 포함되지 아니한다.

② 所持人에게 惡意 또는 重大한 過失이 없을 것

증권을 취득할 당시에 양도인이 무권리자임을 알지 못하였을 뿐만 아니라, 알지 못한 것에 중대한 과실이 없어야 한다. 과실의 유무는 취득 당시를 기준으로 한다. 따라서 비록 후일에 양도인이 무권리자인 것을 알았더라도 취득 당시에 선의·중대한 과실이 없으면 선의취득의 효과에는 영향이 없다.

(마) 債務者의 調査義務와 權利

채무자는 배서의 연속 여부를 조사할 의무가 있으며, 배서인의 서명 또는 날인의 진위나 소지인의 진위를 조사할 권리는 있으나 의무는 없다(제518조 본문). 채무자는 소지인의 형식적 자격인 배서의 연속만을 조사할 의무가 있고, 실질적 자격인 진실한 권리자인가 여부는 조사할 의무가 없다. 즉, 채무자가 배서의 연속 여부만을 조사하고 진실한 권리자인가 여부를 조사하지 않아 채권자 아닌 자에게 지급되었더라도 채무를 면한다. 이는 증권적 채권의 유통성을 증대하고 채무자를 보호하기 위한 것이다.

(바) 辨濟의 方法

채무자는 증서와 교환(상환증권)하여서만 변제할 의무가 있다(제519조). 이는 2중변제의 위험을 예방하기 위한 것이다. 따라서 채권자는 증서가 없으면 이행의 청구를 하지 못한다. 그러나 증서를 분실한 자는 공시최고 절차에 의한 제권판결을 받아, 이것으로 증서에 갈음할 수 있다.

한편 채무자는 변제하는 때에 증서의 소지인에 대하여 증서에 영수를 증명하는 기재를 할 것을 청구할 수 있으며, 일부변제의 경우에 채무자의 청구가 있으면 채권자는 그 뜻을 증권 상에 기재하여야 한다(제520조).

(5) 證券의 紛失·滅失

증서가 멸실 되었거나 분실된 경우에는 공시최고의 절차에 의하여 그 증서를 무효로 할 수 있다(제521조). 공시최고의 절차는 민사소송법 제492조 이하의 규정에 의하여 관할 지방법원이 공고의 방법으로 권리의 신고나 청구를 최고하고, 그 신고나 청구가 없는 경우에는 제권판결로 그 증권의 실효를 선언하는 방법에 의한다. 제권판결을 받은 신청인은 증서 없이도 증서에 의하는 것과 동일한 권리를 주장할 수 있다(민소법 제497조).

한편 공시최고의 신청이 있는 때에는 채무자로 하여금 채무의 목적물을 공탁하게 할 수 있고, 소지인이 상당한 담보를 제공하면 변제하게 할 수 있다(제522조). 채무자로 하여금 공탁하게 하는 것은 공시최고의 절차에 의한 제권판결을 받을 동안에 채무자의 자력에 문제가 생길 우려가 있기 때문이며 또한 채무자에게 생길 수 있는 2중지급의 위험을 배제하기 위한 것이다. 한편 소지인에게 담보를 제공하도록 하는 것은 만약의 경우에 변제받은 소지인이 사후에 정당한 권리자가 아닌 것으로 판정된 경우에는 채무자가 2중지급을 하여야 하는데, 이때에 그 소지인으로부터 지급된 것의 회수를 원활하게 하기 위한 것이다.

3. 無記名債權

(1) 無記名債權의 意義

무기명채권이란 증서 상에 특정된 채권자가 기재되지 아니하고, 그 증서를 정당하게 소지한 자에게 변제하여야 하는 증권적 채권을 말한다. 무기명공사채·무기명식수표·상품권·승차권·입장권 등이 이에 속한다. 이들 무기명채권은 채권이 증권에의 화체성이 가장 높고 유통의 원활성이 가장 잘 보장된 증권적 채권이다.

(2) 無記名債權의 讓渡

무기명채권은 권리의 화체성이 가장 강한 증권적 채권으로, 증서의 교부로써 양도의 효력이 생긴다(제523조). 그 밖의 것은 지시채권에 관한 규정이 준용된다(제524조). 지시채권에 관한 규정이 준용되더라도 무기명채권은 배서가 없기 때문에 배서에 관한 규정은 준용되지 않는다.

4. 指名所持人出給債權

지명소지인출급채권이란 증서 상에 기재되어 지정된 채권자에게 변제하거나 또는 증서의 소지인에게도 변제할 것을 부기한 증권적 채권이다(제525조).

이는 무기명채권의 한 변형으로서 무기명채권과 동일한 효력이 있다(제525조). 따라서 권리의 이전은 교부에 의하며, 그 밖의 것은 지시채권에 관한 규정이 준용된다.

5. 免責證書

면책증서란 채무자가 증서소지인에게 변제하면 그 책임을 면하는 증서를 말한다(제

526조). 철도승객 또는 비행기승객의 수화물상환증·음식점·수영장 또는 백화점의 물건예치증과 같이 일시적으로 특정 물건을 예치·보관하였다는 것을 증명하기 위한 증거증서이다.

이는 증권적 채권과 같이 유통성을 증대하기 위한 것이 아니라, 소지인이 진정한 권리자이냐 여부를 조사하기 곤란한 경우에 채무자로 하여금 조사의무를 면하게 하기 위하여 발행되는 것이다. 이 증서가 표상하는 채권은 본질상 지명채권으로, 양도에 관하여는 지명채권의 양도에 관한 법리가 적용된다. 그러나 일반적으로 면책증서의 양도란 있을 수 없고, 다만 채권행사를 간편하게 하며 채무자를 보호하기 위하여 지시채권에 관한 제516조[변제의 장소], 제517조[증서의 제시와 이행지체], 제520조[영수의 기입청구권]를 준용한다(제526조).

第3節 債務의 引受

I. 序 說

1. 債務引受의 意義

채무인수란 계약에 의하여 채무의 동일성을 유지하면서 채무를 채무자로부터 제3자에게 이전하는 것을 말한다.

채권이 경제적인 측면에서는 채무자에 대해서 장래의 행위에 대한 단순한 요구권이 아니라 독립적인 재산적 가치물이라는 관념이 증대됨에 따라 채권의 양도가 승인되게 되었으나, 그 법률적 기초는 채권을 주체로부터 분리할 수 있다는 관념에서 출발하고 있다. 즉, 채권양도는 채권에 대한 로마법적 법쇄관념에서 벗어나서 가능하게 된 것이다. 채권이 주체로부터 분리될 수 있다면 채무가 주체로부터 분리되지 못할 이유는 없을 것이다. 이러한 측면에서 오늘날 채무도 그 내용인 급부를 주체로부터 분리시켜 자유로운 이전을 일반적으로 승인하게 되었는데, 독일 민법과 스위스 채무법은 이를 명문으로 규정하며, 프랑스 민법과 일본 민법은 실정법에는 규정되어 있지 않으나 학설·판례가 이를 인정하여 차이가 없다.

채권의 이전과는 달리, 채무의 이전은 채무자의 변경을 의미하므로 채권목적의 실현 가능성에 중대한 영향을 미친다. 따라서 채무의 이전성이 이론적으로 인정된다고 할지라도, 실제로 채무의 이전을 인정하기 위해서는 채권자를 보호할 수 있는 장치가 선행·보장되어야 할 것이다. 이에 각국은 채무의 이전에 채권자를 주요한 당사자로 하여 채권자의 자유로운 의사에 따른 판단에 맡기고 있다.

채무의 이전은 당사자간의 계약에 의한 경우 외에도 상속·회사의 합병의 경우에도 생기나, 이러한 경우는 법률의 규정에 따른 이전으로 계약에 의한 채무의 이전인 채무인수와는 다르다.

2. 債務引受制度의 機能

채무의 인수는 주로 채권의 경제적 가치를 종전보다 증대한다든지 또는 결제의 편의를 위하여 행하여지며, 특수하게는 담보를 위하여 또는 추심을 목적으로 행하여진다. 채무인수제도의 사회적 기능으로는 아래의 몇 가지를 들 수 있다.

(1) 債權의 經濟的 價値의 增大

채무의 이전으로 채무자가 변경되기 때문에 책임재산에 변경을 가져온다. 책임재산이 풍부한 자가 채무를 인수한다면 당해 채권의 경제적 가치는 증대되는데, 이는 채권자가 바라는 바이다. 이와 같이 책임재산이 풍부한 자로 채무자를 변경하여 채권의 가치를 증대할 필요성이 있을 때, 채무인수가 행하여진다.

(2) 決濟의 便宜

예컨대 丙이 乙에게, 또한 乙이 甲에게 금전채무를 지는 경우에 乙의 甲에 대한 채무를 丙이 인수함으로써 상호간에 결제가 간편하게 이루어진다.

(3) 기타의 機能

다른 채무를 담보할 목적으로 채무인수가 행하여지며, 또한 인수인에게 채권을 추심시키기 위하여 채무인수가 행하여지기도 한다. 한편 담보물을 양도하는 때에 그 목적물이 담보하는 채무를 인수할 필요성이 있는 경우도 있다.

3. 債務引受의 態樣

광의의 채무인수에는 면책적 채무인수免責的債務引受·병존적 채무인수併存的債務引受·이행인수履行引受의 세 가지가 있다. 이러한 세 가지 유형 중 보통의 채무인수는 면책적 채무인수로서 채무인수에 의하여 원래의 채무자가 채무를 면하게 된다. 이에 대하여 원래의 채무자가 채무를 면하지 아니하고 종전의 채무를 그대로 부담한 상태에서 다시 인수인이 채무자와 동일한 내용의 채무를 부담하는 것이 병존적 채무인수이다. 병존적 채무인수는 원래의 채무자가 있는 상태에서 인수인이 다시 채무자가 되므로, 보증채무·연대채무·제3자를 위한 계약과의 관계가 문제된다. 면책적 채무인수와 병존적 채무인수는 어느 것이나 인수인은 채권자와의 관계에서는 채무자이다. 그러나 이행인수는 원래의 채무자와 인수인만의 사이에서 채무를 인수하는 계약으로, 채권자와의 관계에서는 원래의 채무자만이 채무자로서의 지위를 지속한다.

II. 免責的 債務引受

1. 要 件

채무인수가 가능하기 위해서는 인수되는 채무가 이전성이 있어야 함은 물론이다. 즉, 원칙적으로 채무의 성질이 채무자가 변경되어도 급부의 이행이 가능하여야 한다. 다음과 같은 채무는 이전성이 없다.

(1) 性質에 의한 制限

채무의 성질이 인수를 허용하지 아니하는 것일 경우에는 그 채무를 인수하지 못한다(제453조 1항 단서). 다음의 채무는 성질상 채무인수가 허용되지 못한다.

① 債務者 變更으로 債務의 內容 또는 給付의 履行(債務의 質)에 顯著한 差異가 나는 債務

일신전속적 채무와 고용·위임·도급과 같은 대부분의 작위채무는 이에 속한다. 특히 노무채무에 관하여는 사용자의 동의 없는 이전은 법률이 금지(제657조 2항)한다.

② 特定의 債務者間에만 決濟되어야 할 債務

상호계산에 계입計入된 채무가 이에 속한다.

(2) 債務引受 禁止 特約의 債務

채권자와 채무자간에 합의된 채무인수금지 특약의 유, 무효에 관하여는 민법에 별도로 규정하고 있지 아니하나 계약자유의 원칙상 당사자간의 인수금지 특약은 유효하다고 하여야 한다. 다만 상대방(채권자)은 인수금지 특약의 채무를 선의로 인수한 제3자에게는 그 금지특약으로 대항하지 못한다고 보아야 한다.

2. 當事者

관련되는 자는 채권자·채무자·인수인인데, 채무인수에는 세 가지 유형이 있으며, 그 유형에 따라 각기 당사자와 요건이 다르다. 아래에서 분설한다.

(1) 債權者·債務者·引受人 3者의 合意

이와 같이 관련 당사자 모두의 합의가 있는 경우에는 계약자유의 원칙상 그러한 채무의 인수가 유효함은 물론이다.

(2) 債權者·引受人間의 契約

원래의 채무자와 관계없이 채권자와 인수인간의 계약으로 채무인수가 가능하다(제453조 1항). 이것이 채무인수의 기본적 형태이다.

채무자의 변경은 채권자에게 중대한 영향을 미치므로 채권자의 관여 없는 채무인수의 효력을 인정할 수 없는 것은 당연하다. 그런데 채권자와 인수인간의 합의로 한 채무인수는 채권자가 채무인수계약의 당사자로 직접 관여하였기 때문에 별도의 요건을 요하지 아니하는 것은 당연하고, 원래의 채무자는 채무인수로 채무를 면하게 되는 이익이 있어 채무자에게도 별도의 요건을 필요로 하지 아니한다.

즉, 채권자와 인수인간의 채무인수계약에는 채무자의 동의 또는 수익의 의사표시는 필요하지 아니하나, 채무자는 채무를 면하므로 제3자의 변제(제469조)·채무자 변경에 의한 경개(제501조)와 동일하게 이해관계 없는 제3자는 채무자의 의사에 반하여는 채무를 인수하지 못한다(제453조 2항)(병존적 채무인수는 채무자의 의사에 반하여도 가능하다).

채무자의 의사에 반하느냐 여부는 인수 당시를 기준으로 하며, 채무자의 의사에 반한다는 사실은 주장자가 증명하여야 한다는 것이 판례·통설이다.

한편 제3자가 타인의 채무에 관하여, 채무자를 위하여 약속어음을 발행하여 채권자에게 교부한 경우에 특별한 사정이 없는 한 그 법률적 성질은 변제 또는 경개도 아니고, 보증 또는 연대채무도 아니며, 동일한 채무를 면책적 또는 병존적으로 인수한 것으로 보아야 한다(판례). 그리고, 그것이 면책적 채무인수인지 병존적 채무인수인지는 구체적 계약의 내용을 검토하여 판단하여야 한다.

판례 他人債務에 대한 어음發行 : 타인의 채무에 관하여 제3자가 채무자를 위하여 약속어음을 발행하여 채권자에게 교부한 경우, 특별한 사정이 없는 한 동일한 채무를 면책적 또는 중첩적으로 인수한 것으로 보아야 한다(대법원 1997.5.7. 97다4517).

(3) 債務者·引受人間의 契約-債權者의 承諾 要

채무인수로 채무자는 채무를 면하는 일방적인 수혜자이기 때문에 채무인수계약에서 원칙적으로 계약의 당사자가 되지 못한다. 그러나 채무자와 인수인간에 체결된 계약일지라도 채권자가 이를 인정할 때는 이의 성립을 부정할 이유가 없다. 따라서 민법은 채무자와 인수인간의 인수계약을 채권자의 승낙을 조건으로 효력을 발생하도록 하고 있다(제454조 1항). 위의 두 유형보다 오히려 채무자와 인수인간의 계약에 의한 채무인수가 거래계에서는 보통으로 행하여지며, 기업의 양도 등으로 실제에서는 이러한 형태가 그 실효성이 크다.

이 경우에 채권자의 승낙 또는 거절의 의사표시는 채무자 또는 인수인 어느 쪽에 하여도 좋다(제454조 2항). 채권자의 승낙이 있으면 인수계약은 인수한 때에 소급하여 효력이 발생한다(제457조). 채무자나 인수인은 상당한 기간을 정하여 승낙여부의 확답을 채권자에게 최고할 수 있으며(제455조 1항), 그 기간 내에 채권자가 확답을 발송하지 않은 때에는 거절한 것으로 본다(제455조 2항). 여기서 도달주의를 취하지 아니하고 발신주의를 취하고 있는 것은 거래의 신속화를 도모한다는 것인데, 안전성이라는 측면에서는 다소 문제가 있다.

한편 인수인과 채무자는 채권자의 승낙 전까지는 인수계약을 철회 또는 변경할 수 있다(제456조). 채권자의 승낙 후에는 임의로 계약을 철회하지 못하며, 채권자가 승낙한 후에도 철회에 채권자가 승낙한 때에는 철회의 효력이 있다고 해석된다(판례).

판례 承諾後의 取消에 대한 承諾 : 채무자와 제3자의 채무인수계약을 채권자가 승낙한 바 있다면 그 뒤 채권인수인이 위 채무인수계약을 적법하게 취소하려면 채무자의 승낙이 있다든가 채권자가 위 인도계약을 승낙할 때에 채무인수인의 취소권유보를 승낙하였다든가의 특수한 사정이 있어야 한다(대법원 1962.5.17. 62다161).

3. 效 果

(1) 債務의 移轉, 消滅時效의 中斷

채무는 동일성을 유지하면서 인수인에게 이전한다. 즉, 채무자의 변경이 있게 되어 인수인이 채무자가 된다. 본래의 주된 채무가 인수인에게 이전되므로 그에 종된 채무인 기본적 이자채무·위약금채무 등도 인수인에게 이전한다. 채무인수로 원래의 채무자는 당연히 채무를 면한다.

채무인수는 인수인이 채무의 존재를 인정하였기 때문에 그 채무를 부담한다는 것이므로 채무인수시에 채무자가 채무를 승인한 것이 되고, 따라서 소멸시효의 중단사유에 해당한다. 따라서 인수한 시점부터 채권의 소멸시효가 새로이 진행된다.

판례 債務의 同一性 維持 : 면책적 채무인수라 함은 채무의 동일성을 유지하면서 이를 종래의 채무자로부터 제3자인 인수인에게 이전하는 것을 목적으로 하는 계약으로서, 채무인수로 인하여 인수인은 종래의 채무자와 지위를 교체하여 새로이 당사자로서 채무관계에 들어서서 종래의 채무자와 동일한 채무를 부담하고 동시에 종래의 채무자는 채무관계에서 탈퇴하여 면책되는 것일 뿐이므로, 인수채무가 원래 5년의 상사시효의 적용을 받던 채무라면 그 후 면책적 채무인수에 따라 그 채무자의 지위가 인수인으로 교체되었다고 하더라도 그 소멸시효의 기간은 여전히 5년의 상사시효의 적용을 받는다 할 것이고, 이는 채무인수행위가 상행위나 보조적 상행위에 해당하지 아니한다고 하여 달리 볼 것이 아니다(대법원 1999.7.9. 99다12376).

판례 時效中斷事由인 承認 : 면책적 채무인수가 있은 경우, 인수채무의 소멸시효기간은 채무인수와 동시에 이루어진 소멸시효 중단사유, 즉 채무승인에 따라 채무인수일로부터 새로이 진행된다(대법원 1999.7.9. 99다12376).

(2) 抗辯事由의 存續

인수 당시에 원래의 채무자가 가지고 있던 모든 항변 사유로써 인수인은 채권자에게 대항할 수 있다(제458조). 즉, 채무의 부존재·일부변제·동시이행의 항변권 등이 이전되어, 이들을 항변으로 행사할 수 있다. 또한 원래의 채무자가 해제·취소한 경우에는 인수인은 그 효과를 항변사유로 주장할 수 있다.

그런데 인수할 때까지 해제·취소원인이 존재하나 행사하지 않은 상태에서 채무인수가 된 경우에는 인수인은 당해 채무 발생의 계약당사자가 아니므로 계약 자체를 해제 또는 취소할 수는 없다(계약인수가 있는 때에는 인정된다). 또한 인수인은 원래의 채무자가 채권자에 대하여 가지는 반대채권으로 상계를 할 수도 없다. 채무인수는 당해 채무만을 이전하는 것으로 원래의 채무자의 채권자에 대한 반대채권까지 이전하지는 것은 아니기 때문이다.

(3) 保證·擔保의 消滅

원래의 채무자의 채무에 대한 보증이나 제3자가 제공한 담보는 보증인·담보물 제공자의 동의가 없는 때에는 채무인수로 소멸한다(제459조). 이와 같은 보증 또는 물상보증은 채무자와의 개인적 관계로 설정된 것이기 때문에 채무자의 변경으로 소멸하는 것이 당연하다. 그러나 유치권과 같은 법정담보물권은 특정 채권의 보존을 위하여 법률의 규정에 의하여 성립된 것이므로 채무인수로 소멸하지 않는나. 또한 원래의 채무자 본인이 직섭 제공한 담보는(담보물권) 제459조와는 관계없이 존속하여 인수인의 채무를 담보한다고 해석함이 타당하다(판례). 이때 원래의 채무자는 인수인의 물상보증인으로 된다.

판례 既存債務者가 提供한 擔保-消滅하지 않음 : 면책적 채무인수라 함은 채무의 동일성을 유지하면서 이를 종래의 채무자로부터 제3자인 인수인에게 이전하는 것을 목적으로 하는 계약을 말하는바, 채무인수로 인하여 인수인은 종래의 채무자와 지위를 교체하여 새로이 당사자로서 채무관계에 들어서서 종래의 채무자와 동일한 채무를 부담하고 동시에 종래의 채무자는 채무관계에서 탈퇴하여 면책되는 것일 뿐 종래의 채무가 소멸하는 것이 아니므로, 채무인수로 종래의 채무가 소멸하였으니 저당권의 부종성으로 인하여 당연히 소멸한 채무를 담보하는 저당권도 소멸한다는 법리는 성립하지 않는다(대법원 1996.10.11. 96다27476).

(4) 債務引受에 대한 債權者의 承諾의 遡及效

채무자와 인수인간의 계약에 의한 채무인수에서는 채권자의 승낙이 있어야 한다. 채권자의 승낙이 있고 다른 의사표시가 없으면 채무인수의 효과는 채무를 인수한 때에 소급하여 효력을 가진다. 즉, 승낙한 때에 채무인수의 효과가 발생하는 것이 아니라 채무자와 인수인간의 계약시에 소급하여 효과를 발생한다.

그러나 소급효에 의하여 제3자의 권리를 해하지 못한다(제457조). 예컨대, 채무자와 인수인간의 인수합의 후 채권자의 승낙 전에 제3자가 당해 채권에 대하여 압류 등을 한 경우에 승낙의 소급효를 들어 원래의 채무자가 채권자에 대한 채무가 제3자에게 이전되고 존재하지 아니한다는 항변을 하지 못한다.

(5) 引受人과 원래의 債務者와의 關係

이는 채무인수의 원인관계인데, 이 원인관계는 채무인수의 대내적 관계에 지나지 않아 채무인수의 효력에 영향을 미치지 않는다. 인수인의 채무자에 대한 구상권 등도 양자간의 대내적 법률관계에 의하여 결정된다.

III. 併存的 債務引受

1. 意 義

병존적 채무인수라 함은 계약에 의하여 인수인이 원래의 채무자와 함께 동일한 내용의 채무를 부담케 되는 것을 말한다. 이를 중첩적·부가적·첨가적·확보적 채무인수라고도 한다. 이는 채권자측에서 보면 동일한 채무에 대하여 채무자가 한 사람 더 늘어난 것이 되어 보증적 기능을 가지므로 채권의 담보력이 증대된 결과가 된다. 따라서 이 경우에는 면책적 채무인수에서와 같이 채권자의 의사가 존중될 필요성은 없다.

이러한 병존적 채무인수는 민법에 규정된 것은 아니나 그 계약이 유효함은 물론이다. 그런데 병존적 채무인수는 외형적으로는 보증계약 또는 연대채무와 매우 비슷한데, 당해 계약이 병존적 채무인수인지 보증·연대채무 계약인지 또는 면책적 채무인수인지는 구체적 계약의 내용을 종합적으로 검토하여 결정하여야 한다.

2. 要 件

(1) 債務의 內容

병존적 채무인수도 그 채무가 제3자에 의하여 이행될 수 있는 성질의 것이어야 함은 물론이다. 인수인이 부담하는 채무의 범위가 원래의 채무의 범위를 초과하는 때에는, 병존적 채무인수의 보증적 기능으로 그 초과부분에 관하여는 채무가 존재하지 않는다고 새기는 것에 일치한다.

(2) 當事者

면책적 채무인수와 같이 세 유형을 생각할 수 있다.

(가) 3者 合意

채권자·채무자·인수인의 3자 합의에 의한 병존적 채무인수에 관하여는 별다른 제한 없이 가능함은 물론이다.

(나) 債權者·引受人間의 契約

채권자와 인수인간의 계약으로도 할 수 있다. 다만 채무자의 의사에 반하여 할 수 있느냐가 문제된다. 판례·통설은 병존적 채무인수가 채무자의 채무 담보의 목적으로 행하여지는 것을 들어 채무자의 의사에 반하여도 할 수 있다고 본다.

채권자와 인수인간의 계약에 의한 병존적 채무인수는 외형적으로는 보증이나 연대채무와 매우 비슷한데, 당해 계약이 어느 것에 해당하는 것이냐는 계약의 목적·당사자의 의사 등을 종합적으로 고려하여 결정하여야 한다. 또한 면책적 채무인수는 처분행위로서, 원래의 채무자의 채무를 면한다고 볼만한 특별한 사정이 있는 경우에는 면책적 채무인수를 인정할 것이나, 그렇지 아니하여 면책적 채무인수인지 병존적 채무인수인지 불분명한 때에는 병존적 채무인수로 보아야 한다(판례).

(다) 債務者·引受人間의 契約

채무인수는 채무자와 인수인간의 계약만으로도 할 수 있다. 이는 채권자에게 인수인에 대한 채권을 취득시키는 것을 내용으로 하므로 그 계약의 본질은 <제3자를 위한 계약>이다. 따라서 이는 단순히 인수인이 채무자에게 그 채무를 이행하기로 하는 계약인 이행인수와는 다르다. 그러나 채무자와 인수인간에 채무인수의 합의가 있는 경우에는 그것의 법적 성질이 면책적 채무인수이냐 병존적 채무인수이냐는 별론으로 하고 최소한 이행인수의 합의는 인정된다. 따라서 채무자와 인수인간의 계약이 병존적 채무인수로 인정되지 않는 경우는 물론이며, 병존적 채무인수의 성립이 인정되더라도 그것과 경합하여 이행인수가 성립된다고 해석한다.

채무자와 인수인간의 병존적 채무인수는 채권자에게 직접 채권을 취득시키는 것으로 본질상 제3자를 위한 계약으로, 인수계약에서 제3자인 채권자를 위한다는 명시적인 의사가 필요하다. 또한 다수설은 채권자의 수익의 의사표시를 요한다고 하나, 제3자를 위한 계약에서 직접 취득론을 취하는 사견으로는 채권자의 별도의 수익의 의사표시는 필요하지 않다고 본다(채권각론의 제3자를 위한 계약론 참조). 한편 다수설인 제3자를 위한 계약에서 제3자의 수익의 의사표시를 요한다는 이른바 동의론의 입장에서도 제3자인 채권자가 수익의 별도의 의사표시 없이 인수인에게 청구 기타의 채권자로서의 권리를 행사하면, 그 의사표시에 수익의 의사표시가 내포되어 있는 것으로 보아(판례), 실질적으로는 채권자의 수익의 의사표시를 별도로 할 필요는 없다.

판례 竝存的 債務引受의 法的 性質- 第3者를 위한 契約 : 채무자와 인수인의 합의에 의한 병존적 채무인수는 일종의 제3자를 위한 계약이므로, 채권자는 인수인에 대하여 채무이행을 청구하거나 기타 채권자로서의 권리를 행사하는 방법으로 수익의 의사표시를 함으로써 인수인에 대하여 직접 청구할 권리를 갖게 된다(대법원 1995.5.9. 94다47469).

판례 竝存的 債務引受를 肯定한 事例 : 부동산을 매매하면서 매도인과 매수인 사이에 중도금 및 잔금은 매도인의 채권자에게 직접 지급하기로 약정한 경우, 그 약정은 매도인의 채권자로 하여금 매수인에 대하여 그 중도금 및 잔금에 대한 직접청구권을 행사할 권리를 취득케 하는 제3자를 위한 계약에 해당하고 동시에 매수인이 매도인의 그 제3자에 대한 채무를 인수하는 병존적 채무인수에도 해당한다(대법원 1997.10.24.97다28698).

3. 效 果

(1) 債 務

(가) 債務者의 追加

원래의 채무자는 채무를 면하는 것이 아니고 그대로 유지 존속되며, 인수인이 새로운 채무자로 추가되어 원래의 채무자의 채무와 동일한 내용의 채무를 부담한다. 따라서 하나의 동일한 채무에 대하여 채무자가 원래의 채무자에 추가되어 채무자가 복수로 된다.

(나) 원래의 債務者와 引受人의 關係

원래의 채무자와 새로이 추가되는 채무자인 인수인 사이의 법률적 관계가 구체적으로 무엇인가에 관하여는 견해의 대립이 있다. 이는 인수계약 당사자의 의사표시에 관한 해석의 문제로서, 당사자의 의사가 분명한 경우에는 당사자의 의사에 따라 양자의 관계가 결정된다. 당사자의 의사가 불분명한 경우가 문제된다.

양자의 관계가 연대채무관계인지 부진정연대채무관계인지에 대한 논란이 있다.

이에 대하여는, 민법상의 연대채무관계는 채무자 중의 한사람에 대하여 생긴 사유의 절대적 효력이 광범위하게 인정되어, 보통의 병존적 채무인수인 채권자와 인수인 사이의 계약에서 인수인에 관하여 생긴 사유가 채무자에게 절대적 효력을 미친다는 것은 부당하기 때문에 부진정연대채무관계로 추정하는 것이 적당하다는 주장이다(곽, 김상, 김증). 한편, 판례는 병존적 채무인수인이 행한 상계의 효력은 원채무자에게도 효력이 미치는 것으로 보아 연대채무설을 취한다.

생각건대 원래의 채무자와 인수인 사이의 관계는 당사자의 의사와 계약의 사정을 종합적으로 고려하여 개별적으로 결정하여야 할 것이다. 달리 특별한 관계로 볼 수 있는 사정이 없는 경우에는 채무자와 인수인 사이의 계약 또는 부탁을 받은 인수인과 채권자 사이의 인수계약인 때에는 주관적 공동관계 내지 상호보증관계가 있어 연대채무관계로 보아야 하고, 부탁 없이 독자적으로 인수인이 채권자와 인수계약을 한 경우에는 부진정연대채무관계로 보는 것이 타당하다.

판례 併存的 債務引受人의 相計의 效力(絕對的 效力) : 병존적 채무인수인이 채권자에 대한 손해배상채권을 자동채권으로 하여 채권자의 자신에 대한 그 채권에 대하여 대등액에서 상계의 의사표시를 하였다면, 연대채무자 1인이 한 상계의 절대적 효력을 규정하고 있는 제418조 제1항의 규정에 의하여, 다른 연대채무자인 원채무자의 채권자에 대한 채무도 상계에 의하여 소멸되었다고 보아야 한다(대법원 1997.4.22. 96다56443).

(2) 抗辯의 行使

인수인은 원래의 채무자와 동일한 내용의 채무를 부담하기 때문에 인수 당시에 원래의 채무자가 가진 모든 항변사유로써 채권자에게 대항할 수 있다(면책적 채무인수와 같다).

(3) 保證·擔保의 存續

원래의 채무자의 채무가 존속하기 때문에 보증·담보의 소멸문제는 생기지 않는다.

IV. 履行引受

1. 意 義

이행인수라 함은 원래의 채무자와 인수인간의 계약으로, 인수인이 원래의 채무자를 대신하여 그의 채무를 이행할 것을 약정하는 것을 말한다. 이행인수로 인수인이 채무자에 대하여 채무의 이행의무를 질뿐이며, 채권자가 인수인에 대하여 직접 어떠한 채권을 취득하는 것은 아니다. 즉, 인수인이 채무자의 채무에 관하여 제3자의 변제를 할 의무를 채무자에 대하여 부담할 뿐임으로 채권자에 대하여는 어떠한 의무도 부담하지 아니한다.

2. 要 件

이행인수 계약의 당사자는 채무자와 인수인으로, 양자간에 인수인이 대신 채무를 이행할 것을 약정함으로써 족하다. 이는 채무자와 인수인간의 계약에 의한 채무인수(채권자의 승낙을 조건)와 유사하나, 후자는 채무의 이전이 있으나 이행인수는 채무의 이전이 없다는 점에서 차이가 있다. 채무자와 인수인간에 병존적 채무인수를 하였으나, 병존적 채무인수로 인정되지 않는 경우이거나 병존적 채무인수가 인정되더라도 그것과는 경합하여 최소한 이행인수로서의 효력은 발생한다.

판례 履行引受- 第3者를 위한 契約과의 區別基準 : 이행인수는 채무자와 인수인 사이의 계약으로 인수인이 변제 등에 의하여 채무를 소멸케 하여 채무자의 책임을 면하게 할 것을 약정하는 것으로 인수인이 채무자에 대한 관계에서 채무자를 면책케 하는 채무를 부담하게 될 뿐 채권자로 하여금 직접 인수인에 대한 채권을 취득케 하는 것이 아니므로 결국 제3자를 위한 계약과 이행인수의 판별 기준은 계약 당사자에게 제3자 또는 채권자가 계약 당사자 일방 또는 인수인에 대하여 직접 채권을 취득케 할 의사가 있는지 여부에 달려 있다 할 것이고, 구체적으로는 계약 체결의 동기, 경위 및 목적, 계약에 있어서의 당사자의 지위, 당사자 사이 및 당사자와 제3자 사이의 이해관계,

거래 관행 등을 종합적으로 고려하여 그 의사를 해석하여야 한다(대법원 1997.10.24. 97다28698).

판례 履行引受와 免責的 債務引受의 差異 : 부동산의 매수인이 매매목적물에 관한 임대차보증금 반환채무 등을 인수하는 한편 그 채무액을 매매대금에서 공제하기로 약정한 경우, 그 인수는 특별한 사정이 없는 이상 매도인을 면책시키는 면책적 채무인수가 아니라 이행인수로 보아야 하고, 면책적 채무인수로 보기 위하여는 이에 대한 채권자의 승낙이 있어야 한다(대법원 1997.6.24. 97다1273).

3. 效 果

(1) 履行의 請求는 원래의 債務者에게 만

이행인수는 채권자에게 직접 채권을 취득시키는 것이 아니므로 채권자는 원래의 채무자에 대하여만 이행을 청구할 수 있으며 인수인에 대하여는 이행을 청구할 수 없다. 즉, 채권자는 인수인에 대하여 어떠한 권리도 취득하지 아니한다.

(2) 引受人은 債務者에 대하여서만 義務 負擔

인수인은 채무자에 대하여는 변제 등으로 그를 면책시킬 의무를 부담할 뿐이고, 채권자에 대하여는 어떠한 의무도 부담하지 아니한다. 따라서 인수인이 채무를 이행하지 아니하는 경우에는 원래의 채무자만이 인수인에 대하여 이행인수 계약의 불이행에 의한 책임을 추궁할 수 있다.

(3) 引受人의 履行은 第3者의 辨濟

인수인이 채무를 이행하면 채권자에 대하여는 제3자의 변제가 되며, 원래의 채무자는 제3자의 변제로 채무를 면한다.

<債務引受의 類型別 關係>

當事者 / 類 型	甲·乙·丙	甲·乙	甲·丙	乙·丙
免責的 債務引受	可能	不可能	可能;乙의 反意思 不可	可能; 甲의 承認 必要
併存的 債務引受	可能	不可能	可能;乙의 反意思에도 可	可能(第3者를 위한 契約)
履行引受	可能	不可能	있을 수 없음	可能

(甲 : 債權者, 乙 : 債務者, 丙 : 第3者)

第4節 契約引受

I. 意 義

계약인수란 계약에 의하여 계약 당사자의 지위를 이전할 것을 약정하는 것을 말한다. 이는 인수인이 계약 당사자의 지위의 승계를 목적으로 하는 계약이다. 민법은 개별적인 채권·채무의 이전에 관하여는 규정하고 있으나, 이와 같이 계약의 일방 당사자의 지위를 이전하는 포괄적인 권리·의무의 이전에 관하여는 규정하고 있지 않다. 그러나 계약자유의 원칙상 계약인수를 부정할 이유는 없어, 판례·학설이 이를 인정하고 있다.

계약인수에 의하여 예컨대 매매계약의 매도인·매수인, 임대차계약에서의 임대인·임차인의 지위를 이전함으로써, 그가 가지고 있던 당해 계약상의 채권·채무·취소권·해제권 등의 모든 권리와 의무가 인수인에게 이전된다.

이는 개별적인 채권·채무의 이전만으로는 그러한 채권·채무를 발생시키는 계약에서 생기는 취소권·해제권 등은 종전의 계약 당사자에게 그대로 유지하게 되어 여러 가지로 불편하고 복잡한 법률관계가 된다. 이러한 불편을 해소하기 위한 것이 계약인수로서, 실제 거래계에서는 그 실효성이 크다. 예컨대 계속적 공급 및 구매계약·조합계약·임대차계약·영업양도 등에서 계약인수의 필요성이 있으며, 많이 행하여지고 있다.

II. 當事者

1. 3面 契約

계약상 지위의 양도인·양수인·잔류 당사자의 동시적인 합의에 의한 3면 계약의 경우에는 문제가 될 것이 없다.

2. 讓渡人과 讓受人間의 合意

거래계에서는 양도인과 양수인만의 계약으로 행하여지는 것이 많다. 이 경우에 판례와 학설은 잔류 당사자의 동의 또는 승낙으로 효력을 발생한다고 해석한다. 당사자의 동의·승낙은 명시적·묵시적 의사표시에 의하며, 양도인·양수인 누구에게 하더라도 관계없다. 동의·승낙을 한 경우에 계약인수의 효력은 동의·승낙의 의사표시를 한 때에 발생하는 것이 아니라 계약인수시에 소급한다고 본다.

그런데 원칙적으로 기술한 바와 같이 잔류 당사자의 동의·승낙을 필요로 하나, 계약당사자의 변경이 잔류 당사자에게 영향을 크게 주지 않는 경우에는 단순한 승인 또는 양도인과 양수인만의 인수계약으로 효력을 발생한다고 보아야 할 것이다. 이는 오늘날의 경제거래는 계약의 경제적 기초가 중요시되어 거래가 객관화되고 인적 요소는 의미를 가지지 아니하는 것이 많은데, 그러한 유형의 계약인 경우에는 잔류 당사자의 의사에 큰 의미를 부여할 필요가 없기 때문이다. 예컨대 임대차 목적물의 소유권을 이전하는 경우에 소유권자인 임대인의 지위는 임차인의 동의·승낙 없이 일괄하여 매수인에게 이전된다.

따라서 계약인수에는 원칙적으로 잔류 당사자의 동의·승낙을 필요로 한다. 그러나 동의·승낙이 없는 경우에도 인수계약을 바로 무효로 볼 것이 아니라, 인수되는 계약의 내용과 당사자의 관계를 종합적으로 고려하여 계약인수의 효력 여부를 결정하여야 할 것이다.

판례 契約引受의 要件 : 계약당사자로서의 지위의 승계를 목적으로 하는 계약인수는 그로부터 발생하는 채권채무의 이전 이외에 그 계약관계로부터 생기는 해제권 등 포괄적 권리의무의 양도를 포함하는 것으로서, 그 계약은 양도인과 양수인 및 잔류당사자의 동시적인 합의에 의한 3면계약으로 이루어지는 것이 통상적이라고 할 수 있으나, 관계당사자 3인 중 2인의 합의와 나머지 당사자가 이를 동의 내지 승낙하는 방법으로도 가능하다(대법원 1987.9.8. 85다카733).

판례 契約引受의 效果 : 계약인수가 적법하게 이루어지면, 양도인은 계약관계에서 탈퇴하게 되고 계약인수 후에는 특별한 사정이 없는 한 잔류당사자와 양도인 사이에는 계약관계가 존재하지 않게 되며 그에 따른 채권채무관계도 소멸한다(대법원 1987.9.8. 85다카733).

III. 效 果

1. 讓渡人의 脫退

양도인은 계약관계로부터 탈퇴하여, 특별한 사정이 없는 한 양도인과 잔류 당사자 사이에는 계약관계가 존재하지 않게 되며 채권·채무관계도 소멸한다. 그러나 계약인수 이전에 변제기에 달한 채무는 여전히 탈퇴 당사자가 채무를 부담함은 물론이다.

2. 讓受人이 旣存契約의 當事者

양수인은 기존계약의 새로운 당사자로 되어 당해 계약으로부터 생기는 모든 권리·의무의 귀속자가 된다. 채권·채무는 물론이며, 당해 계약에서 생기는 취소권·해제권·항변권 등도 양수인에게 이전된다.

3. 契約引受 前의 債務

계약인수 이전에 변제기가 이미 도래한 것이나 탈퇴 당사자가 변제하지 않은 채무에 관하여는 원칙적으로 양수인은 연대채무 또는 보증채무 등의 어떠한 책임도 부담하지 않는다. 따라서 계약인수시에 탈퇴 당사자에게 이미 발생한 채무를 인수한다는 별도의 특약이 없는 한 인수인은 탈퇴 당사자에게 이행기가 도래한 채무와 그 채무에 대한 불이행에 관하여는 여하한 책임도 지지 아니한다.

4. 保證·擔保

보증 및 물적 담보는 개인적 신뢰관계에 의하여 형성된 것으로 계약인수로 피보증 및 피담보 채무자의 변경에 의한 인적 기초는 소멸한다. 따라서 계약인수로 탈퇴 당사자인 채무자에 부착된 보증 및 물적 담보는 원칙적으로 소멸한다고 보아야 한다. 그러나 탈퇴 당사자가 채권자인 경우에는 채무자의 변경이 없음으로 채무자에 부착된 보증과 물적 담보는 그대로 존속한다. 예컨대 매수인의 대금지급채무를 보증·담보하기 위한 보증 또는 물적 담보는 매수인이 계약인수의 양도인의 경우에는 소멸하나, 매도인의 지위를 이전하기 위한 계약인수인 경우에는 소멸하지 않는 것은 당연하다.

第9章

債權의 消滅

第1節 總 說

I. 債權消滅의 意義

채권의 소멸이란 발생되어 활동하던 채권이 어떤 원인에 의하여 객관적으로 존재하지 않게 되는 것을 말한다. 이는 채권의 절대적 소멸을 의미하므로 채권 또는 채무의 이전으로 그 주체가 바뀌는 채권의 상대적 소멸과는 다르다.

채권은 채권에 특유한 사유에 의하여 소멸하나, 그 밖에 채권이 권리의 일종으로서 권리의 일반적 소멸원인에 의하여 소멸하는 등 기타의 원인에 의하여도 소멸한다. 채권에 특유한 소멸원인에 관해서는 민법 제460조 이하에서 규정하고 있다.

채권에 특유한 소멸원인이 있으면 채권은 법률상 당연히 소멸하는 것으로, 당사자가 그의 소멸을 주장할 필요는 없다.

II. 債權消滅의 原因

1. 債權 特有의 消滅原因

채권에 특유한 소멸원인으로 민법은 제460조 이하에서 변제·대물변제·공탁·상계·경개·면제·혼동의 일곱 가지를 규정하고 있다. 이들 일곱 가지의 소멸원인은 아래와 같이 당해 채권의 목적과 관련시켜 분류할 수도 있으며, 소멸원인 그 자체의 법률적 성질을 기준으로 분류할 수도 있다.

(1) 目的과 關聯한 分類

채권의 목적 달성 여부에 따라 아래와 같이 분류할 수 있다.

(가) 目的 達成에 의한 消滅

채권은 채권이 발생한 목적이 달성되면 소멸하는 것이 당연하다. 목적 달성에 의한 채권의 소멸원인에는 변제·대물변제·공탁이 있다. 변제에 의하여 채권의 목적은 달성되어 채권은 소멸한다. 채권 본래의 소멸원인이다.

대물변제는 당사자의 합의로 본래의 목적이 달성한 것으로 의제하는 것이며, 공탁도 법적 평가에 의하여 변제와 동일한 것으로 되어 채권이 소멸한다.

(나) 目的 達成 不能에 의한 消滅

목적의 달성이 확정적으로 불가능하여 졌으나 그 원인이 채무자의 유책사유에 의한 경우에는 채권은 손해배상채권으로 전환되어 존속한다. 그러나 목적이 달성될 가능성이 없게 된 원인이 채무자에게 책임을 추궁할 사유가 없는 경우에는 채권은 존속할 수도 없어 소멸할 수밖에 없다(편무계약상의 채권은 그대로 소멸하며, 쌍무계약상의 당해 채권은 소멸하고, 상대방의 채무에 관해서는 위험부담문제로서 다른 문제가 된다).

(다) 目的 關聯 外의 消滅

채권의 목적과는 관련 없는 사항이지만 상계·경개·면제·혼동에 의하여 채권은 소멸한다. 상계는 상대방채무의 강제적 실현으로 실질적으로는 목적의 달성에 해당한다. 경개는 구채권에 갈음하여 신채권을 성립시키는 당사자의 합의로서 구채권은 소멸한다. 면제는 채권의 포기이며, 혼동은 채권과 채무가 동일인에게 귀속하기 때문에 채권을 존속시킬 실익이 없어 채권은 소멸한다.

(2) 法律的 性質에 의한 分類

채권의 소멸원인 자체의 법률적 성질에 따라 아래와 같이 분류할 수 있다.

(가) 法律行爲

① 單獨行爲 : 면제·공탁·상계

② 契約 : 대물변제·경개

(나) 準法律行爲(非法律行爲) : 변제

(다) 事件

혼동·채무자의 책임 없는 사유에 의한 불능

2. 其他의 債權消滅原因

기술한 채권에 특유한 소멸원인 이외에 기타의 여러 가지 원인에 의하여도 채권은 소멸한다. 이를 간단히 보면 아래와 같다.

(1) 權利의 一般的 消滅原因

채권도 권리의 일종이므로 권리의 일반적 소멸원인에 의하여 소멸한다. 예컨대 권리의 존속기간(종기)의 도래·소멸시효의 완성 등으로 소멸한다.

(2) 債權을 發生시킨 基本的 法律關係의 消滅

법률행위의 취소·해지권 또는 해제권의 행사·해제조건의 성취 등에 의하여 소멸한다.

(3) 債權消滅을 目的으로 하는 契約에 의한 消滅

해제계약·상계계약과 같은 채권의 소멸을 목적으로 하는 당사자의 계약이 있을 때, 그 계약의 효력으로 채권은 소멸한다.

第2節 辨 濟

I. 辨濟의 意義와 性質

1. 辨濟의 意義

변제란 채무의 내용에 좇은 급부를 실현시키는 채무자 또는 제3자의 행위로서, 변제로 채권은 목적을 달성하여 소멸한다. 변제와 이행은 동의어로서, 변제는 채권의 소멸이란 관점에서 표현된 것이며, 이행은 급부의 실현이란 채무자 측의 행위의 관점에서 표현된 것이다(Leistung·Erfüllung, performance·payment).

변제에는 채무이행행위인 변제를 위한 구체적인 급부행위가 필수적으로 있어야 한다. 즉, 변제는 급부행위를 그 구성요소로 한다. 이 급부행위는 하는 채무에서의 채무자의 작위, 부작위채무에서의 부작위 등과 같은 사실행위일 수도 있고, 제3자에 대한 채무의 면제와 같은 단독행위 또는 제3자와의 매매와 같은 계약 등으로 법률행위일 수도 있다.

변제는 채권자의 협력 없이 채무자만의 행위로 할 수 있는 것도 있으나, 대개는 채권자의 협력을 필요로 한다. 채권자의 협력을 필요로 하는 경우에 채무자는 이행의 준비를 하고 채권자의 협력을 요청하는(변제의 제공) 것으로 채무불이행책임을 면하고, 변제에 협력하지 않은 채권자는 채권자지체책임을 지게 된다.

판례 旣存債務의 履行을 위하여 수표를 交付한 경우의 法律關係 : 채무자가 채권자에게 기존 채무의 이행에 관하여 수표를 교부하는 경우 다른 특별한 사정이 없는 한 이는 '지급을 위하여' 교부된 것으로 추정할 것이고, 따라서 기존의 원인채무는 소멸하지 아니하고 수표상의 채무와 병존한다고 보아야 한다. 기존의 원인채무와 수표상의 채무가 병존하고 있는 한에서는 채무자로서는 그 수표상의 상환의무를 면하기 전까지는 이중으로 채무를 지급하게 될 위험을 피하기 위하여 원인관계상의 채권자에 대하여 수표의 반환 없는 기존채권의 지급청구를 거절할 수 있다고 할 것이고, 한편 후일 수표금이 지급되는 등 채무자가 그 수표상의 상환의무를 면할 경우 비로소 기존 원인관계상 채무도 소멸한다고 볼 것이므로 채무자는 원인관계상의 채권자에 대하여 수표상의 상환의무를 면하였음을 사유로 하여 그 원인관계상 채무의 소멸을 주장할 수 있다(대법원 2003. 5. 30. 2003다13512).

2. 辨濟의 法律的 性質

변제의 법률적 성질에 관하여는 변제의 불가결의 요소인 급부행위 외에 별도로 변제의사辨濟意思를 필요로 하는 가를 중심으로 하여, 법률행위로서의 계약설과 단독행위설, 준법률행위설(사실행위 또는 비법률행위非法律行爲)이 논의되나, 변제의사를 별도로 필요로 하지 않는다는(비법률행위)데 대하여는 일치한다. 그런데 사실행위 또는 비법률행위라는 용어보다 준법률행위라는 용어를 많이 사용하는데, 이는 변제는 반드시 급부행위에 의하여 실현되는 것으로, 급부행위는 법률상의 행위로서 혼동과 같은 사건은 아니라는 의미이다.

변제를 법률행위가 아니라 준법률행위, 즉 변제의사를 요하지 않는 행위로 이해하는 것과 관련된 법률관계는 아래와 같다.

① 채무에 상응하는 객관적 사실이 있으면 행위자의 변제의사와는 관계없이 변제가 된다. 따라서 무능력자도 단독으로 유효한 변제를 할 수 있다.

② 급부행위가 법률행위(재단법인을 설립할 채무, 제3자에게 일정한 법률행위를

할 채무)인 경우에는, 법률행위 그 자체의 유·무효는 변제 자체에는 직접적인 영향이 없고 급부행위(예 : 재단법인 설립행위)를 무능력·착오·사기·강박에 의하여 취소함으로써 변제의 효과가 소멸할 뿐이다.

③ 채무자가 채권자와 법률행위를 하는 것이 채무의 내용인 경우에는 채무자의 의사표시는 변제의 효과를 좌우한다. 예컨대 동일한 급부행위일지라도 특별히 증여의 의사로 한 경우에는 변제의 효과가 발생하지 않고 증여의 효과가 발생하며, 또한 변제의 충당에서도 별도의 변제자의 의사표시가 있으면 의사표시에 의하여 변제의 효과가 발생한다. 그러나 이와 같은 경우에 변제자의 의사표시가 없어도 객관적 사정에 따라서 또는 법률상의 규정(법정충당)에 의하여 변제의 효과가 발생한다.

④ 급부행위가 사실행위인 경우에는 대리가 허용되지 않는다. 법률행위인 경우에는 대리가 물론 허용되며, 이 경우의 급부행위에는 의사표시가 필요하나 변제 자체에는 변제의사를 요하지 않는다.

II. 辨濟의 當事者

1. 辨濟者

변제의무자는 채무자이나 그 밖에 제3자도 변제할 수 있다.

(1) 債務者

유효한 이행의 제공 또는 변제를 할 수 있는 자는 채무자이다. 불가분채무자·연대채무자·보증인도 채무자이다. 급부의 성질이 채무자 아닌 자도 할 수 있는 경우에는 채무는 이행보조자·피용자·수임인에 의하여도 변제할 수 있다. 급부가 법률행위인 때에는 대리인에 의하여서도 할 수 있다.

(2) 第3者

채무의 변제는 일반적으로 제3자도 할 수 있다(제469조). 채권은 일반적으로 재산성이 있기 때문에 채무자 아닌 자도 채권의 목적을 달성시킬 수 있다면 변제를 채무자만으로 한정할 필요는 없기 때문이다.

변제뿐만 아니라 변제에 준하는 대물변제·공탁·상계(제3자의 반대채권으로)도 제3자가 할 수 있음은 물론이다. 여기의 제3자의 변제는 제3자가 자기의 이름으로 타인의 채무를 변제하는 것을 의미하며, 제3자가 채무자의 대리인 또는 이행보조자로서 이행행위를 하는 것은 당연히 포함되지 않는다(이는 채무자의 변제이다). 제3자의 변제도 변제의 효과를 발생하며, 제3자의 변제의 제공에 대하여 채권자가 정당한 이유 없이 수령하지 않으면 채권자지체책임을 진다(제3자의 변제가 유효한 경우에는 변제한 제3자는 채무자에 대하여 변제자대위권을 행사할 수 있다).

그러나 아래와 같은 경우에는 제3자의 변제가 제한을 받는다.

판례 第3者를 履行補助者로 使用하여 代位辨濟할 수 있는지 與否 : 채무의 변제는 원칙적으로 채무자뿐만 아니라 제3자도 할 수 있고, 채무의 성질상 반드시 변제자 본인의 행위에 의해서만 가능한 것이 아닌 이상 제3자를 이행보조자 내지 이행대행자로 사용하여 대위변제할 수도 있다(대법원 2001.6.15. 99다13515).

(가) 性質上 許容되지 않는 債務

채무의 성질이 제3자의 변제를 허용하지 아니하는 것은 제3자가 변제하지 못한다(제469조 단서). 하는 채무 중에서 채무의 성질이 채무자의 개성을 중시하는 채무(절대적 일신전속적 급부 : 교수의 강연, 예술가의 작품활동)는 제3자가 변제하지 못한다. 그러나 단순노동에서의 노무제공과 같이, 하는 채무라도 상대적 일신전속적 급부는 채권자의 동의가 있으면 제3자가 변제할 수 있다.

(나) 第3者의 辨濟 禁止 特約

당사자가 제3자의 변제를 금지하는 특약을 한 때에는 제3자는 변제하지 못한다(제469조 1항 단서). 채권의 내용은 당사자가 임의로 결정할 수 있다는 이론에 기초를 두어 계약에 의하여 발생된 채권은 계약으로, 단독행위에 의하여 발생한 채권은 단독행위로 제3자의 변제를 금지할 수 있게 한 것이다.

이 특약은 제3자가 변제하기 전에 하여야 한다. 이 제3자에는 이해관계 있는 제3자도 포함시킬 수 있다. 이와 같은 특약이 있는 경우에 제3자가 변제의 제공 또는 변제를 하더라도 채권자는 이를 거절할 수 있고, 만약 변제를 한 경우에도 변제의 효력은 발생하지 않는다. 그러나 채권의 일반적 재산성이 중시되는 오늘날 당사자의 특약에 의한 제3자의 변제에 대한 금지는 찬성할 만한 규정은 아니다.

(다) 利害關係 없는 第3者의 辨濟

이해관계 없는 제3자는 채무자의 의사에 반하여 변제하지 못한다(제469조 2항). 채무자의 반대의 의사는 적극적으로 표시될 필요는 없으나, 변제할 당시의 객관적인 모든 사정에 비추어 명확하게 인식할 수 있는 것이어야 하며, 함부로 채무자의 반대의사를 추정할 수는 없다. 채무자의 반대의 의사는 이를 주장하는 자가 증명하여야 한다.

이해관계란 채무의 존재 여부에 관하여 법률적인 이해가 관련되는 것을 말하는데, 이해관계의 유무는 법정대위의 요건인 정당한 이익관계(제481조)보다는 넓은 개념으로 해석된다. 보증인·연대채무자의 변제는 실질적으로는 타인의 채무의 변제이나, 이러한 자는 자기의 채무의 이행으로 변제를 하는 것이므로 주된 채무자 또는 다른 연대채무자의 의사에 반하여도 변제할 수 있음은 당연하다. 또한 물상보증인·담보부동산의 제3취득자·동일부동산의 후순위저당권자 등은 모두 법률상 변제하는 데에 이해관계 있는 제3자로서, 이들은 채무자의 의사에 반하여도 변제할 수 있다.

판례 債務者의 反對意思 推定 不可 : 이해관계 없는 제3자의 대위변제가 채무자의 의사에 반하는지의 여부를 가림에 있어서 채무자의 의사는 제3자가 변제할 당시의 객관적인 제반사정에 비추어 명확하게 인식될 수 있는 것이어야 하며 함부로 채무자의 반대의사를 추정함으로써 제3자의 변제효과를 무효화시키는 일은 피하여야 한다(대판 1988.10.24, 87다카1644).

판례 利害關係 있는 者 : ①부동산의 매수인은 그 권리실현에 장애가 되는 그 부동산에 대한 담보권 등의 권리를 소멸시키기 위하여 매도인의 채무를 대신 변제할 법률상 이해관계 있는 제3자라고 볼 것이다(대법원 1995.3.24. 94다44620).

② 건물을 신축한 자가 건물을 매도함과 동시에 소유권이전등기 전까지 그 건물을 매수인에게 임대하기로 하였는데 그 건물의 건축공사수급인이 공사금 일부를 지급받지 못하였다는 이유로 건물의 매수인 겸 임차인의 입주를 저지하자 건물의 매수인 겸 임차인이 매도인에게 지급할 매매대금의 일부를 건축공사수급인에게 공사금채무 변제조로 지급한 경우, 건물의 매수인 겸 임차인은 그 권리실현에 장애가 되는 위 수급인의 건물에 대한 유치권 등의 권리를 소멸시키기 위하여 매도인의 공사금채무를 대신 변제할 법률상 이해관계 있는 제3자이자 변제할 정당한 이익이 있는 자라고 볼 것이므로 위 변제는 공사금채무의 범위 내에서는 매도인의 의사에 반하여도 효력이 있다(대법원1993.10.12. 93다9903,93다9910).

2. 辨濟受領者

(1) 辨濟受領權者

변제를 유효하게 수령할 수 있는 자를 변제수령권자라 하며, 변제수령권자는 채권자와 일정한 권한 및 지위에 있는 자이다.

(가) 債權者

정당한 변제수령권자는 원칙적으로 채권자이다. 그러나 채권자라 하더라도 아래와 같은 경우에는 수령권한이 없어, 그 자에 대한 변제는 무효이다.

① 債權을 押留 또는 假押留 당한 債權者

채권을 압류 또는 가압류 당한 채권자는 채무자에 대하여 그 채무의 이행을 청구하거나 또는 변제를 수령할 수 없다. 그런데 제3채무자가 압류 또는 가압류명령의 송달을 받은 후에 자기의 채권자에게 변제를 한 경우에는 어떻게 되는가?

이 경우에 압류·가압류채권자는 추심명령 또는 전부명령을 받아 제3채무자에 대하여 변제를 청구할 수 있으며(민소법 제563조), 압류채권자·가압류채권자의 이행청구에 대하여 제3채무자는 본래의 자기 채권자에 대한 변제(무효)로 대항하지 못한다. 따라서 채무자는 압류채권자·가압류채권자에게 다시 변제를 하게 되어 2중변제를 면하지 못하게 된다. 2중변제를 한 때에는 제3채무자는 본래의 자기 채권자에게 한 변제를 부당이득으로 반환을 청구할 수 있다.

② 債權을 入質한 債權者

지명채권이 입질되어 제3채무자가 질권설정의 통지를 받거나 이를 승낙한 때에는 채권자는 수령권한이 없다(제349조). 이 경우에 제3채무자는 본래의 자기 채권자에 대한 변제로써 질권자에게 대항하지 못한다.

③ 破産宣告받은 債權者

채권자가 파산선고를 받으면 그 때부터 그 자의 채권은 모두 파산재단에 귀속되어 채권자는 수령권한이 없다(파산법 제6조, 제7조). 이때부터 채무자는 파산관재인에게 변제하여야 하며, 본래의 자기의 채권자에 대한 변제는 무효가 된다. 그러나 파산선고 후에 이 사실을 알지 못하고 파산자(본래의 채권자)에게 한 변제는 유효하며(파산법 제47조 1항), 알고 한 변제라도 파산재단이 받은 이익의 한도 내에서는 유효하다(파산법 제47조 2항).

(나) 債權者 外의 受領權者

법률의 규정 또는 채권자로부터 수령권한을 받은 자가 수령권한이 있음은 물론이다. 예컨대, 법인 기타 단체의 이사 기타 대표자와 피용자 등은 그의 직무의 범위 내에서 수령권한이 있다.

일반적으로 채권자 이외의 변제수령권자에는 대리인·추심위임을 받은 수임인·부재자의 재산관리인·파산관재인·채권 질권자(제353조)·채권자대위권자(제404조)가 있다. 이들에 대한 변제가 유효함은 물론이다.

(2) 辨濟受領權 없는 者에 대한 辨濟의 效力

변제수령권한이 없는 자에 대한 변제는 후술하는 표현수령권자를 제외하고는 원칙적으로 무효이다. 따라서 변제자는 수령권한 없는 자에게 한 변제를 부당이득으로 반환을 청구할 수 있다. 그러나 수령권한 없는 자에 대한 변제에 의하여 채권자가 이익을 받은 경우에는, 받은 이익의 한도 내에서 채권은 목적을 달성하여 소멸한다. 이에 민법은 채권자가 이익을 받은 한도 내의 수령권한 없는 자에 대한 변제의 효력을 인정한다(제472조). 예컨대 무권대리인이 수령하여 채권자에게 그 이익을 이전한 경우나, 수령권한 없는 자가 수령하여 채권자의 제3자에 대한 채무를 이행한 경우가 이에 해당한다.

(3) 表見受領權者

정당한 변제수령권자 아닌 자에 대한 변제는 원칙적으로 무효이다. 그러나 자본주의경제체제 아래서 거래의 빈번화에 따라 변제도 빈번히 행하여지고 있다. 이러한 거래의 빈번화에 따른 거래의 안전과 신속을 보호하기 위하여, 민법은 변제수령권한이 있는 외형을 갖추어 채무자로 하여금 정당한 변제수령권자로 믿게 한 자에 대한 변제는 신뢰보호의 법리에 의하여 일정한 제한된 경우에 이를 유효한 것으로 하고 있다.

변제수령권한이 있는 것과 같은 외형을 갖춘 자를 표현수령권자라 하며, 민법은 채권의 준점유자와 영수증소지자를 표현수령권자로 하여 이 자에 대한 변제는 아래의 일정한 경우에는 변제의 효력을 인정한다.

(가) 債權의 準占有者(제470조)

민법은 채권의 준점유자에 대한 변제는 변제자가 선의이며 과실 없는 때에 한하여 효력이 있다(제470조)고 규정한다. 여기서 준점유자란 사회 일반의 거래관념상 타인에게 진정한 채권자 또는 변제수령권자로 믿게 할 만한 외형(외관)을 갖춘 자를 말한다. 민법은 이러한 자에 대한 변제를 신뢰보호의 법리에 의하여 그 효력을 인정한 것이다.

* 신뢰보호 법리의 기초에 관하여는, 권리상실자가 외관 형성에 원인을 제공한 것에 대한 비난이라는 원인제공론과 거래의 안전·신속의 보호를 위하는데 있다는 거래이익론으로 설명되었으나, 오늘날은 이 이론들은 권리 상실자를 설득하는데 미흡하다고 비판하며, 신뢰인(위 경우는 변제자)과 이로 인하여 불이익을 받는 자(진정한 권리자) 사이에 있어서 누가 책임을 질 위험(불이익)을 부담하는 것이 합리적이냐, 즉 누구에게 위험을 부담시킬 것이냐의 위험분배의 문제라는 위험분배론(Risikoprinzip)이 주장되기도 한다(Canaris).

판례 無效인 轉付命令을 받은 者에 대한 第3債務者의 辨濟가 債權의 準占有者에 대한 辨濟로서의 效力 有無 : 무효인 채권압류 및 전부명령을 받은 자에 대한 변제라도 그 채권자가 피전부채권에 관하여 무권리자라는 사실을 알지 못하거나 과실 없이 그러한 사실을 알지 못하고 변제한 때에는 그 변제는 채권의 준점유자에 대한 변제로서 유효하다(대법원 1997.3.11. 96다44747).

① 準占有者의 類型

㉮ 典型的인 準占有者

변제수령권한을 가진 것과 같은 외형을 갖춘 전형적인 자로는, 채권양도가 무효·취소된 경우의 양수인과 채권양도가 사전 통지되었으나 양수 받지 않은 자(제452조), 상속인이 아님에도 상속인으로 사칭하여 상속재산에 속하는 채권을 행사하는 참칭상속인 내지 표현상속인, 예금증서 기타의 채권증서와 인장을 소지하는 자 등이 채권의 준점유자의 전형적인 예이다.

판례 金融實名法과의 關係 ① 預金行爲者 : 금융실명법에서 금융기관에 예금을 하고자 하는 자는 원칙적으로 직접 주민등록증과 인감을 지참하고 금융기관에 나가 자기 이름으로 예금을 하여야 하나, 대리인이 본인의 주민등록증과 인감을 가지고 가서 본인의 이름으로 예금하는 것이 허용된다고 하더라도, 이 경우 금융기관으로서는 자기가 주민등록증을 통하여 실명확인을 한 예금명의자를 위 재정명령 제3조에서 규정한 거래자로 보아 그와 예금계약을 체결할 의도를 가지고 있었다고 보아야 하므로, 예금명의자가 아니고 예금통장도 소지하지 않은 예금행위자에 불과한 자는 금융실명제가 시행된 후에는 극히 예외적인 특별한 사정이 인정되지 않는 한 예금채권을 준점유하는 자에 해당될 수가 없다(대법원 2002.6.14. 2000다38992).

② 預金行爲者에 대한 辨濟는 無效 : 예금명의자가 아니고 예금통장도 소지하지 않은 예금행위자에 의한 정기예금의 중도해약 및 그에 대한 예금의 지급이 권한 없는 자에 대한 변제로서 유효하지 않다(대법원 2002.6.14. 2000다38992).

㉯ 其他의 者

그 밖에 준점유자로서 문제되는 것은 다음의 경우가 있다.

㉠ 詐稱代理人 : 판례와 다수설은 채무자에게 이행을 청구하는 자가 스스로 대리인이라고 사칭하는 경우에도 진실한 대리인으로 신뢰할 만한 외형을 갖춘 경우에는 채권의 준점유자로 해석하여, 이 자에 대한 변제도 효력을 인정한다. 그러나 대리인이라 사칭하는 경우에 관하여는 본래의 신뢰보호 법리에 의하면 표현대리의 문제이다. 따라서 사칭 대리인에 대한 변제가 유효하기 위하서는 채권자와 변제한 채무자에 관하여 표현대리에 관한 규정(제125조, 제126조, 제129조)의 적용이 있어야 한다는 소수의 견해가 있다(김형, 김상). 판례와 다수설은, 변제자측에서 보면 상대방이 본인이라 사칭하든 대리인이라 사칭하든 어느 경우에나 변제자를 보호할 필요성은 동일하여 이를 구별할 이유가 없다는 것이다(곽, 이은). 생각건대 이는 진정한 채권자 보호와 채무자 보호, 즉 거래의 신속 및 안전 보호 중에서 어느 것에 더 가치를 둘 것이냐의 가치판단의 문제가 되는데, 사칭 대리인도 신뢰할 만한 외형을 갖춘 경우에는 채권의 준점유자라 보아야 한다.

판례 詐稱代理人 : 민법 제470조에 정하여진 채권의 준점유자라 함은, 변제자의 입장에서 볼 때 일반의 거래관념상 채권을 행사할 정당한 권한을 가진 것으로 믿을 만한 외관을 가지는 사람을 말하므로 준점유자가 스스로 채권자라고 하여 채권을 행사하는 경우뿐만 아니라 채권자의 대리인이라고 하면서 채권을 행사하는 때에도 채권의 준점유자에 해당한다(대법원 2004.4.23. 2004다5389).

판례 表見相續人 : 표현상속인에 대한 채무자의 변제는, 특별한 사정이 없는 한, 채무자가 표현상속인이 정당한 권리자라고 믿은 데에 과실이 있다 할 수 없으므로, 채권의 준점유자에 대한 변제로서 적법하다(대법원 1995.1.24. 93다32200).

㉡ 僞造 債權證書 所持人 : 위조 또는 변조된 채권증서의 소지인에 대한 변제인데, 이는 외형을 신뢰한 변제자와 채권을 상실하는 진실한 채권자 중에서 어느 자를 보호할 것이냐는 가치판단의 문제이다. 판례·다수설은 변제자의 신뢰를 보호하여 위조된 채권증서의 소지인에 대하여도 거래관념상 채권을 가진 자로 인정될 만한 외형을 갖춘 경우에는 채권의 준점유자로 보아 변제의 효력을 인정한다(대판 1963.10.10, 63다384). 이 경우에도 본래의 신뢰보호 법리에 의하면 진정한 권리자(채권자)의 권리 상실을 책임 지울 일정한 요건(이른바 Veranlassungstheorie 원인제공론에 의한 외관형성행위 등), 예컨대 이 경우에 진정한 채권자에 대한 비난 가능성이 있어야 하겠으나, 선의의 변제를 보호하여 거래의 신속·안전을 도모한다는 판례·다수설을 지지한다.

㉢ 無效인 押留命令·轉付命令받은 者 : 무효인 압류명령에 의하여 추심명령·전부명령받은 자도 채권의 준점유자로 해석되어, 그 자에 대한 변제도 유효하다. 예컨대 채권자 甲이 채무자 乙의 제3채무자 丙에 대한 채권을 압류하여 전부명령에 의하여 丙으로부터 변제를 받은 경우에, 甲의 압류가 무효인 경우에도 丙의 甲에 대한 변제는 유효하여, 丙은 甲에 대한 변제로써 乙에 대항할 수 있다.

② 辨濟者의 善意·無過失

변제자의 선의는 단순히 준점유자에게 변제수령의 권한이 없다는 것을 몰랐다는 것만으로는 부족하며, 그가 수령권한이 있다고 적극적으로 믿었어야 한다는 데 일치한다. 무과실은 선의에 과실이 없음을 의미한다. 선의·무과실의 증명책임은 변제가 무효임을 주장하는 자에게 있다(일치).

어떠한 경우에 과실이 있는 것으로 인정되느냐 여부가 문제된다. 판례에 나타난 몇 가지를 아래에서 소개한다.

판례 善意, 無過失 : 예금주의 대리인이라고 주장하는 자가 예금주의 통장과 인감을 소지하고 예금반환청구를 한 경우, 은행이 예금청구서에 나타난 인영과 비밀번호를 신고된 것과 대조 확인하는 외에 주민등록증을 통하여 예금주와 청구인의 호주가 동일인이라는 점까지 확인하여 예금을 지급하였다면 이는 채권의 준점유자에 대한 변제로서 유효하다(대법원 2004.4.23. 2004다5389).

판례 過失 認定 : 소외 (갑), (을)이 원고와 부동산사업의 동업관계에 있다 하더라도 피고의 차용금채무 변제에 관하여 동 소외인들이 표견수령권자로서 원고의 이 사건 채권의 준점유자라고는 볼 수 없고 가사 동 소외인들이 위 채권의 준점유자라 하더라도 이 사건 원. 피고는 당시 임야를 매수. 전매하는 등의 사업을 공동경영하였으므로 피고는 원고에게 위 채권변제의 수령권한 위임여부를 쉽사리 알아볼 수 있었음에도 이를 알아보지 아니한 과실이 인정되는 이상 변제의 효력이 있다고 할 수 없다(대법원 1982.11.9. 80다3135).

판례 强行法規 違反을 모른 경우-過失 認定 : 효력규정인 강행법규에 위반되는 계약을 체결한 자가 그 약정의 효력이 부인된다는 사실을 알지 못한 탓에 그 약정에 따라 변제수령권을 갖는 것처럼 외관을 갖게 된 자에게 변제를 한 경우에는, 특별한 사정이 없는 한 그 변제자가 채권의 준점유자에게 변제수령권이 있는 것으로 오해한 것은 법률적인 검토를 제대로 하지 않은 과실에 기인한 것이라고 할 것이다(대법원 2004.6.11. 2003다1601).

③ 準占有者에의 辨濟의 效果

민법 제470조는 채권의 준점유자에 대한 변제는 효력이 있다고 규정한다. 변제의 효력이 있다는 것은 채권자의 채권이 소멸하고 채무자는 채무를 면하여, 채권자가 채무자에게 이행을 청구할 수 없다는 것을 의미한다. 따라서 채권자는 변제를 수령한 준점유자에 대하여 부당이득의 반환을 청구하거나 또는 경우에 따라서 제3자에 의한 채권침해에 기한 불법행위로 손해배상을 청구할 수 있다.

한편 준점유자에 대한 변제가 무효인 때에는 진정한 채권자에게 다시 변제하여야 함은 물론이며, 채무자도 변제를 수령한 준점유자에게는 비채변제로 반환을 청구할 수 있다. 그러나 변제자가 악의인 때에는 악의의 비채변제에 해당되어 변제물의 반환을 청구할 수 없다(제742조)는 것에 관하여는 이론이 있을 수 없다.

그런데, 문제가 되는 것은 변제자가 당초에는 유효한 변제로 간주하였다가, 다시 수령한 준점유자에 대하여 스스로 변제가 무효라고 주장하고 변제물의 반환을 청구할 수 있느냐 하는 것이다. 이는 선의의 변제자가 사후에 준점유자에 대한 변제가 잘못된 변제임을 알고 진정한 채권자에게 변제를 한 후에, 또는 변제를 하려고 먼저 준점유자에게 수령물의 반환을 청구할 수 있느냐 하는 문제이다.

이에 대하여 다수설은 선의의 변제의 효과는 확정적이라고 하여, 진정한 채권자에 있어서는 물론이며 준점유자에 대하여도 변제의 효과가 발생하여, 준점유자에 대하여 수령물의 반환을 청구할 수 없다는 것이다(곽, 김증). 이때에는 진정한 채권자가 준점유자에 대하여 부당이득의 반환 또는 불법행위에 의한 손해배상으로 청구를 하여야만 한다는 것이 된다.

그러나 선의의 변제자가 스스로 잘못된 변제임을 알고 진정한 채권자에게 변제를 하려는 것을 막을 이유는 없다. 즉, 제470조는 선의의 변제자를 보호하기 위한 규정으로, 채권자의 이행청구에 대하여 준점유자에 대한 선의의 변제로 대항할 수 있음을 규정한 것에 지나지 아니하다고 보아야 한다. 따라서 변제자는 항변을 스스로 포기하고 다시 변제할 수 있으며, 그렇기 위해서는 당연히 수령한 준점유자에게 수령물의 반환을 청구할 수 있다고 보아야 한다(이은). 준점유자에 대한 수령물의 반환청구에 관하여는 비채변제로서의 부당이득 법리가 적용된다.

(나) 領收證所持者

영수증을 소지한 자에 대한 변제는 그 소지자가 변제를 받을 권한이 없는 경우에도 효력이 있다(제471조 본문). 그러나 변제자는 선의·무과실이어야 한다(제471조 단서). 영수증은 변제수령권한을 표상하는 증서이므로, 영수증소지자에 대한 변제를 유효하게 한 것은 위에서 본 채권의 준점유자에 대한 변제와 동일하게 신뢰보호 법리에 의하여 채무자를 보호하기 위한 것이다.

통설은 여기서 영수증은 진정한 영수증에 한정된다고 해석한다. 즉, 작성권한이 있는 자가 작성하였거나, 대리인이 작성하였거나, 대리권이 없는 자가 작성한 것일지라도 표현대리의 요건을 갖춘 것이어야 한다는 것이다. 본조의 영수증을 진정한 영수증에 한정하더라도 위조된 경우에는 제470조의 채권의 준점유자에 해당하기 때문에 어떻게 보더라도 문제는 없다. 또한 진정한 영수증이면 유실되어 습득하였거나 또는 절취한 경우에도, 그 자에 대한 변제는 효력이 있다는 것이 통설이다.

한편 변제자의 선의·무과실 및 영수증소지인에 대한 변제의 유효·무효의 경우, 당사자의 관계 등은 위에서 본 채권의 준점유자에 대한 관계와 동일하다.

(다) 證券的 債權의 所持人에 대한 辨濟

증권적 채권인 지시채권·기명소지인출급채권·무기명채권 등의 증권적 채권의 소지인에 대한 변제는 변제가 악의·중대한 과실이 있는 경우를 제외하고는 언제나 변제의 효력이 있다(증권적 채권 편 참조). 이는 증권적 채권의 유통성을 확보하기 위하여 변제자의 주관적 요건을 완화한 것이다.

III. 辨濟의 方法

1. 辨濟의 提供

(1) 辨濟提供의 意義

부작위채무와 같은 경우에는 채무자가 혼자서 채무를 이행할 수 있다. 그러나 그 밖의 대부분의 채무는 채무자 단독으로 이행할 수는 없고, 채권자의 최소한도의 협력 내지 협조가 있어야 채무를 이행할 수 있다. 이와 같이 채무자가 혼자서 이행할 수 없는 급부에 관하여 채무의 이행에 필요한 준비를 한 후에 채권자에게 이러한 뜻을 전하고 협력을 요구하는 것을 변제의 제공이라 한다. 채무자가 먼저 이와 같은 이행을 할 의지를 표현하였으나 채권자의 사정으로 이행하지 못한 경우에는 채무자를 비난하지 못할 것이다. 즉, 변제의 제공이 있으면 채무자는 채무불이행책임을 면하게 된다.

(2) 辨濟提供의 方法

변제의 제공의 방법에 관하여 민법 제460조는 채무내용에 좇은 현실제공을 원칙으로 하고, 채권자가 미리 변제 받기를 거절하거나 이행에 채권자의 행위를 요하는 경우에는 변제준비의 완료를 통지하고 그 수령을 최고하도록 하고 있다. 전자를 현실의 제공이라 하고, 후자를 구두의 제공이라 한다. 그러나 이 두 가지는 변제의 제공의 방법이라기보다는 이행에 있어서 채권자의 협력과 관련한 채무자가 하여야 할 변제준비의무의 정도의 차이에 불과하다. 한편 판례·통설은 구두의 제공조차도 필요 없는 경우를 인정한다. 이하 세 유형에 대하여 분설한다.

(가) 現實의 提供

현실의 제공은 특정물채권과 같이 채권자의 협력 없이도 채무자 혼자서 채무의 주요한 부분까지 실행할 수 있는 경우에 부담하는 채무자의 변제의 제공의무이다. 예컨대 특정물 매매에 있어서 채무자가 채권자의 수령만으로 이행을 완료할 수 있는 상태까지 두어야 할 제공의무를 말한다.

현실의 제공이란 어느 정도까지 채무자가 급부의 실행을 위하여 행위를 하여야 하는 것을 말하는가? 현실의 제공은 채무자가 채무불이행책임을 면하는 시점이며, 역으로는 채권자가 책임(채권자지체책임)을 부담하는 시작 시점이 된다. 이는 채무의 이행이 완료되는 일련의 행위를 채무자가 하여야 할 행위와 채권자가 협력하여야 할 행위로 분배하는 「행위분배」의 문제가 된다. 따라서 현실의 제공의 구체적 내용은 계약의 내용·당사자의 사정·거래관습·신의성실의 원칙 등을 종합적으로 고려하여 결정하여야 한다. 문제가 개별적인 경우를 아래에서 본다.

① 金錢債務

금전채무의 변제에서는, 지급일·지급장소가 정해진 경우에는 채무자 혼자서 주요한 이행행위를 거의 다 할 수 있고, 채권자의 협력은 단순한 수령이다. 또한 오늘날 주로 이용되는 우편환 또는 은행을 통한 송금 등에 있어서는, 채무자의 주소 또는 거래은행의 계좌번호만 알면 채권자의 소극적인 수령행위 조차도 필요가 없다. 문제가 되는 것은 금전의 일부만을 제공하거나, 통화 아닌 것으로 지급한 경우 등이다.

㉮ 一部 提供

채무의 전액을 제공하여야 하는데, 일부만을 제공한 것은 채무의 내용에 좇은 것이 되지 못한다. 따라서 채권자는 이의 수령을 거절할 수 있다. 그러나 제공한 금액의 부족액이 아주 적은 경우에는 신의칙상 유효한 변제로 보아야 한다. 원본 외에 이자·비용도 지급되어야 할 경우에는 이들을 합한 전액이어야 하며, 이행기 경과 후에는 지연배상액도 함께 제공되어야 한다.

㉯ 通貨 以外의 提供

금전채무의 이행은 통화로써 하여야 하나(제376조), 통화 이외의 것으로 제공을 하는 경우에 이를 현실의 제공으로 인정할 수 있는가의 문제가 있다. 우편환의 경우에는 우편환의 현금으로의 전환에 대한 확실성으로 현실의 제공이라 본다(일치). 주로 문제가 되는 것은 어음과 수표이다. 어음과 수표는 부도의 가능성 때문에 특별한 경우 외에는 유효한 제공이 되지 않는 것으로 해석한다(대물변제로 해석).

㉰ 債權者의 不在 등

채권자의 주소지에 갔으나 채권자가 부재한 경우 또는 약속장소에 갔으나 나오지 않은 경우 등은 현실의 제공을 한 것이 된다. 이 경우에는 다시 채권자에게 수령을 최고할 필요가 없다.

② 特定物債務

특정물채무는 채무자가 현상인도의 원칙에 의하여 특정물을 이행기의 현상대로 채권자에게 제공하면 현실의 제공이 된다(제462조). 채권자는 특정물이 채권성립시에 비하여 일부멸실 또는 훼손 등으로 악화된 경우에도 이의 수령을 거절할 수 없으며, 다만 악화된 데 따른 별도의 책임(담보책임 또는 채무불이행책임 등)을 추궁할 수 있을 뿐이다.

부동산의 인도의 경우에 매매에서의 소유권이전에서는 목적 부동산의 소유권 이전등기에 필요한 서류의 교부가 현실의 제공이 되며, 반드시 점유이전의 제공이 있어야 하는 것은 아니다. 그러나, 임대차와 같은 경우에는 점유이전의 제공이 있어야 한다.

③ 種類物債務

주로 문제가 되는 것은 견본품과 다른 물건인 경우와 증권에 의한 제공 등이다.

㉮ 見本品과 다른 物件의 提供

견본품과 다른 물건이 제공된 경우에 채권자는 계약을 해제하거나 손해배상을 청구할 수 있으나 수령을 거절할 수는 없다는 견해가 있다(곽). 이는 구체적인 경우에 거래관습 또는 신의칙상 합리적으로 판단하여 견본품과 동일한 내용의 물건이냐 여부에 따라 결정되겠으나, 성능이나 함량이 견본품과 크게 다른 경우에는 계약의 해제, 손해배상의 청구 외에도 수령을 거절할 수도 있다고 보는 것이 타당할 것이다.

㉯ 證券에 의한 提供

화물상환증·창고증권·선하증권 등은 채무자가 처분할 수 있는 것이므로, 이들 증권의 교부·송부는 일반적으로 현실의 제공이라 본다.

㉰ 債權者가 受領하여야 할 物件

일정한 장소와 일정한 기일 내에 채권자가 수령하여야 할 물건의 경우에는, 당해 장소에 일정한 기일까지 언제든지 채권자에게 인도할 상태가 되도록 하는 것이 현실의 제공이다.

(나) 口頭의 提供

변제의 제공은 현실의 제공이 원칙이나, 채권자가 미리 수령을 거절한 경우와 채무이행에 채권자의 적극적인 행위를 요하는 경우에는 구두의 제공이 있으면 변제의 제공이 되며, 구두의 제공의 방법은 변제준비 완료의 통지 및 수령의 최고이다(제460조 단서).

① 債權者의 事前 受領拒絕의 경우

거절은 명시적이든 묵시적이든 관계없다. 이와 같이 채권자가 미리 수령을 거절한 때에는 현실의 제공을 요구할 필요는 없을 것이어서, 변제준비와 준비완료의 통지·수령의 최고로 족하도록 한 것이다.

㉮ 辨濟準備

변제준비는 채권자가 사전에 수령을 거절하였더라도 다시 마음을 바꾸어 수령을 하려는 때에는 이행을 할 수 있는 정도의 상태를 의미한다. 구체적인 정도에 관하여는 거래관습 및 신의칙에 의하여 결정하는 수밖에 없다.

㉯ 準備完了 通知와 受領 催告

구두의 제공에는 변제의 준비 외에 그러한 변제준비가 완료되었음을 통지하고 이의 수령을 최고하여야 한다. 그러나 채권자가 미리 수령을 거절한 경우에는, 채무자가 변제준비를 하였다면 구태여 통지까지는 필요가 없고, 통지가 없어도 채무불이행책임을 면한다고 보는 것이 합리적이라고 생각한다. 다만 쌍무계약에서는 채권자가 상대방의 급부에 대하여 수령을 거절하면 자기의 채무도 이행하지 않는 것이 보통이고, 이러한 경우에 채무자가 반대채무의 이행지체를 원인으로 계약의 해제 등과 같은 적극적 행위를 하는 경우에는 채무자는 변제준비 외에 별도로 준비완료의 통지·수령의 최고를 하여야 할 것이다. 이는 채권자의 수령거절의 의사에 대한 확인과 반대채무의 이행에 대한 최고의 의미에서 필요할 것이다.

판례 雙務契約에서 履行遲滯에 빠지게 하는 履行의 提供의 程度 : 쌍무계약에서 상대방을 이행지체에 빠지게 하여 계약의 해제 등을 하기 위하여는, 상대방이 협력만 한다면 언제든지 현실로 이행을 할 수 있을 정도로 준비를 완료하고 그 사실을 상대방에게 통지하여 수령 기타 상대방의 협력과 상대방의 채무이행을 최고하여야 만 상대방을 이행지체에 빠지게 할 수 있는 것이므로 단순히 자기의 채무를 이행할 준비태세를 갖추고 있는 것만으로는 부족하다 (대법원 1993.4.13. 92다56438).

② 債權者의 行爲를 要하는 경우

채권자의 선행되는 행위를 필요로 하는 경우란 추심채무, 채권자가 제공하는 재료에 가공을 하는 채무, 채권자가 지정하는 기일 및 장소에서 이행하여야 할 채무 등이 이에 속한다. 이러한 채무는 채권자의 행위가 먼저 있어야 이행행위를 할 수 있다. 이러한 채무의 경우에도 변제준비와 준비완료의 통지·수령의 최고에 의한 구두의 제공으로 족하다.

㉮ 辨濟準備

채권자의 행위를 요하는 경우에 채무자에게 요구되는 준비행위는 채권자의 행위가 있으면 즉시 이행을 할 수 있는 정도의 준비행위가 요구된다. 채권자가 미리 수령을 거절한 경우에는 그 이후에 변제를 하더라도 그 동안의 시간적 여유가 있으나, 채권자의 행위를 요하는 경우에는 채권자는 자기의 행위가 있으면 즉시 변제를 받을 것이라고 기대하기 때문에 준비의 정도에서 차이가 있다고 보는 것이 타당하다.

㉯ 通知·催告

이 경우에도 준비행위 외에 통지·최고를 요건으로 한다. 그러나 이 경우에도 채권자가 어떠한 행위도 하지 아니하는 경우에는, 채무자는 준비행위를 하였다면 통지하지 않더라도 채무불이행책임을 면한다고 보아야 할 것이다. 채권자의 행위가 선행되어야 하기 때문에 변제의 준비행위로써 족할 것이다.

다만 쌍무계약에서의 채무자는 채권자의 의무위반 등을 이유로 계약의 해제 등과 같은 적극적 행위를 하는 경우에는 상대방 채무의 이행의 청구와 함께 자기가 채무이행의 준비행위를 완료하였다는 통지를 하여야 한다.

판례 雙務契約에 있어서 解除의 前段階로서의 履行의 提供 : 동시이행관계에 있는 쌍무계약에 있어서 상대방의 채무불이행을 이유로 계약을 해제하려고 하는 자는 동시이행관계에 있는 자기 채무의 이행을 제공하여야 하고, 그 채무를 이행함에 있어 상대방의 행위를 필요로 할 때에는 언제든지 현실로 이행을 할 수 있는 준비를 완료하고, 그 뜻을 상대방에게 통지하여 그 수령을 최고하여야 만 상대방으로 하여금 이행지체에 빠지게 할 수 있는 것이며, 단순히 이행의 준비태세를 갖추고 있는 것만으로는 안 된다(대법원 1994.10.11. 94다24565).

판례 不動産 賣渡人의 履行의 提供 : 부동산 매매계약의 경우에 매도인이 매수인을 이행지체에 빠뜨리기 위하여 소유권이전등기에 필요한 서류 등을 현실적으로 제공할 필요까지는 없으나, 최소한 위 서류 등을 준비하여 두고 그 뜻을 매수인에게 통지하여 잔금지급과 아울러 이를 수령하여 갈 것을 최고함은 요한다(대법원 1996.7.30. 96다17738).

(다) 口頭의 提供도 要하지 않는 경우

위에서 본 바와 같이 변제의 제공은 원칙적으로 현실의 제공이 있어야 하고, 예외적으로 구두의 제공을 하도록 한다. 즉, 채무자가 채무불이행책임을 면하기 위하여는 현실의 제공이든 구두의 제공이든 변제의 제공을 하여야 한다. 그러나 아래와 같은 경우에까지 구두의 제공을 요할 것이냐에 관하여 논란이 있다.

① 受領拒絕의 意思가 分明하고 確固한 경우

채권자의 수령거절 의사가 분명하고 확고한 경우에도 채권자가 다시 의사를 바꾸어 수령할 수도 있으므로 최저한의 구두의 제공은 있어야 한다는 견해가 있다. 어떠한 상태가 거절의 의사가 확고하다고 볼 것이냐에 관하여는 구체적인 경우에 종합적으로 판단하여야 할 것이나, 거절의 의사가 분명하고 확고한 경우에 다시 구두의 제공을 할 필요는 없다. 따라서 이러한 경우에 채무자는 구두의 제공을 하지 않더라도 채무불이행에 의한 책임은 지지 않는다.

판례 履行의 拒絕로 볼 수 없는 경우 : 쌍무계약에 있어서 당사자의 일방이 미리 자기 채무를 이행하지 아니할 의사를 표명한 때에는 상대방은 이행의 최고나 자기 채무의 이행의 제공이 없이 계약을 해제할 수 있으나, 이러한 의사의 표명 여부는 계약의 이행에 관한 당사자의 행동과 계약 전후의 구체적 사정 등을 종합적으로 살펴서 판단하여야 하므로, 채무자가 채무의 이행기가 도래되지 아니하였다고 믿을 만한 상당한 근거가 있어 이를 이유로 그 이행을 거절하였다면, 후에 법원의 판결에 의하여 채무의 이행기가 도래한 것으로 최종 판명되었다고 하더라도 그것만으로는 채무자가 자기 채무를 이행하지 아니할 의사를 명백히 표시한 경우에 해당한다고 할 수 없다(대법원 1996.7.30. 96다17738).

② 繼續的 給付에서 契約의 不存在 主張 또는 一部의 受領拒絕

주로 문제가 될 수 있는 것은 임대차 또는 이자부소비대차와 같은 계속적 계약관계에서, 채권자가 계약의 부존재를 주장하거나 또는 1회의 지분채무에 대하여 채무자가 이행을 하려고 함에도 이의 수령을 거절한 경우에도 구두의 제공을 하여야 하느냐이다. 예컨대 임대차에 관하여 채권자가 임대차 계약 자체의 존재를 부정하는 등으로 임료를 수령치 않을 의사가 분명한 경우에는 임료의 지불에 대한 구두의 제공은 무의미하고, 따라서 채무자는 구두의 제공을 하지 않더라도 채무불이행책임을 면한다고 보아야 한다. 또한 1회의 임료 수령을 거절하여 수령지체에 있는 상태에서도 그 다음 회기의 임료에 대하여는 구두의 제공을 하지 않더라도 채무불이행책임을 면한다고 보아도 될 것이다.

(3) 辨濟提供의 效果

채무자가 변제로 제공한 목적물을 수령하면 채권은 목적을 달성하여 소멸한다. 그러나 채권자가 수령을 하지 않으면 변제의 제공만으로 채권이 소멸하지는 않아, 채무는 지속되어 채무자는 계속적인 채무의 구속상태에 놓이게 된다. 이러한 불합리한 점을 해소하여 당사자간에 공평을 이루기 위하여, 변제의 제공은 아래와 같은 법률효과가 발생한다.

(가) 債務不履行責任을 免한다

변제의 제공으로 채무자는 채무불이행책임을 면한다(제461조). 따라서 변제의 제공이 있으면 채무자는 채무불이행에 의한 손해배상·지연이자 또는 위약금의 청구를 당하지 않으며, 또한 담보권을 실행 당하지 않는다.

(나) 約定利子의 停止

변제의 제공으로 약정이자가 발생하지 않는다. 변제기 전의 제공의 경우에도, 채무자는 기한의 이익을 포기할 수 있으므로 제공한 날 이후의 약정이자가 발생하지 않는다.

(다) 相對方의 同時履行의 抗辯權 喪失

쌍무계약의 경우에는 변제의 제공으로 상대방은 동시이행의 항변권을 상실한다. 다만 변제의 제공이 계속되어야 한다는 것이 판례 및 통설이다.

(라) 供託이 可能

변제의 제공을 하였으나 채권자가 수령거절 또는 수령불능 상태인 경우에는, 채무자는 채무를 면하기 위하여 공탁을 할 수 있다(수령거절 또는 수령불능 이외에 채권자를 알 수 없는 경우에도 공탁은 가능).

(마) 增加費用의 債權者 負擔

채권자의 수령거절 또는 수령불능으로 채무를 이행하지 못하므로 추가적으로 발생하는 보관비 또는 이행비는 채권자가 부담하여야 한다.

(바) 債務者의 注意義務의 輕減

변제의 제공 이후에는 고의 또는 중대한 과실에 대하여만 채무자에게 책임이 있어 주의의무가 경감된다. 따라서 경과실에 의한 목적물의 훼손 등에 대하여는 채무자는 면책된다.

(사) 危險負擔의 移轉

변제의 제공 이후에는 위험이 채권자에게 이전한다(제538조). 따라서 쌍무계약에서 불가항력적인 사유로 이행불능이 된 경우에 반대채무는 존속한다.

* 채권자지체책임의 본질을 법정책임으로 이해하면, 변제제공의 효과는 곧 채권자지체의 효과로써 위에서 설명한, (바) 주의의무의 경감(제401조), (마) 증가비용의 채권자 부담(제403조), (사) 위험부담의 이전(제538조)의 효과가 채권자의 수령불능 또는 수령거절에 대한 유책사유가 없어도 발생한다. 그러나 채권자지체책임의 본질을 채무불이행책임으로 이해하면, 변제제공의 효과와 채권자지체의 효과는 다르며, 채권자지체의 효과(위 마,바,사의 효과)는 변제의 제공만으로 발생하지 아니하고 채권자의 수령불능 또는 수령거절에 있어서 채권자의 고의·과실과 위법성 등의 유책사유가 있어야 한다.

2. 辨濟의 目的物

변제의 목적물은 채무의 내용·당사자의 의사·거래관습·신의칙에 따라 결정되어야 할 것이나 민법은 이에 대하여 아래와 같이 몇 가지 규정을 두고 있다.

(1) 特定物債務

특정물의 인도가 채권의 목적인 때에는 이행기의 현상대로 인도하여야 한다(제462조). 이를 특정물채무에서의 현상인도의 원칙이라 한다. 따라서 당사자간에 특약이 없는 한, 채권성립 후 이행기까지에 성장하거나 과실이 생긴 경우는 물론이고, 훼손된 경우에도 그대로 인도하면 된다. 그러나 매매계약 후에 인도하지 아니한 목적물로부터 생긴 과실은 매도인에게 속한다(제587조). 또한 채무자는 채권의 목적물을 인도하기까지에는 선관주의의무의 보존의무가 있으므로(제374조), 훼손 등에 의한 물건의 악화에 관하여 채무자의 의무위반이 있는 때에는 별도로 보존의무위반에 의한 손해배상책임 또는 담보책임이 있다(특정물 현상인도의 원칙과 관련하여는 제2장 제2절 I 참조).

(2) 他人의 物件의 引渡

민법 제463조는 채무의 변제로 타인의 물건을 인도한 때에는 다시 유효한 변제를 하지 아니하면 그 물건의 반환을 청구하지 못한다고 규정한다. 채권자를 보호하기 위한 규정이다. 이 규정과 관련된 구체적인 법률관계를 보면 아래와 같다.

① 유효한 변제는 아니나(따라서 채권은 소멸하지 않는다) 채무자의 반환 청구가

제한된다.

② 채권자가 선의로 소비하거나 타인에게 양도한 때에는 유효한 변제가 된다(제465조 1항). 즉, 이때에는 유효한 변제로 되어 채권이 소멸한다.

③ 당해 물건의 소유자가 채권자에게 소유권에 기한 반환청구나 부당이득을 이유로 반환을 청구하면 채권자는 반환하거나 배상을 하여야 한다. 그 결과 소유자에게 반환 또는 배상을 한 채권자는 채무자에 대하여 구상권을 행사할 수 있다(제465조 2항).

④ 제463조가 적용되는 채무는 조문의 내용상 종류채무에 한한다. 특정물채무의 경우에는 유일한 특정된 물건이므로 유효한 변제를 다시 할 방법이 없기 때문이다.

⑤ 당해 물건이 도품盜品이나 유실물인 경우에는 제250조[도품, 유실물에 대한 특례] 및 제251조[도품, 유실물에 대한 특례]의 적용을 받으며, 또한 선의취득·첨부에 의한 소유권취득·취득시효의 요건을 갖춘 때에는 채권자는 소유권을 취득하여 채권의 목적의 달성으로 채권은 소멸하고 제465조의 적용은 없다.

⑥ 당해 물건이 제3자의 물건임을 알고 제공받아 이를 보관, 은닉한 행위는 제3자에 대하여 불법행위를 구성한다(판례).

판례 他人의 物件임을 알고 提供받은 경우 : ㉮ 채무자가 제3자로부터 대여 받아 보관하고 있는 물건임을 알면서도 채무자로부터 담보의 의미로 제공받아 이를 보관, 은닉한 행위는 제3자에 대하여 불법행위를 구성한다.

㉯ 채무의 변제로 타인의 물건을 인도한 채무자는 다시 유효한 변제를 하지 아니하면 그 물건의 반환을 청구하지 못한다는 민법 제463조는 채무자만이 그 물건의 반환을 청구할 수 없다는 것에 불과할 뿐 채무자가 아닌 다른 권리자까지 그 물건의 반환을 청구할 수 없다는 취지는 아니다(대법원 1993.6.8. 93다14998).

(3) 讓渡無能力者의 引渡

양도무능력자가 자기의 물건을 변제로 인도한 경우에는, 그 변제가 취소된 때에도 다시 유효한 변제를 하지 아니 하면 그 물건의 반환을 청구하지 못한다(제464조). 이도 채권자를 보호하기 위한 규정이다. 즉, 무능력자가 법정대리인의 동의 없이 변제로 자기의 물건을 인도한 때에도, 그 변제는 일단은 유효하다. 그러나 그 변제를 본인 또는 법정대리인이 취소하면 유효한 변제가 되지 못하나, 변제자가 다시 유효한 변제(무능력자가 동의를 얻는 등)를 하지 아니하면 그 물건의 반환을 청구하지 못한다는 것이다. 이 경우도 특정물채권에 관하여는 적용이 없다.

양도무능력자가 변제한 물건을 선의로 소비하거나 양도한 때에는 그 변제의 효력은 확정되고 취소권은 소멸한다(제465조).

3. 辨濟의 場所

채무를 이행하여야 할 장소가 변제의 장소이다. 변제의 장소가 아닌 곳에서의 변제에 대하여는 채권자는 수령을 거절할 수 있다. 그러나 변제의 장소가 아닌 곳일지라도 채권자에게 불이익이 되지 아니하는 경우에는 신의칙상 수령을 거절할 수 없다고 보는 것이 타당하다.

변제의 장소는 채무의 성질 또는 당사자의 의사표시로 정하여 진다(제467조 1항). 그에 의하여 정하여지지 아니할 경우에 관하여 민법은 아래의 규정을 두고 있다.

(1) 特定物의 引渡

특정물의 인도는 채권 성립 당시에 그 물건이 있던 장소가 변제의 장소이다(제467조 1항).

(2) 特定物의 引渡 以外의 경우

특정물의 인도 이외의 채무의 변제는 채권자의 현주소에서 하여야 한다(지참채무임을 규정). 그러나 영업에 관한 채무의 경우에는 채권자의 현영업소에서 하여야 한다(제467조 2항). 여기서 현주소 또는 현영업소는 변제할 때의 주소 또는 영업소를 말한다. 주소 또는 영업소가 바뀐 경우에는 새로운 주소 또는 영업소가 변제의 장소가 된다. 주소이전 등으로 증가된 변제비용은 채권자가 부담하여야 한다(제473조).

4. 辨濟의 時期

(1) 辨濟期가 定하여져 있는 경우

변제기가 정하여져 있는 경우에는 변제기에 변제하여야 한다. 그러나 채무자가 기한의 이익을 포기(제153조) 또는 상실(제388조), 이행이 유예된 경우 등에는 정하여진

변제기가 아닌 때에도 변제할 수 있다. 특히 당사자의 금지특약이 없는 경우에는 변제기 전의 변제는 항상 가능하나, 변제기 전의 변제로 상대방이 손해를 입은 경우에는 손해를 배상하여야 한다(제468조).

(2) 辨濟期가 定하여져 있지 아니한 경우

변제기가 정하여져 있지 아니한 채무는 채권의 성립과 동시에 변제기가 도래한 것으로 본다.

5. 辨濟의 費用

변제의 비용은 당사자간에 특별한 의사표시가 없으면 채무자가 부담한다. 그러나 채권자의 주소이전 기타의 행위로 변제비용이 증가된 때에는 그 증가비용은 채권자가 부담하여야 한다(제473조). 채권자가 부담하여야 할 비용의 증가 원인에는 주소이전, 채권양도, 수령지체 등이 있다.

Ⅳ. 辨濟者의 權利

변제한 후에 변제 여부에 관하여 다툼이 있는 경우에 변제의 사실에 대한 증명책임은 채무자에게 있다. 여기서 민법은 변제자에게 사후에 변제의 증거로 하기 위하여 영수증 청구권과 채권증서의 반환청구권을 인정한다.

1. 領收證請求權

영수증은 변제를 수령한 사실을 표시한 문서이다. 변제자는 변제를 받는 자에게 영수증을 청구할 수 있다(제474조).

영수증의 교부시기는 변제와 동시이행관계에 있다고 해석되며(통설), 일부변제의 경우에도 일부 수령에 대한 영수증청구권이 있다.

영수증의 작성비용에 관하여도 규정이 없으나, 영수증의 교부가 변제수령자의 의무이기 때문에 변제수령자가 작성비용을 부담한다고 해석된다(통설).

2. 債權證書返還請求權

채권증서란 채권의 성립을 증명하는 문서를 말한다. 증권적 채권의 경우에는 증권의 작성·교부가 필수적이며 또한 증권적 채권의 제시성과 상환성으로 변제시에 당연히 반환되어야 한다. 그러나 지명채권의 경우에는 단순한 증거의 자료에 불과하다.

채권증서가 있는 경우에, 변제하였으나 채권증서가 채권자의 수중에 있다는 것은 채권이 아직 소멸하지 않고 존재하고 있다는 사실을 추정케 할 자료가 된다. 이에 채무자의 보호를 위하여 변제자가 채무의 전부를 변제한 때에는 채권증서의 반환을 청구할 수 있게 하였다(제475조).

(1) 全部辨濟에 限함

채무의 전부변제의 경우에 한한다. 일부변제가 있는 때에는 증서에 일부변제의 사실의 표기를 청구할 수 있다고 본다.

(2) 返還의 時期

채권증서 반환의 시기와 관련해서는 변제와 영수증의 교부가 동시이행관계에 있기 때문에 변제자가 충분히 보호된다. 따라서 채권증서를 분실한 경우가 있을 수도 있어 변제와 채권증서의 반환을 동시이행관계에 있는 것으로 볼 필요성은 없다(통설).

(3) 返還義務者

채권증서의 반환의무자는 채권자 및 채권증서 소지자로서, 변제자는 채권증서 소지자가 비록 제3자인 경우에도 제3자에게 직접 반환의 청구를 할 수 있다(이설 없음).

(4) 證書의 紛失

증서가 분실된 경우에는 변제자는 영수증 또는 별도의 문서에 채권증서의 분실과 동同 문서가 채권증서를 대신한다는 뜻을 기재하여 줄 것을 청구할 수 있다.

(5) 辨濟 이외의 消滅

변제 이외의 사유로 채권이 전부 소멸한 때에도 상기의 채권증서의 반환을 청구할 수 있다(제475조 후단).

V. 辨濟의 充當

1. 辨濟의 充當의 意義

채무자가 동일한 채권자에 대하여 동종의 급부를 목적으로 하는 여러 개의 채무를 부담하는 경우(예 : 복수의 금전채무 또는 복수의 종류채무), 또는 하나의 채무의 변제로써 여러 개의 동종의 급부를 하여야 하는 경우(예 : 수개월 분의 이자 또는 임료지급), 또는 채무자가 하나 또는 여러 개의 채무에 대하여 원본·이자·비용을 지급하여야 하는 경우 등에, 채무자가 변제제공한 급부가 채무 전부를 소멸시키기에 부족한 경우에는 당해 급부를 여러 개의 채무 중 어느 특정 채무의 변제로 할 것인지를 결정할 필요가 있다. 이와 같이 채무자가 제공한 급부를 어느 채무의 변제로 할 것인지를 결정하는 것을 변제의 충당이라 한다.

여러 개의 급부 가운데는 이율이 높은 것도 있고, 원본 변제기일이 빨리 도래하는 것도 있어서, 어느 채무의 변제로 할 것인가는 당사자간의 이해관계에 크게 영향을 주기 때문에 변제의 충당은 당사자간에 이해관계가 있는 것으로 중요한 문제가 된다.

변제의 충당에 관하여 당사자간에 합의(합의충당)가 있으면 그 합의에 의하여 충당하여야 한다. 변제충당에 합의한 이후에 채무자가 변제를 하면서 합의와 다른 지정을 하더라도 채권자가 동의하지 않는 한 특정 채무에 충당하라는 채무자의 의사에 의한 충당의 효력은 생기지 아니한다.

민법은 여러 개의 채무가 있고 변제충당에 관하여 당사자간에 합의가 없는 경우를 고려하여 당사자의 일방이 지정하는 지정충당(제476조)과 충당지정권을 행사하지 않았을 때의 법정충당(제477조)제도를 두고 있다.

판례 合意充當에 反한 指定辨濟 : 채권자와 채무자 사이에 미리 변제충당에 관한 약정이 있고, 그 약정 내용이 변제가 채권자에 대한 모든 채무를 소멸시키기에 부족한 때에는 채권자가 적당하다고 인정하는 순서와 방법에 의하여 충당하기로 한 것이라면, 변제수령권자가 위 약정에 터잡아 스스로 적당하다고 인정하는 순서와 방법에 좇아 변제충당을 한 이상 그 충당은 효력이 있는 것이므로, 위와 같이 미리 변제충당에 관한 별도의 약정이 있는 경우에는 채무자가 변제를 하면서 위 약정과 달리 특정 채무의 변제에 우선적으로 충당한다고 지정하더라도, 그에 대하여 채권자가 명시적 또는 묵시적으로 동의하지 않는 한 그 지정은 효력이 없어 채무자가 지정한 채무가 변제되어 소멸하는 것은 아니다(대법원 1999.11.26. 98다27517).

판례 辨濟充當에 관한 約款의 未備 : 변제충당에 관한 민법 제476조, 제477조의 규정들은 임의규정으로서 당사자가 그와 다른 약정을 할 수 있는 것이기는 하나, 채권자가 약관에서 변제충당에 관한 민법 규정과는 달리 채권자가 임의로 충당할 수 있도록 하는 규정을 둘 경우에는 적어도 고객인 채무자 또는 담보제공자가 제공한 변제금이나 담보물의 처분대금이 채무자가 부담하고 있는 수개의 채무 중 어느 채무에 충당되는 것인지를 채무자 또는 담보제공자가 예측할 수 있도록 하는 등 채무자측의 이익도 배려하여야 할 것인바, 변제충당에 관한 약관조항이 채권자에게 무제한의 포괄적 충당권을 부여하면서도 그 순서와 방법의 기준 등을 전혀 규정하지 아니함으로써 채권자로 하여금 수시로 자의적으로 충당할 채무를 정할 수 있도록 하였을 뿐만 아니라, 채무자 또는 담보제공자로서는 충당되는 채무를 알 수도 없게 되어 있고, 심지어는 채권자가 자신에게 아무런 이익이 없으면서 채무자에게 불리한 순서와 방법으로 변제충당을 한다고 하여도 채무자가 이의를 할 여지도 없게 되어 있는 경우, 위와 같은 약관조항은 고객인 채무자 등의 정당한 이익을 완전히 무시하여 부당하게 불리하고 신의성실에 반하여 공정을 잃은 조항으로서 약관의규제에관한법률 제6조 제1항, 제2항 제1호에 의하여 무효라고 보아야 한다(대법원 2002.7.12. 99다68652).

2. 指定充當

(1) 辨濟者의 指定

변제는 변제자가 하는 행위이며, 또한 변제자는 채권자보다 변제결과에 따라서 이해관계가 크다. 따라서 민법은 먼저 변제자에게 충당지정권을 주고 있다. 즉, 변제자는 변제 당시 어느 특정 채무를 지정하여 변제에 충당할 수 있다(제476조 1항). 지정하는 방식은 상대방에 대한 일방적인 의사표시로써 한다(제476조 3항). 지정권자의 지정에 대하여 변제수령자는 이의를 제기하지 못한다.

(2) 辨濟受領者의 指定

변제자가 충당될 채무를 지정하지 않을 때에는 변제 수령자는 그 당시 특정 어느 하나의 채무를 지정하여 변제에 충당할 수 있다(제476조 2항). 여기서 <그 당시>란 수령 후 지체없이란 의미이며, 변제수령자의 지정도 변제자에 대한 의사표시로써 한다(제476조 3항).

이와 같은 변제수령자의 지정에 대하여 변제자는 즉시 이의를 할 수 있으며, 이의가 있으면 변제수령자의 지정은 효력이 없다(제476조 2항 단서). 변제자의 이의제기 후의 법률관계에 관하여는 규정이 없어, 충당지정권이 변제자에게 이전되는지 또는 모두가 충당지정권을 상실하고 법정충당으로 되는지가 문제이다. 학설은 법정충당에 의한다는 데 일치한다.

판례 辨濟受領者의 指定充當 :연대보증인이 분할채무 중 일부에만 연대보증을 한 경우, 주채무자가 그 채무의 일부변제로 수차례에 걸쳐 금원을 지급함에 있어 채권자가 주채무자에게 그 일부변제금이 연대보증되지 아니한 채무의 변제조임을 명시하였다면, 주채무자가 행사하지 아니한 변제충당의 지정권을 채권자가 행사하였다고 보여 지고, 채권자의 변제충당의 지정이 적법한 것인 이상 적어도 그 일부변제금은 연대보증인이 연대보증하지 아니한 나머지 채무 부분의 변제에 충당되었다(대법원 1995.3.14. 94다57244).

판례 異議提起 없는 一方 充當 : 당사자 사이에 특별한 합의가 없는 한 비용, 이자, 원본의 순서로 충당하여야 할 것이고, 채무자는 물론 채권자라고 할지라도 위 법정 순서와 다르게 일방적으로 충당의 순서를 지정할 수는 없다고 할 것이지만, 당사자의 일방적인 지정에 대하여 상대방이 지체없이 이의를 제기하지 아니함으로써 묵시적인 합의가 되었다고 보여 지는 경우에는 그 법정충당의 순서와는 달리 충당의 순서를 인정할 수 있는 것이다(대법원 2002.5.10. 2002다12871,12888).

(3) 指定充當에 대한 制限

위와 같은 지정충당에 대하여는 일정한 제한이 있다. 채무가 하나이고 원본 외에 비용과 이자도 지급되어야 할 경우에는 비용 → 이자 → 원본의 순서로 충당하여야 하며, 또한 여러 개의 채무에서 원본·이자·비용이 각각 지급되어야 할 경우에도 먼저 여러 개의 채무에서 발생한 비용 전부에 충당하고 나머지가 있으면 모든 이자에 충당하며 나머지가 있으면 원본에 충당하여야 한다(제479조 1항). 또한 비용 상호간·이자 상호간·원본 상호간에 있어서는 법정충당의 예에 따라야 한다(제479조 2항).

비용은 원칙적으로 채무자가 부담하는 것이며, 비용과 이자는 성질상 원본보다 먼저 지급되어야 하기 때문이다. 따라서 지정충당의 경우에도 위와 다른 순서에 의한 지정충당은 효력이 없다. 결국 지정충당을 할 수 있는 대상은 비용상호간·이자상호간·원본상호간이며, 비용·이자·원본간에서는 지정충당이 될 수 없다.

이와 같은 충당방법의 제한은 지정충당의 경우에 한하며, 당사자의 합의에 의한 충당인 합의충당의 경우에는 그 적용이 없다.

3. 法定充當

당사자가 충당을 지정하지 않은 때, 또한 변제수령자의 지정에 변제자가 지체없이 이의를 제기하였을 때에는 법정충당에 의하며, 그 방법은 다음과 같다(제477조). 또한 담보권 실행을 위한 경매에서 배당된 배당금이 담보권자가 가지는 수개의 피담보채권 전부를 소멸시키기에 부족한 경우에는 민법 제477조의 규정에 의한 법정변제충당의 방법에 따라 충당하여야 한다(대법원 1999.8.24. 99다22281,22298).

민법 제477조가 규정하는 법정충당의 방법은 아래와 같다.

① 채무 중에 이행기가 도래한 것과 도래하지 않은 것이 있는 경우에는, 이행기가 도래한 것부터 변제에 충당한다(동조 1호).

② 채무 전부의 이행기가 도래하였거나 또는 아직 도래하지 않은 경우에는, 채무자에게 변제이익이 많은 채무의 변제부터 변제에 충당한다(동조 2호).

변제이익은 변제자를 기준으로 판단하여야 한다. 어느 채무가 변제자에게 변제이익이 많은지 문제가 되는 주요한 것으로는 아래의 경우가 있다.

㉮ 이율이 낮은 채무보다는 높은 채무,

㉯ 무담보채무보다는 담보부 채무,

㉰ 연대채무보다는 단순채무,

㉱ 특별한 사정이 없는 한 변제자가 타인의 채무에 대한 보증인으로서 부담하는 보증채무(연대보증채무도 포함)보다는 변제자 자신의 채무(대법원 2002.7.12. 99다68652)가 변제이익이 많다.

그러나 보증인이 있는 채무와 보증인이 없는 채무는 주채무자에게는 변제이익이 같다는 것이 판례이다(대판 1985.3.12, 84다카2093).

③ 채무자에게 변제이익이 같으면, 이행기가 먼저 도래한 채무 또는 먼저 도래할 채무의 변제에 충당하여야 한다(동조 3호). 기한이 없는 채무는 이행기가 도래한 것으로 다루어야 한다.

④ 전 2호의 사항이 같아 선후가 결정이 되지 않을 때에는, 채무액에 비례하여 각 채무의 변제에 충당한다(동조 4호). 즉, 법정변제충당의 순위가 동일한 경우에는 각 채무액에 안분비례하여 각 채무의 변제에 충당된다.

판례 費用, 利子, 元本에 대한 辨濟充當의 順序 : 비용, 이자, 원본에 대한 변제충당에 있어서는 민법 제479조에 그 충당 순서가 법정되어 있고 지정변제충당에 관한 같은 법 제476조는 준용되지 않으므로 당사자 사이에 특별한 합의가 없는 한 비용, 이자, 원본의 순서로 변제에 충당하여야 할 것이며, 채무자는 물론 채권자라고 할지라도 위 법정 순서와 다르게 일방적으로 충당의 순서를 지정할 수는 없다(대법원 2002.1.11. 2001다60767).

판례 辨濟利益 : 법정변제충당을 위한 변제이익은 변제자를 기준으로 판단하여야 할 것이고, 채권자가 공동광업권 근저당권에 기한 경락대금을 그 근저당권이 담보하는 수개의 채무 중 일부변제조로 배당받아 간 경우, 그 배당금은 공동광업권자들이 합유지분 비율에 따라 출재하여 변제한 것으로 보아야 할 것이므로, 위 배당금의 법정변제충당을 위한 변제이익은 위 수개의 채무에 대하여 공동광업권자별로 따로 판단한 후, 정해진 법정변제충당의 순위에 따라 위 배당금 중 공동광업권자 각자의 합유지분 비율에 따른 금원을 각 변제충당하여야 한다(대법원 1999.8.24. 99다22281,22298).

판례 辨濟充當의 主張立證責任 : 법정변제충당에 의하여 부여되는 법률효과 이상으로 자신에게 유리한 변제충당의 지정, 당사자 사이의 변제충당의 합의가 있다거나 또는 당해 채무가 법정변제충당에 있어 우선순위에 있어서 당해 채무에 전액 변제충당되었다고 주장하는 자는 그 사실을 주장입증할 책임을 부담한다(대법원 1994.2.22. 93다49338).

VI. 辨濟에 의한 代位(辨濟者 代位)

1. 辨濟에 의한 代位의 意義

(1) 制度의 內容

제3자가 채무자를 위하여 변제한 경우(제369조), 또는 보증인이 보증채무를 변제하여 주채무자를 면책시킨 경우에, 그러한 제3자나 공동채무자(연대채무자·불가분채무자)는 변제한 출재에 관하여 채무자에게 구상을 할 수 있다. 이 경우에 그 구상권을 확보하기 위하여 민법은 구상권자에게 구상권의 범위 내에서 변제에 의하여 소멸한 원래의 채권 및 그 담보에 관한 권리를 행사할 수 있게 하고 있다(제482조). 즉, 원래의 채권에 있는 이행청구권·손해배상청구권·채권자대위권·채권자취소권·담보권(인적·물적) 등 모든 권리가 변제자에게 법률에 의하여 이전된다.

이는 변제자와 채권자와의 관계에서는 채권이 소멸하나, 변제자와 채무자의 관계에서는 변제자가 변제한 원래의 채권자의 지위를 대위하는 것이 되어, 이를 변제에 의한 대위라 한다.

(2) 求償權의 確保

채무자에 갈음하여 변제를 하는 자는 보통의 경우 채무자에 대하여 구상을 할 수 있다. 물상보증인(제341조, 제355조, 제370조)이나 보증인(제441조 이하)은 명문의 규정에 의하여, 부탁 받은 경우에는 위임사무처리비용의 상환청구권으로서, 부탁 받지 않은 경우에는 사무관리비용의 상환청구권으로서 구상을 할 수 있다. 이러한 구상권을 확보·보장하기 위한 것을 목적으로 하는 제도가 변제에 의한 대위인데, 이 제도는 변제자에게 변제를 촉진시키는 효과도 있다. 그러나 변제에 의한 대위로 채무자 및 담보설정자 등 관련자에게 불이익을 주지 않아야 될 것이다.

(3) 關聯者間의 利害 調節

변제자는 변제에 의한 대위에 의하여 원래의 채권자가 가지고 있던 담보권 또는 이행강제권 등을 이전 받기 때문에 자기의 구상권을 행사하는데 대단히 유리하다. 한편 채무자로서는 원래의 채권자가 가지고 있던 담보권 등이 변제자에게 이전된다고 하여 크게 불리할 것은 없다.

그런데 일단 변제에 의하여 소멸된 채무나 담보가 존속된다는 것은 채무자 및 담보물의 제3취득자 또는 그 후에 담보권을 설정 받은 자 등에게 불측의 손해를 줄 우려가 있다. 또한 보증인이나 물상보증인이 여러 사람인 경우에는, 먼저 변제한 자는 자기의 담보의 책임을 면하고 다른 담보제공자에게는 책임을 추궁할 수 있는 것이 되는 등 불공평한 경우가 있게 된다. 이에 민법은 이러한 점을 고려하여 채무자 이외의 자의 변제를 쉽게 하되 또한 관련자간의 이해를 공평하게 조절하기 위하여 제482조 이하의 규정을 두고 있다.

(4) 辨濟 外의 方法에 의한 債務消滅에도 準用

변제에 의한 대위에 관한 규정(제480조에서 제485조)은 변제로 채무가 소멸한 경우에 한하지 아니하고, 대물변제·공탁·상계, 경우에 따라서는 혼동·상속·채권의 양수의 경우와 같이 출재로 채무자를 면책시킨 경우에도 준용된다(제486조).

2. 辨濟에 의한 代位의 要件

(1) 辨濟 기타 自己의 出財에 의한 債權의 消滅

변제자가 자기의 출재로 채권을 소멸시켜서 채무자를 면책시켜야 한다. 변제와 동일시할 수 있는 대물변제·공탁 기타 자기의 출재로 채무자를 면책시킨 경우에도 동일하다(제486조). 그 밖에 공동채무자의 상계, 연대보증인 또는 연대채무자 등이 채권을 양수 또는 상속하여 혼동이 생긴 경우, 물상보증인이 담보권이 실행되어 배당금으로 채권자를 만족시킨 경우 또는 저당부동산의 제3취득자가 저당권이 실행되어 배당금으로 채권자를 만족시킨 경우 등에도 변제를 한 것과 동일하다.

(2) 辨濟者의 求償權의 存在

변제에 의한 대위는 변제자의 채무자에 대한 구상권을 확보·보장하기 위한 제도이므로, 구상권의 존재는 필수적이다. 불가분채무자(제411조)·연대채무자(제425조)·보증인(제441조)·물상보증인(제341조, 제355조) 등의 경우에는 개별 규정으로 구상권을 인정하고 있다. 제3자가 채무자를 위하여 변제하는 경우에 부탁을 받아 변제한 경우에는 위임사무처리비용의 상환청구(제688조)로서의 구상권, 부탁을 받지 아니한 경우에는 사무관리에 해당하여 사무관리비용 상환청구(제739조)로서의 구상권이 있다.

법정된 구상권의 범위 내에서는 당사자간의 합의에 의한 변경은 유효하며(예 : 부탁받은 보증인의 경우의 제441조 제2항에 대한 특약은 유효), 특약이 있는 경우에는 그 특약된 구상권의 범위 내에서 원래의 채권자를 대위할 수 있다.

(3) 債權者의 承諾 또는 辨濟할 正當한 利益의 存在

변제할 정당한 이익이 있는 자는 채무의 존재 여부가 자기의 이해와 관련되므로,

채무자의 의사와는 관계없이 변제로 채권을 소멸시킬 수 있다. 그러나 이해관계 없는 제3자는 채무자의 의사에 반하여는 변제할 수 없다. 변제에 의한 대위에서도 변제와 같은 맥락에서 변제자가 변제할 정당한 이익이 있는 자이냐 여부에 따라서 그 요건을 달리하고 있다. 변제할 정당한 이익이 있는 자가 변제한 경우의 대위를 법정대위라 하고, 그 밖의 자가 변제한 경우의 대위를 임의대위라 한다.

(가) 任意代位-債權者의 承諾

변제를 할 때 정당한 이익을 가지지 않은 자가 채무자를 위하여 변제하는 경우에는 변제와 동시에 채권자의 승낙을 얻어야 대위할 수 있다(제480조). 대위의 결과 채권자의 권리·담보가 변제자에게 이전되는 것이므로, 채권자의 의사를 존중하여 대위하는데 대한 채권자의 승낙을 요하도록 한 것이다.

제3자가 변제하더라도 변제에 의하여 채권은 소멸한다. 그런데 채권자의 승낙으로 변제에 의하여 일단 소멸되었던 권리가 다시 부활하여 변제자에게 이전하는 것이므로 채권자의 승낙은 변제와 동시에 또는 사전에 있어야 한다. 또한 승낙은 본래의 채권의 효력 및 담보가 법률상 이전하는데 대한 승낙, 즉 대위가 생기는데 대한 승낙으로서 채권양도에서의 승낙과는 다르다. 그러나 승낙으로 권리가 본래의 채권자로부터 변제자로 이전되는 것이어서 채권양도와 비슷한 법률관계가 생기게 된다. 이에 임의대위에서의 채권자의 승낙에 관하여 민법은 지명채권양도의 대항요건에 관한 규정을 준용한다(제480조 2항). 따라서 채권자가 대위를 하는데 대한 승낙의 통지 또는 채무자가 변제자에 대하여 대위를 하는데 대한 승낙이 있어야 채무자에게 대항할 수 있으며, 제3자에 대하여는 확정일자 있는 증서에 의한 통지 또는 승낙이 있어야 대항할 수 있다.

판례 辨濟로 因한 任意代位를 위하여 對抗要件을 갖추어야 하는 第3者의 意味 : 임의대위에 있어서는 변제자가 제3자에게 대항하기 위하여는 확정일자 있는 증서에 의한 대위의 통지나 승낙이 필요한 것이지만, 이 경우 제3자라 함은 대위변제의 목적인 그 채권 자체에 관하여 대위변제자와 양립할 수 없는 법률상 지위에 있는 자만을 의미한다(대법원 1996.2.23. 94다21160).

(나) 法定代位-當然 代位

변제할 정당한 이익이 있는 자는 변제로 당연히 채권자를 대위한다(제481조). 변제할 정당한 이익이 있는 자는 대위하는 데 대한 채권자의 의사와는 관계없이 당연히 대위한다. 즉, 채권자의 승낙이 필요없다.

변제할 정당한 이익이 있는 자란, 변제를 하지 않으면 자기 재산에 강제집행을 받거나 또는 채무자에 대한 권리를 상실하는 등으로 법률상 불이익을 받는 자를 말한다. 물상보증인·담보물의 제3취득자·불가분채무자·연대채무자·보증인 등이 그 전형적인 예이다. 후순위담보권자나 일반채권자도 선순위담보권자 또는 담보권자가 변제를 받지 못하면 자기의 권리의 가치가 상실될 위험이 있는 경우에는 변제할 정당한 이익이 있는 자에 해당한다고 본다.

변제 외에 변제와 동일시할 수 있는 대물변제·공탁·상계로 채권이 소멸한 경우에도 법정대위가 된다. 또한 공동채무자의 한사람이 채권을 양수 받거나 또는 상속받아 혼동이 생긴 경우, 담보물의 제3취득자 또는 물상보증인이 담보권이 실행되어 배당금으로 변제된 경우 등에도 법정대위가 된다.

판례 리스 保證保險의 保險者에게 辨濟者代位의 法理가 適用되는지 與否 : 리스보증보험은 보험금액의 한도 내에서 리스이용자의 채무불이행으로 인한 손해를 담보하는 것으로서 보증에 갈음하는 기능을 가지고 있어 보험자의 보상책임은 본질적으로 보증책임과 같으므로, 그 보증성에 터잡아 보험금을 지급한 리스보증보험의 보험자는 변제자대위의 법리에 따라 피보험자인 리스회사가 리스이용자에 대하여 가지는 채권 및 그 담보에 관한 권리를 대위하여 행사할 수 있다(대법원 1997.11.14. 95다11009).

3. 辨濟에 의한 代位의 效果

(1) 代位의 對象

채권자를 대위한 자는 구상권의 범위 내에서 채권 및 그 담보에 관한 권리를 행사할 수 있다(제482조). 대위로 채권자가 가지고 있었던 채권 및 담보가 법률상 당연히 이전되는 것이므로, 대위자는 채권자의 모든 권리와 담보를 행사할 수 있다. 그러나 그 범위는 구상권의 한도 내여야 한다.

채권에 관한 권리란 채권자가 가지고 있었던 권리로서, 이행청구권·손해배상청구권·채권자대위권·채권자취소권을 말한다. 그러나 해제권은 계약 당사자인 채권자만이 행사할 수 있고 대위자는 행사할 수 없다.

담보란 물적 담보와 인적 담보를 말한다. 담보의무자 상호간에는 대위의 범위에 관하여 후술하는 바와 같은 제한이 있다.

대위의 대상인 권리 및 담보는 변제자의 구상권을 확보·보장하기 위한 것으로 구상권과는 별도이다. 따라서 변제자는 구상권을 행사하든 또는 대위로 채권자의 권리를 행사하든 자유이다. 어느 하나의 권리의 행사로 만족을 얻으면 다른 권리가 소멸함은 물론이다.

(2) 一部辨濟에 의한 代位

채권의 일부에 대한 대위변제가 있는 때에는 대위자는 변제한 가액에 비례하여 채권자와 함께 그 권리를 행사한다(제483조 1항). 즉, 일부변제의 경우에는 대위자(변제자)와 채권자는 채권 및 인적·물적 담보를 준공유하는 결과가 된다.

그런데 권리의 행사에 관한 대위자와 채권자간의 구체적인 관계에 관하여는 논란이 있다. 즉, 동조同條의 <비례하여>와 <함께 권리를 행사>한다는 의미가 구체적으로 무엇인가라는 문제이다. 이는 물적 담보의 담보권실행(경매신청권)과 실행 후의 배당금의 분배에서 구체적인 문제로 나타난다.

이에 관하여는 양자간의 관계를 준공유로 보아, 대위자와 채권자가 각자 단독으로 또는 공동으로 경매신청권을 행사할 수 있고, 환가대금의 배당은 대위자의 변제액과 채권자의 잔액으로 안분한다는 소수의 견해가 있다(김형, 이은). 그러나 이러한 결과는 채권자를 부당하게 해할 가능성이 있다. 따라서 동조同條의 <함께>란 대위자는 채권자가 권리를 행사하는 경우에 소극적으로 이에 참가한다는 의미라고 해석하며, 또한 배당에 있어서도 채권자가 우선한다고 새기는 다수의 견해가 있다(곽, 김증, 김상).

생각건대 변제에 의한 대위는 대위변제자가 채무자에 대하여 취득하는 구상권을 확보하기 위한 제도로서, 이를 위하여 채권자가 불이익을 받는 것은 타당하지 않기 때문에 다수설과 같이 권리의 행사 및 담보권의 실행과 배당에 있어서는 채권자가 우선한다고 해석하는 것이 타당하다. 판례도 채권자가 우선한다고 본다.

한편 제483조 제2항은 일부변제에 의한 대위의 경우에 채무불이행을 원인으로 하는 계약의 해지 또는 해제는 채권자만이 할 수 있고, 해제한 경우에 채권자는 대위자에게 그 변제한 가액과 이자를 상환하여야 한다고 규정한다. 계약의 해지 또는 해제권은 계약의 당사자인 채권자만이 행사할 수 있고 변제에 의한 대위의 대상이 되지 못하며, 해제한 경우에 일부 변제한 가액과 이자를 대위자에게 상환한다는 것은 당연하다.

판례 一部代位의 경우의 債權者와 代位者의 關係 : 변제할 정당한 이익이 있는 자가 채무자를 위하여 채권의 일부를 대위변제할 경우에 대위변제자는 변제한 가액의 범위 내에서 종래 채권자가 가지고 있던 채권 및 담보에 관한 권리를 취득하게 되고 따라서 채권자가 부동산에 대하여 저당권을 가지고 있는 경우에는 채권자는 대위변제자에게 일부 대위변제에 따른 저당권의 일부 이전의 부기등기를 경료해 주어야 할 의무가 있다 할 것이나, 이 경우에도 채권자는 일부 대위변제자에 대하여 우선변제권을 가지고 있다(대법원 1988.9.27. 88다카1797 ; 1995.3.3. 94다33514).

(3) 代位者 相互間의 關係

변제할 정당한 이익을 가지는 자(법정대위자)가 복수인 경우에는 각 대위자간의 관계를 조정할 필요성이 있다. 즉, 먼저 변제한 자는 다른 법정대위자의 담보가 존속하여 변제자는 이로부터 충분한 변제를 받을 수 있어 채무자에 대한 구상권을 확보할 수 있다. 그러나 다른 법정대위자보다 늦은 법정대위자는 담보를 실행 당하여 자기가 대위할 수 있는 담보는 감소되어 구상권의 확보가 어렵게 된다. 이러한 불공평을 해소하고 대위자 상호간의 이해를 조정하기 위하여 제482조 제2항에서 아래와 같이 규정하고 있다.

(가) 保證人과 傳貰物이나 抵當物의 第3取得者의 關係

① 保證人의 代位登記

보증인은 미리 전세권이나 저당권의 등기에 그 대위를 부기하지 않으면 전세물이나 저당물의 제3취득자에게 채권자를 대위하지 못한다(동조 1호). 여기서 <미리> 대위의 부기등기가 있어야 한다는 것은, 보증인의 변제로 피담보채권이 소멸되었다고 신뢰한 제3취득자의 불측의 손해를 방지하는데 목적이 있으므로 <보증인의 변제 후 제3취득자의 취득 전>에 부기등기가 있을 것을 의미한다는 것이 통설이다. 따라서 보증인이 변제 후에 대위의 부기등기 없는 상태에서 제3자가 물건을 취득한 경우에는 변제한 보증인은 제3취득자에게 채권자를 대위하여 전세권이나 저당권을 행사할 수 없다.

② 제3취득자는 보증인에 대하여 채권자를 대위하지 못한다(동조 2호). 원래 제3취득자는 담보의 부담을 각오하고 부동산을 취득한 자이므로 보증인에 대하여 대위하게 할 필요는 없기 때문이다.

(나) 第3取得者 相互間

담보목적물을 취득한 자가 복수인 경우에 어느 한 취득자가 변제한 때에는 그 변제자는 각자가 취득한 부동산의 가액에 비례하여 다른 취득자에 대하여 채권자를 대위한다(동조 3호). 예컨대 피담보채권액 6000만 원이 취득가 1억 원의 A 부동산과 취득가 5000만 원의 B 부동산에 공동으로 저당권이 설정된 경우에 A, B 부동산을 각각 甲과 乙이 취득한 후에 甲이 피담보채무 6000만 원을 변제한 때에는 甲은 B 부동산에 (6000×5000／15,000＝2000) 2000만 원의 저당권을 행사할 수 있다.

(다) 物上保證人 相互間

물상보증인이 복수인 경우에도 전술한 담보부동산의 제3취득자 상호간과 같다(동조 4호).

(라) 物上保證人과 保證人의 關係

① 物上保證人과 保證人의 關係

물상보증인과 보증인이 있는 경우에는 누가 변제하였든지 묻지 않고 그 인원수에 비례하여 채권자를 대위하며, 이때 물상보증인이 복수인 경우에는 물상보증인간에는 각 재산의 가액에 비례하여 대위한다(동조 5호). 예컨대 4억 원의 피담보채무에 대하여 甲과 乙이 각각 2억 원과 3억 원짜리 부동산으로 공동저당을 설정하고 동일한 채무에 대하여 丙과 丁이 각각 보증인이 된 경우에, 甲이 전액 변제한 때에는 우선 물상보증인인 甲과 乙이 부담할 금액은 2억 원(4억÷4명×2명(물상보증인)＝2억)으로 甲은 乙에게 1억2천만 원(2억×3／5＝1.2억)과 보증인인 丙과 丁에게 각각 1억 원씩 채권자를 대위할 수 있다.

위와 같은 경우에 보증인이 변제에 의한 대위를 할 때에 담보물의 제3취득자가 있을 경우에는 앞서 말한 1호의 규정이 준용된다(동조 5호 단서).

② 資格 兼有하는 경우

물상보증인이 보증인을 겸하고 있는 경우나 보증인이 제3취득자가 된 경우와 같이 한 사람이 법정대위자의 자격을 겸하며 그 외에 다른 법정대위자가 될 수 있는 자가 있는 경우에 그들간의 대위의 범위가 문제된다. 예컨대 A의 채무 1억2천만 원에 대하여 A가 자기의 부동산을 담보설정하고 또한 甲과 乙이 보증인이었는데, 甲이 담보권이 설정된 A의 부동산을 취득한 후 1억2천만 원을 변제하여 채무자를 면책시킨 경우에 甲의 乙에 대한 대위의 범위의 문제이다. 이에 대하여는 아래와 같이 견해의 대립이 있다.

㉮ 單一資格說(多數說)

동일인이 보증인, 물상보증인 또는 제3취득자 등의 자격을 갖춘 경우에는 그중 한 가지 자격을 갖춘 자보다 그 책임이 크다. 또한 법률은 책임이 중한 자에게 대위에 있어서의 유리한 지위를 주고자 하는 것도 사실이다. 그러나 동일인에게 수 개의 자격을 동시에 인정하여 자기가 변제한 경우에는 다른 대위자에 대한 대위의 범위가 좁고, 다른 대위자가 변제한 경우에는 대위되는 범위가 넓다고 보는 것은 본조의 해석상 긍정될 수 없으므로 스스로 그중 어느 하나의 자격을 선택케 하여 대위의 순위와 범위를 결정하여야 한다는 것이다(구법 판례 日大判 1934.11.24, 민집 13권2153면). 이 설에 의하면 상기 예에서 甲은 자기의 보증인의 자격을 선택하여(제3취득자의 자격을 선택하여도 동일) 乙에게 채무액의 반인 6000만 원(1.2억×1/2)을 대위할 수 있다.

㈏ 複數資格說

민법의 대위자간의 우열과 범위를 정한 법의 취지가 그 책임 내지 손실분담의 비율에 따르게 함으로써 공평의 관념에 맞도록 하자는 데 있으므로 2중, 3중의 책임을 부담하는 자에게는 그 수대로의 복수의 대위가 인정되어야 한다는 견해이다(이태). 이 설에 의하면 상기 예의 경우 甲은 乙에게 4000만 원(1.2억×1/3)을 대위할 수 있다.

생각건대 상기의 예에서 단일 자격으로 해석하여야 할 특별한 논거도 없으며 또한 동일인이 스스로 2중, 3중의 지위를 갖는다는 것은 책임을 중하게 지겠다는 것으로 각 대위자가 부담한 책임에 비례케 할 수밖에 없다고 생각되어 복수자격설에 동의한다.

(마) 優先特權 있는 債權을 辨濟한 一部 代位者

우선변제권이 있는 임금채권을 변제한 자는 채무자인 사용자에 대한 임금채권자로서 사용자의 총재산에 대한 강제집행절차나 임의경매절차가 개시된 경우에 경락기일까지 배당요구를 하여 그 배당절차에서 저당권의 피담보채권이나 일반채권보다 우선하여 변제받을 수 있다.

그러나 우선변제특약에 따른 권리가 당연히 이전되는 것은 아니다.

[판례] 優先辨濟權 있는 賃金債權을 代位辨濟한 경우, 代位者의 優先辨濟權 認定 與否 : 타인의 채무를 변제하고 채권자를 대위하는 대위변제의 경우 채권자의 채권은 동일성을 유지한 채 법률상 당연히 변제자에게 이전하고, 이러한 법리는 채권이 근로기준법상의 임금채권이라 하더라도 그대로 적용되므로, 근로기준법 제30조의 2 제2항에 규정된 우선변제권이 있는 임금채권을 변제한 자는 채무자인 사용자에 대한 임금채권자로서 사용자의 총재산에 대한 강제집행절차나 임의경매절차가 개시된 경우에 경락기일까지 배당요구를 하여 그 배당절차에서 저당권

의 피담보채권이나 일반채권보다 우선하여 변제받을 수 있다(대법원 1996.2.23. 94다21160).

판례 債權者의 一部 辨濟者에 대한 優先辨濟特約에 따른 權利가 法定代位에 의하여 당연히 移轉되는지 與否 : 대여금 채권의 잔액을 대위변제한 자가 채권자로부터 근저당권의 일부를 양도받아 채권자를 대위하게 된 경우, 채권자의 채무자에 대한 담보권 외에 일부 대위변제자에 대한 우선변제특약에 따른 권리까지 당연히 대위하거나 이전받는다고 볼 수는 없다(대법원 2001.1.19. 2000다37319).

(바) 一部씩 辨濟한 數人의 代位者間

채권의 일부에 대하여 대위변제가 있는 때에는 대위자는 민법 제483조 제1항에 의하여 그 변제한 가액에 비례하여 채권자의 권리를 행사할 수 있으므로, 수인이 시기를 달리하여 채권의 일부씩을 대위변제하고 근저당권 일부이전의 부기등기를 각 경료한 경우 그들은 각 일부대위자로서 그 변제한 가액에 비례하여 근저당권을 준공유하고 있다. 따라서 그 근저당권을 실행하여 배당함에 있어서는 다른 특별한 사정이 없는 한 각 변제채권액에 비례하여 안분배당하여야 한다(대법원 2001.1.19. 2000다37319).

(사) 共同債務者 相互間

공동채무자 상호간에는 각각 별도로 규정된 구상의 범위에서 대위가 생긴다. 즉, 연대채무자 상호간에서는 제425조, 불가분채무자 상호간에서는 제411조, 보증인 상호간에서는 제439조에서 각각 그 구상의 범위가 규정되어 있다. 또한 연대채무자 중의 일인 또는 불가분채무자 중의 일인을 위한 보증인과 다른 연대채무자 또는 다른 불가분채무자간의 구상범위는 제447조에 규정되어 있다.

(4) 代位者에 대한 債權者의 義務

(가) 債權證書 및 擔保物의 交付義務

채권자는 대위자가 대위할 권리를 쉽게 행사할 수 있도록 하여야 할 의무를 진다. 즉, 채권 전부를 대위변제받은 채권자는 그 채권에 관한 증서 및 점유한 담보물을 대위자에게 교부하여야 한다(제484조 1항). 그리고 일부변제에 의한 대위의 경우에는 채권자는 채권증서에 그 대위를 기입하고, 또한 자기가 점유한 담보물의 보존에 관하여 대위자의 감독을 받아야 한다(제484조 2항). 또한 임의대위의 경우에는 채권자는 대위의 사실을 채무자에게 통지하여(제480조 2항) 대위자가 대항요건을 갖추도록 하여야 하며, 담보물이 부동산인 때에는 대위의 부기등기에 협력하여야 한다.

(나) 擔保保存義務

채권자는 법정대위자에 대하여 자기의 담보를 보존할 의무를 부담한다. 즉, 법정대위를 할 수 있는 자(제481조의 변제할 정당한 이익이 있는 자)는 채권자의 고의나 과실로 담보가 상실되거나 감소되었기 때문에 상환 받을 수 없는 한도에서 그 책임을 면한다(제485조). 이는 법정대위자에게 구상의 실효성을 보장하기 위한 규정이다.

여기서 아래의 구체적인 몇 가지가 문제된다.

① 特別擔保

여기의 담보는 특별담보를 의미하고, 일반담보는 포함하지 않는다. 예컨대 채권자가 채무자의 일반재산을 압류하였다가 압류를 해제하여도 여기서의 담보의 상실 또는 감소에 해당하지 않는다.

② 擔保의 喪失·減少

담보의 상실 또는 감소란, 담보권을 포기한 경우는 물론이며 담보권 설정의 등기 등을 태만히 하여 담보권을 상실한 경우를 의미하는데, 담보권의 행사를 해태하여 담보물의 가액이 하락한 경우가 포함되느냐가 문제이다.

채권자가 담보권을 실행할 수 있었음에도 이를 하지 않은 것이 당시의 거래계의 사정으로 보아 신의칙상 적당하지 않았다면 담보의 감소에 대한 과실이 인정된다.

③ 擔保의 喪失·減少의 效果

담보의 상실·감소로 인하여 상환 받을 수 없는 범위에서 법정대위를 할 수 있는 자가 면책된다. 보증인·연대채무자·불가분채무자와 같이 채무를 부담하는 자는 물론이며, 물상보증인·담보물의 제3취득자·후순위담보권자 등과 같이 채무를 부담하지 않는 자도 담보의 상실·감소된 액에 상당한 채무를 공제한 잔액의 채무를 변제한다면 채권자와의 관계에서는 면책된다는 의미이다. 따라서 예컨대 저당권설정자는 잔액을 변제하고 저당권의 등기에 대하여 말소를 청구할 수 있다.

여기서 면책의 범위를 결정하는 시기가 문제이다. 상실 또는 감소된 담보가 객관적으로 실행할 수 있었던 때를 기준으로 한다는 것이 통설이다.

(다) 不當利得 返還義務

일부 변제가 있은 후에, 채권자가 채무불이행을 원인으로 계약을 해제한 때에는 채권은 소멸하여 채권자가 수령한 것은 부당이득이 된다(제741조). 따라서 채권자가 일부대위자에게 변제한 가액을 반환하는 것은 당연한데, 민법은 특별히 제483조 제2항을 두어 이를 악의의 부당이득에 준하여 변제한 가액에 이자를 붙여 반환하도록 하고 있다.

第3節 代物辨濟

I. 代物辨濟의 意義와 性質

1. 代物辨濟의 意義

대물변제라 함은 변제자가 채권자와의 계약에 의하여 본래의 채무이행에 갈음하여 현실적으로 다른 급부를 함으로써 채권을 소멸시키는 것을 말한다(제466조). 채무자는 본래의 급부를 하여야 하며, 채무자가 일방적으로 대물로 급부를 한 경우에는 채권자는 이를 수령하지 않고 채무불이행책임을 추궁할 수 있다. 그러나 채무자가 본래의 급부에 갈음하여 대물代物로 급부할 것을 제의(청약)하여 채권자가 승낙하고 이를 수령하면 본래의 급부의 이행과 동일하게 채권은 만족을 얻어 소멸한다. 예컨대 100만 원의 금전채무를 지는 자가 채권자와의 합의에 의하여 100만 원의 급부에 갈음하여 자기의 보석반지를 인도하는 것과 같다.

제466조는 <채무자가 채권자의 승낙을 얻어.....>라고 하여 채무자에 한정하는 것으로 되어 있는 것과 같이 보이나, 채무자 이외의 제3자도 제3자의 변제가 허용되는 경우에는 대물변제도 할 수 있다.

이와 같은 대물변제는 이행의 대용 내지 보조수단으로 이용되나, 「대물변제」와 「예약」이 결합한 「대물변제 예약」은 실제로는 채권담보의 목적으로 변용되어 이용되고 있다.

2. 法律的 性質

(1) 要物契約

대물변제의 법률적 성질에 관하여는 논란이 있다. 다수설과 판례는 대물변제는 본래의 채무에 갈음하여 다른 급부를 함으로써 채무를 소멸시키려는 변제자와 채권자와의 합의와 그에 따른 이행으로 성립하는 요물계약이라고 본다. 이에 대하여 대물변제의 본질은 계약이 아니라 변제 그 자체로서, 변제자의 대물의 변제제공과 채권자의 그에 대한 승낙과 수령에 의하여 완료되는 변제의 하나로서 변칙적 방법이라는 견해가 있다(이은).

양자의 차이는 요물계약으로 보면 계약의 법리와 의사표시의 법리가 적용되며, 변칙적 변제로 이해하면 비법률행위로서 의사표시에 관한 법리가 적용되지 않으며 행위무능력자도 할 수 있다는 것이 된다.

대물변제가 채무를 발생시키지 않는다는 점에서 변제의 일종이나, 본래의 채무와 대물의 가치를 평가하는 고도의 가치판단과 의사작용이 있다는 점을 볼 때 당사자간의 의사의 합치와 그에 따른 현실적 이행의 두 요건으로 성립하는 요물계약으로 보는 것이 타당하다.

대물변제는 일정한 경우에는 대물로의 변제채무를 부담한다는 당사자간의 합의인 대물변제예약과는 다르다. 대물변제예약이 있게 되면 채무자가 본래의 채무에 대하여 대물로 변제할 수 있는 대용권을 가지는 것으로 이는 임의채권(채무)에 해당한다.

또한 대물변제는 대물변제가 있으면 채무가 소멸하여 당사자간의 채무관계가 종료하나, 본래의 급부에 갈음한 다른 급부를 하여야 할 의무를 부담하여 당사자간에 또 다른 채무관계를 발생시키는 경개와도 다르다.

(2) 本來의 給付에 갈음한 現實的 履行

대물변제를 「계약」으로 보는 견해에서는 대물변제와 경개가 유사하나, 대물변제는 「요물」계약으로서 현실적 이행이 완료되어야 한다는 점에서 경개와 차이가 있다. 즉, 경개는 낙성계약으로 채무자에게 급부를 이행하여 할 의무를 남기나, 대물변제는 급부가 현실적으로 완료되어 채무가 종국적으로 소멸한다. 따라서 대물이 동산인 경우에는 인도, 부동산인 경우에는 등기이전이 이루어져야 대물변제가 성립한다.

대물변제에서 현실적 이행행위가 존재하여야 한다는 것과 관련하여, 기존 채무의 변제에 있어서 어음·수표를 교부하는 것, 채권을 양도하는 것 등이 대물변제인지 여부가 논란이 된다.

이에 관하여는 통설·판례가 당사자의 의사표시의 해석에 따라서 채권양도, 어음·

수표의 교부행위가 <변제에 갈음>한 것인지, 아니면 <변제를 위하여>한 것인지에 따라서 결정하여야 한다는 것이다. <변제를 위하여>한 것이면 대물변제가 될 수 없고, <변제에 갈음>한 것이면 대물변제가 된다는 것이다. 여기서 <변제를 위하여>한 것이면 기존의 채무를 소멸시키지 않고 새로운 채무(어음채무)를 발생시켜 채권자는 기존채무와 새로운 채무에 대한 두 개의 청구권을 갖는 것이 되며, <변제에 갈음>한 경우에는 기존의 채무는 소멸하고 새로운 채무(어음채무)에 대한 청구권만 발생하게 되는 것이다.

당사자의 의사가 분명하지 않은 경우에는, 당사자 중의 하나인 채권자가 스스로 불리한 내용으로 합의한 것으로 볼 수는 없기 때문에 <변제를 위하여>한 것으로 보아 기존채무는 소멸하지 않고, 그 기존채무에 양수채무, 어음·수표상의 채무가 더 추가된 것으로 추가된 채무가 이행되면 비로소 기존채무가 소멸한다고 보는 것이 타당하다(판례, 통설).

3. 代物辨濟 豫約

대물변제가 채무의 대용 내지 보조수단으로 이용되나 요물계약이기 때문에 그 전 단계인 변제자와 채권자의 <대물로 변제한다>는 단순한 합의는 「대물변제의 예약」이 된다. 이는 「대물변제」인 본계약을 체결하기 위한 사전의 계약인 「예약」인데, 이는 특히 실제 사회에서 본래의 급부의 계약 체결시에 본래의 급부가 이행되지 않을 경우를 대비하여 미리 대물에 의한 변제를 합의하는 것으로 행하여진다. 이와 같이 대물변제예약이 된 경우에는 채무자는 본래의 급부를 이행하든지 또는 대물변제를 하든지 할 수 있는 대용권을 가지는 일종의 임의채권이 성립한 것이 된다.

그런데, 대물변제예약은 두 가지 목적 내지 방법으로 행하여진다. 하나는 매매계약에 있어서 매도인이 이행기까지 특정 목정물을 확보하지 못하여 매수인에게 인도하지 못하는 경우를 고려하여 본래의 목적물에 갈음하여 별도의 물건으로 인도할 수 있다는 합의를 하는 것과 같이 결제의 수단으로의 대물변제예약을 행하는 것이다. 그러나 이러한 결제의 수단으로 보다는 실제 사회에서는 대물변제예약은 금전채무가 변제되지 않는 경우에 부동산 등의 물건을 인도한다는 뜻의 담보의 수단으로 행하여지는 것이 많다.

담보의 수단으로 행할 때에는 채권자가 장래에 당해 부동산의 소유권 취득을 확보하기 위하여 소유권이전청구권보전을 위한 가등기를 활용한다. 가등기를 함으로써 채권자의 우선적 지위가 확보되기 때문인데, 이러한 유형의 비전형담보가 가등기담보이다. 가등기담보에서 피담보채권의 발생원인이 소비대차 또는 준소비대차인 때에는 특별법인 「가등기담보등에관한법률」과 민법 제607조 및 제608조에 의하여 규율되고, 그 외의 채권을 담보하기 위하여 대물변제예약과 가등기 등이 된 경우에는 예약의 법리와 가등기(또는 양도담보)의 법리가 적용된다.

판례 準消費貸借에 의한 代物辨濟豫約 : 부동산 매수인이 매도인에게 잔대금 1억 원 중 금 5천만 원만 지급하고 나머지 금원에 대하여는 매수인이 매도인으로부터 변제기를 정하여 월 2%의 이율로 차용하는 것으로 하되, 만일 매수인이 변제기까지 이를 갚지 못할 때에는 매수인이 매수한 부동산에 대한 소유권이전등기청구권으로 대물변제하기로 약정을 한 경우, 특별한 사정이 없는 한 금원을 차용하기로 한 부분은 준소비대차에 해당하고, 대물변제하기로 한 부분은 대물반환의 예약에 해당하며, 민법 제607조, 제608조는 이와 같은 준소비대차계약에 의하여 차주가 반환할 차용물에 관하여도 그 적용이 있다(대법원 1997.3.11. 96다50797).

II. 代物辨濟의 要件

1. 債權의 存在

대물변제는 채권의 소멸을 목적으로 하는 것이므로 본래의 채권이 존재하여야 함은 당연하다. 만약 대물변제를 하였으나, 본래의 채권이 존재하지 않거나 사후에 무효·취소된 때에는 어떻게 되는가? 우선 채권이 존재하지 않는 경우에는 대물 변제된 목적물에 대하여는 비채변제에 의한 부당이득으로 반환을 청구할 수 있다. 무효·취소된 때에는 물권행위의 유인성·무인성과 관련하여 그 기초를 달리 하나 반환청구를 할 수 있다는 점은 다르지 않다. 무인성을 인정하면 대물의 소유권 이전의 효과는 발생하고 변제자는 부당이득으로 그 대물의 반환을 청구할 수 있겠으며, 유인성을 인정하면 소유권에 기한 당해 대물 자체의 반환을 청구할 수 있게 된다.

2. 當事者의 合意

제466조는 채무자가 <채권자의 승낙을 얻어>라고 하여 변제자와 채권자간에 대물

로 변제한다는 합의가 있어야 한다. 즉, 대물로의 변제의 의사표시(청약으로서의 제의)와 그 대물의 수령의 의사표시(승낙)가 있어야 한다. 이와 같이 합의, 즉 계약이 있어야 하기 때문에 당사자는 행위능력이 있어야 하며, 또한 의사표시 및 대리에 관한 민법의 일반법리가 적용됨은 당연하다.

3. 辨濟에의 갈음

위 당사자간의 합의에는 본래의 급부, 즉 변제에 갈음하여 특정한 대물로 변제하고 수령한다는 합의가 있어야 한다. 이러한 의사표시는 명시적 의사표시는 물론이고 묵시적 의사표시로도 가능하다.

(1) 意思의 不分明

당사자의 의사가 분명하지 않을 때, 특히 채권양도, 어음·수표의 교부와 같은 경우에는 <변제에 갈음>하는 것이 아니라 <변제를 위하여> 또는 <담보를 위하여> 채권양도 또는 어음·수표를 교부한 것으로 추정한다는 것이 통설·판례이다. 변제를 위하여 채권양도, 어음·수표가 교부된 경우에는 대물변제가 아니므로 본래의 급부의무는 소멸하지 않고 그대로 존속하고 그에 추가하여 새로운 급부의무가 첨가된다.

이 경우에 채권자는 상기 두 개의 급부 중에서 선택하여 청구할 수 있는가 아니면 추가된 채권인 양수채권 또는 어음금채권을 먼저 행사하여야 하는가라는 문제가 있다. 다수설은 상기 새로운 채권인 어음금채권을 먼저 청구하여야 한다고 새긴다. 이에 대하여 지급을 위하여 어음 등이 교부된 경우에는 변제자가 일방적으로 하는 것이 보통이므로 새로운 급부의 이행을 먼저 청구하여야 한다고 하여 채권자를 구속하는 것은 공평하지 않고 채권자가 선택할 수 있도록 하는 것이 타당하다는 견해도 있다(곽).

판례는 채권자는 어음채권과 원인채권 중 어음채권을 먼저 행사하여 만족을 얻을 것을 당사자가 예정하였다고 할 것이므로 채권자로서는 어음채권을 먼저 행사하고, 그에 의하여 만족을 얻을 수 없을 때 비로소 기존의 원인채권을 행사할 수 있다고 하여야 한다고 하며, 채권자가 원인채권을 행사하기 위해서는 특별한 사정이 없는 한 어음을 채무자에게 반환하여야 한다고 새긴다. 판례를 지지한다.

한편, 판례는 채무와 관련하여 채무자 소유의 부동산이 채권자 앞으로 소유권이전등기가 경료된 경우에, 그것이 대물변제조로 소유권이 이전된 것인가, 아니면 종전채무의 담보를 위하여 소유권이전등기가 이루어진 것(양도담보)인가의 문제는 소유권이전 당시의 당사자의 의사해석에 관한 문제라 하였다. 따라서 이 점에 관하여 명확한 증명이 없는 경우에는 담보목적임을 주장하는 측에 그 입증책임이 있다고 하고, 소유권이전 당시의 채무액과 부동산의 가액, 채무를 지게 된 경위와 그 후의 과정(가등기의 경료관계), 소유권이전 당시의 상황, 그 이후에 있어서의 부동산의 지배 및 처분관계 등 제반 사정을 종합하여 담보목적인지 여부를 가려야 할 것이라고 하였다(대법원 1993.6.8. 92다19880).

판례 債務辨濟를 위한 債權讓渡 : 채권자에 대한 채무변제를 위하여 다른 채권을 채권자에게 양도한 경우에는 특단의 사정이 없는 한 그 채권양도는 채무변제를 위한 담보 또는 변제의 방법으로 양도되는 것으로 볼 것이고 채무변제에 갈음하여 양도되는 것으로 볼 것은 아니므로 원래의 채권은 소멸되지 않는다(대법원 1990.2.13. 89다카10385).

판례 債務辨濟를 위한 어음의 交付 : 이미 존재하는 금전대차등 채권채무에 관하여 그 채무자가 발행한 약속어음은 특별한 사정이 없는 한 그 채무의 확보 또는 그 지급을 위하여 발행한 것이라 할 수 있고 이 경우 채권자는 어음상의 권리와 원인채권의 어느 것이나 행사할 수 있는 것이고 어음상의 권리가 시효 따위로 인하여 소멸 하였다 하여 원인채권이 당연히 소멸하는 것은 아니다(대법원 1976.11.23. 76다1391).

판례 原因債權과 어음債權의 行使 順序 : 어음이 <지급을 위하여> 교부된 경우에는 채권자는 어음채권과 원인채권 중 어음채권을 먼저 행사하여 만족을 얻을 것을 당사자가 예정하였다고 할 것이므로 채권자로서는 어음채권을 우선 행사하고, 그에 의하여서는 만족을 얻을 수 없을 때 비로소 채무자에 대하여 기존의 원인채권을 행사할 수 있다(대법원 1996.11.8. 95다25060).

(2) 證明責任

<변제에 갈음>하였다는 것, 즉 대물변제라는 증명은 변제자가 하여야 한다. 그런데, 채무의 변제로 부동산의 소유권이전등기가 경료된 경우에는 판례는 담보목적을 주장하는 측에서 입증책임이 있다고 하며, 채권양도, 어음의 교부 등에서는 담보목적으로 이루어진 것이므로 달리 주장하는 측에서 입증책임이 있다고 하여 달리 새긴다.

소유권이전등기는 원칙적으로 소유권이전의 효력이 생기는 것이며. 소유권이전등

기가 소유권의 이전이 아니라 담보목적으로 양도담보라는 것은 예외적이고 특수한 경우이다. 따라서 예외적인 것으로의 효력은 그를 주장하는 자에게 입증책임이 있는 것은 타당하다.

판례 債務辨濟로 不動産의 所有權移轉 된 경우의 立證責任 : 채무와 관련하여 채무자 소유의 부동산이 채권자 앞으로 소유권이전등기가 경료된 경우, 그것이 대물변제조로 이전된 것인가, 아니면 종전채무의 담보를 위하여 이전된 것인가의 문제는 소유권이전 당시의 당사자 의사해석에 관한 문제인 것이고, 이 점에 관하여 명확한 증명이 없는 경우에는 담보목적임을 주장하는 측에 그 입증책임이 있다(대법원 1993.6.8. 92다19880).

4. 다른 給付의 現實的 履行

본래의 급부와는 다른 급부를 현실적으로 하여야 한다.

(1) 다른 給付

다른 급부의 종류와 내용에는 제한이 없고 당사자가 합의를 하면 된다. 주는 채무에서 물건의 종류를 바꿀 수도 있고, 주는 채무를 하는 채무로 또는 그 반대도 가능하다. 그러나 양도가 금지되는 것이어서는 아니 된다.

(2) 等價性 與否

다른 급부는 본래의 급부와 등가일 필요는 없다. 대물변제는 본질이 계약이므로 대물변제에서의 다른 급부와 본래의 급부의 등가성 문제는 일반적인 계약에서의 등가성 문제와 다른 점이 없다. 즉, 두 급부 사이에 과부족이 있더라도 원칙적으로 대물변제의 성립에는 영향이 없다. 이는 곧 민법 제607조, 제608조는 그 적용이 없음을 말한다.

그러나 다른 급부가 본래의 급부보다 현저히 과대하고, 그것이 변제자의 궁박·경솔·무경험으로 인한 경우에는 제104조의 불공정법률행위 또는 제103조의 반사회질서의 법률행위로서의 문제가 된다.

판례 代物辨濟는 제607조, 제608조 適用 없음 : 채무자가 채권자 앞으로 차용물 아닌 다른 재산권을 이전한 경우에 있어 그 권리의 이전이 채무의 이행을 담보하기 위한 것이 아니고 그 채무에 갈음하여 상대방에게 완전히 그 권리를 이전하는 경우 즉 대물변제의 경우에는 가사 그 시가가 그 채무의 원리금을 초과한다고 하더라도 민법 제607조 제608조가 적용되지 아니 한다(대법원 1992.2.28. 91다25574).

(3) 現實的 履行

다른 급부를 이행할 것이라는 단순한 합의(대물변제 예약)만으로는 부족하고, 현실적으로 이행되어야 한다. 따라서 동산은 인도되어야 하며, 부동산은 이전등기가 완료되어야 한다.

판례 不動産은 登記移轉 : 대물변제가 효력을 발생하려면 채무자가 본래의 이행에 갈음하여 행하는 다른 급여가 현실적이어야 하고 등기나 등록을 요하는 경우 그 등기나 등록까지 경료하여야 한다(대법원 1995.9.15. 95다13371).

III. 代物辨濟의 效果

1. 債權의 消滅

대물변제는 변제와 같은 효력이 있다(제466조). 따라서 채권은 소멸하며 담보권도 소멸한다. 대물변제는 계약으로 비법률행위인 변제와는 법률적 성질이 다르나, 대물변제는 변제와 동일한 효력이 발생하므로 변제에 관한 규정(제469조[제3자의 변제], 제486조[변제이외의 방법에 의한 채무소멸과 대위] 등)은 대물변제에 유추 적용된다.

대물변제는 변제와 같은 효력이 있으므로 변제가 사해행위가 되지 않는 경우에도 대물변제는 사해행위가 될 수도 있으며(본래의 급부보다 과대한 대물로 변제된 경우), 변제는 처분행위가 되지 않으나 대물변제는 처분행위가 되어 상속에 있어서 한정승인의 이익을 상실하는 점 등에 있어서는 변제와 차이가 있다.

2. 目的物의 瑕疵

대물변제로서 급부된 목적물에 하자가 있는 경우에는 어떻게 되는가? 이는 우선 본래의 채무의 발생원인이 유상계약인가 무상계약인가를 구별하여 보아야 한다.

본래의 채무가 매매·임대차·이자부소비대차와 같은 유상계약인 경우에는, 그러한 채무에 대한 대물변제는 제567조[유상계약에의 준용]에 의하여 매도인의 담보책임에 관한 규정이 준용된다(제580조[매도인의 하자담보책임], 제581조[종류매매와 매도인의 담보책임]). 따라서 채권자는 계약의 해제·손해배상청구·하자 없는 목적물의 청구 등을 할 수 있다.

그러나 증여와 같은 무상계약에서 발생한 채무의 대물변제에 있어서는 증여자의 담보책임에 관한 규정이 준용된다.

판례 代物辨濟에도 瑕疵擔保責任 適用 : 계약의 일부이행불능으로 인하여 그 계약목적을 달성할 수 없어서 계약전부를 해제한 경우, 그 전보배상액은 이행불능이 확정된 때의 목적물의 전체시가를 표준으로 하여 결정하여야 하는 것이고 또 매도인의 하자담보 책임에 관한 규정은 그 계약의 성질이 이를 허용하지 아니하는 것이 아닌 한 다른 유상계약에도 준용되는 것이므로, 대물변제의 목적물에 하자가 있어서 계약을 해제한 이사건의 경우에 있어서, 이 사건 부동산의 시가를 표준으로 하여 그 배상액을 산정한 원심의 조치는 정당하다(대법원 1987.7.7. 86다카2943).

第4節 供 託

I. 供託의 意義와 性質

1. 供託의 意義

공탁이라 함은 채권자의 수령거절·수령불능 또는 채권자를 알 수 없는 등으로 변제를 할 수 없는 때에, 변제자가 채권자를 위하여 변제의 목적물을 공탁소에 임치함으로써 채무를 면하는 제도이다(제487조).

기술한 바와 같이 변제의 제공이 있으면, 일단 채무자는 채무불이행에 의한 책임을 면하고(제461조), 채권자가 이를 수령하지 아니하거나 또는 수령할 수 없게 되면 채권자는 지체책임을 지게 된다(제400조). 그러나, 이러한 채권자지체책임은 채무자에게 책임을 감경시킬 뿐 채무를 면하게 한다든지 또는 채무의 구속상태로부터 해방시켜주는 등의 결정적인 역할은 하지 못한다. 즉, 변제의 제공으로 채무자가 채무불이행책임을 면하나, 채무 자체를 면하는 것은 아니다. 다만 쌍무계약에서 발생한 채무인 경우에는 수령거절 또는 수령불능의 상태인 채권자로서는 통상적으로 자기의 반대채무도 이행하지 않을 것으로, 이 경우에 채무자는 반대채무의 이행지체를 원인으로 계약을 해제 또는 해지하여 계약의 구속으로부터 벗어날 수는 있을 것이다(채권자지체책임의 본질을 채무불이행책임으로 이해하면 채권자의 유책사유에 의한 채권자지체의 경우에는 채무자는 계약을 해제할 수 있다).

이와 같이 채권자지체제도만으로는 채무자를 보호하는데 미흡하다. 또한 채무자는 계약을 유지하여 자기의 채무를 면하며 한편으로는 상대방으로부터 반대급부도 이행받을 필요성이 있는 경우가 있게 된다. 이러한 필요성에 의하여 민법은 일정한 요건하에 채무자의 일방적인 행위로 채무를 면할 수 있는 방법인 공탁제도를 두어 제487조 이하에서 규정하고 있다. 제487조 이하에서 규정하고 있는 공탁은 채무자가 일방적 행위로 채무를 면하기 위한 이른바 변제대용으로서의 공탁이다. 이와 같은 변제대용으로서의 공탁(변제공탁)은 채권자의 협력을 요하는 채무의 이행에 채무자 단독의 행위로 채무를 면할 수 있다는 점에서 그 필요성과 실익이 있다.

그런데 공탁에는 이와 같은 변제대용으로서의 공탁(변제공탁) 외에 민사소송법, 민사집행법 및 상법에서 특수한 목적을 위한 공탁이 있다. 민사소송에서 비용등의 확보를 위한 담보목적의 공탁(민소법 제117조, 제213조, 민집법 18조,19조 등), 강제집행, 경매, 파산 등에서 배당을 위한 집행공탁(민집법 제 282,제 301조), 청구채권이나 가압류 등에서 이를 소명하지 못한 경우에 가압류 등으로 손해를 입은 상대방을 보호하기 위하여 보증금을 공탁하게 하여 이를 몰취하는 몰취공탁(민집법 제299조), 상법에서 사채권자의 집회를 위하여 무기명채권을 공탁하여 보관하는 보관공탁(상법 제491조 4항) 등이 있다. 이와 같은 여러 목적의 모든 공탁을 포함하여 공탁의 정의를 내리면(광의의 공탁), 공탁이란 금전·유가증권 기타의 재산을 국가기관인 공탁소에 공탁하여, 공탁소를 통하여 그 재산을 일정한 자가 수취하게 하여 일정한 목적을 달성하는 제도라고 할 수 있다.

공탁과 관련하여서는, 어떠한 경우에 공탁을 할 수 있느냐, 즉 공탁의 요건과 공탁의 효과 및 공탁의 방법이 문제가 된다. 그런데 공탁의 요건과 공탁의 효과에 대하여는 민법에서 규정하고, 공탁의 방법에 관하여는 공탁법에서 규정하는 등으로 2중 구조의 형태를 취하고 있다.

2. 供託의 法律的 性質

변제공탁은 일정한 공탁원인이 있는 경우에 변제자가 변제의 목적물을 공탁소와의 합의에 의하여 공탁소에 임치함으로써 채권이 소멸하는 법률요건이다.

이와 같이 공탁은 일방당사자가 사인私人이 아닌 국가기관인 공탁소이나, 법률효과는 사법적 효과가 발생하므로, 공탁소와 변제자간의 관계인 공탁관계의 법률적 성질이 사법관계인가 공법관계인가 아니면 양자의 성질을 함께 갖는 것인가에 관하여 다툼이 있다.

공탁관계의 법률적 성질을 어떻게 이해하느냐에 따라서 채권자의 공탁물인도(출급)청구가 공탁공무원에 의하여 거절된 경우에 이의 구제를 위해서는 민사소송을 제기하여야 하느냐 행정소송을 제기하여야 하느냐의 문제가 있다.

사법관계설은, 공탁은 변제자와 공탁소가 채권자로 하여금 공탁계약상의 권리를 취득하게 하기 위하여 체결되는 제3자를 위한 임치계약이라는 견해이다(김기, 이태). 이에 대하여 공법관계설은, 공탁은 공탁법에 따른 변제자의 공탁신청에 의하여 공탁공무원의 수탁처분으로 이루어지는 행정관청의 일방적 행정처분이라는 견해이다(김형, 이은). 한편 공탁은 공법적인 면과 사법적인 면을 함께 가지고 있으며, 전자를 규율하는 것이 공탁법이며 후자를 규율하는 것이 민법으로서, 사법적인 면에서 공탁의 법률적 성질은 사법관계설에서 주장하는 것과 같이 제3자를 위한 임치계약이라는 주장이 있다(곽, 김증, 김상).

판례는 공탁의 법률적 성질에 관하여 직접적으로 언급하지 않고, 공탁관계에서 공탁법과 공탁사무처리규칙으로 처리할 수도 있으며, 또한 민사소송에 의한 공탁금 지급청구가 가능하며, 이 경우에는 다시 공탁법에 의한 출급청구를 할 필요는 없다고 한다(판례). 이러한 판례의 태도는 공탁의 법률관계가 공법관계와 사법관계의 양면을 동시에 가지고 있으며, 따라서 행정소송 또는 민사소송 어느 것으로나 제소하는 것이 가능하다는 것으로 해석된다.

생각건대 공탁에 관하여 절차적인 면은 공법인 공탁법과 공탁사무처리규칙에 규정하여 공법관계이며, 효과적인 면은 민법에 규정하여 사법적 관계로서 양면적인 성질을 함께 가지고 있다. 따라서 공탁관계는 공법 및 사법적인 양면관계를 함께 가지고 있는데, 사법적인 면에서 보면 공탁은 채권자인 제3자를 위한 임치계약이며, 일정한 요식에 따라 공탁의 목적물을 공탁소에 현실적으로 제공하여야 성립하는 요식계약인 동시에 요물계약이라 할 것이다.

판례 제3채무자가 정당한 수령권자를 알 수 없다는 이유로 공탁한 공탁금에 대하여 전부채권자가 국가를 상대로 공탁금 지급청구의 소를 제기하고 채무자가 동 소송에 원, 피고에 대하여는 공탁금수령자임의 확인, 피고에 대하여는 공탁금지급청구의 독립당사자참가신청을 하였다면 법원은 공탁금 수령자를 확정하여 국가에 대하여 공탁금의 지급을 명할 수 있다(대법원 1975.2.25. 74다1531,1532).

II. 供託의 要件(供託原因)

공탁을 할 수 있는 근거를 공탁원인이라 하는데, 공탁으로 채무를 소멸시키기 위해서는 공탁원인이 존재하여야 한다. 공탁원인에는 제487조에서 아래의 세 가지를 규정하고 있다. 아래의 세 가지 공탁원인 중 어느 하나에 해당하여야 하는데, 어디에도 해당하지 않는 경우에는 공탁을 하더라도 채무를 면할 수 없다. 즉, 공탁원인이 없으면 공탁은 무효로써 채무가 소멸하지 않는다.

공탁원인의 존재에 관한 증명책임은 변제자인 공탁자에게 있다.

1. 債權者의 受領拒絶

보통의 경우 변제자가 변제의 제공을 하고 채권자가 수령하기를 기다린다. 이때에 채권자가 수령을 하면 채무를 면하고 채권관계는 종결된다. 그러나 채권자가 수령을 하지 않으면 그 때부터 채무자는 채무불이행책임을 면하며, 채권자는 지체에 빠지게 된다. 그러나 채무는 소멸하지 않고 계속 유지되므로 채무자가 채무를 면하기 위해서는 공탁을 하여야 한다.

그런데 채권자가 미리 수령을 거절한 경우에, 공탁을 하려면 사전단계로서 구두의 제공을 일단 하여야 하는가, 아니면 구두의 제공을 하지 않고 바로 공탁을 할 수 있는

가의 문제가 있다.

이에 관하여 통설·판례는 공탁은 채권자에게 불이익을 주는 것이 아니므로 채권자가 미리 수령을 거절하거나 거절할 것이 명백한 경우에는 구두의 제공을 할 필요 없이 공탁을 하여 채무를 면할 수 있다고 해석한다. 따라서 채권자가 미리 수령을 거절한 경우에는, 채무자는 구두의 제공을 하여 채권자를 지체에 빠지게(채권자지체 책임을 발생) 할 수도 있고, 아니면 구두의 제공 없이 바로 공탁을 하여 채무를 면할 수도 있다.

한편 여기서 수령거절은 적극적인 거절의 의사표시가 있는 경우는 물론이며, 변제의 약속장소에서 기다렸으나 나타나지 않은 경우 등도 수령거절에 해당한다.

이러한 수령거절에 채무자의 유책사유가 있을 필요는 없다.

판례 履行提供 不要한 경우 : ㉮ 채권자의 태도로 보아 채무자가 설사 채무의 이행제공을 하였더라도 그 수령을 거절하였을 것이 명백한 경우에는 채무자는 이행의 제공을 하지 않고 바로 변제공탁할 수 있다. ㉯ 당사자가 주장하지 아니한 일련의 사실을 인정하고 이로부터 변제를 제공하였더라도 이를 수령하지 아니하였을 것이라고 판단하였다고 하더라도, 이와 같이 수령거절을 추인하게 해주는 일련의 사실은 당사자 주장의 공탁원인에 대한 간접사실에 불과한 것이므로 변론주의의 원칙에 위배된다고 볼 수 없다(대법원 1994.8.26. 93다42276).

2. 債權者의 受領不能

채권자가 수령할 수 없는 경우에 공탁을 할 수 있다. 물론 이 경우에는 구두의 제공이 필요 없다.

수령불능의 원인에 채권자의 유책사유가 있을 필요는 없다. 예컨대 채권이 압류·가압류가 된 경우에도 이에 해당하여 채무자는 2중변제의 위험을 피하기 위하여 공탁할 수 있다. 즉, 채권자의 유책사유 유무를 묻지 않고 수령불능인 모든 경우에 채무자는 공탁을 하여 채무를 면할 수 있다.

판례 債權이 假押留된 경우 : ㉮ 제487조 소정의 변제공탁의 요건인 <채권자가 변제를 받을 수 없을 때>의 변제라 함은 채무자로 하여금 종국적으로 채무를 면하게 하는 효과를 가져다 주는 변제를 의미하는 것이므로 채권이 가압류된 경우와 같이 형식적으로는 채권자가 변제를 받을 수 있다고 하더라도 채무자에게 여전히 이중변제의 위험부담이 남는 경우에는 마찬가지로 <채권자가 변제를 받을 수 없는 때>에 해당한다. ㉯ 제3채무자가 채권의 가압류를 이유로 변제공탁을 한 때에는 그 가압류의 효력은 채무자의 공탁금출급청구권에 대하여 존속한다(대법원 (전원) 1994.12.13, 93다951).

판례 2重辨濟의 危險을 避하기 위하여 : 채권양도의 통지와 가압류 또는 압류명령이 제3채무자에게 동시에 송달되었다고 인정되어 무자가 채권양수인 및 추심명령이나 전부명령을 얻은 가압류 또는 압류채권자 중 한 사람이 제기한 급부소송에서 전액 패소한 이후에도 다른 채권자가 그 송달의 선후에 관하여 다시 문제를 제기하는 경우 기판력의 이론상 제3채무자는 이중지급의 위험이 있을 수 있으므로, 동시에 송달된 경우에도 제3채무자는 송달의 선후가 불명한 경우에 준하여 채권자를 알 수 없다는 이유로 변제공탁을 함으로써 법률관계의 불안으로부터 벗어날 수 있다 대법원 1994.4.26. 93다24223).

3. 辨濟者가 過失없이 債權者를 알 수 없을 때-相對的 不確知만

민법 제487조 후단의 <변제자가 과실 없이 채권자를 알 수 없는 경우>라 함은 객관적으로 채권자 또는 변제수령권자가 존재하고 있으나 채무자가 선량한 관리자의 주의를 다하여도 채권자가 누구인지를 알 수 없는 경우를 말한다. 이때 <과실 없이>란 선량한 관리자의 주의의무를 다 하였으나 진정한 채권자를 알 수 없다는 것을 말한다.

이러한 경우는 채무는 확실히 존재하나 구체적으로 채권자가 누구인지 알 수 없는 경우로서, 그대로 두면 금전채권인 경우에 이자가 계속 발생한다든지 또는 물건의 경우에 보관이 문제된다든지 하는 사정으로 빨리 채무를 소멸시킬 필요성이 있는 경우 등이다.

여기서 채권자를 알 수 없는 경우는 채권자가 절대적으로 누구인지 불명(절대적 불확지)의 경우를 의미하는 것이 아니라, 여럿 중에서 구체적으로 적법, 진정한 채권자가 누구인지 모르는 이른바 상대적으로 불명(상대적 불확지)인 경우를 말한다. 예컨대 공동 상속인 중에서 상속인간의 지분이 불명인 경우, 채권자라고 주장하는 자가 여러 명인 경우, 채권의 양도로 현재의 적법한 채권의 귀속자가 누구인지 알 수 없는 경우 등을 말한다. 결국 이들의 경우는 채무자가 2중변제의 위험이 있는 경우가 된다.

판례 相對的 不確知만 供託 可能 : 우리 공탁제도상 채권자가 특정되거나 적어도 채권자가 상대적으로나마 특정되는 상대적 불확지의 공탁만이 허용될 수 있는 것이고 채권자가 누구인지 전혀 알 수 없는 절대적 불확지의 공탁은 허용되지 아니하는 것이 원칙이다(대법원 1997.10.16. 96다11747 전원).

판례 相續人 및 共同相續人間의 持分 不明: 공동상속인들이나 그 상속인들의 상속지분을 구체적으로 알기 어렵다면 중도금 지급기일에 사망한 매도인을 피공탁자로 하여 중도금의 변제공탁을 한 것은 민법 제487조 후단에 해당하여 유효하다(대법원 1991.5.28. 91다3055).

판례 債權讓渡의 有無效에 대한 疑心의 경우 : 양도금지의 특약이 붙은 채권이 양도된 경우에 양수인의 악의 또는 중과실에 관한 입증책임은 채무자가 부담하지만, 그러한 경우에도 채무자로서는 양수인의 선의 등의 여부를 알 수 없어 과연 채권이 적법하게 양도된 것인지에 관하여 의문이 제기될 여지가 충분히 있으므로 특별한 사정이 없는 한 민법 제487조 후단의 채권자 불확지를 원인으로 하여 변제공탁을 할 수 있다(대법원 2000.12.22. 2000다55904).

판례 預金名義者와 出捐者가 다른 경우 : 예금계약의 출연자와 예금명의자가 서로 다르고 양자 모두 예금채권에 관한 권리를 적극 주장하고 있는 경우로서 금융기관이 그 예금의 지급시는 물론 예금계약 성립시의 사정까지 모두 고려하여 선량한 관리자로서의 주의의무를 다하여도 어느 쪽이 진정한 예금주인지에 관하여 사실상 혹은 법률상 의문이 제기될 여지가 충분히 있다고 인정되는 때에는 채무자인 금융기관으로서는 민법 제487조 후단의 채권자 불확지를 원인으로 하여 변제공탁을 할 수 있다고 보아야 할 것이다(대법원 2004.11.11. 2004다37737)

III. 供託의 方法

1. 供託의 당사자

공탁은 변제에 갈음하여 행하는, 채권자를 위한 공탁자와 공탁소간의 제3자를 위한 임치계약이다. 따라서 공탁의 당사자는 공탁자와 공탁소이다.

(1) 供託者

공탁자는 채무자 및 변제할 수 있는 제3자이다. 즉, 변제자가 공탁자이다.

공탁자는 피공탁자를 지정하여 공탁하여야 한다. 즉, 공탁자는 피공탁자를 지정할 의무가 있다. 따라서 공탁자가 피공탁자를 지정하지 아니하고는 공탁을 할 수 없다.

변제공탁제도는 채무자가 채무의 목적물을 공탁소에 공탁함으로써 채무를 면하게 하는 변제자를 위한 제도로서 그 공탁이 국가의 후견적 관여 하에 이루어진다고 하더라도 본질적으로는 사인간의 법률관계를 조정하기 위한 것이므로, 우리 공탁제도는 채무자(공탁자)가 공탁을 함에 있어서 채권자(피공탁자)를 지정할 의무를 진다(공탁사무처리규칙 제19조, 제20조). 이때 공탁공무원은 공탁에 대한 형식적 심사권만을 갖고 채무자가 지정해 준 채권자에게만 공탁금을 출급하는 등의 업무를 처리하는 것(동 규칙 제29조, 제30조)을 그 기본 원리로 삼고 있다(대법원 1997.10.16. 96다11747 전원).

판례 供託者의 被供託者 指定義務 : 토지수용법 제61조 제2항 제2호에서 민법의 예외로 절대적 불확지의 공탁을 예외적으로 허용하는 것은 공익을 위하여 신속한 수용이 불가피함에도 기업자가 당시로서는 과실 없이 채권자를 알 수 없다는 부득이한 사정으로 인한 임시적 조치로서 편의상 방편일 뿐이므로, 기업자는 공탁으로 수용보상금 지급의무는 면하게 되지만, 이로써 위에 본 공탁제도상 요구되는 채권자 지정의무를 다하였다거나 그 의무가 면제된 것은 아니다(대법원 1997.10.16. 96다11747 전원).

(2) 供託所

공탁할 장소는 채무이행지의 공탁소이다(제488조). 공탁소는 각 지방의 지방법원에 두며, 지방법원장의 감독 하에 그가 지정하는 법원서기관 또는 법원사무관이 업무를 집행한다(공탁법 제2조). 지정된 법원서기관 등이 공탁업무를 집행하며, 실제로 공탁물은 대법원장이 지정하는 은행 또는 창고업자가 공탁물보관자가 되어(동법 제3조) 보관한다.

공탁소에 관하여 법률에 특별한 규정이 없으면 법원은 변제자의 청구에 의하여 공탁소를 지정하고 공탁물보관자를 선임하여야 한다(제488조 2항). 예컨대 부동산의 공탁에 관하여는 법률에 특별한 규정이 없어 변제자의 청구로 법원이 관리인을 선임하는 등으로 하여야 할 것이다.

한편, 공탁공무원은 형식적 심사권만을 갖고 채무자가 지정해 준 채권자에게만 공탁금을 출급하는 등의 업무를 처리한다(공탁사무처리 규칙 제29조,제30조).

2. 被供託者

우리 공탁제도상 채권자가 특정되거나 적어도 채권자가 상대적으로나마 특정되는 상대적 불확지의 공탁만이 허용될 수 있는 것이고 채권자가 누구인지 전혀 알 수 없는 절대적 불확지의 공탁은 허용되지 아니하는 것이 원칙이다. 따라서 공탁자는 피공탁자를 지정하여 공탁하여야 한다.

피공탁자와 관련하여 공탁공무원은 형식적 심사권, 공탁 사무의 기계적, 형식적인 처리를 하는 것이므로 피공탁자가 특정되어야 하는데, 피공탁자가 특정되었다고 하려면 피공탁자의 동일성에 대하여 공탁공무원의 판단이 개입할 여지가 없고 그 공탁통지서의 송달에 지장이 없는 정도에 이르러야 한다는 것이 판례이다.

판례 被供託者가 特定되기 위한 要件 : ㉮ [다수의견] 공탁제도는 공탁공무원의 형식적 심사권, 공탁 사무의 기계적, 형식적인 처리를 전제로 하여 운영되는 것이어서 피공탁자가 특정되어야 함이 원칙이고, 또한 피공탁자가 특정되었다고 하려면 피공탁자의 동일성에 대하여 공탁공무원의 판단이 개입할 여지가 없고 그 공탁통지서의 송달에 지장이 없는 정도에 이르러야 한다. ㉯ [반대의견] 공탁사무처리규칙에 의하면 공탁서에 공탁물의 수령자(이하 피공탁자라 한다)의 지정을 요할 때에는 그 자의 주소, 성명을 기재하도록 규정하고 있고, 변제공탁을 하는 경우에 피공탁자의 주소를 표시하는 때에는 그 주소를 소명하는 서면을, 피공탁자의 주소가 불명인 경우에는 그 사유를 소명하는 서면을 첨부하도록 규정하고 있으므로, 피공탁자가 특정되기 위하여서는 특별한 사정이 없는 한 피공탁자의 주소와 성명이 기재되고 그 주소를 소명하는 서면을 첨부하기만 하면 그것으로 족하고, 다수의견이 주장하는 바와 같이 피공탁자의 동일성에 대하여 공탁공무원의 판단이 개입될 여지가 없는 정도까지 이르러야 할 필요가 없고 그 공탁통지서 송달의 지장 유무도 피공탁자의 특정 여부와는 아무런 관계가 없다(대법원 1997.10.16. 96다11747 전원).

3. 供託의 目的物(適合性)

공탁은 변제에 갈음하여 행하는 것으로 공탁으로 채무는 소멸한다. 따라서 공탁의 목적물은 본래의 채무의 이행으로서의 변제의 목적물이어야 한다. 즉, 본래의 급부가 금전이면 금전으로, 곡물이면 곡물로 공탁하여야 한다. 공탁의 목적물에 관하여는 공탁법 제3조가 <금전, 유가증권 또는 기타의 물품>을 규정하고 별도로 제한을 두지는 않고 있다.

(1) 不動産供託

우선 공탁의 목적물이 될 수 있느냐가 문제되는 것이 부동산이다. 부동산은 보관이 불편하며 또한 부동산공탁을 인정하더라도 채권자에게 등기가 종료되지 않아 공탁으로 즉시 채무를 면할 수 없어 공탁의 본질에 반하기 때문에 부동산은 공탁의 목적물이 될 수 없다(김증, 이호)는 견해가 있다. 이에 대하여 공탁의 목적물을 제한하는 규정이 없으며, 부동산도 공탁물보관자를 선임(제488조 2항)하여 관리할 수 있으므로 부동산공탁을 부정할 필요는 없다는 것이 다수설이다. 이론적으로는 부동산의 공탁이 불가능한 것은 아니나, 현재는 절차가 완비되어 있지 아니하고, 또한 부동산 공탁이 실제로는 거의 없는 실정이다.

(2) 自助賣却(490조)

공탁은 공탁물을 일정한 장소에 보관·관리하여야 한다. 이와 같이 보관·관리하여야 하기 때문에, 이와 관련하여 제490조는 목적물이 <멸실 또는 훼손될 염려가 있거나 공탁에 과다한 비용을 요하는>등으로 공탁(보관·관리)에 적당하지 아니한 경우에는 법원의 허가를 얻어 자조매각하여 매각대금을 공탁할 수 있다고 규정한다. 예컨대 채소·생선류 등과 동물의 경우 등이 이에 속한다. 따라서 이러한 것은 법원의 허가를 얻어, 매각하여 그 대금을 공탁할 수 있다.

(3) 一部供託

일부변제가 허용되는 경우에는 그에 대응하여 일부공탁도 유효한 공탁이 되나, 그 밖의 일부공탁은 무효이다. 그러나 일부공탁의 경우에도 채권자가 그 공탁물을 수령한 경우에는 일부공탁의 효력으로 일부변제의 효과가 발생한다.

(4) 條件附供託

본래의 채권에 부착되지 않은 조건을 내용으로 하는 조건부 공탁은 공탁 자체가 무효이다.

채무자가 채권자에 대하여 동시이행의 항변권을 가지는 경우 등은 채권자의 반대급부의 이행을 공탁물수령의 조건으로 할 수 있다. 그러나 이러한 동시이행의 의무의 경우에는 이를 조건으로 하지 않더라도 그 의무를 이행하지 아니하면 공탁물을 수령하지 못한다(제491조).

4. 供託의 通知

공탁자는 지체 없이 채권자에게 공탁한 사실을 통지하여야 한다(제488조 3항). 그러나 실제로는 공탁자가 채권자에게 통지하는 것이 아니라 공탁자가 공탁시에 공탁서에 첨부한 공탁통지서를 공탁공무원이 채권자에게 발송하게 된다(공탁사무처리규칙 제22조, 제27조). 즉, 절차상으로는 공탁자가 통지하는 것이 아니라 공탁공무원이 통지한다.

공탁의 통지 여부는 공탁 자체의 효력에는 영향이 없다는 것이 판례, 통설이다.

판례 供託者가 供託通知를 하지 않아도 債務가 消滅되는지 與否 : 채무자가 변제공탁을 하였을 경우에 공탁자가 채권자에게 공탁통지를 하는 것은 공탁의 유효요건이 아니므로 공탁통지를 하지 않았어도 채무는 소멸된다(대법원 1976.3.9. 75다1200).

IV. 供託의 效果

1. 供託의 效力

(1) 無效인 供託

공탁의 원인이 존재하지 않거나, 상대방을 잘못 알고 변제의 제공을 한 후에 행하여진 공탁(변제의 제공이 없는 것으로 되어), 채권자가 승낙하지 않는 일부의 공탁, 조건을 붙인 공탁 등은 공탁의 효력이 없다. 그러나 변제의 제공이 없었고 또 부당한 조건을 붙여서 한 공탁일지라도 수령거절의 의사가 명백하고 또 그 조건이 이미 성취되어 공탁물수령에 아무런 지장이 없으면 공탁은 효력이 있다.

판례 條件附供託後 條件의 訂正 : 변제공탁이 반대급부를 붙인 조건부의 공탁으로서 부적법한 것이라 할지라도 공탁자가 위 조건표시의 정정신청을 하고 공탁공무원이 이를 인가하여 공탁물 수령자가 이와 같은 사실을 알았다면 적법한 공탁이라 할 수 있다(대법원 1974.5.14. 74다166).

(2) 供託의 效力發生時期

공탁은 공탁자의 공탁신청에 따른 공탁공무원의 수탁처분과 공탁물보관자의 공탁물 수령으로 그 효력이 발생한다. 그런데 공탁의 효력의 발생시기와 관련해서, 첫째, 법률적 성질로서의 제3자를 위한 계약과 관련한 채권자(제3자)의 수익의 의사표시가 필요한가와 둘째, 공탁의 통지와의 관계가 문제된다.

첫째, 공탁은 사법적인 관계에서는 채권자인 제3자를 위한 임치계약이다. 이러한 법률적 성질과 관련하여 수익자인 제3자(채권자)의 수익의 의사표시가 필요한가의 문제가 있다. 채권자의 수익의 의사표시는 필요하지 않다는 데 일치한다.

둘째, 공탁의 통지도 공탁의 효력의 발생과는 관련이 없다는 데 일치한다.

결국 공탁은 요물계약으로서 공탁자와 공탁소간의 합의에 의하여, 공탁의 목적물을 공탁물관리자에게 현실적으로 제공한 때에 효력이 발생한다.

그런데 공탁은 그 효과로서 채무를 소멸한다. 따라서 공탁의 효력발생시기는 채무소멸의 시기가 된다. 즉, 공탁의 효력의 발생시기는 공탁에 의한 채무의 소멸시기와 표리관계에 있다. 다만 공탁의 효력이 발생한 후에도 공탁자가 공탁물을 회수할 수 있기 때문에, 이 회수권이 존속하는 동안은 공탁의 효력은 확정적이지 못하다는 것이 된다. 제489조 제1항 후단은 공탁물이 회수된 때에는 공탁하지 아니한 것으로 본다고 규정하고 있다. 그래서 이 회수권과 관련하여 공탁에 의한 채무소멸의 시기를 어떻게 해석할 것인지가 문제된다. 이에 관하여는 아래의 채무의 소멸에서 본다.

판례 供託通知 不要, 受益의 意思表示 不要 : 변제공탁은 공탁공무원의 수탁처분과 공탁물보관자의 공탁물수령으로 그 효력이 발생하여 채무소멸의 효과를 가져오는 것이고 채권자에 대한 공탁통지나 채권자의 수익의 의사표시가 있는 때에 공탁의 효력이 생기는 것이 아니다(대법원 1972.5.15. 자 72마401).

2. 債務의 消滅

(1) 債務의 消滅時期

공탁이 유효하면 채무는 소멸한다. 그런데 공탁 후에도 공탁자는 일정한 경우에 공탁물을 회수할 수 있으며, 회수한 때에는 공탁하지 아니한 것으로 간주한다(제489조). 즉, 회수한 때에는 공탁하지 아니한 것이 되어 채무가 존속하게 되는 것이다.

이러한 회수권과 공탁의 효력인 채무소멸의 관계를 어떻게 이해할 것인가에 관하여는 견해가 갈린다. 판례·다수설인 해제조건설에 의하면 공탁에 의하여 채무는 일단 소멸하나, 다만 공탁물이 회수되면 공탁시에 소급하여 채무가 부활한다는 것이다. 즉, 회수권의 행사를 해제조건으로 공탁시에 채무가 소멸한다는 것이다. 이에 대하여 공탁에 의한 채무의 소멸은 회수권의 소멸을 정지조건으로 하지만, 채무소멸의 시기는 공탁시에 소급한다는 이른바 정지조건설이 있다(김형, 김상). 해제조건설로 보아야 공탁한 이후에는 이행지체가 되지 아니한다. 판례·다수설을 지지한다.

판례 解除條件說 : 피공탁자가 공탁자에 대하여 가지고 있는 별도 채권의 채무명의에 기하여 공탁자의 공탁물 회수청구권을 압류 및 전부받아 그 집행으로 공탁물을 회수한 경우에는 공탁으로 인한 채권소멸의 효력은 소급하여 소멸된다(대법원 1997.9.26. 97다24290).

(2) 異議 없는 受領

채무액 및 채무의 발생원인 등에 관하여 당사자간에 다툼이 있으나, 공탁자가 일방적으로 채무액 및 공탁원인사실을 기재하여 공탁하고, 채권자가 아무런 이의 없이 공탁물을 수령하면 이는 공탁의 취지에 따라 수령한 것이 되어 공탁자의 주장에 따른 법률효과가 발생한다. 이와 같이 이의 없이 수령한 때에는 공탁의 법률효과만이 발생함으로 이의 없는 수령 후에는 그 법률효과와 저촉되는 의사표시를 하더라도 그 의사표시는 효과가 없으며, 무효인 공탁원인에 의한 부적법한 공탁일지라도 공탁자가 주장한 대로의 법률효과만이 발생한다(판례).

그리고, 이의를 유보함이 없이 공탁금을 수령하였다면, 그에 대하여 별도로 이의신청을 제기하거나 소송을 제기하고 있는 중이라고 할지라도 그 쟁송 중에 유보의 의사표시를 함이 없이 공탁금을 수령하였다면 공탁한 취지대로 수령한 것이라고 볼 수밖에 없다. 따라서 이의 없이 공탁금을 수령하였다면, 공탁금 수령 당시 이의신청이나 소송이 계속 중이라는 사실만으로 공탁금 수령에 관한 이의유보의 의사표시가 있는 것으로 볼 수 없다는 것이 판례이다. 이는 부적법한 공탁의 경우에도 동일하다고 한다.

판례 異議 없는 受領후 다른 意思表示한 경우 : 공탁금수령자로서 공탁통지서를 받은 자가 그 공탁금을 이의 없이 수령하였다면 그 공탁의 취지에 의하여 수령한 것이 되어 그에 대한 법률효과만이 발생하는 것이고 그 후 다시 이에 저촉되는 의사표시를 하였다 하더라도 이에 의하여 아무런 법률효과도 발생하는 것은 아니라고 할 것이다(대법원 1984.11.13. 84다카465).

판례 不適法한 供託에 대한 異議 없는 受領 : 공탁자가 공탁원인으로 들고 있는 사유가 법률상 효력이 없는 것이어서 공탁이 부적법하다고 하더라도, 그 공탁서에서 공탁물을 수령할 자로 지정된 피공탁자가 그 공탁물을 수령하면서 아무런 이의도 유보하지 아니하였다면, 특별한 사정이 없는 한 공탁자가 주장한 공탁원인을 수락한 것으로 보아 공탁자가 공탁원인으로 주장한 대로 법률효과가 발생한다고 볼 것이다(대법원 1992.5.12. 91다44698).

(3) 債務額 등에 대한 異議

이의를 보류하고 수령한 때에는 공탁한 취지대로 채무소멸의 효과가 생기지 않는다.

이의는 공탁물을 수령한 때에 즉시 하여야 하며, 수령 후에 한 이의는 이의로서의 효과가 발생하지 않는다.

한편 이의유보의 의사표시는 그 공탁원인에 승복하여 공탁금을 수령하는 것이 아님을 분명히 함으로써 공탁한 취지대로 채권소멸의 효과가 발생함을 방지하고자 하는 것이므로, 그 의사표시의 상대방은 반드시 공탁공무원에 국한할 필요가 없고 공탁자에게 하더라도 관계없다(대법원 1982.11.9. 82누 197).

3. 債權者의 供託物 引渡請求權

민법에 규정은 없으나, 변제자가 공탁을 하고 채권자가 이를 통지 받으면 채권자가 공탁소에 공탁물의 인도를 청구할 수 있는 권리를 가지는 것은 당연하다(공탁법 제8조 참조). 그런데, 공탁의 본질을 채권자인 <제3자를 위한 임치계약>으로 이해하는 경우에, 채권자가 별도의 수익의 의사표시를 하여야 하는지가 문제된다(제3자를 위한 계약에 수익자의 수익의 의사표시는 필요하지 않다는 사견에서는 수익의 의사표시는 당연히 필요 없다). 공탁은 변제에 갈음하여 행하는 것이기 때문에 수익의 의사표시는 필요하지 않다는 것에 일치한다.

한편 공탁은 변제에 갈음하여 행하는 것이므로 채권자의 공탁물인도청구권은 채권자의 본래의 급부청구권에 갈음하는 것이다. 따라서 공탁물인도청구권의 성질·범위는 본래의 급부청구권과 동일하여야 한다. 따라서 본래의 급부청구권에 선이행의무先履行義務 또는 동시이행의무가 부착된 경우에는 이러한 의무는 공탁물인도청구권에도 부착되어, 이들 의무를 이행하지 아니하면 공탁물을 수령하지 못한다(제491조, 공탁법 제9조).

공탁물의 수령에 관한 구체적인 절차에 관하여는 공탁사무처리규칙 제29조 이하에서 규정하고 있다(동 규칙에서는 공탁물출급청구권이라고 하였다).

4. 供託物所有權의 移轉時期

(1) 金錢 기타 消費物

공탁물이 금전 기타의 소비물인 경우에는 공탁은 소비임치(제702조)의 성질을 가져, 공탁물의 소유권은 일단 공탁소에 귀속하였다가 채권자가 공탁소로부터 그것과 동종·동량·동질의 물건을 수령한 때에 채권자가 소유권을 취득한다(이설 없음).

(2) 特定物

특정물의 소유권 이전시기에 관하여는 민법의 물권변동에 관한 성립요건주의와 관련하여 문제가 된다.

우리 민법상 물권변동에 관하여는 성립요건주의를 취하고 있기 때문에 물권적 합의와 그에 따른 인도 또는 등기가 있어야 한다. 따라서 공탁의 경우에 무엇을 물권적 합의로 볼 것이냐의 문제가 있고, 또한 소유권이전에 필요한 물건의 인도 또는 등기가 필요하기 때문이다. 통설은 물권적 합의는 공탁자의 공탁신청(청약)과 채권자의 공탁소에 대한 공탁물 인도청구권의 행사(승낙)로 성립하고, 그에 따른 인도 및 등기로써 소유권이 이전된다는 것이다. 따라서 공탁물이 동산이든 부동산이든 특정물인 경우에는 공탁소에 소유권이 귀속되지는 않고, 공탁자로부터 직접 채권자에게 소유권이 이전된다고 한다. 즉, 공탁물이 동산인 경우에는 채권자가 공탁소로부터 그 동산을 인도 받는 때에 소유권을 취득하며, 부동산은 채권자에게 등기가 완료되는 때에 소유권을 취득하게 된다.

5. 供託費用

공탁의 비용 중 보관료에 관하여는 공탁법 제7조에 공탁소는 공탁물 수령자에게 그 보관료를 청구할 수 있다고 규정한다. 그러나 이는 일반 규정으로 공탁원인에 따라 달리 보아야 한다.

채권자지체에 해당하는 경우에 채무를 면하기 위한 공탁의 경우, 즉 채권자지체의 요건에 해당하는 경우에는 공탁비용은 채권자가 부담하여야 한다(제403조). 그 밖의 경우에는 채무자가 부담하여야 한다.

V. 供託物의 回收

공탁제도는 채무자를 보호하기 위한 제도이기 때문에 일단 공탁하였을지라도 채권자에게 불이익을 주지 않는 한 공탁자가 공탁물을 회수할 수 있게 하는 것은 당연하다. 이에 민법 제489조[공탁물의 회수]와 공탁법 제8조[공탁물의 수령, 회수]에 일정한 경우에 공탁자가 공탁물을 회수할 수 있도록 하고 있다.

이 회수의 법률적 성질은, 공탁을 제3자를 위한 임치계약이라고 보았으니 임치계약의 해지의 성질을 가진다고 할 수 있다.

한편 공탁자의 공탁물 회수권은 채권으로서, 제3자가 압류 및 전부받을 수 있다. 예컨대 공탁물에 대하여 공탁자의 제3채권자가 전부명령받아 이에 집행할 수도 있다.

1. 回收權者

공탁물의 회수권자는 공탁자이다. 그러나 공탁자 외에 제3자(공탁자 또는 피공탁자의 채권자 등) 또는 피공탁자가 별도의 채권의 집행권원에 기하여 공탁자의 공탁물 회수청구권을 압류 또는 전부받아 그 집행으로 공탁물을 회수할 수도 있다.

판례 第3者에 의한 回收 : 피공탁자가 공탁자에 대하여 가지고 있는 별도 채권의 채무명의에 기하여 공탁자의 공탁물 회수청구권을 압류 및 전부받아 그 집행으로 공탁물을 회수한 경우에는 공탁으로 인한 채권소멸의 효력은 소급하여 소멸된다(대법원 1997.9.26. 97다24290).

2. 回收할 수 있는 경우

공탁물을 회수할 수 있는 경우에 관하여 민법 제489조에서는 회수할 수 없는 경우를 규정하여 동조에 정한 경우 외에는 회수할 수 있고, 한편 공탁법 제8조는 민법과는 별도로 회수할 수 있는 경우를 규정하고 있다.

(1) 民法上의 回收- 回收할 수 없는 경우

민법 제489조는 공탁물을 회수할 수 있는 경우를 규정하지 않고, 회수할 수 없는 경우로서 아래를 규정하고 있다.

판례 損失報償金의 供託에서 被供託者의 受領 拒絶의 意思表示를 理由로 供託金을 回收할 수 있는지 與否 : 토지수용법에 의한 손실보상금의 공탁은 동법에 의하여 간접적으로 강제되는 것으로서 이와 같이 그 공탁이 자발적이 아닌 경우에는 민법 제489조의 적용은 배제되어 피공탁자가 공탁자에게 공탁금을 수령하지 아니한다는 의사를 표시하였다 할지라도 기업자는 그 공탁금을 회수할 수 없으므로 기업자가 피공탁자가 공탁금 수령을 거절한다는 이유로 그 공탁금을 회수한 것은 부적법하다(대법원 1997.9.26. 97다24290).

(가) 債權者가 供託을 承認하거나 또는 供託物을 受領할 것을 通告한 때(동조 1항 전단)

채권자의 신뢰를 보호하기 위하여 회수할 수 없게 한 것이다.

(나) 供託이 有效하다는 確定判決을 받은 때(동조 1항 후단)

판결의 안정성을 확보하기 위하여 회수할 수 없게 한 것이다.

판례 有效 確定判決 後 第3者가 回收한 경우 : 변제공탁을 유효로 판단한 판결이 확정된 이상 변제공탁자의 변제공탁금회수청구권은 실체적으로 소멸되어 변제의 효력이 확정되는 것이므로 비록 변제공탁자의 채권자가 그 후에 이미 소멸된 변제공탁금회수청구권을 압류 및 전부받아 공탁금을 출급하여 갔다고 하더라도 이는 민법 제489조 제1항의 공탁금회수요건에 해당되지 아니하여 무효라고 볼 수밖에 없다. 따라서 변제공탁으로 인하여 담보약정의 피담보채무가 실체적으로 소멸한 효과는 그대로 유지된다고 보아야 할 것이다(부산고법 2000. 12. 29. 2000나4135 상고기각).

(다) 供託으로 質權 또는 抵當權이 消滅한 때(동조 2항)

공탁으로 질권 또는 저당권이 소멸한 때에는 본조 제1항의 채권자의 승인·수령의 통지 또는 판결확정 전에도 공탁물을 회수할 수 없다는 것이다. 즉, 확정적으로 소멸한다는 것이다. 이 조항은 몇 가지 문제가 있다.

첫째, 공탁으로 채무가 소멸한다는 것과 담보권의 부종성과 관련되는 문제이며, 둘째, 질권·저당권 이외의 담보권은 이 규정에서 제외되는 가의 문제이다. 이하 이를 나누어 검토한다.

① 本條의 趣旨

본조의 취지는 공탁으로 채권이 소멸되어 담보권도 소멸하였다고 신뢰한 담보설정자 특히 물상보증인을 보호하고 또한 기존 채무의 피담보 목적물을 취득한 자 또는 그 목적물에 담보권을 취득한 자를 보호하기 위한 것으로 신뢰보호의 법리에 의한 것이다. 이러한 목적에 의하여 공탁으로 채무가 소멸되므로 그에 따라 그 채무를 담보하는 질권 또는 저당권이 소멸한 경우에는 공탁자가 공탁물을 회수할 수 없도록 하여 채무가 확정적으로 소멸한다.

② 擔保權의 附從性과의 문제

그런데 채무는 유효한 공탁으로 소멸하고, 담보권은 그의 부종성에 의하여 피담보채권의 소멸로, 즉 유효한 공탁으로 소멸한다. 예컨대 저당권부 채권의 경우는 공탁으로 채무가 소멸하고, 따라서 저당권은 말소등기 없이도 소멸한다(질권의 경우에는 질물에 대한 유치적 효력이 있기 때문에 차이가 있다). 즉, 저당권부 채권은 공탁으로 저당권이 소멸한다. 그렇다면 본조의 이 규정은 결과적으로 저당권부 채권의 경우에는 일단 공탁을 하였으면 공탁물을 회수할 수 없다는 결과가 된다. 즉, 저당권부 채무를 지는 자는 일단 공탁 후에는 공탁물의 회수권을 박탈당하는 것이 되는데, 이러한 결과는 담보권을 설정한 채무자와 담보권을 설정하지 않은 채무자를 공탁에서 차별하는 결과가 되어 부당하다. 이는 입법상의 미비로 생각된다.

생각건대 본조는 담보권이 소멸되었다고 신뢰한 담보설정자 및 피담보목적물의 취득자 등을 보호하기 위한 것이므로, 여기의 소멸은 저당권과 같은 등기가 있는 경우는 등기까지 말소된 경우로 보는 것이 타당할 것이다. 즉, 비록 채무가 소멸하였으나 아직 저당권의 말소등기가 되지 않은 경우에는(담보물의 취득자 및 담보권자가 담보권이 소멸되었다고 신뢰하기 전까지) 회수할 수 있다고 보아야 할 것이다.

따라서 유효한 공탁으로 채무가 소멸하고, 그에 기초하여 저당권의 경우에는 말소등기, 질권의 경우에는 질물을 채무자에게 반환한 경우 등으로 담보권이 소멸된 외관을 갖춘 경우에는 회수할 수 없으나, 그렇지 아니한 경우에는 회수할 수 있는 것으로 해석하는 것이 타당하다.

③ 質權·抵當權外의 擔保權

판례는, 질권 또는 저당권이 소멸한 경우에만 회수권이 상실되며 그 밖의 담보권(양도담보, 가등기담보 등)의 경우에는 회수권이 소멸하지 않는다고 한다. 그러나 질권·저당권과 양도담보권 또는 가등기담보권 등을 이 경우에 구별할 이유가 없어, 판례의 이러한 견해는 찬성할 수 없다. 다른 담보권도 포함하는 것으로 보는 것이 타당하다.

판례 假登記擔保權附 債權인 경우의 回收權의 消滅 與否 : 제489조의 규정은 가등기 및 본등기에 의하여 담보된 채무의 변제공탁으로 인하여 가등기담보권이나 양도담보권이 소멸하는 경우에도 변제자가 공탁물을 회수할 수 없다는 취지를 포함하는 것은 아니므로, 변제자의 채권자는 공탁물회수청구권을 압류전부받아 변제공탁금을 회수할 수 있다(대법원 1982.7.27. 81다495).

(라) 供託者가 回收權을 拋棄한 경우

민법에 규정은 없으나 회수권의 포기가 유효함은 물론이다.

(마) 供託物回收請求權이 假押留된 경우

공탁물회수청구권에 대한 가압류 결정이 그 방식에 있어서 적법한 이상, 그 내용이 위법무효하더라도 그것이 발부되어 채무자와 제3채무자에게 송달되면 집행력을 가지는 것이다. 따라서 형식적 심사권밖에 없는 공탁공무원으로서는 그 가압류결정의 유·무효를 심사할 수는 없는 것이므로 위 공탁물회수청구채권이 이미 가압류되었다는 이유로 공탁금회수청구를 받아들이지 않은 공탁공무원의 처분은 정당하다(대법원 1986.5.1. 자 85마739).

(2) 供託法上의 回收-回收할 수 있는 경우

공탁법 제8조 제2항에는 상기 민법의 경우 외에 아래의 경우에도 공탁물의 회수를 인정하고 있다.

(가) 錯誤로 供託을 한 때

채무가 없음에도 존재하는 것으로 착오를 하여 공탁한 경우 등인데, 이때에는 임치계약의 해지의 법리에 따라 공탁물의 회수가 인정된다.

그런데, 공탁법 제8조 제2항 제3호 소정의 <착오로 공탁한 때>라 함은 채무가 존재하지 않은 경우를 포함하여 공탁으로서 필요한 유효요건을 갖추고 있지 아니한 경우를 말한다. 그리고 공탁요건을 갖추고 있는지의 여부는 어디까지나 공탁서에 기재된 공탁원인사실을 기준으로 하여 객관적으로 판단하여야 한다는 것이 판례이다(대법원 1995.7.20. 자 95마190).

판례 認定된 例 : 차용금 변제를 위한 변제공탁을 하였으나 애초부터 차용금 채무가 없었다면, 그 공탁은 차용금 변제로서의 효력이 생기지 아니하여 '착오로 공탁한 때'에 해당한다(대법원 1995.7.20. 자 95마190).

(나) 供託의 原因이 消滅한 때

채권자가 수령할 수 있게 되거나, 상대적 불확지로 채권자를 알지 못하다가 진정한 채권자를 안 경우 등이다.

3. 回收의 效果

공탁물을 회수하면 공탁하지 아니한 것으로 본다(제489조 2항). 따라서 채무가 소멸하지 아니한 것이 되어 그 동안의 이자도 발생한다(판례에 의하면 질권·저당권 이외의 담보권도 부활한다). 또한 공동채무자의 채무도 소멸하지 아니한 것으로 되는 것은 당연하다.

이와 같이 공탁물이 회수되면 공탁하지 아니한 것으로 되어 채무가 소멸하지 아니한 것으로 보는데, 이는 전술한 채무의 소멸에서 본 바와 같이 공탁물이 회수되면 채무는 공탁시에 소급하여 부활하는 것(해제조건설)을 의미한다.

VI. 供託物出給請求權과 回收請求權의 消滅時效

공탁을 하고 채권자에게 통지되면 채권자는 공탁물출급청구권을 행사하여 공탁물을 수령할 수 있다. 채권자의 이러한 공탁물출급청구권이 소멸시효에 걸리는 것은 물론인데, 그 기산점과 소멸시효기간이 문제된다.

한편 공탁자는 공탁한 후에도 위에서 본 바와 같이 공탁물을 회수할 수 있는데, 공탁자의 공탁물회수청구권도 소멸시효에 걸리며, 그 기산점과 소멸시효기간도 문제된다.

1. 消滅時效期間

공탁물출급청구권은 그 기산점이 문제되나, 시효기간에 관하여는 채권자의 본래의 급부청구권과 동일하여 10년의 소멸시효에 해당한다는 데 대하여는 이설이 없다.

한편 공탁물회수청구권의 시효기간에 대해서 정부보관금에관한법률 제1조는 다른 법률에 정한 바가 없는 경우에는 정부보관금 등의 환불청구권은 5년의 시효기간으로 소멸한다고 규정하고 있으나, 이는 채권자(임치인)가 본래 가지고 있는 채권보다 단기간으로 공탁자에게 불리하여 이를 적용할 것이 아니라, 본래의 일반적인 채권의 소멸시효기간인 10년으로 보는 것이 타당하다.

대법원도 예규로 공탁물출급청구권과 공탁물회수청구권의 시효기간에 관하여는 민법 제162조[채권, 재산권의 소멸시효] 제1항에 의하여 10년이라고 하고 있다. 다만 공탁유가증권에 대하여는 소유권에 기한 청구도 가능하므로 소멸시효가 완성하는 일은 없다고 한다.

2. 起算日

(1) 供託物出給請求權

(가) 供託 有效時

공탁통지서 수령일이 기산일이 된다. 채권자 또는 피공탁자는 공탁통지서에 의하여 공탁의 사실과 공탁의 취지를 알 수 있기 때문에 공탁통지서 수령일을 기산일로 하여 10년의 소멸시효에 걸린다.

(나) 供託에 反對給付 또는 條件·期限이 붙은 경우

반대급부가 이행된 때와 조건 성취 또는 기한이 도래한 때가 기산일이 된다.

(다) 供託의 基礎가 된 事實關係에 다툼이 있는 경우

기산일은 공탁한 시점이 아니라, 공탁의 기초가 되는 채무에 관하여 분쟁이 해결된 때가 기산일이 된다. 예컨대 채무에 관하여 다툼이 있는 경우에는 재판 또는 재판외 화해 등으로 다툼이 해결된 때이다. 분쟁이 해결되어 확정된 시점은 해결의 내용에 따라서, 채무의 존재가 확정되면 피공탁자(채권자)의 출급청구권의 기산일이 되고, 채무의 부존재가 확정되어 공탁(변제)을 할 필요가 없게 되면 회수청구권의 소멸시효의 기산일이 된다.

(2) 供託物回收請求權

(가) 錯誤 供託 또는 供託의 原因이 없는 것이 判明된 경우

공탁일이 기산일이 된다.

(나) 供託의 基礎가 된 事實關係에 다툼이 있는 경우

다툼이 해결된 때가 기산일이 된다. 예컨대 채무의 부존재가 확정된 경우에는 확정된 시점이 회수청구권의 기산일이 된다. 과다한 공탁으로 일부 회수하는 경우에도 동일하다.

(3) 時效의 中斷

공탁물출급청구권과 회수청구권은 시효기간 중에 공탁사실증명서가 교부된 때 또는 일괄공탁의 경우에 일부에 대하여 출급 또는 회수청구가 있었으면 잔액에 대하여도 승인한 것으로 되어 시효가 중단된다.

第5節 相 計

I. 相計의 意義와 機能

1. 相計의 意義

상계라 함은 동일 당사자간에 동일 종류의 서로 대립되는 채권·채무를 대등액에서 소멸케 하는 일방적 의사표시이다(제492조). 상계는 상계자가 자기의 채무의 이행의 방법으로 하는 채권의 독립된 소멸사유로서, 대립되는 채무가 상호 조건적으로 소멸한다.

이와 같이 민법상의 상계는 채무의 이행으로 하는 일방적인 의사표시(단독행위)로서, 이는 동일 당사자간에 다른 종류의 채권·채무를 대등의 평가액에서 소멸케 하는 합의인 상계계약과는 다르다. 예컨대 甲과 乙 사이에 각각 100만 원과 60만 원의 금전에 대한 채권·채무가 있는 경우에 甲 또는 乙이 대등액인 60만 원에 대하여 상계한다는 일방적인 의사표시에 의하여 60만 원에 대한 채권이 상호 소멸하는 것이 민법상의 상계이며, 甲이 乙에게 100만 원의 금전채무가 있고 乙이 甲에게 금 20돈의 인도채무가 있는 경우에 합의에 의하여 상호간의 채권·채무를 소멸시키기로 하면 상계계약이 된다.

2. 相計制度의 機能

상계제도의 의의 내지 기능은 아래의 두 가지이다. 따라서 상계권의 행사에는 그 제도의 근본 목적을 벗어난 경우에는 권리남용에 해당하여 허용되지 않는다는 것이 판례이다.

(1) 決濟의 手段

상계에 의하여 각자가 가지는 채권·채무에 의하여 청구하고 이행하는 번거로움을 피할 뿐만 아니라 시간과 비용을 줄여 간편하게 결제를 할 수 있다. 따라서 상계를 하기 위해서는 자기도 변제를 하고(상대방에 대한 변제의 강제 수령), 상대방도 자기에게 강제적으로 변제를 하게(변제의 강제)할 요건이 갖추어 져야 한다.

(2) 擔保的 機能

동일한 당사자간에 동일한 종류의 채권·채무를 서로 대립되게 가지는 경우에, 이들 두 개의 채권·채무를 개별적으로 취급하게 되면 당사자간에 공평하지 않은 경우가 있게 된다. 예컨대 일방이 자기는 자력이 악화되어(예 : 파산) 상대방에게 채무의 일부만 이행하면 되고, 자기는 상대방으로부터 채무의 전액을 변제 받는다는 것이 공평하지 않음은 말할 필요도 없다. 상계는 이러한 불공평을 해소하기 위하여 당사자간에 동종의 채권·채무를 가지는 경우에는 당사자간의 자력과 관계없이 대등액에서 같은 효력을 주는 것이다.

이는 결국 각자의 채권에 관하여 상대방에 대한 채무로 담보권을 설정한 것과 같은 결과가 되어 상계는 자기의 채권에 대한 담보적 기능을 하게 된다. 즉, 상계가 허용되는 한도 내에서 자기가 상대방에 대하여 가지는 채권은 확실하게 행사될 수 있는 효과가 있다. 은행이 예금을 담보로 융자를 하는 것은 전형적인 예이다.

(3) 相計權의 濫用-相計權의 制限

상계는 일반적으로 당사자 사이에 상계적상이 있는 채권이 병존하고 있는 경우에는 이를 상계할 수 있는 것이 원칙이고, 이러한 상계의 대상이 되는 채권은 상대방과 사이에서 직접 발생한 채권에 한하는 것이 아니라 제3자로부터 양수 등을 원인으로 하여 취득한 채권도 포함한다. 이러한 상계권자의 지위가 법률상 보호를 받는 것은 원래 상계제도가 서로 대립하는 채권, 채무를 간편한 방법에 의하여 결제함으로써 양자의 채권채무관계를 원활하고 공평하게 처리함을 목적으로 하고 있고 상계권을 행사하려고 하는 자에 대하여는 수동채권의 존재가 사실상 자동채권에 대한 담보로서의 기능을 하는 것이어서 그 담보적 기능에 대한 당사자의 합리적 기대가 법적으로 보호받을 만한 가치가 있음에 근거하는 것이다. 따라서 당사자가 상계의 대상이 되는 채권이나 채무를 취득하게 된 목적과 경위, 상계권을 행사함에 이른 구체적·개별적 사정에 비추어 그것이 위와 같은 상계 제도의 목적이나 기능을 일탈하고, 법적으로 보호받을 만한 가치가 없는 경우에는 그 상계권의 행사는 신의칙에 반하거나 상계에 관한 권리를 남용하는 것으로서 허용되지 않는다고 함이 타당하다. 판례는 이와 같은 상계권이 남용된 경우에는 상계권의 행사를 허용하지 아니하고, 그 요건으로서는 상계권 행사를 제한하는 위와 같은 근거에 비추어 볼 때 일반적인 권리 남용의 경우에 요구되는 주관적 요건을 필요로 하는 것은 아니라고 하였다(대법원 2003.4.11. 2002다59481). 합리적인 해석이다.

판례 相計權濫用을 認定한 例 : 원고 X는 소외 A의 부도로 인하여 A가 발행한 약속어음의 가치가 현저하게 하락된 사정을 잘 알면서 오로지 자신이 A에 대하여 부담하는 임대차보증금 반환채무와 상계할 목적으로 A가 발행한 약속어음 20장을 액면가의 40%에도 미치지 못하는 가격으로 할인·취득하고, 그 약속어음채권을 자동채권으로 하여 상계를 하였다는 것이다.

그렇다면 원고 X가 위 약속어음 채권을 취득한 목적과 경위, 그 대가로 지급한 금액, 상계권을 행사하게 된 위와 같은 사정에 비추어, 원고 X의 상계권 행사는 상계제도의 목적이나 기능을 일탈하는 것이고, 법적으로 보호받을 만한 대립하는 채권, 채무의 담보적 기능에 대한 정당한 기대가 없는 경우에 해당하여 신의칙에 반하거나 상계에 관한 권리를 남용하는 것으로서 허용되지 않는다고 할 것이다(대법원 2003.4.11. 2002다59481).

3. 相計契約

민법상의 상계는 일방적 의사표시에 의하여 채권을 소멸시키는 채권의 독립적인 소멸사유이다. 즉, 상계는 단독행위이다. 이와 구별하여야 할 것에 상계계약이 있다. 상계계약이 민법상의 상계와 구별되는 점을 중심으로 검토하면 아래와 같다.

(1) 諾成·有償契約

상계계약은 합의에 의하여 당사자간에 대립되는 채권·채무를 대등액 내지 대등평가액으로 소멸시키는 낙성·유상계약이다. 상인간에 행하여지는 상호계산(상법 제72조)은 전형적인 상계계약이다.

(2) 相計適狀은 不要

상계계약은 민법이 정하는 상계의 요건을 갖출 필요가 없다. 따라서 쌍방의 채무가 이행기에 있을 필요도 없으며, 같은 종류일 필요도 없다.

(3) 多者 契約도 可能

상계계약은 당사자간의 계약에만 한정되지 않고, 당사자 쌍방과 제3자와의 3면계약으로 당사자 일방이 상대방에 대하여 가지는 채권으로 제3자에 대한 채권을 상계할 수도 있다. 어음교환제도는 이러한 법리에 기초한 것이다.

(4) 相計禁止 債權도 可能

민법상 상계가 금지되는 불법행위에 의한 손해배상채권(제496조)도 상계계약은 할 수 있는 것으로 해석된다.

다만 상계금지의 경우가 당사자의 의사로 상계금지를 배제할 수 없는 취지의 규정인 경우에는 상계계약이 허용되지 않는다. 임금채권과 전차금채권 등의 사용자의 채권은 상계금지를 명문으로 규정하며(근로기준법 제28조[전차금상쇄前借金相殺의 금지]), 압류가 금지되는 채권도 상계계약은 허용되지 않는다고 해석하여야 할 것이다. 그런데, 판례는 제한적으로 임금과의 상계계약을 인정한다.

판례 賃金債權의 相計-制限的 許容 : 근로기준법 제42조 제1항이 임금 전액지급의 원칙을 선언한 취지에서 사용자가 근로자에 대하여 가지는 채권을 가지고 일방적으로 근로자의 임금채권을 상계하는 것은 금지된다고 할 것이지만, 사용자가 근로자의 동의를 얻어 근로자의 임금채권에 대하여 상계하는 경우에 그 동의가 근로자의 자유로운 의사에 터잡아 이루어진 것이라고 인정할 만한 합리적인 이유가 객관적으로 존재하는 때에는 근로기준법 제42조 제1항 본문에 위반하지 아니한다고 보아야 할 것이고, 다만 임금 전액지급의 원칙의 취지에 비추어 볼 때 그 동의가 근로자의 자유로운 의사에 기한 것이라는 판단은 엄격하고 신중하게 이루어져야 한다(대법원 2001.10.23. 2001다25184).

(5) 條件·期限附 相計契約도 可能

민법상의 상계에는 조건과 기한을 붙일 수 없으나, 상계계약에는 조건과 기한을 붙일 수 있다.

II. 相計의 要件

1. 相計適狀

상계적상이란 일방적 의사표시에 의하여 상계를 하기 위한 필요한 적극적 요건을 말한다. 즉, 상계가 유효하기 위한 채권·채무의 상태를 의미한다. 상계는 일방인 상계자는 자기의 채무의 변제와 채권의 행사지만, 피상계자인 상대방 측으로는 결과적으로 강제적인 수령과 강제적인 변제가 되기 때문에 상계적상을 요한다.

이러한 상계적상은 상계자가 증명하여야 한다.

아래와 같은 요건을 갖추어야 상계적상에 있고, 그러한 경우에 상계가 유효하여 채무가 소멸한다.

(1) 相互對立的 債權의 存在

상계를 하려는 자의 채권인 자동채권과 상계를 당하는 자의 채권인 수동채권이 서로 대립하여 존재하여야 한다. 즉, 甲이 乙에게 채권을 가지며, 乙은 甲에게 채권을 가져야 한다. 타인의 채권을 마음대로 처분할 수도 없으며, 타인의 채무도 자유롭게 변제할 수 없기 때문에 제3자와의 관계로 상계를 하는 것은 원칙적으로 인정되지 않는다.

(가) 第3者의 相計가 가능한 경우

채권은 상호 대립적이어야 한다. 그러나 예외로 제3자가 가지는 채권, 제3자에 대한 채권 또는 채무자를 위하여 제3자가 피상계자에 대한 채권으로도 상계가 가능하다.

① 第3者가 가지는 債權으로 相計 가능한 경우

연대채무자(제418조 2항) 와 보증인(제434조)은 자기의 채무와 다른 연대채무자 또는 주채무자가 채권자에 대하여 가지는 채권으로 상계할 수 있다. 이는 연대채무자(또는 보증인)가 자기의 채무를 이행하는 것에 대응하여 채권자는 다른 연대채무자(또는 주채무자)에 대한 자기의 채무를 이행하는 것이 된다.

② 第3者에 대한 債權으로 相計 가능한 경우

상계자가 상계로써 상계자의 제3자에 대한 채권을 피상계자에 대한 채무의 변제로 하는 경우가 있다. 예컨대 변제의 사전통지를 받지 않은 연대채무자는 채권자(상계로서는 제3자)에 대한 반대채권으로 구상자(피상계자)에 대하여 부담하는 채무(구상채무)를 상계할 수 있다(제426조 1항). 그 밖에 사전통지하지 아니한 보증인의 구상권 행사(제445조 1항), 채권양도에서 채무자가 채권양도 통지를 받은 때까지 채권의 양도인(제3자)에 대하여 가지는 반대채권으로 채권양수인(피상계자)에 대하여 부담하는 채무를 상계할 수 있다(제451조 2항). 이러한 경우는 상계자(피구상연대채무자)는 자기의 제3자(채권자·채권양도인)에 대한 채권으로 상계자가 피상계자(구상연대채무자·채권양수인)에 대하여 부담하는 자기의 채무의 변제를 위하여 상계를 하는 것이다.

판례 債權讓渡에서 相計抗辯 : 채권양도에 있어서 채무자가 승낙 당시 이미 상계를 할 수 있는 원인이 있었던 경우에는 아직 상계적상에 있지 아니하였다 하더라도 그 후에 상계적상이 생기면 채무자는 양수인에 대하여 상계로 대항할 수 있다(대법원 1999.8.20. 99다18039).

③ 債務者를 위한 第3者의 相計

수동채권은 피상계자가 상계자에 대하여 가지는 채권이라야 한다는 것이 구법시대의 판례이며, 다수설이다. 즉, 제3자는 채무자를 위하여 자기가 피상계자에 대하여 가지는 채권으로 상계하지 못한다는 것이다. 예컨대 甲이 乙에게 금전채무를 지고, 제3자 丙이 乙에게 금전채권을 가지는 경우에, 丙이 甲을 위하여 자기의 乙에 대한 채권으로 甲의 乙에 대한 채무를 상계하지는 못한다는 것이다(채무자를 위하여 변제는 가능하나, 상계는 허용 되지 아니한다). 이는 채권자(피상계자)를 보호하기 위한 것이다.

이와 같이 일반적인 경우에는 채무자를 위하여 상계하지는 못한다고 할 것이나, 물상보증인 또는 저당물의 제3취득자 등과 같이 제3자도 책임을 지는 경우에는 허용되어야 할 것이다. 예컨대 저당부동산의 제3취득자가 저당권자에 대하여 채권을 가지는 경우에는, 그 채권으로써 저당권자가 채무자에 대하여 가지는 채권과 상계할 수 있다고 할 것이다(김형, 김상).

(나) 消滅時效 完成된 債權

양 채권은 상계의 의사표시를 할 당시에 유효하게 존재하여야 한다. 일방의 채권이 무효 또는 취소로 부존재하거나, 채권이 존재하였다가 변제·계약해제·기타의 사유로 소멸한 때 상계할 수 없음은 당연하다.

다만 예외적으로 제495조에서 소멸시효가 완성된 채권이 시효 완성 전에 상계할 수 있었던 것이면 그 채권자는 상계할 수 있다고 규정하고 있다. 즉, 자동채권이 소멸시효에 의하여 소멸된 경우에도, 시효 완성 전에 상계적상에 있었다면 시효 완성된 채권의 채권자는 상계할 수 있다는 것이다.

이는 쌍방의 채권이 상계적상에 있는 경우에는 당사자는 일반적으로 이미 결제되었다고 생각하는 것이 통상적이라는 점에서 당사자의 이러한 채무소멸에 대한 신뢰를 보호하자는 데 그 목적이 있다고 할 것이다. 따라서 이미 소멸시효에 걸린 채권을 양수받아 이를 자동채권으로 상계하는 등은 허용되지 않는다.

수동채권, 즉 상계자의 피상계자에 대한 채무가 소멸시효가 완성된 경우에는 제495조와 같은 별도의 규정이 없더라도 시효이익의 포기(소멸시효에 대한 상대적 효력설) 또는 (절대적 소멸설에 의하더라도)도의관념에 적합한 비채변제(제744조)가 되어 상계가 가능하다.

제척기간의 경과로 인하여 소멸된 채권도 소멸시효 완성된 채권과 구별할 필요가 없어 제495조를 유추적용하는 것이 타당하다.

(2) 同種의 債權

상계하기 위해서는 양 채권의 목적이 동일한 종류의 것이어야 한다(제492조 1항). 따라서 상계는 금전채권간에서 행하여지는 것이 보통이며, 대체물(곡물 등)의 경우에도 가능하다. 그 목적물이 동일 종류이면 족하며, 그 채권의 발생원인·채권액·이행기·이행지가 동일할 필요는 없다. 다만 이행지가 다른 경우에 상계로 인하여 발생한 손해는 배상하여야 한다.

(3) 辨濟期의 到來

양 채권은 원칙적으로 변제기가 도래하여야 한다(제492조 1항). 그러나 채무자는 기한의 이익을 포기할 수 있기 때문에 상계자가 피상계자에 대하여 부담하는 채무, 즉 수동채권은 변제기가 도래하지 않아도 좋다. 바꾸어 말하면 변제가 강제되는 자동채권(피상계자의 상계자에 대한 채무)은 변제기가 도래하여야 하나, 수동채권은 상계자가 기한의 이익을 포기할 수 있는 경우에는 이를 포기하여 변제기 전에 상계할 수 있다.

판례 受動債權의 辨濟期 前의 相計 : 자동채권의 이행기가 도래한 이상 수동채권의 이행기가 도래하지 아니하였더라도 수동채권에 관한 기한의 이익을 포기하고 대등액에서 상계함으로써 압류채권자에 대항할 수 있다(대법원 1979.6.12. 79다662).

(4) 性質上 相計가 可能

(가) 代替物의 주는 債務

채권의 성질이 현실의 이행을 하지 아니하면 채권의 목적을 달성할 수 없는 경우에는 상계가 허용되지 않음은 당연하다(제492조 1항 단서). 부작위채무·하는 채무는 성질상 상계가 허용되지 않는다. 금전 기타 대체물의 주는 채무만이 상계가 가능할 것이다.

(나) 抗辯權붙은 債權

자동채권, 즉 피상계자의 채무에 동시이행의 항변권 등이 붙어 있는 경우에는, 상계로 인하여 피상계자는 변제가 강제되어 자기의 항변권을 행사할 기회를 상실하여 불리하기 때문에 그러한 채권은 상계가 허용되지 않는다. 상대방이 보증인으로서 최고·검색의 항변권을 가지는 경우 등이 전형적인 예이다. 그러나 수동채권, 즉 상계자의 채무에 부착된 항변권은 이를 포기할 수 있기 때문에, 이를 포기하여 상계할 수 있다.

판례 抗辯權附着된 自動債權은 性質上 禁止 : ㉮ 항변권이 붙어 있는 채권을 자동채권으로 하여 타의 채무와의 상계를 허용한다면 상계자 일방의 의사표시에 의하여 상대방의 항변권행사의 기회를 상실케 하는 결과가 되므로 이와 같은 상계는 성질상 허용될 수 없다. ㉯ 도급인과 수급인 사이에 수급인이 고용한 근로자들에 대한 노임지급을 지체한 경우 도급인이 수급인에 대한 기성공사대금에서 노임 상당액을 공제하여 근로자들에게 직접 지불할 수 있다고 약정하였다면, 수급인이 근로자들에게 노임지급을 지체한 상태에서 도급인에게 기성공사대금의 지급을 구할 경우 도급인으로서는 위 약정에 따라 적어도 수급인이 근로자들에게 노임을 지급할 때까지는 기성공사대금 중 수급인이 지체한 노임 상당액의 지급을 거절할 수 있다 할 것이므로, 수급인의 노급인에 대한 위 기성공사대금채권은 도급인이 위와 같이 일정한 경우 그 지급을 거절할 수 있는 항변권이 부착되어 있는 채권이라고 할 수 있을 것이고, 따라서 위 채권을 자동채권으로 한 상계는 허용될 수 없다(대법원 2002.8.23. 2002다25242).

(다) 自動債權이 押留된 때

채권이 압류된 때에는 압류의 처분금지의 효력으로, 압류된 채권을 자동채권으로 상계 하더라도 압류채권자에 대항할 수 없어 상계는 가능하지 않다,

2. 相計의 禁止

채권 중에는 아래와 같이 당사자의 의사표시 또는 법률의 규정에 의하여 상계가 금지되는 경우가 있다. 이를 아래에서 분설하여 본다.

(1) 當事者의 意思表示에 의한 禁止

당사자는 합의에 의하여 상계를 금지할 수 있다. 그러나 상계금지 특약으로 선의의 제3자에게 대항하지 못한다(제492조 2항). 예컨대 상계금지 특약의 채권·채무가 양도

또는 인수된 경우에 인수인이 상계금지의 특약을 알지 못한 때에는 상계할 수 있다.

(2) 法律에 의한 禁止

아래의 경우에는 채권자에게 현실의 이행을 확보하게 할 특별한 사정이 있기 때문에 법률에 의하여 상계를 금지한다.

(가) 故意의 不法行爲에 의한 債權을 受動債權으로

고의의 불법행위에 의한 손해배상 채권을 수동채권으로 하는 상계는 허용되지 않는다(제496조). 즉, 고의의 불법행위자는 피해자에 대하여 부담하는 손해배상 채무를 자기의 피해자에 대한 다른 채권으로 상계할 수 없다. 이는 불법행위제도가 가해자에 대한 제재적 기능과 재발방지를 위한 억제적 기능을 가지므로, 상계를 허용한다면 불법행위제도의 이러한 기능에 역행하기 때문이다. 예컨대 이를 허용한다면 상대방에 대하여 채권을 가지는 자가 고의로 상대방의 신체 또는 재산을 침해할 가능성이 있기 때문이다. 이는 고의로 타인의 재산권을 침해하여 이득한 경우에 부당이득반환채권의 경우에도 동일하여 이를 수동채권으로 하는 상계는 허용될 수 없다(판례).

그러나 고의의 불법행위에 의한 손해배상 채권을 자동채권으로 하는 상계는 가능하며, 또한 과실에 의한 불법행위의 경우에도 상계가 가능함은 물론이다.

[판례] 爭鬪者 間의 相計-不可 : 고의의 불법행위로 인한 손해배상채권을 수동채권으로 하는 상계는 허용되지 않는 것이며, 이는 그 자동채권이 동시에 행하여진 싸움에서 서로 상해를 가한 경우와 같이 동일한 사안에서 발생한 고의의 불법행위로 인한 손해배상채권인 경우에도 마찬가지 이다(대법원 1994.2.25. 93다38444).

[판례] 故意의 侵害로 인한 不當利得과 相計-不可 : 원인이 고의의 불법행위에 기인함으로써 불법행위로 인한 손해배상채권과 부당이득반환채권이 모두 성립하여 양채권이 경합하는 경우 피해자가 부당이득반환채권만을 청구하고 불법행위로 인한 손해배상채권을 청구하지 아니한 때에도, 그 청구의 실질적 이유, 즉 부당이득의 원인이 고의의 불법행위였다는 점은 불법행위로 인한 손해배상채권을 청구하는 경우와 다를 바 없다 할 것이어서, 고의의 불법행위에 의한 손해배상채권은 현실적으로 만족을 받아야 한다는 상계금지의 취지는 이러한 경우에도 타당하므로, 민법 제496조를 유추적용함이 상당하다(대법원 2002.1.25. 2001다52506).

(나) 押留禁止 債權을 受動債權으로

채권이 압류하지 못한 것일 때에는 그 채무자는 상계로 채권자에게 대항하지 못한다(제497조). 민사집행법 제246조[압류금지 채권]·공무원연금법 제32조[권리의 보호] 등 법률에 의하여 압류가 금지되는 채권을 수동채권으로 하여 상계하지 못한다.

이는 채무자의 관념적 이행인 상계를 금지하여 현실적 이행을 확보함으로써 채권자를 보호하기 위한 것이다. 그러나 압류 금지된 채권을 자동채권으로 하는 상계는 가능하다.

(다) 支給禁止된 債權을 受動債權으로

① 支給禁止 後 취득한 債權과의 相計禁止

압류 또는 가압류와 같이 지급금지 명령을 받은 채권의 채무자는 지급금지 명령 후에 취득한 채권과 자기의 채무(지급 금지된 채권에 대한)와의 상계로 지급명령신청자(압류·가압류자)에게 대항할 수 없다(제498조). 따라서 상계한 경우에도 추심명령 또는 전부명령을 받아 지급금지신청자가 이행을 청구하면 지급하여야 하므로 2중지급하는 결과가 생기게 된다. 이는 당해 채권에 관하여 압류 또는 가압류한 자를 보호하기 위한 것이다. 예컨대 甲의 乙에 대한 채권을 甲의 채권자인 丙이 압류한 경우에, 丙의 압류 후에 乙이 甲에 대하여 채권을 취득하였더라도 그 채권으로 상계하지 못한다는 것이다.

한편 자동채권이 지급금지후에 발생하였으나, 그 채권의 발생의 기초가 되는 원인이 수동채권이 압류되기 전에 이미 성립하여 존재하고 있었다면 그 자동채권은 지급금지전에 발생한 채권으로 보아 상계가 가능하다(판례).

판례 支給禁止後에 발생한 自動債權이 受動債權이지만, 그 發生 基礎가 支給禁止前의 경우-제498조 적용 없음 : 제3채무자의 압류채무자에 대한 자동채권이 수동채권인 피압류채권과 동시이행관계에 있는 경우에는, 압류명령이 제3채무자에게 송달되어 압류의 효력이 생긴 후에 자동채권이 발생하였다고 하더라도 제3채무자는 동시이행의 항변권을 주장할 수 있고 따라서 그 채권에 의한 상계로 압류채권자에게 대항할 수 있는 것으로서, 이 경우에 자동채권이 발생한 기초가 되는 원인은 수동채권이 압류되기 전에 이미 성립하여 존재하고 있었던 것이므로, 그 자동채권은 민법 제498조 소정의 지급금지후에 취득한 채권에 해당하지 않는다(대법원 1993.9.28, 92다55794).

판례 支給禁止後에 取得하였으나 상계가능한 경우 : 부동산 매수인의 매매잔대금 지급의무와 매도인의 가압류기입등기말소의무가 동시이행관계에 있었는데 위 가압류에 기한 강제경매절차가 진행되자 매수인이 강제경매의 집행채권액과 집행비용을 변제공탁한 경우 매도인은 매수인에 대해 대위변제로 인한 구상채무를 부담하게 되고, 그 구상채무는 가압류기입등기말소의무의 변형으로서 매수인의 매매잔대금 지급의무와 여전히 대가적인 의미가 있어 서로 동시이행관계에 있으므로, 매수인은 매도인의 매매잔대금채권에 대해 가압류로부터 본압류로 전이하는 압류 및 추심명령을 받은 채권자에게 가압류 이후에 발생한 위 구상금채권에 의한 상계로 대항할 수 있다(대법원 2001.3.27. 2000다43819).

판례 支給禁止後 取得한 債權의 辨濟期가 支給禁止 債務의 辨濟期보다 먼저 到來한 경우 : 채권가압류명령을 받은 제3채무자는 그 후에 취득한 채권에 의한 상계로 그 가압류채권자에게 대항하지 못하지만 수동채권이 가압류될 당시 자동채권과 수동채권이 상계적상에 있거나 자동채권의 변제기가 수동채권의 그것과 동시 또는 그보다 먼저 도래하는 경우에는 제3채무자는 자동채권에 의한 상계로 가압류채권자에게 대항할 수 있다(대법원 1989.9.12. 88다카25120).

② 支給禁止 前에 취득한 債權

지급금지 전에 취득한 채권으로는 상계를 할 수 있다. 그런데 지급금지 전의 채권일지라도 변제기와 관련하여 문제가 있다. 예컨대 지급금지 전에 취득하였으나 양 채권의 변제기가 도래하지 않아 상계하지 못하는 동안 제3자로부터 자기의 채무가 지급금지된 경우이다. 우선 이에 관하여, 자기의 채무(수동채권)에 관하여는 기한의 이익을 포기할 수 있기 때문에 변제기가 도래하지 않아도 관계없으나, 상대방의 채무 즉, 지급금지 명령을 받은 채무자가 지급금지 전에 취득한 채권(자동채권)의 변제기가 문제된다. 이에 대하여는 여러 가지 견해가 주장된다.

㉮ 相計適狀說

지급금지 전에 상대방 채무(자동채권)의 변제기가 도래하여야 한다는 견해이다. 즉, 지급금지 전에 양 채권이 상계적상에 있어야 한다는 견해이다.

㉯ 辨濟期先到來說

지급금지 전에 자동채권의 변제기가 도래하지 않았더라도 자기의 채무(지급금지된 채무) 보다 변제기가 먼저 도래하여야 한다는 견해로서 판례와 다수설이다(김형, 김상, 이은).

판례 先到來說 : 가압류 명령을 받은 제3채무자가 가압류채무자에 대한 반대채권을 가지고 있는 경우에 가압류채권자에게 상계로써 대항하기 위하여는 가압류의 효력발생 당시에 양채권이 상계적상에 있거나 반대채권이 압류당시 변제기에 달하지 아니한 경우에는 피압류채권인 수동채권의 변제기와 동시에 또는 그 보다 먼저 변제기에 도달하는 경우이어야 한다(대법원 1987.7.7. 86다카2762).

㉰ 無制限說

양 채무가 존재하면 족하고 변제기에 관계없이 상계할 수 있다는 견해(일본 판례)이다.

생각건대 변제기 선도래설은 지급금지된 채무일지라도 기한의 이익을 포기할 수 있기 때문에 자동채권의 변제기가 먼저 도래하면 기한의 이익을 포기하여 상계할 수 있으나, 지급금지된 채무의 변제기가 먼저 도래하면 자동채권의 변제기가 도래하지 않아 지급금지시킨 자에게 변제할 수밖에 없다는 것이 그 이유인 것으로 보이는데, 이는 일응 이해가 간다. 그러나 지급금지는 채무자가 알 수 없는 상태에서 이루어지며, 지급금지 전에 상대방에 대한 채권을 취득하게 되면 채무자는 상계에 대한 기대를 가지게 되며, 그러한 기대는 합리적이고 통상적인 것으로 보호할 필요성이 있으며 또한 상계의 담보적 기능(채무자는 자기의 기존 채무가 있기 때문에 이를 담보로 생각하고 자동채권을 발생시킬 것이다)등을 종합적으로 고려할 때, 지급금지 전에 발생한 채권이면 양 채권의 변제기에 관계없이 상계할 수 있다는 무제한설이 타당한 것으로 생각한다(이와 유사한 것이 지명채권양도에서 통지 전에 변제기가 도래하지 않은 경우이다 : 제8장 제2절 IV 지명채권의 양도 편 참조).

(라) 質權이 設定된 債權을 受動債權으로

민법은 이에 관하여 특별히 규정하고 있지 않으나, 채권에 대한 질권설정도 그 채권의 채무자에 대하여 그 때부터 채권의 소멸기능을 정지시키는 것이므로 지급금지명령을 받은 경우와 같이 다루어야 한다(이설 없음). 즉, 이 경우에는 제498조[지급금지채권을 수동채권으로 하는 상계의 금지]를 유추 적용하여야 한다. 따라서 채무자에 대하여 질권설정의 통지 또는 채무자의 승낙 후에 채무자가 취득한 채권을 자동채권으로 질권설정된 채권을 상계하지 못한다.

(마) 特別法上의 相計禁止

상법 제334조[주주의 회사에 대한 상계금지]는 주금납입청구권을 수동채권으로 하는 상계를 금지하며, 근로기준법 제28조[전차금 상쇄의 금지]는 임금채권과 사용자의 전대채권의 상계를 금지하고 있다. 이들도 채권자의 보호를 위하여 채무자로부터의 현실적 이행을 확보하기 위한 것이다.

판례 許容되는 경우 : 계산의 착오 등으로 임금이 초과 지급되었을 때 그 행사의 시기가 초과 지급된 시기와 임금의 정산, 조정의 실질을 잃지 않을 만큼 합리적으로 밀접되어 있고 금액과 방법이 미리 예고되는 등 근로자의 경제생활의 안정을 해할 염려가 없는 경우나, 근로자가 퇴직한 후에 그 재직 중 지급되지 아니한 임금이나 퇴직금을 청구하는 경우에는 초과 지급된 임금의 반환청구권을 자동채권으로 하여 상계하는 것은 무방하다(대법원 1995.12.21. 94다26721 전원).

III. 相計의 方法

1. 一方的 意思表示

상계는 상계적상으로 당연히 상계의 효과가 생기는 것이 아니라, 상계권자가 상계권을 행사하여야 한다. 상계권의 행사는 상대방에 대한 일방적 의사표시로 한다(제493조 1항 전단).

상계권자는 자동채권의 채권자이다. 특별한 경우 외(전술한 제3자 상계가 가능한 경우)에는 당사자가 아닌 제3자는 상계권자가 될 수 없다.

상계의 의사표시에는 상계하는 채권을 표시하여, 상계적상이 계속되고 있는 동안에 하여야 한다. 수동채권과 자동채권을 명백히 하여야 하나, 채권의 동일성을 인식할 수 있으면 족하고, 채권의 발생원인·발생사실·채권액 등을 명시할 필요는 없다고 본다.

상계의 의사표시는 재판상 또는 재판 외 어느 것으로도 할 수 있다.

판례 相計適狀에 있는 경우, 그 自體만으로 相計로 인한 債務消滅의 效力 發生 與否 : 당사자 쌍방의 채무가 서로 상계적상에 있다 하더라도, 별도의 의사표시 없이도 상계된 것으로 한다는 특약이 없는 한, 그 자체만으로 상계로 인한 채무 소멸의 효력이 생기는 것은 아니고 상계의 의사표시를 기다려 비로소 상계로 인한 채무 소멸의 효력이 생긴다(대법원 2000.9.8. 99다6524).

판례 어음債權과의 相計方法 -어음의 交付 : 어음채권을 자동채권으로 하여 상계의 의사표시를 하는 경우에 있어 재판외의 상계의 경우에는 어음채무자의 승낙이 없는 이상 어음의 교부가 필요불가결하고 어음의 교부가 없으면 상계의 효력이 생기지 아니한다 할 것이지만, 재판상의 상계의 경우에는 어음을 서증으로써 법정에 제출하여 상대방에게 제시되게 함으로써 충분하다(대법원 1991.4.9. 91다2892).

2. 條件·期限을 붙이지 못함

상계는 일방적 의사표시로써 하는 것이며, 그 효과는 후술하는 바와 같이 상계적상시에 소급하여 채권 소멸의 효과를 발생시키므로 조건과 기한을 붙이지 못한다(제493조 1항 후단).

IV. 相計의 效果

1. 債權의 消滅

상계에 의하여 자동채권과 수동채권은 그 대등액에서 소멸한다(제492조 1항 본문). 따라서 양 채권액이 동일하지 아니할 때에는 차액에 해당하는 일방의 채권만이 남게 된다. 복수의 상계적상에 있는 수동채권이 있고, 자동채권으로 수동채권의 전부를 소멸시키는데 부족한 경우에는 변제충당에 관한 규정을 준용하여 상계되는 채권을 결정한다(제492조). 따라서 비용, 이자, 원본의 순서로 상계되어 소멸한다. 이를 상계충당이라고 한다.

2. 消滅의 遡及效

민법은 상계의 의사표시로 각 채무는 그 대등액에서 상계할 수 있는 때에 소멸한 것으로 본다고 규정하고 있다(제493조 2항). 이는 당사자는 쌍방의 채권이 상계적상에 있을 때에는 즉시 결제하는 것으로 생각하는 것이 보통이기 때문이다. 따라서 상계는 상계적상의 초기에 소급하여 효과를 발생하여 채권이 소멸한다. 이와 같은 상계의 소급효에 의하여 상계적상 이후에는 이자가 발생하지 아니하며, 이행지체도 생기지 않는다.

판례 消滅의 發生時期 : 상계의 의사표시가 있는 경우, 채무는 상계적상시에 소급하여 대등액에 관하여 소멸한 것으로 보게 되므로, 상계에 의한 양 채권의 차액 계산 또는 상계 충당은 상계적상의 시점을 기준으로 하여야 한다(대법원 2005.7.8. 2005다8125).

판례 相計後 詐害行爲로 取消된 경우 : 매매가 취소되는 경우에는 그 취소의 효과로 인하여 당연히 취소채권자로서는 위 매매의 효력이 유효하게 존속함을 전제로 하여 이루어진 상계의 효력, 즉 기존채무 소멸의 효과를 부정할 수 있다고 할 것이므로 별도로 채무자의 상계의 의사표시를 취소할 것도 없이 채무자의 수익자에 대한 기존의 채권이 부활하는 것으로 취급할 수 있다(대법원 2003.8.22. 2001다64073).

第6節 更 改

I. 更改의 意義와 性質

1. 更改의 意義

경개란 채무의 중요한 부분인 발생원인, 당사자 및 목적을 변경하여 구채무를 소멸시키고 신채무를 성립시키는 계약이다(제500조).

경개에 의하여 당사자를 교체하거나 목적을 변경할 수 있는데, 이를 위해서는 경개에 의하지 않더라도 채권양도·채무인수 및 내용변경을 위한 계약으로 가능하다. 이들과 경개가 근본적으로 다른 점은, 경개는 채무의 동일성을 상실하나 채권양도·채무인수는 채권의 동일성을 유지한다는 점이다. 이러한 점에서 양자는 그 성립 및 효과에서 차이가 있다.

채권·채무의 동일성을 유지한 채 당사자의 교체가 가능한 채권양도·채무인수제도가 있어서 경개는 그 작용적 의의가 상실되어 이들 양자를 인정하는 민법상의 경개는 그 존재의의가 별로 없다고 평가하기도 하나(곽), 오늘날 각국의 민법이 이를 명문으로 규정하며, 명문의 규정이 없는 독일 민법에서도 학설은 이를 인정한다.

2. 法律的 性質

(1) 有償·諾成契約

경개에 의하여 구채무가 소멸하고 신채무가 성립한다. 구채무가 소멸하는 것은 구채무의 목적이 달성되었기 때문이 아니라, 구채무를 소멸시키고 신채무를 발생시키자는 당사자의 합의(경개합의)에 의한 것이다. 이러한 의미에서 경개는 유상·낙성계약이다.

당사자가 교체되는 경개와 채권양도·채무인수는 유사하나, 경개는 채무의 동일성을 상실하는 점에서 동일성을 상실하지 않는 채권양도·채무인수와 다르다.

경개가 목적을 변경하는 것인 경우에는 대물변제와 유사하나, 대물변제는 요물계약으로 현실적 급부의 이행으로 채권이 만족을 얻어 소멸하나, 경개는 새로운 채무의 이행의무를 발생시키는 낙성계약이라는 점에서 다르다.

(2) 有因契約

경개는 구채무를 소멸시키고 신채무를 발생시키는 계약이다. 즉, 구채무가 소멸하지 아니하면 신채무가 발생하지 아니하고, 신채무가 발생하지 아니하면 구채무가 소멸하지 아니한다. 즉, 구채무와 신채무는 성립상의 조건관계에 있다. 이러한 의미에서 경개는 유인계약이다.

II. 更改의 類型

경개는 채무의 중요한 부분 중에서 무엇을 변경하는 것이냐, 즉 경개계약의 유형에 따라서 경개계약의 당사자가 아래와 같이 다르다.

1. 債權의 目的·內容의 變更

급부의 내용을 변경하는 것을 목적으로 하는 경계계약인 때에는 동일한 당사자간의 합의에 의함은 물론이다. 즉, 구채권의 당사자간에 새로운 내용으로 합의한다. 예컨대 당사자간에 매매계약상의 대금채무를 이자부소비대차상의 원본채무로 한다든지, 금전채무를 특정물채무로 한다든지 하는 경우이다. 이러한 경우에 전자는 준소비대차와 경개, 후자의 경우는 대물변제(예약)와 경개를 구별하여야 한다.

기존채권, 채무의 당사자가 그 목적물을 소비대차의 목적으로 할 것을 약정한 경우에 그 약정을 경개로 볼 것인가 또는 준소비대차로 볼 것인가는 일차적으로 당사자의 의사에 의하여 결정된다. 당사자의 의사가 명백하지 않을 때에는 특별한 사정이 없는 한 동일성을 상실함으로써 채권자가 담보를 잃고 채무자가 항변권을 잃게 되는 것과 같이 스스로 불이익을 초래하는 의사를 표시하였다고는 볼 수 없으므로 일반적으로 준소비대차로 보아야 하지만, 신채무의 성질이 소비대차가 아니거나 기존채무와 동일성이 없는 경우에는 준소비대차로 볼 수 없다.

판례 이른바 代換은 準消費貸借 : 현실적인 자금의 수수 없이 형식적으로만 신규 대출을 하여 기존 채무를 변제하는 이른바 대환은 특별한 사정이 없는 한 형식적으로는 별도의 대출에 해당하나, 실질적으로는 기존 채무의 변제기 연장에 불과하므로, 그 법률적 성질은 기존 채무가 여전히 동일성을 유지한 채 존속하는 준소비대차로 보아야 하고, 이러한 경우 채권자와 보증인 사이에 사전에 신규 대출 형식에 의한 대환을 하는 경우 보증책임을 면하기로 약정하는 등의 특별한 사정이 없는 한 기존 채무에 대한 보증책임이 존속된다(대법원 2002.10.11. 2001다7445).

판례 同一性이 認定된 例 : 만기 어음을 다른 어음으로 교체 : 어음의 지급기일에 채무의 지급을 연기하기 위하여 채무자가 지급기일이 도래한 어음에 갈음하여 새로운 어음을 채권자에게 담보로 제공하여도 특별한 사정이 없는 한, 기본채무는 동일성을 유지한다(대법원 1967.12.19. 64다935).

판례 同一性이 否定된 例 : ① 轉換社債 交付 : 채권자가 채무자 발행의 전환사채를 인수하고 채무자는 그 인수대금으로 채권자에 대한 기존의 대출금채무를 변제한 경우 전환사채와 기존의 대출금채권 사이에 동일성을 인정할 수 없다(대법원 2003.9.26. 2002다31803,31810).
② 貸出科目 등을 달리 한 代換 : 기존 대출과 신규 대출은 그 대출과목, 대출원금, 이율 및 지연손해금률 등이 서로 다르고, 기존 대출의 이자채무 일부가 신규 대출의 원금으로 변경되기도 하였으며, 그와 같이 대출과목을 변경하게 된 것이 기존 대출금의 대출기한을 연장하기 위하여는 기존 대출 중의 어음거래약정 또한 연장하여야 하는데 어음거래약정의 경우 1개월 이상을

연장할 수 없었기 때문이라면, 비록 기존 대출금채무의 변제기한을 연장할 목적으로 신규 대출을 하였을지라도 이러한 경우의 대환은 기존채무를 확정적으로 소멸케 하고 신채무를 성립시키는 계약으로서 양 채무 사이에 동일성이 없는 경개에 해당한다(대법원 2002.10. 2001다7445).

2. 債務者 變更에 의한 更改

채무자를 변경하는 것을 목적으로 하는 경개계약인 때에는 당사자는 채권자와 신채무자로써, 구채무자는 당사자가 아니다(제501조 본문). 그러나 구채무자의 의사에 반하여는 이를 하지 못한다(제501조 단서). 구채무자가 포함된 3면계약으로도 가능함은 물론이다. 이 경우에는 채무인수와 유사하다.

3. 債權者 變更의 更改

채권자를 변경하는 것을 목적으로 하는 경개계약인 때에는 당사자는 구채권자·신채권자·채무자로써, 이들 사이의 3면계약이다. 구채무가 소멸하고 신채무가 발생하기 때문에 채무자가 당사자가 되어야 한다. 이러한 점에서 채무자가 당사자가 아닌 채권양도와 다르다.

그러나 채권자의 변경이 있기 때문에 결과에 있어서는 채권양도와 다르지 않다. 따라서 지명채권양도에 관한 규정이 준용되어 경개계약으로 제3자에게 대항할 수 있기 위해서는 채권양도와 동일하게 확정일자 있는 증서에 의하도록 하고 있다(제502조). 또한 채무자가 경개계약 당시에 신채권자에게 이의를 보류하지 않은 때에는 구채권자에게 대항할 수 있었던 사유로써 신채권자에게 대항할 수 없게 하고 있다(제503조).

III. 更改의 要件

1. 更改의 意思

당사자간에 구채무를 소멸시키고 신채무를 성립시킨다는 의사의 합치가 있어야 한다. 경개와 준소비대차, 대물변제 및 채권양도 등은 채권의 중요한 부분이 소멸 또는 변경된다는 점에서 유사한데, 우선 경개와 이들은 당사자의 의사표시의 해석에 의하여 구별될 수 있으나, 경개의 효과가 발생하기 위해서는 경개의 의사는 명백하여야 하고, 경개의 의사는 추정되지 않는다고 해석된다(이설 없음). 경개의 의사를 기준으로 경개와 유사한 제도의 차이를 보면 아래와 같다.

(1) 準消費貸借와의 區別

기존채무를 소비대차로 변경하는 약정인 경우는 준소비대차와 경개를 구별하여야 한다. 경개로 볼 특별한 사정이 없는 경우에는 준소비대차로 보아야 한다.

(2) 代物辨濟 및 代物辨濟 豫約과의 區別

경개는 낙성계약으로 요물계약인 대물변제와는 쉽게 구별되나 대물변제 예약과는 구별이 쉽지 않다. 경개는 구채무를 소멸시키는 의사가 있으나, 대물변제 예약은 구채무를 소멸시키지 않고 그대로 유지하며 그의 이행으로 다른 급부를 이행한다는 의사가 있다는 점에서 구별된다. 즉, 양자는 당해 계약의 의사에 의하여 구별된다.

(3) 債權讓渡·債務引受와의 구별

이 경우에도 구채무를 소멸시키지 않고, 즉 채무의 동일성을 유지한 채 단순히 채권자·채무자를 교체한다는 의사가 있으나, 경개는 구채무를 소멸시키면서 채권자·채무자를 교체한다는 의사가 있어야 한다. 기존의 채권이 제3자에게 이전된 경우 이를 채권의 양도로 볼 것인가 또는 경개로 볼 것인가는 일차적으로 당사자의 의사에 의하여 결정되고, 만약 당사자의 의사가 명백하지 아니할 때에는 특별한 사정이 없는 한 동일성을 상실함으로써 채권자가 담보를 잃고 채무자가 항변권을 잃게 되는 것과 같이 스스로 불이익을 초래하는 의사를 표시하였다고는 볼 수 없으므로 일반적으로 채권의 양도로 볼 것이다.

(4) 어음·手票의 交付

어음·수표의 교부는 보통의 경우 채무의 변제에 갈음하는 것이 아니라 채무의 변제를 위하여 교부하는 의사로 해석되어 채무를 소멸시키지 않기 때문에, 구채무 소멸의 의사가 있는 경개와 구별된다.

2. 舊債權의 存在

경개는 채권의 소멸사유로서 구채권을 소멸시키기 위한 계약이므로 구채권이 유효하게 존재하여야 함은 당연하다. 따라서 구채권이 존재하지 않으면 신채권은 발생하지 않는다. 즉, 구채권과 신채권은 성립상에 있어서 조건적 관계에 있다. 이러한 관계에서 문제가 되는 것은 경개계약 당시에는 구채권이 존재하였으나, 사후에 부존재하는 경우이다.

(1) 事後 取消에 의한 不存在

법률행위에서 발생된 채권이 취소사유가 있으나 취소되지 않은 동안 경개가 된 경우에는 문제가 있다. 이 경우에 당사자가 이의를 보류하지 않고 경개를 한 때에는 법정추인으로 경개는 유효하다(제145조 3호). 그러나 이의를 보류하고 경개계약을 한 때에는, 사후에 종전의 계약을 취소하면 구채권의 소멸에 의한 부존재로 경개는 무효가 된다.

(2) 舊債權發生 契約의 解除

구채권을 발생시킨 계약이 해제되어 구채권이 소멸한 경우에도 경개는 무효로 된다. 예컨대 매매에 의하여 물건을 인도하고, 매수인의 잔대금채무를 경개로 이자부소비대차(준소비대차가 아닌)로 하였으나, 물건의 하자로 당해 매매계약을 해제하면 구채권은 소멸하고, 따라서 구채권의 존재를 전제로 한 경개도 무효가 된다.

(3) 債權者 變更의 경우

채권자변경에 의한 경개는 채권양도와 유사하여 제503조에서 지명채권양도에 관한 제451조[승낙, 통지의 효과] 제1항이 준용된다. 따라서 채권이 이미 소멸하였음에도 이의를 보류하지 않고 경개를 한 경우에는 채권소멸의 항변권을 상실하기 때문에, 구채권이 존재하지 않더라도 경개는 유효하다. 신채권자의 신뢰보호를 위한 규정이다.

3. 新債務의 成立

신채무가 성립하여야 한다. 신채무가 성립하지 아니하면 경개는 무효가 되고 구채무가 소멸하지 않음은 당연하다. 이에 관하여 민법은 제504조에서, <경개로 인한 ⓐ 신채무가 원인의 불법 또는 ⓑ 당사자가 알지 못하는 사유로 성립되지 아니하거나, ⓒ 취소된 때에는 구채무는 소멸되지 않는다>고 규정한다. 이는 여러 가지 내용을 포함하기 때문에 아래에서 분설하여 검토한다.

(1) 原因의 不法

경개계약은 구채무를 소멸시키는 것이므로 계약 자체의 원인이 불법인 것은 없고, 여기서는 급부가 불법인 것인데 예컨대 반양속적 또는 사회적 타당성이 없는 급부를 목적으로 하는 것을 의미한다. 신채무의 급부가 그러한 경우에는 신채무는 발생하지 않으며, 따라서 구채무가 소멸하지 않는다.

(2) 〈當事者가 알지 못하는 事由로 新債務가 成立하지 아니 할 때〉

이는 급부가 원시적 불능 등으로 신채무가 성립하지 않는 것을 의미하며, 이러한 사유를 당사자가 알지 못한 경우이다. 이와 같이 그러한 사유를 당사자가 알지 못한 경우에는 신채무가 성립하지 않아 구채무가 소멸하지 않는다.

그러나 당사자 특히 채권자가 신채무가 성립하지 않는다는 것을 알면서도 경개의 합의를 한 것은, 경개의 합의에 구채무를 면제시킨다는 의사가 내포된 것으로 보아 구채무를 소멸시킨다.

(3) 新債務의 契約의 取消事由에 의한 取消

신채무가 계약의 취소사유로 취소되었기 때문에 신채무가 발생하지 않으면 구채무가 다시 부활하는 것은 당연하다. 또한 취소사유에는 계약에 관한 일반 법리가 적용되어 무능력, 의사표시의 하자(착오, 사기, 강박) 등이 그에 해당한다.

그런데 그 취소사유를 모른 경우에는 취소하여 신채무가 성립하지 않고 따라서 구채무가 소멸하지 않는다는 것에 관하여는 의문이 없다. 그러나 취소사유를 안 경우가 문제이다.

이는 제504조의 순수한 문구의 해석에 관한 문제가 되는데, <알지 못한 사유로>란 문구가 <취소>를 제한하는 것이냐 여부에 관한 견해의 차이이다. 이에 대하여는 <알지 못한 사유로>의 문구가 <취소>를 제한하는 것으로 보아, 당사자 특히 채권자가 취소사유를 알고도 경개계약을 하였으나 취소된 때에는 구채무는 소멸한다고 보는 견해가 있다(이은). 한편 <알지 못한 사유로>라는 문구는 <성립되지 아니하거나>에 한정되며, <취소된 때>는 독립적인 것으로 보아, 취소사유를 알고 있었느냐 여부에 관계없이 취소로 신채무가 불성립하면 구채무는 부활한다는 견해가 있다(이태).

생각건대 취소는 취소사유만으로는 계약에 영향을 미치지 아니하며, 실제로 취소권을 행사하여야 계약에 영향을 미친다. 또한 이 취소권의 행사는 강제적이지 않고 취소권자의 자유이다. 따라서 이는 신채무의 불성립(여기의 불성립은 절대적 불성립을 의미)과는 성질이 다르다. 이러한 점에서 <불성립>과 <취소>는 분리되어야 하며, <알지 못한 사유로>의 문구는 불성립에 한정된다고 해석하는 것이 타당하다. 따라서 당사자가 (특히 채권자) 취소사유를 알았거나 알지 못하였거나 관계없이 경개계약에 취소사유가 있고, 취소되어 신채무가 부존재하면 구채무는 소멸하지 않는다고 보아야 한다.

(4) 新債務의 不履行을 理由로 한 解除-不可

경개계약은 신채권을 성립시키고 구채권을 소멸시키는 처분행위로서 신채권이 성립되면 그 효과는 완결되고 경개계약 자체의 이행의 문제는 발생할 여지가 없으므로 경개에 의하여 성립된 신채무의 불이행을 이유로 경개계약을 해제할 수는 없다.

따라서 채권자는 강제이행이나 손해배상을 청구할 수 있을 뿐이다.

판례 新債務의 不履行을 理由로 更改契約은 解除 不可 : ㉮ 경개계약은 신채권을 성립시키고 구채권을 소멸시키는 처분행위로서 신채권이 성립되면 그 효과는 완결되고 경개계약 자체의 이행의 문제는 발생할 여지가 없으므로 경개에 의하여 성립된 신채무의 불이행을 이유로 경개계약을 해제할 수는 없다. ㉯ 계약자유의 원칙상 경개계약의 성립 후에 그 계약을 합의해제하여 구채권을 부활시키는 것은 적어도 당사자 사이에서는 가능하다(대법원 2003.2.11. 2002다62333)

(5) 新債務의 合意解除-當事者間은 可能

계약자유의 원칙상 경개계약의 성립 후에 그 계약을 합의해제하여 구채권을 부활시키는 것은 적어도 당사자 사이에서는 가능하다(대법원 2003.2.11. 2002다62333).

4. 重要部分의 變更

채무의 중요한 부분의 변경이 있어야 한다. 채무의 중요한 부분이란 채무의 동일성을 결정하는 요소인 채무의 발생원인·채권자·채무자·목적(내용)을 말한다. 결국, 중요부분의 변경이란 구채무와 신채무는 그 동일성을 상실한다는 것이다.

채무의 중요한 부분의 변경은 경개 외의 다른 방법으로도 가능하나, 경개가 되기 위해서는 최소한 이러한 중요부분의 변경이 있어야 한다. 그러나 중요부분의 변경이 있어도 전술한 구채무를 소멸시키고 신채무를 발생시킨다는 경개의사가 없으면 경개가 아니다. 경개의사는 전술한 바와 같이 명백하여야 하고, 추정되지 않는다.

IV. 更改의 效果

1. 舊債權의 消滅

경개에 의하여 구채권은 소멸한다(제500조). 따라서 구채권에 붙은 항변권·담보권(인적 담보 및 물적 담보) 등도 소멸한다.

그러나 채무자가 제공한 물적 담보에 대하여는 구채무의 목적의 한도 내에서 특약으로 신채무의 담보로 할 수 있으나, 제3자가 제공한 담보는 담보제공자의 승낙을 요한다(제505조). 신채무로의 담보이전에 관한 제505조의 규정은 경개에 의하여 구채무가 소멸하기 때문에 이에 따르는 인적·물적 담보 또한 부종성의 원리에 따라 당연히 함께 소멸하고, 당사자가 신채무에 관하여 저당권 등을 설정하기로 합의하여도 구채무에 관하여 존재하던 저당권 등은 어차피 소멸하여 그 순위의 보전이 불가능하나, 이러한 결과가 많은 경우 당사자의 의도에 반하는 것인 점을 고려하여 당사자의 편의를 위하여 부종성에 대한 예외를 인정한 것이다. 따라서 경개계약의 경우 구채무에 관한 저당권 등이 신채무에 이전되기 위해서는 당사자 사이에 그러한 뜻의 특약이 이루어져야 하지만, 반드시 명시적인 것을 필요로 하지는 않고, 묵시적인 합의로도 가능하다.(대법원 2002.10.11. 2001다7445)

한편, 채권자변경으로 인한 경개의 경우에 채무자가 이의를 보류한 때에는 구채권에 붙은 항변권으로 신채권자에게 대항할 수 있다(제503조).

2. 新債務의 成立

경개에 의하여 신채무가 성립한다. 따라서 당사자는 신채무에 대한 권리·의무를 가진다.

3. 新債務 不履行의 效果

경개계약으로 성립한 신채무를 불이행한 경우에 채권자는 현실적 이행강제 또는 손해배상청구권을 행사할 수 있는 것은 물론인데, 신채무 불이행의 경우에 경개계약을 해제할 수 있는지가 문제이다. 경개도 일반적인 계약과 동일하여 채무불이행에 의하여 해제한다면, 해제에 의한 원상회복으로 구채무가 부활한다는 결과가 된다.

이에 대하여 판례·학설은 경개계약은 신채권이 성립하는 시점에 완결되어 경개계약 자체의 불이행의 문제는 생길 여지가 없어 신채무의 불이행을 이유로 경개계약을 해제할 수 없다는 데 일치한다. 따라서 신채무를 이행하지 아니하는 때에는 채권자는 현실적 이행강제권과 손해배상청구권을 행사할 수 있을 뿐이다.

第7節 免 除

I. 免除의 意義

면제란 채무자의 채무를 면하게 하는 채권자의 채무자에 대한 일방적 의사표시이다(제506조). 채무 전부는 물론이며, 채무의 일부에 대하여도 면제할 수 있음은 물론이다.

민법상의 면제는 채권자의 일방적 의사표시인 단독행위이나, 당사자간의 합의에 의한 면제계약도 유효하다.

면제는 채권자가 아무런 대가를 받지 않고 채무를 소멸시키는 것으로 채권의 포기이다. 따라서 대가를 받고 소멸시키는 것은 면제가 아니라, 경우에 따라서 대물변제·상계·경개 등에 해당한다.

민법상의 면제는 단독행위로서 채권자로서는 자기의 권리의 포기이나, 채무자로서는 이익을 강제로 취득하는 결과가 된다. 여기서 채무자의 의사에 반하여도 면제가 가능한지가 문제된다(면제를 계약으로 구성하는 독일, 프랑스, 스위스의 경우에는 이러한 문제가 없다). 입법상으로는 문제가 있으나, 채무자의 의사에 반한 면제도 유효하다고 보는 데에 일치한다.

* 독일 민법 제397조 ① 채권자가 계약에 의하여 채무자에 대하여 채무를 면제하는 때에는 채무관계는 소멸한다.
②채권자가 채무자와 계약에 의하여 채무관계의 부존재를 승인하는 때에도 전항과 같다.

II. 免除의 要件

1. 處分權限

면제는 채권의 포기인 처분행위이다. 따라서 처분권한이 있어야 한다. 채권자는 보통의 경우 처분권한이 있겠으나, 채권자일지라도 채권을 압류·가압류 당한 자, 채권에 질권을 설정한 자 등은 처분권한이 제한을 받아 면제로써 압류채권자·질권자에게 대항할 수 없다. 또한 담보권명의자도 처분권이 없다.

판례 擔保權名義者의 債權拋棄權限-없음 : 채권의 담보계약을 체결함에 있어서 담보권자의 명의를 제3자로 한 경우에는 그 담보권명의자는 그 담보채권을 수령하고 그 피담보권을 실행하는 등의 권한을 갖는 것이나, 특별한 수권이 없는 이상 그 피담보채권의 포기와 같은 담보계약상의 권리가 아닌 기존의 채권을 포기할 권리는 갖지 않는 것이므로 담보명의자의 채권포기 의사표시는 무효이다(대법원 1983.11.8. 82다카1948).

2. 免除의 意思表示

채권자의 면제의 의사표시가 있어야 한다. 면제의 의사표시는 채무자에 대한 일방적인 의사표시로써 하며, 특별히 방식을 요하지 않는다.

채권의 포기 또는 채무의 면제는 반드시 명시적인 의사표시만에 의하여야 하는 것이 아니고 채권자의 어떠한 행위 내지 의사표시의 해석에 의하여 그것이 채권의 포기라고 볼 수 있는 경우에도 이를 인정하여야 한다. 그러나 권리의 포기이기 때문에 이를 인정하기 위해서는 당해 권리관계의 내용에 따라 이에 대한 채권자의 행위 내지 의사표시의 해석을 엄격히 하여 포기 내지 면제의 여부를 판단하여야 한다.

또한, 채무자에게 불이익을 주지 않는 경우에는 조건을 붙인 면제도 유효하다. 그러나 다른 급부를 조건으로 하는 등 채무자에게 불이익을 주는 조건이 붙은 것은 면제로서는 무효이다.

판례 免除가 否定된 例 : ① 反對債權이 있는 中에 자신의 債務履行을 約定한 경우 : 상대방에 대한 반대채권이 있음에도 불구하고 자신의 채무이행을 약정하였다는 사실만으로는 반대채권을 포기한 것으로 볼 수는 없으므로 건물매도인이 매수인의 매매계약불이행으로 인한 손해배상채권에 충당할 수 있는 계약금을 매수인에게 반환하기로 약정한 사실만으로는 그 손해배상 채권을 포기하였다고 단정할 수 없다(대법원 1987.3.24. 86다카1907,86다카1908).

② 異議 없이 자신의 債務를 履行한 경우 : 매수인이 매도인에게 나머지 잔대금을 지급하고, 매도인으로부터 어떠한 이의도 받지 아니한 상태에서 그 부동산에 관하여 매수인 명의의 소유권이전등기를 마쳤다 하더라도, 그와 같은 사정만으로 매도인과 매수인 사이에 매도인이 대위지급한 대출금의 이자 및 연체료에 대한 매수인의 구상의무를 면제하기로 하는 합의가 있었다고 단정하거나 의제할 수는 없다(대법원 1999.6.11. 99다11045).

판례 免除가 認定된 例 : ① 損害의 合意 : 철도청이 철도사고로 사망한 유족에게 철도사상자 처리비지급규칙에 의하여 위자료 및 손해배상금으로 30만 원을 지급하고 망인의 처는 이를 수령한 후 앞으로 민사상의 손해배상청구를 일체 하지 않겠다는 내용의 각서를 작성하여 철도청장에게 주었고 철도청장은 다시 사고로 인하여 사망한 41명의 유족에 대한 손해배상금액을 1인당 40만 원으로 개정함에 따라 추가로 10만 원을 지급한 경우에는 위자료뿐만 아니라 재산상 손해에 대한 배상청구권 등 일체의 청구권을 포기한 것으로 보아야 한다(대법원 1970.9.17. 70다1122).

② 法廷和解 : 원고가 대지의 소유권을 취득한 후 그 지상 가건물 철거 청구소송을 할 때까지 피고의 위 대지점유를 묵인한 바 있고, 피고가 위 가건물을 철거하기로 법정화해할 당시 그때까지의 지료상당 손해배상 채무의 변제가 거론되었는데도, 원고가 위 법정화해 당시 그 청구원인에 지료상당의 손해를 포함시키지 아니 하였다면, 이를 면제하기로 원·피고간에 묵시적으로 약정되었다고 봄이 상당하다(대법원 1979.7.10. 79다705).

III. 免除의 效果

1. 債權의 消滅

면제에 의하여 채권은 소멸한다. 일부면제의 경우에는 그 한도 내에서 채권은 소멸한다. 채권의 전부가 소멸하면 그 채권에 부착된 담보권 등도 소멸함은 물론이다.

2. 效果의 制限

채권의 존재가 제3자의 정당한 이익에 관련이 있는 경우에는 채권자는 면제로써 그 제3자에게 대항하지 못한다(제506조 단서). 이는 당해 채권의 소멸로 제3자는 불이익을 받기 때문이다.

여기서 제3자에는 채권에 질권을 가진 자와 같이 채권 자체에 권리를 가지는 자를 말하는데, 이에 한정되지 않고, 채권의 존속을 기초로 하여 간접적인 이익을 가지는 자도 포함된다. 후자의 예로는, ⓐ 토지임차권자가 임차토지 위에 건물을 축조하여 저당권을 설정한 후에 임차권을 포기(면제)하여도 임대인은 건물의 저당권자 및 저당권 실행에 의한 경락인에게 대항할 수 없으며, ⓑ 임대차상의 임차인이 임차권을 포기(면제)하여도 (임차권의 면제로써 전차인에게 대항할 수 없어) 임대인은 전차 승낙을 한 전차인에 대하여 임대물의 명도를 청구할 수 없으며, ⓒ 토지임대차에 있어서 임차인이 임차권을 포기하여도(토지임차권의 면제로써 임차권에 기한 임차인 소유 건물의 임차인에 대항할 수 없어) 임대인은 지상건물의 임차인에 대하여 명도를 청구할 수 없다.

第8節 混 同

I. 混同의 意義

혼동이란 채권과 채무가 동일한 주체에 귀속하는 것을 말한다(제507조). 이러한 경우는 채무자가 자기에 대한 채권을 양수·상속받은 때 또는 회사가 합병을 한 때 등에서 나타난다.

민법 제507조가 혼동을 채권의 소멸사유로 인정하고 있는 것은 채권과 채무가 동일한 주체에 귀속한 때에 채권과 채무의 존속을 인정하여서는 안 될 적극적인 이유가 있어서가 아니고 그러한 경우에 채권과 채무의 존속을 인정하는 것이 별다른 의미를 가지지 않기 때문에 채권·채무의 소멸을 인정함으로써 그 후의 권리의무 관계를 간소화하려는 데 그 목적이 있다. 따라서 채권과 채무가 동일한 주체에 귀속하게 되더라도 그 채권의 존속을 인정하여야 할 특별한 이유가 있는 때에는 그 채권은 혼동에 의하여 소멸되지 아니하고 그대로 존속한다. 예컨대 채권과 채무가 동일인에게 귀속되는 경우라도 그 채권의 존재가 채권자 겸 채무자로 된 사람의 제3자에 대한 권리행사의 전제가 되는 관계에 있을 때에는 채권의 존속을 인정하여야 할 정당한 이익이 있어 그 채권은 혼동에 의하여 소멸하지 않는다.

이러한 혼동은 채권과 채무가 동일인에게 귀속되었다는 사실 그 자체로서, 법률행위가 아니라 사건이다.

판례 第3者에 대한 權利關係로 存續되는 例 : 자동차 운행 중 사고로 인하여 손해배상채권과 채무가 상속으로 동일인에게 귀속하더라도 교통사고의 피해자에게 책임보험 혜택을 부여하여 이를 보호하여야 할 사회적 필요성은 동일하고 책임보험의 보험자가 혼동이라는 우연한 사정에 의하여 자신의 책임을 면할 합리적인 이유가 없다는 점 등을 고려할 때 가해자가 피해자의 상속인이 되는 등 특별한 경우를 제외하고는 피해자의 제3자인 보험자에 대한 직접청구권의 전제가 되는 피해자의 운행자에 대한 손해배상청구권은 상속에 의한 혼동에 의하여 소멸되지 않는다(대법원 2003.1.10. 2000다41653,41660).

II. 混同의 成立 및 效果

1. 債權·債務의 同一人에게 歸屬

상속·채권의 양수·채무인수·회사의 합병 등으로 채권과 채무가 동일인에게 귀속하면 혼동이 성립한다. 혼동으로 채권은 소멸한다(제507조 본문).

2. 債權이 消滅하지 않는 경우

혼동이 있으나, 그 채권이 제3자의 권리의 목적인 때에는 그 채권은 소멸하지 않는다(제507조 단서). 채권의 소멸로 제3자의 권리를 해하기 때문에 혼동에도 불구하고 채권이 소멸하지 않도록 한 것이다. 아래와 같은 경우가 이에 해당한다.

(1) 債權이 第3者의 權利의 目的인 경우

당해 채권에 질권자·압류채권자가 있는 경우에는 혼동으로 채권이 소멸하지 않는다. 즉, 이 경우에는 질권자·압류채권자는 혼동자에게 채권을 행사할 수 있다.

(2) 證券化된 債權인 경우

어음·무기명채권 등과 같이 증권화된 채권은 증권을 채무자가 다시 배서·교부할 수 있어, 혼동으로 채권이 소멸하지 않는다.

(3) 相續에서 限定承認한 경우

상속인이 한정승인을 한 때에는 상속재산과 상속인의 기존재산은 별개의 지위를 가지기 때문에 피상속인에 대한 상속인의 채권·채무는 소멸하지 않는다(제1031조).

판례 消滅하지 않는 例 : ① 假登記權者가 별도의 원인으로 所有權移轉登記받은 경우 : 채권은 채권과 채무가 동일한 주체에 귀속한 때에 한하여 혼동으로 소멸하는 것이 원칙이므로, 어느 특정의 물건에 관한 채권을 가지는 자가 그 물건의 소유자가 되었다는 사정만으로는 채권과 채무가 동일한 주체에 귀속한 경우에 해당한다고 할 수 없어 그 물건에 관한 채권이 혼동으로 소멸하는 것은 아닌바, 토지를 을에게 명의신탁하고 장차의 소유권이전의 청구권 보전을 위하여 자신의 명의로 가등기를 경료한 갑이, 을에 대하여 가지는 가등기에 기한 본등기청구권은 채권으로서, 갑이 을을 상속하거나 을의 가등기에 기한 본등기 절차 이행의 의무를 인수하지 아니하는 이상, 갑이 가등기에 기한 본등기 절차에 의하지 아니하고 을로부터 별도의 소유권이전등기를 경료받았다고 하여 혼동의 법리에 의하여 갑의 가등기에 기한 본등기청구권이 소멸하는 것은 아니다(대법원 1995.12.26. 95다29888).

② 地上權者가 讓渡擔保權者가 된 경우 : 원고가 피고 갑, 을로부터 금원을 차용함에 있어 그 담보조로 원고 소유 부동산에 관하여 지상권설정등기를 경료한 후 다시 위 피고들을 포함한

6인으로부터 금원을 차용하면서 양도담보를 내용으로 하는 제소전 화해조서의 집행에 의하여 같은 부동산에 관하여 피고 갑, 을을 포함한 6인 공동명의의 소유권이전등기가 경료되었다고 하더라도 원고와 위 피고들 사이에 있어서는 그 소유권은 의연히 원고에게 남아있는 것이므로 동 피고들 명의의 지상권지분이 혼동으로 소멸되는 것은 아니다(대법원 1980.12.23. 80다2176).

主要參考書籍

郭潤直, 債權總論, 博英社, 1998 ....(곽)

金基善, 韓國債權法總論, 法文社, 1987 ....(김기)

金容漢, 債權法總論, 博英社, 1988 .... (김용)

金疇洙, 債權總論, 三英博社, 1999 ....(김주)

金曾漢,金學東, 債權總論, 博英社, 1998 ....(김증)

金亨培, 債權總論, 博英社, 1998 .... (김형)

金相容, 債權總論, 法文社, 1996 .... (김상)

李銀榮, 債權總論, 博英社, 1999 .... (이은)

李太載, 債權總論, 進明文化社, 1987 .... (이태)

李好珽, 債權法總論, 韓國放送通信大學, 1994...........(이호)

張庚鶴, 債權總論, 教育科學社, 1994 .... (장경)

黃迪仁, 現代民法論 III, 博英社, 1987 .... (황)

Karl Larenz, Lehrbuch des Schuldrechts, I. Band: Allgemeiner Teil, 1982.

Peter Gauch und Walter R. Schluep, Schweizerisches Obligationenrecht, Allgemeiner Teil, Band I, 5. Auflage, 1991.

Murad Ferid, Das Franzoesische Zivilrecht, 1971.

星野英一, 民法講座 4 債權總論, 有斐閣, 1985.

澤井 裕, 債權總論, 有斐閣, 1987.

林 良平, 債權總論, 青林書院, 1989.

사항색인

ㅇ

ㅌ

ㅍ

ㅎ

著者略歷

서울大學校 法科大學 卒業(法學士)
成均館大學校 大學院 卒業(法學博士)
스위스 프리부룩大學 客員教授 歷任
慶北大學校 法科大學長, 行政大學院長 歷任
各種 國家考試 試驗委員
現 慶北大學校 法科大學 教授

著書 및 論文

債權法各論, 慶北大學校出版部, 2006
債權法各論, 玄岩社, 1999
債權法總論, 玄岩社, 1998
民法總則基本判例評釋 100選, 共著, 玄岩社, 1998
民法判例解說 I(1991), II(1992), III(1995), 共著, 經世院

民法上信賴責任論
私的 自治論
不法行爲에서의 過失
第3者를 위한 契約
不公正法律行爲論 등 多數

債權法總論

초판 1 쇄 2006년 7월 29일
초판 2 쇄 2008년 2월 10일

지 은 이 장재현
펴 낸 이 노동일
펴 낸 곳 경북대학교출판부

등 록 일 1973년 10월 10일㉣ 97호
주 소 대구광역시 북구 산격동 1370번지
전 화 053-950-6741~3
팩 스 053-953-4692
이 메 일 press@knu.ac.kr
홈페이지 http://knupress.com

정가 27,000원
ISBN 89-7180-189-1 93360

※ 파본은 바꾸어 드립니다.